代表作

吴汉东代表作

吴汉东 著

知识产权精要

制度创新与知识创新

法律出版社

吴汉东　在武汉长大的江西人。现已过耳顺之年，在任中南财经政法大学资深教授、博士生导师、知识产权研究中心名誉主任；兼任教育部社会科学委员会法学学部委员、国务院反垄断委员会专家咨询组成员、国家知识产权战略咨询专家等。27岁上大学前，当过农民、投递员和机关干部。从本科生、研究生到博士生，一直读的都是法学专业。虽有在美国做高级访问学者、到澳门特别行政区任立法会议员顾问的海外阅历，也有在高校从事管理、任职湖北省人大常委会的社会经历，但三十多年来的主要工作是教学与研究。在校期间讲授过民法、罗马法、知识产权等课程，是国家级优秀教学团队"知识产权教学团队"的带头人。著有"当代中国法学家文库·吴汉东法学研究系列"六卷本，另在《中国社会科学》、《法学研究》、《中国法学》等刊物发表学术论文一百五十余篇。专著和论文曾获首届全国优秀博士论文奖、首届中国出版政府奖（图书类）、司法部优秀科研成果一等奖、教育部人文社科优秀科研成果二等奖等；入选2011年度国家哲学社会科学成果文库，两本著述将以英文、韩文在海外出版。2006年5月，在中央政治局第31次集体学习上为国家领导人讲解"我国知识产权保护的法律和制度建设"。2009年、2011年两次被评为"年度十大全国知识产权保护最具影响力人物"，并于2009年、2011年两度被英国《知识产权管理》（MIP）杂志评为"全球知识产权界最具影响力五十人"。

知识产权法与创新联系在一起。知识产权法源于创新而生，是为财产权制度革新的产物；基于创新而变，当以激励知识创新为价值目标。知识产权法产生、变革和发展的历史，就是科技、文化创新与法律制度创新相互作用、相互促进的历史。可以认为，坚持制度创新与知识创新是知识产权法的历史过程和时代使命。

代序：我的学术人生选择

我与知识产权结下不解之缘，是学术人生的重大选择。

人的一生有很多的选择，求学的选择、职业的选择、家庭的选择、栖居的选择……这些似乎构成了人生命运的选择。我等芸芸众生，不能坐等生活选择自己，而只有自己去选择生活。人生的道路上，无可选择中也有选择，多种选择中只有一种选择，今天的选择决定着明天的生活。

17 岁那年，正值“文化大革命”时期，我作为 1967 级初中毕业生与同时代的大学生、高中生，都卷入了“上山下乡”的洪流之中。大学停办，工厂停招，只能到农村做“知识青年”，这是中国历史命运的安排，作为弱小无助的个体无从选择。在乡村的两年间，我赶车驾辕，插秧割谷，修堤筑坝，度过了一段艰苦的岁月。一年到头，虽有劳作之累和生活之困，但农暇之夜煤油灯下的阅读——读文学、读历史、读政治，就成为自己的一种生活享受。19 岁时，我有幸招工进了湖北边城的邮政部门，总算有了稳定的工作和固定的收入，这是没有职业选择中的最好选择。从投递员直到共青团干部，我在那里工作了八年。独居异乡的日子，生活是平寂的，但也有些许色彩，两本读书笔记和一些文学创作是我的青葱年代最重要的收获。借用鲁迅先生的话说，“人家喝咖啡、逛马路的时间，我是用来读书看报的”。感念生活道路的艰辛，在求索中学会选择。

1977 年恢复高考，生活让我有了新的选择。时年，我以 27 岁的“高年龄”，初中两年的“低学历”考取了大学。中南政法（时称湖北财经学院法律系）77 级，聚集了不同年龄、不同经历的“新三级学人”。经历过国家动荡的十年，青春荒废的十年，我们渴望走进校门重新学习。对于我们来讲，“为中华崛起而读书”不是一句时髦的口号，而是 50 位同学的共同选择。

四年大学生活结束后，大多数同学选择了法律实务，日后成长了两位部长、十几位厅局长、几位大律师。一部分同学选择了执教，成就了今天中国法学界的大家，包括王利明（中国人民大学，民法学）、黄进（中国政法大学，国际私法）、余劲松（中国人民大学，国际经济法）、方世荣（中南财经政法大学，行政法）、邵沙萍（中国人民大学，国际法）、李仁真（武汉大学，国际经济法）等。毕业当年，我已过“而立”之年，既没有进入政界，也没有走向京城，而是选择了在本校教书。留校既有家庭之累的考虑，更有职业取向的选择，由此实现了“农民—工人—职员—教师”的人生转型。感念高考制度改革，我等有了选择的机会。

1986 年，我完成了研究生学业。由于硕士授权点的限制，我报考的是法学理论专业，师从法理学家章若龙先生；出于对民法学的偏好，又在民法学家李静堂先生和罗玉珍先生指导之下，专攻民法基础理论；最终在老师们宽广的学术胸襟中，我自己选择了知识产权制度作为学位论文。在读期间，时逢中央发布《关于科学技术管理体制改革的决定》（1985 年），明确承认技术在商品价值中的作用，肯定了技术作为知识形态商品的属性。我意识到知识、技术创新的重大社会价值，并痛感当时中国知识产权研究基础的薄弱，于是选择以此作为自己的学术努力方向。可以说，我的研究生阶段学习，是以法理学为学科平台，以民法学为专业基础，以知识产权为研究方向。据资料统计，我的硕士论文是新中国第一篇研究知识产权的学位论文（参见杜学亮主编：《著作权研究文献目录汇编》，中国政法大学出版社 1995 年版）。在三十年前的那篇学位论文中，我提出知识产权客体的“非物质性本质特征”，主体的“有条件国民待遇原则”，权源的“法律事实构成理论”等观点，得到了担任评委的著名民法学家戴鎬隆先生、经济法学家凌相权先生的好评。感念学术自由的宽松环境，使选择成为创新。

1991 年秋，我以“不惑之龄”、有惑之心，开始了在人民大学攻读博士学位的学习生活。1992 年 8 月，我即作为教育部委派访问学者前往美国雪城大学（Syracuse University）进修，为期近一年。后来完成的《著作权合理使用制度研究》，即是我访问研究的课题，也是我在国内攻读博士学位的成果。“合理使用”曾被美国和日本学者称为著作权领域的世界性难题。在民法学大家、导师赵中孚先生的悉心指点下，我选择其为题，进行“理论分析、制度分析、规范分析”，“将我国这一问题的研究提升到接近发达国家和地区的崭新水平”(参见《1999 年全国优秀博士论文介绍》,载《中国人民大学学报》2000 年第 2 期)。由著名法学家谢怀栻先生、王立英先生、郭寿康先生、沈仁干先生等组成的答辩委员会对论文给予了高度评价。1999 年,经两位著名法学家、法学院院长曾宪义先生和学术委员会主席高铭暄先生的推荐,该文获得首届“百篇优秀博士论文奖”,是唯一一篇受奖的法学论文。感念国外留学的滋润和本土学术平台的涵养,使选择取得成功。

自 20 世纪 80 年代初以来,我的学术活动从罗马法到民法都有涉猎,但大部分时间专治知识产权。从某种意义上来说,我是“中国知识产权事业的见证者和推动者”(光明日报语),也愧被媒体称为“中国知识产权研究的先行者”(英国《知识产权管理》杂志语)。80 年代,中国知识产权教学与研究刚刚起步,我的工作目标是编写专业教材,构建知识产权体系。我与同学、同事闵锋(后成为执业律师)合著并于 1987 年出版的《知识产权法概论》是我国第一部知识产权法教材。在该书中,除述及知识产权各基本制度外,我还草创了知识产权“总论”的内容框架。90 年代,我则着力于基础理论研究和比较法研究,早期承担的两项国家级课题“西方国家著作权制度比较研究”和“中国区域著作权制度比较研究”以及后期完成的“优秀博士论文作者基金项目”成果《无形财产权制度研究》,是本人在那一时期有代表性的著作。进入新千年以来,凭借教育部人文社科重点研究基地、国家知识产权战略实施研究基地、国家版权局国际版权研究基地、国家文化部知识产权研究基地等学术平台,我又先后主持了三项国家级重大研究项目——“知识产权制度变革和发展”、“科学发展与知识产权战略实施”、“中国特色知识产权理论体系研究”,发表了一批有一定影响力的学术成果,为国家知识产权制度建设和战略实施提供了有益的思想资料。其中,相关著述还获得首届“中国出版政府奖(图书类)”、入选“国家哲学社会科学成果文库”。感念新的时代,使理论创新的选择具有价值。

学术人生的过程必有选择。从谋生的选择到职业的选择,从学业的选择到专业的选择,我的人生过程与学术人生就行走在不断的选择之中,但布衣学者是为底色。对自己而言,漫漫人生道路上其实并没有多少机遇可以挥霍,从草图到画卷,从初排到演出,我最初的选择几乎就是最后的选择。在缤纷变换的几十年里,我练就了一种职业惯性和学术定力。记得

20 世纪 90 年代初，一些同事不忍清贫走出校门，在南方闯出一番天地。在这股被称为“胜利大逃亡”的浪潮中，我选择了坚守；21 世纪初，时逢高校管理体制改革之际，有中央部委和司法部门领导对本人表示延揽之意(此处略去一百字，以避标榜之嫌)，自以为志趣在学术江湖以远，不敢高攀于庙堂之上，我选择了坚持。自己大半辈子都在知识产权园地耕耘，职业、专业与事业得以相通相融。微博言，今天做了明天还想做的是事业，今天做了明天还得做的是职业，我有幸将自己能追求的事业与所喜欢的职业合为一体，因而是苦中有乐，乐此不疲。

学术生命的意义在于选择。奥地利心理学家维克多·弗兰克说道，“一切自由、一切真理和一切意义都依赖于个人作出并予以实施的选择”。在学术活动的过程中，选择是方向，也是兴趣使然。只有选择了自己感兴趣并适合自己的东西，才愿意为之付出努力，这就是选择。厘定长期的研究方向并形成自己的研究风格虽非易事，但非常重要，这些无一不在选择之中。三十余年来，我致力于知识产权问题研究，专注于两个方面：一是知识产权制度的基础理论研究，其研究方法和内容包括但不限于法学，间或涉及经济学、管理学、社会学、政治学等领域；二是知识产权制度的重要现实问题研究，其研究注重社会需求和问题导向，或立法，或司法，或战略实施，或知识创新，或产业发展等。坚持自由探索与问题导向、坚执学理探究与术用应对、坚守专业研究与学科融通，这是知识产权学人应有的学者品格和学术素养。我自诩学术中人，是为学术共同体的成员。按照马克斯·韦伯的说法，学术共同体的成员，必须以“学术为志业”。在这里，学术是一种存在方式，学术是一种事业追求，学术甚至是一种精神境界。自己人生道路的学术选择，不以仕途为图，不因稻粱所谋。我已过耳顺之年，但学术生涯还在继续，在此有两句感言：“读书、教书、写书，不卖书，以书为伴；学法、研法、立法，不违法，与法同行”。这就是我的选择。

《知识产权精要：制度创新与知识创新》是在责任编辑吴昉女士的热情要约和严格要求中完成的，本人心存感激。做研究，写文章，是为学者的本分。从教三十五年来，我一直努力践行之。除十多部著作、教材外，还有两百来篇论文、一百多万文字，有的忝列在权威学术刊物(其中发表于《中国社会科学》、《法学研究》、《中国法学》三大刊共计 26 篇)，也有的见之于重要新闻媒体(包括《人民日报》、《光明日报》、《法制日报》、《中国知识产权报》等)。在众多的著述中,摘取知识产权研究的“精要”,是件困难的事情,不同的学者对此可能有着不同的认识。但我以为,知识产权的“精要”之处应归结为“创新”。“创新”这一概念,既是对知识经济全面而深刻的解读,也是对知识产权法价值灵魂的精要概括。知识产权法的创新意义,表现为其本身的制度创新和所追求的知识创新两个方面,概言之,创新是知识产权法的历史过程与时代使命。基于此,此部代表作以“制度创新与知识创新”为主题,选择了二十多篇有较高引注率和影响力的学术论文,集中表现了作者关于知识产权的主要学说思想。文集虽是精选,但不敢妄称精品。编选成书时,对原来的论文标题做了适当修饰,力图聚焦主题、形成体系并便于阅读。

谨向学术界奉献我的选择,期待各位读者审视和指正。

吴汉东

2017 年元旦于武昌

目录

壹 学科属性与研究范式 001

知识产权研究的多元视角

贰 私权本质与政策维度 021

知识产权制度的目标功能

叁 无体物与概念工具 041

知识产权制度的罗马法渊源

肆 正当性与形而上学 053

知识产权制度的哲学思想

伍 合理性与知识价值 071

知识产权制度的经济学思想

陆 价值理性与工具理性 081

知识产权制度的价值分析

柒 法律文化与创新文化 105

知识产权制度的文化分析

捌 经济属性与效益目标 131

知识产权制度的经济分析

玖 政策理论与政策实践 151

知识产权制度的政策科学分析

拾 制度风险与法律控制 173

知识产权制度的社会学分析

拾壹 知识财产与无形财产 195

知识产权制度的类型化、体系化

拾贰 无体财产权与有体财产权 207
财产权体系中的知识产权

拾叁 法律创新与制度发展 231
从知识产权到无形财产权

拾肆 私权属性与人权蕴意 247
知识产权的国际公约视角

拾伍 文化主权与文化产权 269
知识产权的国际公约解读

拾陆 国际变革与本土发展 297
知识产权制度演变的基本态势

拾柒 历史过程与时代使命 325
知识产权制度创新的本质及目标

拾捌 科技创新、经济发展与制度变革 349
知识产权制度的运行机制

拾玖 法制评价与制度反思 375
知识产权制度的中国道路

贰拾 科学发展与战略实施 409
知识产权政策的中国实践

贰拾壹 链接入典与专门法典 423
知识产权法典化的中国愿景

贰拾贰 集体人权与集体产权 445
传统文化保护的中国选择

贰拾叁 权利保护与保护措施 471
知识产权侵权责任的归责原则

贰拾肆 侵权诉讼与举证责任 491
知识产权侵权责任的证据规则

贰拾伍 侵权损害与司法裁判 507
知识产权损害赔偿的认定规则

吴汉东代表作

壹

学科属性与研究范式*

知识产权研究的多元视角

在诸多民事权利制度中，唯有知识产权最具科技含量，其知识要素最多。一般认为，著作权发生在文化创作领域，与文化创新、文化产业息息相关；专利权产生于技术应用领域，与科技创新、科技产业紧密相连；商标权则运作于工商经营领域，涉及商品销售、市场贸易等诸多问题。在知识经济的时代条件下，知识产权的制度实施效果，关系到一国的经济发展、科技进步、文化与教育的繁荣；而在经济全球化的国际背景中，知识产权保护又事关国际政治、国际经济贸易、国际文化与科技的交流和合作。在这种情势下，从民法学理论出发研究知识产权属性，当是题中应有之义；而结合人权理论、经济学、管理学以及政策科学，多视角、全方位来考察知识产权功能，也显得非常必要。这些理论分析，有助于在不同学科层面揭示知识产权的基本蕴意，保持知识产权研究中的问题导向及其方法上的开放性。

一、私人财产权：知识产权的民法理论分析

知识产权为私权，是民法学界对知识产权属性的基本认识。知识产权是一种有别于动产与不动产所有权的知识财产所有权。民法所规定的基本原则和一般规范，应适用于各项私权制度，当然包括知识产权制度。离开了民事权利体系，知识产权就会成为无源之水、无本之木，无法找到其应有的法律归属。

公权与私权的划分，是我们识别知识产权民法属性的理论工具。关于

---

* 原载《中国社会科学》2011 年第 5 期，题名为“知识产权的多元属性及其研究范式”。

公权与私权的划分，可以追溯到罗马法。在古罗马，市民享有一种专属性的权利，即“市民权”（status civitatis），其内容包括公权和私权。其中，公权是指市民法所规定的选举权（参与议会制定法律和选举官吏的权利）和被选举权（被选举为官吏或议员的权利）；私权则包括婚姻权、财产权、遗嘱能力和诉讼权。[1]后世学者关于公权与私权的划分导源于罗马法理论，但其分类标准不一。其主要观点有：第一，利益说。即公权是关于社会公益的各种权利，私权则是关于私人利益的各种权利。第二，关系说。即公权是关于国家与公民之间的权利，私权则是公民相互之间的权利。第三，法律说。即公权通常是公法上所确定的权利，私权通常是私法上所确认的权利。知识产权归类于私权，在于它具备私权的一般确认标准：首先，它是私人的权利，即“关于平等主体相互之间的权利”；同时，也是私有的权利，即“关于私人利益方面的各种权利”；当然，更是私法上的权利，即“私法上所确认的权利”。[2]

知识财产私权化，是罗马法以来财产领域“非物质化”革命的结果。在古罗马法中，罗马人以“物”作为客体范畴，并以此为基础设计了以动产和不动产为保护对象的物权制度。罗马法的物与物权制度是一个物质化的财产结构。有体物即为客观实在之物，自不待言；即便无体物，也具有强烈的“似物性”。[3]罗马法的物化财产结构，缺乏包容非物质财富的权利形态和制度空间，具有不可避免的历史局限性。但是，罗马法留给后代的最大财富是罗马人的私法观念和原则，他们所创制的“无形财产”学说为近代的“财产非物质化革命”提供了关键性的概念工具和思想资料。[4]知识财产是为知识产权的客体，不同于物权所保护的“物”（动产和不动产）。近代德国哲学家黑格尔曾说，诸如精神技能、科学知识、艺术以及发明都可以像物那样进行交易并缔结契约，但它又是内部的精神的东西，所以理智上对于它的法律性质感到困惑。[5]黑格尔之惑给我们以下启示：第一，知识财产是区别于有形财产的另类客体，将其归类于物的范畴似有不当，这也正是黑格尔的“踌躇之处”。但是，知识财产同有形财产一样可以成为交换的标的，这也正是黑格尔的理智之见。第二，知识财产是精神内在的东西，但可以通过一定形式的“表达”而取得外部的定在，即精神的东西可以有“直接性”或“外在”的表现。在这里，黑格尔揭示了知识财产的非物质性与其表现形式的客观性。根据民事客体理论，客观性是权利标的的一般特征,知识财产概莫能外。有形财产(物)的客观性表现为客观化的物质实体;知识财产的客观性则应理解为客观化的知识体系。在知识产权学说中,即是可认知性、可复制性。就珀普所言,客观知识表明关于世界的真理独立于人们的主观世界。到目前为止,知识财产被描绘成为一种全球性的资源,是由人类的集体劳动在整个过去的时间内完成的。[6]非物质性是知识财产区别于有形财产(物)的本质特征,即知识财产的存在,不具有一定的物质形态,不占有一定的空间。我们必须认识到,客体的差异性是划分权利类型的基础。知识产权区别于其他财产权利,就在于其客体的非物质性。对此,我国台湾地区学者曾世雄先生有相同看法:财产权之有形或无形,并非指权利而言,而系权利控有之生活资源,即客体究竟有无外形。例如,房屋所有权的权利本身并无有形或无形之说,问题在于房屋系有体物;作为著作权,亦不产生有形无形问题,关键在于作品为非物质形态。[7]

对知识产权作出私权界定,其意义在于弘扬知识产权法所应有的民法精神。现代知识产权法的宗旨,在于保护创造者的合法权益,促进知识信息的广泛传播。从民法精神出发,知识产权法应确立两个基本法律观:第一,私权神圣。这一私法理念强调,包括知识产权在内的各种私人权利受国家法律的特别尊重和充分保护。知识产权法的建构,深刻地体现了下列私法理念:其一,以私权领域为依归。知识产权是知识类财产的权利形态,其基本属性与物权无异,都应归类于民事权利范畴。其二,以权利制度为体系。知识产权法虽含有程序法、公法的规定,但仍然是以实体法为基础的私权制度。诸如权利的取得程序、变动程序、管理程序、救济程序等,无一不是以创造者权利为中心。其三,以权利中心为本位。在知识产权法中,是权利决定义务,而不是义务决定权利,即是以权利为本位,在规范方法上以授权性规范为主要内容,在立法重心上以保护创造者权利为首要。第二,利益平衡。依民法精神要求,当事人之间、权利义务主体之间、个人与社会之间的利益应当符合公平的价值理念。知识产权法所强调的利益衡平,实际上是同一定形态的权利限制、权利利用制度相联系。在这里,私权神圣,强调的是权利保护;利益衡平,主张的是权利限制。两者的关系并非是绝对对立的,而是共存于知识产权的制度设计中。

关于知识产权为私权的民法分析,是一种将知识产权回归私法体系的努力。在过去一段时间,有的学者在肯定知识产权私权属性的同时,提出了"知识产权公权化"的命题,意图说明"知识产权兼具私权属性和公权属性"。[8]亦有学者针锋相对提出批判,认为"知识产权是纯粹私权","国家对知识产权的干预,不可能使其从本质上变成私权和公权的混合体"。[9]笔者认为,现代私法发展变革的一个重要趋势,即是传统私法的权利本位理念有所动摇,私法自治原则有所限制。但是,国家对知识产权领域的干预,具体表现为知识产权在权能范围、效力范围等方面受到某些限制,但不可能改变知识产权的基本属性。事实上,知识产权法从其产生之初直至发展到今天,相关权利无时不在保护与限制的法律调整之中。正如有的民法学者在分析所有权限制即国家对所有权制度干预这一现象时指出,"所有权被限制后的是一种具体的权利形态,具有独立性和同质性"。[10]同理,知识产权受到限制后,依然保留着私权的独立性和同质性。

二、特别人权:知识产权的人权理论分析

知识产权的人权蕴意,是对知识产权属性的一种理论假设。在学术界,关于知识产权本身是否为一项人权存有广泛争议,但对于知识产权具有人权意义并不否认。在人权理论的语境中解释知识产权,体现了尊重知识创造活动和智力成果价值的人文主义精神。启蒙思想家以此批判封建特许权,为近代知识产权制度的建构进行辩护;当代人权学者以此审视国际知识产权制度的缺陷,为建立公正、合理知识产权国际秩序提供理论依据。

人权定义、人权标准及国际人权公约规定,是分析知识产权人权问题的理论工具和法律依据。在国际人权社会,"定义人权是困难的,一般来说,人权指的是那些人之生存所必需的、基本的、不可剥夺的权利,但这些权利应当包含哪些内容,人们还未形成共识。对人权的解释也随着特定经济、社会和文化的变化而有所不同"。[11]何种权利属于人权,不同历史阶段的不同法律文件有着不同的选择。在人权是天赋的、不可剥夺的这一点上,美国《人权宣言》将生命、自由和对幸福的追求视为首要权利;而法国《人权宣言》却钟情于自由、财产和安全。[12]这里的财产包括通过人们劳动而产生的物质财产和知识财产。在国际人权书中,法律文件并没有明确将知识产权视为人权,但其中财产权条款和文化权利条款,使得知识产权具有某种人权意义。《世界人权宣言》第 17 条规定:"(1)人人得有单独的财

产所有权以及同他人合有的所有权;(2)任何人的财产不得任意剥夺。"但是该条款在起草过程中一直存有争议,曾有建议将财产权排除在人权范围之外。尽管如此,财产权条款经常被视为对知识产权进行人权保护的国际法依据。此外,《世界人权宣言》第27条规定:"(1)人人有权自由参加社会的文化活动,享受艺术,并分享科学进步及其产生的福利;(2)人人对由于他创作的任何科学及文化或艺术作品而产生的精神的和物质的利益,有享受保护的权利。"此后《经济、社会及文化权利国际公约》也规定了参加社会文化生活、享受科学进步及其产生利益的权利,对自己的智力成果享有法律保护的权利。关于知识产权的人权地位在公约起草中也是受到质疑的。主张者认为,联合国需要以道义和权威来保护各种形式的劳动成果,与有形财产一样,知识产权也需要得到保护;反对者则认为,社会公众享有文化与科学进步的利益与个人对知识的垄断权利不能混为一谈,这种权利有可能约束社会公众对智力成果的分享。知识产权条款最终为国际人权公约所接受,主要考虑其有助于实现其他人权,而创造者权利的保护是社会公众实现文化自由以及获得科学进步利益的基本前提。[13]

在人权的视野中研究知识产权,主要涉及以下三个问题:

第一,是否将知识产权视为人权。主张者的人权主张虽然相同,但其论点不尽一致。有人认为,启蒙思想家关于财产权与人权关系的阐述,是知识产权蕴含人权寓意的重要思想渊源。根据劳动财产权理论,作为人权的知识产权是"不可剥夺的"、"普遍权利要求",从而将资本主义式的财产权与封建特许权区别开来。这种人权观构成了近代知识产权制度正当性的基础。[14]有的认为,对知识产权的人权属性,应该切入财产权的视角。只要《世界人权宣言》第17条没有被废除,"将知识产权作为人权保护,完全是天经地义的事"。但是作为人权看待的知识产权完全是与表现自由有关的著作权,而不包含具有强烈经济色彩的专利权、商标权。[15]有的进一步认为,"与其说知识产权是私权、财产权,毋宁说知识产权是一项人权,具有'发展权'的属性"。"知识产权制度终极目的应当是'发展'——个人的发展、社会的发展、国家的发展以及全人类社会的共同发展。"[16]反对者的人权悖论及其论点表现为惊人的一致。即从新人权观点出发,将人权解释为基本性和普遍性、道德性和终极性的权利,而知识产权具有国家授予性和可让与性、经济性和工具性。[17]还有的进一步认为,创造者权利应当为区分两类:一类是作为财产权的知识产权;另一类是作为文化权利的对知识财产的人权。国际人权书的知识产权条款应为对后者的规定。[18]

第二,如何认识知识产权的人权意义。在人权理论中,知识产权制度功能有着更为全面而崇高的诠释。首先,按照普遍人权的社会要求,在一国范围内,任何人都可以凭借创造性劳动而取得权利,一切知识产权主体平等地的受到保护;在国际社会中,注重对一切民族、种族的智力成果给予平等的保护,促进各国科学、技术与文化的发展。其次,从至高无上的道德权利出发,对创造者权利的保护,其本身表现了对人类尊严、人类智慧的尊重。正如美国人权学者所言,“创造性作品,文化遗产和科学知识被转化为财产,这种作为具有重要的人权含义”。[19]最后,知识产权的保护模式和水准,应有助于其他人权的实现。根据人权公约要求,创造者的权利应与“参加文化生活”的权利和“享受科学进步利益”的权利保持一致,这一人权因素应高于“操纵知识产权法的简单经济运作”。[20]

第三,如何解决知识产权与其他人权的冲突。自进入“后 TRIPS”时代以来,国际社会十分关注知识产权与基本人权的关系问题。按照国际人权组织的说法,《知识产权协定》中的知识产权制度作为一方与另一方的国际人权法之间存在明显的冲突。[21]这些冲突包括:表现自由与严格规范知识产权限制的冲突,隐私权与信息数据库权利扩张的冲突,公共健康权与药品专利实施限制性条件的冲突。[22]如何处理知识产权与基本人权的关系,有两个问题必须加以考量:其一,关于权利的冲突,应奉行“法益优先保护”的原则。国际公约承认的基本人权,或是人作为主体存在所不可欠缺的自由,或是人之生存与发展的必需条件。相对于知识产权这一财产权利而言,上述人权应当具有优越地位,即应看作具有优先性的法价值。实行“法益优先保护”原则,意味着现代知识产权制度不仅要符合国际知识产权公约的规定,而且不应与国际人权标准相冲突。立法者在为知识产权提供法律保护时,应符合其必须遵守的国际人权义务。其二,关于权利的协调,应实行“利益衡平”的原则。其实,知识产权与上述各种人权在本质上可以达到一致。就人权体系而言,包括知识产权在内的私人财产就是人权的基础性权利。这是我们实现权利协调的一个重要条件。“利益衡平”是民法精神和社会公德的要求,也是“人权思想和公共利益原则”的反映。它要求当事人之间、权利与义务主体之间、个人与社会之间的利益应当符合公平的价值理念。[23]也就是说,出于公共利益目标,出于对基本人权的尊重,在一定情况下应对知识产权进行必要限制,以保证社会公众对知识产品的合理利用。这些都是正当合理的,其本身也是国际人权公约所要求的。

三、信息产权:知识产权的经济学分析

在经济学理论的视角中,知识产权是对“信息产品”这一公共产品的产权界定。在经济学家看来,选择何种产权,必须考虑“信息”这一公共产品的“负外部效应”(采用损害他人利益的方法来增加自己的利益)和“搭便车”(不支付任何成本而从他人或社会获得利益)的问题,并以效益最优为原则。对法律制度的经济问题的探讨,可以揭示知识产权的经济品格,评价知识产权的效益功能,推动知识产权的制度创新。[24]

在知识、信息等无形资源上界定产权,导源于经济学家关于公共产品与私人产品的理论。这种产品的分类是依据其消费状态和使用情况进行的,即以物品是否构成个人排他性的使用为标准。信息经济学理论认为,知识信息是一种特殊商品,具有公共产品的某种属性:第一,知识产品的生产者很难控制知识创新的成果。如果创造者将其知识产品隐藏起来,他的创新活动就不会被承认,从而失去社会意义。如果创造者将知识产品公之于众,他对信息这一无形资源事实上又难以有效控制。第二,知识产品的个人消费并不影响其他人的消费,无数个人可以共享某一公开的信息资源。无形的知识产品以有形的载体形式公开,即构成经济学意义上的“公用性”。第三,知识产品是一种易逝性资产。信息的生产是有代价的,而信息的传递费用相对较小。一旦生产者将其信息出售给某一消费者,那个消费者就会变为原生产者的潜在竞争对手,或是其他消费者成为该信息的“搭便车者”。第四,知识产品的消费与其他公共产品不同,它的使用不仅不会产生有形损耗,反而可能扩张社会的无形类资源总量。但是,由于“外部性”原因,生产者提供的信息往往被消费者自由使用,其结果虽然是知识产品带来的社会效益大大高于创造者个人取得的效益,但同时导致知识产品生产者难以通过出售信息来收回成本。因此,社会有必要建立相应的产权制度,调整信息产品生产的成本与收益关系,防止信息产品的无偿使用或消费的情形发生。一般认为,知识产权制度赖以产生的条件是:知

识产品所有人将自己作品、发明创造等公布出来，使公众能看到、了解到，得到其中的专门知识，而公众则承认作者、发明创造者在一定时期内有独占使用、制造其知识产品专有权利。知识产品是公开的（公共产品属性），但知识产权是垄断的（私人产权属性）。西方法学家将这一现象解释为社会契约关系。[25]而按照经济学家的观点，建立知识产权制度的经济动因，在于"对财产权的法律保护有其创造有效使用资源的诱因"。[26]正是农夫能够获得土地作物的财产权，才有诱因促使农夫支付并尽可能节约耕种土地所需要的成本；正是创造者能够取得无形财产的垄断权，才有诱因激励其在知识、信息的生产方面投资。

法律经济学理论为人们认识、评价、运用知识产权提供了新的思维方式。我国学者 20 世纪 90 年代以来尝试对知识产权问题进行经济分析，[27]其理论兴趣主要集中在以下方面：

第一，产权模式选择问题。产权界定的实质是回答知识财产应为私有还是公有？信息产品是人们在科学、技术、文化等精神领域的创造性产品的总称，其类别具有多样性，因此，不宜简单采取单一的产权形式。其中，科学发现和某些技术成果采取的是非市场机制的产权形式。关于科学成果的非市场机制的报酬系统，在经济学家那里被称为优先权（priority）报酬系统。[28]这是一种与优先权有关的各类报酬的奖励制度：首先是科学发现或技术发明的命名权，即在某项科学成果上以完成该项发现或发明的科学家来命名；其次是科学奖金的获得权，即从政府或其他社会组织那里领取奖励发现或发明的科学奖金。优先权报酬系统的实质是确立发现者或发明者拿走的只是"命名"与奖金的报酬，作为这种收益的对价支出，社会获得了对该项科学成果的公有产权。正是在这个意义上，笔者以及一些学者曾认为，发现权、发明权制度不是私人专有财产的知识产权制度，而是一种科技奖励制度。经济分析表明，对信息产品以产权私有（知识产权）为主，兼采以奖励为对价的公有产权（发现权、发明权），符合"相对优势定律"的一般原则。[29]我国现行的专利发明与发明奖励双轨制是可行的。

第二，交易成本收益问题。依照微观经济学的供给与需求理论，精神生产与物质生产的目的一样是为了交换。这些交易活动应是高效益的价值实现和价值增值的过程。交易的实质不是物品本身的交换，而是产权的交换。交易本质上是一种经济关系，其核心是所有者的权利。[30]科斯理论认为，制度的选择，涉及交易成本的发生，这种交易成本包括获得市场信息所需的成本，讨价还价与签订合同所需的成本，监督合同履行和制裁违约行为所需的成本。[31]在上述“实在交易成本”的情况下，有效益的结果就不可能在每个法律制度下产生，此时，合意的法律制度是交换代价的效应减至最低的规则。由此可见，权利的界定与安排在交易中十分重要。“这就要求立法机关在制定法律和法官在判决案件时，充分考虑效益原则。”[32]产权交易成本理论说明，发展中国家在适用国际通行的高水平知识产权法律时，须尽力降低社会成本，争取利益最大化。当前，在成本收益方面，有两个现实问题值得考虑：一是参加经济全球化的收益应能支付或高于进入知识产权制度一体化的成本；二是高水平知识产权保护所带来的未来发展收益将高于现阶段所支付的必要成本。因此，我们应注重对现行知识产权制度实施的效益评估。

第三，制度变迁与经济增长问题。所谓制度，是某一社会全体成员应该遵守的行为及其相互交换的规则，主要是指明确界定人们权利、义务归属关系的法律系统。[33]从经济学的角度来看，制度创新一般是指制度主体通过新的制度构建以获得追加利益的活动，它是关于产业制度、产权制度、企业制度、经济管理制度、市场运行制度等各种规则、规范的革新。制度创新有多种形式，但每种创新都会导致某个领域的制度变迁。在新制度经济学理论中，制度变迁被理解为用一种效益更高的制度替代另一种制度的过程。它包括两种：一是“诱致性制度变迁”，即制度构建的变更或替代，或者是新制度的创造，由个人或一群人自发倡导、组织或实行。二是“强制性制度变迁”，即由政府命令、法律以及各项政策的引入所实现的。在创新体系中，制度创新居于基础和保证地位。诺思说道：“有效益的经济组织是经济增长的关键。”在此，他将有效的经济组织定义为能够在制度上作出安排和确定所有权以便造成一种刺激，将个人的经济努力变成私人收益接近社会收益的活动。概言之，制度是“决定长期经济绩效的基本因素”。[34]上述理论表明了知识产权立法的时代使命，即通过制度创新推动知识创新。

四、无形资产：知识产权的管理学分析

知识产权在资本形态上表现为无形资产。[35]在管理学那里，无形资产

属于固定资产的范畴，是一种不具有实物形态的独占经济资源。运用管理学的基本范畴与方法，研究知识产权中的单一资产要素的产出发展和各个资产要素的综合应用，探求知识产权作为无形资产资源在创造、流通各环节的运动规律，涉及知识产权经营、管理、评估等方面的问题分析和对策谋划，具有重要的应用研究价值。

财产与资产的关系，是研究知识产权无形资产属性的理论起点。无形资产是我国管理学界的热点话题，其资产项目多涉及各类知识产权。关于两者的关系，康芒斯曾有过精辟的论断："财产的经济意义就是'资产'，而资产的法律意义就是'财产'。"[36]资产是经济学特别是会计学的基本概念，法学则将资产表述为财产权。[37]管理学理论认为，资产应该是指企业或个人拥有或控制的，能以货币计量，能为企业或个人获得效益的经济资源，包括实物资产、无形资产、债权及其他经济资源。[38]关于无形资产的概念，学界尚无统一的定义，一般多指定无形资产的范围来表述无形资产的概念。不过，就无形资产的非实物形态的认定而言，各国大体相同。美国会计界认为，无形资产是非实物的经济资源，其价值是依据被授予的权益和其他将要得到的预期收益来确定的(《美国会计手册》第 23 章)。日本会计界认为，无形固定资产是同有形固定资产相对立的概念。其定义不太明确，但强调该类资产是虚拟资产、是没有实体的资产(日本《新版会计大辞典》)。[39]我国经济界关于无形资产非实物形态的描述，有的表达为某种"法定权利、知识权利、优先权、垄断权，或者企业所具有的非凡盈利能力"，[40]有的则概括为"某种特殊权利和技术知识"。[41]就对象的非物质来讲，法学上知识产权与管理学上的无形资产有着共同的认定标准。但在构成范围方面，无形资产的划定却难以在知识产权理论上得到认同。一般认为，无形资产包括专利权、商标权、著作权、技术秘密、特许经营权、租赁权、土地使用权、商誉等。[42]上述无形资产的类别主要涉及知识产权，但不限于知识产权。目前，一些学者认为，有的财产权利不宜作为无形资产：一是租赁权。举凡金融租赁、使用租赁、维修租赁，其经营对象一般是生产工具，换言之，租赁权的客体为有形物。二是土地使用权。土地资源不同于智力资源，在企业资产中类似于有形固定资产。正是基于上述理由，有些学者主张将该类权利从无形资产中分离出去。[43]

在无形资产的管理学研究领域，知识形态资产要素即知识产权是为主要问题对象。“无形资产是各行各业的必备资源,它在单位总资产中的比重有超过有形资产的趋势。世界上当前单项资产价值最高的是无形资产,经济技术寿命最长的是无形资产”。[44]现代化的企业经营应以无形资产经营为主。在知识经济时代,知识已经成为最重要的经济资源,是经济增长和发展决定性因素。原美国证券交易委员会委员史蒂文·沃曼曾指出,“我们的社会已经由以工业为基础的时代,进入到了以知识为基础的时代。在这个社会中,知识产权、软资源和其他迅速增长的无形资产,构成了创造财富的主体资源”。[45]对于企业而言,知识经济带来的是财产结构的重大变化,企业固定资本、金融资本的重要性已经让位于企业所拥有的知识财产。在国际上,发达国家和他们的跨国公司极力将其拥有的智力成果优势转化为知识产权优势,最终形成国际市场的竞争优势。正如英国政府的一份白皮书所指出的那样,“竞争的胜负取决于我们能否充分利用自己独特的、有价值的和竞争对手难以模仿的资产,而这些资产就是我们所拥有的知识产权”。[46]一般认为,企业核心竞争力包括企业员工的知识和技能、企业的技术开发和创新能力、企业的管理和生产经营能力、企业创造品牌和运用品牌的能力、企业独特的文化和价值观。在市场经济条件下,企业的核心竞争力是围绕消费者的需求而构建的。在核心竞争力的几大构成要素中,最容易为消费者所感知的就是技术和品牌,对于消费者来说,他们最关心的不是某个公司的组织架构、经营战略,而是其生产的产品,更确切地说,是产品的技术含量和品牌价值。因此,企业的核心竞争力最终落实到技术和品牌上来,而技术和品牌即是无形资产中的知识产权。

无形资产的管理学研究,应以各种知识形态资产要素的综合应用为重点。无形资产是关于企业拥有智力资源的总称,包括但不限于知识产权。在无形资产的框架内,涉及三类财产权利:[47]第一,知识类财产权利。该类财产主要由知识、技术、信息等无形资产利益所构成,可以分为创造性成果与经营性标记,其权利形态包括著作权、专利权、商业秘密权、植物新品种权、集成电路布图设计权等,是典型的知识产权。第二,资信类财产权利。该类财产主要是经营领域中商誉、信用、形象等具有经济内容的商业人格利益。就其构成而言,其内在因素是主体的经营能力,包括经济状况、生产能力、产品质量、市场占有份额等;其外在因素是社会基于主体的信誉、形象等而给予的评价和信赖。该类财产权利形态包括商誉权、信用权、形象权等,是宽泛意义的知识产权。第三,特许类财产权利。该类财产由主管机关或社会组织所特别授予的资格、优惠、特权等法律利益所构成。美国分析法学派代表人物霍菲尔德认为,权利、特权、权力和豁免可统称为“法律利益”(legal interest)。一个人拥有财产,就是说实际上此人拥有一系列的权利、特权、权力及豁免。[48]在无形资产体系中有一种由“法律利益”所构成的特许类财产,该类财产与前述知识类财产、资信类财产不同,它不是基于所有人自己的创造性行为或经营性资信所形成,而是由某一机关或组织的特别授权所产生。此类财产的权利形态即为特许经营权。在企业无形资产经营管理中,应综合考虑各种知识产权的特点,制定一体化战略,才能确保知识形态资产总体效用的最大化。一般来说,企业技术优势依赖于专利权。企业在某个技术获取专利后,以其为基本专利,将有关改进技术及外围技术均申请专利,由此构造一个由基本技术和相关技术联结的专利网,形成企业的强势技术;而企业经营优势依赖于商标权。现代市场消费的一个重要特点,即是从产品消费转向为品牌消费。企业必须通过商标制度来维持自己品牌的独特性,不断提高品牌的知名度、美誉度和忠诚度,形成企业的强势品牌。在企业无形资产资源的运作过程中,根据产品属性、技术进步的速度、消费者的特点以及同一企业不同品牌之间的溢出效用,[49]既要充分发挥各个知识形态资产的效应,又要以培育品牌为中心,形成企业长久优势。这些即是我们构建企业知识产权一体化战略的理论基础。

五、公共政策:知识产权的政策科学分析

从国家层面来看,知识产权是一种社会政策工具。是否保护知识产权,对哪些知识赋予私人财产权,采取什么标准保护知识产权,实际上是一个国家根据现实发展状况和未来发展需要而作出的公共政策选择和安排。政策科学试图把政策过程科学化,旨在“解决与政治决策和政府决策相关的实际问题”,[50]这是基于对政策的观察、认知、描述甚至试验性的研究而产生的系统化理论。[51]对知识产权进行政策科学分析,可以揭示知识产权立法背后的政策立场,评价知识产权执法过程中的政策效果,提出知识产权法律变革的政策选择,从而从一个新的角度把握知识产权制度的合理内核。

知识产权法律是公共政策的组成部分,这是政策科学对知识产权政策

属性的基本概括。所谓知识产权政策，即是政府以国家的名义，通过制度配置和政策安排对私人知识资源、归属、利用以及管理进行指导和规制，“通常表现为一系列的法令、条例、规章、规划、计划、措施、项目等”。[52]关于知识产权作为私权和政策工具的关系，英国知识产权委员会作出如下说明：“无论怎样称呼知识产权，我们最好将它视作公共政策的一种手段。授予个人或机构一些经济特权，以实现更大的公共利益，而这些特权只是一种目标实现手段，其本身并非目标。”[53]可以认为，知识产权如同物权、债权一样为私权，但知识产权同时具有某种超越私人本位的公共政策属性。实施公共政策通常会面临着“谁是政策的受益者，谁是政策的受损者”的问题，[54]即对知识财产利益进行分配和调整。作为“利益相关者”，涉及规制知识产品的创造者、传播者、利用者之间的权利义务关系；作为“利益分享者”，则要考虑独占权利与公共利益之间的平衡。由于政策是社会中无数团体组织“释放和吸收”（give and take）的结果，没有一定公众支持的政策，在执行上将面临许多困难和阻力。[55]这一分析模式表明，在知识产权政策制定和实施方面，国家既强调对特定主体的利益保护，又注重对不同主体的利益平衡。这种法律价值追求，反映了私人产权制度中的国家政策立场。法律变革中关于权利保护与权利限制的规定，实质上是知识产权政策的调整功能使然。因此，单向度的私权解读，仅是解释知识产权的一个方面，而政策工具所具有的弹性和包容性更具有理论和实践的解释能力。

知识产权政策成本与效益比较，是政策科学评价知识产权制度实施状况的分析工具。按照制度经济学的理解，任何制度的产生和选择都是人们对其成本和收益进行比较的结果。换言之，对知识产权进行制度安排，应能带来知识财富增长的净收益。知识产权政策之所以必要，是因为选择其来解决知识产品供给问题，较之市场自行解决问题所产生的社会成本较低，按照科斯的说法，公共政策只是一种在市场解决问题时社会成本过高的情况下所作出的替代选择。[56]上述分析是政策科学对知识产权政策评价的一般理论说明。现实的问题是，公共政策是有一定限度的，如果某一公共政策所产生的社会成本较高，就不能达到预期的效果，甚至产生负面影响。我们注意到，知识产权制度在发展中国家并没有完全释放应有的功能，“利大于弊”还是“弊大于利”往往成为评价这些国家知识产权运用效果的争议焦点。笔者认为，造成政策失灵的原因，主要有两点：第一，制度外力强加而造成的“水土不服”。英国知识产权委员会指出:“知识产权体系能够成为发展本土科技能力的一个重要因素,特别是在那些已建立起科技基础结构的国家中。”[57]但对于大多数发展中国家而言,由于其自主创新能力不足,保护知识产权实际上只是保护了外国(主要是发达国家)的知识产权,增加了本国创新的成本。因此,制度强加对于发展中国家并非好事。第二,制度运作经验不足而导致“受制于人”。国际知识产权协会主席、美国斯坦福大学教授约翰·巴顿(John Barton)指出,发展中国家与发达国家在知识产权方面的差距,不在于制度本身,而在于运用制度的经验。上述分析表明,对发展中国家而言,政策运用比政策选择更为重要,知识产权政策的有效运用,需要创设一系列的社会条件,如完善的公共政策体系、高效而统一的执法体系、良好的文化与技术产业基础等。总的来说,发展中国家要实现现代化的转型发展,必须通过知识产权政策的有效实施,才能为本国经济社会发展提供持久动力,在国际经济、文化、科技竞争中争取主动。

知识产权制度应具有明确的目标取向,这是政策科学对知识产权政策选择的重要认识。美国学者弗兰克·费希尔认为,无论公共政策通过何种途径而形成,都要涉及实现的目标以及实现这些目标的手段。[58]也就是说,任何公共政策的制定和实施总是与一定的政策目标相联系的。在目标取向方面,总政策处于统率和引领地位。所谓总政策,是对一个国家的社会运行起着根本性和决定性指导作用的政策,它是一种影响全局的政策,并基于特定的历史时期,始终具有较强的总括性和稳定性。[59]一般而言,公共政策的总体目标是保持社会稳定、维护社会公正、促进社会发展。在公共政策体系中,促进知识财富增长和经济社会发展的任务目标,并不是知识产权政策独立承担的,上述目标取向也体现在其他公共政策中。此外,知识产权政策的某些规范在其他公共政策中也有所体现,知识产权政策目标的实现有赖于其他公共政策的配合。在公共政策体系中,与知识产权政策相关联的公共政策主要有文化教育政策、产业经济政策、科学技术政策、对外贸易政策等。作为政策决策主体的政府,其任务是发挥知识产权的政策导向作用,建立促进知识创新与利用的政策体系。在中国,现阶段知识产权的政策目标,表现为实施知识产权战略,建设创新型国家。[60]知识产权战略是主体通过规划、执行、评估等战略举措,谋求战略目标实现而采取的全局性、整体性的谋略和行动安排。它自身既是一个包括战略目标、战略任务、战略措施的动态系统工程,同时也是一个服务特定总政策目标、发挥知识产权正效应的公共政策体系。可以说,中国知识产权战略实施的状况,是我们考察知识产权政策目标实现与法律适用成效的最终尺度。从政策总目标而言,知识产权战略实施的成功与否,将决定21世纪中国社会发展的最终走向。

六、并非结束的结语

知识产权是国内外竞相关注的热点问题。考量知识产权制度一体化、国际化趋势,回应知识产权制度的现代化诉求,促进知识产权法律的本土化进程,推动知识产权政策的战略化实施等,是当前知识产权研究的重点和难点问题。这些问题可以概括为"十大关系":一是知识产权法律的本土化路径与国际化趋势的关系;二是知识产权立法的时代性要求与本国阶段性选择的关系;三是知识产权制度的价值属性与工具属性的关系;四是知识产权的私权神圣原则与知识传播的公共利益原则的关系;五是知识产权对网络技术、基因技术的保护与维护人类精神、文化和道德进步的关系;六是知识产权制度创新与文化创新、科技创新的关系;七是知识产权的法律制度移植与法律精神内化的关系;八是知识产权贸易的全球化与中国经济、文化安全的关系;九是知识产权国际保护的必要成本与本国知识产权事业的利益实现的关系;十是知识产权制度安排中的单行立法与体系化、法典化的关系。对这些问题,既无法简单沿用传统的法学理论来诠释,也不宜拘泥单一的学科知识作研究,我们应从法学理论出发,结合政治学、社会学、伦理学、经济学、技术科学、政策科学等理论,多元视角地考察知识产权制度的属性与功能。笔者期待学术界同仁共同努力,为中国知识产权制度的理性选择作出自己的思想贡献。

注释

1 周枏:《罗马法原论》,商务印书馆1994年版,第99~100页。

2 参见《中华实用法学辞典》,吉林大学出版社1988年版,第326页;《北京大学法学百科全书》(宪法、行政法学卷),北京大学出版社1999年版,第149页。

3 所谓"似物性",即"thing likeness",意指与实体性财产和物质化财产的相似性,参见Peter Drahos, A Philosophy of Intellectual Property, Dartmouth Publishing Company

Limited,1990。

4 关于罗马法与知识产权制度之关系,可参见 Russ Versteeg,The Roman Law Roots of Copyright,Maryland Law Review,2000,USA;吴汉东:《罗马法的“无体物”理论与知识产权制度的学理基础》,载《江西社会科学》2005 年第 7 期。

5 [德]黑格尔:《法哲学原理》,范扬、张企泰译,商务印书馆 1982 年版,第 43 节附译。

6 K. R. Popper,Objective Knowledge. Oxford,1972,Chapter Ⅲ. 转引自曲三强:《传统财产权理论与知识产权观念》,载《知识产权研究》,西安交通大学出版社 2001 年版,第 126 页。

7 曾世雄:《民法总则之现在与未来》,台湾三民书局 1983 年版,第 151 页。

8 代表性著述有冯晓青等:《试论知识产权的私权属性及其公权化趋向》,载《中国法学》2004 年第 1 期;李永明等:《论知识产权之公权性质》,载《浙江大学学报》(人文社科版)2004 年第 4 期。

9 代表性著述有吴汉东:《关于知识产权私权属性的再认识》,载《社会科学》2005 年第 10 期;孙海龙等:《知识产权公权化理论的解读和反思》,载《法律科学》2007 年第 5 期。

10 梅夏英:《财产权构造的基础分析》,人民法院出版社 2002 年版,第 72 页。

11 国际人权法教程项目组:《国际人权法教程》(第 1 卷),中国政法大学出版社 2002 年版,第 11 页。

12 国际人权法教程项目组:《国际人权法教程》(第 1 卷),中国政法大学出版社 2002 年版,第 10 页。

13 相关资料参见[美]奥德丽 · R. 查普曼:《将知识产权视为人权:与第 15 条第 1 款地 3 项有关的义务》,刘跃伟译,载《版权公报》2001 年第 3 期。

14 参见吴汉东:《知识产权的私权与人权属性》,载《法学研究》2003 年第 3 期。

15 参见张乃根:《论 TRIPS 协议框架下知识产权与人权的关系》,载《法学家》2004 年第 4 期。

16 参见吴峰:《知识产权、人权、发展》,载《上海理工大学学报》(社会科学版)2005 年第 3 期。

17 代表性著述参见宋慧献:《冲突与平衡:知识产权的人权视野》,载《知识产权》2004 年第 2 期;郑万青:《知识产权与人权的关联辨析》,载《法学家》2007 年第 5 期。

18 郑万青:《知识产权与人权的关联辨析》,载《法学家》2007 年第 5 期。

19 [美]奥德丽 · R. 查普曼:《将知识产权视为人权:与第 15 条第 1 款第 3 项有关的义务》,刘跃伟译,载《版权公报》2001 年第 3 期。

20 [美]奥德丽 · R. 查普曼:《将知识产权视为人权:与第 15 条第 1 款第 3 项有关的义务》,刘跃伟译,载《版权公报》2001 年第 3 期。

21 UN Commission in Human Rights: Intellectual Property and Human Rights,2000,E/CN1. 4\sub. 2/2000/7.

22 参见吴汉东:《知识产权 VS 人权:冲突、交叉与协调》,载台湾《法令月刊》2003 年 8 月;杨明等:《知识产权与人权:后 TRIPS 时代的知识产权国际保护》,载《法律科学》2005 年第 5 期。

23 [美]奥德丽·R. 查普曼:《将知识产权视为人权:与第 15 条第 1 款第 3 项有关的义务》,刘跃伟译,载《版权公报》2001 年第 3 期。

24 法律经济学自 20 世纪 60 年代问世于美国,以后迅速传播于各国,它不仅带来法学研究方法的变革,而且成为一些国家创制法律的考量依据。美国里根政府曾以 12291 号总统令,要求对所有新制定的规章进行成本—收益分析。

25 参见中国科学技术情报所专利馆编译:《国外专利法介绍》(第 1 册),知识出版社 1981 年版,第 12 页。

26 [美]罗伯特·考特、托罗斯·尤伦:《法和经济学》,上海三联书店 1991 年版,第 185 页。

27 主要著述包括吴汉东:《合理使用制度的经济学分析》,载《法商研究》1996 年第 2 期;刘茂林:《知识产权法的经济分析》,法律出版社 1996 年版;谭忠东:《知识产权保护的经济学分析》,载《知识产权》1999 年第 4 期;吴汉东:《关于知识产权基本制度的经济学思考》,载《法学》2000 年第 4 期;陈昌柏:《知识产权经济学》,北京大学出版社 2003 年版;蔡岳勋、胡心兰:《从法律与经济学的角度分析美国著作权法之科技保护措施及合理使用原则》,载台湾《中原财经法学》2005 年第 14 期。

28 袁志刚:《论知识的生产与消费》,载《经济研究》1999 年第 6 期。

29 微观经济学认为,人们应该从事某机会成本低于其他所有事情的事情。机会成本是指把一定资源用于生产某种产品时放弃的生产另一种产品的价值,或说是利用一定的资源获得某种收入时所放弃的另一种收入。

30 马克思:《资本论》(第 1 卷),人民出版社 1975 年版,第 102 ~ 103 页。

31 [美]罗纳德·科斯:《社会成本问题》,载[美]R. 科斯等:《财产权利与制度变迁》,刘守英等译,上海三联书店 1994 年版。

32 钱弘道:《经济分析法学的几个基本概念阐释》,载《同济大学学报》(社会科学版) 2005 年第 2 期。

33 李京文:《迎接知识经济新时代》,上海远东出版社 1999 年版,第 118 页。

34 [美]道格拉斯·诺思、罗伯特·托马斯:《西方世界的兴起》,厉以平、蔡磊译,华夏出版社 1988 年版,第 1 ~ 2、17 页。

35 参见刘京城.《无形资产的价格形成及评估方法》,中国审计出版社 1998 年版,第 1 页。

36 关于财产权与资产的关系,古典经济学家隐蔽了财富与资产的区别,而将财富解释为物资和所有权。

37 陈仲主编:《无形资产评估导论》,经济科学出版社 1995 年版,第 4 页。

38 陈仲主编:《无形资产评估导论》,经济科学出版社 1995 年版,第 4 页。

39 转引自蔡吉祥:《无形资产》,海天出版社 1996 年版,第 1 页。
40 吕劲松编著:《无形资产会计》,中国审计出版社 1998 年版,第 1 ~ 2 页。
41 何清政等:《国有资产评估》,中国标准出版社 1993 年版,第 102 页。
42 参见何盛明主编:《财经大辞典》,中国财经出版社 1990 年版,第 1431 页。
43 参见蔡吉祥:《无形资产》,海天出版社 1996 年版,第 99 页。
44 蔡吉祥:《无形资产学》,海天出版社 2002 年版,第 5 页。
45 [美]凯文・G. 里维特、[美]戴维・克兰:《封建的商业宝藏:启用商战新的秘密武器——专利权》,陈斌等译,中信出版社 1997 年版,第 51 页。
46 See Our Competitive Future Building the Knowledge Driven Economy, Presented to Parliament by the Secretary of State for Trade and Industry by Command of Her Majesty December 1998.
47 参见吴汉东:《财产的非物质化革命与革命的非物质财产法》,载《中国社会科学》2003 年第 4 期。
48 [美]肯尼斯・万德威尔德:《19 世纪的新财产:现代财产权概念的发展》,王战强译,载《社会经济体制比较》1995 年第 1 期。
49 Parchomovsky Gidean and Siegelman Peter, Towards an Integrated Theory of Intellectual Property, 88VA. L. Rev, 2002.
50 [美]弗兰克・费希尔:《公共政策评论》,中国人民大学出版社 2003 年版,译者前言。
51 参见孙超等:《政策科学研究范式对企业战略管理研究的启示》,载《中南财经政法大学学报》2007 年第 2 期。
52 吴鸣:《公共政策的经济学分析》,湖南人民出版社 2004 年版,第 4 页。
53 英国知识产权委员会:《知识产权与发展政策相结合委员会关于知识产权的报告》,第 6 页,载 http://www. iprcommission. org/graphic/chinese_intro. htm。
54 吴鸣:《公共政策的经济学分析》,湖南人民出版社 2004 年版,第 3 页。
55 Carla, Hesse, The Rise of Intellectual Property, 700 B. C. – A. D. 2000: An Idea in the Balance, Daedalus, Vol. 131, No. 2, Spring 2002, p. 26.
56 参见[美]罗纳德・科斯:《社会成本问题》,载[美]R. 科斯等:《财产权利与制度变迁》,刘守英等译,上海三联书店 1994 年版。
57 转引自《英国政府对英国知识产权委员会的报告〈综合知识产权与发展政策〉之回应》, 载 http://www. iprcommission. org/Translations/DFID _ Response _ Chinese _ FINAL. pdf。
58 [美]弗兰克・费希尔:《公共政策评估》,中国人民大学出版社 2003 年版,第 3 页。
59 参见吴鸣:《公共政策的经济学分析》,湖南人民出版社 2004 年版,第 5 页。
60 关于中国知识产权政策调整、完善和提高,可参见吴汉东:《利弊之间:知识产权制度的政策科学分析》,载《法商研究》2006 年第 5 期。

吴汉东代表作

贰

私权本质与政策维度*

知识产权制度的目标功能

在民事权利制度体系中，知识产权是与传统的财产所有权相区别而存在的。英文“Intellectual Property”、法文“Propriété Intellectuale”、德文“Gestiges Eigentum”，其原意是“知识（财产）所有权”或“智慧（财产）所有权”。将一切来自知识活动领域的权利概括为“知识产权”，最早见之于17世纪中叶的法国学者卡普佐夫的著作。后来，比利时著名法学家皮卡第发展了这一理论，将知识产权视为一种特殊的权利范畴，以此区别于物的所有权。[1]

作为法律制度的知识产权，其立法目的在于保护智力创造者权利，维系社会正义；促进知识广泛传播，有效配置智力资源。这即是正义与效益的双重价值目标。知识产权的各项基本制度，围绕着上述法律价值目标，发挥着保护权利、平衡利益、促进科技进步和经济增长的社会功能。基于价值目标与制度功能的多元化，我们可以从不同方面来认识知识产权的本质。

一、私人语境下的知识产权：知识财产私有的权利形态

世界贸易组织的《知识产权协定》在其序言中宣示“知识产权为私权”，以私权名义强调知识财产私有的法律性质。权利本体的私权性是将知识产权归类于民事权利范畴的基本依据。私权是与公权相对应的一个概念，指的是私人（包括自然人、法人和其他社会组织）享有的各种民事权

---

* 原载《中国法学》2006年第5期，题名为“关于知识产权本质的多维度解读”。

利。所谓私权，即私的权利，可以从如下方面来理解：第一，它是私人的权利。这里的私人，特指民事法律关系的主体，即处于平等地位的人。即使国家在某种情况下可以作为民事主体出现，但也与其他民事主体形成相互平等之关系。第二，它是私有的权利。这里的私有，意指民事权利为特定民事主体所享有。所有权是特定人直接支配所有物之权利，债权是特定人请求特定人为特定行为之权利。这说明，私权是特定人享有的私人权利，而不是一切人同享的公共权利。第三，它是私益的权利。这里的私益，也就是与公益相对应的个人利益。根据私法的原则，允许"个人根据自己的意愿形成相互之间的经济关系和其他关系"，[2]追求合法的私利。知识产权归类于私权，在于它具备私权的一般确认标准：它是"关于私人利益方面的各种权利"（利益说）；是"关于平等主体相互之间的权利"（关系说）；是"私法上所确定的权利"（法律说）。[3]可以认为，知识产权的产生、行使和保护，适用于民法的基本原则和基本规则。离开了民事权利体系，知识产权就会成为无源之水、无本之木，无法找到其相应的归属。

关于公权与私权的划分，可追溯到罗马法。在古罗马，凡市民都享有一种专属性的权利即"市民权"（status civitatis），其内容包括公权与私权。其中，公权是指是民法规定的选举权（参与各种议会制定法律和选举官吏的权利）和被选举权（被选举为官吏或被选举为议员的权利）；私权则包括婚姻权、财产权、遗嘱能力和诉讼权。[4]在古罗马的私权体系中，财产权制度是以"物"为基础的，其对象主要是有体的物质对象（有体物），也包括无体的制度产品（无体物）。[5]在罗马法时期，尚未产生保护精神产物的财产权即近代意义的知识产权，但是罗马法所留下的私法原理和规则，尤其是"无体物"理论，为后人诠释知识财产法律化提供了重要的思想资料。"无体物"理论本意是将特殊之权利视为权利标的意义之物件，即以主观拟制之物为权利之客体，这意味着对客体物的理解，不应拘泥于直接存在之物、有体存在之物。近代法律对知识财产的确认，标志着财产权从具体到抽象的转变。人们不再将财产的范围局限于有体物，而扩大到为数众多的不具备外在形体的财产，这即是财产的抽象化和非物质化。"就知识产权而论，所论及之物乃是抽象物。如我们所知，抽象物并不存在，或者我们可以宣称它不存在。在知识产权中的抽象物采取了一种法律虚拟的形式。""法律假定在某些抽象物中存在着权利。盘尼西林的分子式和化学结构即是抽象物的例证,许多人需要使用并依赖于这些物”。[6]按照澳大利亚学者扎霍斯(Drahos)的说法,由此产生了基于抽象物而形成的一种新的财产权形式。这就是与传统财产所有权有别的知识产权。

知识产权的私权化,是罗马法以来财产非物质化革命的结果。近代知识产权的形成,经历了一个由封建特许权向资本主义财产权嬗变的历史过程。与封建特许权相比,作为私权的知识产权有如下特点:第一,它是“天赋之权”。近代启蒙思想家将财产权置于天赋人权的理论框架内,并赋予其独立、核心的重要地位。因此,知识产权是“天赋”的、“与生俱来”的,它不应由国家特许而产生;作为私权的知识产权也是个人的权利、利己主义的权利,“私有财产神圣不可侵犯的权利”。[7]第二,它是“普世之权”。在近代人权理论的视野中,财产权与其他权利一样,是超越时代、超社会的普遍权利。因此,知识产权具有普适性。它是一种“普遍权利要求”,是一种资本主义式财产权,而不可能是个别的、局部的行政庇护权。第三,它是“法定之权”。从法哲学理论而言,公民基本权利和自由概由一国宪法和法律所规定,即是以实定法的名义反映的自然权利。[8]知识产权即是如此:从权利来源论,它是一种“自然权利”,创造性活动是知识产权产生的“源泉”(source);从权利依据论,它是一种“法定权利”,法律规定是知识产权产生的“依据”(origin)。[9]近代知识产权制度的确立,将非物质财产的权利形态改造成为私人普遍享有私益的权利、私益受到私法严格保护的权利,这即是从特许权到私权的制度变革。

对知识财产进行私权界定,采取的是一种市场机制的产权形式。产权界定的实质,是回答知识财产应为私有还是公有?在知识财产中,科学发现与某些技术成果采取的是非市场机制的产权形式。科学发现是指“经过研究、探索等,看到或找到前人没有看到的事物或规律”。[10]科学史上记载的哥白尼的“地动说”、牛顿的“万有引力定律”、门捷列夫的“元素周期表”、爱因斯坦的“相对论”等,都是认识“前人未知”的自然界及其客观规律的科学发现。科学发现的内容只能是阐明科学事实或客观规律的基础科学研究成果,具有认识的“前所未有性”、“唯一性”以及“真理性”的特征,因此不宜为发现人所垄断或专有。正如《科学发现国际登记的日内瓦条约》所指出的那样,它的目的是促使科学发展,鼓励人们使用已经发现的自然规则,而不是限制这种使用。关于科学发现的生产方式与产权形式，制度经济学家提出的解决方案有两点：一是从税收中提供生产成本，让大学、科研机构得以生产此类科学成果；二是建立科学奖励制度，即科学发现奖励制度，以非市场机制的报酬系统来换取社会对科学成果的公有产权。[11]与科学成果相类似，某些技术成果也往往适用非市场机制的产权形式，这即是发明奖励制度。发明是一种“前所未有的”、“先进的”、“经过实践证明可以应用的”科学技术成就。发明奖励制度通过对发明创造所产生的经济效益和社会效益进行评价，由国家给予奖励；与此相适应的是，发明成果的所有权名义上属于国家，但任何人可以无偿使用。由此可见，作为奖励制度的发现权、发明权，并非是对智力成果的专有使用权即私权，而是一种取得荣誉及获取奖励的权利，该项制度应归类于科技法。[12]对主要智力创造成果，概以采取私人产权形式，这就是法律上的知识产权制度。

作为私权的知识产权，其合理性在思想家的著述中有不同的解释。在经济学范畴里，从洛克、斯密到马克思，都建立了自己的“劳动价值学说”。虽然在他们的学说中，涉及的研究对象主要是物质生产与有形商品，但这一学说同样可以论证精神产品与知识财产的本源性、合理性。[13]根据这一学说，我们可以认为：社会劳动既包括体力劳动，又包括智力劳动；生产商品不仅是物质生产中实物形式的商品，还包括非物质生产的无形商品（如服务、知识、技术、价值等）；活劳动不仅创造物化商品价值，而且创造知识产品价值。而在法哲学领域里，卢梭的“社会公意”理论与康德的“自由意志”理论，则认为财产权的依据来自于体现主权者（人民）意志的“公意”，或者是社会成员认可物主控制某物的“共同意志”。从上述学说，我们可以找到知识产权合理性的另一种说法，即其存在的理由在于实现了权利垄断与知识公开的契约对价关系。[14]一般认为，知识产权赖以产生的条件是：智力成果所有人将自己的作品、发明创造等公开出来，而公众则承认他们在一定时期内独占使用其智力成果的权利。何为知识产权？即“知识是公开的”（公共产品属性），而“权利是垄断的”（私人产权属性）。西方法学家将这一现象解释为社会契约关系，即以国家面貌出现的社会与智力成果创造者之间签订的一项特殊契约。[15]这种社会契约的内容最终以国家立法的形式加以确认，使得知识产权具有不同于所有权的效力：首先，它是一种极具垄断性的私权。知识产权虽然是一种产权（类似所有权），但许多学者认为，这种权利区别于所有权，而是一种垄断权或独占权。[16]对于同一项智力成果,不允许有两个或两个以上的同一属性的知识产权并存。例如,两个相同的发明物,根据法律程序,只能将专利权授予其中的一个;注册在后的商标不得在同一种商品或类似商品上与他人的注册商标混同;创作的多个作品如构成雷同,负举证责任的一方需证明自己作品的独创性,否则构成侵权。可以说,知识产权是"合法垄断,赢家通吃"。其次,它也是一种蕴含限制性的私权。知识产权虽为垄断性权利,但要受到权能方面的限制,如著作权中的合理使用、专利权中的临时过境使用、商标权中的先用权人的使用等;同时,该项权利的独占效力只有在一定空间地域(地域性限制)和有效期限(时间性限制)才能发生效力。

关于知识产权的私权属性,我国理论界对此认识是不断深化的。20世纪80年代的教科书及相关著作,多将知识产权表述为一体两权,即认为知识产权具有财产权与人身权的双重属性;20世纪90年代的知识产权学说,一般从民事权利体系出发,将知识产权区别于财产所有权,对其作出无体财产权的定性分析;21世纪初,一些学者根据国际人权公约和经典学说理论,将知识产权这一私人财产权定位为一项普遍的人权。无论是一体两权、无体财产权还是普通人权,理论界关于知识产权属性的认识并没有离开私权属性的基本范畴。近年来,有的学者鉴于现代知识产权制度的发展与变革,在肯定知识产权私权属性的同时,提出知识产权公权化的问题,即知识产权已经蜕变为"私权公权化的权利",或"兼具私权属性和公权属性"。关于私权公权化的问题,描述的是现代私法发展的一种趋向,即传统私法的权利本位、个人本位的理念有所动摇。私法的公法化导源于国家对经济生活的干预,其具体表现在:第一,"外化"为新的法律部门、法律制度的出现。如国家对雇主与雇员关系的干预产生了劳动法,国家对企业活动的支持与调节产生了反垄断法、反不正当竞争法,国家对生产经营者与消费者关系的干预产生了产品责任法、消费者权益保护法,国家对企业与自然环境的协调产生了能源法、环境法等。第二,"内化"为对私法自治原则的限制。私法自治原则的本意是,私人享有权利、设定义务,实施一切民事行为皆取决于当事人自己的意思,不受国家和他人的干预。近代民法意义上的私法自治原则贯穿于各项民事法律制度,它具体表现为财产自主(所有权制度)、合同自由(合同制度)、婚姻自由(婚姻制度)、遗嘱自由(继承制度)、团体设立自由(法人制度)等。私法的公法化,导致私法自治原则的限制,但这并没有影响民法即私权的本质。同理,国家对知识产权制度的干预,表现为知识产权在权能范围和效力范围方面受到某些限制。从历史上看,知识产权制度从其产生之初直至发展到今天,一直处于权利保护与限制的法律调整之中。强调国家对知识产权垄断性的限制,或建立创造者个人利益与社会利益的平衡机制,这些举措并不能"内化"为知识产权从本质属性的私权演变成私权与公权的混合体。

二、国家视野中的知识产权:政府公共政策的制度选择

知识产权是西方发达国家三百多年来不断发展成长的制度文明,对促进经济发展、推动科技进步、繁荣文化和教育起到了重要作用。知识产权制度已成为一国走向现代化的必然政策选择。

公共政策是政策科学领域里经常使用的术语,它是指"以政府为主的公共机构,在一定时期为实现特定的目标,通过政策成本与政策效果的比较,对社会的公私行为所作出的有选择性的约束和指引,它通常表现为一系列的法令、条例、规定、规划、计划、措施、项目等"。[17]从这一定义出发,知识产权制度在公共政策体系中也是一项知识产权政策:

第一,知识产权政策的决策主体。美国学者伍得罗・威尔逊认为,"公共政策是由政治家,即具有立法权者制定的,而由行政人员执行的法律和法规"。[18]知识产权政策,实质上是在国家层面上制定、实施和推进的,即政府以国家的名义,通过制度配置和政策安排对于知识资源的创造、归属、利用以及管理等进行指导和规制。公共政策主体的主要活动包括:其一,制定法律法规,以产权形式对相关知识财产提供保护。关于知识产权制度的设计,在作为一国独立法律时,立法者仅仅考量本国的经济、科技、文化和教育的发展水平即可;但在知识产权国际保护制度形成之后,内国法往往受制于法律一体化潮流的影响,立法者在制度选择和安排方面必须考虑一体化与本土化之间的协调。其二,提供实施条件与手段,建立包括司法裁判、行政管理、社会服务等在内的配套机制。知识产权虽是市场机制的产权形式,不能没有政府机制的调控。由于知识产品的非物质性特点,司法机关、行政机关、社会服务机构等在知识产权的取得、利用、保护、管理方面应采取"作为"的方式进行干预,才能保证知识产权制度的实施效益。其三,以相关公共政策作为支撑,共同服务于"总政策"[19]目标。在

公共政策体系中，促进经济增长和社会发展的任务目标，并不是知识产权政策独立承担的，上述目标取向也体现在其他公共政策中。同时，知识产权政策的某些规范，在其他公共政策中也有所体现，知识产权政策的实施也有赖于其他公共政策予以配合。与知识产权政策相关联的公共政策主要有文化教育政策、产业经济政策、科学技术政策、对外贸易政策等。作为政策决策主体的政府，其任务在于制定和健全政策，统一和协调政策。

第二，知识产权政策的调整功能。政策科学理论认为，实施公共政策都会面临一个“谁是政策的受益者，谁是政策的受损者”的问题。所以公共政策需要常常在各种利益的冲突之间达到某种均衡，以保证公共政策的顺利实施和社会的稳定发展。[20]知识产权政策事关知识财产利益的分配和调整。作为“利益相关者”，涉及知识产品的创造者、传播者、利用者之间的权利义务关系；作为“利益分享者”，则要考虑创造者专有权利与社会公共利益之间的平衡。首先，知识产权是知识财产私有的法律形态，因此在权利义务关系上，以权利为本位，在规范方法上以授权性规范为主要内容，在立法中心上以保护创造者权为首要。其次，知识产权也是知识利益分享的法律工具，通过权利限制、权利利用的制度设计来调整权利主体与义务主体之间、个人与社会之间的利益关系，即是“对社会关系的各种客观利益现象进行有目的、有方向的调控，以促进利益的形成和发展”。[21]从上述调整功能出发，知识产权制度即形成“私权神圣”和“利益平衡”两大基本法律观。在知识产权制度中，强调“利益平衡”原则有着特别的意义。利益平衡是指当事人之间、权利主体与义务主体之间、个人与社会之间的利益，应当符合公平的价值理念。利益平衡是民法精神和社会公德的要求，也是“人权思想和公共利益原则的反映”。[22]知识产权制度强调利益平衡，旨在保护创造者利益的同时保证社会公众对知识产品的合理利用。这种利用或是基于表现自由的目的，或是基于公共教育的需求，或是基于公共卫生与社会生活的必要。美国学者将现代著作权法描述为协调各方利益的“平衡法”。[23]这一结论是适用整个知识产权制度的。

第三，知识产权政策的目标取向。美国学者弗兰克·费希尔认为：“不论公共政策是通过政治辩论还是正式投票来形成，都牵扯到对要实现的目标以及实现这些目标的手段两个方面。”[24]公共政策的制定和实施总是与一定的政策目标相联系。一般来说，公共政策的总体目标是保持社会稳定，维护社会公正，促进社会发展。但不同的公共政策又有自身的具体目标指向，解决某些具体的公共问题。就知识产权政策而言，正义和效益应是其追求的价值目标，“正义是社会制度的首要价值”，[25]实现正义即是知识产权制度创设的第一目标。在近代立法中，知识产权被称为一种自然法上的权利，它基于创造者的智力活动而自然产生，摆脱封建特许束缚而法定存在，因而是符合正义的；反之，无视创造者权利的存在，他们的智力投入就无法得到补偿，精神生产领域将陷于无序状态，整个社会也就无正义可言。植根于经济生活之中的知识产权制度，不仅要实现正义目标，还应担负起实现智力资源有效配置、促进社会非物质财富增加的使命。这种效益价值目标，在知识产权领域解说为知识、技术、信息的广泛传播，并通过智力成果的独占使用（创造者权利）、授权使用、法定许可使用（传播者权利）、合理使用（使用者权利）等各项制度而得以实现。推言之，知识产权制度的宗旨在于维护知识权利的正义秩序，实施知识传播的效益目标。

关于知识产权政策存在的合理性，经济学家往往以成本收益理论作为其分析工具。按照新制度经济学的理解，任何制度的产生和选择都是人们对其成本和收益进行比较的结果。换言之，对知识产权进行制度安排，应能带来知识财富增长的净收益。知识产权政策之所以必要，是因为选择其来解决知识产品问题，较之于市场自行解决问题，所产生的社会成本较低。按照科斯的观点，政府的公共政策只是一种在市场解决问题时社会成本过高的情况下所做出的替代选择。[26]在知识产品上界定产权，导源于知识产品的公共产品属性。与私人产品不同，公共产品在消费上无对抗性，它可能在一定时空条件下为不同主体所同时使用，如同一辆公共汽车，出资者和未出资者都在乘车。公共汽车公司必须为每个人提供便利，却无法辨别出乘车人是否付费，那些没有为公共产品消费而出资的人，被法经济学称之为“搭便车者”。[27]知识的生产是有代价的，而知识的传递费用相对较小，一旦知识产品出售给某个消费者，其他消费者就可能成为该知识产品的“搭便车者”。这种现象即是“无偿地复制他人的作品的情形”。[28]鉴于此种情形，政府有必要对知识产品市场进行干预，即采取特殊的公共政策：一是政府自己提供知识产品；二是政府对私人提供知识产品给予补贴。后者的重要举措就是通过知识产权制度授予知识产品创造者以独占权。

上述成本与效益的分析，对一国知识产权的政策选择，在经济学层面上作出了理由说明。公共政策是有一定限度的,如果某一公共政策所产生的社会成本较高,就不能达到预期的效果,甚至产生负面影响。接下来的现实问题是,发展中国家是否有必要选择知识产权政策,或者说,奉行高水平知识产权保护的政策是否为发展中国家带来收益?知识产权制度是近代科学技术与商品经济发展的产物。建立知识产权制度的经济动因在于“对财产权的法律保护有其创造有效使用资源的诱因”。[29]正是农夫能够获得土地作物的财产权,才促使农夫支付并尽可能地节约耕种土地所需要的成本;正是创造者能够取得知识财产的垄断权,才能激励其在知识、信息的生产方面的投资。这是现代各国包括发达国家、发展中国家接受知识产权制度的一般原因。对于发展中国家而言,在适用国际通行的高水平知识产权保护政策时,需在成本收益方面作出如下考量:首先,参加经济全球化的收益应高于进入知识产权一体化的成本。现有的国际公约包括《知识产权协定》、《互联网公约》等所确定的最低保护标准,体现了权利的高度扩张和权利的高水平保护,更多地顾及和参照了发达国家的要求和做法。换言之,现今的最低标准即一体化标准,在很多方面超越了发展中国家的科技、经济和社会发展的阶段。但是,知识产权保护是发展中国家参加国际贸易体制的前提条件。发展中国家由此获得无差别的最惠国待遇,取得发达国家在乌拉圭回合谈判的某些优惠政策,并在未来国际贸易和知识产权论坛上拥有话语权,这些无疑是发展中国家在合作博弈中的重大收益。其次,知识产权政策实施所带来的未来发展收益将高于现实支付成本。加强知识产权保护,对发展中国家不仅是来自国际社会的压力,也是出于自身发展的需要。一般来说,知识产权的强保护,对于发展中国家获取知识和技术是不利的。知识产权的保护水平有阶段性,即根据国家的现实发展状况和未来发展需要来选择适当的知识产权政策。但是,有效实施知识产权政策,建立相关公共政策体系予以配合,有助于实现社会公正与社会发展的最终“目标取向”。英国知识产权委员会认为:“从长远的观点来看,在发展中国家,如果影响文化产业成功的其他条件得到满足,更强的私权保护将有助于激励当地的文化产业。”[30]这一论断表明,传统的发展中国家要走上新兴的工业化发展道路,必须通过完善的知识产权制度,为本国经济社会发展提供持久动力,在国际经济、科技竞争中争取主动。这是以必要的现实成本来换取的未来重大收益。

在公共政策的经济学分析中,公共政策不过是政府提供的一种制度,而制度是一种涉及社会、政治和经济行为的经济规制。[31]与传统经济学不同,新制度经济学将制度看作经济运行过程的一个内生变量,在经济增长和经济发展中起着根本性的作用。他们认为,关于经济的增长,过去依赖于劳动、资本和土地等天赋要素,而现在更多的来自技术的贡献。但是"技术的产生、发展和变迁受到制度因素的影响和制约,如专利制度、政府资助研究与开发的制度等"。[32]这一结论可从知识产权制度的变迁史中得到证实。近代英国既是欧洲工业革命的策源地,也是新型知识产权制度的发祥地,这些并非历史的偶然。美国经济学家诺思指出,18 世纪的英国之所以获得持久的经济增长,均是起因于一种适宜所有权演进的环境,这种环境促进了从继承权、完全无限制的土地所有制、自由劳动力、保护私有财产、专利法和其他对知识财产所有制的鼓励措施,直到一系列旨在减少产品和资本市场缺陷的制度安排。诺思在对 14 世纪中国与十七八世纪的英国作出比较分析后,指出了工业革命的动因,即那时的英国拥有作为产权制度的一种特殊范畴,即知识产权保护制度,保护了发明创造者的利益,刺激了发明创造者的热情,从而使得发明得到大量涌现并带来浪潮般的技术革新,从而启动了工业革命并创造了现代经济增长的奇迹。[33]当代美国自 20 世纪 80 年代以来,着力实施知识产权政策:第一,建立促进经济发展、科技创新的政策体系。即是将知识产权制度与产业政策、科技政策、环境政策和文化政策结合起来,推动产业结构调整,鼓励技术创新和技术转移,扶持高新技术产业,发展文化产业。可以说正是专利大国与品牌大国的知识产权优势,巩固了美国作为经济科技强国的世界领先地位。第二,实施知识产权保护与对外贸易相关联的战略政策。在 20 世纪 90 年代中期以前,美国主要是凭借其国内的《综合贸易法》,把给予贸易对手的最惠国待遇与要求对方保护美国知识产权联系起来;在 1994 年《知识产权协定》产生以后,美国则是依赖缔约方的国家强制力和世界贸易组织的国际强制力,将缔约方所承诺的知识产权国际保护与享有的最惠国待遇紧密挂钩。不难看出,近代英国与当代美国通过知识产权的制度选择和政策安排,成功地推行本国社会发展战略目标的实现。

从国际范围来看,在当代社会,无论是科技领先型的美国,技术赶超型的日本,还是引进创新型的韩国,无一不是以知识产权为战略武器,去占领国际竞争的制高点或提升自己的国际竞争力。例如,日本政府制定了“知识产权战略大纲”,出台了《知识产权基本法》,美国专利商标局发布了“21世纪战略纲要”,形成了对知识经济的“快速反应机制”;澳大利亚政府推出了旨在推进本国知识产权战略的“创新行动计划”,印度政府公布了“知识大国的社会转型战略”,确立了国家未来发展的目标。韩国政府旨在通过有效的知识产权制度,提升本国科技竞争力,从而在2015年成为亚洲地区的科研中心,2025年进入科技领先国家的行列。

知识产权制度是中国走向现代化的当然选择。知识产权政策与战略制定与实施的成功与否,将会对21世纪中国社会的发展走向产生重要的影响。应该看到,中国既是一个传统的发展中国家,也是一个新兴的工业化国家。国家在不同的发展阶段应有不同的政策选择。就现阶段而言,中国的知识产权政策应把握以下几点:第一,确定合理的知识产权水平。中国的知识产权保护,应当遵循《知识产权协定》规定的最低标准,而不是追随西方发达国家的高标准。在遵守国际公约的前提下,尽可能考虑本国的经济、科技和文化的发展水平,最大限度地实现知识产权法律国际化与本土化之间的协调。第二,加强知识产权保护与防范知识产权滥用。既要严厉打击盗版、假冒等侵权行为,维护市场经济的正常秩序;也要注意防范滥用知识产权的行为,维系个人私益与社会公益之间的平衡。第三,对本国优势知识资源提供保护。中国在传统知识、遗传资源等方面具有比较优势,应重视与传统资源有关的知识产权保护工作。在国内,尽快出台《民间文学艺术作品保护条例》,着手建立传统资源的维护管理与利用体制;在国际,应利用世界贸易组织将传统资源保护列入多哈回合谈判的有利时机,联合广大发展中国家积极参与有关传统资源国际规则的制定。第四,启动国家知识产权战略。以建设创新型国家为目标,尽快制定和实施国家知识产权战略,建立将知识产权政策与产业政策、科技政策、文化政策、教育政策、外贸政策相配合的公共政策体系,促进国家经济发展,维护国家经济安全,服务国家发展的总政策目标。

三、国际意义上的知识产权:世界贸易体制的基本规则

知识产权是近现代国际经济、文化、科技、贸易领域中的一种法律秩序。在国际法律制度史上,知识产权经历了19世纪下半叶和20世纪末两

次重大变革:第一,从内国法走向国际法,形成知识产权国际保护体系。以1883年《保护工业产权巴黎公约》、1886年《保护文学艺术作品伯尔尼公约》为标志,以相关区域性或全球性的国际组织为协调机构,对各国知识产权制度进行协调,从而在知识产权保护领域形成国际性的法律规则与秩序。知识产权国际保护制度的形成,标志着知识产权立法步入一个新的历史阶段,即各国独自产生的知识产权制度,在知识产权国际保护的框架下,逐渐走上一体化、国际化的道路。[34]第二,从智力创造领域走向经济贸易领域,成为国际贸易体制的基本规则。在1994年《知识产权协定》诞生之前,知识产权国际保护与国际贸易是由两个不同的国际法律体系分别处理国际事务。长期以来,以世界知识产权组织及其所辖公约为中心的知识产权国际保护制度,致力于知识产权方面的国际交流与合作,知识产权国际保护主要以智力创造领域为其活动空间,与国际贸易并无直接关联。自20世纪90年代以来,在世界贸易组织的制度框架内,《知识产权协定》(TRIPS)、《货物贸易协定》(GATT)与《服务贸易协定》(GATS)构成该组织的三大主体制度。《知识产权协定》以国际法律文件的形成,正式确定了知识产权与国际贸易的合法关系,将知识产权保护纳入新国际贸易体制之中,这就形成了国际贸易"知识化"与知识产权的"国际化"。[35]

国际贸易的"知识化"是经济全球化的结果。经济全球化,是指各国经济相互依赖、相互渗透并不断加深的一种战后经济新现象,旨在消除阻碍商品在国家间流通的贸易和非贸易壁垒,规范国际贸易的市场规则,推动世界贸易自由化的进程。在经济全球化的进程中,《关贸总协定》及其后继组织——世界贸易组织扮演着重要角色,《关贸总协定》的基本目标是,通过无差别的最惠国待遇,削减乃至取消关税和其他贸易壁垒,促使贸易自由化,以便充分利用世界贸易资源和扩大商品的生产和交换。与其他国际公约和国际组织不同,《关贸总协定》将知识产权保护纳入国际贸易体系之中。按照美国、日本、欧盟在乌拉圭回合谈判的一份文件的说法,在关贸总协定框架内解决知识产权问题,不是知识产权法的协调,而应是消除由于一些国家未能将其知识产权保护制度提高到国际标准而造成的贸易扭曲现象。[36]应该看到,发达国家与发展中国家在知识产权方面享有的利益是不平衡的,因而在国际磋商与对话中所持立场和既定目标也相差甚远。在《关贸总协定》的框架内,各国经过长达七年的谈判,终于形成了

《知识产权协定》,并将该文件载入《乌拉圭回合多边贸易谈判结果最后文件》。可以说,在经济全球化的国际社会中,知识产权保护既是发展中国家得以参与国际贸易的先决条件,更是发达国家维系其贸易优势的法律工具。通过《知识产权协定》,依赖缔约方的国家强制力和世界贸易组织的国际强制力,得以将缔约方所承诺的知识产权保护与缔约方所参加的国际贸易体制紧密地联系起来。

知识产权的"国际化",意味着各国立法进入统一标志的新阶段。所谓"国际化",寓意着知识产权保护的基本原则与标准在全球范围内的普适性。《知识产权协定》拟定了新的知识产权保护的国际标准,并以此作为各缔约方国内立法的原则和依据。从相互关系来说,即在知识产权立法方面,表现为国际法高于国内法、国内法遵从国际法,以及国内法与国内法的一致性。这一时期的"国际化",还意味着知识产权保护的高标准化。"国际化"即各国立法的一体化,来源于国际公约"最低保护标准"的强制性的普遍适用。这种"最低标准"的实际意义,在于各缔约方在保护标准上的一致性,与知识产权保护水平的高低本无绝对的关联性。但是,与知识产权国际保护制度的草创阶段不同,现代国际公约所确定的最低保护标准,体现了权利的高度扩张和权利的高水平保护,更多地顾及和参照了发达国家的要求和做法。换言之,现今的最低标准绝不是低水平,它在很多方面超越了发展中国家经济、科技和社会发展的阶段。[37]

国际知识产权与国际贸易的关系在《知识产权协定》中得到系统的规定。第一,《知识产权协定》以推进经济全球化与立法一体化为主要目标。该协定在其序言中确认"知识产权为私权","期望减少国际贸易中的扭曲与阻力,需要促进对知识产权充分有效的保护,并保证知识产权执法措施与程序不至于变成合法贸易的障碍之目的"。也就是说,《知识产权协定》提升知识产权保护水平和统一知识产权保护制度的主要意图,在于推进国际贸易体制下知识产权的一体保护,使所有缔约方的保护水平达到以往只有发达国家才具备的标准。这样,通过世界贸易组织体系的有效运作,知识产权得以成为国际贸易制度的一部分。第二,《知识产权协定》将国际贸易的原则和机构延伸到知识产权领域。例如,最惠国待遇原则作为国际贸易体系中的首要原则,第一次引入知识产权公约,成为各缔约方必须履行的基本义务;透明度原则本为《关贸总协定》为实现贸易行为的公平性而要求缔约方承诺实施的基本原则，而在《知识产权协定》中援用这一原则意在公开各缔约方的司法体系及制度，避免法律的冲突。第三，对知识产权纠纷的处理直接适用世界贸易组织的争端解决机制。世界贸易组织关于国际贸易争端解决机制的基本程序，包括协商、斡旋、调解、调停、仲裁、专家小组、上诉机构、争端解决机构的决定及其实施之监督。为保证上述程序在知识产权争端处理过程中的有效施行，《知识产权协定》还引入了三项具有贸易规则色彩的专门制度：其一，有条件的保留条款。即未经其他缔约方的同意，不得对协定的任何规定提出保留。因此这一保留条款形同虚设。其二，“倒协商一致”的表决制度。即除非理事会“一致意见反对”，否则争端裁决意见即付诸施行。[38]其三，“交叉报复”的制裁措施。即允许缔约方在知识产权受到侵害而未得到妥善解决和必要补偿时，可以采取贸易报复。这些制度增强了争端解决机制的强制性、可执行性和约束力。

《知识产权协定》是世界贸易组织的基本法律文件，对知识产权的国际保护作了新的制度安排，是迄今为止知识产权保护范围最广、保护标准最高的国际公约，堪称“知识产权保护的法典”。[39]同时，《知识产权协定》作为当代国际贸易体系的主体制度，在其推行过程中也显见种种不足。首先，该协定强调与“贸易”有关的知识产权保护，而忽视“非贸易”的特别是不能用经济价值衡量的知识产权的存在。例如，《伯尔尼公约》对作者的经济权利和精神权利即“一体两权”给予同等保护，规定作者身份权和作品完整权的保护期应不少于经济权利的保护期。《知识产权协定》将《伯尔尼公约》等主要国际知识产权公约的实体条款吸收，并作为该协定的基础性条款，但又声称“对于伯尔尼公约第 6 留条之 2 规定的权利或对于从该条引申的权利，不受本协定保护，各缔约方应免除其权利和义务”，这即是明确排除《伯尔尼公约》保护的精神权利。其后果将会造成缔约方之间权利义务的不平等。兼为《知识产权协定》和《伯尔尼公约》的缔约方有义务保护精神权利，但仅为《知识产权协定》的缔约方却可以以未参加《伯尔尼公约》为由免除该项义务。其结果是，当后者对精神权利造成损害时，该类案件不能适用世界贸易组织的争端解决机制。又如，《巴黎公约》斯德哥尔摩文本将专利技术、经营标记与制止不正当竞争列为工业产权的保护对象，根据公约的规定，商号作为一种经营标记，无论是否经过申请或注册,各缔约方都应予以保护。可以说,商号权应归类于知识产权范畴。《知识产权协定》对所保护权利种类采取"列举主义"的方法,而将商号权排斥在外,其理由是该项权利不属于国际贸易的范围。其次,《知识产权协定》的保护对象限于最新知识即智力成果本身,而不能涵盖传统知识即智力创造源泉。这主要涉及传统知识的保护问题。传统知识是传统部族在千百年来的生产、生活实践中创造出来的知识、技术、经验的总称。按照世界知识产权组织的说法,它是指基于传统所产生的文学、艺术或科学作品,表演,发明,科学发现,外观设计,标记、名称及符号,未公开的信息,以及一切来自于产业、科学、文学艺术领域内的智力活动产生的基于传统的创新或创造。[40]传统知识这个概念深刻的表明了该类知识的本源性(是基于传统而不是新的智力创造)和知识本身的文化特性(附属于特定部族或地区而不是个人的智力成果)。长期以来,传统知识一直被简单地归属于公有领域,任由他人自由而无偿的获取、利用。现行的国际知识产权制度忽视了对文化与知识的多样性进行保护的原则,导致了一些国家或地区、一些民族或种族应有权利的丧失。自《知识产权协定》生效以来,国际社会普遍考虑是如何实施该协定,如何推动知识产权一体化的进程,而对这一协定本身的缺陷重视不够。诸如国际知识产权与国际人权的冲突、智力成果保护与智力源泉保护的矛盾等问题,造成了发达国家与发展中国家的利益失衡,这些问题亟待通过知识产权国际保护制度的改革与创新来加以解决。

上述情况涉及《知识产权协定》的实施与修正,都是在世界贸易组织的框架内进行的。与此不同的是,发达国家还通过双边或多边协议的形成,推动新的更高水平的国际知识产权制度的形成。《知识产协定》的出现,使得各成员的知识产权保护水平都达到该协定要求的"最低标准",极大地促进了知识产权一体化的进程。但是,该协定仍然给各成员的国内法留有一定的空间,即在《知识产权协定》所规定的最低保护标准之上的内容,各成员可以依本国的情况自行决定。在这种情况下,一些发达国家和地区开始尝试制定国家间或区域间的统一知识产权制度,使相关国家适用完全相同的知识产权规范,从而消灭国与国之间的知识产权法律冲突。其中最典型的即是拟议中的全球专利制度和已经实施的欧盟统一商标注册制度。前者,即是制定统一的专利法,设立统一的专利局,凡是由该专利局依照专利法授予的专利权在所有参与国内普遍有效，从而达到一项发明在办理一次专利申请手续，经过一次审查批准后在所有全球专利成员国中都得到保护的目的。[41]这就是近年来美、日、欧等专利大国和地区积极主张建立的全球专利制度。后者，即是一件商标只要在欧盟“内部市场协调局”核准注册，就能成为欧盟商标，从而在整个欧盟成员国范围内有效。同时，欧盟各国的商标法律制度继续发挥效力。这样，在欧盟既有各成员国内的商标法律制度，又有跨国即共同体商标法律制度，并建立将上述两种商标法律制度协调运行的机制。[42]在《知识产权协定》实施过程中，一些发达国家通过双边协商途径，谋求得到高出《知识产权协定》保护水平的更多利益或优惠。除拟议中的全球专利制度外，美国先后与欧盟、日本、澳大利亚等国之间的谈判，即产生或可能产生超出协定的高水平保护。根据最惠国待遇原则，这一优惠或利益应惠及所有世界贸易组织成员。不过发展中国家应对此持谨慎态度，高水平保护可能是一种收益，但更多的是一种义务。经济、技术落后的发展中国家不宜在国际公约规定的最低保护标准之外，寻求高水平的知识产权保护。

对知识产权本质进行多维度的解读，旨在说明知识产权制度的法律形态、价值观念与社会作用。国家以保护创造者权利，促进知识传播为宗旨，对知识资源的归属与利用进行了法律制度的选择与安排。这一范畴的分析，涉及政策目标。基于上述指导思想，国家对知识产权采取私人权利形态，构建了包括有形财产所有权与无体财产所有权的私权体系。这一范畴的分析，探讨了法律构造；受制于国际条约，国家关于知识产权的相关立法，不得不遵循国际贸易体制的基本规则。这一范畴的分析，描述了立法原则。应该说，上述三个范畴是相互联系而不是彼此隔绝的。这些并非是知识产权全部品性，但可能是对我们建立知识产权制度的基本认识。

注释

1 ［苏］E. A. 鲍加特赫等：《资本主义和发展中国家的专利法》，载《国外专利法介绍》，知识出版社 1980 年版，第 2 页。

2 ［德］米·科斯特：《私法自治及其限制》，载《中德经济法研究所年刊》，南京大学出版社 1994 年版。

3 参见《中华实用法学辞典》，吉林大学出版社 1988 年版，第 326 页；《北京大学法学百科全书》(宪法·行政法学卷),北京大学出版社1999年版,第149页。

4 周枏:《罗马法原论》,商务印书馆1994年版,第99~100页。

5 参见陈朝璧:《罗马法原理》(上册),商务印书馆1936年版,第84页。

6 Peter Drahos, A philosophy of Intellectual Property, Dartmouth Publishing Company Limited, 1996, p. 16.

7 参见郑杭生等主编:《人权史话》,北京出版社1994年版,第96~97页。

8 参见胡锦光等:《当代人权保障制度》,中国政法大学出版社1993年版,第1~2页。

9 L. Ray Patterson, Stanley W. Lindberg, The Nature of Copyright: A Law of User' Right, The University of Georgia Press, 1991, p. 45.

10 中国社会科学院语言研究所词典编辑室:《现代汉语词典》,商务印书馆1987年版,第294页。

11 参见[美]罗伯特·考特、托洛斯·尤伦:《法和经济学》,张军译,上海三联书店1994年版。

12 参见吴汉东主编:《知识产权法学》,北京大学出版社2000年版,第2页;张玉敏主编:《知识产权法教程》,西南政法大学2001年印刷,第14页。

13 参见吴汉东等:《知识产权基本问题研究》,中国人民大学出版社2005年版,第84~91页。

14 参见吴汉东等:《知识产权基本问题研究》,中国人民大学出版社2005年版,,第91~106页。

15 参见《国外专利法介绍》(第1册),知识出版社1981年版,第12页。

16 参见尹田:《法国物权法》,法律出版社1998年版,第56~58页。

17 吴鸣:《公共政策的经济学分析》,湖南人民出版社2004年版,第4页

18 转引自伍启元:《公共政策》(上册),台湾商务印书馆1985年版,第4页。

19 总政策,是指在公共政策体系中处于统率地位,对一个国家的社会运行起着根本性和决定性指导作用的政策。它是一种影响全局的政策,并贯穿于特定历史时期,始终具有较强的总括性和稳定性。参见吴鸣:《公共政策的经济学分析》,湖南人民出版社2004年版,第5页。

20 吴鸣:《公共政策的经济学分析》,湖南人民出版社2004年版,第3页。

21 参见孙国华等:《论法律上的利益选择》,载《法律科学》1995年第4期。

22 [美]奥德丽·R. 查普曼:《将知识产权视为人权:与第15条第1款第3项有关的义务》,刘跃伟译,载《版权公报》2001年第3期。

23 L. Ray Patterson, Stanley, W., Lindberg, The Nature of Copyright: A Law of User' Right, The University of Georgia Press, 1991, p. 2.

24 [美]弗兰克·费希尔:《公共政策评估》,中国人民大学出版社2003年版,第3页。

25 参见沈宗灵:《法·价值·正义·利益》,载《中外法学》1993年第5期。

26 参见[美]罗纳德·科斯:《社会成本问题》,载[美]R. 科斯等:《财产权利与制度变迁》,刘守英等译,上海三联书店 1994 年版。

27 [美]罗伯特·考特、托马斯·尤伦:《法与经济学》,上海三联书店 1994 年版,第 147 页。

28 [美]罗伯特·考特、托马斯·尤伦:《法与经济学》,上海三联书店 1994 年版,第 152 页。

29 [美]罗伯特·考特、托马斯·尤伦:《法与经济学》,上海三联书店 1994 年版,第 191 页。

30 英国知识产权委员会:《知识产权与发展政策的整合》,2000 年公布,国家知识产权局条法司编译,第 109 页。

31 关于制度和经济的关系,可参见[美]舒尔茨:《制度与人的经济价值的不断提高》,载《财产权利与制度变迁》,上海三联书店 1994 年版。

32 参见吴鸣:《公共政策的经济学分析》,湖南人民出版社 2004 年版,第 10 页。

33 参见[美]道格拉斯·诺思、罗伯斯·托马斯:《西方世界的兴起》,华夏出版社 1999 年版,第 23 页。

34 参见吴汉东:《知识产权国际保护制度的变革和发展》,载《法学研究》2005 年第 3 期。

35 石巍:《TPIPS 效应评估与我们的应因应政策》,载《山东大学学报》(哲社版)1998 年第 1 期。

36 转引自李小伟:《知识产权体制的变化及其影响》,载《信报:财经月刊》(香港)1996 年第 3 期。

37 关于最低保护标准原则之内涵以及实施之状况,可参见吴汉东:《论知识产权国际保护制度的基本原则》,载《知识产权年刊》(创刊号),北京大学出版社 2005 年版。

38 参见古祖雪:《国际知识产权法》,法律出版社 2002 年版,第 40 页。

39 曹建明:《世界贸易组织》,法律出版社 1999 年版,第 312 页。

40 See WIPO Intergovernmental Committee on IP and GR, TK and F, Sixth Session (Genera, March 15 to 19, 2004), Revised revision of TK Policy and Legal Options, p. 6.

41 参见 Robert M. shetwood:《世界需要统一的知识产权制度》,载《科技与法律》1999 年第 1 期。

42 参见朱雪忠等:《欧盟商标法律制度的协调机制及其对我国的启示》,载《中国法学》2001 年第 4 期。

吴汉东

代表作

叁

无体物与概念工具*

知识产权制度的罗马法渊源

知识产权法是近代商品经济和科学技术发展的产物,是罗马法以来财产权领域法律革命与制度变迁的结果。古罗马的财产法体系的构建,是以"物"为基础的,其对象主要是有体的物质对象,也包括无体的制度产物。在罗马法时期,尚未产生保护精神产物的财产权制度即近代意义上的知识产权法,但是其所留下的私法原理和规则,尤其是"无体物"理论,为我们诠释知识财产法律化提供了重要的思想资料。

罗马法学家盖尤士认为,无体物(incorporales),系"法律上拟制之关系"(quae consistunt in jure),是指没有实体,而仅由法律所拟制的物(权利),如地役权、用益权等。[1]罗马法创制的"无体物"理论有以下主要内容:第一,权利系抽象物,概为人们主观所拟制的某种利益,因此被视为区别于有体物之无体物。第二,法律上的无体物,以可金钱评价为条件。家长权、夫权、自由权等没有财产内容,所以,不能视为无体物。第三,所有权虽然系主观抽象而成的制度产品,但罗马人认为该项权利与物同在,并且是最完整之物权,应区别于其他一般财产权利。

"无体物"理论本意是将特殊之权利视为权利标的意义之物件,这是一种开放的财产观,它使人们对客体物理解,不拘泥于直接控制之物、有体存在之物。罗马法学家的理论贡献,不仅在于他们建立了简单商品经济条件下的财产权体系,更在于这种理论为近代知识产权制度的构建,"提供

---

* 原载《江西社会科学》2005 年第 7 期,题名为"罗马法的'无体物'理论与知识产权制度的学理基础"。

了一些关键的概念性工具”。[2]

一、“无体物”的非物质性与知识财产的性质

作为权利客体意义上的“无体物”，并非是事实存在之物，而是人们主观拟制或说是依法律规定作为客体看待的物。就“非物质化”（dematerialized）特征而言，知识财产（作为客体的知识产品、精神产物）也具有主观拟制（系人们智力创造）和法律认定（系法律规定或认可）的“无体物”属性。

在知识产权领域，学者一般将知识财产作为“抽象物”（abstract objects）来看待。按照澳大利亚学者扎霍斯（Drahos）的说法，它“依赖于人类精神生活而存在，是由人类思想添附于有形世界之上而产生的物”。它不具有真实形体，而是抽象存在的物。[3]从形而上学的观点来看，抽象物是一个存在的假设范畴。但社会现实需要承认抽象物的存在，当财产扩展至抽象物之时，基于该物即产生了人与人之间的利益关系。“就知识产权而论，所论及之物乃是抽象物。如我们所知，抽象物并不存在，或者我们可以宣称它不存在。知识产权中的抽象物采取了一种法律虚拟的形式。”扎霍斯认为，“法律假定在某些抽象物中存在着权利。盘尼西林的分子式和化学结构即是抽象物的例证，许多人需要、使用并依赖于这些物”，由此产生了基于抽象物而形成的一种新的财产权利形式。[4]这即是与传统财产所有权有别的知识产权。根据扎霍斯的考证，抽象物的说法导源于罗马法上的“无体物”（incorporcal things），即“不可触及的物体”（intangible objects）。在古典哲学思想中，无体物的概念范畴可以追溯到斯多噶学派。同为人的精神的拟制物，罗马法上的无体物专指作为制度产品的财产权利（除所有权以外），而扎霍斯的抽象物乃是作为知识产品的精神构思，即中介于知识产权关系的材料。尽管存在上述差别，但罗马法学家的理论贡献是具有历史启迪作用的，可以说，“无体物”理论为近代知识产权制度提供了关键的概念性工具。

二、“无体物”的准占有与知识财产的控制

占有是指人对物的实际控制和管理。一般意义上的占有，须以有体物为客体。为此，罗马人创制了“无体物”的“准占有”制度。在罗马法上，准

占有的取得,如同占有一样,也具有心素和体素的条件:准占有人须有行使其权利的事实,才视为具备体素;准占有人须有为自己的利益而行使某种物权的意思表示,才构成心素。[5]在现代民法理论上,准占有又称权利占有,指以财产权利为客体的占有。严格说来,准占有并非真正意义上的占有,即不涉及特定的有体之物件,不具有某种外人所认识的外观。[6]准占有的意义在于,在不发生有形控制的情况下,对作为客体看待的权利之管领,也视为法律上的占有。

准占有在后世民事立法中不仅得以沿用,而且有所扩展。例如,《法国民法典》将权利占有的概念延及身份关系,将后者称为"身份占有";《德国民法典》虽未就权利占有设一般规定,但承认了地役权与人役权的准占有;《日本民法典》则采取概括主义的立法方法,将一般意义上财产权利作为准占有的客体。这说明,"无体物"的占有即权利的占有在立法例中是普遍存在的。

从理论上来说,罗马法上的"无体物"准占有制度,可用于解释知识财产之控制的具体形态。知识财产相对于有体的动产、不动产而言,具有不同的存在、利用、处分情形:第一,不发生有形控制的占有。由于知识产品不具有物质形态,不占有一定的空间,人们对它的占有不是一种实在而具体占据,而是表现为对某种知识、经验的认识与感受。知识产品虽具有非物质性特征,但它总要通过一定的客观形式表现出来,作为其表现形式的物化载体是有形财产权而不是知识产权。第二,不发生有形损耗的使用。知识产品的公开性是知识产权产生的前提条件。由于知识产品必须向社会公示、公布,人们从中得到有关知识即可使用,而且在一定时空条件下,可以被若干主体共同使用。上述使用不会像有形物的使用那样发生损耗,如果无权使用人擅自利用了他人的知识产品,亦无法适用恢复原状的民事责任形式。第三,不发生消灭知识产品的事实处分与有形交付的法律处分。知识产品不可能有因实物形态消费而导致其本身消灭之情形,它的存在仅会因期间(法定保护期)是否届满而产生专有财产与社会公共财富的区别。同时,有形交付与法律处分并无联系,换言之,非权利人有可能不通过法律途径去"处分"属于他人而自己并未实际"占有"的知识产品。基于上述特征,国家有必要赋予知识产品的创造者以知识产权,并对这种权利实行有别于传统财产权制度的法律保护。

三、“无体物”的“似物性”与知识产权的价值实现

在罗马法中，无体物本为人们主观拟制之物，但在其物质化财产体系中，这种抽象实体也采取了真实实体的解释与说明，即无体物是以实在之物为对象的财产权；无体物是与有体物相关的抽象物。扎霍斯将这一现象称为“似物性”（thing likeness），即无体物与实体物及物质化财产的相似性和关联性。作为知识产品的抽象物与有形财产物具有紧密联系，扎霍斯对此作了两点分析：第一，抽象物并不存在于有形世界，但通过表达而获得其有形性。这是抽象物的形而上的重要特征。扎霍斯说道，在一个人主张其享有某一知识产权时，须对权利的客体作具体的说明。说明的方法可以是正式手续（如专利登记），也可以是非正式的（如商业秘密）。这种说明的结果是，通过实际表达形式，产生了一个有着外在形式的实体。“一个可被表达之物乃是抽象之物”，实际表达之物乃是有形之物。[7]第二，抽象物通过对相关有体物的控制而具有财产意义。非物质性的抽象物须有客观表现形式，这不仅是该物获得法律保护的条件，也是智力劳动者实现抽象物之财产利益的途径。扎霍斯认为，艺术家、作家和发明家为了生存，须将这种无体财产转化为有体财产。“一旦无体物之中的财产权利被法律所承认，在有体物世界里规制物化财产关系的意义将更为重要。”[8]其意义表现在，抽象物是获取无限种类和数量的有体物之源泉，这些均可以为财产所有人所享有；抽象物控制再现其本身之有体物的途径，专有权利的授予即可实现这种控制。

四、“无体物”的买卖与知识产权的继受取得

所有权的转让在罗马法中有多种形式，如市民法所有权的转让有要式买卖、拟诉弃权；万民法所有权的转让主要是交付。交付以物件授受、意思合致为要件，是私人财产买卖的最普遍方式，但以有体物为限。无论是动产的单纯交付，还是不动产的简单交付、长手交付、在手交付、易位交付，都是有体物的交付。“无体物”的买卖不能采用标的物交付的方法，为此罗马人创制了“拟诉弃权”（cessio in jure），即采用模拟确认所有权的诉讼而取得所有权的方式，又称“法庭让与”。该方式主要适用于无体物（如继承权，地役权等）的转让。[9]“拟诉弃权”作为所有权取得方式，其显著特点在

于它的公开性与程序化，即通过模拟诉讼来确认所有权转让，使得“无体物”的转让获得一种正式的公开程序，而这种程序的公开性使得财产转让更具有效力。

在知识产权领域，基于客体“虚拟占有”和权能多样化的特点，往往出现“一物多权”、“一物多主”的情形，知识产权的利用较之有体财产的利用在主体及权能方面更为丰富多彩。首先，由于知识财产具有非物质性特点，知识产权所有人对知识财产的占有只能是“虚拟占有而非实际控制”，对知识财产的利用必须通过物化载体这一媒介来实现；同一知识财产可以物化在多个相同或不同载体之上，从而出现多数主体同时使用同一知识产品的形态。其次，各类知识产权的权能具有多样性。例如，著作权包含复制权、出租权、上演权、播放权、演绎权等，专利权分为独占实施权、许可权、转让权、标记权等。这样，每一权利的每一权能都可以由相同主体或不同主体利用。在这种情况下，知识产权的继受取得不能适用标的物“有形交付”、当事人自行交付的方法，而必须采取特别移转方式，即“无体物”的交付规则。美国学者福斯提格（Versteeg）认为，罗马法关于“无体物”交付的理念与现代法中知识产权移转的原则是相同的，即知识产权的出让须采取书面及其他法定形式，且应由主管机关进行登记或审核。[10]可以说，罗马法将公开性和程序化作为无体物转让的特别规制，对以后的知识产权贸易是有着借鉴意义的。

五、“无体物”侵害与知识产权的救济措施

罗马法规定四种形式的私犯，即盗窃、[11]抢劫、损害、侵辱，概为对财产的侵害与对人身的侵害。其中有关财产的侵害，最初仅指对有形财产即有体物的侵害。随着罗马法的发展，关于有形财产的侵害规则也逐渐适用于无形侵害的情形即对无体物（权利）的侵害。据美国学者考证，罗马法学家托马斯（Thomas）对“窃取”（furtum）这种盗窃行为作了这样的解释：“窃取是对物的欺诈性侵犯，包括对物本身或对其使用权或所有权。”在罗马的共和时期，“窃取”的概念扩及“针对剥夺他人财产的所有行为”。[12]无形侵害不以非法占有标的物为特征，而以非法的“权利占有”（juris possessio）为要件。权利人在遭到无形侵害时，除请求占有令状（主要是禁止令）的救济外，还可以提起罚金之诉、损害之诉和混合之诉。这种无形

侵害行为的特征描述与救济措施,对知识产权救济制度的建立无疑提供了有益的学理基础。

就民事救济措施而言,民法对所有权的保护是通过赋予权利人以请求确认所有权、请求排除妨碍、请求返还原物、请求赔偿损失等请求权的方法来实现的。在这些请求中,除请求确认所有权必须以诉讼方式向法院提出外,其余请求既可由权利人向侵权人提出,也可由物权人以诉讼方式向法院提出。[13]对于知识产权的民事救济,权利人当然可以提起上述确认之诉、物权之诉与债权之诉,以维护其受到侵害的权利。但与一般财产所有权不同,在物权之诉中,知识产权所有人并不能援用请求恢复原状、返还原物之传统民事救济措施。请求恢复原状以保护财产不受他人非法损坏为目的,其适用的一般条件是:权利标的须为有体物,该项财产有物质上或价值上损坏的事实存在,损害之物件有修复的可能。但知识产品系非物质状态之精神产物,对其非法使用并不导致对知识产品本身的"损耗",该种权利被侵害后无法通过有形的"修复"而恢复原状。而请求返还原物是保护物之占有权能的方法,其适用条件是:请求返还的原物须为特定物,该特定物为不法占有人所控制。由于知识产品具有不同于有体物的特征,侵权人无须有形控制而仅凭"认知"即可构成"占有",这种知识或经验的"占有"无法通过"返还"而恢复原有权利状态。因此,对知识产权的民事救济不适用请求恢复原状与请求返还原物。

由此可见,罗马法关于"无体物"侵害所采取的请求占有令状(禁止令)、罚金之诉(惩罚性赔偿)、损害之诉(损害赔偿),与现代法中的知识产权救济措施有着相通之处。

总之,罗马法的"无体物"理论为近代知识产权制度的创建提供有益的思想资料,但这并非是直接适用的现成理论。滥用"无体物"的简单结论和忽视"无体物"的理论价值,在学术研究中都是有失偏颇的。

问题1:知识财产或知识产品是否可以归类于"无体物"?

有学者主张财产所有权的客体,不仅限于有体物(有形财产),而且应包括无体物(无形财产)。所谓"无体物是指具有金钱价值而没有实体存在的财富","智力成果属于所有权客体的范围,发明创造、注册商标也属于所有权客体的范围"。[14]上述观点值得商榷。我们不同意将智力创造性成果概称为无体物,这是因为作为客体的财产权利是一种制度产品,而作为客体的智力成果是一种精神产品。后者是一种非物质财富,但它具有价值和使用价值,能够为社会生产和生活提供必不可少的服务,有的还能转化为生产力,创造出物质财富。所以说,精神产品是社会财富的表现形式。而对制度产品而言,尽管当代法律经济学家将权利作为财富的存在形式予以肯定,并将其作为一种稀缺的资源加以分配,但权利毕竟不等于社会财富或自然资源本身。因此,将“无体物”与知识财产混为一谈是不适宜的。德国学者拉伦茨将权利客体分为两种:一种是指支配权或利用权的标的,又称第一顺位的权利客体,它是不依法律规定而事实存在的标的物,包括有体物和无体的精神产品,前者如动产物和不动产物,后者如作品和发明;另一种是主体可以通过法律行为予以处分的标的,亦称第二顺位的权利客体,即是依法律规定而作为客体看待的权利。[15]由此可见,“无体物”(权利)与知识财产分属不同的客体顺位,前者是法律认定的客体,后者是事实存在的客体。

问题2:以“无体物”为客体的权利是否就是无体财产权?

有学者基于“无体物”即权利的考虑,主张将无体财产权的范围扩充到债权、票据权利等。[16]这里涉及的问题是无体财产权所指的“体”,究竟是权利客体还是权利本体?知识产品财产化与知识财产法律化,是罗马法以来私法领域中的一场财产“非物质化革命”。知识财产是一种新的财产、新的客体,它不同于以往的物(包括有体物和无体物),而是“非物质化的和受到限制的财产”。[17]财产“非物质化革命”的结果,极大地拓宽了财产法的适用范围,使其权利客体可以涵盖一切可作为财产看待的物质与非物质现象。与保护有体财产的所有权相对立,无体财产权是一种新型的财产权,它是德国学者科拉于1875年提出的。在相当时期内,一些西方国家的立法和学说曾以无体财产权来概称有关精神产物的专有权利。鉴于此,以客体的物质性与非物质性为标准,可以在支配性财产权领域概括出有体财产权(传统所有权)与无体财产权(主要是知识产权)[18]。在这里,财产权的“无体”,指向的是作为客体看待的权利(“无体物”)还是作为客体看待的精神产品?有必要作出进一步回答。通说认为,财产权的基本分类,皆因具体实现利益或标的不同。也就是说,基于有体物产生财产所有权,基于无体的精神产品形成无体财产权。至于基于“无体物”即某些财产权如股权、债权、票据权等,以此为客体所设定的财产权,既不是所有权,也不是无体财产权，它依然以其财产权本体属性为依归。例如，以股权、票据权、专利权作为遗产（无体物客体）的继承权，仍应称为继承权。“以某些财产权作为他物权客体的，是为权利用益物权、权利质押物权等。”[19]

问题3：无形（体）性是否是知识产权的本质特征？

有学者认为，知识产权与其他财产权利的根本区别在于其本身的无形性，而其他法律特征即独占性、时间性、地域性等皆由此派生而成。[20]严格地说，权利作为主体凭借法律实现某种利益所可以实施行为的界限和范围，概括无外在实体的主观拟制，即制度产品。正是在这个意义上，从罗马法学家到现代民法学家，都将具有一定财产内容的权利（除所有权以外）称为无体物。因此，我们可以说，以无体物的名义而成为“主体通过法律行为予以处分的标的”，[21]这是除所有权以外的其他财产权共同具有的品性。“无体”并不是知识产权与其他财产权区别的实质所在。财产权类型的划分基于客体属性的差别，质言之，知识产权与相关权利的本质区别，不在于该项权利本身所谓的无体性，而在于这一权利的客体即知识产品（或知识财产）的非物质性特征。

客体的非物质性，是指知识产品的存在不具有一定的形态（如固态、液态、气态等），不占有一定的空间。知识产品虽然具有非物质性特点，但总是要通过一定的客观形态表现出来，使知识产品创造者以外的人能够了解，这种客观表现形式是对其进行知识产权保护的条件之一。例如，作品表现为文字著述、舞台表演、绘画、雕塑、音像制品等；发明创造表现为文字叙述、设计图表、形状构造等；商标表现为图案、色彩、符号、文字等。这种客观形态的载体是知识产品的物化。简言之，基于知识产品所产生的权利形态是知识产权，而基于知识产品物化载体设定的权利形态是财产所有权。对此，我国台湾地区学者曾世雄先生有相同看法：财产权之有形或无形，非指权利而言，而系权利控有之生活资源即客体究竟有无外形。例如，房屋所有权，其权利本身并无有形或无形之说，问题在于房屋系有体物；作为著作权，亦不产生有形或无形问题，关键在于作品系智能之物，为非物质形态。[22]正是在这个意义上，我们说知识产权是无体权利、无体财产权，以别于有体财产所有权。

对待古罗马的法律文献，我们需要秉持科学的继承与批判精神。必须承认，罗马法留给后世的最大财富是他们的私法观念与原则，但是其物质化财产结构却缺乏包容精神产物的权利形态和制度空间,因此具有不可避免的历史局限性。值得称道的是,古罗马人创造的“无体物”理论,提供了富有思想价值的概念工具和学理资料,为近代私法领域的“财产非物质化革命”做了有益的理论准备。

注释

1 参见陈朝璧:《罗马法原理》(上册),商务印书馆1936年版,第84页;周枏:《罗马法原理》(上册),商务印书馆1994年版,第28页。

2 Peter Drahos, A Philosophy of Intellectual Property, Dartmouth Publishing Company Limited, 1990, pp. 16 – 22.

3 Peter Drahos, A Philosophy of Intellectual Property, Dartmouth Publishing Company Limited, 1996, p. 17.

4 Peter Drahos, A Philosophy of Intellectual Property, Dartmouth Publishing Company Limited, 1996, p. 16.

5 参见周枏:《罗马法原论》(上册),商务印书馆1994年版,第432页。

6 参见江平主编:《民法学》,中国政法大学出版社2002年版,第448~449页。

7 See Peter Drahos, A Philosophy of Intellectual Property, Dartmouth Publishing Company Limited, 1996, p. 17.

8 See Peter Drahos, A Philosophy of Intellectual Property, Dartmouth Publishing Company Limited, 1996, p. 22.

9 参见周枏:《罗马法原论》,商务印书馆1994年版,第318页。

10 See Russ Versteeg, The Roman Law Roots of Copyright, Maryland Law Review, 2000, USA.

11 在罗马法中,盗窃是以获利为目的,欺诈地窃取他人的可动物或者经被窃人同意而持有物品的人非法使用或非法侵吞该物。罗马人将盗窃又具体分为窃取、窃用、侵吞。参见[意]彼德罗·彭梵得:《罗马法教科书》,中国政法大学出版社1992年版,第402页。

12 Russ Versteeg, The Roman Law Roots of Copyright, Maryland Law Review, 2000, USA.

13 参见彭万林主编:《民法学》,中国政法大学出版社1994年版,第210页。

14 参见杨紫煊:《财产所有权客体新论》,载《中外法学》1996年第3期。

15 参见[德]卡尔·拉伦茨:《德国民法通论》,法律出版社2003年版,第377、378、404页。

16 袁秀挺:《正本清源——评〈无形财产权制度研究〉之基本理论编》,载《私法》(第2辑第1卷),北京大学出版社2002年版。

17 [美]肯尼斯·万德威尔德:《19世纪的新财产:现代概念的发展》,载《社会经济体制比较研究》1995年第1期。

18 关于知识产权与无体财产权的关系,可参见吴汉东:《论财产权体系》,载《中国法学》2005年第2期。

19 参见梁慧星:《民法总论》,法律出版社1986年版,第80页;钱明星:《物权法原理》,北京大学出版社1994年版,第26页。

20 参见郑成思主编:《知识产权教程》,法律出版社1993年版,第45页。

21 参见[德]卡尔·拉伦茨:《德国民法通论》,法律出版社2003年版,第377~378页。

22 曾世雄:《民法总则之现在与未来》,台湾三民书局1983年版,第151页。

吴汉东

代表作

肆

正当性与形而上学*

知识产权制度的哲学思想

从知识财富到知识产权，不仅是一个制度设计与规范适用的法律问题，也是一个具有深刻理论内涵的学理问题。诸如知识成为财产权对象的依据、知识财富占有状态与权利形式、知识产权制度的社会功用及目标等，无一不是知识产权法哲学理论研究的对象。在这一领域，近现代的思想家们都提出了自己的财产权理论，为知识产权制度构建了相应的学理基础。笔者曾对经济学家关于知识产权制度的经济学分析作出评介，包括洛克、斯密的"劳动价值"理论，萨伊的"无形产品"理论，麦克劳德、凡勃伦的"无形财产"理论以及考特、尤伦的"知识产品"理论等。[1]本文论及的主要是法哲学家对知识产权的哲学分析，希冀为我们研究知识产权制度一般性问题提供一种新的解读方式。

一、卢梭的"社会公意"理论

卢梭是18世纪法国卓越的启蒙思想家。《社会契约论》作为世界思想史上的重要经典文献，在政治上，为法国资产阶级民主革命提供了理论纲领；在私法上，则为新兴资本主义的财产权制度构筑了哲学基础。卢梭的财产观不同于以往的"财产自然权利"学说。以洛克为代表的传统财产权理论可以分解为"先占、需求和劳动"三个要素："首先，这块土地还不曾有人居住；其次，人们只能占有为维持自己的生存所必需的数量；最后，人们之占有这块土地不能凭一种空洞的仪式，而是要凭劳动与耕耘，这是在

* 原载《法商研究》2003年第5期，题名为"法哲学家对知识产权法的哲学解读"。

缺乏法理根据时,所有权能受到别人尊重的惟一标志。”[2]卢梭对这种财产权理论进行了批评。在他看来,三要素的满足只是占有事实的成立,而不足以表明财产权的成立。在这种批判的基础上,卢梭提出了以社会契约为基础、以社会公意为依据的新的财产观。按照自然法的原则,人们要在完全平等的基础上自愿结合,通过社会契约建立国家,制定法律以便保护每个人的天赋权利,包括自由、生命与财产。他具体描述了人类形成社会契约进入国家状态后的财产制度:“人类由于社会契约而丧失的,乃是他的天然的自由以及对于他所企图的和所能得到的一切东西的那种无限权利;而他所获得的,乃是社会的自由以及对于他所享有的一切东西的所有权。”[3]在这里,卢梭对自然状态下的自由和权利与社会契约下的自由和权利作了严格的区别。在卢梭的理论视野中,前者仅作为一种事实状况而存在,后者才是一种受到保护的法律利益。概言之,自然状态下对物的控制、支配的事实,是无“权利”可言的。卢梭的财产观的核心是“社会公意”理论。他首先对“公意”与“众意”作出区分:“公意只着眼于公共的利益,而众意则着眼于私人的利益,众意只是个别意志的总和。但是,除掉这些个别意志间正负相抵消的部分而外,则剩下的总和仍然是公意。”[4]按照他的说法,公意就是公民多数的意思,因为他们为了自身的利益,总要考虑到社会多数人的利益。关于公意与法律的关系,卢梭提出了自己的见解:法律是由国家主权者制定的,由于主权属于人民,因而法律乃是公意的行为,是主权者的行为和“我们自己意志的记录”。[5]简言之,法律体现的主权者(人民)意志就是公意。在这里,卢梭将财产权的依据归结为社会公意。他说:“我们必须很好地区别仅仅以个人的力量为其界限的自然的自由,与被公意所约束着的社会的自由;并区别仅仅是由于强力的结果或者是最先占有权而形成的享有权,与只能是根据正式的权利而奠定的所有权。”[6]十分明显,财产的自然占有状况只是享有权,它以个人强力或先占为依据。只是在进入国家状态之后,由于体现社会公意的法律所作用的结果,才使得对物的占有事实成为正式的财产权利即所有权。由此可见,关于财产权成立的依据,卢梭的解释较之于他的前人更进了一步。卢梭的理论贡献还在于他关于财产权的正义理念。这主要体现在以下三个方面:

第一,财产权利义务的对等。卢梭主张正义和财产的概念同时产生,把正义和财产权联结在一起,其意义在于创立一种规范,即在社会的范围尊重他人财产权的习俗。在他看来,所有权一经确定,就使财产成为真正的权利,也同时产生对个人的限制。每个人都天然有权取得为自己所必需的一切。“他的那份一经确定,他就应该以此为限,并且对集体不能再有任何更多的权利。”[7]“人们尊重这种权利的,更多地倒是并不属于自己所有的东西,而是属于别人所有的东西。”[8]在卢梭的哲学观念中,财产权受到尊重与保护的社会秩序是符合正义法则的,这种正义的法则需有人人遵守,“需要有约定和法律把权利义务结合在一起,并使正义能符合于它的目的”。[9]

第二,财产权利的平等。在卢梭的财产理论中,“平等”这个名词绝不是指财富的程度应该绝对相等。他并非要绝对破除现有的个人所有制,因为那是不可能的,而是试图将它限制在最狭隘的界限之内,给它一种措施、一种规矩、一种羁绊,并使它始终服从于公共的幸福。[10]卢梭进一步指出,财产权制度是以社会契约为基础的,“它是公平约定,因为它对一切人都是共同的……社会契约在公民之间确立了这样的一种平等,以致他们大家全都遵守同样的条件并且全部应该享有同样的权利。于是由于公约的性质,主权的一切行为——也就是说,一切真正属于公意的行为——就都同等地约束着或照顾着全体公民”。[11]在这里,财产权的平等应理解为财产者地位的平等、财产权保护的平等。

第三,财产权制度的目标。“共同利益”、“公共幸福”,是卢梭在他的财产“社会公意”理论中反复强调的一个思想。财产权的依据来自于公意,人民的意志得以公意化与其说是投票表决的结果,倒不如说是“人的结合在一起的共同利益”,“因为在这一制度中,都必然地要服从他所加之于别人的条件”。[12]卢梭由此得出结论:“公意必须从全体出发,才能对全体都适用;并且,当它倾向于某种个别的、特定的目标时,它就会丧失它的天然的公正性。”[13]“实际上由社会公约而得出的第一条法律,也是惟一真正根本的法律,就是每个人在一切事物上都应该以全体的最大幸福为依归。”[14]综上所述,卢梭在《社会契约论》一书中所阐发的财产权思想虽多是以土地为例,但亦可用作说明知识产权制度。卢梭关于财产权基础的社会契约论,对近代社会的“专利契约”理论有很大的影响。西方学者将信息公开与权利专有的现象解释为契约对价关系,其思想观点导源于此。卢梭关于财产权依据的社会公意观,分析了公意、法律与财产之间的关系,对财产权制度的说明较之前人有更多的合理性。这有助于我们理解知识占有的自然状态与知识权利的法律状态之间的区别。卢梭关于财产权的正义观,更是不乏真理的见解。诸如知识产权的保护与限制、知识信息的传播与权利利用、知识产权制度的公共利益原则等,都可以从这里寻求哲学上的理论支持。

二、康德的“自由意志”理论

18世纪德国著名哲学家、自由主义法学思想的代表人物康德,从人及人性出发,探讨人的自由意志与天赋权利,并在此基础上论述了权利的意志内容与权利的效力依据。康德在《法的形而上学原理》一书中阐述了他的财产“自由意志”理论:第一,所有权概念与占有事实。康德将占有分为两种形态,“即作为感性的占有(可以由感官领悟的占有)和理性的占有(可以由理智来领悟的占有)。同一个事物,对于前者,可以理解为实物的占有;对于后者,则可以理解为对同一对象的纯粹法律的占有”。[15]在他看来,单纯是感官的占有,尚不足以称为所有权意义上的“我的”。只有在不以肢体或个人力量来实现对物的占有,而是在观念上将某物视为“我的”情况下,并且在物与人的事实分离亦不能改变人与物的关系的情况下,才能称为所有权。第二,所有权目的与自由意志。康德认为,为了所有权的目的,主体必须将某物作为一个对象来占有,即将该物视为已有,这个属于所有人意志选择的外在对象,“其本身在客观上必须是没有一位主人的(作为无主物)”。[16]“我通过正式的表示,宣布我占有某个对象,并用我自由意志的行动,去阻止任何人把它当作他自己的东西来使用。”[17]可以认为,某物要成为权利上“我的”所有物,主体须在主观意志上有将该物作为自己独占物的要求;同时,某物要作为“我的”财产而不受他人侵犯时,主体须是该物真正的占有者或所有者。第三,所有权内容与共同意志。康德提出“外在获得”(所有权取得)的原则:“无论是什么东西,只要我根据外在自由法则把该物置于我的强力之下,并把它作为我自由意志活动的对象,我有能力依照实践理论的公设去使用它,而且,我依照可能联合起来的共同意志的观念,决意把一物变成我的,那么,此物就是我的。”[18]由此,康德得出结论:所有权包含着双重意志内容—— 一个人意志的占有和共同意志的占有。当一个人并不直接占有、控制某物却还能够反对他人对该物的占有、控制的时候,这是由于共同意志在发挥作用。所有权的真正奥秘不在于物主对物的自由支配,而是物主在自由支配物时所具有的不可侵犯性。共同意志即是全体社会成员对物主占有、控制某物的行为所持的共识、共认的观念,依康德的说法,“占为己用,在观念上,作为一种外在立法的共同意志的行为,根据这种行为,所有的人都有责任尊重我的意志并在行动上和我意志的行为相协调”。[19]第四,所有权效力与体现共同意志的普遍法则。康德分析了物主存在的两种意志内容:一是通过言行宣布某种外在的东西是“我的”,其他人有责任不得动用物主对其行使了意志的特定对象;二是包含着物主作出承诺即不侵犯其他人占有的外在地属于他人的对象。这种互不侵犯属于他人的东西的保证,是从体现共同意志的普遍法则中产生出来的。“所以,只有那种公共的、集体的和权威的意志才能约束每一个人,因为它能够为所有人提供安全的保证。当人们生活在一种普遍的外在的以及公共立法状态之下,而且还存在权威和武力,这样的状态便称为文明状态。”[20]可见,所有权只有在法律状态或文明社会中才有可能。康德的财产“自由意志”理论,是以有形物与所有权为研究对象的,但其关于自由意志与财产权利的学说,为现代知识财产及其权利制度的确立提供了有力的哲学理论依据。据此,我们不难得出以下结论:由于知识产品的非物质性特征,知识产权客体本身不可自然占有,但并不妨碍主体对这一客体“纯粹法律的占有”;知识产品是创造者意志选择的“外在对象”,创造者是这一客体的占有者或所有者,有权将其作为“我的”财产而不受他人干扰;知识产品成为知识财产,并非取决于创造者对其自由支配,而在于全体社会成员对这种知识财产状态予以承认的“共同意志”;知识作为产权对象,是经济发展与社会进步的结果。由于知识产品容易超出创造者的控制,因此知识产权有赖于国家法律的特别保护。

三、黑格尔的“财产人格”理论

黑格尔是继康德之后又一位伟大的哲学家与唯心主义法学的代表。在《法哲学原理》一书中,黑格尔将他的私法思想,构筑在“意志—人格—财产”的基本范畴上,并包装在一种十分复杂的哲学语言之中。黑格尔认为,法的本质是意志自由和权利,而意志自由的直接定在和权利的直接内容是作为自然界的物。按照黑格尔的说法,构成法的意志,一开始仅仅是抽象的或一般的意志，当它自己发展成为实在意志时，“意志就成为单一的意志——人（person）”。[21]这里指的是各个具体的人。人与人的关系实质上是意志与意志的关系。黑格尔进一步指出，人的本质是人格，而人格就是意志的自由。他强调意志自由的重要性，即“人可以丧失他的生命，但是不能丧失他的自由”；[22]同时也指出意志自由的限定性，即人格的意义在于每个特定的人都要受到法的规定和限制。[23]在“意志—人格”的理论基础上，黑格尔提出具有工具主义特性的财产观，以此作为实现自由意志的定在和抽象人格具有客观性的基本形式。所有权理论是黑格尔财产观的精粹所在。关于所有权的概念，他作了两点说明：第一，所有权是自由意志的体现。根据黑格尔的标准说法：“人把他的意志体现于物内，这就是所有权的概念”，[24]从这一理论出发，人就是自由意志，而自由意志是无限的，对于一切事物（即客体）来说是绝对的。因此，所有的物都可以变为人所有。每一个人都有权将其意志变成物，或者将物变成其意志。按照黑格尔的理论，我们可以认为，诸如技能、知识、艺术发明等精神产品，在创造者自由意志的支配下，也可以扬弃而成为私人财产。在自由意志的作用下，不仅是实在物，包括非物质性的精神产品，都可以变为属于自己的东西。这就为“精神所有权”制度提供了哲学依据。第二，所有权是单个人格的发展。黑格尔在表述所有权的合理性时说道：“所有权所以合乎理性不在于满足需要，而在于扬弃人格的纯粹主观性。人惟有在所有权中才是作为理性而存在的。”[25]在黑格尔的哲学世界里，意志的任务是要取得绝对自由。最初阶段的意志是作为人格的自身意识，并寻求置自身于外部世界，即人格需要在世界上获得某些具体的存在形式。因此，所有权的设定，首要的不是满足个人的需要和欲望，而是归结为人格的存在和发展。从一定意义上说，人格就是财产的人格，或者说具象的财产就是抽象的人格；人的人格、理性，只有在财产中才能体现。根据这一理论，我们可以进而言之，精神产品是人类智力劳动的创造物，与特定主体的人格相联系。“精神所有权”使得创造者的人格在知识财产的实现过程中得以存在和发展。十分明显，黑格尔的哲学思想包含有对知识产权合理性的解释。黑格尔从“财产人格”理论出发，在所有权的框架内，还具体阐述了精神所有权转让及保护的有关问题：

第一，精神所有权转让的条件。虽然人身和人的精神不可转让，但与其密切相关的某些东西可以转让。黑格尔对此设置了转让条件，即限于精神能力及其产品的部分转让。黑格尔强调一个人可以把身体和精神的特殊技能以及活动能力的个别产品转让给他人，也可以把这种能力通过一定时间的使用转让给他人。在这种情况下，转让的是精神能力的有限定的一部分，它同人的整体性和普遍性保持着外在联系，从而不是对人的实体性即整个人格、理智的转让。[26]在这里，黑格尔的本意是分析奴隶与雇佣劳动者的区别，不过，在蕴含人格的财产可以自由让渡的情况下，他强调主体保留独立的人格即人的普遍性是有积极意义的。推而广之，这一理论也是适用于精神财产转让的。知识产权制度允许某一精神产品的全部权利转让，但并不主张其全部知识产品（包括未来创造的产品）的全部权利转让，其立法规定不仅具有保护创造者的财产利益的目的，而且具有维系其人格独立的功能。

第二，精神所有权转让的对象。财产是意志的产物，可以通过一定的意志行为放弃或让渡，但这种东西必须是可以外化的。黑格尔指出："精神产品的独特性，依其表现的方式和方法，可以直接转变为物的外在性。"[27]在这里，黑格尔的哲学理论已注意到精神产品的非物质性与可再现性的基本特征，并涉及精神产品本身及其物化载体的问题。黑格尔在不同场合所强调的"外部的定在"、"物的外在性"等，无一不是精神产品可再现性及物化载体的哲学语言表述。按照黑格尔的说法，精神产品分为以下主要类别：一是艺术作品，即把外界材料制成描绘思想的形式。二是著作品，就其成为外在物的形式而言，与技术装置的发明一样，属于一种机械方法（书写、印刷、装订等）。三是发明技术装置，即采取机械装置的方式来表达发明技术的思想。四是处于艺术作品或工匠产品这两极之间的各种不同阶段的精神产品，如工业品外观设计等。[28]

第三，精神所有权受让者的权利。依各类精神产品的特性不同，特别是与转让者的意志相关，黑格尔将受让者享有的权利分为两种情况：一是受让者成为控制精神产品的新所有人，即可以"将其中所展示的思想和包含的技术上的发明变成自己的东西"，同时"占有了就这样表达自己和复制该物的普遍方式和方法"；[29]二是精神产品的创造者"坚持自己仍是复制这种作品或物品的普遍方式和方法的所有人"。在这种情况下，受让者只是这个单一物的完全、自由的所有人，有权将取得物作为样品来完全地使用其价值,但不能侵犯原所有人依法所保留的特有权利。[30]

第四,精神所有权的保护。黑格尔认为"促进科学和艺术的纯粹消极但又是首要的方法,是保证从事此业的人免遭盗窃,并对他们的所有权加以保护"。[31]黑格尔继而就著作权作品描述了复述与剽窃的界限。他认为:"精神产品旨在使人得到理解,并掌握它而化为己有。"[32]通常,科学、知识的传播,大抵是复述既存的思想。这种复述所采取的形式达到何种程度,可以变成一种可转让的物品,即变成他的所有权?或是这种复述的形式达到何种程度可以认定为一种剽窃?黑格尔感到对这些问题很难作出精确的规定。但是,黑格尔认为,对他人创作物仅在形式上作某些变更或者作点无关紧要的修改,不过是"对他人的所有物打上了多少表面上是自己的东西的印记"。[33]

四、扎霍斯(Pete Drahos)的"抽象物"理论

澳大利亚学者扎霍斯所著的《知识产权哲学》是当代知识产权学界的一部重要著作。作者运用分析哲学的工具,以财产制度的产生、发展及相关理论为线索,重点考察知识财产作为"抽象物"(abstract objects)的特点及在抽象物上设立知识产权的一般情况,从而提出了有别于传统财产观点的特殊的知识产权理论,为我们在该学科外部认识知识产权法的规律与规则提供了一种新的哲学思路。扎霍斯的"抽象物"理论主要包括以下内容:第一,"抽象物"与罗马法上的"无体物"。抽象物是扎霍斯在知识产权哲学研究中经常使用的一个基本范畴。它"依赖于人类精神生活而存在,是由人类思想添附于有形世界之上而产生的物"。它不具有真实形体,而是抽象存在的物。[34]从形而上学的观点来看,抽象物是一个存在的假设范畴。但社会现实需要承认抽象物的存在,当财产扩展至抽象物之时,基于该物产生了人与人之间的利益关系。"就知识产权而论,所论及之物乃是抽象物。如我们所知,抽象物并不存在,或者我们可以宣称它不存在。知识产权中的抽象物采取了一种法律虚拟的形式。"[35]按照扎霍斯的说法,财产的有形与无形之分,这种区别不是缘于权利的本身,而是由于权利所指向之客体的性质不同而产生。知识产权被归类于无形财产权。"法律假定在某些抽象物中存在着权利。盘尼西林的分子式和化学结构即是抽象物的例证,许多人需要、使用并依赖于这些物",由此产生了基于抽象物而

形成一种新的财产权利形式。[36]这即是与传统财产所有权有别的知识产权。根据扎霍斯的考证,抽象物的说法导源于罗马法上的"无体物"(incorporeal things),也即是"不可触及的物体"(intangible objects)。在古典哲学思想中,无体物的概念范畴可以追溯到斯多噶学派。[37]同为人的精神的拟制物,罗马法上的无体物专指作为制度产品的财产权利(除所有权以外),而扎霍斯的抽象物乃是作为知识产品的精神构思,即是中介知识产权关系的材料。[38]第二,抽象物与有体物(有形财产)的关系。在罗马法中,无体物本为人们主观拟制之物,但在其物质化财产体系中,这种抽象实体也采取了真实实体的解释与说明,即无体物是以实在之物为对象的财产权,无体物是与有体物相关的抽象物。扎霍斯将这一现象称为"似物性"(thing likeness),即无体物与实体物和物质化财产的相似性和关联性。作为知识产品的抽象物也与有形财产物具有紧密联系,扎霍斯作了两点分析:其一,抽象物并不存在于有形世界,但通过表达而获得其有形性。这是抽象物的形而上的重要特征。扎霍斯说道,在一个人主张其享有某一知识产权时,须对权利的客体作具体的说明。说明的方法可以是正式手续(如专利登记),也可以是非正式的(如商业秘密)。这种说明的结果是,通过实际表达形式,产生了一个有着外在形式的实体。"一个可被表达之物乃是抽象之物",实际表达之物乃是有体之物。[39]其二,抽象物通过相关有体物的控制而具有财产意义。非物质性的抽象物须有客观表现形式,这不仅是该物获得法律保护的条件,也是智力劳动者实现抽象物之财产利益的途径。扎霍斯认为,艺术家、作家和发明家为了生存须将这种无形财产转化为有形财产。"一旦无体物之中的财产权利被法律所承认,在有体物世界里规制物化财产关系的意义将更为重要。"[40]其意义表现在:抽象物是获取无限种类和数量的有体物之源泉,这些均可以为财产所有人所享有;抽象物是控制再现其本身之有体物的途径,专有权利的授予即可实现这种控制。第三,抽象物与知识产权制度。知识产权是基于抽象物而产生的一种具有独占性质的财产权。扎霍斯通过对近代英国法的分析,阐述了知识产权制度存在的正当性理由。他写到,个人须通过劳动方能生存。发明者、作者与其他人一样并有权获得报酬。但这种报酬仅仅是一个暂时的特许权,超出这一范围的利益即构成对他人劳动的侵犯并违反这个国家的基本法律。换言之,一个发明者或一个作者只能期待某种高于其他人的暂时优势,这一优势的性质乃是一特许权。

扎霍斯提出,绝不能超越这一特许权。因为它可能产生如下后果:第一,危及他人自由。允许私人在抽象物上设定独占权利,会形成特定社会中一种“人的依赖关系”(person-dependent relationship)。[41]扎霍斯分析说,当个人独占力量增长时,便会影响他人的消极性自由,即不受干预的权利面临危险。他举例说,农夫需要种子来种植稻谷,倘若这些种子系为获得专利权或植物品种权的抽象物,农夫欲采用这种种子就得事先征得该抽象物所有人的同意。这样就在物质依赖关系之上添加了一层人身依赖关系。为此,扎霍斯对在抽象物与财产权之间所建立的法律机制感到忧虑。倘若市民社会对独占权利进行无限制的追逐,抽象物利用中所隐含的人身依赖关系就会产生一种危险,即这种财产权制度在社会共同体中不是促进自由,而是限制自由。在这个意义上,扎霍斯得出结论:“知识产权是一种有碍自由的特许权。”[42]第二,威胁分配正义。知识产权的独占性,不仅使得抽象物所有人控制无数个重现同一抽象物的有体物成为可能,而且促使抽象物的所有人去控制更多的抽象物成为可能,这两种情况可能导致少数人会利用抽象物的财产权机制去获得那些被社会所普遍依赖的资源。扎霍斯认为,从分配正义的观点看,独占权利的范围应予以限制。[43]关于权利扩张造成社会分配的不均衡,是扎霍斯基于现代社会经济分析而得出的一个经验性结论。在他看来,在一些科技领域,拥有某些抽象物需要有高水平的科技能力和大规模的资金投入。当这些抽象物是为社会所普遍依赖的重要资源时,该类抽象物所有人即意味着拥有巨大的“威胁权力”(threat power)。建立在抽象物独占基础上的“威胁权力”,是一种有着法律后盾的权力形式。当社会在抽象物上创制了财产权利,即可能面临这样一种情景:大量的“威胁权力”集中在少数人手中。[44]扎霍斯的基本看法是,抽象物上的独占权利增强了个人力量的派别倾向和危险程度,因此,有理由对这些权利的范围加以严格限制,或者将其中一些加以废除。[45]综上所述,扎霍斯关于“抽象物”的哲学理论,为我们认识知识产权客体的基本属性、分析无形财产与有形财产的关联性、探讨知识产权制度的社会功用提供了新的视角。正如他本人所言,在该书中“不存在为私人财产寻求正当理由的努力”,而是强调知识产权可能产生“威胁权力”、造成分配不均衡的“危险”。[46]当然,这些并不能作为否认知识产权制度存在的理由,扎霍斯无意于此。但是,通过上述分析,我们有必要对知识产权保护现状进行反思,进而确立知识产权法的平衡精神与公益目标。这无疑是扎霍斯的哲学思想带来的有益启示。

近现代的思想家们将知识产权制度构筑在形而上学的哲学世界里。形而上学作为一种哲学分析工具,是以超出经验、感觉范围以外的事物本质、来源问题为研究对象的。与经济学家关于"成本效益"的实证研究不同,哲学家以抽象思辨的方法回答了知识产权制度的一般性问题。

第一,关于知识财产的无形性特征。法律对知识财产的确认,标志着财产观从具体到抽象的转变。人们不再将财产的范围局限于有体物,而是扩大到为数众多的不具备外在形体的财产,这即是财产的抽象化与非物质化。关于财产的非物质化,早在洛克时期就受到了充分的关注。洛克在其《政府论》一书中,曾在多种含义上表达"财产"的概念:狭义的财产指个人所拥有的物质财产,一般用"possessions"、"estates"、"fortunes"和"goods"来表达;而广义的财产则称为"property",不仅指物质财产,也包括人的身心、生命和自由,甚至包括人的劳动及行为规范。它是个人拥有的总和,包括身心和物质两个方面的内容以及有形和无形的两种形态。[47]而在康德与黑格尔两位德国哲学家那里,财产权与意志、人格有关,物的占有不过是自由意志外化的结果。这一说法极为接近知识财产即抽象财产的认识。康德关于知识产权的简短论述主要涉及著作权作品。他强调作品是作者的思想和人格的表现,保护知识财产的权利也就是保护作者人格的权利。[48]从某种程度上讲,作品不是任意的一种商品,而是一个人即作者的延伸,作品是人格的反映。[49]在这里,康德将体现作者人格的智力成果与传统的有形财产作出了区分。黑格尔注意到物化载体与知识产品的差别,将后者称为"通过精神的中介而变成的物",包括精神技能、科学知识、艺术以及发明等。[50]此类精神产物需要给予它们外部的"定在",才能为其他人所认识并成为交易的对象。所以,它们不是自始就是直接的东西,只是通过精神的中介把内在的东西降格为直接性和外在物,才成为直接的东西。诚然,现代学者扎霍斯关于"抽象物"的理论概括更具有现代法气息。抽象物是一个存在的假设范畴,或者说是人们主观拟制之物。这一基本范畴导源于罗马法上的无体物,但扎霍斯赋予其有别于制度产品的新的含义,即抽象物是知识产品,是中介知识产权关系的材料。哲学家们注意到财产形态的变化，并将财产的范围延伸到一切可以利用的物质与非物质对象。但是应该指出，将一切利益、机会、资格等财产化、商品化，将社会权利、人身权等同于财产权利，这是不合适的，过于宽泛的财产观有可能动摇非物质性财产权的科学基础。总之，我们可以将知识财产理解为非物质性财产，但对非物质性财产的范围应有严格的界定。

第二，关于知识产权的合理性。知识产权制度的建立，从其社会动因来说，是科学技术与商品经济发展的结果；从制度构建来说，是法律革命与创新的产物。关于知识产权制度的合理性，思想家们作出了不同的解释。在经济学范畴里，从洛克、斯密到马克思都建立了自己的"劳动价值学说"。虽然在他们的著述里，研究对象涉及的主要是物质生产与有形商品，但这一学说在论证知识产权的本源性与合理性方面却有着特别的理论魅力。而在法哲学领域里，"社会公意"理论与"财产人格"理论则为我们探讨知识产权制度的合理性展现了另外的视角。卢梭将财产权的依据归结为体现主权者（人民）意志的公意。法律是社会公意的记录，正义是财产权利的法则。从卢梭的"社会公意"理论，我们可以找到知识产权制度合理性的一种说法，即实现了权利垄断与知识公开的契约对价关系。按照西方国家一些学者的说法，知识产权制度产生的社会条件是：知识产权所有人将自己的作品、发明公布出来，使公众了解到其中的专门知识；而公众则承认知识产品的所有人在一定时期内享有其中的专门知识。这就是以国家面貌出现的社会与知识产品所有人之间签订的一项特殊契约。[51]只有这样，每个人才能享受到更多的财富和更大的安全。哲学家把经过协商最终达成的合意称为"社会契约"，因为它建立起社会生活的基本条款。[52]黑格尔的"财产人格"理论则与洛克的"劳动价值"理论相映成趣。这是因为知识产权的合理性无论从"人格"方面还是"劳动"方面解说，在道德上都是可以接受的。在哲学基本范畴中，人格喻意为"自我"、"唯一的存在"。人格就是人的资格，人的资格应该是人的个体实践自己意志的资格。法律上的主体之所以为主体，是因为有人格，但说到底是因为有意志。从法哲学的理论意义上说，人格其实是意志的法律身份，其本质在于它是意志的存在资格。[53]黑格尔正是在这种"意志—人格"（人格就是意志的自由）的形而上学体系中，描述了他的财产观。黑格尔强调自由意志主要是通过私人财产所有权来表现的。"实现绝对自由是意志的任务……意志的任务需要好几个阶段才能完成……最初的阶段意志即以人格的形式出现……人格须在世上取得某种更为具体的存在形式……这个具体的形式通过物的使用而产生了”,“物的范畴中包括智力上的资源、学识和艺术技巧”,上述智力构思“一旦外化,便成为可在法律上占有的物”。[54]黑格尔的上述说法被认为是支持财产权(包括知识产权)存在的观点。在上述复杂的哲学语言中,黑格尔表达了一个简单的含义:财产权对个人的生存是必不可少的。进言之,在知识产品中分清“你的”和“我的”这一财产权,是人格为了在世上作为意志自由的个人实体或特性而需作出的一种区分,也是个人为了在世界上生存而需要的一种制度形式。黑格尔的人格理论不仅是佐证精神所有权合理性的一种学说观点,而且对近代欧洲大陆知识产权制度的创立产生了直接的思想影响。[55]

第三,关于知识产权法的公益性原则。“公共利益”这个概念源于罗马,用古罗马思想家西塞罗的话说,即“人民的利益是最高的法律”。在知识产权制度中设定公共利益原则,并非否认知识财产的私权性,而是强调个人独占权利与社会公共利益之间的平衡。对此,哲学家们作出了不同的解释。卢梭将正义理念寓含于他的财产观之中。在他看来,所有权的确立,在于构建财产受到尊重与保护的社会秩序,这是符合正义法则的;财产权制度是一种公平的约定,它对一切人都是共同的;为了保持财产权制度的天然的公正性,法律应以全体成员的共同利益为依归。黑格尔从精神生产与知识传播的角度阐述了他的知识产权理念。他认为,“独有于”我们的精神产物一经外化即可能为他人重制,这不是一个问题,而是一件好事。因为通过占有外化的知识产品,可以产生更多的新的知识产品。知识产品生产的目的在于其为他人所认可,并成为他人学习的基础。在知识的社会传承过程中,“普遍认可的思想”被改造并被赋予新的个人形式。某一知识形式被不同时代的个人所利用、传播,会对其他人的利益有所增进。在人类知识的发展过程中,个人如何对其中的知识形式主张权利,黑格尔认为没有“普遍的确定性原则”。依经验而言,他主张在知识系统中划定法律界线,设定某种知识共有物(“公共领域”)有利于保证他人或后代学习的需要。[56]应该指出,黑格尔强调促进科学、艺术发展的最好办法是防止科学家、艺术家的知识产品被窃取,但又同时主张应当重视作为共同体的知识共有物。可见,黑格尔的知识产权理念明显包含有公共利益的思想。扎霍斯在其著述中并未直接叙述知识产权法的公共利益原则，但他描述了在抽象物上设立知识产权的后果。他承认知识产权存在的合理性，但又担心在不完美社会中建立这种制度会导致不利的后果，即个人独占权利的增长，会在产生物的依赖关系的同时出现人的依赖关系；权利的范围如不加以限制，则有可能造成分配的不均衡。扎霍斯的警示，无疑隐含着在知识产权制度中确立平衡精神与公益原则的主张。关于公共利益原则与法律制度的关系，当代美国法哲学家埃德加·博登海默有过更为精辟的论述。他认为，“共同福利”这一术语是一个无处不用的概念工具，它是用来标明外部界限的，而在分配和行使个人权利时绝不可以超越这一界限，以免全体国民遭受严重损害。他主张个人权利与社会福利之间应创设一种适当的平衡。个人权利的实现固然深深植根于人格的需要与倾向，但对权利进行某种限制同样是公共利益的需要。[57]上述观点虽是就公益性原则与一般法律正义而言，但对于我们理解知识产权制度的价值目标与功能作用不无启迪意义。

注释

1 参见吴汉东：《科技、经济、法律协调机制中的知识产权法》，载《法学研究》2001 年第 6 期。

2 参见[法]卢梭：《社会契约论》，何兆武译，商务印书馆 1982 年版，第 32 页。

3 参见[法]卢梭：《社会契约论》，何兆武译，商务印书馆 1982 年版，第 30 页。

4 参见[法]卢梭：《社会契约论》，何兆武译，商务印书馆 1982 年版，第 39 页。

5 参见[法]卢梭：《社会契约论》，何兆武译，商务印书馆 1982 年版，第 51 页。

6 参见[法]卢梭：《社会契约论》，何兆武译，商务印书馆 1982 年版，第 30 页。

7 参见[法]卢梭：《社会契约论》，何兆武译，商务印书馆 1982 年版，第 31 页。

8 参见[法]卢梭：《社会契约论》，何兆武译，商务印书馆 1982 年版，第 32 页。

9 参见[法]卢梭：《社会契约论》，何兆武译，商务印书馆 1982 年版，第 49 页。

10 参见[法]卢梭：《社会契约论》，何兆武译，商务印书馆 1982 年版，第 60 ~ 70 页。

11 参见[法]卢梭：《社会契约论》，何兆武译，商务印书馆 1982 年版，第 44 页。

12 参见[法]卢梭：《社会契约论》，何兆武译，商务印书馆 1982 年版，第 43 页。

13 参见[法]卢梭：《社会契约论》，何兆武译，商务印书馆 1982 年版，第 42 页。

14 参见[法]卢梭：《社会契约论》，何兆武译，商务印书馆 1982 年版，第 43 页。

15 [德]康德：《法的形而上学原理——权利的科学》，沈叔平译，商务印书馆 1991 年版,第 54 ~ 55 页。

16 [德]康德:《法的形而上学原理——权利的科学》,沈叔平译,商务印书馆 1991 年版,第 55 页。

17 [德]康德:《法的形而上学原理——权利的科学》,沈叔平译,商务印书馆 1991 年版,第 57 页。

18 [德]康德:《法的形而上学原理——权利的科学》,沈叔平译,商务印书馆 1991 年版,第 72 页。

19 [德]康德:《法的形而上学原理——权利的科学》,沈叔平译,商务印书馆 1991 年版,第 72 页。

20 [德]康德:《法的形而上学原理——权利的科学》,沈叔平译,商务印书馆 1991 年版,第 68 页。

21 参见[德]黑格尔:《法哲学原理》,范扬、张企泰译,商务印书馆 1961 年版,第 45 页。

22 参见[德]黑格尔:《法哲学原理》,范扬、张企泰译,商务印书馆 1961 年版,第 203 页。

23 参见[德]黑格尔:《法哲学原理》,范扬、张企泰译,商务印书馆 1961 年版,第 45 页。

24 参见[德]黑格尔:《法哲学原理》,范扬、张企泰译,商务印书馆 1961 年版,第 59 页。

25 参见[德]黑格尔:《法哲学原理》,范扬、张企泰译,商务印书馆 1961 年版,第 50 页。

26 参见[德]黑格尔:《法哲学原理》,范扬、张企泰译,商务印书馆 1961 年版,第 75 页。

27 参见[德]黑格尔:《法哲学原理》,范扬、张企泰译,商务印书馆 1961 年版,第 76 页。

28 参见[德]黑格尔:《法哲学原理》,范扬、张企泰译,商务印书馆 1961 年版,第 76 页。

29 参见[德]黑格尔:《法哲学原理》,范扬、张企泰译,商务印书馆 1961 年版,第 76 页。

30 参见[德]黑格尔:《法哲学原理》,范扬、张企泰译,商务印书馆 1961 年版,第 76 页。

31 参见[德]黑格尔:《法哲学原理》,范扬、张企泰译,商务印书馆 1961 年版,第 76 页。

32 参见[德]黑格尔:《法哲学原理》,范扬、张企泰译,商务印书馆 1961 年版,第 77 页。

33 参见[德]黑格尔:《法哲学原理》,范扬、张企泰译,商务印书馆 1961 年版,第 78 页。

34 See Peter Drahos, A Philosophy of Intellectual Property, Dartmouth Publishing Company Limited, 1996, p. 17.

35 See Peter Drahos, A Philosophy of Intellectual Property, Dartmouth Publishing Company Limited, 1996, p. 16.

36 See Peter Drahos, A Philosophy of Intellectual Property, Dartmouth Publishing Company Limited, 1996, p. 1.

37 See Peter Drahos, A Philosophy of Intellectual Property, Dartmouth Publishing Company Limited, 1996, pp. 16 – 17.

38 See Peter Drahos, A Philosophy of Intellectual Property, Dartmouth Publishing Company Limited, 1996, pp. 17 – 25.

39 See Peter Drahos, A Philosophy of Intellectual Property, Dartmouth Publishing Company

Limited,1996,p.17.

40 See Peter Drahos,A Philosophy of Intellectual Property,Dartmouth Publishing Company Limited,1996,p.22.

41 See Peter Drahos,A Philosophy of Intellectual Property,Dartmouth Publishing Company Limited,1996,pp.32 –33.

42 See Peter Drahos,A Philosophy of Intellectual Property,Dartmouth Publishing Company Limited,1996,p.5.

43 See Peter Drahos,A Philosophy of Intellectual Property,Dartmouth Publishing Company Limited,1996,p.5.

44 See Peter Drahos,A Philosophy of Intellectual Property,Dartmouth Publishing Company Limited,1996,pp.161 –163.

45 See Peter Drahos,A Philosophy of Intellectual Property,Dartmouth Publishing Company Limited,1996,p.5.

46 See Peter Drahos,A Philosophy of Intellectual Property,Dartmouth Publishing Company Limited,1996,pp.75 –82.

47 参见梅雪芹:《关于约翰·洛克“财产”概念的一点看法》,载《世界历史》1994 年第6期。

48 参见曲三强:《传统财产理论与知识产权观念》,载中国高校知识产权研究会编:《知识产权研究》,西安交通大学出版社 2002 年版,第 103 页。

49 参见刘春田、刘波林:《著作权的若干理论问题》,载《法律学习与研究》1987 年第 2 期。

50 参见[德]黑格尔:《法哲学原理》,范扬、张企泰译,商务印书馆 1961 年版,第 51 页。

51 参见[苏联]E. A. 鲍加特赫等:《资本主义国家和发展中国家的专利法》,载中国科学技术情报所专利馆编:《国外专利法介绍》(第 1 册),知识出版社 1986 年版,第 12 页。

52 参见[美]罗伯特·考特、托马斯·尤伦:《法和经济学》,张军等译,上海三联书店 1994 年版,第 132 页。

53 参见李锡鹤:《民法哲学论稿》,复旦大学出版社 2000 年版,第 22 页。

54 See Peter Drahos,A Philosophy of Intellectual Property,Dartmouth Publishing Company Limited,1996,pp.75 –82.

55 近代大陆法系国家将“人格价值观”作为其著作权立法的哲学基础,并建立了与英国“版权法”体系不同的“作者权”体系。参见[日]阿部浩二:《各国著作权法的异同及其原因》,朱根全译,载《法学译丛》1992 年第 1 期。

56 See Peter Drahos,A Philosophy of Intellectual Property,Dartmouth Publishing Company Limited,1996,p.17.

57 参见[美]埃德加·博登海默:《法理学——法哲学及其方法》,邓正来、姬敬武译,华夏出版社 1987 年版,第 296 ~297 页。

吴汉东

代表作

伍

合理性与知识价值*

知识产权制度的经济学思想

建立在劳动价值论基础上的知识价值论，是我们分析知识产权制度经济品性的基本工具。智力劳动所创造的知识产品与物质产品一样，都是有价值和使用价值的商品，这是知识产品成为知识财产的经济学依据。关于知识产权制度的经济合理性，近现代的思想家们为之作出了各种各样的解释。

一、洛克、斯密的“劳动价值论”

近代“劳动价值论”的创始人洛克基于自然权利的理论，阐述了劳动是获得私人财产的重要途径以及劳动使人们获得私人财产权的合理性。在洛克的“劳动—财产”的论述中，有两点值得注意：第一，明确宣称劳动归劳动者所有。这是洛克财产权劳动学说的基础。他基于“每人对他自己的人身享有一种所有权”的思想，提出每个人的身体所从事的劳动和他的双手所进行的工作，“是正当地属于他的。所以只要他使任何东西脱离自然所提供的和那个东西所处的状态，他就已经掺进他的劳动，在这上面参加他自己所有的某些东西，因而使它成为他的财产”。第二，将财产定义为一种“物化”的劳动。这是洛克分析财产的逻辑起点。他从原始树林的果子掉到地上开始分析，认为“谁把橡树下拾得的橡实或树林的树上摘下的苹果果腹时，谁就确已把它们拨归己用……劳动使它们同公共的东西

---

* 本文系“科学、经济、法律协调机制中的知识产权法”一文的部分内容，原载《法学研究》2001年第6期。

有所区别,劳动在万物之母的自然所已完成的作业上面加些东西,这样它们就成为他的私有权利了”。[1]洛克劳动价值学说为知识财产找到了合法性基础(劳动属于劳动者个人),同时也使得知识产权具有了人权基础(创造物是自己人格的扩张)。[2]尽管洛克在其著作中述及的仅是一般意义上的财产权,但他的学说为后世学者阐述智力劳动与知识产权的关系提供了有益的思想资料。斯密作为资本主义“市场经济准则”的创制人,继受了洛克的劳动财产理论。他认为,人的才能是一种有用的才能,“对于他个人自然是财产的一部分”,这种有用的才能“可以和便利的劳动、节省劳动的机器和工具同样看作固定资本”。斯密的理论贡献在于他将财产定义为一种劳动的结果,“除了土地上天然生产的物品,一切年产物都是生产性劳动的结果”。这一观点用以说明知识产权制度的功用,即保护智力成果(智力劳动的凝结)而不是智力劳动本身这一立法目标,是大有裨益的。斯密的理论也有明显的缺陷。他将劳动分为“生产性劳动”(如工人的劳动、农民的劳动)和“非生产性劳动”(如教师、医师、文人的劳动),前者能“加在物上,能增加物的价值”;而后者则不能生产出可以“固定的物品或者可卖的商品”。[3]这一观点后来遭到萨伊的批判。总之,古典劳动价值学说是基于“物品”与有形财产所有权的经济分析,但这一理论有助于我们认识智力劳动对知识产权的本源性意义。

二、萨伊的“无形产品”理论

19 世纪法国政治经济学家萨伊是斯密理论的解释者、传播者和批判者。无形产品理论的基础是“劳动创造效用→效用产生财富”,他认为“创造具有任何效用的物品,就等于创造财富,这是因为物品的效用就是物品价值的基础,而物品的价值就是财富所构成的”。[4]在此基础之上,萨伊批判了斯密狭隘的财产观:人的劳动所创造的财产,不仅包括“只限于那些在创造后能和物混合起来的并且在长时间内能保持不坏的价值”——有形体的产品,而且还包括那些“没有永久性、一生产出来就立即归于毁灭的价值”——“无形产品”。被萨伊称为“无形产品的东西”,包括家仆的劳动、医生的劳动、律师的劳动、音乐家和演员的劳动等。这种产品与那些“有形体的产品”是性质相同的产品——都具有价值或者“效用”。斯密理论的错误在于“他把财富解释为具有可以保存的价值的东西,而不是把这名称推及一切具有交换价值的东西。因此,所有一产出便消费掉的东西,都不成为他所谓的财富”。[5]其实无形产品也是人类劳动成果,它满足了人们某种的需要,“以致这些职业如果不存在,社会便不能存在”;同时,为了满足这种需要,人们得使用财富的有形产品来购买无形产品。“生产无形产品的人,通过多次的这种交换行为,可以发财致富”。[6]萨伊所称的“无形产品”,在现代社会生活中可以概括地分为两种情形:一是无形的商业性服务,二是无形的知识产品。同为无形产品,对于前者,人们购买的是劳动(包括智力劳动)本身;而对于后者,具有交换价值的则是智力劳动的成果。虽然,萨伊的理论并未描述同为无形产品的服务活动与精神产物之间的区别,也仅是初步述及“非物质属性”的财产,但他的学说丰富了劳动所创造的财产内容,揭示了“非生产性劳动”的价值所在,从而为我们构建“知识劳动→知识产品→知识产权”的理论框架奠定了思想基础。

三、麦克劳德、凡勃仑的“无形财产”理论

美国经济学家康芒斯在其著作《制度经济学》中评价了 19 世纪末 20 世纪初两位著名学者麦克劳德和凡勃仑的“无形财产”理论。麦克劳德在《经济学原理》一书中提出了“有形体的财产”与“无形体的财产”的区分。他认为,有一种财产或权利,完全和任何特殊的主体或者被占有的物品分离和分开。虽然产物本身只将在一个未来的时间存在,对那产物出生后的财产权却是现在的。可以买进卖出,和任何物质财产一样。因此,它是财产。在罗马和英国法律中,它叫作无形体的财产,因为仅仅是一种抽象的权利,完全和任何特殊的实体分开。[7]麦克劳德的理论有两个要点:第一,有形财产与无形财产之间存在某种联系。从其所列举的对应关系说来,过去的有形体的财产在未来收益上即表现为各类无形体的财产。例如,不动产土地、房屋是有形财产,但其永久性的每年收益则是无形财产;作为智力创造物化载体的书籍、机器是有形财产,但基于智力创造而获取的版权与专利权则是无形财产。第二,无形体的财产即是一种“债务的所有权”。在他看来,任何所有权都是一种可以交换的“商品”,物质的东西的所有权即是有形体的财产,债务(制度产品)的所有权即是无形的财产。无形体财产不是通过实物占有而享有的财产,而是通过给付实现交换价值的财产(如支付红利、租金、支付版权使用费等)。从麦克劳德的无形财产体系来

说，其所指向的对象比较庞杂，既有债权、知识产权等权利本体，又有债券、股票等权利客体。麦克劳德的经济学观点与英美法系中关于“无形动产”、“诉体物”的表述在实质意义上有相通之处，可以说，麦克劳德的无形财产学说为英美国家的无体财产权制度体系作了精辟的经济学分析。凡勃仑的理论与麦克劳德的“债务的无形财产说”不同，他是“第一个人在现代无形财产的概念基础上建立了他的学说”。其主要观点是：第一，无形财产是对“非物质设备”的资本化。有形财产是“有特殊用途的生产资产资料”，而无形资产是“非物质的财富，非物质的事实，根据由于占有它们而能获得的利益，加以估价和资本化”，“这种非物质设备存在于工程师和工人的技术能力中”。第二，无形财产是未来的买卖能力的现在价值。这种预期的获利能力的买进和卖出构成可卖资本的交易内容。无形的财产或资本比物质产品的交易规模大得多，并产生更大的利润。[8]第三，无形财产是其所有人获取级差利益的手段。对公司而言，获利能力不是工厂设备的成本而是该机构的商誉。作为现代意义上的商誉，包括“性质大不相同的各种项目”，但它们都是“非物质的财富”、“无形的资产”，诸如“已经建立的惯例的业务关系、诚实不欺的名声、特权、商标、牌记、专利权、版权、法律保障的或者保密的特别方法的专用权、特殊原料来源的独家控制，这一切给他们的所有人一种造成级差利益的有利条件”。“它们是财富——级差财富”。凡勃仑的“无形财产”理论有其独到之处，他继承了自洛克以来的“劳动价值论”，将非物质财富的产生归结为“工程师和工人的技术能力”，这些人类的能力是“经历不知多少时代，通过教学、传统、经验、实验、研究，不断发展的结果”，从而进一步论证了智力劳动对无形财产的本源关系；他敏锐地观察到无形财产在社会财富中的重要意义。无形财产是一种“级差利益”或“级差财富”，对企业来讲，“资本化的核心不是工厂设备的成本，而是那机构的所谓商誉”。但是，凡勃仑的理论也有偏颇之处，他认为包括各种无形资产在内的商誉，“这种资产对社会没有用，只对所有人有好处”。[9]其理由是，无形财产的价值在于“他们的战略能力‘劫持’社会，从而‘无中生有’，不劳而获”。这种分析在“泛无形财产论”的一些场合中也许是适宜的，[10]但就知识产权而言，其保护发明创造人与促进社会进步的制度功能是显而易见的。在这方面，现代经济学的“公共产品”理论作出了更为公允的说明。

四、考特、尤伦的知识产品理论

在知识、信息(包括作品、发明、标记等在内的精神产品)这一非物质资源上界定产品,导源于经济学家关于公共产品与私人产品的理论。美国经济学家考特和尤伦在其经典著作《法和经济学》一书中系统地阐述了知识的公共产品问题:第一,知识产品的个人消费并不影响其他人的消费,无数个人可以共享某一公开的信息资源。如同一辆公共汽车,出资者与未出资者都在乘车,公共汽车公司必须为每个人提供便利。换言之,无形的知识产品以有形的载体形式公开,即可构成经济学意义上的"公用性"。第二,知识产品的生产是有代价的,但知识产品的传递费用相对较小,对知识产品的生产者来说,难以通过出售知识产品来收回成本。一旦生产者将其知识产品出售给某个消费者,那个消费者就会变为原生产者的潜在竞争对手,或是其他消费者成为享用该知识产品的"搭便车者"。后者在知识产权领域即是无偿仿制或复制他人知识产品的情形。第三,知识产品的生产者很难控制知识创新的成果。如果创造者将其知识产品隐藏起来,那么他的创新活动就不会被承认,从而失去社会意义。如果创造者将知识产品公之于众,他对知识这一无形资源事实上又难以有效控制。在这种情况下,私人市场提供的公共产品(包括知识产品)数量可能小于最优值,即出现信息"不足"现象。第四,鉴于消费者对知识产品的需要,政府有必要在市场上进行干预,即采取特殊的公共政策,以增加所生产的信息数量。信息市场的政府干预表现在两个方面:一是政府自己提供知识产品;二是政府对私人生产知识产品给予补贴。后者的重要举措就是通过知识产权制度授予知识产品的生产者以独占权。从这个意义上来说,著作权就是"为了发给作者奖金而对读者征的税"。考特和尤伦的公共产品理论,从公共产品与私人产权相互关系的角度,阐述了知识产权制度的社会功用在于解决公共性资源的"搭便车"问题,以保障生产者收回对知识产品所付出的投资;建立知识产权制度的经济动因在于"对财产权的法律保护有其创造有效使用资源的诱因"。[11]正是农夫能够获得土地作物的财产权,才能促使农夫支付并尽可能节约耕种土地所需要的成本;正是创造者能够取得无形财产的垄断权,才能激励其在知识、信息的生产方面的投资。

上述几种理论,是近现代以来关于知识产权的主要学说。它们从不同的角度论述了知识产权的权源、功能和意义，表明了不同社会发展阶段所存在的无形财产观念，这些理论为我们认识、评价现代知识产权制度提供了有益的思想资料。

第一，关于知识财产本源性的认识。从洛克、斯密到马克思都建立了自己“劳动价值学说”，这就为我们解释知识产权的合理性提供了必要的理论基础。资产阶级思想家的财产权劳动学说，蕴含了近代市民社会的两个基本原则，即财产权私有原则和自由主义原则；而马克思主义经典作家的劳动价值论，则是剩余价值理论的基础。尽管他们的理论具有不同的社会意义，但都正确说明了劳动创造价值、劳动产品属于劳动者的重要意义。长期以来，我们对劳动价值学说的理解有相当片面性：“一是局限在直接生产劳动，甚至限定在简单劳动——体力劳动上；二是局限在有形商品价值上。”[12]近代“劳动价值学说”，特别是马克思的劳动价值论，虽然是从生产劳动创造有形商品的分析中产生的，但在知识经济时代，其基本观点仍具有广泛适用的价值。可以说，我们今天所主张的知识价值论，是近代劳动价值论的新发展。“知识价值论”表明，社会劳动既包括体力劳动，又包括智力劳动；生产商品不仅是物质生产中的实物形式的商品，还包括非物质生产中的无形商品（如服务、知识、技术、价值等）；活劳动不仅创造物化商品价值，而且创造知识产品价值。根据上述理论，我们不难得出以下结论，知识产品是智力劳动的产物，智力劳动者应对其知识产品享有财产权。从经济学意义上认识知识财产的本源性是非常重要的。在传统的知识产权理论上，人们基于知识产品具有的非物质性特征，必须依靠国家法律特别保护这一情形，顺理成章地得出“知识产权须由国家授予”的结论。诚然，知识产权的原始取得，不能仅凭创造性活动的法律事实即可设定和取得，而需要由国家机关认可或核准。但这一情形并不能否定智力劳动对知识财产的本源性意义。正如美国学者所阐述的那样，智力创造是权利产生的“源泉”（source），而法律则是权利取得的“根据”（origin）。[13]

第二，关于知识产品财产性的认识。近代经济学理论将财产定义为劳动的结果，智力劳动的结果即知识产品当然也是财产。知识产品之所以能够成为知识财产，其经济动因主要有两点：其一，知识产品的有用性。知识信息是社会中最为有用的资源之一，是社会财富的重要组成部分。知识产品能作用于人们的精神生活，满足人们精神生活的需要，产生一定的社会效益;也能投入生产领域转化为有形的物质产品,满足人们物质生活的需要,产生一定的经济效益。在商品经济的条件下,知识产品同物质产品一样,既有使用价值,又有价值,是人类辛勤劳动的结果。其二,知识产品的稀缺性。知识信息不是一种天然生成并取之不尽的资源,其稀缺性首先表现为知识产品生产的长期性、复杂性和高成本化。整个过程需要社会以至个人的大量投入,并需要长时期的探索性、创造性、连续性的劳动才能实现。其次表现为知识产品创造者的数量稀缺和价值珍贵。创造性人才是知识的生命载体,他们以依靠前人积累的知识为劳动资料,以抽象的知识产品为劳动对象进行精神生产劳动。知识产品的生产过程对生产者智力投入有特殊要求:一是生产者智商高于一般人,能胜任高智力投入的劳动;二是通过文献储存和大脑储存,有相当的知识储备,具备高智力投入的基本条件。对于社会需求而言,此类人才常常存在供给不足。基于知识、技术、信息的有用性和稀缺性原因,社会有必要建立相应的知识财产权制度。

第三,关于知识产权价值目标的认识。知识产权制度以保护智力创造者权益为其核心立法原则。智力劳动者是知识产品赖以产生的源泉。不尊重智力创造活动,不维护智力劳动者合法权益,就会窒息智力劳动者的创造热情,使科技文化事业成为无源之水。同时,维护社会公共利益也是相关立法的基本动机。知识产权与思想、信息、知识的表述和传播有着密切的关系。在保障智力创造者权益的同时,必须考虑促进知识广泛传播和推动社会文明进步的公益目标。正如美国版权专家在评价美国版权法时所说的那样,著作权法涉及社会的、政治的、经济的、教育的和艺术的各个方面。它不能专注于作者权利的保护,而应顾到广大使用者的利益。[14]概言之,保护私人权利、促进社会进步的二元立法原则是知识产权制度的价值目标所在。就知识产权领域而言,社会在权利界定与分配方面实行“专有区域”(exclusive zones)与“自由区域”(free zones)的划分。[15]“专有区域”在权利资源中涵盖面极广,智力劳动者是这一领地的“独占者”。这一区域的设定,带来智力投资成本的回报,维系智力劳动者的创造激情,因而是有效益的。“自由区域”在权利资源中所占比例较小,使用者是这一范围的“自由人”,得在法律允许的情况下无偿、自由地或有条件地利用他人的知识产品。这一区域的构建,并不导致智力创造者的利益损害,却可以减少交易成本或防止价格垄断,促进信息畅通与文化传播,因而也是有效益的。[16]

注释

1 ［英］洛克:《政府论》(下篇),叶企芳等译,商务印书馆 1964 年版,第 19 页。

2 易继明:《财产权及其哲学基础》,载《政法论坛》2000 年第 3 期。

3 ［英］亚当・斯密:《国民财富的性质和原因的研究》(上册),郭大力译,商务印书馆 1972 年版,第 257 页以下。

4 ［法］萨伊:《政治经济学概论》,陈福生等译,商务印书馆 1963 年版,第 59 页。

5 ［法］萨伊:《政治经济学概论》,陈福生等译,商务印书馆 1963 年版,第 126 页以下。

6 ［英］亚当・斯密:《国民财富的性质和原因的研究》(上册),郭大力译,商务印书馆 1972 年版,第 257 页以下。

7 转引自［美］康芒斯:《制度经济学》(下),商务印书馆 1962 年版,第 22 页以下。

8 转引自［美］康芒斯:《制度经济学》(下),商务印书馆 1962 年版,第 229 页以下。

9 转引自［美］康芒斯:《制度经济学》(下),商务印书馆 1962 年版,第 229 页以下。

10 凡勃仑在《企业论》一书中,对企业以预期获利能力作为无形财产来获得现在价值的现象进行了批判性分析,具体案例参见［美］康芒斯:《制度经济学》(下),商务印书馆 1962 年版,第 308 页以下。

11 ［美］罗柏特・考特、托马斯・尤伦:《法和经济学》,上海三联书店 1994 年版,第 147 页以下。

12 参见李京文:《迎接知识经济新时代》,上海远东出版社 1999 年版,第 39 页。

13 L. Ray Patterson, Stanley W. Lindberg, the Nature of Copyright: A Law of Users' Right, the University of Georigia Press, 1991.

14 L. Ray Patterson、Stanley W. Lindberg, the Nature of Copyright: A Law of Users' Right, the University of Georigia Press, 1991.

15 Edward W. Ploman, L. Clark Hamilton, Copyright: Intellectual Property in the Information Age, Routledge and Kegan Paul, Ltd. , 1980.

16 ［美］罗纳德・科斯:《社会成本问题》,载［美］R. 科斯等:《财产权利与制度变迁》,刘守英等译,上海三联书店 1994 年版。

吴汉东代表作

陆

价值理性与工具理性*

知识产权制度的价值分析

知识产权法的价值分析，主要述及相关法价值的评价主体、基本构成以及实现途径。知识产权法既具有一般法价值的构成要素，也有其特别法的价值内容，是价值理性与工具理性的统一体，包括正义（伦理理性）、效率（经济理性）和创新（科学理性）。在发展中国家，知识产权法价值的实现，存在文化缺失、观念冲突以及利益失衡等诸多障碍，从而产生制度风险与法治失灵问题。知识产权制度的国际变革与时代构建，应确立人本主义与和谐发展的价值观，这是对知识产权法律精神的挖掘和升华，也是对正义、效率和创新诸传统价值的超越和发展。

一、主体、构成与实现：知识产权法价值理论的研究内容

人们对法价值的研究，源于法律理想与现实、应然与实然的对立。可以认为，法价值即是人类法律理想的价值化选择，是价值这一哲学范畴的法律化表现。法价值是历史性、阶段性和选择性的。对于不同的历史时期和客观实际，法价值反映出不同的倾向和选择。法的价值研究，既是立法活动的需要，也是法律实施的需要。从严格意义上说，立法活动是在一定法价值观指导下的国家行为，为了使法律理想的目标与实现的目标无限接近，因此，有必要对法价值理论进行探讨；同时，法价值还是执法活动的指引，同一法律规定在不同法价值指导下具有不同的执法后果；法价值也是守法的思想条件，法律仅靠强制是不可能维持长久的。由于法律理想价值

---

* 原载《中国法学》2013 年第 4 期，题名为“知识产权法价值的中国语境解读”。

总是高于法律现实价值,因此它还是法律演进的持续动力。目前法价值的多元化趋势,必然引起法价值间的冲突,这就需要我们通过立法和司法活动来解决,即进行法价值的协调、判断和选择。

关于法价值的概念尽管众说纷纭,但诸多学说有一个共同的基点,即法价值反映着人与法的关系,必须在人与法的关系中认识法的价值。具言之,法价值概念包含"法律与主体的关系"、"法律对主体的效应"、"主体对法律效应的评价"三个原素,有学者将其概括为"法价值是标志着法律与人关系的一个范畴,这种关系就是法律对人的意义、作用或效用与人对这种效用的评价。"[1]还有学者进一步将法价值含义作出了层次化的表述:一是法律促进哪些价值;二是法律本身具备哪些价值;三是各种价值发生矛盾时,法律根据什么标准对它们进行评价。[2]

法价值的研究有两个方面的任务:一方面是观察现实法律价值的实践表现,即法律价值化;另一方面则是如何在法律中设定主体价值,使法律真正成为"价值体",即价值法律化。[3]从法价值概念的内涵界定出发,我们可以基本厘清知识产权法价值的主要研究内容。

(一)知识产权法价值的评价主体

法的价值评价,是由评价者运用自己的价值观念和准则,针对客观的法价值状况作出的。制约法价值评价的因素主要有两个:一是法律现象本身的价值状况,二是评价者自身的价值认识能力和水平。[4]前者可以概括为法价值的客观性,后者可以称为法价值的主体性。评价主体是价值判断的核心,没有主体的价值关系是毫无意义的,而在不同主体的立场上,价值评价也会大相径庭。在这里,我们必须秉持主观性与客观性的辩证统一,即法价值既需要借助主体的评价而形成相对稳定的价值目标和主客体关系的描述,同时也需要一种超越主体绝对指向,将评价主体相对剥离而塑造的客观性价值目标。在知识产权法的产生、发展与变革过程中,评价主体总是根据不同的历史时期和社会背景参与法价值的寻找、认识和选择,以自己的价值认识去构建知识产权法的体系、结构、内容和形式。从时间维度而言,有早期出于控制市场而追求的秩序优先,也有当今全球化条件下所强调的正义优先,这些法价值成为不同历史时期知识产权法赖以建构和变化的思想基础。从国际范围来看,发达国家强势地将秩序优先的制度规则打造成国际主流范式的基本内容,以维护知识产权国际保护的现行秩序;而发展中国家力图改变现有知识产权秩序中不尽公平、合理的状况,以正义价值为主流评价思想,推动国际知识产权制度的变革。无论各国评价立场如何,国际社会总是要将私权保护与利益平衡这些法价值转化为知识产权法的思想基础。当今各国知识产权立法,多受制于世界贸易组织的《知识产权协定》(TRIPS)。可以认为,“TRIPS 协定为各国知识产权保护提供了共同规则,但不同发展程度的国家都有自己对知识产权理解和诠释的自主话语权。从某种意义上说,这也是一个国家和民族知识产权制度安排的话语权力”。[5]应该看到,近现代知识产权国际公约,都是在西方国家主导下订立的,其无疑是西方中心主义的范式。进入后 TRIPS 时代以来,东西方国家基于各自的立场,对知识产权利益协调与分享提出了新的要求。在这种发展变革的态势下,从国际正义和人本主义的价值理念出发,对国际知识产权秩序进行批判性、对策性的解读,是当代中国进行知识产权法律再造的重要价值取向。

(二)知识产权法价值的构成体系

法的价值体系是由社会一般认可的价值所构成的。“法的价值体系,可以蕴含在法律制度之中。”[6]法律促进哪些价值,实际上就是法律的本质与目的的问题;法律本身有什么价值,实际上是指法律不仅作为一般目的的手段,同时其本身也有特定的价值;法律所促进的各类价值之间或同类价值之间必然会产生各种矛盾,因而就有对他们进行评价、协调、选择的问题。古今中外的思想家提出过各种各样的法价值,但归纳起来,主要有正义、自由、平等、安全、秩序、效率等。在知识产权法价值的构成体系中,既有作为一般法的普适价值,也有作为部门法的特别价值,这主要是正义、效率和创新。知识产权法价值的精神实质是主观性与客观性的统一,即法律不仅要体现立法者的价值目标追求,更要反映价值构成中所蕴含的社会客观规律。我们看到:法学家和法律改革家们,正是通过这种理性的力量得以发现一个理想的法律体系,并力图将各种各样的自然法规则和原则纳入到一部法典之中。近代知识产权法是以个人主义、自由主义、理性主义作为其人文基础和精神主张的。[7]理性主义强调法律的统一性,并将法律统一的基础归结为正义、平等、自由、尊严、幸福权利等。[8]在这种情况下,法律不是随意服从人的意志的偶然性,而应表现为长期稳定的规律性,成为普遍适用的一般规则。在理性主义精神的指引下,知识产权法应是价值理性与工具理性相统一的产物。其中,正义是伦理理性,即知识产权法的正义观念和体现正义的法律规范,都是以其相应的道德观念为基础的;效率是经济理性,即效率是知识产权法产生的起始动因,其产权保护、利用及限制的三大制度安排,是以信息资源的优化配置为目标;创新是科学理性,即创新是知识产权法的价值灵魂,通过产权制度创新旨在实现以技术创新和文化创新为核心内容的知识创新。应该指出的是,当今世界正处于一个急剧变革的历史时期,学者们采用了诸如全球化时代、知识经济时代、后工业社会、风险社会等各种用语来描绘我们所处的时代。[9]应对时代之变,我们有必要重新诠释法的价值构成,构建新的法律认知取向和评价立场,这是当代中国知识产权法价值实践的理性选择。

(三)知识产权法价值的实现途径

法的价值实现,是法价值目标的现实化,是价值选择、价值评价等过程与结果的总称,是法价值活动的目的得以现实化的过程与结果。[10]与价值构成相关的价值实现,是法价值研究的重要内容。首先,价值实现是连接法的价值构成与法治体系构建之间的纽带。也就是说,法价值的实现,离不开法律的社会实践活动,包括基于国家的立法、执法、司法以及政府、社会、公民的守法等而形成的法治体系;其次,价值实现是价值目标和价值构成体系践行的过程和结果。在法价值理论中,价值目标和与之相适应的价值体系,构成了法的目的性价值和手段性价值的统一。价值实践活动有助于将法律价值准则转化为法治进步的现实力量,促使"法实践主体改造法世界,实现法价值目标"。[11]考察知识产权法价值的实现,重点在于研究知识产权法实施的条件和路径、实施的状况和效果。应该看到,知识产权法在发展中国家并没有完全释放其应有的功能。影响法价值目标实现的,既有法律因素,即制度选择所涉及的法律理念、法律内容以及法律形式,是否具有科学性和合理性;也有非法律因素,即制度实施所涉及的经济科技发展水平、政府公共政策以及社会环境、文化基础等,是否具有协调性和相适应性。[12]其间即包含着知识产权法价值实现的诸多障碍,这些障碍性因素存在于观念意识层面、制度设计层面以及社会运作层面。发展中国家知识产权的制度失灵即是法的价值实现不能。以维护知识权利的正义秩序、发挥知识传播的效益功能、激励知识成果的创新活动为宗旨,探讨知识产权政策目标的实现条件和路径,是当代中国践行知识产权法价值目标的基本使命。

二、正义、效率与创新：知识产权法价值体系的基本构成

知识产权法既具有一般法价值的构成要素，又有其特殊法的价值内容，从而形成自身的法价值体系。按照价值主体被满足的程度，知识产权法价值可以分为终极价值和基础价值。前者即是被法律化的主体最高价值追求，主要是正义、效率和创新；后者即是派生于的最高价值之下一般性价值，包括自由、公平、秩序等。知识产权法的基础价值是其终极价值追求在具体制度上的间接表达。现分述如下。

（一）正义价值

"正义是社会制度的首要价值"，[13]实现正义即是创设知识产权的第一目标。在西方法律思想史上，正义观念与自然法理论相伴共存。在近代立法中，知识产权被描述为一种自然法上的权利。它基于创造者的智力活动而自然产生，摆脱封建特许束缚而法定存在，因而是符合正义的。反之，无视创造者权利的存在，他们的智力活动投入就无法得到补偿，精神生产领域将陷入无序状态，整个社会也就无正义可言。正义价值的阐释，描述了知识产权法的正当性基础，进言之，知识产权法的产生、变革和发展，都要经受正义理论的历史审视和现实评判。从一般法律品性而言，知识产权法蕴含着以下正义价值：

第一，平等主体的人格正义。法律人格，即作为主体享有权利和承受义务的资格。平等性是主体地位界定中的法律正义。恩格斯认为，"平等是正义的表现，是完善的政治制度或社会制度的原则"。[14]知识产权法的平等精神，既在本质上同于私法平等原则，又有着自身的价值内涵。首先，知识产权的平等，是一种从事知识创造活动的自由选择，表现为取得创造者权利的机会均等。任何人只要通过创造活动取得智力成果，即可依法享有相应的知识产权。其次，知识产权的平等，是一种当事人权利义务关系的对等，意味着各利益主体都处于独立地位，在正义的范围内实现知识产权利益结构的有序化。在知识产权法的权利体系中，各主体对知识产品分别享有专有使用、授权使用、法定许可使用以及合理使用等不同利益。各项法律制度将分配原则具体化为法律上的权利义务，从而对知识资源进行权威性的公正分配。最后，知识产权的平等，意味着对外国人的平等保护。依国民待遇原则，著作权法奉行"作者国籍"或"作品国籍"，工业产权法奉

行“居所原则”或“国籍原则”,或是在互惠基础上给予外国人以权利保护。知识产权法的国民待遇原则,是国际法上“法律人人平等”思想的体现,它将本国人与外国人同化为国民,使后者在其选择保护的国家享有与该国国民同等的权利。

第二,利益均衡的分配正义。利益分配,在法律上意味着权利的配置和安排。公平性是知识财富分享中的法律正义。公平是一种主观的评价,判断公平与否,一般是从正义的角度,以人们公认的价值观、是非观作为标准的,包括人们公认的经济利益上的“公正”、“合理”。[15]在知识产权领域,公平原则是知识财富分配正义的体现,在制度设计上即是对创造者、传播者、使用者三者利益的协调,这种法律平衡与协调主要表现在以下两个方面:其一,知识资源的专有领域与非专有领域。知识产权的保护对象是知识产品,但并非所有的知识形态都是知识财产的权利客体。立法者在知识资源范畴中划分了两类区域:一是专有领域;创造者对此享有独占使用与获得利益的权利;二是非专有领域;包括知识产品的“公有领域”与权利客体的排除领域,所有人对此类知识资源可以自由使用。其二,知识产权的独占性与有限性。知识产权是一种独占性权利,具有绝对性、排他性的特点;同时,该权利又是一种限制性权利,受到地域、时间及权能的限制。知识产权法的权利配置,实质上是一种对知识资源的利益分享,以至于美国学者将这一法律描述为协调创造者、传播者、使用者权利的平衡法。[16]

第三,权利安排的秩序正义。法律秩序,是指法律必须具有一定的稳定性、连续性以及法律规范之间的相互妥协性。[17]有序性或者说妥当性是秩序正义的价值要求。知识产品即知识产权客体具有非物质性特点,其本身不可能自然占有和有形控制,因此,需要法律对知识财产状态作出“纯粹法律的占有”[18]的制度安排,给予超出创造者控制的知识财产以特别的保护,这就是知识产权法以权利安排为中心所建立的知识产品创造、流转和使用的法律秩序。知识产权法追求的正义秩序,主要包括以下内容:其一,权利的界定秩序。即在无形的知识资源之上确定明确的产权边界,以体现国家统一法则来维系知识财产的稳定状态。其二,权利的交易秩序。即通过知识产权利用制度,规范产权交易活动秩序,促进知识技术的传播和利用。其三,权利的保护秩序。即以督促义务人履行义务、追究侵权人承担责任等措施,保障权利人充分行使自己的权利。权利保护是秩序正义内涵中最为重要的内容。

(二)效率价值

对法律的经济分析,为我们认识、评价知识产权的制度功能提供了新的思维方式。法律经济学的核心思想是“效率”。它认为,“法律所创造的规则对不同种类的行为产生隐含的费用,因此这些规则的后果可当作对这些隐含费用的反应加以分析”。[19]法律经济分析的结果表明,植根于经济生活之中的法律不仅应具备维系社会正义的职能,还应担负起实现权利资源有效配置、促进社会财富增加的使命。从某种意义上说,一切法律问题归根结底都是经济关系的反映与要求,任何法律无不体现经济方面的基本规律和原则。从立法要求来说,只有反映客观规律性的东西才是正确的,还市场经济法律以其客观自身规律的本性,这是市场经济规律的第一要义。[20]但是,某一法律制度是否准确表现社会的经济生活的条件,是否胜任促进社会经济发展的功能,还有待一种效率评价,即对法律制度的经济分析。也就是说,应从经济的角度探讨法律制度的基本精神,并以效益最大化为目标来推动法律制度的改革。

效率是知识产权法产生的思想基础,也是知识产权法追求的价值目标。诸多知识产权制度的建立以及实施,都可以从效率原则中得到解释:专利权的效率基础与财产权的动态原理一样,“对财产权的法律保护有其创造有效使用资源的诱因的经济功能”。[21]具言之,没有专利权,信息产品“不足”的现象将十分严重,专利权的授予发挥了激励作用;但是,如果专利授权门槛过低,则会产生无效益的“垃圾专利”。对技术成果授予专利并为专利授权设定必要的门槛条件,有助于激励技术创新并提高专利技术的利用价值,从而保持专利制度的效率;著作权的效率功能,体现在“创作—传播—使用”的法律链环中,立法者从产生私人产权与促进知识传播的二元立法宗旨出发,通过著作权保护、利用、限制三大制度安排,以实现信息资源优化配置的效率目标;商标权的制度收益,在于“通过给定统一质量的保证而节约消费者的寻找成本”。[22]寻找成本实质上是一种交易成本,是消费者在做出购买产品决策之前对产品质量进行调研而支出的成本。商标具有商品来源标志和商品声誉体现的基本功能,对其进行权利配置必须考虑收益与成本的关系。在“先使用制”国家,商标权的取得以“使用”为前提,并且是“充分的使用”而非“象征的使用”,[23]这是效率原则的要求;而在“先注册制”国家,商标权的取得以注册为条件。一个未使用而受到保护的注册商标,虽未在使用中实现收益,但“先注册制”的审查及管理成本低于“先使用制”,因而“先注册制”也是符合效率价值目标的。

知识产权法的效率价值追求,在制度设计方面体现为合理与有效的权利配置,即使各方主体在权利体系中达致一种均衡状态。在微观经济学中,均衡是指每一方都同时达到最大目标而趋于持久存在的相互作用形式。[24]均衡是知识产权法效率目标对制度安排的基本要求,意在知识产权的保护与限制中寻求均衡,消除知识产品的创造者、传播者、使用者之间的利益冲突。在均衡状态中的权利配置中,创造者的权利是第一位的权利,是本源性权利。法律授予创造者以私人产权,为权利人提供了最经济、有效和持久的创新激励动力;传播者的权利是知识传播过程中的次生权利,是相关性权利。传播者是创造者与使用者之间的桥梁,他们的智力或物力的投入,是为提高知识资源使用效率之必要;使用者的权益在制度安排中也应有合理的位置。在精神生产活动中,使用者是已有知识产品的消费者,但也可能是未来智力成果的创造者。赋予使用者在一定范围内自由使用他人知识产品的权益,既保证了社会公众接触和利用知识产品机会,也会促进精神财富的不断增长。总之,创造者权利、传播者权利、使用者权利的相继产生与完善,即是立法者寻求最大化满足各方面利益需求,进行知识资源分配和相应权利配置的均衡结果。

(三)创新价值

知识产权是科技、经济和法律相结合的产物,它在实质上解决“知识”作为资源的归属问题,是一种激励和调节的利益机制。知识产权法本身即是私法领域制度创新的结果,同时,知识产权法的价值目标当以创新为主导。

第一,创新理论是知识产权制度创新的思想基础。美籍奥地利经济学家熊彼特最早把“创新”理论引入经济学研究领域。20 世纪初,熊彼特在《经济发展理论》一书中首先提出了“创新理论”。在他看来,“创新”是在生产体系中引入生产要素和生产条件的新组合。20 世纪 50 年代以来,后人在其“创新理论”的基础上发展了技术创新理论和制度创新理论两个分支。前者认为,科学技术对经济发展的作用主要是通过技术创新实现的。

后者认为技术性因素和制度性因素构成了经济增长的两大要素，而创新的制度是激励技术创新活动、推动经济增长的关键。[25]制度创新一般是指制度主体通过新的制度构建以获得追加利益的活动，它是关于产业制度、产权制度、企业制度、经济管理制度、市场运行制度等各种规则、规范的革新。在创新体系中，制度创新居于基础和保证地位。知识创新（包括科技创新和文化创新）立足于科技、文化、经济一体化目标，是一种为促进经济发展而进行的新技术应用与商业化的活动，它离不开相应制度的保障、规范和约束。知识产权是私权法律制度创新与变迁的结果，同时也是直接保护知识创新活动的基本法律制度。

第二，创新价值是知识产权法的价值灵魂。法价值观随着法律制度的不同以及发展阶段的不同而异。在特定的时代背景下，特定的法律制度会包含若干不同的价值项，而且其各自的价值侧重点也有所不同，如刑事立法体现了秩序、正义，民法直接规定了平等、诚信，而经济法侧重体现了“效率”；而在知识经济时代，知识产权法存在独立的主导性价值，即创新价值。[26]这是因为，当代经济的发展着重依靠知识和信息的生产、分配和使用，“创新”业已成为知识经济时代的主要特征，从而得到了前所未有的重视和发展，任何主体要在以高技术为依托的竞争中立于不败之地，首先要善于运用“创新”，因此创新已成为人类行为选择的标准之一。创新不仅反映了人与自然的关系，而且反映了人与人的关系、个人与社会的关系，业已成为一个具有普遍意义的关系范畴。同时，“创新”作为一个“历史观”意义上的概念，还凝结着人类的理想追求。历史观要回答和解决历史发展过程中的根本动力、机制和规律问题，创新发展存在于广阔的社会实践领域与久远的历史运动过程之中。总之，“创新”这一概念是对知识经济全面而精要的解释，可以视为知识产权法的基本价值范畴。

第三，创新价值体现在知识产权政策制定与立法活动之中。国家通过其政策导向包括知识产权制度设计，将创新这一行为上升为“规划理性”的法律价值，[27]体现了作为法律价值主体的人在法律价值发现中的能动性干预和控制。必须看到，知识产权法以基于创新所产生的社会关系为主要调整对象，体现了尊重创新、保护私权的主旨。例如，专利权制度保护的是新技术发明的第一次商业应用并获得经济效率，即保护的是“技术商品化”的创新成果；著作权制度保护各类作品的第一次出版并获得相关收益,可以视为保护的是“作品商品化”的创新结果;商标权制度保护的是以商业标志为载体、以商品声誉为内容的财产利益。商标标志本身可能不具有创新性,但其实际上保护的是这种标志作为商标的第一次运用以及第一个获得商标权的主体利益,以及由此涉及的由于消费者对这种“第一次”的认同所获得的利益。我们还要看到,知识产权法在界定私人产权的同时,创建了“知识产品公开”、“在先权利保护”等制度,既促进与保护权利人的个人创新行为,也同时考虑到社会创新发展的连续性和创新成本的合理性。此外,知识产权法还通过“保护期限制”、“权利穷竭制度”等规范,对权利人的专有权利予以必要的限制,使私人独占的知识产品适时地进入公有领域,以激励人们不断进行新的创造活动。

综上所述,创新是知识产权法创制的原因和追求的目标,同时在这一法价值的实现过程中,其法律本身也实现了制度创新与变革。因此,创新价值是知识产权法在知识经济时代背景下所体现和追求的主导价值。

三、制度风险与法治失灵:知识产权法价值目标的实现障碍

一般而言,知识产权法价值的实现,需要一定社会条件的综合作用,其实现途径涉及政治、经济、文化、教育等多个方面以及立法、执法、守法等法治体系本身,这里既有内在动力,也有外生变量,诸如知识经济市场的发育、知识创新政策环境的孕育、知识权利文化氛围的培育,无一不是知识产权法价值实现的重要条件。

在法律制度的历史上,知识产权是罗马法以来“财产非物质化革命”的制度创新成果,也是西方国家三百多年来不断发展成长的“制度文明典范”。在风险社会理论的语境中,这种制度创新成果和制度文明典范有可能成为一种“制度风险”。制度风险是一种内生性风险,即是伴随着人类的决策和行为,包括政治制度、经济制度、法律制度等所带来的新类型风险。这种风险具有“人为的不确定性”,其原因来自人的自身,即是由现代性的推进所引致、造就的人对自身的威胁。[28]制度本身的潜在和现实危机,是现代知识产权法治失灵的根本原因所在。就当今中国而言,知识产权法价值实现的障碍主要表现在如下方面。

(一)知识产权法律本土化过程中的文化缺失

本文所指的法律本土化,即是强调在法律移植时应让受移植的法律经

过合理处理与嫁接，使其能渗入移植国国民的精神和理念之中，进而在本土被理解、消化和接受。法律本土化也就是法律移植本土运动的过程。[29]

知识产权是发展中国家迈向新型工业化道路的制度选择。对外国法制或国际法制的引进，存在一个“法律本土化”的问题，即外来的知识产权原则和规则如何在本国“扎根”与“内化”。本土化要求进行法律移植时，不能仅仅是对外来法律规则的形式再现，而且要在研究其法律理念的基础上实现文化再造。可以说，“法律精神在法的发展和改革中起着关键性作用，是移植国与被移植国法律之间配合、同构、兼容的思想尺度，也是外来法律本土化得以成功的先导”。[30]在构建知识产权法治秩序的过程中，物质的、技术的法律制度，即法治的“硬性”系统，相对而言是比较容易移植的，但它若要真正发挥其应有的作用和价值，则必须同时植入相适应的精神、意识和观念，即法治的“软件”系统予以奠基和支持。[31]总体而言，作为知识产权法律移植，我们引进了这一制度的外型，但在理性领域尚缺乏与之相应的文化基础，这是知识产权法价值目标实现的障碍性因素。根据《我国公民知识产权意识调查报告》，近年来，“我国在知识产权立法、司法和行政保护方面不断加强投入，社会整体对知识产权认识程度和自我保护意识也明显提升，但在公众尊重知识产权的行为规范的完善方面却未收到明显成效”。[32]具言之，即是公众普遍抱有对盗版、假冒等侵权行为的容忍态度，以及大量存在侵权复制品的消费群体。知识产权意识的淡漠，使得人们对知识产权法律的正义性认同受到消极影响。笔者以为，有两个问题值得重视：第一，中国传统文化影响的历史惰性。中国的传统文化，是以个体农业为基础，以宗法家庭为单位，以伦理纲常为核心的传统文化。法律文化是有惰性的。中国的传统文化遗产越深厚，其消极精神因素的沿袭就越顽固。近代知识产权法建立在个人主义、自由主义、理性主义的思想基础之上，将这一制度移植于义务本位、专制主义、人伦理性的中国传统文化土壤之中，如果没有自上而下的法律文化改造活动，没有形成与移植法律相适应的新文化基础，就会使得知识产权这一制度“舶来品”产生“水土不服”的法律异化后果。第二，社会认同法律的现实障碍。近代中国引入知识产权制度，是一种“被迫性移植”，其间虽有清政府实行新政的需求，但更多是外国势力强加所致；现代中国对知识产权规则的接纳，在一段时期是一种“被动性移植”，即是在国际贸易体制的框架内来考虑本国立法。我国公众对知识产权法律的社会认同感不足。一般而言,法律总是从发达国家向需要规则的欠发达国家移植,而不是相反。当知识产权的某些制度或规则,超越发展中国家发展阶段时,由于本土社会内在需求不足和制度消化能力欠缺,就会影响法律移植的有效性。知识产权文化认同缺乏,是一个法治信仰问题,而在风险社会理论中则是一种制度信任危机。制度信任的关键,是社会组织成员对制度和规则所达成的共识,依赖于成员对制度和规则认同、内化的程度。[33]由于法律文化的缺失,可能导致对知识产权的"制度化违背"成为常态,代之而起的是"非正式制度(潜规则)的生成","正式的规则或制度名存实亡"。[34]在这种情况下,知识产权法价值目标与社会成员的行为模式就产生了背离。

(二)知识产权政策化运作中的价值冲突

公共政策是政策科学领域里经常使用的术语,它是指"以政府为主的公共机构,在一定时期为实现特定的目标,通过政策成本与政策效果的比较,对社会的公私行为所作出的有选择性的约束和指引,它通常表现为一系列的法令、条例、规定、规划、计划、措施、项目等"。[35]从这一定义出发,知识产权亦是一种社会政策工具,即政府以国家的名义,通过制度配置和政策安排对知识财产的创造、归属、利用以及管理等进行指引和规范。一国的知识产权法律建构,是以基本国情为基础,以国家利益为立场的。首先,知识产权保护水平应与本国的经济社会发展水平相适应。根据2005年联合国报告所援引的千年项目专家意见,在遵守国际公约最低保护标准的基础上,发展中国家可以根据自己的不同阶段,选择不同保护水平的知识产权制度。[36]笔者认为,高水平的知识产权保护并不利于那些发展水平较低的国家,因为在这种制度框架下,他们难以获得所需要的知识、技术。但是,发展中国家"有不同社会、经济环境和科技能力",不能一概而论。因此,对于进入到工业化阶段的发展中国家来说,加强知识产权保护,对于激励科技创新,促进文化繁荣,实现经济发展是有益的。其次,知识产权保护水平应有助于实现本国经济社会发展的总目标。知识产权制度的合理性,并不在于为私权保护而保护,而在于实现知识创新、社会进步的政策目标。对此,英国知识产权委员会认为:"从长远的观点来看,在发展中国家,如果能使文化产业成果的其他条件得到满足,更强的私权保护将有助于当地的文化产业。"[37]这说明,传统的发展中国家要走上新兴的工业化、现代化发展道路，应该通过知识产权保护为本国经济、社会发展提供持久动力，在国际竞争中争取主动。对发展中国家而言，知识产权政策立场的选择和政策目标的实现，存在有许多现实障碍。知识产权保护的国际环境变化，使得发展中国家政策选择空间狭小；而知识产权运行的国内社会条件欠缺，又使发展中国家政策实施效益有限。

当下中国正面临着社会转型和知识产权制度转换，"尊重知识、崇尚创新、保护精神产权"的法价值观念尚未形成，不同主体之间较多存在法律价值冲突，从而影响知识产权政策的有效实施，这主要表现在以下两个方面：第一，本土社会对知识产权国际保护制度的差异认识。本土社会成员对外来法律的接受，往往抱有不同的具体价值期待，或支持，或反对。[38]我们承认，知识产权保护是现代国际贸易领域的游戏规则，世界贸易组织各缔约方必须遵从而无选择余地。同时也应看到，现今知识产权国际保护制度，过多地顾及和参照发达国家的要求和做法，这一状况使得国际法律总是引起本土社会的不同意见，因而在中国缺乏足够而普遍的社会认识基础。不同国家之间，在国际法上的认识差异，或是基于各自利益诉求考量，但在一定程度上也受制于法价值观的分歧。[39]第二，多元主体对知识产权法律价值的差异选择。在知识产权制度转换中，"私的本位是不变的理念"，[40]但其主体内涵已发生变化。具言之，知识产权虽为私的权利，但在现代法中已由单一主体发展到多重权利主体，包括智力成果的创造者、传播者、使用者等。多元主体在知识产权法律中地位有别，因而对法价值的实现有不同的需求：知识创造活动要求保障自由、效率价值的实现；知识经济市场要求保障秩序、安全价值的实现；知识传播与利用则要求文明、公共福利价值的实现。知识产权的法治目标，其首要任务在于合理界定权利和义务的范围，明确本权（创造者权利）与他权（包括传播者权、使用者权以及社会公众的权利）的构成，通过权利行使而实现其确定性利益。在风险社会中，法律所授予的权利旨在最大限度地抵消由于风险带来的冲击和侵害，或者说偏重于对确定性价值的追求和确认。[41]但是，在多元主体的法价值实践中，存在种种不确定性的风险，或是来自权利的扩张或滥用，或是由于权利的侵害或冲突。这种"风险不确定性"会影响"法律确定性"，即产生知识产权法治失灵的问题。

（三）知识产权制度全球化运动中的南北对峙

"全球化"的概念是 1983 年由美国经济学家提奥多尔·拉维特

(Theodore Levitt)在“市场的全球化”一文中率先提出的,[42]其原意是指经济全球化,后来逐步扩展到其他方面。所谓全球化,可以理解为以经济全球化为核心,涉及政治、法律、科技、文化、社会生活等各个领域的全球化。经济全球化的出现和新的国际贸易体制的形成,是20世纪下半叶世界经济发展的重要潮流,这一潮流深刻地影响到21世纪的格局。在推动经济全球化的进程中,世界贸易组织及其《知识产权协定》将知识产权保护纳入国际贸易体制之中,使得知识产权制度的一体化、国际化呈现新的发展态势。经济全球化、科技全球化、信息全球化乃至治理机制的全球化,不可避免地带来风险的全球性。反全球化主义者认为,全球化正在催生另一种形态的帝国体制:互联网是“信息帝国主义”,世界贸易组织是“市场帝国主义”,国际货币基金组织是“金融帝国主义”,而联合国是“政治外交的帝国主义”。[43]贝克对此作出了自己的判断:全世界面临着社会认同解体、价值利益冲突、主体组织对立、国家立场对峙、生态环境破坏等不确定因素,这些危机与发展遍布全球,形成对人类生存的新威胁。[44]知识产权制度的国际化亦是全球化的伴生物,它实现了知识产权保护规则的普适性,也导致了制度风险的全球性:第一,《知识产权协定》在各缔约方普遍实施而引起的利益失衡。该协定作为世界贸易组织的基本法律文件,对知识产权国际保护作了新的制度安排,是迄今为止知识产权保护范围最广、保护标准最高的国际公约,堪称“知识产权保护的法典”。[45]但是《知识产权协定》作为当代知识产权国际保护的核心法律制度,在其制定及推行过程中显见种种不足,争议的焦点即是《知识产权协定》的合理性和适当性问题。在世界贸易组织协商中,拥有较大市场份额的国家享有对决策的重要影响,实质上他们可被称为决策制定者,而那些市场份额较小的国家只是决策接受者。[46]因此,在《知识产权协定》的谈判及签署中,发达国家的绝对主导地位是非常明显的,而由此形成的规则显然不是平等的。正如有学者所指出的那样,《知识产权协定》是一种明显向发达国家倾斜的国际知识产权体制,其结果是发展中世界智力产品搁在了公共领域,而发达世界的智力产品被紧紧的掌握在私人公司手中。[47]而在《知识产权协定》的实施过程中,发展中国家也存在诸多困难。2002年,总部设在英国的知识产权委员会发布的研究报告,对该协定不考虑不同国家经济环境和发展水平的差异而一概要求所有缔约方采用相同的知识产权保护标准提出了尖锐的批评。报告指出,适合于发达国家的知识产权保护标准可能给发展中国家带来的成本大大超过可能获得的利益,因为这些国家严重依赖含有其他国家知识产权的技术、知识产品来满足自身基本需求和发展需要。[48]第二,《知识产权协定》在实施过程中与国际人权的对抗冲突。自协定生效以来,国际社会十分关注知识产权与基本人权的关系问题,从多哈会议通过的关于《知识产权协定与公共健康的宣言》,到坎昆会议前夕达成的关于该宣言第6段的实施决定,表明《知识产权协定》的法律框架在不断发展和完善,其推动力主要是知识产权与人权的冲突及其平衡。联合国人权促进小组委员会发表了《知识产权与人权的协议》,宣称:"由于《知识产权协定》的履行没有充分反映所有人权的基本性质和整体性,包括人人享有获得科学进步及其产生利益的权利,享受卫生保健的权利、享受食物的权利和自我决策的权利,所以《知识产权协定》中的知识产权制度作为一方与另一方的国际人权法之间存在着明显的冲突。"[49]联合国经社理事会促进和保护人权大会作出专题报告,指出知识产权与人权之间有"现实存在的或可能存在的冲突","TRIPS 所包含的知识产权措施与国际人权是冲突的。"[50]我们看到,在知识产权制度全球化过程中,不同类型的国家表现了不同的权利诉求和法价值追求:发达国家多强调秩序优先,以维护和强化现有知识产权国际保护体制,发展中国家多注重正义在前,以推动知识产权国际保护体制的调整和改革。无论如何,我们必须充分认识知识产权制度全球化所引发的风险问题,通过理念更新和制度创新,寻求知识产权全球治理路径的合理性和妥当性。

四、人本主义与和谐发展:知识产权法价值取向的时代构建

法的价值取向是人类法律理想的价值化选择,即评价主体对法价值的主观判断、情感体现、意志保证及其综合,"既包括对法治体系的现实认知和评价,也包括对法治体系的未来愿望和选择"。[51]明确法的价值取向,对知识产权法治建设具有重要意义,它以法律理想的目标追求,为知识产权制度建设奠定科学的发展方向,为知识产权政策运作提供统一的思想基础。

知识产权法作为"制度文明的典范",是各国创建知识财产制度、促进经济社会发展的经验体验,具有高度的共通性和可移植性。知识产权制度

一体化、趋同化的发展趋势，就是美国学者弗里德曼所称“现代法律文化正在征服世界”的现象。[52]在经济全球化的国际背景和知识革命的时代情景之下，知识产权不仅是一种法律制度，更是一种政策方略。发达国家之间在推进国际知识产权立法和执法水平问题上的战略合谋，发达国家与发展中国家之间在知识产权保护问题上的利益冲突，以及发展中国家自身在寻求符合本国经济社会发展路径问题上的知识产权政策选择，彰显出各国知识产权制度所蕴含的利益需求和价值取向。在当下法价值目标的设计与实践中，各国知识产权法价值体系构成，既有世界普适价值的采用，也有本土特殊价值的考量。作为价值主体的立法者，由于处于不同的社会背景和国家发展阶段，在对业已形成的知识产权法价值进行主体性的评价和选择时，往往将其价值认知结果植入制度建设之中。从世界范围看，处于相对弱势的发展中国家与处于优势地位的发达国家所秉持的基本法律观，构成了现代知识产权法价值的主要冲突，这主要反映在对于发展伦理、分配伦理的不同法律主张上：发展中国家希望通过知识产权保护融入国际社会的经济法律秩序之中，并充分享受由于世界文明和科技发展带来的收益，反对在《知识产权协定》的实施过程中由于过度保护和“合法”垄断所带来的技术壁垒和“数字鸿沟”，[53]主张知识产权法应当从维护人权立场出发，更好地促进人类社会发展，更为合理地分配知识产权资源；发达国家基于对现有优势地位的维护，更多时候是利用现有的知识产权规则体系，将其技术文化优势通过知识产权演绎为国际市场的竞争优势，因此，多从私权神圣的角度强调知识产权创造理论和财产理论的正当性和优先性。可以说，发展中国家对知识产权人权意义的关注与发达国家对知识产权私权属性的倚重形成了相对鲜明的价值取向差异。

中国知识产权法价值体系的时代构建，应立足于对传统法价值构成的批判改造，着眼于当代法价值移植取向的科学选择。从知识产权法价值观的文化来源来看，主要表现在两个方面：第一，合理吸收世界法律文明的基本要求。知识产权制度应是一个各主权国家相互接近、相互认同、相互连结的全球法律机制和国际准则，这是不同国度的社会主体所创造的调整规则和所积累的调整经验之有机聚合，体现了人类法律实践的普遍性的历史定则，反映了人类的法律智慧和对理性的追求。[54]这种法律文化，不应是西方中心主义的，当然也不可能是民族沙文主义的。知识产权原则、规则在全球范围的普适性、须以各国社会成员普遍而共同的法律信仰为思想基础。将人类共信的法价值理念导入我们的精神家园，这是中国知识产权法治建设中的重要任务。第二，充分展现中国法治文化的特殊原素。从本土资源来说，知识产权法律构造的思想基础，首先来自于法治发展理念的创新。在以往的知识产权法研究中，法学家所秉持的价值理念往往是公平与正义，而经济学家通常追求的功能目标是利益与效率。在中国，科学发展观作为当代社会发展规律的理论概括，作为当代社会发展理论的观念形态，对“包括法价值观在内的整个中国社会的价值观的变革具有重要推动作用”。[55]科学发展观强调以人为本、全面协调的可持续发展的理念，具有法律价值论意义，以此作为知识产权制度构建的指导思想和实施效果的判断标准，使得知识产权理论研究出现了一种新的价值取向，丰富了原有的知识产权制度评价体系。其次来自于传统文化的改造。中国传统文化的历史惰性，对于现代知识产权法治建设有着消极影响，但也存在一定的利用价值。正如学者所描述的那样，“那种富于人情味的和谐功能、那种防微杜渐的内省模式、那种因事制宜的情节理论，其实或多或少含有超越时代的意义”。[56]也有学者对中国传统文化内容进行整理和概括，其中“注重整体精神”、“向往理想人格”、“勇于创造、革故鼎新”等，[57]与鼓励知识创新、提倡知识利益分享的知识产权文化理念也有一定的联系。传统文化作为一种固有的行为方式和观念模式，其影响无处不在，无时不有，不可能弃如弊履。我们有必要对传统文化与现代制度的结构要素进行分析、鉴别，或是梳理、整合、选择传统文化的积极之处，以推动现代制度的有效运行；或是导入影响意识观念的现代制度，凭借功能机制促进传统文化转型。

中国知识产权法价值体系目标的构建，关键在于理念更新与构成调整。现就人本主义和和谐发展的新价值观分述如下：

第一，人本主义是知识产权法的最高价值。所谓人本主义，即是 21 世纪的人文主义，是以人权保障为最高理念，体现以人为本位、以权利为本位的价值观念。[58]科学发展观的核心理念，是坚持以人为本，维护人的主体地位、调动人的积极性、保护人的正当利益、以促进人全面发展。可以认为，人本主义的要义是实现人的全面发展，即“每个人和一切人都在客观和主观上的各个方面得到最大限度的自由发展”。[59]在知识产权法价值体系中，人本主义即人的全面发展处于统领地位，在这一最高目标之下，诸法律价值得以形成一个有机联系的整体:知识创造的自由价值实现是人的全面发展的前提,知识市场的秩序价值实现是人的全面发展的保障,主体人格的平等价值实现是人的全面发展的基础,而是否有利于人的全面发展则是知识分享的正义价值实现的重要判断标准。在知识产权法价值目标中,人的全面发展首先是每个人的全面发展,它是一切人全面发展的构成部分;同时,人的全面发展最终在于实现一切人的全面发展,它是个人全面发展的结果和目的。这一法价值理念在制度设计中概括为保护私人权利与促进知识传播的二元立法原则,表现为创造者、传播者、使用者的多元权利结构。上述立法宗旨和权利结构,应达至国际人权公约的要求,即创造者的权利应与公众"参加文化生活"的权利和"享受科学进步利益的权利"保持一致,这一人权要求应高于"知识产权法的简单经济运作"。[60]换言之,知识产权法通过对个体、群体以及社会公众的权益保护,以促进每个人和一切人的全面发展。正如有的学者所强调的那样,这一制度的最高目的是"发展",即"个人的发展、社会的发展、国家的发展以及全球人类社会的共同发展"。[61]

第二,和谐发展是知识产权法的终极价值。所谓和谐发展,是一种配合适当、协调有序的理想动态,这是一种涵盖周延的目标系统,包括人的和谐、社会的和谐、自然的和谐,以及人与社会、自然的和平共存与进步。和谐发展是法的发展的终极理想,是法的正义、秩序、自由、效率等价值的有机统一体。[62]科学发展观的第一要义是发展,其基本要求是全面、协调、可持续,根本方法是统筹兼顾。这种和谐发展的理念,既是中国构建"和谐社会"的时代发展要求,也是我们改造法价值体系的新的理论资源。和谐发展是现代知识产权法应当追求的重要的形式价值,其价值实现的理想状态即是知识产权制度的良性、健康运行:在知识产权保护、利用与限制方面,应统筹个人利益和集体利益、局部利益和整体利益、当前利益和长远利益的关系;在知识产权政策实施方面,应兼顾创造、运用、保护和管理的关系;在知识产权治理系统方面,应关注制度本身改革和相关制度替代、补充的关系;[63]在知识产权实施效果方面,应妥当处理社会发展与环境、生态和谐共存的关系。在多元的法价值体系中,和谐发展观具有独特的作用:一是统筹性功能。如果说正义、自由、效率代表着真与善,秩序代表着美,那么和谐则代表着真善美的统一。[64]和谐发展观作为众多个体价值不断融合的状态组成，应是知识产权法运行全过程的基本理念。二是引导性功能。在诸法律价值的实现过程中，和谐发展观起着指导和引领的作用。它作为一种关系良好的状态，“能够促成效率价值的实现”；它表达了人类与自然界万物共处的基本生存法则，是“正义精神的升华”；它作为人的终极价值追求，“引导着法的秩序价值实现”。[65]三是判断性功能。和谐发展观是一种“人对法的绝对超越指向”，[66]可以作为衡量诸价值实现效果的准则和标准，以调和原有法价值之间的冲突。

确立人本主义与和谐发展的价值观，是对知识产权法律精神的挖掘和升华，是对正义、效率、创新诸传统价值的超越和发展。笔者认为，以综合治理应对制度失灵，化解现代知识产权运行中的政策风险；以知识共享弥补权利垄断，促进中国知识产权事业中每个人和一切人的全面发展；以国际合作代替南北对抗，建构知识产权保护体系中的“和谐世界”，这是中国乃至国际知识产权界共同面临的时代问题，也是人类社会实现知识产权法治理想的价值目标。

注释

1 严存生：《法律的价值》，陕西人民出版社 1991 年版，第 28 页。

2 沈宗灵：《法、正义、利益》，载《中外法学》1993 年第 5 期。

3 谢晖：《价值法律化与法律价值化》，载《法律科学》1993 年第 4 期。

4 卓泽渊：《法的价值论》，法律出版社 2006 年版，第 79 页。

5 吴汉东：《知识产权的共同规则与自主话语》，载《中国社会科学》2011 年第 5 期。

6 卓泽渊：《法的价值论》，法律出版社 2006 年版，第 125 页。

7 笔者认为，个人主义精神（individualism）、自由主义精神（liberalism）、理性主义精神（rationalism）是近代西方国家知识产权构造的文化基础。参见吴汉东：《知识产权法律构造与移植的文化解释》，载《中国法学》2007 年第 6 期。

8 俞荣根：《自然法学说献疑》，载《台湾研究》1990 年第 1 期。

9 参见黄文艺：《科学发展观的法律价值论解读》，载《苏州大学学报》2005 年第 5 期。

10 卓泽渊：《法的价值论》，法律出版社 2006 年版，第 483～484 页。

11 杨震：《法价值实践观的理性选择》，载《苏州大学学报》2005 年第 5 期。

12 参见吴汉东：《中国知识产权法制建设的评价与反思》，载《中国法学》2009 年第 1 期。

13 沈宗灵：《法、正义、利益》，载《中外法学》1993 年第 5 期。

14 《马克思恩格斯全集》(第20卷),人民出版社1971年版,第668页。

15 张新宝:《民事活动的基本原则》,法律出版社1986年版,第22页。

16 L. Ray Patterson, Stanley W. Lindberg, the Nature of Copyright: A Law of Users' Right, the University of Georgia Press, 1991, p. 2.

17 李龙主编:《良法论》,武汉大学出版社2001年版,第95页。

18 [德]康德:《法的形而上学原理——权利的科学》,沈叔平译,商务印书馆1991年版,第58页。

19 [美]罗伯特·考特、托马斯·尤伦:《法和经济学》,张军等译,上海三联书店1994年版,第13页。

20 江平:《罗马法精神与当代中国立法》,载《中国法学》1995年第1期。

21 Richard, A. Posner, Economic Analysis of Law, Little Brown Company, 1986, p. 13.

22 程啸:《知识产权法若干基本问题之反思》,载《中国人民大学学报》2001年第1期。

23 李明德:《美国知识产权法》,法律出版社2003年版,第288页。

24 [美]罗伯特·考特、托马斯·尤伦:《法和经济学》,张军等译,上海三联书店1994年版,第22页。

25 林炳辉:《知识产权制度在国家创新体系中的地位和作用》,载《知识产权》2001年第3期。

26 陈谊、汪天亮:《试论知识产权法的价值定位——创新》,载《行政与法》2004年第9期。

27 在法哲学理论中,人的理性可以分为"实践理性"和"规划理性"。前者是接受性理性,表现为道德经过长期教化而为人们自然接受为价值;后者是能动性理性,即在特定情况下人为地设计出符合规律的价值。

28 [德]乌尔里希·贝克:《世界风险社会》,吴英姿译,南京大学出版社2004年版,第137页。

29 参见肖尧辉:《法律移植及其本土化现象的关联考察》,载何勤华主编:《法的移植与法的本土化》,法律出版社2001年版,第115页。

30 宋志国:《我国知识产权法律移植中的递减效应原因探析》,载《政治与法律》2006年第5期。

31 张洪峰:《法的世界化与本土化指正及其超越》,载《福建法学》2005年第1期。

32 刘华等:《我国公民知识产权意识调查报告》,载吴汉东主编:《中国知识产权蓝皮书》,北京大学出版社2007年版,第417页。

33 March J. G., Olsen J. P., Rediscovering Institutions: The Organizational Basis of Politics, New York Free Press, 1989, p. 227.

34 王锡锌:《中国行政执法困境的个案解读》,载《法学研究》2005年第3期。

35 吴鸣:《公共政策的经济学分析》,湖南人民出版社2004年版,第4页。

36 Calestous Juma, Lee Yee – Cheong, Innovation: Applying Knowledge in Development, Earthscan Press, 2005, p. 112.

37 参见英国知识产权委员会的报告:《知识产权与发展政策相结合》,载 http://www.iprcommission. org/papers/pdfs/Multi _ Lingual _ Documents/Multi _ Lingual _ Main _ Report/DFID_Main_Report_Chinese_RR. pdf,最后访问日期:2013 年 1 月 26 日。

38 参见刘星:《重新理解法律移植》,载《中国社会科学》2004 年第 5 期。

39 参见卓泽渊:《法的价值论》,法律出版社 2006 年版,第 592 页。

40 易继明:《私法精神与制度选择》,中国政法大学出版社 2003 年版,第 178 页。

41 杨春福:《风险社会的法理解读》,载《法制与社会发展》2011 年第 6 期。

42 Theodore Levitt, The Globalization of Markets, Harvard Business Review, May/June, 1983.

43 薛晓源等:《全球风险世界:现在与未来——德国著名社会学家的风险社会理论创始人乌尔里希·贝克教授访谈录》,载《马克思主义与现实》2005 年第 1 期。

44 薛晓源等:《全球风险世界:现在与未来——德国著名社会学家的风险社会理论创始人乌尔里希·贝克教授访谈录》,载《马克思主义与现实》2005 年第 1 期。

45 曹建明等:《世界贸易组织》,法律出版社 1999 年版,第 312 页。

46 参见[美]戴维·赫尔德、安东尼·麦克格鲁:《治理全球化:权力、权威与全球治理》,曹荣湘等译,社会科学文献出版社 2004 年版,第 12 页。

47 Anupam Chander, Madhavi Sunder, The Romance of the Public Domain, 92, Calif. L. Rev. 1348 – 1353.

48 参见刘笋:《知识产权国际造法新趋势》,载《法学研究》2006 年第 3 期。

49 UN Commission in Human Rights: Intellectual property and Human Rights, 2000, E/CN1. 4/Sub. 2/2000/7.

50 Sub – Commission on the Promotion and Protection of Human Right: Intellectual Property Rights, Fifty – Second Session, agenda item4. E/CN. 4/Sub. 2/2000. 7.

51 参见冯心明:《论知识产权保护的价值取向》,载《华南师范大学学报》(社会科学版)2004 年第 4 期。

52 [美]劳伦斯·弗里德曼:《法律制度》,李琼英等译,中国政法大学出版社 1994 年版,第 242 页。

53 在全球范围内,数字技术的运用及其程度有很大差异,这种网络发展的不均衡性,即是"数字鸿沟"问题。在版权产业界,诸如影视、音乐、广播、游戏、动漫、出版等数字内容产业占据主流和支配地位,而生产数字内容产品的许多核心乃至技术标准,多为发达国家和他们的跨国公司所掌握。根据《中欧数字鸿沟比较研究》提供的数据,2007 年中欧数字鸿沟的综合指数为 0.69,这意味着中国的信息化总体发展水平和应用水平比欧盟落后 69%。参见张新红等:《聚焦第四差别:中欧数字鸿沟比较研究》,商务印书馆 2010 年版,第 82 页。

54 公丕祥:《全球化与中国法制现代化》,载《法学研究》2000 年第 6 期。

55 黄文艺:《科学发展观的法律价值论解读》,载《苏州大学学报》2005 年第 5 期。

56 季卫东:《中国法文化的蜕变与内在矛盾》,载李楯主编:《法律社会学》,中国政法大学出版社 1999 年版,第 229 页。

57 李兴成:《传统文化与新时期传统文化》,载 http://www. edu. cn/20011121/3011083. shtml,最后访问日期:2013 年 1 月 28 日。

58 参见屈茂辉:《中国民法典的基本理念》,载《求索》2002 年第 5 期。

59 卓泽渊:《法的价值论》,法律出版社 2006 年版,第 463 页。

60 参见[美]奥德丽 · R. 查普曼:《将知识产权视为人权:与第 15 条第 1 款第 3 项有关的义务》,刘跃伟译,载《版权公报》2001 年第 3 期。

61 吴峰:《知识产权、人权、发展》,载《上海理工大学学报》2005 年第 3 期。

62 参见张德芬:《知识产权法之和谐价值的正当性及其实现》,载《法学评论》2007 年第 4 期。

63 知识产权法治系统的变革,不仅在于其保护、限制、利用制度的完善,更在于相关制度的补充和替代,如传统知识保护制度、知识共享制度、知识创新奖励制度等,以弥补现行知识产权体系的制度缺陷。参见吴汉东:《知识产权的制度风险与法律控制》,载《法学研究》2012 年第 4 期。

64 王岩云:《作为法价值的"和谐"涵义初探》,载《法制与社会发展》2006 年第 4 期。

65 张德芬:《知识产权法之和谐价值的正当性及其实现》,载《法学评论》2007 年第 4 期。

66 贾少学:《论和谐作为法价值的表现》,载《法制与社会发展》2006 年第 4 期。

吴汉东

代表作

柒

法律文化与创新文化[*]

知识产权制度的文化分析

2003年5月，世界知识产权组织（WIPO）在《2004—2005年计划和预算草案》中提出，要把创建知识产权文化作为WIPO工作的一项重点计划。总干事在《WIPO计划活动中的中期计划——WIPO构想与战略方向》进一步指出，从现在到2009年间，创建知识产权文化的基本思路是促进和鼓励每个国家发展一种适合其需要的知识产权文化，包括各有侧重的国家知识产权战略、最适宜的国家知识产权制度，并在全国范围内提高对知识产权作为促进经济、社会和文化发展强有力手段的认识。[1]为在中国培育和发展"崇尚创新精神，尊重知识产权"的基本理念，营造良好的舆论氛围和社会环境，国家知识产权局专门发文强调知识产权宣传工作，并将2007年定为"知识产权文化年"。

知识产权文化是一种有包容性、开放性和多维性的法律文化，是一种具有个人本位、自由精神、理性追求的私法文化，也是一种"尊重知识、崇尚创造、保护精神产权"的创新文化。从法律文化中走出的知识产权文化有狭义与广义之分，前者由观念文化和制度文化组成，后者专指意识层面的文化。根据美国学者温博格等人的说法，法律文化是人们对待法律制度、法律机构的态度、信仰、评价、思想和期待。[2]具言之，知识产权文化即是人们关于知识产权现象的观念和行为模式的总称。本文以此为概念工具，探讨西方知识产权法律制度的文化基础，分析中国知识产权法律的文化要求，并对当代知识产权文化的改造与重构提出自己的看法。

---

* 原载《中国法学》2007年第6期，题名为"知识产权法律构造与移植的文化解释"。

一、西方知识产权法律构造的文化基础

西方国家知识产权法的产生,经历了从中世纪末期"封建特许权"至资本主义初期"私人财产权"长达数百年的孕育。在社会转型的激烈变革中,政治、经济、科技、思想诸方面的发展与变化,构成了这一新兴法律制度赖以生存的社会条件。

文化与法律相伴而生。知识产权法律是知识产权文化的物化凝结,而知识产权文化则是知识产权法律的思想基础。从14世纪至16世纪,欧洲资产阶级所发动的文艺复兴运动,以复兴古典学术和艺术为口号,反对蒙昧主义和宗教神学,继承、利用古希腊的科学文化,倡导以人文主义为中心的新思想。[3]文艺复兴中提出的新的文化价值理念,为资产阶级一手将科学技术作为物质武器,一手将私权制度作为法律武器提供了必要的文化思想准备。从17世纪到19世纪,是西方国家知识产权法律相继建立和形成的时期。法律制度创新有赖于法律观念的进步。创造者对自己的智力成果享有私人权利,能够随意处分知识财产,是资产阶级革命时期形成的现代知识产权观念。审视这一时期知识产权制度的立法文件,字里行间无不浸透着自然法学派崇尚权利和个人自由、追求人的理性的价值观念。这即是知识产权法律构造的人文基础和精神主张。

(一)个人主义精神(Individualism)

个人主义"这一概念包含着多种思想、观点和学说,它们的共同要素都是以'个人'为中心。[4]作为与'集体'相对的'个人'可以用多种方式表达"。从研究视角和概念规定出发,个人主义可以分为价值论的个人主义和方法论的个人主义。[5]价值论意义上的个人主义,涉及有关个人权利的主张。具言之,强调个人的自由和权利,主张以个人为价值本位的思想体系,认为在个体与群体、个人与社会的关系上,个人或个体具有无可置疑的优先性,群体或社会只是保障个体自由和权利的手段或工具。个人主义的价值观即是社会和政治理论中的"原子论"。这种理论认为"社会由个体组成,旨在实现主要是为个人的目标,对个人及其权利予以优先权,这种权利存在于任何一种特定形式的社会生活之前"。该观点起源于17世纪并且出现于霍布斯及洛克的"社会契约"理论及后来的功利主义学说。"原子论"不仅植根于哲学的传统,也具有经济学上的意义。"占有的个人主义"

认为,它基于“这样一个概念,即个人本质上是他自身或其能力的所有者”。[6]方法论上的个人主义,则是“强调对作为社会存在的个人或个人行动的社会性质”进行研究的一种社会理论。[7]具言之,这一理论以个人作为学科分析的基点和基本研究单位,通过对单个人行为的分析,展开该学科的一般原理以及规律性问题。方法论的个人主义是一种关于解释的学说。在社会科学或历史中,这种解释方法起着基础或基石的作用。关于个人的事实或其特征的表达,即他们的品格、目标、信仰和行为,必须能够经常或最终用“个人”的术语来解释。[8]从洛克、休谟、斯密到哈耶克所主张的个人主义方法论,涉及哲学、政治学、经济学、法学等一系列领域。哈耶克认为,个人主义的本质特征,首先是一种社会理论,“它不仅构成了我们理解经济生活的基础,而且也为我们理解大多数其后的社会现象奠定了一个基础”。这是“古典政治经济学做出的一项伟大发现”。[9]

价值论的个人主义和方法论的个人主义在社会理论的研究中尽管存在着概念与视角的差异,但其基本观点和主要内容是一致的。在私法领域中,近代个人主义的价值观,亦是近代民法的本位观。梅因在《古代法》一书中就古代法到近代法的转变提出过两个基本判断:一是从身份到契约,二是从家庭到个人。[10]近代思想家将个人本位的确立,称为是“人的发现”、“人的解放”。而方法论意义上的个人主义或者说个体主义的分析范式,在私法中的运用直到今天仍具有现实意义。可以说,“私法对私人、私人利益、私权、私人自治、自己责任等的强调,都是方法论个人主义的直接要求”。[11]

个人主义的精神主张,是近代私法构造的文化基础。由此,我们可以概括出个人主义精神在近代社会私法关系中所表现的基本特点:第一,人是独立的、自由的。在近代社会,每个人都是独立的、神圣的,国家也是由个人所组成,法人亦是个人的集合体。因此,在私法领域,人与人之间没有隶属关系。根据这一特点产生了近代民法的第一个原则,即人格独立原则。第二,人与人是平等的。人与人之间享有平等的法律地位,任何个人不受其他人的支配。近代私法关系的基础,一是基于宗法家庭解体而形成的平等性的人身关系,二是基于自然经济式微而形成的互换性的商品关系。[12]根据这一特点而产生了近代民法的第二个原则,即权利平等原则。第三,人与人之间的私人关系是不受干预的。在近代社会,影响或支配私人关系的力量只有国家和法律。对于私人之间的关系,国家更多的是一种保护,尽量不加干预。对私法关系的尊重和保护产生了近代民法的第三个原则,即私法自治原则。

知识产权从本质上讲,属于私权范畴。近代西方国家在自由资本主义的土壤上,构造了自己保护知识财产的法律殿堂,这些无一不笼罩着个人主义精神的神圣光芒。首先,知识产权是一种私人财产权。知识产权不是君权神授的结果,而是基于作者、发明者创造性活动的本源。近代知识产权立法使这种权利从公法领域进入私法领域,由特许专有权转变为法律规定的可转让的知识财产权,这是罗马法以来财产领域的一场非物质化革命。[13]其次,知识产权也是私有的权利,这里的私有意指知识产权为特定的民事主体所享有,是特定人享有的私人权利,而不是一切人同享的公共权利。[14]个体是市民社会的基本构造单位,是具有独立人格的权利享有者。在近代著作权立法中,尽管英国《安娜法令》规定保护作者与出版商,但出版商的权益是派生的而非本源性权利;法国著作权法则极力推崇作者的中心地位,对作者即自然人、作者即第一著作权人作出了完善的规定。

(二)自由主义精神(Liberalism)

自由主义是近代西方国家和一些受欧洲文化影响的国家中流行最广、影响最大的思维方式。[15]自由精神可追溯至古希腊罗马的城邦生活。从西塞罗到亚里士多德都描述过古典意义上的市民社会,即"自由而平等的公民,在一个合法界定的法律体系下所结成的伦理政治共同体"。[16]自由主义是城邦生活的精神支柱,其基本特征是:城邦是自由人的共同体,以公民权利为基础,每个人都是自己的主人,而不是别人的奴隶;法律是城邦的生命,受到主体自由公民的自愿支持。城邦的使命即是最大限度地满足每个人自由的需要。应该指出的是,古希腊罗马自由精神的形成,奠基于自由公民的身份,而不是近代意义上的个性自由与解放。

在中世纪的漫长岁月里,自由精神在欧洲国家得以延续。在政治方面,人们坚信法律独立于政府并居于政府之上,这种"据法自由"或"法律下的自由"(freedom under the law)被视作是一种自然法的观念。而在经济领域,在基督教哲学家的努力下,形成了自由主义的政策体系。[17]至十八九世纪,自由精神在西方国家发展到极致,形成了博大精深的自由主义思想和理论体系。自由主义的概念在不同的时间和地域表现为不同的形式,例如,世俗阶级的自由主义不同于宗教世界的自由主义,霍布斯、洛克的古典自由主义有别于格林、霍布豪斯的新社会自由主义。此外,自由精神还表现在不同的社会领域,包括思想自由、政治自由、经济自由等。[18]

自由主义思想在近代私法文化形成中的重要成果是“人的发现”,即个性自由、个人能力发展与个人主体地位的一系列主张。哈耶克在为意大利《新世纪百科全书》撰写的“自由主义”条目中,系统阐述了有关自由主义的法律观念:第一,自由主义与自然权利。私权的保障以自由主义宪政为前提,自由主义宪政思想以自然权利与权力分立的两个观念来表达,即主张个人享有不受剥夺的权利或自然权利(如自由权、财产权、安全权利等),强调权力分立并反对任何无限权力或主权性权力。第二,自由主义与法律正义。私法的合理性以一定的正义观为基础。自由主义只关注交换正义,而不关注所谓的分配正义。前者是一种自然分配正义,基于自生自发秩序而形成的自然分配状态。而后者是一种唯社会论主张,是由某个权力机构发出单一的需求命令而形成的强制分配状态。第三,自由主义与平等。平等是主体参与私法关系的法律要求。自由主义的传统精神即是反对歧视性待遇,主张主体形式平等。这种平等,是一种参与私法关系的自由选择,是一种取得私人权利的“机会平等”,而不必是私法活动结果的相同即实质平等。第四,思想自由与物质自由。有关思想与物质的自由主张,是私法自治原则的精神内核。自由主义的一个核心信念,即是鼓励人之间的思想交流。由思想自由所保障的知识进步以及人们认知能力的提高,是自由主义的精神目标。此外,经济领域的行动自由,即是保障人们行为目的实现所需的手段(或资源)之可获得性,与思想自由一样具有重要的意义。[19]

以个人自由为基石所构建的私法体系,彰显了私法自治或意思自治的精神主张。私法自治原则强调权利的主体即是意思的主体,实施一切民事行为皆取决于当事人自己的意思,不受国家和他人的干预。这一原则精神贯穿于各项民事权利制度,具体表现为财产自主(所有权制度)、合同自由(合同制度)、婚姻自由(婚姻制度)、遗嘱自由(继承制度)、团体设立自由(法人制度)等。思想自由是自由主义精神的核心内容,也是近代知识产权法律构建的灵魂所在。思想自由本是一项政治性权利,其内容包括创作自由、学术自由、艺术自由、言论自由、出版自由等。思想自由较早出现在

1789年法国《人权和公民权宣言》中。该宣言第11条规定:“自由传达思想和意见是人类最宝贵的权利之一。因此,每个公民都有言论、著述和出版的自由。”美国《宪法》的制定者创建了“推广知识传播、公共领域保留、保护创造者权利”三项知识产权政策。[20]上述宪法文件的规定都深刻地体现了思想自由的精神主张,而封建特许权制度缺乏这种思想自由的精神内涵。以著作权制度为例,早期的出版特权与封建国家审查制有紧密的联系。印刷业在欧洲的出现,不仅催生了特许出版权,也引发了政府对印刷出版物的控制和审查。当时的封建国家规定作品在发表前必须提交政府审查,经过审查的出版许可与出版特权得到巧妙的结合。尽管出版特权是一个私人权利概念,本身并非为政治需要所创设,但在封建专制主义的条件下却成为思想审查的工具。《安娜法令》的出现,摒弃了封建特许出版与封建图书审查制度,深刻地体现了促进作品传播、保障思想自由的法律价值。[21]正是在这个交汇点上,具有财产意义的知识产权原则与显示政治意蕴的思想自由原则得以共存于近代西方国家的宪法文件之中。

(三)理性主义精神(Rationalism)

理性主义是西方法律文化的重要内容和特征,它既是价值理性,又是工具理性。价值理性是社会正义的基本含义之一。“正义是社会制度的首要价值”,[22]人的本质是理性的动物。理性是世界里一种万能的力量,所有的人类都受这种理性的力量的约束。合乎自然和理性的法,即是体现了正义价值的法;工具理性是人们评价社会制度正义性的一种重要依据。人类可以运用理性发现所有事物的本质,并能够以语言、词汇等工具对感知的本质固定下来。法学家对工具理性的掌握,才得以建立一套完整的、精细的、自以为合理的法律制度。

在社会理论研究中,“理性的”与“合理的”曾经可以互换使用,这两个术语都源出同一个拉丁词根“ratio”。理性作为人类信仰和行为的属性,不仅表现为人们坚持某一信念并为这一信念提供支持的理由,更重要的是“准备根据反对的主张对它加以重新估价,那么他就是理性地坚持这个信念”。[23]上述所言是一种实践理性,即根据人为目的的价值取向来识别、判断何为理性。另一种是不具功利主义色彩,超出一己私欲的理性追求,即是纯粹理性。在法律观念上,其判断标准表现为强调“理”的本来蕴义,称为“合乎道理”、“合乎真理”、“合乎规律”。我国学者一般认为,“理性”或

“合理”包括两层意思：一是指合乎人类主体的必然性与规律。人在本质上是自然性和社会性的统一，因此人总是按照自身的内在规定性和本质行事，来寻求自身的需要和目的实现，它包括人在社会和自然中的主体地位，人的需要和利益，价值和目的，以及实现上述需求的条件。合理性的这些内涵即构成法律的本质内容。二是指合乎社会历史和自然世界之必然性和规律。前者合理性的内容表现为整个社会的发展与进步，后者的合理性内容表现为人与自然关系的秩序化、协调性。概言之，社会的进步与发展，人与自然的统一和谐，乃是蕴含于法律之中的理性目标。[24]

理性精神与自由精神并不是对立的。关于理性精神方面，近代社会理论研究有两种错误倾向：一种是完全无视理性的作用，即忽视理性作为一种批判工具的存在，将自由精神绝对化为自由放任主义；另一种是完全无视理性的限度，即把所有的人类制度都看作意识刻意创造的产物，将理性精神看作文明自由的对立物。按照哈耶克的说法，一方面，自由主义理论并不是反理性的理论，它反对的只是那种宣称“理性”万能和建基于其上的“设计”社会发展的唯理主义欲求。另一方面，与唯理主义不同，真正的理性主义（从古典的理性主义到现代的批判理性主义）并不反对自由主义。在制度设计与安排方面，“理性本身是需要加以限制的”，即要警惕把某种合理模式强加于社会的危险，这样会扼杀作为社会逐步改进的自由。[25]

从亚里士多德、托马斯·阿奎那到孟德斯鸠都强调了理性在文明发展过程中所具有的作用。这种理性精神对罗马法私法到近代民法的形成和发展有重要影响。在古希腊罗马，众多思想家、法学家皆极力倡导自然法精神，以追求一种合乎自然和理性的实在法。亚里士多德首先提出了自然法的概念，斯多葛学派进一步提出自然法体现人的理性的观点。罗马法法学家从实践理性精神出发，用以论证万民法与市民法的地位。彼德罗·彭梵得在《罗马法教科书》中写道：自然法是指“不是为体现立法者意志而产生的法律”，古罗马学者保罗称自然法“永远是公正和善良的”。[26]在罗马法体系中，万民法是各族共有的法律，市民法是一族的独殊法律，因此万民法合乎自然法的本性，其地位应高于市民法。中世纪经院哲学是理性主义的，其代表人物托马斯·阿奎那的理性主义思想为中世纪出现的研究罗马法高潮和罗马法复兴运动提供了方法论基础。他认为，人的理性是普遍的，但无论是纯粹理性还是实践理性都容许存在例外，因此，受理性指导的自由也容许例外。[27]从理性精神出发,自然法是不变的,无论何种法律都应具有理性的自然倾向;但自然法也容许例外,即具有一定程度的可变性,这是新的法律的合法性基础。理性主义在 17 ~ 19 世纪得到了充分的弘扬。近代思想家从格劳秀斯、孟德斯鸠到卢梭等,在理性精神的指引下,提出了新的思想内容的自然法学说。这种学说的一般公式是:人类原是处于自然状态之中,由代表人类理性、正义的自然法所支配,享有各种自然权利,即天赋人权;为了更好地享有这种权利,他们通过社会契约,建立了政府。近代理性主义强调法律的统一性,并把法律统一的基础归结为正义、平等、自由、尊严、幸福权利等。[28]在这种情况下,法律不再屈从人的意志的偶然性,而应体现长期稳定的规律性的东西,成为普遍适用的一般规则。概言之,法律的精神实质是主观性与客观性的统一,即法律不仅是体现立法者的主观意志,更要体现这种国家意志所追求的社会客观规律。我们看到,近代法学家和法律改革家们,正是通过这种理性的力量得以发现一个理想的法律体系,并力图将各种各样的自然法规则和原则纳入一部法典之中。[29]理性主义为近代法律的体系化、法典化提供了重要的思想基础。

知识产权是创造者维护知识财产私有的权利主张,亦是人们促进知识传播的理性追求。知识产权的私权化说明了它与所有权具有的相同属性。但是就法律价值目标而言,两者是有区别的。在传统私法理论中,所有权被描绘成私人对所有物绝对支配和排他独占的权利。尽管法律出于公共利益和社会秩序的考虑,对所有权的行使作出了某种限制,但在这种限制的范围内,所有权的时间效力、地域效力、权能效力却是无限的。可以说,在古典所有权理论及近代立法文件中,所有物所涉及的领域是一个绝对化的私权领域。知识产权则不然,在其制度建立之初,就存在知识产权保护与限制的问题,即是在保护创造者权利的基础上寻求个人利益与社会利益的平衡。1709 年《安娜法令》在规定保护作者权利的同时,又设定了一个"文学艺术的公共领域"(the public domain for literature)。[30]这表明知识产权并非是绝对的财产私有权,它具有有条件的独占性、有限制的排他性和有期限的时间性的基本特征。以合理使用为核心的知识产权限制制度,被称为是一项"理性的公平主义原则","该规则充满公平正义观念并具有弹性而无法定义"。[31]在近代西方国家,立法者围绕着保护创造者私权和促进知识传播的二元目标来规制知识产权,尽管因地、因时而有规范差异,但关于知识产权保护、限制与反限制的法律调整一直都是立法活动的重要方面。

二、中国知识产权法律移植的文化要求

法律移植是近代各国进行立法活动所采用的一种重要方法。所谓法律移植，是指“一个国家或地区，将其他国家或地区的法律吸纳到自己的法律体系之中，并予以贯彻实施的活动”。[32]从法律移入的角度来看，法律移植可以分为两种：第一，主动的积极型法律移植，即表明法律移植的直接的或根本的动因来自于社会内部，是法律移入国或地区自主选择和自觉移植外国法。中世纪欧洲法律的和平进化，得益于罗马法的传播，即是关于法律移植的主动选择。自 12 世纪起，欧洲开始了罗马法复兴的运动。马克思主义经典作家指出：“当工业和商业进一步发展了私有制（起初在意大利随后在其他国家）的时候，详细拟定的罗马法私法便立即得到恢复并重新取得威信。”[33]罗马法的复兴，主要表现为欧洲大陆各国先后兴起的研究罗马法的热潮和 15 ~ 16 世纪欧洲各国普遍采用罗马法的运动。第二，被迫的消极型法律移植，即表明法律移植的直接或根本动因来自于社会外部的压力，法律移入国或地区很少有自主选择的余地。亚洲国家在近代成为西方文明的接受国，包括接受其法律规则，即是关于法律移植的被动接受。亚洲国家对西方法律的移植是从 19 世纪后半叶开始的，其政治背景是西方国家对亚洲的殖民化。“在宗主国眼里，把自己的法律移植到殖民地国家是天经地义的，是对殖民地国家的恩泽。而对殖民地国家来说，接受这样的法律移植则带有屈辱的成分。”[34]

在法律制度的历史上，知识产权是罗马法以来“财产非物质化革命”的制度创新成果，也是西方国家三百多年来不断发展成长的“制度文明典范”。发展中国家的知识产权法则是在特殊历史条件下建立的，在很大程度上是“逼我所用”即外力强加的结果。一般认为，中国知识产权保护制度始于清朝末年。它虽是清政府实行新政，向西方学习的产物，但更多是帝国主义列强施加压力的结果。1898 年，清帝在变法改革运动中颁布了我国历史上第一部专利法规《振兴工艺给奖章程》，但不久由于“戊戌变法”的失败而夭折。此后，清政府根据 1902 年《中英续议通商行船条约》、1903 年《中美通商行船续订条约》的知识产权条款，在外国人的帮助下制

定了《商标注册试办章程》(1904 年)、《大清著作权律》(1910 年)。这些法律自清末适用至民国初年。以后的北洋政府、国民党政府直接取材于外国法,先后制定了《著作权法》、《专利法》和《商标法》等。

中国知识产权法的历史是从"逼我所用"到"为我所用"的制度变迁史,也是从被动接受到主动安排的法律移植史。一百年来,知识产权法作为"制度舶来品"引入中国,不仅存在一个"理性选择"的过程,更有一个"法律本土化"的过程,即外来制度如何在本土"扎根"与"内化"的过程。新中国成立以后,通过二十多年来的法律移植,我国已经迅速建立起比较先进的知识产权法律体系,但是这一制度似乎没有完全实现其预期的政策目标和法律效益,这即是学者所称的"知识产权法律移植中的递减效应"。[35]影响制度实施目标的实现,既有法律因素,如制度选择所涉及的法律理念、法律内容,以及法律形式等是否具有先进性、合理性以及科学性;也有非法律因素,即制度实施所涉及的经济技术发展状况、政府公共政策体系以及社会环境、文化条件等,是否具有一致性、协调性以及相适应性。法律的文化解释认为,"移植规则的深层含义在于移植文化,也即规则和制度的移植必须要有文化的支持"。[36]笔者认为,影响中国知识产权法律实施效益的文化动因如下。

(一)中国传统文化影响的历史惰性

知识产权法的形成,是近代社会法律革命和制度变迁的结果。与西方国家不同,中国封建特许权制度的存在与近代知识产权法的产生缺乏历史的链接,中国未能完成这一历史性转变,其社会原因是多方面的。其中,传统文化心态和思维模式就是一个重要的障碍性因素。

个人主义的精神主张,是近代私法构造的文化基础。从本质上说,私法文化包括知识产权文化的发展,就是私法上人格体的发展。然而,中国的传统文化是以个体农业为基础,以宗法家庭为单位,以伦理纲常为核心的传统文化。在这种文化土壤中,人的主体性无法得到应有的肯定。个人既要依附于国家,还必须依附于家庭,也即所谓"亲亲"、"尊尊"、"亲亲父之首"。因此,个人是包融于外物之中的,人只有在整体性中(家族、集团或国家),才能昭示自己的存在和全部意义,个人的意志、情感也只有在群体关系中体现出来。总之,以儒家文化为核心的中国传统文化,主张的"不是以公民为基本单位的个人权利本位,而是以家庭为单位的人伦义务本位”。[37]质言之,一个没有独立人格的人,是无法主张自己的精神权利的。

自由主义的思想原则,是近代私法构造的精神内核。以文化意识和文化政策为存在形式的思想自由和经济自由,是知识创造活动和知识财产化赖以存在的一般条件。自由是一种权利,是一种受法律保护的权利。[38]但是,在中国传统社会里,既没有西方国家历史上的自由民阶层,也没有以自然法为基础的自由思想。礼作为人的日常生活的行为准则,其实质是否定个性的,是与个人的创造力、思索力和革新精神相背离的。因此,礼“不可能成为权利的保障,更不能成为自由的尺度”。[39]此外,“民可使由之,不可使知之”的愚民思想和“犹禁擅镌”的文化专制政策,将庶民置于受统治者绝对支配的地位,其结果是窒息了个人的思想自由。[40]而且,在传统文化看来,精神产品的创造,只是格物、致知、修身、养性的一种自我的修养过程。因此,人们往往刻意淡化自己的权利意识。经国济世之作,有待于智者去阐扬,而不能将其据为私有。所谓“文章不为粮稻谋”、“君子不言利”等即是这一思想的反映。

理性主义的精神追求,是近代私法构造的价值目标选择。理性是自然法最基本的精神所在,而自然法就是人类理性本身。自然法与理性互解。此外,自然法也是一种以自然哲学和认识论为依据的知识理性,具有“求知”、“求真”的传统。上述所言即形成这样一个公式:自然法 = 理性 = 知识。[41]中国的传统文化也不乏理性精神,儒家也是理性主义的,但它与西方的理性精神相去甚远。儒家理性是一种人伦理性,不假外求,靠主体对宇宙人生体认得来。缺乏外向的“求知”、“求真”传统,因而不具发展性;儒家理性以道德说教为基础,其倡导的和谐精神是从内在达至外在的过程,必须控制的是人的内在行为,因此,道德说教是唯一手段;儒家理性的追求目标在于“修身、齐家、治国、平天下”,实现身、家、国、天下的融合,而不是凭借对工具理性的掌握,调整、评判主与客、灵与肉、人与自然、人与国家的紧张关系。在这种理性支配下,人们在自己的知识财产受到侵犯的时候,往往尚和谐、求无讼,不敢提出权利的主张。

法律文化是有惰性的。中国的传统文化遗产越深厚,其消极精神因素的沿袭就越顽固。建立在个人主义、自由主义、理性主义基础之上的西方知识产权法,移植于义务本位、专制主义、人伦理性的中国传统文化土壤之中,难免会产生“水土不服”的法律异化后果。

（二）社会认同法律移植的现实障碍

西方知识产权法是在西方社会和文化基础上发展起来的，是一个自然演化过程，它历经了文艺复兴（Renaissance）、宗教改革（Religion Reform）、罗马法复兴（Recovery of Rome Law）即“三 R”运动和资产阶级革命几百年的文化准备。一般认为，英国于 1623 年制定世界第一部专利法即《垄断法规》、于 1709 年制定第一部著作权法即《安娜法令》、法国于 1857 年制定第一部商标法即《关于以使用原则和不审查原则为内容的制造标记和商标的法律》，是为具有近代意义的知识产权法律的开端。在近代西方国家，对知识产权制度的接纳，大多是法律移植的结果。这种法律移植实质上是“法律变革和广义立法的一种表达方式”。[42]它具有两个基本特征：第一，知识产权法律移植是西方各国基于自身发展需要而主动接受的。对知识财产的保护，西方国家大抵经历了从封建特许权过渡到资本主义式财产权的转化过程。随着资本主义制度在西方社会的确立，各主要资本主义国家自十八九世纪以来先后开始了知识产权立法活动。其中最具代表性的有：美国 1790 年《联邦版权法》、法国 1793 年《作者权法》、德国 1837 年《保护科学和艺术作品的所有人反对复制或仿制法》；美国于 1790 年、法国于 1791 年、德国于 1877 年先后制定的《专利法》；英国于 1875 年、美国于 1870 年、德国于 1874 年先后颁布的《商标法》等。这些都是当时西方国家社会变革和法律制度变迁的自发性结果。第二，知识产权法律移植是在相同或相似法律文化的西方国家间完成的。无论是源出地，还是移植地，各西方国家都有着相同或相似的文化传统。英国著作权法奉行“商业著作权”学说，将相关立法构筑在“财产价值观”的基础之上。而法国和德国则将“人格价值观”作为其著作权立法的思想基础，从而建立了与英国“版权法体系”不同的作者权体系。[43]西方国家在接受知识产权法律的过程中虽然立法风格各异，但崇尚自由、崇尚知识、崇尚个人权利的文化传统却是相同的。

知识产权法律移植在中国有完全不同的情景。近代中国引入知识产权制度，是一种“被迫性移植”。其间虽有实行新政的内在需求，但更多是外国势力强加所致，因而“制度舶来品”缺乏社会认同的文化基础。一般而言，“从异质化形态上移植外来法律，势必引起两种文化的碰撞和摩擦，本土法律文化必定会对外来法律产生顽强的抗力”，[44]从而造成法律与社会的脱节。近代日本出于“维新”的内在要求移植德国法律，其本土文化与源出地文化存有相当大的差距，因而导致法律实施效果落后。鉴于此，日本政府借助政治权威开始从上而下的法律文化改造活动，[45]力图达致新的社会认同，为法律移植构建应有的文化基础。必须看到，历史并没有给中国提供这样的机会。辛亥革命摧毁了封建政治统治，但在思想文化领域却没能战胜封建势力而形成科学、民主、法治的新文化观。总而言之，知识产权法律，在中国历史上既没有制度传承，也缺乏文化土壤。

现代中国对知识产权规则、原则的采纳，在一段时期则是一种“被动性移植”。我国在知识产权立法之初，尚属于主动的积极性的法律移植，即根据自身发展需要，对知识产权作出有选择性的制度安排。例如，基于本国经济科技发展现状的考虑，专利保护水平不是太高；由于国际文化交流不对等，因而未参加国际版权保护体系。但自20世纪90年代以来，由于新的国际贸易体制的形成，知识产权保护的国际环境发生了很大的变化。作为世界贸易组织成员的中国仅用了十多年的时间，其知识产权立法就完成了从本土化到国际化的过渡。由于“被动性移植”的原因，我国对新的知识产权国际保护制度的社会认同感不足。其原因有如下两个方面：第一，对法律移植的差异性认识。本土社会成员对法律移植的接受，存在不同的具体价值期待，或支持法律移植，或反对法律移植。[46]我们承认，知识产权保护是现代国际贸易领域的游戏规则。WTO各缔约方必须遵从，而对移植对象无选择余地。同时也应看到，现今知识产权国际保护制度，过多地顾及和参照发达国家的要求和做法，确实存在国家间的利益失衡。这一状况使得法律移植总是引起本土社会的不同意见，因而缺乏足够而普遍的社会认同基础。第二，对法律移植的有限性需求。法律一般总是从发达国家向需要规则的欠发达国家移植而不是相反，法律移植被认为是促进接受国某一法律领域发展的最有效手段。但是，知识产权立法的基础是国情，发达国家对知识产权保护都有一个从低水平到高水平的缓慢过渡期。而中国失去了这一必要过渡阶段，因而，从政府到企业对制度建设准备不及，制度运用经验不足。这种本土社会内在需求和制度消化能力的欠缺，影响了法律移植的有效性。

（三）法律本土化过程中的文化缺失

本文所指的法律本土化，即是强调在法律移植时应让受移植的法律经过合理处理与嫁接,使其能渗入移植国国民的精神和理念之中,进而在本土被理解、消化和接受。法律本土化也就是法律移植本土运动的过程。[47]

知识产权是发展中国家迈向新型工业化道路的制度选择。对外国法制或国际法制的引进,存在一个“法律本土化”的问题,即外来的知识产权原则和规则如何在本国“扎根”与“内化”。本土化要求进行法律移植时,不能仅仅是对外来法律规则的形式再现,而且要在研究其法律理念的基础上实现文化再造。可以说,“法律精神在法的发展和改革中起着关键性作用,是移植国与被移植国法律之间配合、同构、兼容的思想尺度,也是外来法律本土化得以成功的先导”。[48]在构建知识产权法治秩序的过程中,物质的、技术的法律制度,即法治的“硬性”系统,相对而言是比较容易移植的,但它若要真正发挥其应有的作用和价值,则必须同时植入相适应的精神、意识和观念,即法治的“软件”系统予以奠基和支持。[49]总体而言,作为知识产权法律移植,我们引进了这一制度的外型,但在理性领域尚缺乏与之相应的文化基础,也许这是知识产权政策目标实现的障碍性因素。笔者以为,有两个问题值得重视:

第一,本土化过程中的法律精神构造。知识产权法律本土化,不能原封不动地套用国际规则或是照抄照搬他国的经验和模式;而是要立足本国实际情况,能动转化国家规则为本国具体制度,或理性选择外来法律而移入本国法律创设过程之中。[50]这个过程既是对人类法律文明的理性追求过程,也是本土法律文化的自我构造过程。知识产权法律进入中国只有一百年的时间,进入社会大众生活只是近一二十年的事情。笔者认为,知识产权法律建构,这一成就是举世瞩目的(前世界知识产权组织主席鲍格胥博士语)。但是,知识产权文化的形成,这一过程并不是一蹴而就的。知识产权的文化养成,意味着外来文化的转化以及对本土文化的改造。“崇尚创新精神、尊重知识产权”,作为法律移植及本土化的基本理念,其既有“以人为本、私权神圣”的西方文明的先进思想,也包含“利益均衡、和谐共赢”的本土传统的合理内核。必须看到,外来法律赖以依存的精神基础,未能随之移植而本土化;同时,本土的文化精神也未能加以改造而现代化。这些即是本土化过程中法律文化改造的缺失现象。

第二,本土化过程中公众意识同化。知识产权不仅是一种物化的法律规范,更应是公众的一种理念、精神和信仰,公众意识是知识产权法律的思想基础。卢梭曾经谈到公众法律信仰的重要性,认为这是一切法律之中最重要的一种,"这种法律不是铭刻在大理石上,也不是铭刻在铜表上,而是铭刻在公民的内心里,它形成了国家的真正宪法;它每天都在获得新的力量,当其他的法律衰落或消亡的时候,它可以复活那些法律或替代那些法律,它可以保持一个民族的创新精神"。[51]可以说,公众的法律信仰是存在于社会生活中的活的知识产权法律。中国知识产权法律移植时间不长,本土化过程刚刚开始,这些主要是凭借政府的公共力量推动和知识精英的思想先导活动进行的,大多数民众对法律移植的关注是松散的,且是基于自身利益的关注来间接地对法律移植做出反映。根据《我国公民知识产权意识调查报告》,近年来,"我国在知识产权立法、司法和行政保护方面不断加强投入,社会整体对知识产权认识程度和自我保护意识也明显提升,但在公众尊重知识产权的行为规范的完善方面却未收到明显成效"。[52]具言之,即是公众普遍抱有对盗版、假冒等侵权行为的容忍态度以及大量存在着侵权复制品的消费群体。这说明,在本土化进程中,物化法律规范已经建立,但活的法律信仰尚未形成。

三、当代知识产权法律文化的改造与重构

法律文化是一个国家法制的内在逻辑,体现了法制的内在生命精神。[53]在当代中国,知识产权法律移植的本土化过程,也是法制现代化的过程。法律制度的创新与变革,需要相应的法律文化改造与重构,即以新的法律认知取向、法律情感取向、法律评价取向,作为现代法制的文化底蕴。

知识产权的文化创新,以对人文主义精神的认同为特征。当代人文主义是古典自然法精神的发展,"是指以人权保障为最高理念,体现以人为本位、以权利为本位的价值观念"。[54]因此,近代思想家所倡导的个人精神、自由精神和理性精神,依然是现代私法文化的精神支柱。但是,在现代法制的条件下,上述精神主张应有着新的解释和说明。第一,关于个人主义与法律本位。近代个人主义的价值观,即是近代私法的本位观。从近代到现代,私法经历了旧个人本位到新个人本位的变化。近代私法的个人本位是个人主义思想下的个人本位,由个人组成的社会旨在实现个人的目标。而现代私法的新个人本位是社会观念中的个人本位,强调个人为独立主体

的同时,亦应向社会负责,尊重作为社会成员的其他个人。在知识产权法律制度转换中,“私的本位是不变的理念,”[55]但其主体的内涵已有变化。知识产权是私的权利,但在现代法中已由单一权利主体发展到多重权利主体。私人即是处于平等地位的人,包括智力成果的创造者、传播者、使用者。在这个意义上说,知识产权法也是协调三者权利的平衡法。[56]第二,关于自由主义与权利协调机制。自由精神,是知识产权法的本质要求。一方面,思想自由是知识创造、知识权利产生的前提,知识产权法律即是以自由精神为基石构建的;另一方面,意思自治作为私法原则,以法律的名义彰显了自由主义的精神内核。从上述我们可以认识到,知识产权保护是思想自由(包括创造自由、言论自由等)得以实现的私法要求。依照美国学者的形象说法,知识产权与思想自由可以看作一枚硬币的正反面。前者涉及财产所有权问题,后者则具有社会政治权利属性。它们之所以连结在一起,在于两者都与知识的传播有关,不过一个注重利益,一个注重自由。[57]现代私法在弘扬自由精神的同时,对思想自由的内涵做了进一步的扩充。思想自由不仅是创造者的自由,这种自由依赖知识产权的保护;同时也是广大使用者交流思想、传播信息资料的自由,这种自由表现为知识产权的限制。第三,理性主义与立法目标。理性精神体现了对社会正义的追求,这一价值观亦是评价社会制度正义的一种重要依据。在知识产权领域,权衡私权与公益的关系是相关立法的基本考量,表现了对正义价值目标的理性追求。传播知识,促进文化与科技发展,是公共利益所要求的,符合法律正义;而以私权的形式为创造性活动提供补偿,满足了社会对智力成果的需求,[58]这也符合法律正义。问题在于,理性主义在知识产权制度的运行过程中没有得到应有的张扬。由于知识财产私权化的扩张,在国内法层面,使得知识财富的公有领域相对缩小,造成知识产品创造者与利用者之间的权利冲突;而在国际法领域,迫使发展中国家接受高水平保护的新体制,导致他们与发达国家的利益失衡。综上所述,个人主义、自由主义、理性主义,须以新人文主义精神为基础进行重构或强化,以此作为知识产权文化创新的重要内容。

知识产权文化的发展,是多元法律文化的互动过程。知识产权法作为“制度文明的典范”,是各国创建知识财产制度、促进经济科技发展的经验体现,具有高度的共通性和可移植性。知识产权制度的一体化、趋同化的发展趋势,就是美国学者弗里德曼所称“现代法律文化正在征服世界”的现象。[59]从法律文化的元素构成来看,主要有以下三个方面:第一,全球共同的法律文明成果。知识产权国际保护制度应是一个各主权国家相互接近、相互认同、相互连结的全球法律机制和国际准则,这是不同国度的社会主体所创造的调整规则和所积累的调整经验之有机聚合,体现了人类法律实践的普遍性的历史定则,反映了人类的法律智慧和对理性的追求。[60]这种法律文化,不应是西方中心主义的,当然也不可能是民族沙文主义的。知识产权原则、规则在全球范围的普适性,须以各国社会成员普遍而共同的法律信仰为思想基础。将人类共信的法律价值理念导入我们的精神家园,这是中国知识产权文化发展中的重要任务。第二,西方先进的法律文明经验。西方国家是知识产权的创制者,也是这一制度运行的最大受益者。他们的成功之处在于,以私法精神作为私法制度形成的基础,并在私法制度运行中贯穿私法精神的主张,从而达到私法精神与私法制度的契合。以个人精神、自由精神、理性精神为支柱的私法理念,可以简单地归结为“私的本位”或“私的精神”。从近代法到现代法,知识产权就一直生成在这种法律精神殿堂之中。移植与吸收西方先进的文化原素,是中国知识产权文化构建的突出问题。第三,中国传统文化中的合理成分。中国传统文化总体上呈现出公法文化极端发达和私法文化极度落后的特征,有学者将其归结为价值上的团体本位、规范上的义务主导、人治精神和无讼倾向等。[61]传统文化的历史惰性,对于中国知识产权文化养成有着消极的影响。但是,我国传统文化也存在其应有的价值。正如学者所描述的,“那种富于人情味的和谐功能、那种防微杜渐的内省模式、那种因事制宜的情节理论,其实或多或少含有超越时代的意义”。[62]也有学者对中国传统文化内容进行整理和概括,其中“注重整体精神”、“向往理想人格”、“勇于创造、革故鼎新”等,[63]与鼓励知识创新、提倡知识利益分享的知识产权文化理念也有一定的联系。传统文化作为一种固有的行为方式和观念模式,其影响无处不在,无时不有,不可能弃如弊履。借助本土文化所提供的经验系统和概念系统,服务于法律文化建设有两个意义:首先,对传统文化与现代制度的结构要素进行分析、鉴别,或是梳理、整合、选择传统文化的积极之处,以推动现代制度的有效运行;或是导入影响意识观念的现代制度,凭借功能机制促进传统文化转型。其次,对传统文化和外来文化进行分析、比较,即是在法律移植和本土化过程中，对西方法律文化的某些因素作出自己的理解、翻译和使用，或者在理论上被赋予新的意义，或者在实践中呈现出新的意义。[64]总之，中国知识产权文化系统需要吸收人类共同的法律文明成果，移植西方先进的法律文化理念，整理中国传统文化的合理内核，在多元文化的相互作用、相互影响过程中实现改造和重构。

知识产权文化现代化转型，需要一般社会条件的综合作用。推动法律文化的变革与转型，其主要根源来自一定社会内部存在的处于变化状态中的经济和社会条件。通过这些条件的综合作用，形成法律文化再造的运动能量和运动方向。[65]上述社会条件，既有内生动力，也有外生变量，具体说来，有如下方面的内容：

第一，知识经济市场的原动力。知识产权法是科学技术和商品经济发展的产物。在市场的作用下，科学技术与商品经济的结合，即是科学技术成果的商品化。根据马克思的劳动价值理论，智力劳动也是一种生产劳动。生产商品不仅是指物质生产的实物形式的商品，还包括非物质生产中的无形商品，如服务、知识、信息、技术等。[66]也就是说，在科学技术被运用于社会生产的过程中，包括知识、技术、信息在内的知识产品本身（无形商品），与采用知识、技术、信息生产的物质产品（有形商品）都具有同等的商品意义。基于市场经济的内生力量，必然产生以个人本位、自由精神、理性主义为特征的法律文化。从这个意义上说，“任何一个国家，只要经济上致力于发展现代市场经济，致力于推动其经济的现代化发展，致力于建构本国的市场经济体系，其法律文化就必然或快或慢地走向现代化”。[67]由此我们可以认为，从历史范畴讲，近代知识产权文化也就是西方法律文化；但从社会范畴讲，现代知识产权文化更是知识经济市场条件下的法律文化。知识产品的商品化、市场化、产业化，要求构建与之相适应的知识产权文化和知识产权法律。知识产权文化所倡导的“私的精神”，并非是西方国家的“文化专利品”，而应是市场经济所要求的“文化精神产品”。从这点讲，中国知识产权文化的转型，是现代化而不是“西方化”。

第二，政策制度环境的保障力。知识产权法是一种社会政策工具，即政府以国家的名义，通过制度配置和政策安排对知识产权资源的创造、归属、利用以及管理等进行指导和规则。知识产权政策的基本功能，具有明确的目标取向。美国学者弗兰克·费希尔认为，无论公共政策通过何种途径而形成,都要涉及实现的目标以及实现这些目标的手段。[68]这告诉我们,任何公共政策的制定和实施总是与一定的政策目标相联系。在公共政策体系中,与知识产权政策相关联的其他制度,如文化教育政策、产业经济政策、科学技术政策、对外贸易政策等,共同地服务于促进知识创新和知识财富增长的任务目标。这种政策制度环境的营造,对于良好法律文化的形成具有重要的作用。日本在近代对德国式民法的选择,在现代对美国式宪法的引入,无一不是凭借政治权威,包括相关政策制度的推行,以改造其原有的法律文化,从而极大地提升了日本法律文化的承载力。[69]在中国,推行“尊重知识、崇尚创新、保护精神产权”的新价值观,在一定时期内其普遍性和有效性还存在许多缺陷。借助制度的强制性和政策的保障力,使创造者感受到知识产权的价值和其利益受到保障,使其他社会成员利用智力成果的行为得到规范和约束,是一个非常重要的举措。这即是政策制度规制与文化理念倡导的结合。[70]

第三,文化宣传教育的引导力。法律文化教育与宣传,是实现知识产权法律现代化转型的重要任务。在全社会普及知识产权知识,培养公众的知识产权的权利观念和规则意识,必须采取强有力的推进措施和支撑手段。根据学者调查研究的结果,公众获取知识产权知识的途径,主要是工作中接触和学习、新闻媒体的宣传报道、学校教育、推广普及等。[71]日本在此方面的做法可资借鉴,日本文部科学省要求涉及法学的大学学院及知识产权相关的专科学院要培养知识产权专业人才;特许厅要求全面实施知识产权教育,为社会各阶层、中学和普通成人编写知识产权教材,召开讨论会,组织知识产权教育研究;经济产业省组织产学研联合开发知识产权课程(2003 年出版了 50 万套标准教材);日本发明与创新协会自 1974 年以来,就为学龄儿童成立了发明俱乐部。已经在全日本的 47 个县建立起 159 个这样的俱乐部,并增进和当地政府部门、教育部门、学校以及公司企业的理解和合作。发明协会举办知识产权知识进修、发明表彰、发明创新展、发明竞赛和发明俱乐部等一系列活动;通过这一系列措施,努力营造了一个充分尊重和理解知识产权文化的社会环境。[72]在我国的实践中,可以通过强化青少年的知识产权教育,在学校教育中创建各种知识产权教育模式以培养青少年的创新能力、创新思维和变革意识;通过加强知识产权宣传普及提高全民尤其是企业知识产权意识和能力,进而完善知识产权市场环境和提升综合竞争力;通过加强知识产权研究,为丰富知识产权学术思想提供理论支持。[73]

注释

1 See WIPO, Revised Proposal for Program and Budget 2004 – 2005; WIPO, Medium – Term Plan for WIPO Program Activities – Vision and Strategic Direction of WIPO. 转引自马维宇:《知识产权文化建设的思考》,载《知识产权》2005 年第 5 期。

2 参见刘作翔:《法律文化理论》,商务印书馆 1999 年版,第 36 页。

3 参见王哲:《西方政治法律学说史》,北京大学出版社 1998 年版,第 85 ~ 86 页。

4 参见戴维 · 米勒和韦农 · 波格丹诺主编:《布莱克维尔政治学百科全书》,邓正来主编(中译本),"个人主义"条目,中国政法大学出版社 1992 年版,第 353 ~ 354 页。

5 关于个人主义价值论与个人主义方法论的分类,可参见易军:《个人主义方法论与私法》,载《法学研究》2006 年第 1 期。

6 参见刘作翔:《法律文化理论》,商务印书馆 1999 年版,第 36 页。

7 邓正来:《哈耶克方法论个人主义的研究》,载[英]冯 · 哈耶克:《个人主义与经济秩序》,邓正来译,三联书店 2003 年版,第 24 页。

8 参见[英]戴维 · 米勒和韦农 · 波格丹诺主编:《布莱克维尔政治学百科全书》,邓正来主编(中译本),"个人主义"条目,中国政法大学出版社 1992 年版,第 353 ~ 354 页。

9 [英]冯 · 哈耶克:《个人主义与经济秩序》,邓正来译,三联书店 2003 年版,第 12 页。

10 参见[英]梅因:《古代法》,商务印书馆 1984 年版,第 96 ~ 97 页。

11 易军:《个人主义方法论与私法》,载《法学研究》2006 年第 1 期。

12 参见梁慧星:《从近代民法到现代民法》,载《中外法学》1997 年第 2 期。

13 参见吴汉东:《财产的非物质化革命与革命的非物质财产法》,载《中国社会科学》2003 年第 4 期。

14 科研奖励制度意义上的发明权、发现权,并非私人产权,而是以非市场机制的奖励制度来换取社会对科学成果的公共产权。除 WIPO 公约对发明权、发现权有宣示性规定外,从近代到现代绝大多数国家立法例及国际公约都不将上述权利视为具有私权品性的知识产权。

15 参见[英]戴维 · 米勒和韦农 · 波格丹诺主编:《布莱克维尔政治学百科全书》,邓正来主编(中译本),"自由主义"条目,中国政法大学出版社 1992 年版,第 415 ~ 418 页。

16 Jean L. Cohen, Andrew Arato, Civil Society and Political Theory, Press of MIT, 1992, p. 84,转引自何增科:《市民社会概念的历史演变》,载《中国社会科学》1994 年第 5 期。

17 [英]冯·哈耶克:《哈耶克文集》,邓正来译,首都经济贸易大学出版社2001年版,第56~57页。

18 参见[英]戴维·米勒和韦农·波格丹诺主编:《布莱克维尔政治学百科全书》,邓正来主编(中译本),"自由主义"条目,中国政法大学出版社1992年版,第415~418页。

19 [英]冯·哈耶克:《哈耶克文集》,邓正来译,首都经济贸易大学出版社2001年版,第48~98页。

20 L. Ray Patterson, Stanley W. Linberg, The Nature of Copyright: A Law of Users' Right, The University of Georgia Press, 1991, pp. 49 – 55.

21 参见吴汉东:《著作权合理使用制度研究》(修订版),中国政法大学出版社2005年版,第84~86页。

22 参见沈宗灵:《法、价值、正义、利益》,载《中外法学》1993年第5期。

23 参见[英]戴维·米勒和韦农·波格丹诺主编:《布莱克维尔政治学百科全书》,邓正来主编(中译本),"理性"条目,中国政法大学出版社1992年版,第630~631页。

24 参见乔克裕、黎晓平:《法律价值论》,中国政法大学出版社1991年版,第31页;严存生:《公平、改革、法律》,载《法律科学》1990年第2期。

25 参见[英]冯·哈耶克:《哈耶克文集》,邓正来译,首都经济贸易大学出版社2001年版,第199~222页。

26 [意]彼德罗·彭梵得:《罗马法教科书》,中国政法大学出版社1992年版,第13~15页。

27 参见严存生主编:《新编西方法律思想史》,陕西人民教育出版社1999年版,第74页。

28 俞荣根:《自然法学说献疑》,载《台湾研究》1990年第1期。

29 [美]E.博登海默:《法理学——法哲学及其方法》,邓正来译,中国政法大学出版社1999年版,第64页。

30 L. Ray Patterson, Stanley W. Linberg, The Nature Of Copyright: A Law of Uses' Right, The University of Georgia Press, 1991, pp. 49 – 55.

31 Willam F. Party, Fair Use Privilege in Copyright Law, The Bureau of National Affairs, Inc. Washington D. C, 1986, p. 4.

32 王立君:《法律移植的界定》,载《法学论坛》2004年第2期。

33 《马克思恩格斯全集》(第3卷),人民出版社1960年版,第71页。

34 信春鹰:《法律移植的理论与实践》,载《北方法学》2007年第3期。

35 宋志国:《我国知识产权法律移植中的递减效应原因探析》,载《政治与法律》2006年第5期。

36 信春鹰:《法律移植的理论与实践》,载《北方法学》2007年第3期。

37 俞荣根:《对中国古代法文化的反思》,载李楯编:《法律社会学》,中国政法大学出版社 1999 年版,第 168 页。

38 孟德斯鸠认为,“自由是做法律所许可内一切事情的权利”。转引自[法]孟德斯鸠:《论法的精神》,商务印书馆 1992 年版,第 154 页。

39 梁治平:《中国法的过去、现在与未来》,载李楯编:《法律社会学》,中国政法大学出版社 1999 年版,第 193 页。

40 思想自由、科技应用、商品经济发展是近代知识产权法产生的社会条件。中国封建文化专制政策,通过特许权制度限制言论自由,具有强烈的反著作权思想色彩。参见宋元放等:《中国出版史》,中国书籍出版社 1991 年版,第 233 页。

41 俞荣根:《对中国古代法文化的反思》,载李楯编:《法律社会学》,中国政法大学出版社 1999 年版,第 168 页。

42 参见刘星:《重新理解法律移植》,载《中国社会科学》2004 年第 5 期。

43 参见[日]阿部浩二:《各国著作权法的异同及其原因》,载《法学译丛》1992 年第 1 期。

44 潘大松:《中国近代以来法律文化发展考察》,载李楯编:《法律社会学》,中国政法大学出版社 1999 年版。

45 参见付静坤:《法律移植与法律文化——以民法修订为中心》,载《深圳大学学报》(人文社会科学版)2003 年第 6 期。

46 参见刘星:《重新理解法律移植》,载《中国社会科学》2004 年第 5 期。

47 参见肖尧辉:《法律移植及其本土化现象的关联考察》,载何勤华主编:《法的移植与法的本土化》,法律出版社 2001 年版,第 115 页。

48 宋志国:《我国知识产权法律移植中的递减效应原因探析》,载《政治与法律》2006 年第 5 期。

49 张洪峰:《法的世界化与本土化指正及其超越》,载《福建法学》2005 年第 1 期。

50 参见公丕祥:《全球化与中国法制现代化》,载《法学研究》2000 年第 6 期。

51 [法]卢梭:《社会契约论》,何兆武译,商务印书馆 2003 年版,第 46 页。

52 刘华等:《我国公民知识产权意识调查报告》,载吴汉东主编:《中国知识产权蓝皮书》,北京大学出版社 2007 年版。

53 公丕祥:《法制现代化的概念架构》,载《法律科学》1998 年第 4 期。

54 屈茂辉:《中国民法典的基本理念》,载《求索》2002 年第 5 期。

55 易继明:《私法精神与制度选择》,中国政法大学出版社 2003 年版,第 178 页。

56 L. Ray Patterson, Stanley W. Linberg, The Nature of Copyright: A Law of Uses' Right, The University of Georgia Press, 1991, pp. 49 – 55.

57 L. Ray Patterson, Stanley W. Linberg, The Nature of Copyright: A Law of Uses' Right, The University of Georgia Press, 1991, pp. 49 – 55.

58 参见[美]吉利思 · 达维斯:《权利集体管理中的公共利益》,载《版权参考资料》

1990 年第 2 期。
59 参见[美]劳伦斯·弗里德曼:《法律制度》,李琼英等译,中国政法大学出版社 1994 年版,第 242 页。
60 公丕祥:《全球化与中国法制现代化》,载《法学研究》2000 年第 6 期。
61 参见张中秋:《中西法律文化比较研究》,南京大学出版社 1999 年版。
62 季卫东:《中国法文化的蜕变与内在矛盾》,载李楯主编:《法律社会学》,中国政法大学出版社 1999 年版。
63 李兴成:《传统文化与新时期传统文化》,转引自郭民生:《创新型国家与知识产权文化》,载 http://www.sipo.gov.cn/dfzz/henan/tslm/xsll/200604/t20060421_86488.htm,最后访问日期:2007 年 8 月 10 日。
64 黄文艺:《多元法律文化互动的多元透视》,载《吉林大学社会科学学报》2001 年第 1 期。
65 李声炜:《中国传统法律文化现代化转型若干动因考察》,载张文显主编:《法学理论前言论坛》(第 2 卷),科学出版社 2003 年版。
66 李京文:《迎接知识经济新时代》,上海远东出版社 1999 年版,第 39 页。
67 李声炜:《中国传统法律文化现代化转型若干动因考察》,载张文显主编:《法学理论前言论坛》(第 2 卷),科学出版社 2003 年版。
68 [美]弗兰克·费希尔:《公共政策评估》,中国人民大学出版社 2003 年版,第 3 页。
69 付静坤:《法律移植与法律文化——以民法修订为中心》,载《深圳大学学报》(人文社会科学版)2003 年第 6 期。
70 刘华等:《我国公民知识产权意识调查报告》,载吴汉东主编:《中国知识产权蓝皮书》,北京大学出版社 2007 年版。
71 刘华等:《我国公民知识产权意识调查报告》,载吴汉东主编:《中国知识产权蓝皮书》,北京大学出版社 2007 年版。
72 沈文庆:《科技发展与知识产权》,载《中国科学基金》2005 年第 3 期;转引自孟奇勋、李昌钰:《知识产权文化建设探讨》,载《知识产权》2006 年第 3 期。
73 刘华、周莹:《我国知识产权建设的层次与目标》,载《知识产权》2006 年第 3 期。

吴汉东

代表作

捌

经济属性与效益目标*

知识产权制度的经济分析

法律的经济分析结果表明,植根于经济生活中的法律不仅应具备维系社会正义的职能,还应负担起实现资源有效配置、促进社会财富增加的使命。本文试以经济学的理论和方法研究知识产权制度的创设、结构和效益等问题,以揭示这一法律制度的经济本质,从而为我们认识、评价知识产权的功能提供新的思维方式。

一、产权界定与知识产权的制度选择

财产法的经济目标在于最合理地利用有限资源和最大限度地扩大产出,即实现效益的最大化。这里最关键的问题是产权的界定,产权描述的是一个人对某一资源可以做些什么,不可以做些什么,包括"占有、使用、改变、馈赠、转让或阻止他人侵犯其财产"的权利。[1]

在知识、信息(包括作品、发明、标记等在内的精神产品)这一无形资源上界定产权,导源于经济学家关于公共产品与私人产品的理论。经济学家对产品的分类是依据其消费形态和使用状况进行的。最早对私人产品和公共产品的区别作出明确说明的是保罗·A. 萨缪尔森(1955 年)。他以苹果(私人产品)和路灯(公共产品)为例描述了两者的经济含义。所谓私人产品是指在使用和消费上具有个人排他性的物品。该类物品在特定的时空条件下只能为某一特定的主体所使用,正如学者所比喻的那样,"一条裤子在某个时间只能为一个人穿着","一辆汽车不能同时朝两个不

---

* 原载《法学》2000 年第 4 期,题名为"关于知识产权基本制度的经济学思考"。

同的方向行驶”。这说明,“在私人产品的消费上具有对抗性”。[2]所谓公共产品,是指在使用和消费上不具有个人排他性的物品,该类物品“一旦生产出来,生产者就无法决定谁得到它”。[3]公共产品可以在某一时空条件下为不同的主体同时使用,如公共汽车为每个乘客提供服务、路灯为不同的人提供便利,即说明公共产品在消费上无对抗性。

信息经济学理论认为,知识、信息是一种特殊商品,具有公共产品的某种属性。早在1959年,尼尔逊(Nelson)就讨论了知识的公共产品性质,而阿罗(Arrow)在1962年论及信息经济时,也谈到知识的公共问题。综合起来说,知识产品作为公共产品具有以下基本特征:第一,知识产品的生产者很难控制知识创新的成果;第二,知识产品的个人消费并不影响其他人的消费;第三,知识产品本质上是一种易逝性资产;第四,知识产品的使用不会产生有形损耗,反而可能扩张社会的无形类资源总量。总之,无形的知识产品以有形的载体形式公开,构成经济学意义上的“公用性”;同时,由于“外部性”原因,生产者提供的信息往往被消费者自由使用,其结果虽然是知识产品带来的社会效益大大高于创造者个人取得的效益,但同时导致知识产品生产者难以通过出售信息来收回成本。[4]

基于知识产品的公共产品属性,财产法需要激励生产者提供知识产品的积极性,即在知识产品之上设定财产权利。知识产品之所以能够成为知识财产,成为财产法的保护对象,从经济动因来说主要有两点:第一,知识产品的有用性。知识信息是社会中最为有用的资源之一,是社会财富的重要组成部分。知识产品能作用于人们的精神生活,满足人们精神生活的需要,产生一定的社会效益;也能投入生产领域转化为有形的物质产品,满足人们物质生活的需要,产生一定的经济效益。在商品经济的条件下,知识产品具备了商品的基本属性,或说是商品化了。它们同物质产品一样,既有使用价值,又有价值,是人类辛勤劳动的结果,所不同的是,它的智力消耗大于体力消耗,并作为人类的抽象劳动凝结在知识产品之中。第二,知识产品的稀缺性。知识信息不是一种天然生成并取之不尽的资源,其稀缺性首先表现为知识产品生产的长期性、复杂性和高成本化。知识经济学理论认为,知识信息的生产过程包括知识输入、知识加工、知识产品输出三大环节:知识输入是指知识教育和培训、信息的收集等过程;知识加工是指通过智力投入而进行创造性的劳动,从而生产出新的智力成果的过程;知识产品输出是指信息、技术、艺术产品等知识劳动成果应用的过程。整个过程需要社会以至个人的大量投入,并需要长时期的探索性、创造性、连续性劳动才能实现。其次表现为知识产品创造者的数量稀缺和价值珍贵。创造性人才是知识的生命载体,他们的劳动与物质性生产那种重复性劳动不同,它是以依靠前人积累的知识为劳动资料,以抽象的知识产品为劳动对象的精神生产劳动。知识产品的生产过程对生产者的智力投入有特殊要求:一是生产者智商高于一般人,能胜任高智力投入的劳动;二是通过文献储存和大脑储存,有相当的知识储备,具备高智力投入的基本条件。对于社会需求而言,此类人才常常存在供给不足。[5]基于知识、信息的有用性和稀缺性原因,社会有必要建立相应的无形财产制度,调整知识产品生产的成本与收益关系,防止知识产品的无偿使用或消费的情形发生。

知识产品要成为知识财产,其产权界定就成为必须解决的问题,产权界定的实质是回答知识财产应为私有还是公有?在经济学家看来,选择何种产权,必须考虑公共性资源的外部性和“搭便车”问题,并以效益最优为原则。外部性是一种外部的影响或效应。它可以是正外部效应,如某人植树,使他人免费享受环境;也可能是负外部效应,如某单位排污,使他人受到环境损害。在精神领域,外部性问题将导致消费者的效用最大化和生产者的利润最大化行为的无效益。信息的生产者拥有天然优良资源(创造能力),在精神产品紧缺的条件下,可能运用精神产权的垄断性而获取各种“经济学租金”(economic rent,即垄断利润)。他们力图使自己的私人利益达到最大化,却可能忽视整个社会文化繁荣和科技进步的需求;而信息的消费者基于使用与消费信息的需求,可能利用信息的公共产品属性,去追逐效用的最大化,从而损害信息生产者的利益。总之,外部负效应采用损害他人利益的方法来增加自己的利益,是不符合经济学的效益原则的。对外部性问题采取什么对策,这是知识产品产权界定所要回答的问题。“搭便车”(free rider),是指不支付任何成本而从他人或社会获得利益的行为。例如,公共汽车公司必须为每个人提供便利,出资者与未出资者都在乘车,那些没有为公共产品消费而出资的人,即是经济学家称为的“搭便车者”。“搭便车”现象的普遍存在将会导致社会生活的低效率。就精神领域而言,如果知识产品一旦公开,则信息生产者很难对付不付费的“揩油者”。后者对信息生产者提供的产品享受利益但不向其支付费用,结果信息生产者不能通过市场交易得到足够的收益,以补偿他们投入的成本。在这种情况下,私人市场提供的知识产品的数量可能小于最优值,从而形成信息经济学所称之“不足”(non-appropriablity)问题。鉴于消费者对信息量的需要,社会有必要明确知识财产的权利归属,以建立知识创造的激励机制。

对知识财产进行产权界定是必要的。但是,知识产品是人们在科学、技术、文化等精神领域的创造性产品的总称,其类别具有多样性,因此不宜简单采取整齐划一的产权形式。在知识产品中,科学成果与某些技术成果采取的是非市场机制的产权形式。科学成果是对人类实践经验的概括和总结,是关于自然、社会和思维的各种理论知识和研究成果。在现代科学阶段,科学活动内部的分工越来越细,人文科学和社会科学从自然科学中分离出去,在这个意义上,“科学”一词往往指的自然科学。自然科学活动的目的在于发表科学发现。从一般意义来说,发现是指“经过研究、探索等,看到或找到前人没有看到的事物或规律”,[6]如对新星球、数学定理、物理理论、地震规律等方面新的发现,科学史记载的哥白尼的“地动说”、牛顿的“万有引力定律”、门捷列夫的元素周期表、爱因斯坦的相对论等,都是认识“前人未知”的自然界及其客观规律的科学发现。关于科学发现的经济分析证明,对此类知识产品采取私有产权的形式是无效益的。第一,科学发现的内容只能是阐明科学事实或者客观规律的基础科学研究成果,这些属于人类的新思想、新理论、新观念,具有认识的“前所未有性”、“唯一性”以及“真理性”特征。因此,不宜为发现人所垄断或专有,也就是说,发现人不能阻止他人运用他的科学发现。正如《科学发现国际登记的日内瓦条约》所指出的那样,它的目的是促进科学发展,鼓励人们使用已经发现的自然法则,而不是限制这种使用。第二,科学发现需要投入大量的财力、人力,但是其本身是没有商品价值的,或者说是无价之宝而不能计算其价值量。这是因为,对于科学事实和客观规律,科学发现者的活动是发现他们、认识他们,而不是创造他们、改造他们。这就是说,人类的抽象劳动并未凝结在这些科学事实和客观规律之中。[7]上述情况表明,基础科学研究成果是社会需求的重要信息,其投入成本很高,私人生产将面临成本与收益的不对称。而且该类成果无直接的商品价值,生产者与消费者实际上无法就使用费进行谈判;同时,该类成果具有典型的公共产品属性,不宜由生产者个人垄断,换言之,采取私人的产权的形式将会造成社会科学发展状况的低效率。解决这一问题的基本思路是,既要满足社会对信息的需要,避免产品在市场消失而影响所有消费者的福利;又要设置特殊的制度,让消费者间接支付成本,以支撑和激励生产者的精神生产活动。其主要办法有两点:一是从税收中提供生产成本,让大学、科研机构得以生产基础科学成果类的公共产品;二是建立科学奖励制度,以非市场机制的报酬系统来换取社会对科学成果的公有产权。

关于科学成果的非市场机制的报酬系统,经济学家称为优先权(priority)报酬系统。[8]这是一种与优先权有关的各类报酬的奖励制度:首先是科学发现的命名权,即在某项科学成果上以完成该项科学发现的科学家来命名;其次是科学奖金的获得权,即从政府或其他社会组织那里领取奖励科学发明的科学奖金。优先权报酬系统的实质是确立科学发现者拿走的只是"命名"与奖金的报酬,作为这种收益的对价支出,社会获得了对该项科学成果的公有产权。正是在这个意义上,笔者以及一些学者曾认为,发现权制度不是私人专有财产的知识产权制度,而是一种科技奖励制度。

与科学成果相类似,某些技术成果也往往适用非市场机制的产权形式,这即是发明奖励制度。发明是一种重大的科学技术成就,具体而言,它是一种"前所未有的"、"先进的"、"经过实践证明可以应用的"改造客观世界的科学技术成就。发明奖励制度通过对发明创造所产生的经济效益和社会效益进行评价,由国家给予奖励,即颁发发明荣誉证书、奖章和奖金。与此相对应的是,发明成果的所有权名义上属于国家,但任何人可以无偿使用。总体而言,关于技术成果的产权界定有三类情形:一是单一制的发明专利制度,即技术成果产权私有;二是单一制的奖励制度,即技术成果产权公有;三是双轨制的发明专利—奖励制度,即对技术成果产权采取私有与公有两种形式。这里涉及制度选择问题。选择何种制度更为经济,我们可以将其置于一个成本、收益模式中进入考察:第一种制度实行产权私有,使得生产者得以控制信息的外溢效应并得到成本补偿,刺激私人生产知识产品的积极性。但是,获得私有产权的知识产品须具有一定的条件,在单一制度条件下,就会使得某些技术成果产权归属不明,最终会导致该类技术成果从市场上消失。第二种制度实行产权公有,使信息充分公开并广为使用,在一定时期内使社会支出极小的成本而取得收益。但是,将知识产品当作纯粹的公共产品而由公众自由使用，就会使私人失去生产信息的积极性，最终造成信息供给不足。第三种制度以技术成果产权私有为主，兼采以奖励为对价的公有产权形式，较好地弥补前两者的不足，因此机会成本较小，符合“相对优势定律”的一般原则。[9]同上述的发现权制度一样，狭义的发明权制度，也不宜归属于具有专有权性质的知识产权体系之中。

就主要知识产权而言，概以采取私人产权的形式，即知识产权制度。一般认为，知识产权制度赖以产生的条件是，知识产品所有人将自己作品、发明创造等公布出来，使公众能看到、了解到，得到其中的专门知识，而公众则承认作者、发明创造者在一定时期内有独占使用、制造其知识产品专有权利。知识产品是公开的（公共产品属性），但知识产权是垄断的（私人产权属性）。西方法学家将这一现象解释为社会契约关系，即以国家面貌出现的社会同知识产品创造者之间签订的一项特殊契约。[10]按照经济学家的表述是，财产占有人认识到在财产上存在规模经济，各方即会就组建一个用于承认和保护其产权的政府进行谈判。“一旦他们达成了协商同意建立一个由武力为后盾的政府，每个人就能享受到更多的财富和更大的安全。哲学家把经过这些协商最终达成的谈判称为‘社会契约’，因为它建立起了社会生活的基本条款。”[11]建立知识产权制度的经济动因，在于“对财产权的法律保护有其创造有效使用资源的诱因”。[12]正是农夫能够获得土地作物的财产权，才能促使农夫支付并尽可能节约耕种土地所需要的成本；正是创造者能够取得无形财产的垄断权，才能激励其在知识、信息的生产方面投资。

二、产权交易与知识产权的利用

依照微观经济学的供给与需求理论，智力创造是一种生产活动。与物质生产的过程一样，精神生产的目的同样是交换，只有经过交换，个人才能获得各类物品的最佳组合，达到效用或利益的最大化。在市场经济条件下，知识产品具有与物质产品同样的商品属性，成为自由交换的标的。这样交易活动应是高效益的价值实现和价值增值的过程，市场经济中资源（包括知识、信息等资源）的有效配置，就是依靠交易来实现的。

交易的实质不是物品本身的交换，而是产权的交换。马克思认为，商品交换本质上是不同于商品所有者的劳动的交换。在商品交换之前,商品所有者必须彼此承认对方是私有者。这种具有契约形式的法权关系是一种反映着经济关系的意志关系。[13]马克思主义的政治经济学理论说明,交易或者说交换本质上是一种经济关系。这种经济关系的核心是所有者的权利。权利根据其交换性与否可以分为两类,即可交易的权利与非交易权利。产权具有经济上的价值,因而是可以交易的。知识产权之所以具有经济上的价值,其理由有两点:一是产权客体系人们智力创造性劳动的产物,它们虽无外在的物质形态,但有内在的价值;二是产权本体具有潜在的经济上的利用价值,即给主体在权利的实现过程中带来经济利益。产权的可交易性特征告诉我们,要使资源得到有效的利用,就必须实现产权的流转,即在流转中产生效益。[14]

知识产权立法的首要目的是界定相关产权,保护信息生产者的合法权益。同时,又要规制产权交易,促进信息的广泛传播与使用。知识产权的这种双重立法目的是相辅相成的。法律经济学曾对信息产权的设定提出过一个悖论,认为在信息方面确立产权的每一种方法的显著经济特征,在于这些产权都是垄断权。一般来说,垄断性产业比起竞争性产业缺乏效益。一方面,新信息生产者在一个不受管制的市场中收回其价值是困难的。通过给予信息的生产者以垄断权,该生产者就有一种强有力的刺激去发现新信息。另一方面,垄断者对产品索取高价将阻止该产品使用,消费者可能难以支持费用去充分使用信息,从而无法实现资源配置的最优效益。简言之,这一问题的困惑在于,“没有合法的垄断就不会有足够的信息生产出来,但是有了合法的垄断又不会有太多的信息被使用”。[15]笔者认为,解决这一两难困境的法律途径是,在保护无形财产权的基础上对这种垄断权利实行必要的限制,在保证生产者独占使用其信息的前提下,规制他人以不同的条件利用该信息。上述情形在相关法律上表现为知识产权的利用,其主要制度是授权使用、法定许可使用、强制许可使用和合理使用。

知识产权的利用,实质上是不是主体之间的产权交易行为?在微观经济学那里,对知识产权的利用进行制度选择与安排,其经济目标就是实现效益的最大化。所谓效益,本意是指用最少的成本去获取最大的收益,以价值最大化的方式利用经济资源。科斯理论认为,在零交易成本的世界里,只要产权界定明确,产权可以自由交换,主体积极合作,则无论产权属于谁,权利的配置都会发生有效益的结果。但是,零交易成本只是一种假定,现实交易中存在“实在交易成本”。这种交易成本包括获得市场信息所需的成本,讨价还价与签订合同所需的成本,监督合同履行和制裁违约行为所需的成本。[16]在上述“实在交易成本”的情况下,有效益的结果就不可能在每个法律法规下发生,此时,合意的法律法规是使交换代价的效应减至最低的规则。为此,知识产权选用的诸项制度,应遵循交易成本最低化的原则,调整信息生产者、传播者、使用者的权利配置关系,以实现促进文化发展和推动社会进步的最优效益。下面,我们将以交易成本与交易效益为尺度,对知识产权利用诸制度逐一进行评价和分析。

授权使用,亦称许可使用,即知识产权所有人授权他人以特定方式对其知识产品进行使用。授权使用这一法律行为通常表现为许可使用合同,在国际上即被称为许可证贸易。经济学家认为,合同是当事人为达成交易,实现自己的私人目的而为的一种合意。产权界定在于进行交易,而任何交易都需要成本。许可使用合同制度经济的功能是,总结人们的交易习惯,规定统一的交易规范和术语,避免当事人每每就交易问题订立烦琐的合同条款,从而减少交易成本,便于当事人达成合意,促进产权交易。该项制度通过设定各种原则、规则,以预防和减少交易中的违约行为、意外事件等引起的成本,并提供有效的补救措施。上述理论是我们对授权使用制度进行经济分析的基础。这一制度能否实现精神财产效益的最大化,有三个问题值得研究:第一,合同条款问题。合同条款是当事人意思表示一致的结果,是意思自治原则的体现。但随着市场经济的高度发展,知识产权贸易开始大量采用具有定型化特点的标准合同。这种格式合同由一方预先制定,条款内容不能修改,合同相对人要么接受,要么走开。制定合同的一方多为知识产品的传播者、使用者,如出版商、制片商、生产商等。格式合同的出现,简化了交易过程,节省了交易成本,提高了效率,当然有其经济上的合理性和必然性。但是,格式合同限制了合同相对人意思表达自由,容易对处于弱者地位的知识产品创造者带来利益损害。为了纠正格式合同带来的这一弊端,经济学家提出了两种解决途径:一是通过市场竞争解决(科斯、波斯纳等人持此观点),即消除垄断、保护竞争,促使格式合同的制定者出于竞争优势的考虑,提出有益于对方的条款,从而带动其他竞争者争相仿效,以致降低交易成本;二是通过政府解决(维克多等人持此观点），即国家制定管制格式合同的立法，或授权行政机关修改显失公平的格式合同，以保护相对人的利益，事实证明，在无形财产权贸易领域，由国家进行干预，或在相关立法中拟定合同指导性条款，或出面制订有关无形财产权交易的标准合同，这些做法都是适宜的、有效的。[17]第二，授权主体问题。从授权主体而言，许可使用合同有个人许可合同与集体许可合同两种。前者是以权利人自己的名义授权，为其本人利益而签订；后者则以受托人名义授权，其利益由权利人与权利管理组织分享。集体许可合同多见于著作权贸易。其运作方式是，著作权所有人将他们的权利转让给某一集体组织管理，该集体组织得以自己名义与著作权使用人签订年度使用许可证。这种集体管理制度经济学意义在于，使著作权人面对成本上万的使用者时能减少行使权利的成本（包括收取使用费和制止侵权的各项支出），使使用人面对成千上万的创作者时能减少取得权利的成本（包括收寻信息、讨价还价以及履行合同的各项支出）。因此，在著作权贸易中，应大力推行节约交易成本的集体管理制度。[18]第三，权项转移问题。授权使用涉及权利的移转，法律上的权利与产权有关，但又不等同于产权。产权经济学家一般认为，产权是“一揽（篮）子权利”（a bundle），简言之，它是“以财产的所有权为核心的财产权利的总称”。[19]产权的经济学含义对于知识产权交易来说有两点启示：一是所有权与使用权分离。权利人可以转让无形财产的所有权，也可以在保留所有权的基础上让渡其中的使用权。二是专有权的各个权项的分离。诸如著作权中的复制权、广播权、制片权、演绎权，专利权中的制造权、销售权、进口权等都可以单项出让给不同的使用人。知识产权利用制度应充分鼓励交易，保障各种权利为使用人充分使用，这不仅意味知识产品有更多的利用价值，而且使得更多的资源流向有效率的使用者手中，从而带来更多的财产增值。

法定许可使用与强制许可使用，相对于授权使用而言，都是一种非自愿许可使用。前者是指根据法律的直接规定的方式使用已公开的知识产品，可以不经权利人许可，但应向其支付报酬的制度，国际上将称这种交易方式为“法定许可证”。后者是指在特定的条件下，由国家主管机关根据情况，将对已公开的知识产品进行特殊使用的权利授予申请获得此项权利的使用人的制度。在国际上，这种交易方式被称为“强制许可证”。法定许可使用与强制许可使用都是一种准法律行为，即虽无严格意义的意思表示，但又有向相对人表意之行为，因而发生与法律行为相同后果的一种法律关系。就使用的授权而言，在法定许可使用中，法律推定权利人可能同意并应该同意将知识产品交他人使用，因而由法律直接许可；在强制许可使用中，政府认为使用人无法取得权利人授权并又有合法理由，因而由主管机关个别授予。依照经济学的基本理论，法定许可使用与强制许可使用实际上是国家安排下的“合作博弈”。考特和尤伦在《法和经济学》一书中以甲乙双方买卖汽车为例，阐述了合作产生效益的观点。申言之，在交易过程中，双方会讨价还价，这事实上是个“谈判博弈”的过程。只要谈判成功，即合作成交，双方都可能受益，从而使资源得到合理有效的利用，导致社会价值的增加。[20]为促进合作成功，社会必须建立一种规则。霍布斯认为，即使在谈判中没有严重的障碍，人们也极少有理性在所得份额的问题上达成协议，因此要有一个强有力的第三方迫使他们同意。[21]法定许可使用与强制许可使用制度的设定，不仅减少交易的信息成本（发现谁进行交易、进行什么交易和怎样进行交易），而且减少了谈判成本（讨价还价取得授权），使双方当事人合作成功进行交易的可能性大为增加，因此这一制度有助于实现精神财产效益的最大化目标。但是，上述制度的适用有两点应予以注意：第一，非自愿许可制度仅适用于已公开的部分产品的有限范围。如果推而广之，势必损害权利人的利益。依照帕累托标准，效益的提高必须是对各方都有利，以损害某一方利益为代价来改善他方利益的方法实质上是没有效益的。[22]第二，非自愿许可制度仅仅是减少了部分交易成本，而不可能消灭全部交易成本。使用人虽在授权方面取得了法定的或政府意定的许可，但在支付报酬方面仍要与权利人进行谈判。相关法律的设计应能有效地减少私人在拟定协议时所产生的障碍。

合理使用是对知识产权利用的特殊情形，它是在法律规定的条件下，不必征得权利人同意，又无须向其支付报酬，基于正当目的而使用他人知识产品的合法的事实行为。合理使用广泛适用于知识产权领域，诸如著作权中的个人使用、新闻报道使用、转载或转播使用等，专利权中的先用权人的使用、非商业性目的的使用、临时过境的使用等，以及商号权、商标权中因公务、司法活动或社会公益目的的使用等，都属于此类情况。合理使用的本质特征是自由使用、无偿使用，仅由此而论，该制度是知识产品创造者对权益的让渡，其结果似乎是仅对使用者有利。按照帕累托标准看来，合理使用只有对创造者与使用者都有利时方属“合理”,否则将因“经济合理性”的欠缺而导致无效益。事实并非如此,合理使用制度起始于著作权领域,其初衷在于解决后来作者以创作新作品为目的而如何利用前任作者的作品的问题。我们知道,作品是作者创作的,它是作者个人的精神财富,同时又是社会财富的一部分,既体现了个人的创造精神,又吸取了前人的创作成果。人类的创作活动是一个流动的过程。如果对此作出动态分析的话,每一作者在合理使用中都有支出,同时又有“收益”。某一特定作者在创作过程中因利用前任作者的作品而取得“收益”。但其作品完成后又为后来作者提供了合理使用的材料而“支出”。就人类创作活动的总体而言,在合理使用基本规则界定的条件下,各方都取得效益,并不存在损害某一作者利益而增加另一作者利益的情形。[23]上述“经济合理性”分析应能适用整个知识产权领域。与前述几种许可使用不同,合理使用中使用者与创造者的权利交易不同一对一的对手交易,而是社会制度安排下的特定创造者与不特定的使用者之间就信息资源分配所进行的交换。

合理使用与前述几种许可使用,实质上是基于产权界定所形成的几种交易方式。就知识产权领域而言,社会在权利界定与分配上实行了“专有区域”(exclusive zones)与“自由区域”(free zones)的划分。[24]“专有区域”在信息资源中涵盖面极广,创造者是这一领域的“独占者”,他人使用其知识产品,既要征得创造者同意又要支付报酬(如授权许可使用),或虽依法不经许可但要支付报酬(如法定许可使用、强制许可使用)。这一区域的设定,带来创造成本的回报,维系创造者生产信息的激情,因而是有效益的。“自由区域”在信息资源中所占比例较小,使用者是这一范围的“自由人”,在法律规定的条件下,使用他的知识产品,既无须征得同意又无须支付报酬(合理使用)。这一区域的构建,并不导致创造者的利益损害,却有助于公众的创造活动,促进信息畅通与传播,因此也是有效益的。反之,任由“专有区域”独占全部信息资源,悉由创造者控制知识产品的传播与使用,将会造成过高的交换代价;或是消费者无力每每取得授权或支付垄断价格,从而拒绝使用信息(假定1);或要付出诸如获得市场信息、进行谈判、实施交易、监督执行等各种成本(假定2)。显然,这是一种无效益的选择。无形财产权制度的当代使命不仅要保护“蛋糕”分享的公正性(合理分配社会成员的权利、义务、资源、收益),更需要促进人们努力增加“蛋糕”的总量(有效利用资源、增加社会精神财富)。不过,随着信息资源利用方式的拓展,加之知识产品的非物质性或说是公共产品属性所在,当前有必要对合理使用进行适度的限制。这是因为在对他人知识产品的利用中,不适当的扩张自由使用、无偿使用的范围,将会使得原有创造者的“收益”难以补偿,这结果是不符合帕累托效益原则的。

三、产权保护与知识产权的法律救济

交易成本和社会成本理论是经济学家解释侵权法的主要工具。在知识产权利用制度中,除合理使用系事实行为外,其他利用形式概为合同与准合同关系。该项制度(主要是合同法)的目的是帮助人们缔结安全的私人关系,使人们得以确定承担损失的比例(缔结法律上的权利义务关系)。侵权法作为对合同法的补充,“设计出按比例承担损失的原则:潜在的施害者和受害者形成合同关系的费用太高,从而无法定下这种比例。其结果是侵权法要求以最直接的方式依法干预私人行为”。[25]因此,侵权法的目标是在损害事实发生后,对私人之间因损害而发生的成本进行分配。

对于侵犯知识产权的行为,传统理论给予了充分的道德谴责和法律评价,但常常忽视这一行为发生原因的经济分析。行为人为什么放弃直接交易而选择侵权行为?我们可以从成本与收益的角度来考察侵权行为的经济动因:第一,交易成本过高。这是基于交易双方的角度而言的。在产权交易中,实现对双方都有利的合作博弈,即达到帕累托最优标准,事实上是难以每每奏效的。在无形财产权交易中,诸如当事人、标的物、价金、履行期限与办法、违约责任等问题,都需要双方进行足够的信息交流和行为合作。“这些工作常常是成本很高的,而任何一定比例的成本都可以使许多在无须成本的定价制度中可以进行的交易化为泡影。”[26]经济学家证明,由于存在信息的广泛需求,一旦无法进行谈判,或谈判不能成功,侵权使用就会代替授权使用或其他合法形式的使用。第二,外在成本增加。这是基于知识产品创造者的角度而言的。在现实生活中,完全竞争的市场无从建立,市场垄断、外部效应、公共产品是造成“市场失灵”的主要原因。上述情况普遍存在于无形财产权交易市场之中。在“市场失灵”的情况下,交易的外在成本就会出现。与生产经营中所耗费的投入即私人成本不同,外在成本是外部强加于生产经营者的额外费用,经济学家认为,市场内部交

换是自愿和互利的。而外在市场交换的经济效应则可能是非自愿和有害的。[27]通常的事例是任意排放污染给他人带来净化水质的额外费用，而外部因素制造者不必为损害付出代价。而在知识产品的利用中也有“污染”的情形：使用者可能有意或无意超越合理的界限而使用了他人提供的信息（或因合理界限不明而行为失范，或是规避法律规定而行为非法），从而对权利者造成损害。第三，侵权行为的“收益”高于成本的预期。这是基于知识产品使用者的角度而言的。在经济学理论中，侵权行为是有成本的，其成本包括实施行为过程在所作出的物质耗费、实施违法行为造成的社会后果，以及于违法行为所承担的社会制裁。这个成本既有必然成本，又有法定成本，前者是指基于侵权行为本身而产生的资源耗费，是侵权人实施这一行为所作出的现实支出，如购置生产仿冒专利产品的机器、设备，投放运输盗版书籍的交通工具等；后者是指因实施侵权行为而依法承受的代价，包括侵权人以财产或其他经济利益给予受害者的补偿，如罚款、没收非法所得、赔偿损失等。[28]侵权人投入一定的成本，实施特定的非法使用他人知识产品行为，是为了谋取收益，当然，上述“收益”不可能是合法收益，而是实施侵权行为所获得的必然收益。对于侵权人来说，会对上述成本与收益的大小进行比较与预期，即实施侵权行为所耗费的各种成本不能高于其期望的所得到的非法收入，在“产出”多于“投放”的情况下，该项行为才被视为有“效益”。因此，只要存在侵权行为成本过低的诸多因素，侵犯他人知识产权的行为就可能发生。

上述分析表明，侵权行为发生的原因与成本、收益之间的比值有密切关系。可以说，在一定范围内，成本越低，“收益”则越多，侵权行为发生的概率也就越高。就现阶段知识产权领域而言，侵权行为的成本、收益的大小变化，受到诸多方面的影响。这些因素包括：第一，制度因素。法律制度直接决定侵权行为法定成本的高低，它设计并规范关于侵权行为的制裁与惩罚方案、措施、办法等。如果相关制度对某种侵权行为规定的惩罚偏轻，该行为的法定成本自然就偏低，从而就会弱化侵权法的痲制性功能，侵犯知识产权的行为就会屡禁不止。从现代各国的相关立法情况看，加大对侵权行为的惩处力度概为通行做法，如增加有关严惩侵权行为的刑事制裁条款、明确规定侵权行为的法定赔偿额、完善行政处罚手段等。这一立法趋势实际上是立法者对侵权行为成本与收益比例关系的调整，意在从制度安排上改变侵权成本过低、侵权行为泛滥的现象。第二,执行因素。制度的贯彻与施行,实际上是一个执法水平问题。在经济生活中,倘若有法不依、执法不严、违法不究,侵权行为现象自然会滋生漫延。这就是说,执法水平决定着侵权行为被追究率的高低。被追究率,是指侵权行为受到法律惩罚的概率,它是影响侵权行为总成本的十分重要的变量。申言之,如果制度实施效果不好、执法水平不高,大量的侵权行为没有受到应有的惩罚,侵权行为的法定成本就会降低,从而对这一违法的总成本构成带来影响。可以这样认为,当前侵权行为的收益率与成功率居高,与制度难以有效执行无关系。第三,技术因素。侵权知识产权行为多为新型的侵权行为。在现代信息社会中,这一侵权行为与具有智力创造性特征的知识产品的利用相联系,往往有相当的技术含量。一方面,由于新传播媒介、新信息技术的发展,使得非法复制、仿冒、盗窃他人的知识产品,变得十分迅捷、便宜;另一方面,涉及利用知识产品的行为,大多技术手段高明,使权利者无力有效防范,因此这类侵权行为较一般侵权行为具有更大的隐蔽性。上述技术因素不仅使得侵权主体违法行为能力得到增长,同时,也使得侵权行为耗费资源所形成的必然成本大为降低。第四,观念因素。意识形态与制度安排、制裁违法行为一起,被视为权利保护的重要途径。从诺思到贝尔等经济学家在其著述中都阐述了意识形态在经济制度和对法律制度进行经济分析的作用。[29]意识形态的主要作用是促进一些群体不再按照成本与收益的简单的享乐主义的和个人的计算来行事。[30]由于知识产权的保护尚未形成意识形态的主流,在知识产品的利用中就会刺激守法中机会主义行为的盛行,从而导致"法不责众"的群体违法效益。人们希望"搭便车"即可获益,而不愿支付必要成本而收益。

侵犯知识产权行为直接发生于社会精神产品的生产、消费过程之中。在法律实施效益不高的情况下,该类侵权行为的滋生与蔓延,会影响创造者生产、开发信息的积极性,从而导致整个社会福利水平的下降。对此,经济学的观点是调节有关产权交易及保护的成本与收益关系,促使理性的经济人放弃选择侵权以及其他违法行为。其具体思路是:

第一,促进产权交易的合作博弈实现。产权交易有两个相互关联的效率目标,即最大化与均衡。最大化被看作每个经济个体的目标,即使效用达到最大,使利润达到最大;均衡是指每一方都同时达到最大目标而趋于持久存在的相互作用形式。[31]均衡的具体表现是：每个人都想通过交易获得能提供最大满足欲望能力的物品组合，他们彼此之间就欲望的满足形成一定的价格，互相制约，逐步达到需求等于供给，从而出现价格不再变动而持久不变的情形。实现均衡的效益目标，关键在于采取产权交易的合作博弈。实证分析证明，如果谈判费用太高，双方不能缔结合同关系，就易发生侵权行为。正如前面所言，无形财产从产权界定到交易是一项复杂的经济活动，从而造成侵权行为认定和赔偿的难度。在知识产权市场不完善、机会主义盛行的情况下，产权纠纷诉诸法律往往带来过高的交易成本。张五常先生在谈到交易费用时说道，一个发明专利的买者，在算出该专利的收益现值后，他的律师很可能劝他把预算的收益减去 2/3 作为未来可能产生的官司费用。[32]因此，解决知识产权纠纷的最佳途径是双方通过谈判达成协议来解决补偿问题。为此，国家应为相关产权交易的运作提供有效的“游戏规则”，健全产权交易市场，以减少交易成本。这是防范和减少侵权行为发生的重要的基础。

第二，科学设定侵权行为成本的结构及额度。侵权行为是一种具有社会危害性的违法行为。制止市场主体对侵权行为的个人选择，关键在于把握侵权行为的发生机制，抑制侵权行为“收益”大于成本的预期。侵权行为成本的设定应考虑三个方面的问题：一是削弱侵权人的违法行为能力，消除其从事违法行为的物质力量，从而提高侵权行为的必然成本，降低侵权行为可能带来的“收益”；二是科学估算侵权行为中必然成本、法定成本与非法利益之间的关系，即注意保持侵权行为的成本总和大于该行为所取得的“利益”，这是法定成本的最低限度；三是对某些特别严重的侵权行为，设定较高的法定成本，即以法律的形式加重对该类违法行为的惩罚，不让其有利可图。正如一些学者所指出的那样，设定侵权行为的成本，并非意味着要普遍提高对侵权行为的惩罚，走“重罚主义”的道路。[33]实践证明，严刑峻罚并不能有效控制违法行为，反而会引发严重违法行为的发生。斯蒂格勒认为，“重刑罚的边际威慑是非常小的，甚至会适得其反。如果对犯有轻微伤害罪和谋杀罪的罪犯都处于死刑，那么刑罚对谋杀罪就没有边际威慑。如果对偷了 5 美元的小偷给予砍手之罚，他宁愿去偷 5000 美元”。[34]对于侵犯财产权行为的法定成本设定，其道理同样如此。

第三，强化侵权赔偿中举证责任的效率。侵权法的核心问题是侵权责任的界定。法学家认为，行为人是否承担责任，关键在于其是否尽到“合理注意”和“谨慎义务”。经济学家认为，遵循上述原则，就要求行为人以最合理的成本来预防损害，以保护权利人的利益，什么是合理的预防成本，美国联邦法院法官汉德(Learned Hand)在“合众国诉卡罗尔拖轮公司”一案中提出了著名的“汉德原则”。[35]该原则归纳为一个责任方程公式：$B < PL$。B 为预防事故的成本，PL 为预期的事故成本，其中 P 为事故发生的概率，L 为事故所造成损失。当预防事故的成本小于预期的事故成本时($B < PL$)，行为人应承担侵权责任；当预防事故的成本大于预期的事故所造成的损害时($B > PL$)，潜在肇事者对发生的事故不承担责任。汉德原则是适用过失侵权案件的基本规则。其后，波斯纳发展了这一理论，认为在行为人需负严格责任时，同样应考虑 $B < PL$ 的经济后果。所不同的是，当 $B > PL$ 时，人们情愿赔偿可能发生的事故损失费，而不愿花费预防成本，否则行为人损失更大。[36]在侵权行为中，选择何种责任标准才有效率呢？对此，考特和尤伦指出，“如果预防是双方面的，即当事人双方都采取预防行为，以减少事故的严重性和可能性，那么，过失责任规则形式是合格的责任标准；如果预防是单方面的，即只有施害方可望采取行动以减少事故的概率及其严重性，那么，严格责任规则是合适的责任标准”。[37]在传统的侵权法理论中，知识财产的侵权责任适用的是过失责任原则。从经济学的角度来看，对于损害应由双方当事人采取预防，对于过失则根据“汉德原则”进行客观的量化，这在知识产权制度建立之初无疑是有效率的。但是，在现代信息化社会，某些侵权损害由行为人单方面预防可能更为有效，这是由于：一是行为人无偿利用他人知识产品，其侵权产品的必然成本较低，因此在市场中处于优势地位；二是行为人采取预防措施所费的成本比生产者少，后者在知识产品公开后，收寻他人利用的信息、对他人使用的过错状况进行举证，往往要付相当的成本。为此，从效益原则出发，在侵犯知识产品领域，有必要对以往的责任原则进行修正，即补充适用过失推定责任或严格责任。具体而言，当某类严重的侵权损害发生后，应责令行为人首先举证，行为人通过抗辩事由说明 $B > PL$ 时，即证明无过失，可免除责任；如果无抗辩事由或事由不能成立，则推定行为人有过失。补充适用过失责任原则或严格责任原则，可以调整双方当事人预防事故发生的成本比例，提高侵权行为的被追究率，从而使得侵权法的实施处于有效率的状态之中。

注释

1 [美]罗伯特·考特、托罗斯·尤伦:《法和经济学》,上海三联书店 1994 年版,第 166 页。

2 [美]罗伯特·考特、托罗斯·尤伦:《法和经济学》,上海三联书店 1994 年版,第 147 页。

3 D. Friedman, Price Theory, South - Western Publishing Co. 1986. 转引自谭忠东等:《知识产权保护的经济学分析》,载《知识产权》1999 年第 4 期。

4 关于知识信息的经济学特征的描述,还可参见刘茂林:《知识产权法的经济分析》,法律出版社 1996 年版;袁志刚:《论知识、生产与消费》,载《经济研究》1999 年第 6 期。

5 关于知识劳动、知识劳动价值的有关理论,可参见张和生:《知识经济学》,辽宁人民出版社 1992 年版。

6 《现代汉语词典》,商务印书馆 1987 年版,第 294 页。

7 刘春茂主编:《知识产权》,中国人民公安大学出版社 1997 年版。

8 袁志刚:《论知识的生产与消费》,载《经济研究》1999 年第 6 期。

9 机会成本,是指把一定资源用于生产某种产品时放弃的生产另一种产品的价值,或说是利用一定的资源获得某种收入时所放弃的另一种收入。微观经济学认为,人们应该从事某机会成本低于其他所有事情的事情。

10 中国科学技术情报所专利馆编:《国外专利法介绍》(第 1 册),知识出版社 1981 年版,第 12 页。

11 [美]波斯纳:《法律之经济分析》,台湾商务印书馆 1983 年版,第 22 页。

12 [美]罗伯特·考特、托罗斯·尤伦:《法和经济学》,上海三联书店 1991 年版,第 185 页。

13 马克思:《资本论》(第 1 卷),人民出版社 1975 年版,第 102 ~ 103 页。

14 高德步:《产权与增长:论法律制度的效率》,中国人民大学出版社 1999 年版,第 132 页。

15 [美]罗伯特·考特、托马斯·尤伦:《法和经济学》,上海三联书店 1991 年版,第 185 页。

16 [美]罗纳德·科斯:《社会成本问题》,载[美]R. 科斯等:《财产权利与制度变迁》,刘守英等译,上海三联书店 1994 年版。

17 关于格式合同问题的解决方案,可参见彭汉英:《财产法的经济分析》,中国人民大学 1997 年博士学位论文。

18 如何利用经济学原理设计集体管理制度,可参见刘茂林:《知识产权法的经济分析》,法律出版社 1996 年版。

19 唐丰义:《产权概念的发展与产权制度的变革》,载《学术界》1991 年第 6 期。

20 [美]罗伯特·考特、托罗斯·尤伦:《法和经济学》,上海三联书店 1994 年版。

21 转引自高德步:《产权与增长:论法律制度的效率》,中国人民大学出版社 1999 年版,第 101 页。

22 [美]H. 范里安:《微观经济学:现代观点》,上海三联书店 1994 年版,第 24 页。

23 笔者曾就上述论点,描画有精神生产过程图表和以合理使用为线索的交易收益图表。详见吴汉东:《著作权合理使用制度的研究》,中国政法大学出版社 1996 年版,第 74 页。

24 Edward Ploman. L. Clark Hamilton, Copyright: Intelletual Property in the Information Aage, 1980, p. 197.

25 [美]罗伯特·考特、托罗斯·尤伦:《法和经济学》,上海三联书店 1994 年版,第 470 页。

26 [美]罗纳德·科斯:《社会成本问题》,载[美]R. 科斯等:《财产权利与制度变迁》,刘守英等译,上海三联书店 1994 年版。

27 [美]H. 范里安:《微观经济学:现代观点》,上海三联书店 1994 年版,第 702 ~ 713 页。

28 关于违法行为的成本分析,可参见吕忠梅、刘大洪:《经济法的法学与法经济学分析》,中国检察出版社 1998 年版,第 364 页。

29 详见道格拉斯·C. 诺思:《经济史中的结构与变迁》,上海三联书店 1994 年版;加里·S. 贝尔:《人类行为的经济分析》,上海三联书店 1993 年版。

30 刘茂林博士在《知识产权法的经济分析》一书中,谈到有关知识产权的意识形态,一要解释经济制度的合理性,使人们认识到一进行侵权行为在经济上是合算的;二要解释法律制度的合理性,使人们认识到关于专有权利的规定对于权利人与相对人都是合理的。

31 [美]罗伯特·考特、托马斯·尤伦:《法和经济学》,上海三联书店 1994 年版,第 22 页。

32 张五常:《卖桔者言》,四川人民出版社 1988 年版。

33 吕忠梅、刘大洪:《经济法的法学与法经济学分析》,中国检察出版社 1998 年版,第 369 页。

34 乔治·J. 斯蒂格勒:《法律实施的最佳条件》,载《法学译丛》1992 年第 2 期。

35 详见[美]罗伯特·考特、托马斯·尤伦:《法和经济学》,上海三联书店 1994 年版;张乃根:《经济学分析法学》,上海三联书店 1995 年版;彭汉英:《财产法的经济分析》,中国人民大学 1997 年博士学位论文。

36 [美]波斯纳:《法律之经济分析》,台湾商务印书馆 1987 年版。

37 [美]罗伯特·考特、托马斯·尤伦:《法和经济学》,上海三联书店 1994 年版,第 596 页。

吴汉东代表作

玖

政策理论与政策实践*

知识产权制度的政策科学分析

知识产权制度是政府公共政策的重要组成部分,其政策功能在于维护知识权利的正义秩序和实现知识进步的效益目标。近代英国和现代美国是知识产权政策的有效运作者。发展中国家须在国际贸易体制的框架内,基于成本效益的分析,作出知识产权制度的选择安排。中国知识产权法律的百年史,是一个从被动移植到主动决策的政策发展史。在建设创新型国家的总政策目标引导下,知识产权政策必须调整、完善和提高。

一、理论分析

就国家层面而言,"知识产权制度是一个社会政策的工具"。[1]是否保护知识产权,对哪些知识赋予知识产权,以何种水平保护知识产权,是一个国家根据现实发展状况和未来发展需要而作出的公共政策选择和安排。

公共政策是政策科学领域里经常使用的术语,它是指"以政策为主的公共机构,在一定时期为实现特定的目标,通过政策成本与政策效果的比较,对社会的公私行为所做出的有选择性的约束和指引,它通常表现为一系列的法令、条例、规章、规划、计划、措施、项目等"。[2]从这一定义出发,知识产权制度在公共政策体系中也是一项知识产权政策。知识产权政策,实质上是在国家层面上制定、实施和推进的,具言之,即政府以国家的名义,通过制度配置和政策安排对知识资源的创造、归属、利用以及管理等进行指导和规制。

---

* 原载《法商研究》2006年第5期,题名为"利弊之间:知识产权制度的政策科学分析"。

关于知识产权政策存在的合理性,在公共政策理论中,往往采取“成本—效益”的方法作为分析工具。知识产权政策之所以必要,是因为选择公共政策来解决知识资源配置与知识财富增长的问题,较之于市场自发解决问题所产生的社会成本更低,而带来的收益更高。按照科斯的观点,政府的公共政策只是一种在市场解决问题时社会成本过高的情况下所作出的替代选择。[3]经济学理论认为,知识产品具有公共产品属性,在消费上无对抗性,它可能在一定时空条件下为不同主体同时使用,如同一辆公共汽车,出资者和未出资者都在乘车。[4]知识产品的生产是有代价的,而知识产品的传递费用相对较小,一旦知识产品出售给某个消费者,其他消费者就可能成为该知识产品的“搭便车者”。这种现象即是“无偿复制他人的作品的情形”。[5]鉴于此种情况,政府有必要对知识产品市场进行干预,即采取特殊的公共政策:一是政府自己提供知识产品;二是政府对私人提供知识产品给予补贴。后者的重要措施就是通过知识产权制度授予知识产品创造者的独占权。这即是对知识产权政策的合理性所作出的经济分析。

知识产权政策作为市场机制的替代选择,能够防止知识产品供给不足,带来知识财富增长的收益,关键在于这种政策工具所具备的基本功能:

第一,知识财产私有的界定功能。知识产权是一种对知识财产有效的产权制度安排,它以私权的名义强调了知识财产私有的法律性质。[6]所谓私权,即私人的权利,说明知识产权是“私人”(包括自然人、法人和其他社会组织)的权利,即使国家在某种情况下作为权利主体出现,但也与其民事主体处于相互平等的关系;同时知识产权也是“私有”的权利。对知识财产进行私权界定,采取的是一种市场机制的产权形式,其实质是回答知识财产应为私有还是公有?市场机制的产权形式,即是私人占有的产权形式。这就是法律意义上的知识产权。界定私权的对价条件是,发明创造者将自己的知识产品公布出来,使公众看到、了解到其中的知识,而社会则承认其在一定时期有独占利用其知识产品的权利。[7]知识产品是公开的(公共产品属性),而知识产权是垄断的(私人产权属性)。这样就实现了知识公开与权利垄断的对价关系。

第二,知识创造活动的激励功能。知识产权制度能够为科技创新提供激励机制。创新者的创新活动必然要付出诸如时间、人力、物力、金钱之类的成本,在市场经济条件下,创新者所支付的成本应该能够收回,甚至实现盈利。知识产权制度赋予创新者在一定时间内对其创新成果享有专有权，其他人要想利用其创新成果，必须征得其同意并支付相应的使用费，这样就为创新者收回成本提供了可能。所谓“给天才之火添加利益之油”，知识产权制度为创新者提供了最经济、有效和持久的创新激励动力，有助于创新活动在新的高度上不断地向前发展，从而促进创新成果所蕴藏的先进生产力的快速增长。

第三，知识资源利用的配置功能。知识产权制度是创新成果产权化、产业化和市场化的重要政策措施。它的首要目的是界定相关产权，保护创造者的合法利益；同时又要规制产权关系，促进知识、技术的广泛传播和利用。依照经济学的供给与需求理论，智力创造活动也是一种生产活动，精神生产同样是为了交换，只有交换才能获得各类物品的最佳组合，从而达成效用和利益的最大化。[8]就科技创新活动而言，新技术的商品化与市场化是一个关键环节，也是其根本目的。如果一项发明创造完成后不付诸实施，就可能被新的技术所取代，变成无经济效益的技术。知识资源的配置机制和交易制度在法律层面上表现为知识产权的利用，其主要方式就是授权使用、法定许可使用和合理使用。

第四，知识财富分享的平衡功能。政策科学理论认为，实施任何政策都会面临一个“谁是政策的受益者，谁是政策的受损者”的问题。因此，公共政策常常需要在各种利益的冲突之间达到某种平衡，以保证公共政策的顺利实施和社会的稳定发展。[9]知识产权制度关系到知识财富的分配和相关利益的调整。作为“利益相关者”，涉及知识产品的创造者、传播者、利用者之间的权利义务关系；作为“利益分享者”，则要考虑创造者专有权利与社会公共利益之间的平衡。知识产权制度可以发挥知识财富分享的政策功能，它通过权利保护、权利限制、权利利用的制度设计来调整权利主体与义务主体之间、个人与社会之间的利益关系，即是“对社会关系的各种客观利益现象进行有目的、有方向的调控，以促进利益的形成和发展”。[10]

第五，知识利益保护的规范功能。知识产权制度保护的是产权化的知识财富。如果创造者拥有的技术或品牌，只是一种自然占有或事实占有，这仅表明其取得某种科技优势和经营优势；只有获得技术和品牌的知识产权，才能受到法律的保护，从而形成法律意义上的独占性“占有”，才能把这种科技优势、经营优势转化和提升为市场竞争优势，以对抗一切假冒、仿制和剽窃的侵权行为。侵犯知识产权的行为直接发生于知识产品的创造、传播和利用过程之中。在法律实施效益不高的情况下,该类侵权行为的产生、蔓延就会影响创造者生产、开发知识产品的积极性,从而导致整个"社会福利"水平的下降。对此,政策经济学的观点是调节有关产权交易及保护的成本收益关系,促使理性的经济人放弃侵权以及其他违法行为。[11]

知识产权政策的基本功能,具有明确的目标取向。美国学者弗兰克·费希尔认为,无论公共政策通过何种途径而形成,都要涉及实现的目标以及实现这些目标的手段。[12]这就是说,任何公共政策的制定和实施总是与一定的政策目标相联系的。在目标取向方面,总政策处于统率和引领地位。所谓总政策,是对于一个国家的社会运行起着根本性和决定性指导作用的政策,它是一种影响全局的政策,并基于特定的历史时期,始终具有较强的总括性和稳定性。[13]一般而言,公共政策的总体目标是保持社会稳定、维护社会公正、促进社会发展。但是,不同的公共政策有着自身的具体目标指向,解决某些具体的公共问题。就知识产权政策而言,正义和效益应是其追求的价值目标。实现正义即是知识产权制度创设的第一目标。在近代立法中,知识产权被称为一种自然法上的权利,它基于创造者的智力活动而自然产生,摆脱封建特许的束缚而独立存在,因而是符合正义的。同时,知识产权制度还担负着实现知识资源有效配置、促进知识财富不断增加的使命。在法律规范体系中,通过创造者权利、传播者权利、使用者权利的制度安排,形成了知识创造、知识公开与知识利用的有效机制。一句话,知识产权制度的宗旨在于维护知识权利的正义秩序,实现知识进步的效益目标。

在公共政策体系中,促进知识财富增长和经济社会发展的任务目标,并不是知识产权政策独立承担的,上述目标取向也体现在其他公共政策中。此外,知识产权政策的某些规范在其他公共政策中也有所体现,知识产权政策目标的实现有赖于其他公共政策的配合。在公共政策体系中,与知识产权政策相关联的公共政策主要有文化教育政策、产业经济政策、科学技术政策、对外贸易政策等。作为政策决策主体的政府,其任务是发挥知识产权的政策导向作用,建立促进知识创新与利用的政策体系。

以上对知识产权的政策学分析,是静态的和内向的,其理论成立须以两个假设条件为基础:第一,知识产权政策有赖于一般社会条件的成就。

也就是说,影响知识产品生产、传递、利用的基本条件必须具备,包括知识产权政策赖以存在和有效实施的经济、科技、文化、教育等物质设施和社会环境,以及基于知识产权政策导向而配套形成的相关公共政策体系。如果上述条件得不到满足,知识产权政策就不能达到预期的效果,甚至产生负面的影响。第二,知识产权政策仅仅是基于一国内部状况的考量。知识产权政策在作为一国独自立法时,政府只需考虑本国发展状况而自行作出制度安排即可。但在知识产权国际保护制度形成以后,国内法往往受制于法律一体化潮流的影响。一国制定的知识产权政策就有可能背离或超越"国情",并不一定为立法者带来预期的收益。必须看到,在不同时期的不同国家,上述两个假设条件是很难全部满足的。因此,世界各国特别是发达国家多从维护本国利益的立场出发,对知识产权保护采取实用主义的态度,不断调整和改善其知识产权政策。

二、实证分析

在法律制度的历史上,知识产权是罗马法以来财产权制度变革与创新的结果,也是西方国家三百多年来不断发展成长的"制度文明典范"。在近代社会,知识产权制度是欧美国家促进经济发展、推动科技进步、繁荣文化和教育的政策工具;在当代社会,知识产权制度则成为创新型国家维系技术优势、保护贸易利益、提升国际竞争力的战略政策。

近代英国是推行知识产权政策的成功典范。它是传统知识产权制度(主要是专利法和著作权法)的发祥地,也是欧洲工业革命的策源地。这些并非历史的偶然,英国知识产权制度的形成经历了一个由封建特许权向资本主义财产权嬗变的历史过程。封建特许权包括产品专营权和印刷专有权。产品专营权由皇室授予,成为各种行会垄断生产和流通的特权;印刷专有权仅是一种行政庇护,其受益者主要是出版商。1623 年《垄断法规》宣布废除特许权制度,同时对新技术、新领域的发明与引进作出了类似专利制度的新规定。1709 年《安娜法令》则是一部"旨在授予作者、出版商专有复制权利,以鼓励创作的法规",其目的在于保护和激励人们对创造作品和兴办出版业进行投资。在十七八世纪的英国,重商主义政策为知识产权立法提供了重要的思想基础。《垄断法规》鼓励新技术发明及其应用,专利的目的不是形成贸易垄断,而是通过暂时的"垄断权"实现技术进步和产业发展;《安娜法令》将印刷专有权改造成资本主义的“产权”,它奉行“copyright”单一财产性的理念,以及包含版权期限、版权效力和价格的控制条款,多是出于商业贸易的考虑。[14]近代英国知识产权法作为一种产业、商业政策和科技、文化政策的有机组成部分,为18世纪70年代开始的工业革命奠定了重要的制度基础。对此,美国经济学家、诺贝尔经济学奖获得者诺思做出了如下评述:18世纪的英国之所以获得持久的经济增长,均是起因于一种适于所有权演进的环境,这种环境促进了从继承权、完全无限制的土地所有制、自由劳动力、保护私有财产、专利法和其他对知识财产所有制的鼓励措施,直到一系列旨在减少产品和资本市场缺陷的制度安排。诺思在对14世纪中国与十七八世纪英国做出比较分析后,指出工业革命的动向——那时英国拥有作为产权制度的一种特殊范畴,即知识产权制度,保护了发明创造者的利益,刺激了发明创造者的热情,从而使得发明得到大量涌现并带来浪潮般的技术革新,启动了工业革命并创造了现代经济增长的奇迹。[15]

近代知识产权制度率先在英国形成并产生政策效益,在于当时英国具备了实施这一制度的一般社会条件:第一,新工艺学的出现。从15世纪起,随着资本主义生产关系的形成和工场手工业的发展,英国以及西欧一些国家出现了采用先进技术,制造和使用先进的生产工具和各种机器的市场需求,促使工艺学有长足的进步。[16]新工艺学为工业文明的出现以及以保护工业文明为使命的知识产权制度的产生提供了坚实的技术基础。第二,新文化价值观的确立。从14世纪至16世纪,英国以及西欧国家的资产阶级所发动的文艺复兴运动,以复兴古典学术和艺术为口号,反对蒙昧主义和宗教神学,继承、利用古希腊的科学文化,倡导以人文主义为中心的新思想,激励人们改造现世,研究自然,重视实际有用的知识。[17]新文化价值观为资产阶级一手将科学技术作为物质武器、一手将私权制度作为法律武器提供了必要的文化思想准备。第三,新政治文明的萌生。在17世纪中叶,英国资产阶级革命的过程中,从霍布斯、弥尔顿到洛克等思想家、政治家都主张主权在民,倡导平等自由,强调私有财产的不可侵犯性。特别是洛克的著作,阐明了资产阶级关于财产与政权的原则,概括了英国资产阶级与新兴贵族在17世纪关于财产与政权的争议。[18]以洛克为代表的英国资产阶级政治思想体系的逐步形成,为英国制定自己的法律包括知识财产私有的法律提供了重要的政治思想准备。近代英国发展的事例告诉我们,在不出现外来压力的干扰下,一国根据自身现实状况和发展需要来保护知识产权是最为适宜的,这是一国走向现代文明的明智的政策选择。

现代美国是知识产权政策的有效运作者。美国建国虽然只有二百多年的历史,但却是世界上最早建立知识产权制度的国家之一。美国独立后,即在1787年《宪法》中规定了版权和专利权条款:"国家有权指定法律,对作者或发明人就其个人作品或发明的专有权利,赋予一定期限的保护,以促进科学和艺术的发展。"上述宪法条款被美国学者称为知识产权制度的"3P"政策:(1)促进知识传播的政策(the promotion of learning);(2)公共领域保留政策(the preservation of public domain);(3)保护创造者的政策(the protection of author)。[19]根据宪法规定,美国政府于1790年颁布了《专利法》和《版权法》。但是,美国早期的知识产权政策,深刻地贯彻了实用主义的商业激励机制:对内,保护私人知识财产,以暂时的垄断授权换取科技与文化的发展;对外,以知识产权为政策工具维护国家利益,采取了明显的本国保护主义的做法。例如,不保护外国人作品,放任涉外盗版行为;对外国人申请专利收取高额费用,以保护本国技术;长期拒不参加由欧洲国家发起制定的《伯尔尼公约》,积极推动自己主导的美洲版权联盟。

两次世界大战以后,随着美国世界强国地位的形成,美国完成了从低水平保护向高水平保护的转变,并力图将知识产权保护的美国标准推行为各国普遍通行的国际标准。特别是20世纪80年代以来,美国的知识产权政策作了如下重大调整:第一,在国内建立了促进知识经济发展、科学技术创新的政策体系。美国在其政策体系中,重视知识产权的规制与导向作用。例如,多次修订完善其《专利法》,加强对技术产权的保护。除此之外,为激励技术创新,还颁布了《发明人保护法》、《技术创新法》;为鼓励成果应用,则制定了《政府资助研发成果商品化法》、《技术转让商品化法》等。由此构成了一个涵盖知识产权创造、应用和保护的完整法律制度。同时,美国强调知识产权制度与产业政策、科技政策、文化政策的有机整合。例如,通过政策联动,推动产业结构调整和传统产业改造,扶持"半导体芯片、计算机、通信、生物制药"等"朝阳产业",发展"软件、唱片、电影"等文化产业。正是由于政府政策的有效实施,使美国得以形成专利大国与品牌大国的知识产权优势,从而巩固了美国作为经济、科技强国的世界领先地位。第二,在国际上实施知识产权保护与对外贸易直接挂钩的政策举措。出于在全球贸易中维护本国利益的需要,美国积极将自己的智力资源优势形成知识产权优势,并将知识产权优势转化为国际市场竞争优势,其使用的政策手段就是将知识产权保护与国际贸易体制紧密地结合起来。在20世纪90年代中期以前,美国主要是凭借国内的《综合贸易法》中"特别301条款"和《关税法》的"337条款",把给予贸易对手的最惠国待遇与要求对方保护美国的知识产权直接挂钩,对所有不保护、不完全保护、不充分保护知识产权的国家进行经济威胁和贸易制裁;在1994年《知识产权协定》生效以后,美国更多是依赖缔约方的国家强制力和世界贸易组织的国际强制力,将缔约方所承诺的高水平的知识产权国际保护与享有无差别的最惠国待遇紧密联系起来。在这一进程中,美国推动许多国家以版权形式保护计算机软件,要求发展中国家对药品发明授予专利,并在国际上倡导半导体芯片的专门保护等,美国的这些主张后来都反映在国际贸易体制的规则之中。值得指出的是,进入后《知识产权协定》时代以来,美国还先后与欧盟、日本、澳大利亚等国进行谈判,以双边自由贸易协议的形式,谋求比《知识产权协定》更高水平的保护。

2004年美国政府报告明确地阐明了该国的基本政策立场:"从美国立国基础来看,保护知识产权始终是一项创新的支柱。""一个健康正确的强制性的国内和国际知识产权结构必须被维持。"[20]总的说来,在知识产权领域,美国坚定奉行其国内既定政策并不断将其推行为国际规则,美国是对现代知识产权保护制度影响最大的国家。

进入21世纪以来,发达国家在其知识产权政策中竞相确定了符合本国实际和服务国家利益的战略目标。如前所述,美国作为世界上的"科技领先型国家",建立了体系完善的知识产权制度,且不断提高知识产权保护水平,扩大知识产权保护范围,并在知识产权国际事务中强制推行其美国价值标准;在"技术赶超型国家"中,日本制定了"知识产权战略大纲",出台了《知识产权基本法》,"推进实施创造、保护、利用知识产权的政策措施,振兴科学技术,强化国际竞争力"。[21]澳大利亚推出了旨在推进本国知识产权战略的"创新行动计划",并在《澳美自由贸易协议》的基础上,于2005年进行了新一轮知识产权法的修订;在"引进创新型国家"中,韩国确立了2015年成为亚洲地区科研中心、2025年成为科技领先国家的发展目标,通过修纲变法,保护本国的优势产业和高技术产业,逐渐重视本国知识产权的涉外保护,其立法接近美欧日的基本政策立场。可以说,知识产权制度已经成为发达国家维护其技术优势、提高国际竞争力的战略政策。

相形之下,发展中国家则处于相对被动的地位。政策科学理论认为,公共政策是有一定限度的,如果某一公共政策所产生的社会成本较高,就可能难以达到预期的目的,甚至可能带来不利的后果。对于发展中国家而言,根据自己的经济、科技发展阶段选择适宜的知识产权政策,对自己是最为有利的。公共政策的经济分析表明,“对财产权的法律保护有创造有效使用资源的诱因”,[22]知识产权的适度保护可以为发展中国家带来知识财富增长的收益。不过,这一自行选择因为国际环境的变化已经不可能。发展中国家面临的现实问题是,各国知识产权立法已经进入一个统一标准的新阶段。在国际化、一体化潮流的指引下,各国立法必须遵循国际公约的“最低保护标准”,这种“最低保护标准”的实际意义,在于知识产权保护原则及基本规范的一致性,它与知识产权保护水平并无绝对的关联性。但是,与知识产权国际保护制度的草创阶段不同,现今国际公约的“最低保护标准”即一致性标准,实质上体现了权利范围的高度扩张和权利保护的高水平。概言之,它更多地顾及和参照了发达国家的要求和做法,在很多方面超越了发展中国家的经济、科技和社会发展的阶段。知识产权保护是国际贸易体制的基本规则,对此,发展中国家别无选择。当然,发展中国家在适用国际通行的高水平知识产权制度时,须尽力降低社会成本,争取利益最大化。笔者认为,在成本收益方面有两个问题值得考虑:第一,参加经济全球化的收益应能支付或者高于进入知识产权一体化的成本。在知识产权国际保护方面,发展中国家既担心高水平保护会造成沉重的财产和行政负担,但又不得不面对新国际贸易体制带来的压力。发展中国家之所以参加世界贸易组织,最终接受包括知识产权保护在内的国际贸易新规则,有着自己的利益考量:加强知识产权保护是必须支付的成本,但发展中国家由此获得无差别的最惠国待遇,取得发达国家在“乌拉圭回合谈判”中承诺的某些优惠政策(如关税减免的宽限期,知识产权的“强制许可”等),并在未来国际贸易和知识产权国际保护的论坛上取得一些话语权,这些是发展中国家在合作博弈中的重大收益。第二,知识产权政策实施所带来的未来发展收益将高于现实所支付的必要成本。加强知识产权保护,对于发展中国家特别是新兴的工业化国家来说，不仅是来自国家社会的压力，也是出于经济发展和科技进步的内在要求。有效实施知识产权政策，建立相关公共政策体系予以配合，提供实施知识产权创造、管理、保护、运用的物质条件和社会环境，将有助于实现知识财富增长和社会经济发展的最终“目标取向”。对此，英国知识产权委员会认为：“从长远的观点来看，在发展中国家，如果能使文化产业成果的其他条件得到满足，更强的私权保护将有助于激励当地的文化产业。”[23]这说明，传统的发展中国家要走上新兴的工业化发展道路，必须通过完善知识产权制度才能为本国经济、社会发展提供持久动力，在国际竞争中争取主动。这是以必要的现实成本来换取的未来重大收益。

发展中国家如何在世界贸易组织的框架内选择适合自己需要的知识产权保护体制，是一件十分困难的事情。2005 年联合国报告认为：“保护知识产权是技术创新的一个重要方面，但过于保护性的体制也会对创新起到负面作用。”[24]为此，联合国千年项目的专家，基于不同国家的发展水平，提出了一个知识产权调整的三级体制：A 级——这些国家要遵守《知识产权协定》的所有规定，包括法律框架和“有效的执行”条款。人均 GDP 超过 5000 美元的发达国家应属于此类；B 级——适用于人均 GDP 在 1000 至 5000 美元的国家，这些国家要在《知识产权协定》下，采取所要求的整个法律框架，可能需要少量的强制执行；C 级——人均 GDP 在 1000 美元以下的国家，应该在《知识产权协定》下建立需要的法律框架。[25]专家意见表明，在遵守国际公约最低保护标准的基础上，发展中国家可以根据自己不同发展阶段，选择不同保护水平的知识产权制度。[26]来自世界银行学院的报告，有着类似的建议：“在大多数低收入国家里，其科技管理组织机构都很疲软，根据《知识产权协定》的规定条件，知识产权保护并不是引起增长的一个重要的决定因素。相反，快速增长与软弱的知识产权保护有着更大的联系。在科技水平先进的发展中国家里，有些证据表明，知识产权在特定的发展阶段上显得很重要，但是，那个阶段要一直持续到某一国家完全加入到上层中等收入发展中国家的行列”。[27]

上述分析告诉我们，高水平的知识产权保护并不利于那些发展水平较低的国家，因为在这种制度框架下，他们难以获得发展所需要的科学技术。反之，进入到工业化阶段的发展中国家，加强知识产权保护，对于激励科技创新,促进文化繁荣,实现经济健康发展的最终目标是至关重要的。就个案而言,印度关于知识产权的战略抉择和政策安排,或许可资发展中国家借鉴。2000 年,印度总理提出建设“知识大国”和“知识社会”的主张。其后,印度政府颁布“知识大国的社会转型战略”,其目标是使印度的未来发展从资本驱动型转向知识驱动型,发展面向全球的服务型知识经济,为了实现这个目标,印度提出如下知识产权政策举措:第一,对软件、生物技术、医药等优势产业采取“发展战略”。即加强这些领域的知识产权保护,加强政府扶持,重视研发,促进转化,以保证自己优势产业的发展。第二,对文化自治和文化多样性实行“生存战略”。即从基本人权的立场出发,保护印度的文化多样性,限制文化和媒体的商品化,建立社区基础上的版权协议。第三,对生物多样性、传统知识、民间文学等奉行“进攻性战略”。即对印度知识产权的创造源泉——传统资源,运用知识产权规则以促进自身利益的发展,并在国际社会采取措施以推动相关制度的形成。[28]印度的事例说明,知识产权作为一种政策工具,并非是发达国家的专用品,发展中国家欲善谋工业化、现代化之事,当善用知识产权政策之器。

三、中国问题分析

知识产权制度是近代商品经济和科学技术发展的产物,西方发达国家早在十七八世纪就开始了本国的知识产权立法进程,要比中国早两三百年,即使印度、巴西这样的发展中大国,他们建立知识产权制度也比中国早一百年。中国知识产权制度的历史,是一个从“逼我所用”到“为我所用”的制度变迁史,也是一个从被动移植到主动安排的政策发展史。我们可以将这一“百年史”分为四个阶段。

(一)第一阶段——被动性接受

一般认为,中国知识产权保护制度始于清朝末年。它虽是清政府实行新政,向西方学习的产物,但更多是帝国主义列强施加压力的结果。1898 年,清帝在变法改革运动中颁布了我国历史上第一部专利法规《振兴工艺给奖章程》,但不久由于“戊戌变法”的失败而夭折。此后,清政府根据 1902 年《中英续议通商行船条约》、1903 年《中美通商行船续订条约》的知识产权条款,在外国人的帮助下制定了《商标注册试办章程》(1904 年)、《大清著作权律》(1910 年)。这些法律自清末适用至民国初年。以后的北洋政府、国民党政府直接取材于外国法，先后制定了《著作权法》、《专利法》和《商标法》等。在国际范围内，被动移植并非是旧中国特有的现象，诸多发展中国家以往都有此类经历。例如，以印度为代表的前英国殖民地在英国统治时直接适用英国版权法，以后的印度 1914 年《版权法》即是以英国 1911 年《版权法》为蓝本的。对于发展中国家而言，知识产权制度往往建立的时间较晚，其实施的物质基础及社会环境等条件并不具备，在很大程度上受到外来压力的影响。在这种情况下，相关法律很难体现出促进社会发展的总体目标，其政策效应一般很难发挥。

（二）第二阶段——选择性安排

新中国成立后，政府曾颁布过一些行政规章来保护知识产权，但 30 年来并没有严格意义上的法律制度。中国实行改革开放政策以后，从 20 世纪 70 年代末至 90 年代初，加强了知识产权立法工作，先后制定了《商标法》（1982 年）、《专利法》（1984 年）和《著作权法》（1990 年），初步建立了知识产权法律制度体系。这一时期的知识产权立法，是一种有选择性的制度安排。笔者认为其原因在于：一是立法工作艰巨，准备时间不长，主要知识产权法律虽已制定，但其他知识产权制度未及考虑；二是基于本国经济、科技发展现状的考虑，知识产权保护水平不是太高，如专利权的范围有所限制，计算机软件的保护也未采取国际通行的标准；三是由于国际文化交流的不对等，加之《著作权法》刚刚实施，因此未能参加国际版权合作。这种根据本国的不同发展阶段，不同发展状况作出的选择性制度安排对于中国是有益的，在国际上也是有先例可以援引的。例如，美国自 1790 年制定《著作权法》后，基于其文化、教育落后于欧洲国家的现实考量，对外国作品长期不予保护，且游离于 1886 年伯尔尼联盟长达 102 年之久，直到 1988 年才宣布加入《伯尔尼公约》；日本在明治维新后于 1885 年公布了《专利法》，但基本实施的也是低水平的专利政策，其在长达 50 年的时间里排除药品及化学物质专利，并为本国企业吸收外国技术提供制度便利。这说明，任何一个国家，在其知识产权制度发展史上，都有一个从“选择保护”到“全部保护”，从“弱保护”到“强保护”的过渡期。在国家经济社会发展水平不高的情况下，这种低水平的知识保护的过渡期是非常必要的。

（三）第三阶段——调整性适用

自 90 年代初至 21 世纪初，中国知识产权的制度进入到了一个发展与完善的重要阶段。中国在“入世”前,全面修订了《著作权法》(2001 年)、《专利法》(1992 年、2000 年)、《商标法》(1993 年、2001 年),颁布了《植物新品种保护条例》(1997 年)、《集成电路布图设计保护条例》(2001 年)等,使其知识产权保护标准和水平达到了《知识产权协定》的要求。总之,中国仅仅用了十多年的时间,就实现了从低水平向高水平的转变,完成了本土化向国际化的过渡。其中的动因除了有中国对履行国际条约义务的承诺,也有中国寻求自身发展的需要。在国际层面,1992 年的《中美关于保护知识产权的谅解备忘录》、1995 年的《中美保护知识产权协议》,客观上加快了我国知识产权制度国际化的进程。特别是 1994 年形成的世界贸易组织《知识产权协定》,对中国知识产权立法产生了直接的影响:在知识产权国际化的背景下,中国不可能通过不保护外国人的知识产权来发展本国的经济、科技与文化;同时,在国际贸易知识化的体制中,中国也不可能孤立于世界之外,从而摆脱由发达国家主导的知识产权国际保护的格局。在国内层面,中国作为一个新兴的工业化国家,加强知识产权保护是其推动经济发展和科技进步的内在要求。在制度安排方面,由被动到主动,是经济增长型国家的必然选择,它往往有助于政策总目标的实现。这一时期的几次法律修订,基本实现了制度创新的现代化过程。2001 年《著作权法》的修订,扩大了实用美术作品、杂技美术作品等客体,加强了对计算机程序的保护,增加了出租权、信息网络传播权等权利内容;1992 年和 2000 年《专利法》的修改,将药品、化学物质等纳入专利客体范围,延长专利权保护期限,增加进口权、许诺销售权等新权利,同时对强制许可进行严格的限制;1993 年和 2001 年《商标法》的修改,将商标权的保护范围由商品商标扩大到服务商标,增列注册商标的构成要素和商标注册人的适用范围,加强对驰名商标的保护。可以说,中国知识产权立法,关注现代科学技术的发展,努力通过法律制度的现代化去推动科学技术的现代化。

(四)第四阶段——主动性决策

为了进一步加大知识产权保护力度,推动知识产权制度建设,中国于 2004 年、2005 年分别成立了“国家保护知识产权工作组”和“国家知识产权战略制定工作领导小组”。以此为契机,中国知识产权制度建设迈入了战略主动的新阶段。2006 年 1 月,胡锦涛总书记在全国科学技术大会上提出了建设创新型国家的战略目标。同年 5 月,胡锦涛总书记在中央政治局集体学习时强调："加强知识产权制度建设，提高知识产权创造、运用、保护与管理能力，是增强自主创新能力、建设新型国家的迫切需要。"这一论断表明，中国已经站在战略全局的高度，重新审视知识产权制度的功用和地位。基于当今国际科技、经济的发展趋势和创新型国家的发展经验，中国将通过制定和实施国家知识产权战略，有效利用知识产权制度，以此作为缩小与发达国家的差距并实现跨越式发展的政策抉择。

关于知识产权制度的政策调整，是由建设创新型国家的总政策目标决定的。所谓创新型国家，就是把提高科技创新作为基本战略，大幅度提高科技创新能力，以此形成竞争优势的国家。目前，世界上公认的创新型国家有 20 个左右，包括美国、日本、芬兰、韩国等。这些国家的共同特征是，创新综合指数明显高于其他国家，科技进步对经济发展的贡献率在 70% 以上，研发投入在国内生产总值的比例一般在 2% 以上，对外技术依存度一般在 30% 以下。[29]中国要建设成为创新型国家，实现长期持续发展的目标，有一个发展模式的选择问题。在过去相当长的历史时期里，我们以劳动密集型产业参与国际分工，这对于促进经济增长和扩大就业发挥了重要作用，但是随着劳动力以及环境资源成本的逐步提高，长期处于低端产品环节的深层次矛盾日益尖锐。例如，我国人均自然资源相对稀缺，耕地资源只有世界人均水平的 1/3，淡水资源只有 1/4，石油资源只有 17%，天然气资源只有 13%，相对充裕的煤炭资源也只占到世界人均水平的 42%。[30]这说明，中国绝不可能走资源耗费型的发展道路。此外，在当今"发达国家出技术、出知识，发展中国家出人力、出资源"的国际经济格局中，西方发达国家无论是基于维系技术优势的利益考量，还是出于意识形态的政治偏见，都不愿将真正的核心技术转让给中国。中国研发投入仅占 GDP 总量的 1.3%，但对外技术依存度达到 50% 以上。由于缺乏核心技术，我国企业不得不将每部国产手机售价的 20%、计算机售价的 30%、数控机床售价的 20% ~40% 支付给国外专利拥有者。世界上每生产 4 台电脑，其中有一台就来自中国江苏，但支付英特尔公司和微软公司的技术许可费之后，一台电脑只赚 10 个苹果的钱。[31]上述情况说明，中国也不可能走技术依赖型的发展道路。面对这种国际发展大势和自身基本国情，中国只能走技术进步和知识创新的发展道路，但是技术创新、文化创新或者说知识创新必须以制度创新为支撑。我们看到，那些自主创新能力较强的国家和跨国公司,都拥有属于自己的核心技术,并且重视运用知识产权推动技术的研究、开发和更新,以提升国家的核心竞争力,增强企业市场竞争力。例如,美国的创新能力居于世界前列,在计算机技术、网络技术、生物技术等领域具有明显优势。凭借知识产权制度的有力保障,美国的电子产业、软件产业、生物工程产业和网络产业等“朝阳产业”迅速崛起和扩张。同时,世界上技术创新能力强的跨国公司,总是拥有以自主知识产权为存在方式的代表性技术,例如,索尼公司的微型化电子技术、飞利浦公司的光学介质技术、英特尔公司的芯片制造技术等。有“蓝色巨人”之称的IBM公司,在最近的几年间更是成功地取得近三万项技术的专利权。中国与发达国家的差距,主要在于技术能力、创新能力的差距,说到底也就是自主知识产权数量与质量的差距。中国是世界第一人口大国,但是丰富的劳动力资源尚未转化为智力资源;中国是世界制造业大国,有近二百类商品的产量位居世界第一,但其产业优势并不明显。与发达国家相比,我国产业的比较优势在于廉价的劳动力,最大的差距在于缺乏科技实力、创新能力,体现为缺乏核心技术的专利、版权和国际知名品牌。截至2005年,我国国内申请人获得发明专利的数量仅为发明专利授权总量的37%,在汽车、飞机、仪器仪表、信息、生物工程、新材料等含金量较高的技术领域,我国授予的专利多为外国公司所拥有,其所占份额为80%~90%。实施《商标法》以来,虽然国内商标注册数量一路攀升,但我国企业拥有的国际驰名商标极少。在我国出口企业200强中,有80%使用的是外国商标。在连续几年举行的全球100个国际名牌评选中,我国无一商标入选。目前,我国的产业结构调整、经济增长方式转变、技术升级和企业改造已经进入关键阶段,在此情况下,以知识产权制度作为实现创新型国家建设目标的战略支撑,完成从“中国仿造”到“中国制造”再到“中国创造”的转变,对于中国未来的发展具有重要的战略意义。

纵观知识产权国际保护制度的发展趋势,总结各国加强知识产权制度建设的一般经验,笔者认为,我国知识产权政策有必要进一步充实、调整和提高,为此,拟提出以下建议:

第一,紧密结合我国具体国情和实践经验,修改和完善知识产权法律制度。我国现行知识产权法律基本符合国情和国际规则,[32]但也存在一些不完善的地方。当前,应抓紧时间修改《专利法》、《著作权法》、《商标法》、《反不正当竞争法》等，包括改进外观设计专利的审查和授权方式，完善实用新型检索报告制度，明晰侵权金额的认定标准。出台《反垄断法》、《商业秘密保护法》等单行法，制定《民间文学艺术保护条例》等行政法规，对民间文学艺术表达和传统知识等优势领域实现国内立法的综合保护。应充分利用《知识产权协定》中有关滥用知识产权以及许可贸易中限制竞争行为的规定，注意防范滥用知识产权的行为，建立我国对滥用知识产权行为界定、约束和惩处的机制。

第二，紧密结合国家知识产权战略，建立以知识产权为导向的公共政策体系。国家知识产权战略是一种全局性、长期性和国策性的发展战略，它体现的是国家以制度配置为基础，对市场主体自主创新的推动和引导，因此需要集中政府、企业、行业、社会等主体的力量，形成合力，并使之形成一个协调、配合的战略体系。在国家知识产权战略的指引下，知识产权制度应与国家的科技政策、产业政策、文化政策、教育政策、外贸政策相互配合，并在有关政策出台时增加知识产权条款。在产业政策方面，应着力调整产业结构，促进智力成果产业化；在科技政策等方面，应加大对发明创造者的保护力度，注意科技成果的产权化、产业化；在对外贸易方面，应转变对外贸易增长方式，优化进出口商品结构，扩大具有自主知识产权、自主品牌的商品出口；在文化政策、教育政策方面，应鼓励文化创新，推动文化的版权化、市场化；在投资政策方面，应加强创新资金扶持，细化研发的财政投入。

第三，紧密结合国际知识产权制度变革的最新动向，积极加强知识产权国际事务的交流与合作。我国作为一个在全球有重大政治影响力的发展大国，应当与其他国家、国际组织及外商投资企业在知识产权领域广泛开展对话和沟通。当前，要特别注重在《知识产权协定》新一轮的谈判中发挥建设性作用，争取在知识产权国际保护规则的修改和制定时表达自己的利益诉求：其一，加强传统资源（包括传统知识、遗传资源）和地理标志的法律保护。推动在传统中医药、民间文学艺术表达形式、遗传资源、生物多样性、地理标志等领域对我国具有优势的知识产权资源的国际保护，争取降低我国处于劣势的知识产品的保护水平。其二，重视保持发展中国家与发达国家之间的利益平衡。要在国际知识产权体系的建构中考虑发展中国家的科技、经济和社会发展的阶段，增加与发展中国家成员有切身利益关系的技术转化与援助，使其有利于发展中国家的经济社会发展。其三，促进知识产权与人权的协调发展。将知识产权国际保护与实现其他人权紧密结合，实现知识产权保护与作者精神权利、公众表达自由、公民隐私权、公众健康权、发展权等的协调发展。

注释

1 刘华：《知识产权制度的理性与绩效分析》，中国社会科学出版社 2004 年版，第 46 页。

2 吴鸣：《公共政策的经济学分析》，湖南人民出版社 2004 年版，第 4 页。

3 参见［美］R. 科斯：《社会成本问题》，载 R. 科斯等：《财产权利与制度变迁》，胡庄君等译，上海三联书店 1991 年版，第 3 页。

4 ［美］罗伯特·考特等：《法和经济学》，张军等译，上海三联书店、上海人民出版社 1994 年版，第 147 页。

5 ［美］罗伯特·考特等：《法和经济学》，张军等译，上海三联书店、上海人民出版社 1994 年版，第 152 页。

6 世界贸易组织《知识产权协定》在其序言中宣示："知识产权为私权"。

7 参见［苏联］E. A. 鲍加特赫等：《资本主义国家和发展中国家的专利法》，载《国外专利法介绍》，知识产权出版社 1980 年版，第 12 页。

8 参见［美］罗伯特·考特等：《法和经济学》，张军等译，上海三联书店、上海人民出版社 1994 年版，第 191 页。

9 参见吴鸣：《公共政策的经济学分析》，湖南人民出版社 2004 年版，第 3 页。

10 参见孙国华、黄金华：《论法律上的利益选择》，载《法律科学》1995 年第 4 期。

11 参见吕忠梅、刘大洪：《经济法的法学与经济学分析》，中国检察出版社 1999 年版，第 369 页。

12 ［美］弗兰克·费希尔：《公共政策评估》，中国人民大学出版社 2003 年版，第 3 页。

13 参见吴鸣：《公共政策的经济学分析》，湖南人民出版社 2004 年版，第 5 页。

14 See L. Ray Patterson & Stanley W. Lindberg, The Nature of Copyright: A Law of Users' Right, 1991, p. 14.

15 参见［美］道格拉斯·诺思等：《西方世界的兴起》，厉以平、蔡磊译，华夏出版社 1999 年版，第 23 页。

16 参见黎德扬等主编：《科学技术的进化》，湖北教育出版社 1990 年版，第 83～86 页。

17 参见王哲：《西方政治法律学说史》，北京大学出版社 1998 年版，第 85～86 页。

18 See L. Ray Patterson & Stanley W. Lindberg, The Nature of Copyright: A Law of

Users' Right,1991,pp. 49 – 55.

19 See L. Ray Patterson & Stanley W. Lindberg, The Nature of Copyright: A Law of Users' Right,1991,pp. 49 – 55.

20 Innovate America:Thriving in a World of Challenge and Change,National Innovation Initiative Interim Report,Council on Competitiveness,2004,7. 转引自《世界高等教育:改革与发展趋势》(第3辑),国家教育行政学院2006年印刷。

21 日本政府第三期科学技术基本计划(2006~2010年)(第三章)。转引自《世界高等教育:改革与发展趋势》(第3辑),国家教育行政学院2006年印刷。

22 [美]罗伯特·考特等:《法和经济学》,张军等译,上海三联书店、上海人民出版社1994年版,第191页。

23 英国知识产权委员会:《知识产权与发展政策的整合》(2000年公布),国家知识产权局条法司编译,第109页。

24 UN Innovation:Applying Knowledge in Development. 转引自《世界高等教育:改革与发展趋势》(第3辑),国家教育行政学院2006年印刷。

25 UN Innovation:Applying Knowledge in Development. 转引自《世界高等教育:改革与发展趋势》(第3辑),国家教育行政学院2006年印刷。

26 在遵循国际公约最低保护标准的基础上,发展中国家进行知识产权制度选择,应做到"阶段论"与"范围论"的结合。"阶段论",是指知识产权的保护水平和一个国家的经济和社会发展的水平相适应,而不能落后于或者超出某一历史阶段的科技和经济发展所决定的知识产权的保护水平;"范围论",是指知识产权的保护范围要和一个国家的经济和社会发展的水平相适应,不能不适当的缩小知识产权保护范围,也不能不适当地扩大知识产权保护范围。具体内容参见吴汉东:《后TRIPS时代知识产权的制度变革与中国的应对方略》,载《法商研究》2005年第5期。

27 World Bank Institute,Jean Eric Auburt:Promoting Innovation in Developing Countries:A Conceptual Framework. 转引自《世界高等教育:改革与发展趋势》(第3辑),国家教育行政学院2006年印刷。

28 王鑫:《印度的知识产权保护》,载 http://in. mofcom. gov. cn,最后访问日期:2006年1月20日。

29 有关数据参见钱俊生主编:《自主创新与建设创新型国家》,中央党史出版社2006年版,第25页。

30 参见梅永红:《自主创新与国家利益》,载《求是》2006年第10期。

31 参见《科技部长徐冠华解读"创新型国家"》,载 www. xinhuanet. com,最后访问日期:2006年1月11日。

32 我国知识产权保护水平是过高还是过低,在学术界、实务界一直存有争议。这一问题的评价依据应结合国际因素(以国际公约所规定的"最低保护标准"为基准)和国内因素(以本国现实发展水平为基础,并以未来发展需要为考量)来综合判断。总体认为,我国知识产权制度已达到国际公约要求,水平不低;与发达国家知识产权保护水平相比,尚有差距。现行制度和政策基本符合本国现实状况和发展需要。相关问题可参见胡开忠:《中国知识产权保护水平的思考》,载中南财经政法大学知识产权研究中心编:《"自主创新与知识产权保护"国际学术研讨会论文集》,2006年5月。

吴汉东

代表作

拾

制度风险与法律控制*

知识产权制度的社会学分析

在风险社会的语境中，知识产权法是一种制度文明，也是一种可能存在的制度风险。诸如文化风险、生态风险、基因技术风险、网络风险等，主要是知识产权制度的“内生性”风险。如何克服现行知识产权法律制度和法律秩序的先天性缺陷和潜在危机，增强风险意识，增强风险识别能力，寻求风险治理机制，是国际知识产权界共同面临的时代问题。知识产权制度风险的法律治理必须秉持价值理性与工具理性统一、权利观念与责任观念统一、法律控制与技术规制统一等理念，并通过传统知识保护、公共领域保留、开放存取及知识共享协议、知识创新奖励等制度的替代和补充，形成一个应对风险社会的观念体系和制度系统。这是应对知识产权制度风险的法律举措，也是实现知识产权制度价值目标的法律变革路径。

一、风险社会理论中的知识产权问题

风险社会研究是当代哲学社会科学的重要理论构成。1986 年，德国学者乌尔里希·贝克在《风险社会》一书中首次在学理上提出了“风险社会”的概念。贝克认为，人类面临着威胁其生存的由社会所制造的风险。西方社会中主导性的经济制度、法律制度和政治制度不仅卷入风险制造，而且参与了对风险真相的掩盖。现代化正在成为它自身的主题和问题，因此变得具有反思性。[1]该学说后来通过英国学者安东尼·吉登斯、斯科特·拉什等人的发展，[2]形成了一个影响深远的学术理论。由此，风险社会引入

---

* 原载《法学研究》2012 年第 4 期，题名为“知识产权的制度风险与法律控制”。

了20世纪后期和21世纪社会科学界的新语义范畴,风险社会问题成为一个跨国际、跨世纪、跨学科研究的重要领域。在风险社会理论中,风险社会这一概念并不是社会发展类型的某一历史分期,也不是某个具体社会和国家的现实发展阶段,而是对当今人类时代问题的理论概括与形象描述。具体说来,现代风险具有以下特征:第一,风险的内生性。人为风险越过自然风险成为风险的主导内容。伴随着人类的决策和行为,诸如工业制度、法律制度、技术和应用科学的运用,产生了新类型风险,即制度化风险和技术性风险。[3]第二,风险的全球性。风险社会是一种"全球风险社会",风险的空间影响超越了地理边界和社会文化的边界。风险的全球性伴生于全球化的浪潮。正如吉登斯所言,"在全球化的时代里,风险的影响被普遍化了。"[4]贝克将风险的全球性归结为人类文明决策运用所导致的"全球性"后果。[5]第三,风险的多样性。作为人为风险,其孕育与发生受到人文、社会、经济、政治等多种因素的影响。可以说,"风险是多元的"。[6]基于社会理性与科学理性的"知识断裂"导致了现代性的诸多负面性,从这个角度出发,贝克提出知识经济就是"风险经济",知识社会也就是"风险社会",并将风险分为经济风险、政治风险、文化风险,在此基础上还提出了"信任风险"。[7]

对风险社会问题的法学研究,其重点是法律制度与法律秩序。"法律制度的价值和意义就在于规范和追寻技术上的可以管理的哪怕是可能性很小或影响范围很小的风险和灾难的每一个细节。"[8]而法律秩序则是法律制度实行和实现的效果,即社会生活基本方面的法律和制度化。现代社会是法治社会,制度风险及风险法律控制是风险社会法学研究理论的基本内涵。

知识产权是历经三百多年成长的制度文明典范。但在风险社会理论的语境中,这种制度文明可能成为一种制度风险。这种风险具有"人为的不确定性",其原因来自人自身,即是由现代性的推进所引致、造就的人对自身的威胁。[9]知识产权是激励和保护知识创新的法律,亦有现实或潜在的制度风险,它或是"技术—经济"或法律决策导致的风险,或是法律所保护的科技文明本身所带来的风险。[10]质言之,知识问题是现代性风险的根本成因,制度选择的实质是基于风险的决策。如果说"风险就是知识中的风险",[11]那么我们也可以认为,风险社会中的知识产权即可能存在风险。风险社会的知识产权问题研究，主要涉及如下方面：

第一，知识产权决策的制度化风险。风险社会中的风险的含义依赖于这样一个事实，即文明的决策可能触发全球化进程中的一系列问题和一连串的风险，[12]直言之，“风险以决策为先决条件”。[13]东西方国家对知识产权制度的选择有不同的历史背景。发达国家的知识产权制度虽不乏法律移植的结果，但实质上却是“法律变革和广义立法的一种表达方式”，[14]既是基于自身发展的需要，又有相当基础的文化传统。而对发展中国家而言，知识产权立法则没有制度传承，也缺乏文化土壤，外力强加的法律移植往往带来法律实施效益不足的“风险”。在当今国际贸易体制中，知识产权保护的国际环境发生很大变化，所有国家包括发展中国家都必须按照国际公约规定高水平地保护知识产权。发展中国家缺乏发达国家所经历的知识产权保护逐步提升和缓慢过渡的成长期，因而政府对制度构建准备不及，其政策运用经验不足，同时社会缺乏规则意识，形成“对制度性的规则的制度化违背”。[15]这即是规则“运转失灵的风险”，其结果使得保护创新的风险“制度化”转变成“制度化”风险。[16]

第二，知识产权客体的技术性风险。风险社会是一个高度技术化的社会，科学技术的高度发展既是风险社会的特征，也是风险社会的成因。现代社会中的风险是“被制造出来的风险”，是由我们不断发展的知识对这个世界的影响所产生的风险。[17]马克斯·韦伯形象地指出，人类在不久的将来注定会生活在“技术知识的囚室”。[18]知识产权制度具有鲜明的现代化特征，立法者总是意图通过法律制度的现代化去推动科学技术的现代化。现代知识产权法保护的网络技术和基因技术，是知识革命中最具有代表性和影响力的时代技术。对以私权形式存在的网络版权和基因专利给予尊重和保护是必要的。这种对知识体系和技术性知识的信任是人们在风险社会中获得和持有本体性安全的基础和保证。[19]但是，风险与信任是交织在一起的，且两者都与现代性有关。从“反思的现代性”出发，对知识产权所保护的先进技术仅为信任是不够的。知识技术本身的有限性即是一种风险：一是权利边界冲突带来的风险。例如，在网络版权领域，专有权利与公共领域的界定、数字内容与传播技术的关系、智力成果与传统文化资源的联系等，都是网络技术带来的法律问题或者说社会风险。二是技术独占使用带来的风险。例如，在基因专利领域，对基因食物、基因药品以及动植物基因乃至人类技术基因的开发、利用，都会导致人类本身以及人类生存环境的变化。这种变化主要是改善和进步，但也寓含着负面效应。

第三，知识产权运作的全球性风险。经济全球化、科技全球化、信息全球化乃至治理机制的全球化，不可避免地带来风险的全球性。反全球化主义者认为，全球化正在催生另一种形态的帝国体制：互联网是“信息帝国主义”，世界贸易组织是“市场帝国主义”，国际货币基金组织是“金融帝国主义”，而联合国是“政治外交的帝国主义”。[20]贝克对此作出了自己的判断：全世界面临着社会认同解体、价值利益冲突、主体组织对立、国家立场对峙、生态环境破坏等不确定因素，这些危机与发展遍布全球，形成对人类生存的新威胁。[21]知识产权制度的国际化亦是全球化的伴生物，它实现了知识产权保护规则的普适性，也导致了制度风险的全球性：一是东西方国家知识产权利益的失衡。这是一种明显向发达国家倾斜的国际知识产权体制，其结果是发展中国家的智力产品搁在了公共领域，而发达世界的智力产品被紧紧掌握在私人公司手中。[22]二是知识产权与国际人权冲突。联合国人权促进小组委员会发表文件，宣称“由于协定的颁行没有充分反映所有人权的基本性质和整体性”，“所以知识产权制度与国际人权法存在着明显的冲突”。[23]《知识产权协定》在其制定及推行过程中显见种种不足，国际社会不乏质疑、争议的声音，其焦点即是协定的合理性、妥当性问题。诚然，当代知识产权国际保护制度具有正向性的作用，但是也有现实或潜在负效应因素。在风险社会中，“运用我们的文明的决策，我们可以导致全球性后果”。[24]

二、知识产权的制度化风险和技术性风险

知识经济的发展和网络、基因技术的应用，深刻地改变了知识产权的生存环境。这一判断依赖于以下两点事实：第一，知识产权所保护的最新技术，在造福人类的同时也加大了人类危害自身的可能性，“从技术—经济‘进步’的力量中增加的财富，日益为风险生产的阴影所笼罩”。[25]这即是技术的负面性与风险的不确定性的联系。第二，传统社会治理体系（包括知识产权制度）无力解决工业社会过度发展而产生的社会问题。“我们所体验到的那种无能为力并不是个人失败的标志，而是反映出我们的制度无能为力。我们需要重构我们曾经有过的这些制度，或者建立新的制度。”[26]

这即是法律的确定性与风险的不确定性的背离。可以说，现行知识产权的法律制度和法律秩序存在先天缺陷和潜在危机。

（一）文化风险与文化多样性

文化全球化是经济全球化的伴生物。“文化全球化不仅意味着文化的全球整合，也孕育着文化的冲突。”[27]国家文化安全与世界文化多样性问题是社会风险在文化领域的表现形式。在文化全球化和文化产业全球化的今天，我们面临着一个“风险文化的时代”。斯科特·拉什为此警告说：“始料不及的风险和危险将不再是由工业社会的物质化生产过程中所产生的风险和危险，而是从信息领域、从生物技术领域、从通讯和软件领域产生出的新的风险和危险。”[28]当今时代的“文化风险”表现为民族国家文化主权的弱化和传统文化边缘化。在全球范围内，许多民族、部落的传统文化与所谓的主流文化、强势文化一直存在某种紧张状态，这一情况不仅存在于东西文化之间，而且也表现在欧美文化内部之中。[29]

与经济全球化相伴而生的文化全球化，并不能消解文化的民族性和多样性。当今世界的情况是，一万多个不同的社会群体生活在二百多个国家之中。对一国内部而言，许多国家都是多文化、多民族的，维护文化的多样性主要在于对少数人群体权利的尊重；但对国际社会而言，文化的多样性意味着语言、宗教以及生活方式的差异性。承认这种文化多样性就是承认不同国家文化主权的独立性和自主性。“尊重不同文化的平等地位，尊重不同文化的多样性和它们丰富的活力，尊重完成发展的不同路径”，[30]是实现文化多样性的伦理基础，[31]也是国家文化主权原则的法律要求。

以《知识产权协定》为核心的国际保护体系的制度缺陷在于，它极力保护的是文化表现形式的独创性、新颖性，而忽视了文化表现形式的多样性。我们看到，现代欧美文化类型以其“现代性”为特征称雄于世界。从文化的角度来看，欧美文化对各地原住民文化、传统文化的同化，日益蚕食着世界文化的多样性；从法律的角度看，西方国家主张的法律精神及其制度准则，已经成为国际社会生活的指南。[32]在知识产权领域，欧美文化类型在知识产品的现代化生产中，以各种“智力创新”的形式得到欧美国家主导的国际知识产权制度的周延保护。与此相反，知识产权制度对不同的文化类型即“智力源泉”却缺乏必要的法律涵养，这一制度“只能保护知识财产上的财产利益，而难以保护其同时存在的文化利益”。[33]

在现行知识产权制度框架下，以危及文化多样性为表现形式的文化风险主要表现在以下两个方面：第一，凭借科技、资本等优势，少数国家以知识产权名义进行的文化创作、生产、传播行为，对其他类型的文化表达和知识形式等进行不当占有和利用，损害文化的多样性特别是非主流文化、传统部族文化、少数人群体文化的存在和发展。例如，对他种类型的文化赋予不同的意义而并入另一种类型中，损害特定文化生存的独立性；以文学、艺术作品形式失真地编排他种类型的文化生活，损害传统部落文化表现形式的真实性；对他种类型的文化表现形式如歌曲、舞蹈、戏剧、医药等进行占有和利用，既不标示来源，又不支付报酬，损害传统文化资源的合法权益；利用电视、电影、网络、音像、广播、出版等技术控制文化传播手段，扩展单一文化的传播空间和时间，损害弱势文化得以平等表达的机会等。第二，通过国际文化市场，少数国家以知识产权名义不断扩大本国文化影响力和文化出口贸易额，形成了合法形式的文化垄断，使得许多国家的多样性文化在生存和发展方面遭遇着前所未有的困境。以电视节目和卫星电视为例，西方国家完全垄断了电视节目市场。在许多第三世界国家，60% ~80% 的电视节目来自美国，几乎成为美国电视的转播站，而非洲国家的外来电视节目更占节目总播出的90%。目前亚太地区上空拥有两百多个卫星电视频道，其中大部分是西方三大电视集团对亚洲开办的专门频道。[34]可以说，以知识产权为后盾的文化全球化和全球化的文化产业正挤压着多样性文化的生存空间，从而构成风险社会中的文化风险。

（二）生态风险与生物多样性

生物多样性蕴含着生态、遗传、社会、经济、文化等价值，保护生物多样性是全人类共同关切的问题。生物多样性的危机或说是物种资源的破坏，其根源主要不是自然灾害，而是人为的不确定性，即“制度化风险”。

在现行知识产权体系中，授予专利的条件仅规定为创造性、新颖性和实用性，材料来源不是可专利性的要件，即生物技术专利的获取可以不考虑生物技术的基因来源。当代生物技术产生的特点之一，即是对资源的依赖性与资源的信息化。在生物技术时代，谁掌握了地球上有限的遗传资源，谁就能在生物经济的发展中取得主动，从而成为新的财富拥有者。[35]

现实状况表明，发达国家与发展中国家分别处于生物技术与资源的两端，全世界 80% 的生物资源都在发展中国家，而 95% 的生物技术专利为发达国家控制。[36]长期以来，在生物资源“国家主权”缺失的情况下，在现行知识产权的制度框架里，东西方国家生态权益出现重大失衡：发展中国家的生物资源优势不能在专利申请中得到体现，也不能获得使用专利的优势。相反，高水平的专利权保护，提高了发展中国家输入的成本。[37]

国际生态环境的愿景目标是：“保护生物多样性、可持续地利用生物多样性，公平合理地分享使用多样性资源的利益。”[38]1992 年《生物多样性公约》确定的以生态和环境保护、遗传资源保存和开发为一体的发展主旨，并没有在世界贸易组织及《知识产权协定》的框架内得到协调与回应。少数国家甚至推行双边主义，专门就生物技术的高水平保护签订协议，以达到其预定的“TRIPS—Plus”目的。[39]人们有理由担心，上述制度或政策的缺陷使得“全世界面临着生态破坏危机的巨大风险与高度的不稳定性”。[40]

（三）基因技术风险与人类社会安全

科学技术的高度发展既是风险社会的特征，也是风险社会的成果。所谓技术风险，是指人类在利用技术时违背技术自身规律而产生的社会风险。[41]违背技术自身规律的行为，有时是出于人类认识能力的局限，有时则出于某种利益的考量。例如，基于政治需要或经济效益的目的，明知利用某一技术会带来不良后果，但仍然作出技术行为选择。

风险社会中的基因技术风险，是由于基因技术利用而造成社会损失、危及社会安全的一种潜在的可能性状态，主要表现在以下方面：第一，人类生态环境风险。在现实社会中，人为环境风险超过自然环境风险而成为风险的主要内容。环保主义者认为，在基因产生的巨大商业利益面前，人类对基因技术有可能失控或滥用，其结果是物种的灭绝或性状改变、生态平衡遭到破坏，从而引发生物安全问题。第二，人类社会秩序风险。随着人类基因图谱的破译，人类遗传资源密码得以揭示。当技术发展到能够阅读个人基因组时，可被用于对人的健康、智力及潜在素质的测试。倘若人类基因信息被不适当地利用，就会产生“基因歧视”，有可能危及人类自身安全。第三，转基因食品风险。转基因技术已经孕育出优质、高产、抗病虫害的农作物，转基因食品正在影响着人们的饮食消费。与此同时，世界舆论也在关注转基因作物过量地制造某种外源的蛋白质，有可能危及人类健康。

知识产权制度理直气壮地对基因技术授予专利，却对基因技术风险束手无策。通过法律规范阻止基因技术滥用行为是必要的,但其作用是有限的。我们必须正视现行知识产权的制度缺失,建立一整套社会治理体系,才可能走出基因时代的技术风险。

(四)网络风险与信息社会安全

信息全球化是建立在网络社会化的基础之上的。网络构成了我们这个时代新的社会结构、形态与模式。"作为一种历史趋势,信息时代的支配性功能与过程日益以网络组织起来。网络建构了我们社会的新社会形态。"[42]网络社会在本质上是一个风险社会。网络技术的发展对社会、文化、政治、经济、法律等有潜在的影响,其结果所产生的不确定性已变得难以控制。可以认为,"网络社会所蕴含的数字化不仅引起一场产业革命,同时也引发社会革命"。[43]

网络风险是来自网络技术与网络著作权本身的"内生性"风险。主要有三大问题:第一,制度信任的风险。"风险社会不仅仅是一种事实概念,更是一种文化概念。"[44]网络环境秩序的治理,有赖于权力机构以正式方式建立并保证实施的正式制度,这主要是法律制度,同时也借助于诸如习俗、惯例、道德伦理等具有社会规范形式的非正式制度。我们看到,对于日益泛滥的网络侵权和人数众多的侵权群体,正式建立的法律制度显得无能为力。在网络环境中,每一个网民的每一次鼠标点击都可能构成侵权,但法律却很难加以制裁。其结果是对著作权的"制度化违背"成为常态,代之而起的是"非正式制度(潜规则)"的生成,"正式的规则或制度名存实亡"。[45]在这种情况下,法律与其他社会规范不但背离,而且产生了冲突。可以认为,著作权文化认同缺乏是一个法治信仰问题,而在风险社会理论中则是一种制度信任危机。第二,技术保护措施的风险。在网络环境下,信息的传播便捷且广泛,数字技术的出现弱化了著作权人对其作品的控制力。为应对数字作品的非法传播而强化权利人控制其作品网络传播的能力,技术保护措施被纳入著作权制度。有学者认为,如果技术保护措施被普遍应用,可能会限制网络信息传播的巨大能量,也可能潜在地摧毁公众与私人之间存在的利益平衡。在数字版权管理或者技术保护措施取代销售许可合同的情况下,还可能妨碍公众对信息的接触或获取。[46]第三,"数字鸿沟"的风险。在全球范围内,数字技术的运用及其程度有很大差异,这种网络发展的不均衡性即是"数字鸿沟"问题。网络时代数字鸿沟的存在及其扩展必将招致众多的风险和危机，涉及各个社会领域。在版权产业界，诸如影视、音乐、广播、游戏、动漫、出版等数字内容产业占据主流和支配地位，而生产数字内容产品的许多核心乃至技术标准，多为发达国家和其跨国公司所掌握。根据《中欧数字鸿沟比较研究》提供的数据，2007 年中欧数字鸿沟的综合指数为 0.69，这意味着中国的信息化总体发展水平和应用水平比欧盟落后 69%。“网络时代的数字鸿沟扩大了社会的不平等现象”，[47]不仅表明了东西方国家拥有著作权的利益失衡，而且意味着这些国家的民众接触和获取信息的能力有差距。

三、知识产权法制建设中的风险意识

知识产权制度的风险研究，从其识别、评价到治理，每一过程的理论思维都应是客观事实分析与主观价值判断的综合。知识产权制度发展路径的选择，其实是基于风险的政策抉择。在知识产权法律制度与法律秩序的建构中，增强风险意识，增强风险认识能力是非常重要的。

中国知识产权制度是在特殊历史条件下建立的，在很大程度上是“逼我所用”，即外力强加的结果。但是根据自身发展的需要，这一制度现已变成“为我所用”的政策工具，即作为建设创新型国家的制度选择。对外国法制或者国际法制的引进是一个理性选择的过程，更是一个法律本土化的过程。即外来制度如何在本国“扎根”与“内化”的过程。[48]问题在于，知识产权制度在发展中国家未能完全实现其预期的政策目标。影响制度效益目标实现的，既有法律因素，如制度选择所涉及的法律理念、法律内容以及法律形式等是否具有先进性、合理性和科学性；也有非法律因素，即制度实施所涉及的经济技术发展状态、政府公共政策体系以及社会环境、文化条件等是否具备一致性、协调性和相适应性。上述不确定因素，即是风险社会的知识产权风险。“通过法律化解风险，通过法律吸纳风险”，“将风险社会置于法治社会的背景之中”，[49]我们有必要对风险社会中的知识产权制度进行合理的建构和更新。对于中国而言，在接受知识产权这一制度文明的同时，必须克服知识产权可能带来的制度风险，在知识产权国际化潮流中强调本土性，在知识产权现代化过程中注重阶段性。具体而言，我们应当持有如下风险法律理念。

（一）价值理性与工具理性的统一

价值理性与工具理性是哲学中两个相对的概念，其最直接、最重要渊源是德国社会学家马克斯·韦伯所提出的“合理性”理论。韦伯将合理性分为两种,即价值(合)理性和工具(合)理性。前者是指“主观相信行动具有无条件排他的价值,而不顾后果如何、条件怎样都要完成的行动”,[50]关注的是属于目的和结果的价值;后者是指“以能够计算和预测后果为条件来实现目的的行动”,[51]其核心是追求功利的动机所驱使的效率。在韦伯的理论中,工具理性是启蒙精神、科学技术和理性自身演变和发展的结果。然而随着工具理性的极大膨胀,在追求效率和实施技术的控制中,理性由解放的工具退化为统治自然和人的工具。[52]这是一种技术理性和价值理性的冲突。在资本主义社会,技术的提高是技术理性高扬的结果,而人的异化则是把人作为目的的价值理性走向衰落的表现。风险社会理论对此有着相似的看法。贝克认为,传统现代性的重要知识原则就是“科学理性”,正是这种表面“全知全能”实则“片面垄断”的工具理性,造就了现代社会的全面问题。社会成为经济社会,国家成为“技术国家”,“工业理性和技术的蚕食耗尽了日益现代化的本质”,“使人类的充满生机的关系成为工具理性”。[53]可以说,科学理性在宣称自身价值中立的同时,也将其与体现更广泛社会价值的“社会理性”对立起来。[54]

在法学研究中,价值理性与工具理性的关系表现为实质正义与形式正义、法律目标与法律手段之间的关系。一些法律制度的设计和安排,将作为手段的工具理性当作目的,将作为目的的价值理性当作手段,带来诸多的社会问题。现代知识产权的制度风险,在一定程度上就源自“工具理性的越位”和“价值理性的缺位”。[55]国际知识产权保护的制度安排,较多反映了强势主体高水平保护知识产权的利益诉求,使得形式公平的知识产权规则掩盖着东西方国家利益失衡的实质不公平。知识产权既是私人产权,又是公共政策。基于知识产权两种属性的关系,英国知识产权委员会作了很好的诠释:无论怎样称呼知识产权,我们最好将它视为公共政策的一种手段,授予个人或者机构一些经济特权,以实现更大的公共利益,而这些特权只是一种目标实现的手段,其本身并非目标。[56]可以认为,寻求全球知识产权风险治理机制,改革现行知识产权保护制度,其基本思路应是工具理性与价值理性的统一。这里的价值理性,包括知识产权创造和利用中的各方利益平衡,知识贸易中的东西方国家利益调整以及知识传播中的公共利益的实现。

(二)权利(力)观念与责任观念的统一

知识产权是知识类财产的权利形态,包括义务功能要求在内的权利观,是当代法理念的核心范畴,知识产权制度的构建和运行是以这一核心范畴为基础的。风险社会的法律应对有两个重要概念:一是“法律的确定性”,二是“风险的不确定性”。在风险社会中,法律所授予的权利(力)旨在最大限度地抵销由于风险带来的冲击和侵害,或者说偏重于对确定性价值的追求和确认。[57]知识产权立法的本来目的,在于合理界定权利与义务的范围,明确本权或他权的构成,通过权利行使而实现其确定性的利益。但在当代新技术的影响下,传统法律体系下的权利确定性边界变得模糊不清,从而带来种种不确定性的风险。对知识产权正当性及其边界的质疑,成为知识产权制度遭遇时代挑战的突出问题。[58]这里的权利边界,涉及智力成果“专有领域”与“公共领域”的划分、创造者权利与传播者权利的划分、创造者和传播者权利与使用者权利的划分。其不确定性的风险可能来自权利的扩张或滥用,也可能来自权利的侵害或冲突。在风险社会理论视野中,知识产权法的权利观应该包括如下内容:权利应该有确定性范围,权利应该受到尊重和保护,权利应该被谨慎和正当地行使。

在知识产权领域,举凡权利的滥用与义务的违反,都会涉及责任的承担。在法学理论中,由于侵犯法定权利或违反法定义务而引起的,由专门国家机关认定并归结于有责主体的带有直接强制性的义务,是为法律责任,又称为“第二性义务”。[59]与上述学说不同,风险社会理论中的责任有两个特点:第一,有责主体是广义的,包括技术产品创造者(对禁止研发的技术产品承担产品责任)、技术产品评估者(对技术产品负面效应或副作用的评价承担专家责任)、技术政策的制定者(对技术产品的社会风险承担决策责任)。多重责任主体制度旨在防止贝克所批判的“有组织不负责任”的情形出现。第二,权利个体的责任是宽泛的。诸如技术滥用、技术误用以及利益博弈下的技术选择使用等,都是引起技术社会风险的行为,其中有构成权利滥用和义务违反的法律责任,有的则可能是一种“公众批判”的道义责任。

在风险社会中,知识产权制度主张的法律理念应是权利(力)观与责任观的统一。诚然,这是对权利者即知识产权所有人的要求,即主体在享有权利、承担义务的同时,应履行其责任,并将责任理念贯穿于知识的创造、传播与利用过程中。进言之，这更是对权力者即知识产权管理人的要求。政府在风险社会的角色定位表明，决策即风险，决策者即责任者。因此，在知识产权风险治理机制中，政府应当秉持权力与责任相统一的理念，并将责任理念贯穿于权力运作的始终。

（三）法律控制与技术规制的统一

现代社会的风险防范与治理，需要人类构造新的价值理念与新的知识体系。对知识产权的制度化风险与技术性风险，可采取法律控制与技术规制的综合治理机制。

法律控制是风险治理机制的重要手段。知识产权法律具有激励知识创新的制度功能，其私权的扩充与保护即是激励机制的法律表现。但是从风险理论出发，立法者必须重视控制风险功能的法制化。具言之，知识产权法律要强化权利客体排除、禁止权利滥用、限制权利行使等制度；相关法律对技术的研究、使用和传播应建立限制机制、禁止机制以及惩戒机制，以作为上述知识产权法律的补充。

技术规制是风险治理机制的重要措施。技术规制表现为法律规范、政策规定和伦理规则等。风险社会理论指引下的技术规则有以下特点：风险规避的主要路径是事先预防而不是事后补救（从技术研究开始规制，以预防技术产生的负面效应或副作用）；风险规避的基础范式是从技术研发到应用过程的责任制度（包括社会道义责任、科学伦理责任和法律责任）；风险规避的重要措施是奉行技术民主原则（包括技术信息适度公开和公众参、公众决策）。[60]

法律控制与技术规制的风险观告诉我们，防范知识产权的制度化风险和技术性风险，不仅涉及传统知识产权的制度改造，而且要求构建以规避风险为指引，以知识产权为导向的公共政策体系，同时形成以全面理性（包括社会理性与科学理性）为基本内涵的科技伦理规范。

四、面对风险社会的知识产权制度

面对风险社会，现行知识产权制度的“先天缺陷”日益凸显，陷入了一场前所未有的危机与挑战。人们对知识产权制度产生了“信任风险”，质疑其正当性与合理性，甚至出现了“专利废除论”、“著作权死亡论”等极端观点。[61]笔者认为，知识产权制度不会走向消亡，但是必须进行法律变革；

知识产权制度可以继续存在，但需要相关制度补充。

知识产权制度应对知识革命作出回应，重点解决网络技术、基因技术带来的诸多问题，避免规则缺失所带来的“不确定性”。问题一，新的知识形式对传统知识产权客体的挑战。这主要表现为知识产品形式的变化和知识产权客体范围的扩大。著作权客体经历了传统的印刷作品到现代模拟作品、电子作品再到当代的数字作品与网络作品的不断演进；专利权客体从以往的微生物、动植物品种发展到今天的基因技术；域名作为数字化经营标记，则成为商业标记领域的最新保护对象。问题二，新的知识财产对传统知识产权范围的突破。这既表现在原来权项内容的拓展，如著作权领域出现的信息网络传播权、数据库作者权；也表现在新的财产权利的增加，如介乎著作权与工业产权之间的集成电路布图设计权，具有准专利性质的植物新品种权。问题三，新的知识利用方式对传统知识产权规则的改变。新技术不仅带来知识产品利用的新途径，同时也要求法律制定相应的新规则。在网络版权领域，对保密技术措施的正当性、合理性考量，对网络作品传播者、消费者的责任界定，无一不是法律难题。而在网络商标领域，法律则面临商标权地域性与因特网国际性的冲突、商标分类保护与网上商标权排他效力的矛盾。问题四，新的知识权利观念对传统知识产权制度的动摇。生物技术的出现，使发现与发明的界限变得模糊，“专利只能授予发明而不能授予发现”的传统理论遭到了质疑。[62]“传统资源权”概念的出现，使得人们在关注现有智力成果权利的同时，也要考虑传统智力资源的保护。应该指出的是，上述问题并不是知识产权制度变革的全部内容，但也许可以视为法律再造的重点和难点。

知识产权制度变革的重心，在于相关制度的补充和替代。这些制度或是弥补知识产权的制度缺陷，或是植入知识产权制度体系，或是替代知识产权发挥制度功能，以此形成一个应对风险社会的制度系统。相关补充和替代制度主要有：

第一，传统知识保护制度。按照世界知识产权组织的说法，传统知识是指基于传统所产生的文学、艺术或科学作品，表演，发明，科学发现，外观设计，标记、名称及符号，未公开的信息，以及一切来自于产业、科学、文学艺术领域内的智力活动所产生的基于传统的创新和创造。[63]传统知识是现代语境下的概念，以此说明与现代知识相区别的知识类型。“现代知识是一种世界性的知识,建立在西方的科学、哲学和社会经济制度之上,是当今世界占据主流地位的知识类型;而传统知识则是一种地方性知识,是特定的人群为应对特定社会生态环境而发展起来的知识类型,相对于现代知识的普遍性,传统知识则表现出强烈的多样性。"[64]传统知识的保有和传承使得地球的生物多样性和文化多样性得以延续,是人类社会可持续发展的重要基础。现行知识产权制度的保护对象限于最新知识即智力创造成果本身,而不能涵盖传统知识即智力创造源泉,这种保护机制忽视了对文化与知识多样性保护的原则,导致一些国家或地区、一些民族或种族应有权利的丧失。近年来,国际社会十分重视传统知识的保护问题,并对这种制度安排进行了有益的探讨:其一,采用现行制度保护。知识产权现有形式下的保护方式包括:著作权及邻接权(以民间文学艺术表达为主的传统知识为保护对象)、专利权(以遗传资源的利用、开发有关的产品和方法为保护对象)、植物品种权(以改进原生状态物种的新植物品种为保护对象)、外观设计权(以传统的手工艺产品为保护对象)、商标权(以含有传统知识的商品或服务所采用的个体或团体标记为保护对象)、地理标记权(以各类天然、传统和工艺品所采用的社区标记为保护对象)、反不正当竞争(以未公开的传统知识为保护对象)。[65]其二,采用专门制度保护。一些学者和非政府组织强烈建议的方法是建立一种专门制度,即为适应传统知识的本质和特点而创设独立法律制度。关于专门制度的法律属性,即是否属于知识产权保护机制的范畴,国际上有不同的认识。有的认为这是一种"专门的知识产权制度",尽管它的学理基础、规范方法与典型的知识产权制度有较大的差异。也有的认为,这种制度"处于现行知识产权体系的保护之外,它实际上归属于国际社会正在讨论的一个更为宽泛的权利系统—传统资源权";"如果说现行知识产权制度是对智力创新的激励,那么传统资源权就是对智力源泉的涵养"。[66]对传统知识的保护事关国际协调机制的运作,目前尚存有许多争议,是风险世界的不确定性因素之一。其结果不仅反映一种新的利益格局的形成,同时也昭示未来知识产权国际保护制度的发展方向。

第二,公共领域保留制度。公共领域是典型的"知识共有物",即知识产品的非专有领域。公共领域制度在知识产权法中的适用,最早可追溯到英国 1623 年《垄断法》规和 1709 年《安娜法令》。根据规定,专利权和著作权的保护期限届满后，原来受保护的知识产品即进入公共领域。后来的美国《宪法》在著名的知识产权三项政策中专门规定了“公共领域保留”（the preservation of the public domain），将知识产权限制在一定期间和范围之内。[67]公共领域保留的制度设计，无疑是一道界分公共利益与私人利益各自范围的“分水线”。知识产权本质上为私权，但法律对知识产权的保护并不是最终目的，它还承担着实现公共利益的价值目标。可以说，知识产权立法的二元宗旨构成公共领域保留制度的现实基础。学者大抵认为，国内法框架下的公共领域主要包括三个部分：一是保护期届满的知识产品；二是不具备实质要件的知识产品；三是人类共有的知识，包括不受保护的“思想”以及有关科学、数学等理论知识。在国际公约体系中的公共领域，主要包括可以自由复制的表达形式、可以自由使用的科学技术、暗含在市场中可以自由使用的标记和符号、可以自由应用于产品的具有功能性和审美性的设计以及思想和即时性新闻等。[68]但是，我们看到，在现代知识产权制度发展过程中，私人知识财产权得以扩张，知识财富的公共领域却不断缩小，从而造成了权利拥有者的个人利益与知识利用者的公众利益之间的冲突。有学者指出，知识产权成为一种将循环使用的公共信息变成私有垄断信息的工具。[69]这种制度化风险，“可能是源于近些年来立法者和政府偏向于对著作权的保护以牺牲公共领域为代价，对受保护领域的强调导致对公共领域的忽视”。[70]面对风险社会的知识产权法必须重塑这一制度。公共领域保留不仅体现了法律对涉及知识产权的各种利益重新认识并加以协调，其实也是法律对专有权扩张的风险进行识别并加以控制。

第三，开放存取运动与知识共享许可协议。解决权利扩张与利益失衡，是风险社会知识产权制度完善的一个难题。美国学者认为，知识的过分产权化如同对自然资源的过多掠夺，会使已有生态系统遭到破坏。因此，要遏制知识不断私有的趋势，通过知识共有以维持知识生态系统的良性运转。[71]为维系知识共有空间，国际社会的一些团体或个人采取了“亚政治”运动，[72]其中最有代表性的即是开放存取与知识共享。开放存取（open access）是国际学术界、出版界、图书情报界为了推动科研成果利用互联网自由传播而采取的运动。按照2001年《布达佩斯开放存取协议》的说法，“对某文献的‘开放存取’，即意味着它在因特网公共领域里可以免费获取，并允许任何用户阅读、下载、复制、传递、打印、搜索超链接该文献，也允许用户将其通览并为之建立索引,用作软件载入数据或其他任何合法用途”。[73]在开放存取运动中,文献作者或著作权人授权用户免费使用的是学术文献,且以教学、研究、学习为目的。该运动在互联网空间搭建了一个“知识共有”的平台,促进了学术文献的交流和传播,是有别于传统著作权制度的知识利用模式。“知识共享许可”(creative commons license)也是针对现行著作权制度而创制的,是以“反版权”为思想基础的开源软件许可证由软件产业向其他文化产业的延伸。由“知识共享组织”于 2001 年创设的这种著作权许可方式,其对象包括所有著作权法所保护的作品,著作权人可选择某一许可方式授权他人使用其作品,被许可人必须接受该许可方式所设定的限制条件。可以认为,开放存取运动与知识共享协议“是对传统的著作权授权许可方式的革新,它为作品的自由、广泛传播以及作品的再创作提供了一个崭新的机制”。[74]

第四,知识创新奖励制度。专利制度的弊端是风险社会知识产权“制度化风险”的典型表现。针对“专利质量降低、专利诉讼爆炸、专利灌木丛、专利竞赛”等制度缺陷,人们也在寻求制度补充的风险治理机制。对知识创新的激励与保护,专利法是主要但并非唯一的法律形式,其辅助机制即创新奖励机制有两种类型可作选择:其一,与专利制度相衔接的“专利奖赏制度”。在专利奖赏制度下,由国家向专利人支付相当于社会价值的金钱补偿后,其发明专利归国家所有,进入公有领域。[75]这一制度主要适用于独占权保护有可能产生重大社会影响的技术领域,如事关公共健康的制药领域、专利过于密集以致影响技术创新的特殊领域等。其二,与专利制度相并行的“发明奖励制度”。发明奖励制度即是通过对科技成果的社会效益或经济效益进行评价,由国家给予精神和物质上的奖励,其发明成果所有权名义上属于国家,但实际上任何人可以无偿使用。这种非市场机制的奖励制度也是对专利制度的补充。

知识产权的法律之光,当为保护私人知识财产的智慧之光,更是维护社会知识进步的理性之光。探讨知识产权制度的修订与完善、补充与替代,是国际知识产权界共同面临的时代问题。这不仅是应对知识产权制度危机的风险控制举措,也是实现知识产权制度价值目标的法律变革路径。

注释

1 [德]乌尔里希·贝克:《风险社会》,何博闻译,译林出版社2004年版,第16页。

2 代表性著述有:[英]安东尼·吉登斯:《失控的世界:全球化如何重塑我们的生活》,周红云译,江西人民出版社2000年版;[英]斯科特·拉什:《经济全球化时代的风险文化与风险社会》,载薛晓源等主编:《全球化与风险社会》,社会科学文献出版社2005年版。

3 参见杨雪冬:《风险社会理论述评》,载《国家行政学院学报》2005年第1期。

4 [英]安东尼·吉登斯、[英]克里斯多弗·皮尔森:《现代性——吉登斯语谈录》,尹宏毅译,新华出版社2001年版,第7页。

5 [德]乌尔里希·贝克:《"9·11"事件后全球风险社会》,王武龙编译,载《马克思主义与现实》2004年第2期。

6 张秀兰:《认识风险——社会科学的视角》,载[英]尼克·皮金等编著:《风险的社会放大》,中国劳动社会保障出版社2010年版。

7 薛晓源等:《全球风险世界:现在与未来——德国著名社会学家的风险社会理论创始人乌尔里希·贝克教授访谈录》,载《马克思主义与现实》2005年第1期。

8 [德]乌尔里希·贝克:《从工业社会到风险社会——关于人类生存、社会结构和生态启蒙等问题的思考》(上篇),王武龙编译,载《马克思主义与现实》2003年第3期。

9 参见[德]乌尔里希·贝克:《世界风险社会》,吴英姿译,南京大学出版社2004年版,第137页。

10 参见成伯清:《"风险社会"视角下的社会问题》,载《南京大学学报》(哲学社会科学版)2007年第2期。

11 [德]乌尔里希·贝克:《风险社会》,何博闻译,译林出版社2004年版,第64页。

12 [德]乌尔里希·贝克:《"9·11"事件后全球风险社会》,王武龙编译,载《马克思主义与现实》2004年第2期。

13 参见[德]乌尔里希·贝克:《世界风险社会》,吴英姿译,南京大学出版社2004年版,第4页。

14 参见刘星:《重新理解法律移植》,载《中国社会科学》2004年第5期。

15 [美]罗伯特·默顿:《社会研究和社会政策》,林聚仁译,三联书店2011年版,第86页。

16 参见杨雪冬:《风险社会理论述评》,载《国家行政学院学报》2005年第1期。

17 [英]安东尼·吉登斯:《失控的世界:全球化如何重塑我们的生活》,周红云译,江西人民出版社2000年版,第24页。

18 转引自[英]安东尼·吉登斯、斯科特·拉什:《自反性现代化》,赵文书译,商务印书馆2001年版,第74页。

19 许斗斗:《技术知识与风险社会》,载《中共福建省委党校学报》2005年第9期。

20 薛晓源等:《全球风险世界:现在与未来——德国著名社会学家的风险社会理论创始人乌尔里希·贝克教授访谈录》,载《马克思主义与现实》2005年第1期。

21 薛晓源等:《全球风险世界:现在与未来——德国著名社会学家的风险社会理论创始人乌尔里希·贝克教授访谈录》,载《马克思主义与现实》2005年第1期。

22 Anupam Chander and Madhavi Sunder, The Romance of the Public Domain, 92 Calif. L. Rev. 1348 – 1353.

23 UN Commission in Human Rights, Intellectual property and Human Rights, 2000, E/CN1. 4/Sub. 2/2000/7.

24 [德]乌尔里希·贝克:《"9·11"事件后全球风险社会》,王武龙编译,载《马克思主义与现实》2004年第2期。

25 [德]乌尔里希·贝克:《风险社会》,何博闻译,译林出版社2004年版,第6页。

26 [英]安东尼·吉登斯:《失控的世界:全球化如何重塑我们的生活》,周红云译,江西人民出版社2000年版,第15页。

27 肖庆:《"风险社会"理论视角下的国家文化安全问题》,载《文化艺术研究》2011年第4期。

28 [英]斯科特·拉什:《风险社会与风险文化》,王武龙编译,载《马克思主义与现实》2002年第4期。

29 薛晓源:《全球化与文化产业研究》,载林拓主编:《世界文化产业发展前沿报告》(2003—2004),社会科学文献出版社2004年版,第9页。

30 前联合国秘书长、世界文化与发展委员会主席佩雷斯·德奎利亚尔语。转引自联合国教科文组织、世界文化与发展委员会:《文化多样性与人类全面发展》,广东人民出版社2006年版,第3页。

31 世界文化与发展委员会认为,多元化(pluralism)是全球伦理的基本原则,其意思是指"文化多元化是人类社会的基本特征,而且无处不在,无时不在。民族认同是对抗全球化压力的一个正常的健康有益的反映"。参见联合国教科文组织、世界文化与发展委员会:《文化多样性与人类全面发展》,广东人民出版社2006年版,第3页。

32 参见严永和:《论传统知识的知识产权保护》,法律出版社2006年版,第61页。

33 有学者认为,知识产权不能充分保护文化多样性。在文化类型之间占有和利用中引起的财产损害,知识产权法作出了回应;而所造成的文化损害,知识产权法则没有相应补偿机制。See Rebecca Tsosie, Reclaiming Native Story: An Essay on Cultural Appropriation and Cultural Rights, 2002, 34, Ariz. St. L. J. 299.

34 参见张正焉等编著:《WTO与中国文化产业政策》,中共中央党校出版社2001年版,第19页。

35 参见朱雪忠等:《基于遗传资源所产生的知识产权利益分享机制与中国的选择》,载《科技与法律》2003年第3期。

36 冯飞:《我国与发达国家生物产业化差距超15年》,载 http://news.163.com/10/0623/08/69RNIN7F000146BC.html,最后访问日期:2012年2月14日。

37 孙法泊:《论生物技术国际知识产权保护》,载《政法论丛》2007年第6期。

38 参见《生物多样性公约》序言。

39 Grain, TRIPs – Plus Through the Back Door: How Bilateral Treaties Impose Much Stronger Rules for IPRS on Life Than the WTO, Grain Publications, July 2001.

40 薛晓源等:《全球风险世界:现在与未来——德国著名社会学家的风险社会理论创始人乌尔里希·贝克教授访谈录》,载《马克思主义与现实》2005年第1期。

41 王学忠:《技术社会风险的法律控制》,载《科技与法律》2008年第4期。

42 [美]曼纽尔·卡斯特:《网络社会的崛起》,夏铸九等译,社会科学文献出版社2003年版,第569页。

43 刘挺:《网络社会的法律控制》,载《宁夏大学学报》(人文社会科学版)2008年第5期。

44 薛晓源等:《全球风险世界:现在与未来——德国著名社会学家的风险社会理论创始人乌尔里希·贝克教授访谈录》,载《马克思主义与现实》2005年第1期。

45 王锡锌:《中国行政执法困境的个案解读》,载《法学研究》2005年第3期。

46 参见高富平:《寻求数字时代的版权法生存法则》,载《知识产权》2011年第2期。

47 庄及刚:《网络时代与风险社会》,载《淮阳师范学院学报》2004年第4期。

48 参见张洪峰:《法的世界化与本土化之争及其超越》,载《福建法学》2005年第1期。

49 杨春福:《风险社会的法理解度》,载《法制与社会发展》2011年第6期。

50 陈志刚:《马克思的工具理性批判思想》,载《科学技术与辩证法》2001年第6期。

51 陈志刚:《马克思的工具理性批判思想》,载《科学技术与辩证法》2001年第6期。

52 参见[德]马克斯·韦伯:《新教伦理与资本主义精神》,于晓、陈维纲等译,三联书店1987年版,第141页。

53 [德]乌尔里希·贝克:《世界风险社会》,吴英姿译,南京大学出版社2004年版,第103页以下。

54 参见许志晋等:《论风险社会的科学技术发展》,载《中国科技论坛》2007年第2期。

55 高明亮:《论比较法学中的价值理性》,载《比较法研究》2006年第5期。

56 英国知识产权委员会:《知识产权与发展政策相结合委员会关于知识产权的报告》,第6页,载 http://www.iprcommission.org/graphic/chinese_intro.htm,最后访问日期:2007年7月20日。

57 杨春福:《风险社会的法理解度》,载《法制与社会发展》2011年第6期。

58 参见熊文聪:《后现代主义视角下版权正当性及其边界——从个体权利到基于商谈

的共识》,载《政治与法律》2010 年第 6 期。

59 张文显主编:《马克思主义法理学》,高等教育出版社 2004 年版,第 377 页。

60 关于以技术批判理论为基础的技术规制,参见刘铁光:《风险社会中技术规制基础的范式转换》,载《现代法学》2011 年第 4 期。

61 参见王太平在《知识产权制度的未来》一文中的评述,载《法学研究》2011 年第 3 期。

62 Joseph M. Reisman, Physicians and Surgeons as Inventors: Reconciling Medical Process Patent and Medical Ethics, Berkeyley Technology Law, California University.

63 WIPO, Intellectual Property Needs Expectations of Traditional Know ledge and Holders, WIPO Report on Fact—Finding Missions on Intellectual Property an d Traditional Know ledge(1998 – 1999), Geneva, April 2001, p. 25.

64 李发耀:《多维视野下的传统知识保护机制实证研究》(自序),知识产权出版社 2008 年版,第 XIX 页。

65 参见 Carlos Correa:《传统知识与知识产权》,国家知识产权局译,载 www. Biodiv – ip. gov. cn。

66 龙文:《论传统知识产权权利的实现形式》,载国家知识产权局条法司编:《专利法研究》(2004),知识产出版社 2004 年版。

67 L. Ray Patterson, Stanley W. Lindbery, the Nature of Copyright: A Law of Users' Right, the University of Georgia Press, 1991, pp. 49 – 55.

68 参见张艳梅:《国际知识产权条约体系下的国际公共领域研究》,载《当代法学》2011 年第 4 期。

69 [澳]彼得 · 达沃豪斯、约翰 · 布雷斯韦特:《信息封建主义》,刘雪涛译,知识产权出版社 2005 年版,第 192 页。

70 冯晓青:《著作权法中的公共领域理论》,载《湘潭大学学报》(哲学社会科学版)2006 年第 1 期。

71 Henry C. Mitchell, The Intellectual Commons: Toward an Ecology of Intellectual Property, Maryland Lexington Books 2005, pp. 67 – 173.

72 在贝克风险社会理论中,以"社会理性拥护者"为基础的全球"亚政治",是指"外在于并超越国家—政府政治体制的代表性制度的政治",是应对风险社会的"知识行动"。参见[德]乌尔里希 · 贝克:《世界风险社会》,吴英姿译,南京大学出版社 2004 年版,第 50 页。

73 参见刘海霞等:《开放存取研究进度述评》,载《图书与情报》2006 年第 1 期。

74 参见杨红军:《版权许可制度论》,中南财经政法大学 2007 年博士学位论文。

75 刘友华:《专利制度的未来模式:替代、革新抑或全球化》,载《华南师范大学学报》(社会科学版)2011 年第 4 期。

吴汉东

代表作

拾壹

知识财产与无形财产*

知识产权制度的类型化、体系化

物、财产以至无形财产的概念在我国法学及经济学著述中经常使用，且多在转换意义上使用，因此学者们多存歧义。同时，作为经济学命题的无形资产范畴，已经成为社会的热点问题，但却未得到法学界的足够重视。为此，笔者不揣浅陋，以物与财产为始点范畴，以知识财产研究为重点，以无形财产权体系探索为目标，对理论界存有争议的问题进行探讨，以就教于各位读者。

一、物与财产：始点范畴的研究

物在民法上的意义，即是作为民事法律关系的客体。一般认为，客体物在本质上具有以下特征：第一，物的客观实在性。客体物独立于民事主体之外，是民事主体以外的客观事物。它是天然生成的，或是劳动创造的；或是已经现实存在的，或是可能现实存在的。第二，物的主体对象性。客体物是主体民事活动所指向的对象和目标，正是基于这一目标，主体之间才形成某种社会关系。可以说，它是当事人之间民事权利义务赖以产生的基础，没有某种客观事物作为客体，民事法律关系就无从发生，也无法存在。[1]

物是一个历史范畴。在不同的历史阶段，基于社会生产方式和法律文化传统的不同，物的范围和法律意义存在差异。在民法发展过程中，最初只有动产才可以作为民事权利的客体。早期罗马的"克里维特"所有制，

---

* 原载《法学研究》1997 年第 4 期，题名为"无形财产权的若干理论问题"。

保留着土地公有的外壳，其所有权的客体仅限于妻子、儿子、奴隶、牲畜以及世袭住宅。这些东西在当时的人们看来是重要的财产，因此才作为个人财产权的客体。[2]随着奴隶制经济和私有制的发展，不动产诸如土地、森林、牧场等重要的生产资料也逐渐被确认为私权的客体。古罗马的民事客体制度的显著特点是，它不仅将人的本身（如家长对女子、主人对奴隶）作为物件纳入客体物的范畴，而且提出了有体物与无体物的划分。盖尤斯认为，有体物是具有实体存在，并且可以凭人们感官而触觉的物，如土地、房屋、牛马等；无体物则是指没有实体存在，而仅由法律所拟制的物，如债权、用益权等。[3]罗马法上的无体物具有以下特点：第一，权利系抽象物，概为人们主观所拟制的某种利益，因此被视为区别于有体物的无体物；第二，法律上的无体物，以能用金钱评价为条件，家长权、夫权、自由权等无财产内容，所以不能看作无体物；第三，所有权虽然系主观抽象而成，但罗马人认为该项权利与物同在，而且是最完整之物权，因此所有权应划归有体物的范围。

客体物制度在资本主义社会得到充分的发展。为了加速生产的集中和资本的积累，使财产的流转更为简便，他们创造了股票、票据等有价证券，将其作为一种特殊的种类物，列入客体物的范畴；为了刺激科学技术的发展，调整知识形态的产品在生产和使用过程中的社会关系，他们把这种科学技术成果称为知识财产，也作为民事权利的保护对象。总而言之，资产阶级大大拓宽了客体的范围。在大陆法系国家中，法国民法沿用罗马法关于物的概念，其所称之物既包括有体物，也包括无体物。1804 年《法国民法典》第 529 条规定："以请求偿还到期款项或动产为目的的债权及诉讼……按法律规定均为动产。"德国民法则否认罗马法以来物的分类方法，提出了"物必有体"的观念。1896 年《德国民法典》第 90 条规定："法律上所称之物，仅指有体物而言。"1898 年《日本民法典》只取狭义定义，排斥无体物观念，第 85 条规定"本法所称之物，谓有体物"。上述定义为大多数大陆法系国家所采用。

在英美法中，由于法律传统的差异，极少使用客体物的概念，而普遍采用财产的说法。其实，"财产"这个术语被人们经常在转换意义上使用，它有时指财产所有权本身，有时也是指所有权客体（即所有物）。[4]作为权利客体意义上的财产，可以分为有形财产与无形财产、动产与不动产。在英国法，根据诉讼请求的结果，财产有着"实产"（real property）与"属人财产”(personal property)的区分,前者即是可请求返还特定物的财产,而后者则是可请求给予损害赔偿的财产。属人财产可以进一步划分为诉讼上的财产(只能通过诉讼请求或予以强制执行的财产)与占有上的财产(可以通过占有而取得的财产)。在英国法理论中,知识产权即属于诉讼上的财产。

在我国的法律用语中,一般认为物是指占有一定空间,能够为人力所支配并能够满足人们需要的物体。这一观点与德国法、日本法关于物的含义相同。我国民法也在不同的意义上使用“财产”这一概念,如《民法通则》第五章第一节题为“财产所有权和与财产所有权有关的财产权”,此处的“财产”显然指物。而《继承法》第3条规定,“遗产是公民死亡时遗留的个人合法财产”,其“财产”则泛指有体物、财产权利与财产义务。

关于物与财产的关系,学者们有不同论述。但是,如果将物与财产的始点范畴界定在权利客体的基础上,我们不难看出物与财产可以作为同等概念使用。英国法学家梅因在分析罗马法的要式移转物即土地、奴隶及负重牧畜时,猜想出该类商品最初即称为“物件”(res)或“财产”(proprietas)。[5]当代英国学者编纂的《牛津法律大辞典》在表述权利客体的物(things)与财产(property)时,作出了实产或不动产与属人财产或动产的相同分类,这表明两者概念的内涵是一样的。[6]法国法学家在述及权利客体时,往往将财产分为动产、不动产和知识财产,并把它们统一概括到“物”的概念之中。《拉鲁斯大百科全书》认为,“凡能构成财产的一部分并可占为己有的财富即为物”。[7]这种物既可以是有体物,即具有实体存在,可以被人们感知的物,包括一切动产和不动产;也可以是无体物,即没有实体存在,而由人们主观拟制的物,包括与物有关的各种权利(如用益权、债权)和与物无关的其他权利(如著作权、工业产权)。我国学者论及物与财产关系的著述不多。20世纪80年代末曾有著作将财产作出类似物的定义,并认为“财产指的是物”。[8]近年出版的《民法学》教材也明确指出,“民法上的物,就是财产”。[9]

就物与财产的概念外延来说,只有广义上的物才与财产类似。由于现代社会经济和科学技术的发展,狭义概念的物已不符合实际生活的需要。即使是主张“物必有体”的德、日等国,亦在立法文件中有灵活规定。他们虽明文确认物为有体物,但在担保物权中则规定权利可以为其客体。甚至有些日本学者主张，通过对民法关于物的概念的扩张解释，使无体物能够被承认为所有权的客体。[10]笔者认为，物为一切财产关系最基本的要素，不仅为所有权之客体，且为其他财产权之客体，因此对物的概念不宜作过于狭义的解释。但是，应将所有权的客体与他物权以及其他财产权的客体作出明确区分，即是一些学者所强调的那样：所有权的客体原则上应为有体物，而无体物（权利）只能作为另类财产权利之客体。[11]

二、知识产品与无形财产：客体范畴研究

知识产权是一项新型的民事权利，是近代商品经济和科学技术发展的产物。对于该项权利的客体，是难以采用罗马法以来物的理论作出诠释的。近代德国法哲学家黑格尔曾明确地说，精神技能、科学知识、艺术以及发明等，都可以成为契约的对象。他认为，这些固然是精神所特有的内在的东西，但是主体可以通过"表达"而给他们以外部的"定在"，这样就能把它们归在物的范畴之内了。[12]但是，诸如技能、知识等是否都可以称为物，却使黑格尔感到踌躇。他承认，此类占有虽可像物那样进行交易并缔结契约，但它又是内部的精神的东西，所以理智上对于它的法律性质感到困惑。[13]

当代西方法学者通常将财产分为"由可移动物所构成的财产"（动产）、"不可移动的财产"（不动产）与"知识财产"。他们认为，智力劳动的创造物之所以称为"知识"财产，在于该项财产与各种信息有关。人们将这些信息与有形载体相结合，并同时在不同地方进行大量复制。知识财产并不包含在上述复制品中，而是体现在复制品所反映出的信息之中。[14]与知识财产相类似的说法是无形财产。在 20 世纪 60 年代以前，知识产权尚未成为国际上广泛使用的法律概念，人们一般将基于创造性智力成果所获取的民事权利称为无形财产权，因此，诸如作品、发明等权利客体均视为无形财产。直到现在，有些西方学者仍然使用这一概念。[15]

在我国，曾有一段时期，许多学者将关于精神财富所享有的权利称为"智力成果权"，因而相应将这种权利客体归结为"智力成果"，并且强调其价值不能用货币衡量。应该指出，关于智力成果的传统说法，偏重于这类客体的精神属性，而未能突出其商品属性和财产价值，因此没有反映出知识产权客体的本质特征。还有一些学者基于上述权利是无形财产权的考

虑,将其客体表述为无体物或无形物。实际上,民法上的无体物已有约定俗成的说法,是为法律所拟制的权利。知识产权本身可以视为无体物,成为物权设定与债权转让的标的。但将知识产权的客体与知识产权的本体都概括为无体物,显然容易造成法律概念上的混乱。

笔者与其他一些学者曾主张建立"知识产品"的理论范畴,即把知识产权的客体概括为"知识产品"。[16]这一建议是有着现实基础的。1982 年中共中央《关于经济体制改革的决定》与 1984 年《关于科学技术管理体制改革的决定》,不仅对我国现阶段存在的商品经济作出了正确的说明,而且第一次明确承认技术已经成为"独立存在的知识形态的商品"。1986 年我国《民法通则》颁布,正式使用"知识产权"这一概念,以取代"智力成果权"的传统说法。以上论断和规定为知识产品范畴的建立提供了理论基础和法律根据。实际上,关于知识产品的理论范畴已有国外学者作出类似表述,知识产权概念的倡导者、比利时法学家皮卡弟曾将知识产权称为"使用知识产品的权利"。[17]笔者认为,知识产品的用语,描述了知识形态产品的外延范围,强调这类客体产生于科学、技术、文化等精神领域,是人类知识的创造物,明显地表现了客体的非物质性;同时,知识产品的本质内涵,突出了它是创造性劳动的产物,且在商品经济条件下具有商品属性和财产性质,从而反映了知识产权所包含的财产权利内容。

知识产品是一种无形财产,是独立于传统意义上的物的另类客体。无形财产之无形是相对于动产、不动产之有形而言的。在人类的生产活动中,作为商品的劳动产品[18]可以分为两类:一类是人类在物质生产过程中创造出来的物质产品,不仅有外在的形体,而且具有价值与使用价值;另一类是人们在精神生产过程中创造出来的知识产品,它没有外在形体,但具有内在的价值与使用价值,这类产品具有非物质性。非物质性的特征表明了它与物质产品具有不同的存在与利用形态。第一,不发生有形控制的占有。由于知识产品不具有物质形态,不占有一定空间,[19]人们对它的占有不是一种实在而具体的占据,而是表现为认识与感受。质言之,权利主体无法像管领有形财产那样有效地控制自己的精神产物。第二,不发生有形损耗的使用。由于知识产品必须向社会公示、公布,人们从中得到有关知识即可使用,而且在一定时空条件下,可以被若干主体共同使用。上述使用不会像有体物使用那样发生有形损耗。信息是不能拒绝的,无权使用人利用了他人的知识产品,亦无法承担恢复原状的责任。第三,不发生消灭知识产品的事实处分与有形交付的法律处分。知识产品不可能有实物形态消费而导致其本身消灭之情形,它的存在仅会因期间过程产生专有财产与社会公共财富的区别。同时,有形交付与法律处分并无必然联系,换言之,他人有可能不通过法律途径去“处分”自己并无实际“占有”的知识产品。

上述特征确立了有形财产所有权与知识产权的原则界限。有些学者认为,知识产权与其他财产权利的根本区别在于其无形性,而其他法律特征即独占性、时间性、地域性等,皆由此派生而成。严格来说,权利作为主体凭借法律实现某种利益所可实施行为的界限与范围,概为无外在实体之主观拟制。正是在这个意义上,从罗马法学家到近代民法学家将具有一定财产内容的权利视为无体物。因此,知识产权与相关权利的本质区别,不是所谓该项权利的无形性,而是其权利客体即知识产品的非物质性特征所决定的。

知识产品的本质特征还说明,作为知识产权客体的无形财产与民法传统意义上的无体物并非同类事项。两者虽同为人们主观所创制,且具有稀缺性及效用性,但其根本区别在于:第一,客体性质不同。无形物所涉及的权利,是一种制度产品,是“能够帮助人们形成在他与他人进行交易时的合理预期的一种社会工具”。[20]无形财产所包含的知识产品,是一种创造性思想及其表达方式以及识别性标记的精神产物,是社会财富的组成部分,包括“已经取得权利和尚未取得或不能取得权利的智慧性成果”。[21]第二,客体对象不同。客体的对象性表明,一定类型的客体总是同一定类型的权利联系在一起,或者说是某类权利所指向的目标。当无体物(权利)作为客体时,主体对此所生的是财产权,包括物权、债权等,该项权利往往通过法律行为才能取得。而作为无形财产的知识产品,是知识产权的客体,主体对此所生权利包括财产权与人身权的双重内容。知识产权的取得条件有二:一是凭借智力创造性活动的事实行为,二是依赖国家主管机关依法确认的特别途径。

综上所述,知识产权的客体即知识产品是一种无形财产,知识产权亦可视为无体物(权利)而作为其他财产权的客体。

三、知识产权与无形产权:制度范畴研究

在民事权利中,知识产权或无形财产权是与传统意义上的财产所有权相区别而存在的。知识产权(intellectual property),如果不失原意翻译的话,应为"知识(财产)所有权";而无形财产权(intangible property)循上述规则,似可译为"无形(财产)所有权"。

知识产权与无形财产权虽有"产权"意蕴,但与西方法律经济学家所倡导的产权概念是有区别的。在法律经济学著作中,产权被视为是一组权利,包括"占有、使用、改变、馈赠、转让或阻止他人侵犯其财产"的权利,[22]或是指"一个社会所强制实施的选择一种经济品的使用的权利"。[23]从上述简要的定义,尚难以把握其确切的法律含义。不过从科斯所描述的产权界定,我们不难看出,产权已不仅仅是不同主体对有形财产的排他性归属问题,而且包括侵权损害责任由何方承担的问题。采用法律语言表述的话,英美法背景下的产权,涉及独占支配的所有权、分享利益的他物权以及获得赔偿的救济权。依照我国的法律传统,知识产权或无形财产权所表述"产权",是无法包容上述全部内容的。此外,知识产权或无形财产权,也不能简单沿用传统民法的财产权理论进行解释。在大陆法系国家,财产权也是一个内容丰富的概念,它既包括自物权,也包括他物权,亦涉及债权以至继承权。知识产权或无形财产权仅是指主体就其智力创造的成果所依法享有的专有权利,与所有权一样是具有绝对性、排他性特征的财产权。

知识产权是一项重要的民事法律制度。将一切来自知识活动的权利概括为"知识产权",主要是著名比利时法学家皮卡弟提出的。他认为,知识产权是一种特殊的权利范畴,它根本不同于对物的所有权。"所有权原则上是永恒的,随着物的产生与毁灭而发生与终止;但知识产权却有时间限制。一定对象的产权在每一瞬息时间内只能属于一个人(或一定范围的人——共有财产),使用知识产品的权利则不限人数,因为它可以无限地再生。"[24]这一学说后来广泛传播,得到许多国家和国际组织的承认。现在,知识产权已成为国际上通用的法律术语。关于知识产权的用语,有广狭义之分。狭义上的知识产权,主要包括著作权、专利权、商标权。对此,法学界意见尚属一致;而广义上的知识产权,则包括著作权、专利权、商标权、发明权、发现权、商业秘密权、商号权、产地标记权、植物新品种权、集成

电路布图设计权以及禁止不正当竞争方面的权利等。对于这一范围的概括，学术界颇有歧见。笔者认为，以知识产权名义统领下的各项权利，并非都是来自知识领域，亦非都是基于智力成果而产生，“知识”一词似乎是名不副实。从权利本源来看，主要发生于智力创造活动与工商经营活动；从权利对象来看，则由创造性知识及商业性经验、信誉所构成。此外，广义上知识产权难以描述出所属权项的共同特征，除客体的非物质性外，诸如独占性、时间性、地域性的特点不可能在每一项权利中表现。例如，发现权不具有独占性，商业秘密权不具有时间性等。因此，以客体的非物质性为权利分类标准，在制度体系方面，无形财产权较之知识产权具有更大的包容性。

无形财产权不能等同于经济学意义上的无形资产。无形资产是我国经济界的热点问题，其资产项目多涉及各类知识产权。从法律的角度特别是运用无形财产权理论，研究无形资产问题，对实现相关学科的沟通与对话是大有裨益的。关于无形资产的概念，经济学界尚无统一的定义，一般多用指定无形资产包括的内容来表述无形资产的概念。不过，就无形资产的非实物形态的认定而言，各国大体相同。美国会计界认为，无形资产是非实物的经济资源。日本会计界强调无形固定资产是同有形固定资产相对立的概念。[25]我国经济界学者在描述非实物形态时，有的表述为“某种权利、特权或优势”，[26]有的则概括为“某种特殊权利和技术知识”。[27]就对象的非物质性来讲，法学上无形财产权与经济学上的无形资产有着共通的认定标准，但在构成范围方面，无形资产的划定却难以在无形财产权理论上得到认同。一般认为，无形资产包括专利权、商标权、著作权、技术秘密、特许经营权、租赁权、土地使用权、商誉等。[28]上述无形资产的类别主要涉及知识产权，但并未涵盖知识产权类别的全部。同时，无形资产的范围也不能等同于无形财产的权利体系。不宜作为无形财产权的主要有以下两类：一是租赁权。虽然其权益是无形的，但其对象的表现形式是有形的。举凡金融租赁、使用租赁、维修租赁，其经营对象一般是生产工具，换言之，租赁权的客体为有形物。二是土地使用权。土地资源不同于智力资源，在企业资产中类似于有形固定资产，该项权利不能视为非物质形态的财产权。正是基于上述理由，有些经济学者也主张将该类权利从无形资产中分离出去。[29]

根据上述情况，笔者建议，参照无形资产的类别，在民法学研究中建立一个大于知识产权范围的无形财产权体系，以包容一切基于非物质形态（包括知识经验形态、商业信誉形态、经营资格形态）所产生的权利。该无形财产权包括以下三类：

第一，创造性成果权。包括著作权（含著作邻接权、计算机软件权）、专利权（含发明专利权、实用新型专利权、外观设计专利权）、集成电路布图设计权、商业秘密权（含技术秘密权、经营秘密权）、植物新品种权。该类权利保护的对象都是人们智力活动创造的成果，一般产生于科学技术、文化等知识领域。客体一定程度的创造性是其取得法律保护的必要条件。

第二，经营性标记权。包括商标权（含服务商标权）、商号权、产地标记权、其他与制止不正当竞争有关的识别性标记权。该类权利保护的对象概为标示产品来源和厂家特定人格的区别标记，主要作用于工商经营活动之中。可区别性是该类客体的主要特征，法律保护的目的即是防止他人对此类标记的仿冒。

第三，经营性资信权。包括特许专营权、特许交易资格、商誉权等。该类权利保护的对象系工商企业所获得的优势及信誉，这种专营优势与商业信誉形成了特定主体高于同行业其他一般企业获利水平的超额盈利能力。权利客体所涉及的资格或能力，包含明显的财产利益因素，但也有精神利益的内容。

注释

1 参见章戈：《小议客体与标的》，载《西北政法学院学报》1985 年第 1 期。

2 周枏等：《罗马法》，群众出版社 1983 年版，第 155 页。

3 参见周枏：《罗马法原论》（上册），商务印书馆 1994 年版，第 28 页。

4 参见［英］戴维 · M. 沃克主编：《牛津法律大辞典》，光明日报出版社 1989 年版，第 729 页。

5 参见［英］梅因：《古代法》，商务印书馆 1984 年版，第 157 页。

6 参见［英］戴维 · M. 沃克主编：《牛津法律大辞典》，光明日报出版社 1989 年版，第 729 页。

7 参见《拉鲁斯大百科全书》（第 3 卷），载《国外法学知识译丛 · 民法》，知识出版社 1981 年版，第 168 页。

8 王晓进：《社会主义财产制度分析》，北京工业大学出版社 1989 年版，第 7 页。

9 彭万林主编:《民法学》,中国政法大学出版社 1996 年版,第 49 页。

10 邓曾甲:《日本民法概论》,法律出版社 1995 年版,第 46 页。

11 参见梁慧星:《民法总论》,法律出版社 1996 年版,第 80 页;钱明星:《物权法原理》,北京大学出版社 1994 年版,第 26 页。

12 参见黑格尔:《法哲学原理》,商务印书馆 1982 年版,第 43 节附释。

13 吕世伦:《黑格尔法律思想研究》,中国人民公安大学出版社 1989 年版,第 32 页。

14 参见世界知识产权组织编:《知识产权纵横谈》,世界知识出版社 1992 年版,第 4 页。

15 参见刘春茂主编:《中国民法学 · 知识产权》,中国人民公安大学出版社 1997 年版,第 1 页。

16 参见吴汉东、闵锋编著:《知识产权法概论》,中国政法大学出版社 1987 年版,第 34 页;钱明星:《物权法原理》,北京大学出版社 1994 年版,第 26 页;张和生:《知识经济学》,辽宁人民出版社 1992 年版,第 294 页。

17 [苏]E. A. 鲍加特赫等:《资本主义国家和发展中国家的专利法》,载《国外专利法介绍》,知识出版社 1980 年版,第 12 页。

18 知识产品是精神产物,是智力创造性劳动的成果。为了叙述的方便,此处仅对知识形态的产品与物质形态的产品作一比较。有形财产所有权的客体除生产劳动创造的有体物外,尚应包括天然形成的有体物。

19 知识产品虽具有非物质性特点,但它总要通过一定的客观形式表现出来,这种表现形式通常被称为“载体”。知识产品的物化载体体现的是有形财产权而不是知识产权。

20 参见 H. 登姆塞茨:《关于产权的理论》,载 R. 科斯等:《财产权利与制度变迁》,上海三联书店 1994 年版,第 97 页。

21 刘茂林:《知识产权法的经济分析》,法律出版社 1996 年版,第 2 页。

22 [美]罗伯特 · 考特、托马斯 · 尤伦:《法和经济学》,上海三联书店 1994 年版,第 125 页。

23 [美]R. 科斯等:《财产权利与制度变迁》,刘守英等译,上海三联书店 1994 年版,第 166 页。

24 [苏]E. A. 鲍加特赫等:《资本主义国家和发展中国家的专利法》,载《国外专利法介绍》,知识出版社 1980 年版,第 12 页。

25 参见蔡吉祥:《无形资产》,海天出版社 1996 年版,第 1、2 页。

26 参见蔡吉祥:《无形资产》,海天出版社 1996 年版,第 1、2 页。

27 何清政等编著:《国有资产评估》,中国标准出版社 1993 年版,第 102 页。

28 参见何盛明主编:《财经大辞典》,中国财政经济出版社 1990 年版,第 1431 页。

29 参见蔡吉祥:《无形资产》,海天出版社 1996 年版,第 99 页。

拾贰

无体财产权与有体财产权[*]

财产权体系中的知识产权

财产权、人身权的两分法以及物权、债权的二元结构，是传统财产权制度体系构建的基本范畴。随着现代科学技术和商品经济的发展，新的财产权类型不断涌现，旧的财产权制度渐次嬗变。以财产概念的创新与整合作为财产权制度一体化的基础，现代财产权体系应包括以所有权为核心的有体财产权、以知识产权为主体的无体财产权、以债权和继承权等为内容的其他财产权。我国未来民法典宜专编规定财产权总则，以整合财产权体系，并对各类财产权制度做出一般规定。

一、财产权利形态及其分类标准

财产权是民事权利体系中的基本类别，它是“以财产为标的，以经济利益为内容的权利”，[1]包括物权、知识产权、债权和继承权等。财产权与人身权是民事权利的基本分类，其分类是以民事权利的内容，即民事权利所体现利益的不同作为标准的。

财产权与人身权的区别涉及财产权体系构造的外部问题。在传统民法理论中，权利标的所指向的利益是划分两类权利的基本标准。换言之，基于财产利益与人身利益的差异，我们可以将民事权利概括地分为财产权与人身权。在民事权利体系中采取财产权与非财产权的两分法，是一种传统的分类方法，但这种技术方法的困难之处在于如何进行权利的“两分”。

---

* 原载《中国法学》2005 年第 2 期，题名为“论财产权体系——兼论民法典中的‘财产权总则’”。

进言之,财产利益或经济利益的有无虽是上述利益"两分"的标准,但并非绝对。一般认为,以主体自身的人身利益为标的权利,当为人身权;但不可断言,财产权一定就是以经济利益为内容的权利。谢怀栻先生认为,没有金钱价值的给付也可以成为债权的内容。《德国民法典》第241条规定债权人可以向债务人请求给付,但德国法对给付的解释,已不以金钱价值为必要。《日本民法典》第399条更是明确规定"虽不能以金钱估算者,也可以作为债权的标的"。[2]胡长清先生认为,不能简单地将"经济利益"作为财产权的定义标准。诸如一些无直接经济利益的标的,如好友之书简、爱妻之遗发等,不纳入财产权显然不合逻辑。[3]除此之外,笔者认为,主体的人格、身份,在一般情况下是为人身利益而成为人身权的标的,但在有的情况下因具有经济内容而可归类于财产权的对象。企业法人的名称、名誉、荣誉,在人身权范畴内可构成名称权、名誉权、荣誉权之权利形态;但在财产权的视野中,又可表现为商号权、商誉权等知识产权。上述情况表明了财产权与人身权两分法的困境:一是权利的分类标准尚存有疑义,二是某些权利的基本属性不易简单确认。关于财产权的定义标准,在世界范围内都未形成统一的认识。法国学者将法律意义上的财产描述为一种"利益",它能满足人类的物质需要。[4]德国学者认为只有具有"金钱价值"的权利才属于财产。[5]由此可见,在多数学者的看法中,权利的两分法是以有无经济利益为评价标准的。但有的日本学者则采取不直接定义的归类法,即对人格权和身份权进行定义,然后将"其他一切权利"归类为财产权。[6]本人认为,无论采取什么方法,它们都是学理上对于民事权利的利益内容和实质意义进行的主观评价。此外,这种分类技术有助于权利制度设计和权利体系构建,在法律规范方面也具有可适用性。总之,两分法虽不是一个完善无缺的分类理论,但却是我们构建财产权体系的学理基础。

在财产权体系内部,因具体实现利益或标的的不同,该类权利又有更为具体的划分:一是财产权的指向是某一"物件",[7]这种权利被称为对物的权利,即物权;二是财产权的指向是特定人的"给付"(履行特定的行为),这种权利被称为对人的权利,即债权。在传统上,财产权包括物权与债权两大类。[8]知识产权是后世出现的新型财产权,由于其标的是无形体的精神产品,亦称为无体财产权。上述三类财产权的划分,有明确的界限:以财产利益的物质性与非物质性为标准,支配性财产权可以分为对物之物权与对知识产品之知识产权。以财产利益的直接支配性与请求履行性为标准,前者产生具支配权属性的物权与知识产权,后者产生具请求权特性的债权。在这里,客体的差异性依然是财产权分类的基础。德国学者拉伦茨将权利客体分为两种:一种是指支配权或利用权的标的,又称第一顺位的权利客体;另一种是指主体可以通过法律行为予以处分的标的,亦称第二顺位的权利客体。[9]在拉伦茨看来,第一顺位的权利主体,是不依法律规定而事实存在的标的物,包括有体物与无体的精神产品,前者如动产物和不动产物,后者如作品和发明;第二顺位的权利客体,则是依法律规定而作为客体看待的权利,即是将某种财产权利作为一个整体看待的处分标的。[10]拉伦茨的客体分类理论对于财产权类型的划分不无意义:所有权与知识产权是为支配性财产权,其客体无论是否具有物质属性,概为体现一定物质利益或精神利益之事物,有体物表现为客观实在性,知识产品表现为可认知性、可再现性。[11]借用拉伦茨的说法,该类权利的客体,只能是第一顺位的事实存在之标的。至于债权、继承权以及其他物权,或为请求权之财产权,或为期待权之财产权,或为在他人所有物上设定之财产权,其客体除一般意义的标的物外,还涉及依法律规定而作为客体看待的权利(无体物)。拉伦茨认为,“债务人给付的标的(客体)”,即是“债务人应该通过他的给付行为提供给债权人的一种‘事物’,例如,使债权人占有某物、取得某物的所有权或取得其他权利或取得一笔款项及其他由债务人实施的某种‘成果’”。[12]谢怀栻认为,继承权所指向的遗产,即是取得遗产上的各种权利,包括各种物权、债权等权利的集合。[13]梁慧星等人认为,所有权的客体,只能是有体之物;但他物权则可能以某些财产权作为其客体,如权利用益物权、权利质押物权等。[14]上述观点说明,与所有权、知识产权不同,此类财产权可以以其他财产权即无体物作为其客体。

从罗马法到近代法,财产权的基本分类与体系构建的一般理论有其合理性意义,但是我们并不能将其看作僵化的分析模式。在现代民事权利体系中,一些具有双重属性的权利,并不能简单地适用财产权与人身权的两分法;物权与债权的二元体系,说到底是一种物质化的财产权结构,尚缺乏接纳非物质性权利形态的制度空间。面对新的财产现象与新的财产形态,当代财产权体系需要做出新的安排。

二、财产权类型扩张与制度变革

自罗马法以来,财产权领域所发生的制度创新与变革,从来就没有停息过。随着现代科学技术与商品经济的发展,社会财富形态发生很大的变化,新的财产权类型不断涌现,从而对传统的私法制度带来重大的冲击。关于财产权的新制度安排,立法者一般采取两种做法:一是对现存财产权做出扩张解释,以原有的权利类型包容新的财产现象;二是打破传统的财产权固有模式,以新的权利类型创设出新的财产制度。这种制度创新与变革表现在财产权各个领域,例如,由于所有权各项权能的分离,形成多重主体对同一标的物的利用,产生了与所有权迥异的财产权;在客体物利用途径不断扩展的情况下,他物权制度得以重新规制,出现了诸多新型用益物权;债权的"物权化"与"证券化"的结果,使得物权与债权的界限日益模糊,某些"债权"由此具有新的法律属性;知识产权日益丰富多彩,新的权利形态陆续产生,从而导致现代知识产权体系不断扩充;一般人格利益逐渐演变成商业人格利益,在现代法的框架下,构建了与传统人格权有别的商事人格权。现对上述情形分别述之:

第一,所有权权能分离与股权。股权,又称股东权。在股份公司中,股东将其出资财产的支配权,转化为仅对出资财产价值形态享有收益权为主的股权。关于股权的性质,我国理论界有所有权说、债权说和社员权说三大流派。上述理论不无缺漏之处。"所有权说"有股东"共有权"和股东、公司"双重所有权"之分。这种理论无法解释股东对公司财产最终处分权的丧失,进言之,股东的利润分配权、剩余财产分配请求权等,都不是对物的支配权。[15]"债权说"主张出资财产的所有权发生移转,股东仅有请求返还剩余财产、分配利润之债权。这种理论无法说明股东的表决权、新股认购优先权和股份处置权的基本属性,无法区别股东对公司的投资行为与债权人购买公司债券的行为的差异。[16]"社员权说"强调股东以出资大小为代价获得相应社员资格,并基于该资格享有社员权利。这种权利兼有财产权与非财产权的双重属性。"社员权说"破坏了人们对社员权的一般认识,将人合性质的社团之社员权,简单套用于以出资为条件的公司股东,其推论容易引起争论;同时,该理论将以间接管理公司财产、保证实现股东利益为目的的表决权,归类为非财产权,其理由并不充分。[17]上述情况表明,股权从整体上看,既不是所有权也不是债权:其一,它突破了所有权静态的归属性和本体的完整性,实现所有权及其权能的最大分离,将人们利用财产的方式由实物形态财产的绝对排他支配,转化为证券形态财产的利益分享;其二,它突破了所有权的单一形式与固有结构,形成了具有"权利束"特征的财产权。这一权利的实质是所有权中的支配、处分与收益三项权能以及债权的请求权能组合而成的新权利。相当于物权与债权来说,股权是一项独立性的财产权,也是一种集合的财产权。

第二,所有权权能分离与信托权。信托作为一种转移与管理财产的制度,起源于中世纪英国,后为大陆法系国家所接受。在信托关系中,信托人将信托财产交给受托人管理,受托人取得该项财产的处分权,受益人则享有信托利益的收益权。信托权是为何物?具言之,受托人和受益人享有的权利具有什么性质?这些显然不能沿用传统的所有权理论来解释。英美法系学者从分割财产权的立场从发,主张以"双重所有权"来阐释信托关系的本质,即受托人是普通法上所有人或名义所有人,而受益人则为衡平法上所有人或事实所有人。[18]大陆法系学者则借用传统民法的理论与概念范畴,对信托制度作出了各种各样的说明。主要观点如下:一是"物权—债权说",即受托人对信托财产的所有权与受益人对受托人的债权;二是"物权—代理权(管理权)"说,即受益人对信托财产的所有权与受托人为受益人的代理权(管理权)。[19]信托制度的法律构造对传统上具有绝对主义与单一形式特点的所有权是一种挑战:首先,它意味信托财产之上"权"与"利"的分离。在大陆法系的理论看来,是所有权权能的分离,即处分(管理)权归于受托人,收益(利益支配)权属于受益人;而就英美法系的学说看来,是"权利束"的组合形式,即受托人的权利与受益人的权利共同构成信托财产上权利的完整内容。其次,它突破了传统民法所构建的物权与债权的二元体系。在信托关系中,受托人享有名义上的所有权和完整的管理权,该项权利具有物权性质;而受益人的权利,既有请求受托人给付利益之债权,也有行使撤销与追及之物权。受托人的权利与受益人的权利组合构成信托关系中的财产权。这种权利的法律性质有待进一步研究,但毫无疑问的是,它与传统的所有权有别,不能简单地归类于物权抑或债权。

第三,物的观念更新与新的用益物权。现代科学技术在社会生活的广泛运用,使得原来不为人们认识和控制的事物变成了权利设定的对象。物的概念扩张与物的利用途径扩展，直接影响着传统的物权法体系，诸如相邻权、地上权、地役权制度面临着扩充解释或重新规制的必要。其一，环境物权。环境作为人类生存和发展的必不可少的条件和基础，表现为一种自然资源的基本属性。工业的发展造成了自然环境的恶化，使人们的生存受到威胁。为此，一些环境法学者提出，环境资源具有经济价值和生态价值的双重内容，环境资源就其整体而言不能为人力所控制，但其局部和部分功能却能为人类所控制和利用。[20]因此，环境资源的利用和保护，涉及在新的客体物上创设新的物权问题。蔡守秋教授认为环境资源是一种无形物，可以在理论上创设以此为客体的"无体物权或无形物权"。[21]尽管"无形（体）物权"的说法有失精当，但在传统的用益物权之外建立一个包括环境使用权、环境保护相邻权在内的环境物权体系，是"绿色民法"观所必须考虑的。其二，区分地上权。传统民法的地上权是指在他人土地上为建筑物或其他工作物而利用他人土地的权利。此处的"土地"权利不包括土地上空和地下的使用权。随着科学技术的发展与土地开发能力的提高，土地利用由平面利用转变为空中利用，即出现土地在地面、空中、地下甚至水中的分层利用。土地的这种立体利用已经不能为以往的地上权理论所包容。为此，一些国家或地区通过正式立法或司法解释、判例，创设所谓的区分地上权，[22]即在土地上的空间上下范围进行区别，并因其有工作物而分别设定地上权。其三，空间役权。民法上的地役权，本是为自己土地的便利而利用他人土地的权利。这里的土地，包括附属于土地的建筑物。在罗马法中，地役权类型分为田野地役和都市地役，前者包括通行地役、取水地役、采掘地役等，后者包括采光地役、瞭望地役、支撑地役等。[23]在现代城市生活条件下，由于高层建筑物的增多，产生了空间利用的问题，也就是说，地役权的设定不仅产生于地表之毗邻的建筑物，而且也涉及地上空间的利用。后者被称作空间役权制度，即是基于需役空间的使用利益而对他人的空间享有的权利。在现代民法的用益物权体系中，上述各种权利有着特殊的地位。它们的存在，不能拘泥于已有的理论范畴，而需要进行新的制度设计，或是作为现存物权中新的形态来认识，或是作为一种新的物权类别来看待。

第四，债权的物权化与租赁权。租赁权，即对他人不动产租赁使用的权利，本身基于租赁合同设定的债权，没有对抗第三人的效力。这是自罗马法以来所确立的“买卖打破租赁”的规则,是所有权优于债权这一原理的经典表现。在资本主义初期,所有人取得所有权的目的,主要在于对所有物的使用。换言之,不动产所有权的价值,主要是通过所有人自己占有、使用而实现。而在商品经济日益发达与所有权逐渐社会化的今天,所有权关系已经由人的物的简单支配关系外化为所有人与非所有人之间的权利义务关系。所有权的行使和实现,往往通过非所有权途径如他物权的设定和债权的发生而进行。由所有权转换为其他权利形式,是实现财产利益的基本途径,而不可能只是表现为所有人对客体物的内部享有关系。[24]这一现象在土地、房屋资本化的条件下表现得特别明显,所有人重视的是不动产的交换价值而不是它的使用价值,也就是说,所有人不在意谁在使用所有物,而是关心这种使用能带来收益。租赁权正是在这种情况下发生了质的变化。现代各国民法,为了保护不动产承租人的利益,承认该项租赁权具有物权得效力,即出现了“租赁权物权化”的趋势:一方面,确立“买卖不能打破租赁”的原则,即租赁物在租赁期间内发生所有权变动的,不影响租赁合同的效力;另一方面,确立不动产承租人的“优先购买权”,即出租人出卖其租赁不动产时,应当在出卖之前的合理期限内通知承租人,承租人享有以同等条件优先购买的权利。[25]“租赁权的物权化”使得租赁权演变成一种特殊的财产权,有的学者认为不能绝对地称其为“债权”或“物权”,而是一种混合性的新型权利。[26]本人认为,租赁权并没有外化成物权,也不同于一般债权,而应视为一种特别债权,这种特别债权的效力在一定条件下优于所有权,是对所有权的限制。

第五,债权的证券化与票据权利。票据权利是民事权利的一种,属于金钱债权的范畴,即是请求他人支付一定金钱的权利。一般而言,金钱债权的主张并不以票据的存在为必要,如有相关证据证明当事人之间债的关系的,债权人即有权要求债务人清偿。与上述情形不同,票据权利是一种特殊的金钱债权,它以票据的存在为必要。换言之,离开了票据,权利人不能主张自己的权利,票据权利与票据合二为一,这就是所谓的“权利与证券相结合”、“债权的证券化”。[27]票据权利是证券性权利,即表现在证券上的权利,它由两种权利组成:“一种是持有证券的人对构成证券的物质(即一张纸)的所有权。这是证券所有权。另一种是构成证券的内容的权利,即证券所表示的权利,也就是证券持有人凭证券上的记载而得享有或行使的权利。这是证券权利。"[28]关于证券所有权与证券权利的关系,可以这样表述:首先,证券权利的存在以证券所有权的存在为前提,具言之,证券不存在,即丧失证券所有权,证券权利也就无法主张。其次,证券权利的实现是持券人享有证券所有权的最终目的,正如英国学者詹克斯所言,"如果把一张一百生丁的票据看作是一个自然的现象,那么它可能值不了什么,如果把它看作是某个有钱人的付款保证,那么,它可能值一百法郎"。[29]票据权利的法律构造,不仅使得权利具有形式所有权(证券所有权)与实体债权(证券权利)的双重内容,而且使得给付一定金额的请求权不同于民法上的债权。"后者通常只有一次请求权,如合同债权或侵权债权,债权人只能向特定的债务人请求一定的行为或不为一定的行为";"而在票据权利方面,因票据的流通性法律需要特别保护最后持票人,所以规定了两次请求权,即付款请求权和追索权"。[30]总之,依票据所创设的权利,是一种新型的财产权,或说是具有特别清偿效力的特殊债权。

第六,新型知识财产与知识产权体系化。知识产权是当今社会一种新型、重要的财产类型。以知识产权名义统领的非物质性财产权利,不限于传统著作权、专利权、商标权三大领域,由于各种新型权利制度的出现,现代知识产权成为一个十分庞大的法律体系。其变化主要表现在两个方面:其一,随着新技术的应用,知识产权客体向新技术范畴扩展,出现了一些交叉保护或独立保护的新型知识产权。集成电路是微电子技术的核心,其布图设计既不是著作权法上的图形作品,又不是专利法上的外观设计。因此国际社会采取"工业版权"的保护方法。[31]作为独立知识产权出现的布图设计权,吸收了著作权和工业版权的部分内容,形成了亦此亦彼的"交叉权利"。这种权利的主要特点是:受保护的对象必须具有新颖性(专利法要求)和独创性(著作权法要求);实行注册保护制和较短保护期(专利法规则),权利人主要享有复制权和发行权(著作权法规则)。与此同时,植物新品种作为生物工程技术的新成就,也受到各国立法者的高度重视。目前,对植物新品种的知识产权保护,主要有三种方式:多数国家通过制定特别法来保护植物新品种,这就是作为独立知识产权形式的品种权;有些国家则在专利法的范围内保护植物新品种,是为传统的专利权;还有些国家兼用上述专有权与专利权的两种形式提供保护。其二,伴随着新型财产观念的产生,一些权利制度本是作为知识产权保护的例外或补充,现在却成为知识产权体系的新成员。商业秘密是一种无形的信息财产,它与专利技术不同,其权利形态不具备严格意义上的独占性、地域性和时间性特征。正是由于这一特点,大陆法系国家并不将其置于知识产权体系之中,而是根据合同法、侵权法保护商业秘密。20 世纪 60 年代,国际商会率先赋予商业秘密以知识产权属性;世界知识产权组织在其成立公约中亦暗示商业秘密包括在知识产权之中;至 90 年代,《知识产权协定》专门规定“未公开信息”的保护问题,确认商业秘密属于知识产权范畴。与此相类似,反不正当竞争本是对知识产权的交叉部分和空白地带提供“兜底保护”,但并非视为知识产权本身。这一情形在 20 世纪下半叶发生变化。《保护工业产权巴黎公约》1967 年斯德哥尔摩文本将专利技术、经营标记与反不正当竞争列为工业产权的保护对象;1967 年《成立世界知识产权组织公约》将反不正当竞争的权利纳入知识产权范围;1993 年《知识产权协定》强调缔约方应遵守《巴黎公约》有关条款,即确认该公约关于反不正当竞争作为知识产权组成部分的规定。

第七,商业人格利益与资信类权利。商业人格利益泛指经营领域中诸如商誉、信用、形象等各种资信。从商业信誉、商业形象的构成来看,其内在因素是主体的经营能力,包括经济状况、生产能力、产品质量、市场占有份额等,[32]这种经营能力形成了特定主体高于同行业一般企业获利水平的超额盈利能力;其外在因素表现在两个方面,或是来自于某一组织或机关授予的资格,或是来自于社会公众给予的评价和信赖。这种资信利益包括有明显的财产内容,但也有一定的人格因素。我国台湾地区学者曾世雄将此类资信财产称为正在开发中的无形财产。[33]自罗马法以来,财产权领域发生了一系列的制度创新和法律变革,其中之一就是财产的“非物质化革命”。财产“非物质化革命”的结果在于极大地拓宽了财产权范围,其权利构建涉及多个方面,主要是但不限于是知识产权,在这里即为企业法人的人格权向特别财产权的嬗变。诸如企业的名誉、形象、信用、经营资格等,在现代商品经济的条件下,从一般的人格利益演变为商事人格利益,形成资信类的特别财产权,主要是商誉权、信用权、形象权、特许经营权等。

三、财产权体系:有体财产权、无体财产权、其他财产权

财产权体系表现了私的财产制度的内部结构,无论其外部形式多么零

乱、繁杂,都是分成不同部分而又相互联系的统一的系统或整体。也就是说,不应把财产权理解为是各式各样财产权的简单总和。必须看到,财产利益基本属性的同一性决定了各种财产权的共同指向,它既是财产制度之间联系的纽带,也是财产法一体化构建的基础;同时,财产利益表现形态的差异性,则是我们划分不同财产权类型的标准,也是新的财产制度赖以建立的依据。

财产权体系是历史地形成的,诸如政治、科技、文化、社会等各种因素都会在其间发生影响,但是它最终取决于一国的经济制度。财产权制度的构建,虽然不是立法者或法学家的主观任意,而是社会物质生活条件的客观反映;但在这里,客观规律总是要通过人的活动实现的,一定的法学理论、法律观念、立法技术,对财产权体系的建立也有相当的影响。因此,我们在进行财产权的法律构造时,既要遵循历史发展的客观规律,又要注重内在逻辑的联结关系,即实现历史与逻辑的统一。

现代财产权体系的重构,有必要厘清如下问题:

第一,财产权制度一体化的基础。财产是构建财产权体系的始点范畴。自罗马法以来,人们基于财产的主要构成限于有体物的认识,设定了物质化的财产权制度。在客体物的分类中,有体物固然是有形之动产与不动产,无体物亦是以实在之物为对象的财产权利,可以说,传统的财产权制度即是物质化的财产结构。随着科学技术和商品经济的发展,各种抽象化、非物质化的财产不断涌现,人们对财产的概念有了新的认识。美国学者写道:19 世纪时,法院开始认识到,一些无形财产的价值并不一定能与商业场所或有形的商业附属物相联系。在多数案件中,保护当事人无形财产比保护有形物更为重要,换言之,在许多场合中,要保护的根本不是“物”而是“价值”。[34]20 世纪初,施瓦茨曾列举了“具有重大价值的新型财产”,“这些财产包括商业信誉、商标、商业秘密、著作权、经营利益、特许权以及公平的便利权。”[35]在这里,财产权指向的对象,已不限于有形的物件,而且也包括无形的事物。无论它们是否具有外在形体,都是具有经济利用价值的利益。正如有的学者所言,我们可以把财产或说是财产利益区分为不同形态的事物,即物质实体、知识本体及其他价值实体。[36]“财产利益”是一切财产权的共同指向,它包含了不同的财产形态,并由此产生了不同的财产类型。概言之,财产概念的整合是财产权制度一体化的基础。人格权与财产权是民事权利的最一般分类,这种分类直至今天仍有意义。在私权制度的发展过程中,人格权与财产权的区分已从绝对趋于相对,并出现交叉与融合。这一现象表现在两个方面:其一,在传统的人格权之上衍生出新的财产权。在民事客体范畴中,诸如姓名、肖像、名誉、荣誉等人格利益,在传统上属于人格权的保护范围,一般认为不具有直接的财产内容。[37]虽然上述人格利益与财产具有一定的联系,如主体行使相关权利可获得一定的经济利益,或主体因上述权利受到侵害而获得一定财产补偿,但这里的财产后果不是名誉权、肖像权等人格权利的内容本身。由于商品经济的发展,某些人格利益演变成商业人格利益,即在现代法律框架上,基于商业上的名誉、荣誉产生了商誉权、信誉权;由于对姓名、肖像、形体的商业利用产生了形象权。这些权利是与一般人格权有别的特殊财产权,是为无体财产权。[38]其二,人格权与财产权的融合产生新的复合性权利。一些学者认为,知识产权、股权等不能单纯归于人格权或财产权之中,而是"这两类权利结合的产物",是一种"混合型权利。"[39]笔者在20世纪80年代末、90年代初的一些著述中也持这一观点。此类说法现在有必要予以修正。在国际上,知识产权多作为财产权看待。从词源学上来说,英文"intellectual property"和"intellectual property right"分别指称"知识财产"与"知识产权"。在有些国家的语境中,"知识产权"还是"无体财产权"的同义语。世界知识产权组织编写的专门读物,亦是将"知识财产"与知识产权联系在一起的。[40]《知识产权协定》承认"知识产权为私权",即是从保护私有财产的原则出发,将知识产权与所有权作为私人财产权同等看待。[41]因此可以认为,知识产权(除著作权等个别权利外)从总体上看,应为一种财产权,而不是什么混合型权利。至于股权,通常是指股份有限公司与有限责任公司的股东权,如前所述,它与具有人合性质的一般社团中的社员权是有不同的。股权之中的所谓表决权,往往是一些学者将股权视为社员权,并做出混合型权利理解的主要依据。其实,表决权并不具备一般人格权的性质,它"基于转让财产而产生,其目的是行使对财产的间接管理以保护股东利益之实现、分红之可能,其基础和目的皆在于财产利益,是所有权中的支配权能、处分权能的变形"。[42]因此,股权从其基本属性和主要内容来看,也可以视为一项财产权。总之,基于人格权关系的嬗变,产生的是新型的财产权(或为非物质性财产权,或为独立的财产权),而不是亦此亦彼的混合型权利。

第二,知识产权与无体财产权。知识产权是近代商品经济和科学技术发展的产物。知识产品财产化与知识财产法律化带来了财产的“非物质化革命”,这是罗马法以来私权领域中的一场深刻的制度创新与变革。知识财产是一种新的财产,它不是以往对物进行绝对支配的财产,而是“非物质化的和受到限制的财产”。[43]“非物质化”的结果,极大地拓宽了财产法适用的范围,权利的客体涵盖一切可以作为财产看待物质与非物质对象;“非绝对性”的意义在于对新财产权利的适当限制,其目的是防止权利过于垄断,以保障知识的正当传播。时至当代,财产的“非物质化革命”并没有停止,社会财富的结构发生很大的变化,“财产越来越多地变成无形的非物质的”,[44]“我们有理由对传统上并不被认为是财产或财产权利的权利给予越来越多的关注和保护”。[45]这些非物质性的财产权利,主要是知识产权,但又不限于知识产权。有鉴于此,笔者自 20 世纪 90 年代以来即主张建立一个大于知识产权范围的无体财产权体系,以包容一切基于非物质形态所产生的权利。[46]“无体财产权”的概念系德国学者科拉于 1875 年提出。在相当时期,一些西方国家的立法与学说曾以无体财产权来概括有关智力成果的专有权利。至 20 世纪 90 年代,知识产权成为国际通行用语,仍有学者继续采用无体财产权的说法。本人认为,诸如商誉权、信用权、形象权、特许经营权等,都是一种具有非物质属性但又不能归类于知识产权范畴的财产权;随着社会生活的日益发展,还可能出现一些更新的无体财产权。因此可以考虑,以客体的物质性与非物质性为分类标准,在支配性财产权领域概括出有体财产权与无体财产权。在这里还有必要论述的是财产权的“无体”问题,即“无体”指的是作为客体看待的权利(无体物),还是作为客体看待的精神产品。青年学者袁秀挺博士曾撰文评述笔者的无体财产权理论,其中的许多评点都颇有见地,但是他将无体财产权的范围扩充到债权、票据权利的看法,[47]笔者不能苟同。其理由是:其一,有体财产权与无体财产权的分野,是在支配性财产权利范畴内进行的。按照前文所述拉伦茨的观点,该类权利的客体是为第一顺位的权利客体,包括有体物与无体的精神产品。而债权、票据权利(特别债权)等概为请求性财产权利,另一德国学者梅迪库斯认为债权与请求权无实质区别。[48]因此,将债权作为无体财产权看待,实际上是将支配权与请求权混为一谈。其二,债权、票据权利本身在作为权利客体时,可以视为无体物。有体物与无体物是罗马法、法国法关于客体物的分类,无体物特指除所有权以外的财产权利;德国法规定的物仅为有体物,该国学者有时将精神产品也称为无体物,但强调此类客体应由知识产权法规范,而不由物权法规范。[49]

由此可以认为,在罗马法、法国法中,债权等可以以无体物名义作为另类权利(如继承权、股权)的客体,但这种无体物(权利客体)不能得出是无体财产权(权利本体)的结论;在德国法中,债权等则不能视为无体物,因为无体物特指无体的精神产品。总之,对知识产权与无体财产权进行划分,并对无体财产权作出界定,对于构建财产权体系是非常必要的。

第三,财产权体系的中心制度与内部结构。财产权与人身权的分立以及财产权利的基本分类,是自罗马法以来的民法传统。在不同的历史时期,财产法的重心及其制度安排具有不同的特点。古代罗马法建构的是以所有权为绝对中心的财产法。罗马人以“物”作为客体范畴,在此基础上设计了以所有权形式为核心的“物权”制度,建立了以物权制度、债权制度为主要内容的“物法”即财产权体系。罗马法的财产权体系,构筑在宽泛概念的客体“物”基础之上,此处的物主要是客观实在之物,也包括主观拟制之物(权利)。同时,整个财产权体系是由宽泛意义的所有权来统领,即债权和他物权作为无体物,属于所有人拥有的财产。这是一种所有权绝对中心的财产制度。法国民法继承了罗马法的传统,它保留了有体物与无体物的区分,并沿用各种财产权的基本分类。重要的是,法国民法的财产制度的中心仍是所有权。在三分法的体例中,一编称为所有权及其变形,另一编是为财产(所有权)的取得。可见,在所有权中心的框架中,债权、继承权都是作为财产的取得方法来规定的。近代德国创立了物权、债权二元结构的财产法。该国民法典关于财产权的制度安排有三个特点:其一,债权的独立化。德国法将债权视为区别于物权的对人权而独立存在,并作出专章规定,这与法国法不同。法国法将继承、合同、侵权行为与担保等同置一编,债权并未体系化,也无自己的独立地位。其二,债权的优位化。德国法不再恪守所有权中心的立法体例,将债权编置于物权编之前。在德国法中,“物的利用”的理念优先于“物的归属”的理念,即是将债权看作所有权成立之前提,而不是规定为所有权取得之方法。其三,物权债权二元结构的体系化。罗马法将各项财产制度安排在“物法”之中,法国法亦是围绕着所有权来设计财产制度体系,而德国法正式确立了物权和债权两大部分。依此模式,任何具体财产权利均可纳入上述权利范畴。德国法建立的二元结构的财产法对后世立法影响很大。现代民法应该构建一个什么样的财产权体系,是各国立法者与法学家为之努力探求但尚未形成共识的问题。笔者认为,我们可以遵循大陆法系的传统,继续采用物权、债权的称谓,但不必坚持所有权绝对中心的理念,也无须恪守物权、债权的二元结构。也就是说,现代的财产权体系,应是一个开放的制度体系、多元的权利范畴。

基于上述分析,笔者主张我国的财产权体系包括以下三个部分:以所有权为核心的有体财产权制度、以知识产权为主体的无体财产权制度、以债权和继承权等为内容的其他财产权制度。在有体财产权范畴中,除所有权外,还应包括土地使用权、农村土地承包经营权、宅基地使用权、地役权、空间利用权、典权、居住权、相邻权以及抵押权、质权、留置权等担保物权;在无体财产权范畴中,除著作权、专利权、商标权、商号权、地理标记权、植物新品种权、集成电路布图设计权、商业秘密权等知识产权外,还应包括商誉权、信用权、形象权、特许经营权等非物质性权利。其他财产权包括债权、继承权以及一些具有独立意义的财产权,如股权、信托权、票据权利等。该类权利有些是请求性财产权,有些则是兼具物权、债权属性的特别财产权。

四、财产权立法与民法典编纂

自罗马法以来,经过众多立法者和法学家的培育,财产权制度已经形成成熟的概念构成,并产生了具有不同风格的制度体系。我国的财产权立法,必须采取融经验与理论于一体的建构方法,遵循严格的逻辑概念与体系要求,将各类财产权制度整合于民法典的框架中。

财产权的"法典"化,首先涉及的是财产权定义问题。对此,英美法系与大陆法系有不同理解。英美法系中的财产权,指的是有体物为客体的支配权。在《牛津法律大辞典》中,"严格地讲,这个术语用来指财产所有权"。"财产权是指存在于任何客体之中或之上的完全的权利",这种权利既可以存在于有形财产之中,也可以存在于无形财产之中。[50]加拿大《魁北克民法典》即是采取上述财产权概念的立法例。该法典第三、四、五编分别为“继承法”、“财产权”和“债法”。其财产法规定的内容主要有:“财产的种类”、“所有权”、“所有权的特殊形式”、“所有权的权利分割”等。正如梁慧星教授所言,《魁北克民法典》采用的是狭义的英美法系的财产权概念,并在立法体例上采取“财产法”与“债法”分立的称谓。[51]大陆法系中的财产权,泛指一切以经济利益为内容的权利。包括财产的支配权与请求权。关于财产支配权,即是主体对客体“物”直接享有的权利。法国《拉鲁斯大百科全书》认为凡能构成财产的一部分并可占有已有的财富即为物,它分为两种:一是有体物,包括动产和不动产;二是无体物,包括与物有关的权利,如用益权;以及与物无关的权利,如著作权。[52]这种在物之上直接设定的权利,被称为“对物权”(rights in rem)。法国法意义上的“对物权”,后来被德国法理论进一步发展,“该概念已成为处理物权、知识产权和准物权关系的联结点”。[53]在“对物权”这一上位概念之下,以有体物为客体的支配权称物权,以精神产品为客体的支配权称为知识产权,设于财产性权利之上的支配权为准物权。关于请求权,即是请求他人为一定给付的权利。债权是典型的请求权,包括基础权利的请求权(如合同之债)和救济权利的请求权(如侵权之债)。大陆法系的财产权范围大抵包括上述各类财产权制度。1992年《荷兰民法典》是为其典型的立法例。第一,对财产、财产权概念作了宽泛定义。即“财产,包括一切物和一切财产性权利”;“财产性权利是指:可单独转让或与其他权利一道转让的权利;能使持有者获得物质利益的权利;可用于交换现实物质利益或可期待的物质利益的权利。”[54]第二,设计了财产法总则(第三编)。在此之后规定了继承法(第四编)、物权法(第五编)、债权法(第六、七、八编)和智力成果法(第九编,该编后放弃)。从我国民事立法的传统出发,未来民法典所构建的财产权体系,当然采用广义的财产权概念,即包括物权(含准物权)、知识产权、债权、继承权以及其他财产权。

财产权的法典化,在大陆法系国家还有一个编纂模式问题,即法学阶梯式与潘德克吞式的立法选择。法国民法典是法学阶梯式的典范,该法典有着对《优士丁尼法学阶梯》的革命性改造。出于对概念的逻辑体系的追求,《法国民法典》打破了将物权与债权置于“物法”的同一性结构,分编规定了财产与财产的取得立法;但该法典同时存在财产权分类不尽科学的问题,其第三编成为财产问题的“兜底”和“囊括”,各种一时难以在逻辑上分门别类的问题都充斥其间。澳大利亚学者瑞安对此提出批评,“任何科学的安排方法都不会在一编之中把继承和赠与、契约和侵权行为、婚姻财产、抵押和时效等这些毫不相干的内容都放在‘取得财产的不同方法’之下”。[55]就财产权立法而言,其弊端表现在两个方面:一是债权未能取得独立地位,仅是财产所有权取得的一种方法;二是财产权制度未能形成逻辑体系,导致不同类型权利同置一处的体系混乱。《法国民法典》采取“财产”与“财产取得方法”的二编法,对其他国家民法典的财产权体系构建产生很大的影响。欧洲的比利时、摩纳多、罗马尼亚等国,美洲的海地、多米尼加、委内瑞拉等国,非洲的几内亚、尼日尔、刚果、乍得等国都沿用了这一编纂模式。[56]与上述情形不同,《德国民法典》以其深邃、精确和抽象,构建了潘德克吞式的财产权体例。法典依编章按演绎式排列:总则含有关于财产的抽象的原则性的规定,然后分债权、物权、继承三编对具体的财产关系进行规定。《德国民法典》在精准界定物权与债权两个概念的基础上,依逻辑位阶关系构建了自己的财产权制度,从而避免了《法国民法典》在财产权立法方面的逻辑混乱,应该说是一种历史的进步。但是,《德国民法典》的物权、债权二元结构也有不足:一是过于僵化。依其严谨的概念逻辑,任何具体财产权利都可以纳入上述范畴,在权利分类上非此即彼。随着近世权利形态的变化,面对一些亦此亦彼的财产权,这种物权、债权的二元结构显然是无能为力。二是过于封闭。这种财产权体系未能完全摆脱罗马法以来的物化财产结构的阴影,它是一个严谨的体系,但却不是一个开放的体系。质言之,物权、债权的二元结构未能考虑知识产权以及其他财产权的制度空间。应该承认,《德国民法典》所采取的财产权分类方法及其制度安排模式,在大陆法系国家的影响是广泛而深刻的。现行的意大利、葡萄牙、俄罗斯、日本、巴西、泰国等国民法基本上沿用这一体例。

法学阶梯式与潘德克吞式关于财产权体系的构建,在19世纪的范式民法典中作了十分经典式表现,但不容讳言的是,它们各有其弊端。有基于此,新《荷兰民法典》作为20世纪的范式民法典,对财产权制度进行了新的设计。它一改法学阶梯式之遗风,别具一格地创立了一种多编制的财产权立法体例,其9编中有7编涉及财产权的内容;同时,它并未拘泥于潘德克吞式的民法“总则—分则”的叙述模式,独辟蹊径地设计了“财产法总则”,而未采用适用各分则但又有逻辑障碍的一般性“总则”,即在财产权制度中创建了一种多层次、复合式的“总则—分则”模式，确实有可取之处。

我国未来的民法典可以考虑设置一个财产法或财产权总则，马俊驹教授、徐涤宇博士等均提出过此类构想。笔者认为，在不改变物权、知识产权、债权、继承权等概念构成及制度分类的前提下，设定一个财产权总则是很有意义的。这个总则可望解决以下问题：第一，对财产进行定义，为建构开放的财产权体系提供基本的概念构成。参照《荷兰民法典》，财产应包括一切物和一切财产性权利。前者是广泛意义的物，意指物质实体的“有形物”、知识本体的“精神产物”以及其他价值实体的“抽象物”。后者是确定意义的权利，即须为各种类型的财产权利，须为具有金钱价值的权利，须为不含消极债务的权利。[57]第二，规定“物权一般规则”，以抽象、概括不动产物权和动产物权、所有权与用益物权、担保物权共同适用的总则规范。《德国民法典》未设定总则，但其物权法著述有此类内容；而《日本民法典》及我国台湾地区“民法”物权编均有总则。[58]因此做出这一安排是适宜的。物权的一般规则，可考虑规定物权的定义、物权法的基本原则、物权的效力与变动等。第三，规定“债权一般规则”，以统领单独设编的合同法和侵权法，并涵盖不能另行归类的不当得利和无因管理。关于是否规定债权总则，学者们见解不一。有的主张不设，建议将债法总则的内容置入合同法总则；有的主张设定，但建议重点突出合同总则的内容，并力主侵权法独立成编。[59]笔者认为，如果有了一个各类财产权共同适用的财产权总则，债法总则可以不予规定，而以“债权一般规则”代替之，其内容包括债的定义、债的类型、债的履行、债的移转、违反债务的责任等。第四，规定“知识产权一般规则”，既解决知识产权制度“入典”的问题，又能保留其民事特别法的单行体例。知识产权是现代财产权体系的重要组成部分，但知识产权法不宜平行移植到民法典。笔者认为，在立法史上，凡是范式民法典都没有知识产权编，凡是规定知识产权编的民法典都不是范式。到目前为止，民法典不专编系统规定知识产权，已为多数学者为共识。[60]知识产权制度虽不平行移植入民法典，但在民法典中作出一般规定依然是有必要的，换言之，不能局限于民法典草案的单个条文而一言以蔽之。“知识产权一般规则”不同于民法典所规定的基本原则与一般制度，后者具有普遍适用性，此处不另作规定；同时，这里所规定的一般性条款，应是从各项知识产权制度抽象出来且共同适用的;此外,本章的一般规则着力描述的应是该类制度与其他财产权制度的不同之处。具体说来,可包括知识产权的性质、范围、效力、利用、保护、限制,以及与民事特别法的关系等。第五,规定其他财产权,以包容物权、知识产权、债权、继承权等未能涉及的其他财产权利。财产权的类型化是私权体系的逻辑性要求,也是立法活动的经验性总结。在私权体系的框架中,财产权的分类是必要的,但这种分类所涉及的具体事物也是有限的。在传统的财产权各编之外,实际上还游离着一些难以准确归类的其他财产权:一是所谓商事人格权。在民商分立的国家,商事人格权自可在商法中予以规定,不足为虑。我国奉行民商合一的传统,诸如公司法、票据法、海商法、保险法等概以特别法的形式存在,其商事活动中产生的与商人格有关但又具有财产属性的权利,包括商誉权、信用权、特许经营权、形象(商品化)权等,则有赖于基本法即民法典予以确认。二是所谓复合性财产权。由于所有权权能分离与债权物权化的影响,一些财产权很难简单定性并准确归类。例如,股权、信托权、票据权利等,不宜在物权编与合同(债权)编规定,置于“其他财产权”一章则是可行的。

基于上述分析,笔者主张未来民法典可设“财产权总则”专编,下设各章包括:

第一章　一般规定(财产定义、分类、保护、限制等);

第二章　物权一般规定;

第三章　债权一般规定;

第四章　知识产权一般规定;

第五章　其他财产权。

注释

1　江平主编:《民法学》,中国政法大学出版社 1999 年版,第 82 页。

2　参见谢怀栻:《论民事权利体系》,载《法学研究》1996 年第 2 期。

3　参见胡长清:《中国民法总论》,中国政法大学出版社 1999 年版,第 40 页。

4　参见尹田:《德国物权法》,法律出版社 1998 年版,第 12～13 页。

5　[德]卡尔·拉伦茨:《德国民法通论》,法律出版社 2003 年版,第 410 页。

6　参见日本《民事法学辞典》,岩井万龟:“财产权”条,转引自谢怀栻:《论民事权利体系》,载《法学研究》1996 年第 2 期。

7 广义的物,包括有体物与无体物,后者指某些具有财产内容的权利;狭义的物,以有体物为限。罗马法及法国法采广义说,德国法采狭义说。

8 有学者将以无形资格为标的的权利,如渔业权、矿业权;以权利总和之遗产为标的的权利,即继承权,都归类于准物权。

9 [德]卡尔·拉伦茨:《德国民法通论》,法律出版社2003年版,第377~378、404页。

10 [德]卡尔·拉伦茨:《德国民法通论》,法律出版社2003年版,第377~378、404页。

11 参见吴汉东:《财产的非物质化革命与革命的非物质财产法》,载《中国社会科学》2003年第4期。

12 [德]卡尔·拉伦茨:《德国民法通论》,法律出版社2003年版,第379页。

13 谢怀栻:《论民事权利体系》,载《法学研究》1996年第2期。

14 参见梁慧星:《民法总论》,法律出版社1996年版,第80页;钱明星:《物权法原理》,北京大学出版社1994年版,第26页。

15 葛云松:《股权、公司财产权性质问题研究》,载《民商法论丛》(第11卷),法律出版社1999年版。

16 参见漆多俊:《论股权》,载《现代法学》1993年第4期;康德琯:《股权性质论辩》,载《政法论坛》1994年第1期。

17 程晓峰:《关于股权性质的法律思考》,载《山东法学》1998年第6期。

18 周小明:《信托制度比较研究》,法律出版社1995年版,第30页。

19 参见何孝元:《信托法之研究》,载台湾《中兴研究》1987年第1期;赵许明等:《信托财产权属本质探究》,载《华侨大学学报》2002年第3期。

20 吕忠梅:《关于物权法的"绿色"思考》,载《中国法学》2000年第1期。

21 蔡守秋主编:《环境资源法论》,武汉大学出版社1996年版,第277~279页。

22 参见谢在全:《民法物权论》(上),中国政法大学出版社1999年版,第346页。

23 参见周枏:《罗马法原论》(上册),商务印书馆1994年版。

24 董开军:《所有权转换现象研究》,载《法律科学》1991年第1期。

25 江平主编:《民法学》,中国政法大学出版社1999年版,第680页。

26 梅夏英:《财产权构造的基础分析》,人民法院出版社2002年版,第81页。

27 参见谢怀栻:《票据法概论》,法律出版社1990年版,第6页。

28 赵威:《票据权利研究》,法律出版社1997年版,第53页。

29 转引自王利明:《民商法研究》(第4辑),法律出版社1999年版,第170页。

30 王小能:《论票据权利义务》,载《中外法学》1999年第6期。

31 工业版权的立法动向,始于纠正工业品外观设计享有专利法和著作权法重叠保护的弊端。以后,一些国家为了填补某些工业设计产品无法保护的空白和弥补单一制度保护制度的不足,遂创制了工业版权制度。参见郑成思:《版权法》,中国人民大学出版社1990年版。

32 参见杨立新:《人身权法论》,中国检察出版社 1996 年版,第 638 页。

33 参见曾世雄:《民法总则之现在与未来》,台湾三民书局 1993 年版,第 137 页。

34 参见[美]肯尼斯·万德威尔德:《19 世纪的新财产:现代财产权概念的发展》,载《社会经济体制比较研究》1995 年第 1 期。

35 参见[美]肯尼斯·万德威尔德:《19 世纪的新财产:现代财产权概念的发展》,载《社会经济体制比较研究》1995 年第 1 期。

36 徐瑄:《知识产权与财产法一体化构建》,载《暨南学报》(哲学社会科学)2002 年第 6期。

37 参见王利明等编著:《人格权法》,法律出版社 1997 年版。

38 有学者将该类权利概称为"商事人格权"、"经济人格权"或"作为财产权的人格权"。这些说法依然是从人格属性的立场出发来描述此类财产权的。在国外学者的著述中,该类权利多视为独立的财产权或无体财产权。参见[英]劳森·拉登:《财产法》,中国大百科全书出版社 1998 年版;[日]小岛庸和:《无形财产权》,日本创成社 1998 年版;Black's Law Dictionary(15 Edition),West Publishing Co. ,1979。

39 参见王利明等编著:《人格权法》,法律出版社 1997 年版,第 12 页;龙卫球:《民法总论》,中国法制出版社 2002 年版,第 124 页。

40 世界知识产权组织编:《知识产权纵横谈》,世界知识出版社 1992 年版,第 4 页。

41 孔祥俊:《WTO 知识产权协定及其国内适用》,法律出版社 2002 年版,第 72 页。

42 程晓峰:《关于股权性质的法律思考》,载《山东法学》1998 年第 6 期。

43 [美]肯尼斯·万德威尔德:《19 世纪的新财产:现代财产权概念的发展》,载《社会经济体制比较研究》1995 年第 1 期。

44 参见尹田:《法国物权法》,法律出版社 1998 年版,第 19 页。

45 [美]罗纳德·波斯顿:《美国财产法的当前发展趋势》,载《外国法译评》1994 年第 3期。

46 参见笔者的相关著述:《无形财产权的若干理论问题》,载《法学研究》1997 年第 4 期;《无形财产权制度研究》,法律出版社 2001 年版;《财产的非物质化革命与革命的非物质财产法》,载《中国社会科学》2003 年第 4 期。

47 参见袁秀挺:《正本清源——评〈无形财产权制度研究〉之"基本理论编"》,载《私法》(第 2 辑第 1 卷),北京大学出版社 2002 年版;《知识产权在财产权体系中的定位》,载《华中科技大学学报》(社会科学版)2003 年第 2 期。

48 参见[德]迪特尔·梅迪库斯:《德国民法总论》,法律出版社 2000 年版,第 68 页。

49 参见孙宪忠:《德国当代物权法》,法律出版社 1997 年版,第 3 页。

50 [英]戴维·M. 沃克主编:《牛津法律大辞典》,光明日报出版社 1989 年版,第 729 页。

51 梁慧星:《是制定"物权法"还是制定"财产法"?》,载《私法》(第 2 辑第 2 卷),北京大学出版社 2003 年版。

52 参见法国《拉鲁斯大百科全书》(第 3 卷),载《国外法学译丛·民法》,知识出版社 1981 年版,第 168 页。

53 徐涤宇:《历史地、体系地认识物权法》,载《法学》2002 年第 4 期。

54 转引自徐涤宇博士提供的中南财经政法大学民法典研究所所藏民法典资料。

55 参见[澳]瑞安:《民法导论》,楚建译,转引自《民法的体系与发展(民法学原理论文选辑)》,中国政法大学出版社 1991 年版,第 35 页。

56 参见徐国栋:《法国民法典模式的传播与变形小史》,载中国民商法律网(http:www.civillaw.com.cn)。

57 参见[德]卡尔·拉伦茨:《德国民法通论》,法律出版社 2003 年版,第 410~411 页。

58 参见梁慧星主编:《中国物权法草案建议编》,社会科学文献出版社 2000 年版。

59 有关债法总则的争鸣可参见马俊驹:《对我国民法典制定中几个焦点问题的粗浅看法》,载中国民商法律网(http:www.civillaw.com.cn)。

60 吴汉东:《知识产权立法体例与民法典编纂》,载《中国法学》2003 年第 1 期。

吴汉东

代表作

拾叁

法律创新与制度发展*

从知识产权到无形财产权

制度创新是私法变革与发展的当然内容构成。从知识产权的创建到无形财产权的出现,可以视为整个财产法的历史过程和时代使命,它既是科技革命与知识创新的制度产物,也是推动社会发展进步的法律工具。

一、知识产权制度的建构:知识的财产化与财产的非物质化

知识产权制度的建立,是罗马法以来财产权领域的一场深刻的制度创新与变革。古代罗马法留给后世的最大财富是罗马人的私法观念与原则。其物化财产结构,缺乏包容非物质财富的权利形态和制度空间,具有不可避免的历史局限性。但罗马人创制的“无形财产”及其相关学说,提供了关键性的概念工具和思想资料,为近代的财产非物质化革命做出了必要的理论准备。自十七八世纪以来,资产阶级在生产领域里开始广泛采用科学技术成果,从而在资本主义市场中产生了一个保障知识产品私有的法律问题。知识产品及其权利形态,无法进入罗马法以来所建构的物与物权的体系之中。近代德国法哲学家黑格尔曾对物(此处意指有体物,以下同——笔者注)与精神的关系做过精辟的分析。他认为,物是与精神相分离的外在的东西,属于客观的自然界的概念。为此,物就成了意志的定在的外部领域,从而也就是实现作为主体权利的领域。除此之外,还有一种“通过精神的中介而变成的物”,诸如精神技能、科学知识、艺术以及发明等,都

* 原载《中国社会科学》2003 年第 4 期,题名为“财产的非物质化革命与革命的非物质财产法”。

可以成为契约的对象,而与买卖中所承认的物同一视之,其理由是:这些固然是精神所特有的、精神内在的东西,但主体可以通过"表达"而给它们以外部的"定在",这样就能把它们归在物的范畴之内了。[1]但是,诸如技能、知识等是否都可以称为物,却使得黑格尔感到踌躇。他承认,此类智力成果虽然可以像物那样进行交易并缔结契约,但它又是内部的精神的东西,所以理智上对于其法律性质感到"困惑"。[2]黑格尔的理论"困惑"给我们以下启示:第一,知识形态的精神产品是有别于物的另类客体,将其归类于物的范畴似有不当,这正是黑格尔的"踌躇之处"。但是知识产品同物一样可以成为交换的标的,即是具有交换价值的财产,这也正是黑格尔理智之见。第二,精神产品是精神内在的东西,但可以通过一定形式的"表述"而取得外部的"定在",即精神产品可以有"直接性"和"外在"的载体。在这里,黑格尔揭示了知识产品的非物质性与其表现形式的客观性,他已经认识到知识产品与其物化载体两者之间的区别。

知识的财产化,表明知识产品与物一样,都是财产权利的客体,具有民事客体的一般特征;同时,知识产品是区别于物的另类客体,是财产化的精神产品,具有自身的本质属性。具言之,表现在如下方面:

第一,客观性。客体是主体的对称,有主必有客;同时也是权利义务共同指向的对象,即为体现利益之标的。物的客观性表现为客观化的物质实体,知识产品的客观性则应理解为客观化的知识体系,即可认知性、可复制性。珀普将世界分为三部分:第一世界是物质世界;第二世界是意识经验的世界;第三世界是客观知识的世界,后者相当于书本、图书馆、电脑存储等。就珀普而言,客观知识表明关于世界的真理独立于人们的主观世界。到目前为止,知识财产被描绘成为一种全球性的资源,是由人类的集体劳动在整个过去的时间内完成的。[3]知识产品作为权利标的客观性特征与其非物质性的本质属性并不是矛盾的。所谓非物质性,即是知识产品的存在不具有一定的物质形态,不占有一定的空间,这是知识产品区别于物质产品(有体物)的根本特性。但是知识的财产化,要求知识产品在作为权利客体时,必须通过一定的客观形式表现出来,使智力创造者以外的人能够了解和认识,这种客观表现形式是法律对其实现知识产权保护的条件之一。

第二,有用性。客体应为主体所利用的物质利益或精神利益之事物。

就财产权客体而言，无论其形态如何，都有一定的价值和使用价值。物即是天然存在的和人工制造的物质财富，而知识产品则是智力劳动创造的非物质财富。在科学技术商品化的条件下，知识信息已成为社会中最为有用的资源之一，是社会财富的重要组成部分。知识产品能作用于人们的精神生活，满足人们精神生活的需要，产生一定的社会效益；也能投入生产领域转化为有形的物质产品，满足人们的物质生活的需要，产生一定的经济效益。其具体表现是：科学思想和科学理论可以通过技术转化为生产力，提高生产的产出率和减少生产成本；作品和设计等能够满足人们的生产和生活需要，代表人类的精神和文化财富；商标和服务标志的作用在于减少市场的搜寻成本。[4]这就是说，知识产品作为非物质财富，其本身即是社会财富的重要形态；掌握和利用知识产品可以为社会创造更多的财富。换言之，知识产品的有用性是它成为财产的基本原因。

第三，稀缺性。财产权客体是可以为人们控制和利用的资源，这种资源无论是物质形态还是知识形态，都不是取之不尽、用之不竭的。资源有限与供给不足，是物或知识产品作为财产权客体的经济动因所在。尽管在罗马法的历史上，诸如阳光、空气、海洋等也曾视为物，但这类物为万民共享之物，不具有私权客体的意义。除此之外，天然存在之物与人工制造之物都是有限的资源。知识产品与有体物一样，也存在稀缺性的问题，但其表现形式不同。所谓稀缺性，首先表现为知识产品生产的长期性、复杂性和高成本化。整个生产过程需要社会以至个人的大量投入，并需要长时期的探索性、创造性、连续性的劳动才能实现。其次表现为知识产品创造者的数量稀缺和价值珍贵。创造性人才是知识的生命载体，他们以依靠前人积累的知识为劳动资料，以抽象的知识产品为劳动对象进行精神生产劳动。知识产品的生产过程对生产者的智力投入有特殊要求：一是生产者智商高于一般人，能胜任高智力投入的劳动；二是通过文献储存和大脑储存，有相当的知识储备，具备高智力投入的基本条件。[5]对于社会而言，此类人才及其生产的知识产品常常存在不足，解决供给不足的有效办法，就是知识产品的有偿使用。知识产权法即是解决这一问题的制度安排。

知识的财产化，是罗马法以来私权领域中最具革命意义的制度创新。其革命性意义可从如下方面来说明：

第一，知识财产的出现改变了传统的单一物化财产权结构。法律对知识财产的确认，标志着财产观从具体到抽象的转变。人们不再将财产的范围局限于有体物，而扩大到为数众多的不具备外在形体的财产，这即是财产的抽象化与非物质化。由于罗马法"无体物"的新诠释与英国法"诉体物"[6]的新创见，使得财产概念具有不确定性和灵活性，从而将各种形态的资源包容到财产权体系之中。美国学者肯尼斯·万德威尔德描述了财产非物质化的革命过程：在19世纪初，财产权被理想化地定义为对物的绝对的支配，但在许多案件中，法律所宣称的财产并不包含"物"。到19世纪中后期，法院的判决越来越倾向于把有价值的利益当作财产来看待，甚至在没有"物"的时候也是如此。这一做法极大地拓宽了财产适用的范围。到19世纪末，一种新的财产出现了，它是非物质的，不是由支配物的权利所组成，而是由有价值的权利所组成。[7]另一美国学者格雷则列举了非物质化财产的各种形态，如公司中的股票份额、债券、各种形式的商业票据、银行账户、保险单等。更不说那些更为神秘而难以确定的财产权，如商标、专利、版权、特许权和商誉。他认为，无形财产的产生消除了财产与实物之间的联系。[8]可以说，知识财产冲破了罗马法以来的单一财产权结构，非物质性财产与物质性财产共同构成了近现代社会财富的完整内容。

第二，知识财产的"权利束"组合不同于有形财产所有权的单一形式。在传统的私法理论中，所有权被描绘成私人对所有物绝对支配与排他独占的权利。这种权利的性质是单一的，即是单纯的财产性权利。在动产或不动产上，概为一个有形财产所有权，没有复合性的权利形态存在；这种权利的设定也是单一的，即在一个物件上只能设定一个所有权。按照"一物一权主义"的原则，不允许有两个或两个以上内容相同的所有权存在。知识产权则是一种新型的民事权利。首先，它不是单一形式的权利，而是组合形式的"权利束"（a bundle of rights）。也就是说，它不是单一的、整块的现象概念，而是一系列独立和特殊利益的组合。[9]在某项知识产权的概括名义下，各种权项相互独立，内容各异，该权利极具包容性而显见其丰富多彩。其次，它也不是单一设定的权利。由于知识产品的非物质性特征，一项知识产品可以在一定时空条件下为若干主体共同利用。在权项分割的情况下，若干主体可能对同一知识产品享有不同的权利；在不同地域的情况下，若干主体则可能在各自范围内对同一知识产品享有相同的权利。知识财产之上的多种权利形态与多重主体设定，使得传统的财产权理论与规则捉襟见肘，在私法领域中，知识财产理应建构与有形财产不同的理论基础和制度体系。

第三，知识财产的增长动摇了物化财产权的传统统治地位。罗马法以来的物与物权制度，是以保护有形财产为中心的。土地、牧场、机器、厂房是当时社会最重要的财富，物质财富的显赫身价决定了有形财产所有权制度在财产权体系里的中心地位。自进入工业经济时代以来，这一状况发生了变化。美国学者康芒斯在其名著《制度经济学》一书中叙述了这一演变过程："在封建和农业时代，财产是有形体的。在重商主义时代（在英国是17世纪），财产成为可以转让的债务那种无形体财产。在资本主义阶段最近的这40年中，财产又成为卖者或买者可以自己规定价格的自由那种无形的财产。"[10]另一美国学者马克·第亚尼则描述了知识产品与知识社会的关系。他认为，"非物质性"是知识社会的典型特征。知识社会的"非物质性"，就是人们常说的数字化社会、信息社会或服务型社会，在这个社会中，信息工人比例大大增加。与原始社会和工业社会不同，后者的产品价值包含原材料价值和体力劳动的价值，而"非物质社会"的经济价值和社会价值主要以先进知识在消费产品和新型服务中体现出来。[11]由于现代商品经济发展与社会财产形态的变化，财产的范围已延伸到一切可以利用的物质与非物质对象。与此同时，社会财富的比重结构也相应发生变化，有形财产的作用相对下降，无形财产的地位空前提高，知识财产已构成现代社会最重要的财产类型。正如加拿大学者尼科·斯特尔所指出的那样："传统的财产实际上是与实物的所有相同一的思想开始被淡化，或者，与之相类似的是，传统意义上的财产的相对重要性开始大大地降低了。"[12]在这里，知识财产化的革命性意义不仅在于打破了物化实体的传统财产观，而且极大地冲击了有形财产权的传统地位。

二、非物质性财产的体系化：类型扩张与制度嬗变

知识产权制度的建立是财产非物质化革命的结果，但不是无形财产权体系化的终结。这场自罗马法以来私权领域里所发生的制度创新与变革，从来就没有停息过。随着新的科学技术与现代商品经济的发展，各种抽象化、非物质化的财产不断涌现。在很多情况下，法律保护的对象不是有形的物件，而是无形的利益，财产遂被定义为"对价值的权利而非对物的

权利”。[13]

非物质性财产，主要是知识财产，但不限于知识财产。对此，近现代学者都给予了充分的关注。早期资产阶级思想家、法学家洛克在其《政府论》一书中，曾在多种含义上表达了“财产”概念。在洛克那里，狭义的财产指的是个人所拥有的物质财产，一般用“possessions”、“estates”、“fortunes”和“goods”来表述；而广义的财产则为“property”，不仅指物质财产，或者说一般意义上的财产和地产，也包括人的身心、生命和自由，甚至包括了人的劳动及行为规范。它是个人拥有的总和，包括身心和物质两个方面的内容以及有形和无形的两种形态。[14]20 世纪初，美国学者施瓦茨曾列举了“具有重大价值的新型财产”，“这些财产包括商业信誉、商标、商业秘密、著作权、经营利益、特许权以及公平的便利权”。阿切森也做出了自己的判断：“在 19 世纪的法学概念中最核心的就是财产权，任何事物都被认为是财产，如名誉、隐私、家庭关系等。”[15]另一美国学者弗里德曼认为，20 世纪已经出现了“新财产”（new property）的概念，因此应当将就业机会、养老金、政府特许作为新财产看待。[16]与此同时，美国法院还将下列权利视为非物质化财产：使用邮政的权利，雇主自由地增减劳工的权利，雇佣者自由就业的权利，股东选举公司董事的权利，免税的权利，禁止他人出卖自己采制的新闻的权利，成为证券交易所会员的权利等。[17]应该指出，将一切利益机会、资格等财产化、商品化，将政治权利、人身权利等同于私人财产权利，似有值得斟酌之处。过于宽泛的财产观，有可能动摇现代财产权概念的科学基础，也有悖于财产非物质化革命的本意。但是必须承认，继知识财产出现以后，新的非物质性财产不断产生，从而构成了一种新的无形财产体系。从私权的角度，笔者拟将非物质性财产分为如下类型：

第一，知识类财产。该类财产主要由知识、技术、信息等无形财产利益所构成，可以进一步分为创造性成果与经营性标记两类形态。前者包括作品及其媒介和工业技术。作品及其传播媒介是文化领域中的创造性成果，与创造者的创作活动及传播活动有关，其客观表现形式有文字、符号、图形、形象、音像等。工业技术是指工业、农业、商业等产业领域中能够物化在物质载体上的创造性成果，通常表现为工艺操作方法与技能，以及与这些方法和技能相适应的生产工具和其他物质设施。后者是指在生产流通领域中能够标示产品来源和厂家特定人格的区别标记，包括商标、商号、地理标记等。上述知识财产是现代社会中最重要的非物质财富。

第二，资信类财产。该类财产是经营领域中诸如商誉、信用、形象等财产化的商业人格利益。从商业信誉、商业形象的构成来讲，其内在因素是主体的经营能力，包括经济状况、生产能力、产品质量、市场占有份额等；[18]其外在因素来自社会因受主体信誉、形象的影响而给予的评价和信赖。此类商业人格利益，包含有明显的财产利益的内容，但也有精神利益的因素。资信类财产的价值尚未完全为人们所认识，以至于我国台湾地区学者曾世雄将此类财产称之为正在开发中的无形财产。[19]

第三，特许类财产。该类财产由主管机关或社会组织所特别授予的资格、优惠、特权等法律利益所构成。美国分析法学派代表人物霍菲尔德在权利形式分析理论的基础上，对财产概念做出新的阐释。他认为，权利、特权、权力和豁免可统称为"法律利益"（legal interest）。一个人拥有财产，就是说实际上此人拥有一系列的权利、特权、权力及豁免。[20]财产是否都可以归结为由上述要素组合而成的"法律利益"，尚值得进一步探讨。但是，似可借用霍菲尔德的理论，在非物质性财产中单列一种由"法律利益"所构成的特许类财产。该类财产与前述知识类财产、资信类财产不同，它不是基于所有人自己的创造性行为或经营性资信所形成，而是由某一机关或组织的特别授权所产生。主体享有的某种特别资格、优惠或利益，可以形成特殊的经济能力或经济利益，从而构成主体的一项财产。

知识类财产、资信类财产与特许类财产构成了现代非物质性财产的完整体系。这一体系的形成，从其社会动因来说，是科学技术与商品经济发展的结果；从法律层面而言，则是制度嬗变与创新的产物。在历史上，非物质性财产的权利制度，经历过以下变迁过程：

第一，从特许权到一般财产权。知识财产的权利形态即是知识产权。近代知识产权制度的诞生，经历了封建特许权制度近三百年的长期阵痛。封建特许权包括印刷专有权和产品专营权，以敕令或令状的形式，授予印刷商以出版独占许可证或赋予经营者专门制造、销售某种产品的权利。尔后，由于封建王朝的衰落与私权观念的进化，市民阶级主张对印刷品、专营品应产生一种新的所有权，而不是行政庇护的特权，这即是"精神所有权"。[21]"精神所有权"理论认为，创造者的思想以及基于思想所产生的物化产品都享有所有权。这种精神产品的权利也是所有权的一种。十分明显，

“精神所有权”已具有近代知识产权的基本含义了。知识产权作为一种私人享有的无形财产权，是为法定之权而不是特许之权，直至资产阶级革命时期才得以实现。可以说，在历史上，知识产权是从特许权到一般财产权变迁的产物。

第二，从人格权到特别财产权。资信财产的权利形态，包括商誉权、信用权、商品化（形象）权等。在民事客体范畴中，诸如姓名、肖像、名誉、荣誉等精神利益，在传统上属于人格权的保护范围，一般认为不具有直接的财产内容。[22]虽然上述精神利益与财产具有一定的联系，如主体行使相关权利可获得一定的经济利益，或主体因上述权利受到侵害而获得一定财产补偿，但这里的财产后果不是名誉权、肖像权等人格权利的内容本身。由于商品经济的发展，一般人格利益逐渐演变为商业人格利益，即在现代法的框架上，基于商业上的名誉、荣誉产生了商誉权与信用权，由于对姓名、肖像、形体的商业利用出现了（商品化）形象权。换言之，在人格利益的权利形态方面，传统的人格权依然存在，但同时又新出了资信类的特别财产权。

第三，从行政权到私人财产权。特许类财产的权利形态主要是特许经营权。特许类财产本为一种“法律利益”，即是某种资格、优惠或利益，它们是受到法律保护的利益，但并非都上升为法定的财产权利。特许经营权是该类财产所采取的唯一法权形式。从特许权的产生来看，它是一种行政权的延伸。在古代中国，即存在政府特许的盐、铁专营；在中世纪英国，也有王室授权的土地专营。在这里，特许经营人获得的是一项行政特权，即主体具有一种特殊的身份、地位，并由此获取特殊的利益。到了近代社会，特许经营的对象有相当部分依然属于国家的行政特许，如特种行业的经营、许可证制度等。但随着商品经济的发展，出现了许多与行政权无关的特许经营业务，形成了企业之间发生的纯商业性的特许经营业务（如旅店业、零售业等）。[23]政府特许经营与商业特许经营的并存，彰显特许经营方式的扩展，同时也表明特许经营权完成了从行政权到私人财产权的嬗变，这即是说，专营资格、优惠或利益可以来自政府特许或商业特许，其权利取得方式如何在所不问，丝毫不会影响该项权利的基本属性。质言之，特许经营权是一项以专营资格为客体的非物质性财产权。

非物质性财产体系的形成，是一个由国家公权向私人财产权、由封建特许权向资本主义财产权、由人格权向特殊财产权转变的历史。这一历史变迁表明,非物质性财产法是一个开放的、动态的、不断发展的制度体系。

三、无形财产的立法保护:权利形态与制度模式

在立法文件的语境中,非物质性财产权被称为无形财产权。无形财产权的概念系由德国学者科拉于1875年率先提出。他批判了以往的学说将精神产物之权利说成是一种所有权的错误,而将其视为是区别于有形财产所有权的另类权利,即"无形财产权"(Immaterial Giiterrecht)。此学说发表后即风靡于欧洲大陆。[24]在一些西方国家,相关立法与学说曾以无形财产权来概括有关知识财产的专有权利。直至20世纪60年代,知识产权成为国际上通行的法律术语,仍有西方学者继续采用无形财产权的说法。这一法律术语颇具包容性,有其可取之处。在现代社会里,由于社会财富形态的变化,财产越来越多地变为无形的和非物质的,"我们有理由对传统上并不被认为是财产或财产权利的权利给予越来越多的关注和保护"。[25]我们看到,在非物质财产体系中,确实存在一类具有无形财产属性又不能归类于知识产权范畴的某些权利;并且随着社会生活的日益发展,还可能出现其他一些更新的无形权利形态。因此,笔者主张,以客体的非物质性作为权利形式分类标准,概括出与财产所有权有别的无形财产权;同时,根据国际上通行的立法例,将后者分为知识产权与其他无形财产权。下面试就无形财产的基本权利形态分述之。

第一,文学产权。文学产权是关于文学、艺术、科学作品的创作者和传播者所享有的权利,它将具有原创性的作品及传播这种作品的媒介纳入其保护范围,从而在创造者"思想表达形式"的领域内构造了知识产权保护的独特领域。在立法文件中,文学产权指称著作权以及邻接权,广义的著作权包括邻接权。在作品及传播媒介的权利形态方面,值得重视的是数据库保护问题。出于对制作者在数据库上投资的保护目的,国际社会在适用数据库的版权保护、数据库的竞争法保护的同时,正在推进数据库的特殊权利保护。这是一种独立于著作权,又类似于著作权的专门保护制度。[26]在这种情况下,在文学产权领域将会出现著作权以及与著作权有关的邻接权、数据库专有权等多种权利形式。

第二,工业产权。工业产权是指工业、商业、农业、林业和其他产业中

具有实用经济意义的一种无形财产权。确切地说，工业产权应称为“产业产权”。根据《保护工业产权巴黎公约》及其相关公约的规定，列于工业产权范畴的主要有专利权（含外观设计权）、商标权、商号权、地理标记权、反不正当竞争权。需要说明的是，反不正当竞争本为有关知识产权保护的补充，意在对单一法律制度的“真空地带”和相关法律制度的“交叉部分”给予“兜底保护”，现在则成为知识产权的体系中的新成员。《巴黎公约》1967 年斯德哥尔摩文本将专利技术、经营标记与反不正当竞争列为工业产权的保护对象，同年签订的《成立世界知识产权组织公约》亦将反不正当竞争的权利纳入知识产权的范围。这样，作为知识产权保护“例外”的反不正当竞争，也成为一项工业产权。

第三，其他知识产权。该类权利是指在传统上既不属于文学产权，又不归类于工业产权的独立知识产权，一般采取“专有权”的形式。主要有以下三种：其一，植物新品种权。关于植物新品种的知识产权保护有三种模式：一是以专有权形式保护植物新品种，以德国法为代表；二是以专利权形式保护植物新品种，以意大利法为代表；三是兼用上述两种权利形式提供保护。尽管 1961 年《保护植物新品种国际公约》与 1994 年《知识产权协定》允许采取上述任一模式来保护植物新品种，但多数成员国倾向于采取植物新品种专有权形式。其二，集成电路布图设计权。集成电路的布图设计，既不是著作权法上的图形作品，又不是专利法上的外观设计，因此国际社会采取“工业版权”的保护方法。[27]以专有权形式出现的工业版权，吸收了著作权与工业产权的部分内容，形成了亦此亦彼的“交叉权利”。这种权利的主要特点在于，受保护对象必须具有新颖性（专利法要求）和独创性（著作权法要求）；实行注册保护制和较短保护期（专利法规则）；专有权人主要享有复制权和发行权（著作权法规则）。其三，商业秘密权。商业秘密权与工业产权不同，它不具有严格意义上的独占性，也不受地域和时间的限制，其效力完全取决于商业秘密的保密程度，正是由于这一特点，商业秘密不包括在传统的知识产权体系之中。20 世纪 60 年代，国际商会率先赋予商业秘密以知识产权属性，世界知识产权组织在其成立公约中亦暗示商业秘密包括在知识产权之中；至 90 年代，《知识产权协定》专门规定“未公开信息”的保护问题，确认商业秘密属于知识产权范畴。

第四，商誉权。商誉（good will）即商业信誉与声誉，是特定主体商业文化的一种特殊价值形态。在中国的法学著述中,商誉是一个内涵广泛、寓意中性的概念。[28]而在经济学理论中,商誉是一种具有价值的褒义性概念。近代学者杨众先认为,商誉从英文“good will”的原意而言,“实为良好或亲善意志之谓”。就企业而言,乃是企业人事上所发生的良好关系;对社会而言,则是公众对企业的良好评价。[29]国外法律界的表述与此相同。《牛津法律大辞典》将商誉解释为“某行业拥有的一种优良品质”;[30]英国法院在判例中将其称为“企业的良好名声、信誉和往来关系带来的惠益和优势”。[31]十分明显,中国法学界对商誉的解说有失精确。笔者认为,商誉是一种不依附物质实体而独立存在的财产,属于经营资信类财产的范畴。在非物质财产权利体系中,商誉权虽受反不正当竞争法保护,但在立法例上,其权利类型的定位尚不明确,或者说在传统上并不属于知识产权范畴,因此,将其视为一种无形财产权较为适宜。

第五,信用权。在英国《牛津法律大辞典》和美国《布莱克法律辞典》中,信用(credit/trust)与赊购、信贷等交易活动有关,是当事人特殊经济能力(即偿付债务的能力)的表现,来源于社会对特定主体的评价。[32]中国法学界对信用的解说与上述学说不同,概指称为主体的一般经济能力,并多将其看作人格利益。[33]其实法律上的信用是指主体所具有的偿付债务的能力而获得的社会评价与信赖,这与商誉不同。此外,信用虽不具有物质形态,但其以信用证、资信文件为载体,且能够通过信用交换而获得交易利益,不同于一般人格利益。在权利基本范畴中,信用权不是知识产权,而是一种资信类的无形财产权。

第六,(商品化)形象权。形象(publicity)是个人或社会组织所拥有各种形象,包括真实人物的形象、表演形象、虚构角色形象、社会组织形象等,这些形象往往与主体自身的姓名(名称)、肖像(形象)、外表(标志)等一般人格因素有关,也与主体创造的角色、人物、作品或活动的名称、标题等特别人格因素相联系。[34]这些人格因素的某些特征,具有“第二次开发利用”的价值。权利人利用自身或虚拟的形象,或他人以合理的对价受让或许可使用该形象,其目的并不局限于该形象的知名度与创造性本身,而在于该形象与特定商品的结合而对消费者带来的良好影响。这种影响能给形象所附载的商品带来广泛的认知度,能给形象的利用者带来一定的经营优势,所以说,这种权利不是人格意义上一般形象权,而是具有财产价值的

（商品化）形象权。（商品化）形象权与知识产权关联性极大，但真实形象不是著作权法的保护对象，虚构形象并不符合专利法商标法的保护条件，因此，该项权利是一项独立的无形财产权。

第七，特许经营权。特许经营或专营（franchise）是主管机关或社会组织所授予的从事特种行业、生产或经销特定商品的资格。政府授予民事主体的特许经营权包括特种行业经营权、垄断经营权、资源开采经营权、资源专用权等；民事主体之间通过合同授予的特许经营权包括许可证经营权、商品或服务专营权、商品或服务连锁经营权等。[35]在中外资产评估业界中，无形资产被指称为非实物的经济资源，即某种特殊权利和技术知识，具体表现为某种法定权利、知识产权、优先权、垄断权或者企业所具有的非凡盈利能力。[36]在实践中，特许经营权与知识产权一起，列为无形资产的范围。所以说，特许经营权是有别于知识产权的一种无形财产权。

关于无形财产权的立法模式，主要是知识产权法与其他专门法。知识产权法是非物质性财产的主要制度模式，也是世界各国通行的法律制度。现代知识产权法是一个开放式、动态发展的制度规范体系。随着知识经济的发展，新的知识财产制度相继产生。立法者或采取“边缘保护法”，即采用不同知识产权的若干规则以创设一种新制度；或实行“单独保护法”，即设定类似某种知识产权的独立专门制度，以保护新的知识财产权利。可以预见，现代知识产权法将是一个十分庞大的非物质性财产的法律体系。

其他无形财产权的立法模式，目前国际上尚不一致。概括说来，主要有两种：一是间接保护方式，即虽不明确某种法益为权利，但通过规制某种侵权行为，对受侵害的无形财产利益提供法律保护。该类法律主要是反不正当竞争法、侵权法。二是直接保护方式，即通过民事立法直接规定非物质性财产的权利形态，并确认侵犯这一权利的民事责任，该类法律可以是民法典，亦可是民事特别法。总的来说，民事基本法概括性强，能最大限度地包容各种无形财产；而民事特别法较为灵活，可以成熟一个，制定一个。德国法采取两种模式相结合的方法，在其民法典“侵权法”一节与《反不正当竞争法》中分别规定了商誉权、信用权的保护，其立法例可资借鉴。

注释

1 黑格尔:《法哲学原理》,商务印书馆 1982 年版,第 43 节附译。

2 吕世伦:《黑格尔法律思想研究》,中国人民公安大学出版社 1989 年版,第 32 页。

3 K. R. Popper, Objective Knowledge, Oxford, 1972, Chapter Ⅲ. 转引自曲三强:《传统财产权理论与知识产权观念》,载《知识产权研究》,西安交通大学出版社 2001 年版,第 126 页。

4 参见高德步:《产权与增长:论法律制度的效率》,中国人民大学出版社 1999 年版,第 119 页。

5 关于知识生产与知识劳动价值的有关理论,可参见张和生:《知识经济学》,辽宁人民出版社 1992 年版;袁志刚:《论知识的生产与消费》,载《经济研究》1999 年第 6 期。

6 在英国法中,诉体物也被称为"诉讼中的动产"(choses in action)。其特点是,这种动产的存在范围,只有通过诉讼才能充分体现出来。知识产权由于其客体的非物质性,往往需要通过诉讼请求,才能划清"社会财产"与"我的财产"、"合法使用财产"与"非法使用财产"的界限;这种动产的价值不表现为记载知识产品的物化载体本身的价值,而取决于象征着请求支付有体动产的无体权利的价值。

7 [美]肯尼斯·万德威尔德:《19 世纪的新财产:现代财产权概念的发展》,载《社会经济体制比较》1995 年第 1 期。

8 [美]托马斯·C. 格雷:《论财产权的解体》,载《社会经济体制比较》1995 年第 2 期。

9 Sigmund Timberg, A Modernized Fair Use Code For Visual Auditory, And Audiovisual Copyrights, Ablex Publishing Company, 1980.

10 [美]康芒斯:《制度经济学》(上册),商务印书馆 1962 年版,第 95 页。

11 [法]马克·第亚尼编著:《非物质社会——后工业世界的设计·文化与技术》,四川人民出版社 1998 年版,第 2 页。

12 [加]尼科·斯特尔:《知识社会》,上海译文出版社 1998 年版,第 127 页。

13 [美]肯尼斯·万德威尔德:《19 世纪的新财产:现代财产权概念的发展》,载《社会经济体制比较》1995 年第 1 期。

14 参见梅雪芹:《关于约翰·洛克"财产"概念的一点看法》,载《世界历史》1994 年第 6 期。

15 [美]肯尼斯·万德威尔德:《19 世纪的新财产:现代财产权概念的发展》,载《社会经济体制比较》1995 年第 1 期。

16 转引自马俊驹、梅夏英:《无形财产的理论与立法问题》,载中国民商法律网(www.civillaw.com.cn)。

17 [美]肯尼斯·万德威尔德:《19 世纪的新财产:现代财产权概念的发展》,载《社会经济体制比较》1995 年第 1 期。

18 参见杨立新:《人身权法论》,中国检察出版社 1996 年版,第 638 页。
19 参见曾世雄:《民法总则之现在与未来》,中国政法大学出版社 2001 年版,第 137 页。
20 [美]肯尼斯·万德威尔德:《19 世纪的新财产:现代财产权概念的发展》,载《社会经济体制比较》1995 年第 1 期。
21 参见吴汉东:《著作权合理使用制度研究》,中国政法大学出版社 1996 年版,第 4 页。
22 参见王利明等编著:《人格权法》,法律出版社 1997 年版。
23 陈仲主编:《无形资产评估导论》,经济科学出版社 1995 年版,第 227 页。
24 参见[日]吉藤幸朔:《专利法概论》,专利文献出版社 1990 年版,第 405 页。
25 [美]罗纳德·波斯顿:《美国财产法的当前发展趋势》,载《外国法译评》1994 年第 3 期。
26 参见薛虹:《网络时代的知识产权法》,法律出版社 2000 年版,第 93 页。
27 工业版权的立法动因,始于纠正工业产品外观设计享有专利法和著作权法重叠保护的弊端。以后,一些国家为了填补某些工业产品无法保护的空白和弥补单一制度保护的不足,遂创制了工业版权制度。参见郑成思:《版权法》,中国人民大学出版社 1990 年版。
28 相关学说参见梁上上:《论商誉和商誉权》,载《法学研究》1993 年第 5 期;朱姝等:《论商誉权的法律保护》,载《现代法学》1996 年第 1 期。
29 参见杨时展主编:《中华会计思想宝库》(第 1 辑),中国财政经济出版社 1992 年版。
30 [英]戴维·M. 沃克主编:《牛津法律大辞典》,光明日报出版社 1989 年版,第 381 页。
31 转引自关令华:《精神损害的认定与赔偿》,人民法院出版社 1996 年版,第 173 页。
32 参见[英]戴维·M. 沃克主编:《牛津法律大辞典》,光明日报出版社 1989 年版,第 381 页;Black's Law Dictionary(15 Edition),West Publishing Co. ,1979,p. 331。
33 相关理论参见王利明主编:《民法·侵权行为法》,中国人民大学出版社 1993 年版,第 299 页;张俊浩主编:《民法学原理》,中国政法大学出版社 1991 年版,第 158 页;杨立新:《人身权法论》,中国检察出版社 1996 年版,第 638 页。
34 参见杜颖:《论商品化权》,载梁慧星主编:《民商法论丛》(第 13 卷),法律出版社 2000 年版;董炳和:《论形象权》,载《法律科学》1998 年第 4 期。
35 参见蔡吉祥:《无形资产》,海天出版社 1996 年版,第 15 页。
36 参见吕劲松:《无形资产会计》,中国审计出版社 1998 年版,第 1 ~ 2 页;何清政等编著:《国有资产评估》,中国标准出版社 1993 年版,第 102 页。

拾肆

私权属性与人权蕴意*

知识产权的国际公约视角

关于知识产权的基本属性问题，我国理论界一直未予足够的关注。20世纪80年代的教科书及相关著述，多将知识产权表述为一体两权，即认为知识产权具有财产权与人身权的双重属性；90年代的知识产权学说，一般从民事权利体系出发，将知识产权区别于财产所有权，对其作出无形财产权的定性分析。上述情形说明，我国学者关于知识产权性质的探讨在不断深化，并趋于理论上的成熟。但是，关于知识产权的这种认知仍是不完整的。本文试以《知识产权协议》与《世界人权公约》为依据，以经典学说观点为参照，从历史考察与现状分析的角度，探讨知识产权的私权与人权属性，希冀为把握这一法律制度的价值理念和社会功能提供有益的思想资料。

一、知识产权的私权本质

世界贸易组织的《知识产权协议》在序言中宣示"知识产权为私权"。在诸多知识产权国际公约中《知识产权协议》第一次明确界定了知识产权的本质属性，即以私权名义强调知识财产私有的法律形式。这一规定不仅说明了知识产权在私法领域中的地位，而且厘清了知识产权与相关法律制度的差异。

---

* 原载《法学研究》2003年第3期，题名为"知识产权的私权与人权属性——以《知识产权协议》与《世界人权宣言》为对象"。（本文中的《知识产权协议》即指《知识产权协定》。——编者注）

“知识产权为私权”是近代社会法律革命与制度变迁的结果。知识产权制度的形成,经历了由封建特许权向资本主义财产权嬗变的历史过程。封建特许权包括印刷专有权和产品专营权,它以君主敕令或政府令状的形式,授予印刷商以出版独占许可证或赋予经营者进行制造、销售某种产品的权利。特许权的保护是一种“钦定”的行政庇护,而不是法定的权利保护。在中世纪欧洲的许多国家,特许权并没有制度化、法律化,换言之,特许令状仅限于个别保护、局部保护。17 世纪时期,由于封建诸侯分立割据,一些国家的王室所赋予的特许权在许多地方失去效力。这说明,特许权不是基于智力创造性行为,依靠国家法律而授予的一般意义上的私人财产权。尔后,由于封建王朝的衰落与私权观念的进化,市民阶级主张对印刷品、专营品应产生一种新的权利,即“精神所有权”。在英国,出版商试图以自然法思想为基础,对自己的专有出版权赋予新的理论光环,即出版物的垄断性保护不应由国王授予特权才产生,而应基于作者精神所有权的转让而取得。“精神所有权”理论认为,作者与出版商对作品以及将该作品物化的书籍均享有所有权,因而将这种权利视为所有权的一种。[1]在法国,所有权的绝对概念自 1789 年大革命时期得以确认后,其意义一直有扩大的趋势。这种概念扩张首先表现在知识产权领域,用以“适应其标的和其表现的法律关系及各种各样彼此间完全不同的大量的支配权类别”。在这里,“精神所有权被理解为一种排他的、可对抗一切人的权利,是所有权的一种”。[2]对于私权制度构建而言,所有权广义论或是“精神所有权论”不是一种制度创新,而是一种简单的概念模仿,其理论存在有明显的缺陷:第一,将所有权的概念应用在非物质财富的权利形态上,导致“使它远远超出在技术上对它作准确理解的内容的范围”。[3]尽管所有权与有关精神产品的权利具有某些共同特征,但后者具有不同的性质,即非物质化的财产权利遵从的应是有别于所有权制度的其他法律规定。第二,从所有权的原来含义来讲,知识财产所有权并非传统意义上的所有权。它未设定于物之上,而是植根于创造性的知识产品,后者是非物质性的另类客体。因此,我们有必要“从单个人的简单物品所有权的财产权概念的束缚中解放出来”,“产生出与有形对象十分疏远的权利形式”。[4]这一权利形式就是知识产权。知识产权制度的确立,完成了非物质财产的权利形态从特许之权到法定之权的制度变革,变革的结果使得知识产权嬗变为一种新型的私人财产权。

“知识产权为私权”，是以智力劳动为“源泉”，以法律确认为“根据”。在近代思想家的著述中，从洛克、斯密到马克思都建立了自己的“劳动价值学说”，这就为我们解释知识产权的合理性提供了必要的理论基础。洛克基于自然权利的理论，阐述了劳动是获得私人财产权的重要途径以及劳动使人们获得私人财产权的合理性。[5]正如有的学者所指出的那样，洛克财产权劳动学说的思想贡献表现在：第一，天赋权利的学说倡导一种权利本质，成为财产个人主义、所有权绝对思想的基石；第二，劳动价值学说为财产权找到合理性基础，并确立社会发展的核心价值；第三，扩张了人格权（创造物是自己人格的扩张），使财产权具有了人权基础。[6]马克思的经典劳动价值论则进一步揭示了生产者运用生产资料在生产劳动中形成商品价值并导致资本增值的奥秘，即商品价值论包括物化劳动将生产资料转移到商品上的价值，也包括活劳动新创造的价值。马克思的劳动价值论，虽然是从生产劳动创造有形商品分析中产生的，但其基本观点有广泛的适用性。[7]上述思想家的理论具有不同的社会意义，但都正确地说明劳动创造价值、劳动产物属于劳动者的重要意义。应该说，今天所主张的知识价值论，是近代劳动价值学说的新发展。对这一学说我们可以作出如下新的阐释：社会劳动既包括体力劳动，又包括智力劳动；生产商品不仅是物质生产中的实物形态的商品，还包括精神生产中的非物质形态商品（如知识产品）；活劳动不仅创造物化商品价值，而且创造知识产品价值。根据上述理论，我们不难得出以下结论：知识产品是智力劳动的产物，智力劳动者应对其知识产品享有财产权，即知识产权。强调知识财产的本源性，是对关于知识产权产生的传统理论的一种修正和补充。在20世纪80年代中国早期的知识产权著述中，许多学者（包括笔者本人）都把“国家授予性”或“法律确认性”作为知识产权的基本特征之一。这种说法是必要的，但却是有缺陷的。知识产权需要主管机关依法授予或确认而产生，缘于其客体的非物质性：第一，知识产品不具有传统财产的外部有形性特征，“诸如申请、审查、登记等程序能够发挥公示作用，可以使得知识产品的权利形态取得公信力”，即智力劳动者对无形的精神产品在法律庇护下也能享有财产权利。第二，知识产品并不当然就是知识产权的客体，确权程序在于判断“知识产品是否为创造，而有别于纯粹自然状态的东西”。[8]换言之，只有具备法律保护条件的知识产品，才能成为知识产权的客体。第三，知识产品容易超出智力劳动者的实际控制而为他人利用，在知识产品不能像有形物品那样进行管领的情况下，它有赖于国家法律的特别保护，即通过法定程序授予智力劳动者以独占性权利，排除其他人对知识产品的非法利用。在知识产权取得的过程中，“国家授予”或“法律确认”是必要的，这是因为知识产权的独占性特征，靠智力劳动本身是无法产生的，这恰恰是法律制度设计的结果。但是，将“国家授予”或“法律确认”看作知识产权产生的直接原因是不科学的，忽视了智力劳动对知识财产的本源性意义。为弥补这一理论疏漏，笔者近年来提出知识产权产生法律事实构成理论，即知识产权的原始取得，包括智力劳动者的创造性行为(事实行为)与主管机关的确权行为(法律行为)。[9]这一说法似可从国外学者的相关著述中得到印证。美国版权专家帕特森(Patterson)等人在阐述著作权的产生时，将智力创造称为权利产生的“源泉”(source)，而将法律规定概括为权利取得的“根据”(origin)。[10]这种解释对于我们探讨知识产权作为私权的本源性与合理性是大有裨益的。

“知识产权为私权”，在制度层面上为私人提供了获取财产的新方式，这一财产权即是无形财产权。从古代罗马法到近代民法典，所创设的财产权利制度概以物为中心展开。在罗马私法体系中，罗马人以物作为客体范畴(主要是有形的物质客体——有体物，也包括无形的制度产物——无体物)，在此基础上设计出以所有权形式为核心的“物权”制度，建立了以物权、债权为主要内容的“物法”体系。1804年的《法国民法典》与1896年的《德国民法典》，或承认无体物，但专指具有财产内容的抽象权利；或以有体物为限，没有无体财产的概念。上述物权制度都没有涉及以知识产品为对象的无形财产。也就是说，知识产品及其权利形态，是无法进入罗马法以来所建构的物与物权的体系之中。换言之，知识产品是独立于传统意义上的物的另类客体，以知识产品作为保护对象的知识产权是与有形财产所有权相区别的崭新财产法律制度。马克思在叙述经济与法律的关系时，说道：“每当工业和商业的发展创造出新的交往形式……法便不得不承认它们是获得财产的新方式。”[11]无须讳言，正是由于商品经济和科学技术的发展与推动，才产生了一种与有形财产不同的新型财产形式。这一制度，最先为近代资本主义国家所承认，尔后为现代各国普遍接受。我们说，知识产权是私权,这种私权实际上是一种无形财产权。将知识产权理解为无形财产权,对于我们准确把握知识产权的体系范围是有重要意义的,这主要涉及发现权、发明权的归属问题。有的学者主张将一切智力创造活动所产生的权利列入知识产权,包括发现权、发明权,其理由是《成立世界知识产权组织公约》已有规定,且我国《民法通则》明确对上述权利给予保护。[12]有的学者甚至认为,不应简单地将知识产权定义为无形财产权,它应该包括无形财产权的知识产权与精神权利的知识产权。发现权、发明权即属于后者。[13]也有学者持相反意见。有的认为,科学发现不宜作为知识产权的保护对象,世界上绝大多数国家的法律及国际公约都没有对科学发现授予私权性质的财产权利。[14]有的进而认为,诸如发现权、发明权以及其他科技成果权并非是对智力成果的专有使用权,而是一种取得荣誉及获取奖励的权利,该项制度应归类于科技法。[15]笔者认为,私权是财产私有的法律形态,从知识产权的本义而言,应属于此类知识财产私有的权利。[16]知识产品是人类在科学、技术、文化等精神领域的创造性产品的总称,并非采取整齐划一的私人产权形式。就科技成果与某些技术成果(发现与发明)而言,它们概为非市场机制的产权形式。发现权、发明权制度即是通过对科学成果或某些技术成果所产生的社会效益或经济效益进行评价,由国家给予奖励,即颁发发现、发明荣誉证书、奖章和奖金。与此相对应的是发现、发明成果的所有权名义上属于国家,但实际上任何人可以无偿使用。这即是以非市场机制的奖励制度来换取社会对科学成果的公有产权,如果将发现权、发明权等公有产权纳入知识产权体系,那么知识产权的私权属性、知识产权的独占性特征、知识产权的无形财产意义等将不复存在,这一制度架构及其学理基础也就面目全非了。

《知识产权协议》宣称知识产权为私权,强化了发达国家对知识财产进行私权保护的主张,但同时又兼顾了发展中国家提出的知识产权的公共政策目标。在西方国家,私权神圣是一项基本的法律原则。承认知识产权为私权,意味着知识产权与其他有形财产所有权一样都处于同样的私权地位,从而在理念和制度上可以为知识产权提供可靠的法律保障。[17]提高知识产权保护的标准和水平是知识经济条件下促进技术创新和文化创新的需要和必然结果,但以发达国家为主导的这种知识财产私权化在国内法与国际法领域的扩张也可能造成难以预料的后果。一方面,知识财产私权化在国内法领域的拓展，必然导致原来人们所共有的生产、技术、市场知识和技能开始划归私人领域，知识财富的公有领域相对地缩小，从而造成知识创造者的个人利益与知识利用者的公众利益之间的冲突。[18]另一方面，知识财产私权化在国际法领域的加强，迫使经济、技术、文化处于落后地位的发展中国家不得不接受以扩大私权保护范围、提高私权保护标准为发展方向的国际知识产权新体制，这势必造成他们与发达国家之间的不平衡。因此《知识产权协议》在强调"知识产权为私权"的同时，也"认识到各国知识产权保护制度的基本公共政策目标，包括发展目标和技术目标"；"还认识到最不发达国家成员在国内实施法律和管理方面特别需要最大的灵活性，以便他们能够创造一个良好的和可行的技术基础"。[19]但是，与高水平的知识产权私权保护相比，《知识产权协议》对相关公共政策目标所给予的关注是不够的。国际人权组织认为，由于履行《知识产权协议》与实现经济、社会和文化权利之间存在的冲突，因此，各国政府在进行相关立法时，应注意保护知识产权的社会作用符合其国际人权义务。

二、知识产权的人权定义

从《美洲人类权利和义务宣言》到《世界人权宣言》，主要国际人权公约都赋予了知识产权人权意义。[20]这种权利包括两个方面的内容，首先是创造者对自己的智力创造成果所享有的权利，其次是社会公众分享智力创造活动所带来利益的权利。这两项权利紧密联系在一起，都是国际社会承认的基本人权。这一规定揭示了知识产权制度的均衡保护思想，即知识财产独占权的保护与知识财产利益的合理分享，构成了现代知识产权法的完整内容。

近代启蒙思想家关于财产权与人权关系的阐述，是知识产权寓含人权蕴义的重要思想渊源。洛克在自然法的基础上，强调了财产权在天赋人权中的核心地位。他认为，财产作为人们生命和自由权的基础，既不是来源于君主的赋予，也不是来源于人们的协议，而是在劳动基础上产生的；财产权是神圣不可侵犯的，政府的重大的和主要的目的就是保护他们的财产，政府未经人民的同意不得取去人民财产的任何部分。[21]在洛克的理论世界里，财产权是一种与生俱来的天赋人权，政治社会及法律制度继续存在的理由在于保护这种权利。卢梭尽管反对私有制，但他根据社会契约的理论，提出了私有财产权的主张。他认为，按照自然法的原则，人们要在完全平等的基础上自愿结合，建立国家，制定法律，以便保护每个人的天赋权利—自由、生命和财产。在卢梭看来，“财产权的确是所有公民权中最神圣的权利，它在某些方面，甚至比自由还更重要”，[22]因为“财产是政治社会的真正基础，是公民订约的真正保障”。[23]启蒙思想家将财产权置入天赋人权的理论框架内，并赋予其独立、核心的重要地位。这一思想的主要特点是：第一，它是建立在抽象的人性论的基础之上的，是人的本质的体现，因而把人权看作超时代、超社会的普遍权利，是永恒的不可剥夺的权利；第二，它强调的是个人权利，把个人与社会、国家对立起来。因此，按照启蒙学者的理解“人权，就是个人针对国家的权力”，或者说“天赋人权主要是用来对付国家的”；[24]第三，它将财产权视为天赋人权的核心内容，强调维护个人利益“只有利己主义的个人才是现实的人”和“有感觉的、有个性的、直接存在的人”。[25]一言以蔽之，天赋人权就是利己主义的权利，就是私有财产神圣不可侵犯的权利。[26]在历史上，这种天赋人权理论，对于诠释知识产权的基本属性是有意义的：首先，作为人权的知识产权是“天赋”的，即“与生俱来”的，它不应由国家特许而产生；其次，作为人权的知识产权是“普世”的，即为一种“普遍权利要求”，它不可能是个别或局部的行政保护。概言之，它是资本主义式的财产权，而不是封建特许权。但是，以天赋人权来解说知识产权也有明显的缺陷：知识产权的人权意义，不仅在于知识财产的私人权利保护，而且应考虑知识财产利益的合理分享。仅仅强调前者是不完整的，这是因为，精神生产是以依靠前人积累的知识为劳动资料、以抽象的知识产品为劳动对象的生产活动，劳动者的知识拥有量与创造性思维在劳动过程中紧密结合。[27]因此，知识产品既是创造者的个人财富，同时又是社会财富的一部分；换言之，知识财产只是在一定条件下、一定范围内才作为独占权利为个人所享有，受到法律限制的利益则是整个社会的共同财富。

不同历史时期的不同法律文件，以不同的立法取向对知识产权的人权蕴意作出了说明。在西方国家，宪法性文件所规定的公民基本权利和自由，即是以实定法的名义反映了自然权利，[28]从而使得知识产权制度本身具有了人权意义。1789年《法国人权宣言》宣称：“自由交流思想和意见是最珍贵的人权之一，因此所有公民除在法律规定的情况下对滥用自由应负责外,都可以自由地发表言论、写作和出版。”这无疑将著作权提高到基本人权的崇高位置。美国《宪法》的制定者创造了“推广知识、公共领域保留、保护创造者权利”三项知识产权政策,[29]其宪法修正案有两个重要条款:一方面,规定国家不得制定有关法律以剥夺人民言论出版的自由以及其他自由权利;另一方面,又授权国家制定法律对作者或发明人的专有权利赋予一定期限的保护。加拿大的《权利法案》作为议会通过的普通法案,最初仅具有政治宣言性质,尔后最高法院赋予其准宪法地位,以此作为保护公民权利的最高法律依据。《权利法案》有两条涉及基本人权的规定:一是每个人都拥有自由参加社会文化生活的权利,以享受艺术与分享科学进步的利益;二是每个作者都有权维护其科学、文学及艺术作品所产生的精神利益和物质利益。[30]在普遍人权的视野中,公民基本权利在知识财产范畴主要有两类,首先是创造者对其知识产品的专有权,即知识产权;其次是社会公众对他人知识产品的利用权,即公众对知识产权专用领域的“进入权”(美国《宪法》),分享社会精神财富的“参入权”(加拿大《权利宣言》)。

在20世纪以前,人权问题均由一国权利宣言和宪法加以确定。知识财产保护与知识利益分享的问题,往往依据国家政治、经济、文化等制度的具体情形,以宪法性文件加以规定,是为国内人权。进入20世纪以后,以《联合国宪章》为开端,制定了一系列国际性、地区性的人权宪章,使人权成为国际法的调整对象之一,知识产权的相关问题自此具有了国际人权意义。1948年通过的《世界人权宣言》和1976年生效的《经济、社会和文化权利国际公约》,秉承联合国建立的人权原则和标准,参照《美洲人类权利和义务宣言》,提出了知识产权意义上的三项人权,即参加社会文化生活的权利、享受科学进步及其产生的利益的权利、对自己的智力成果享有法律保护的权利。据外国学者对两大公约起草历史的回顾,“社会文化与科学进步”的人权条款被各国普遍接受,但对知识产权是否作为基本人权,各国则立场不一。后经一系列讨论和辩论,“创造者权利条款”才写进了两大人权公约。这一历史过程表明,知识产权的人权地位曾经受到质疑。主张者认为,联合国需要以道义和权威来保护各种形式的劳动成果,与有形财产一样,知识财产也需要得到保护;反对者则认为社会公众享受文化与科学进步的利益与个人对知识的垄断权利不能混为一谈,这种权利有可能约束社会公众对智力成果利益的分享。知识产权条款最终为国际人权公约所接受,主要考虑其有助于实现其他人权,即创造者权利的保护是社会公众实现文化自由以及获得科学进步利益的基本前提。[31]应该指出的是,国际人权公约关于知识产权的三个条款是紧密联系、不可分割的。知识产权制度必须保证创造者的知识产权得到保护,同时还要保证这种权利应该促进而不是约束社会公众参与文化生活与分享科学进步的利益。换言之,创造者的权利与社会公众的权利相互依存,并非相互排斥;尊重创造者的权利,将保证社会公众获得更为丰富的智力成果。国际人权公约对三者关系的描述是宣言性的、概括性的,并未对创造者的权利的范围和社会公众的利益分享作出具体规定,但就制度层面而言,这一问题在相关立法中即表现为知识产权的保护与限制。

在人权社会的语境中,知识产权的概念与制度功能有着更为全面而崇高的解释。首先,知识产权被定位为一项普遍的人权。这说明,知识产权不是中世纪的特许之权,而是文明社会的普世之权。平等精神即是知识产权制度人权属性的直接反映。知识产权法中的平等,是一种从事创造性活动的自由选择,是一种取得创造者权利的机会均等,社会有责任向人们提供同等的机会。法律形式上的平等,即是机会的平等,至于人们从事何种创造性活动,取得何种结果,那是由人们的天赋、才能、机遇去决定的事情,应该允许存在差别。[32]知识产权作为普遍人权的社会要求是,在一国范围内,任何人都可以凭借创造性劳动而取得权利,一切知识产权主体平等地受到保护;在涉外知识财产关系中,根据共同参加的国际公约或按照对等原则,对外国人实行“国民待遇”的平等保护;在知识产权国际保护机制中,注重对一切民族、种族的智力成果给予平等保护,促进各国科学、技术与文化的发展。必须看到,在国际知识产权领域里,西方国家的现代技术与文化受到知识产权的严格保护,而发展中国家的传统文化则很少得到相关法律的承认。为此,1976 年联合国教科文组织和世界知识产权组织为发展中国家制定了《突尼斯样板版权法》,其中专门规定了关于“本国民间创作的作品”的保护条款;1993 年联合国专门会议通过的《土著居民权利宣言草案》呼吁“土著居民有权获得承认,他们完全拥有、控制和保护自己的文化权利和知识产权”。时至今日,采取知识产权保护传统文化的只有少数发展中国家。可以说,传统文化与现代科技文化是人类社会过去与现在的智慧结晶，国际社会如不给予一体保护，知识产权的普遍人权意义将会黯然失色。其次，知识产权的保护对象是体现人类尊严和价值的智力成果。根据人权理论，诸如文学、艺术、科技等知识产品可以成为商品，但首先不是商品。[33]知识产品是智力创造者从事精神生产的思想结晶，它体现了个人的创造精神，又吸取了前人已有的创造成果；知识产品作为某一领域的系统知识，是以一定形式表现出来的某种自然科学、社会科学的成就，在商品经济的条件下，大多还具有商品的一般属性。[34]这表明，知识产品只是在一定的条件下才能成为知识产权客体，换言之，法律应限制知识产权的保护范围，有些知识产品应列入私权客体的排除领域。例如，违反社会公共利益与公序良俗的知识产品，不受知识产权保护；不具有商品基本属性，或是采用非市场机制保护的知识产品，不能作为私权意义上的知识财产；法定期间届满，享有专有权的知识产品即成为社会公共财富。关于知识产品获取保护的条件，各项知识产权制度的规定是具体的、可操作性的。以知识产品的创造性条件为例，著作权客体要求是独创性，专利权客体表述为首创性，商标权客体具象为可区别性。而人权公约则为知识产权客体构建了一种概括的、抽象的条件，要求受法律保护知识产品，应符合人类尊严原则与社会公共利益原则，这即是知识产权客体的人权定位。最后，知识产权的保护模式和水准，应有助于其他人权的实现。就制度功能而言，人权公约要求创造者的权利与“参加文化生活”的权利和“享受科学进步及其产生的利益”的权利保持协调一致，这一人权因素应高于“操纵知识产权法的简单经济运作”。[35]从这一理念出发，知识产权法的价值应体现二元取向的要求。就立法目的来说，即是促进科技、文化事业发展与保护创造者利益并重；就专有权利来说，即是“保护”与“限制”两者不能偏废。笔者曾将平衡原则概括为现代知识产权法的基本精神。[36]这种平衡包括知识产权所有人权利与义务之间的平衡，创造者、传播者、使用者三者之间关系的平衡，公共利益与个人利益的平衡。借用美国学者的相关论述，应在保护专有权利的基础上考虑社会精神财富的合理分享，一部现代知识产权法即是协调创造者、传播者、使用者三者权利的平衡法。[37]

三、私权与人权统一范畴中的知识产权

私权与人权在本质上是统一的。就人权体系而言，私人财产权即是人

权的基础权利;就知识产权本身而言,它既具有私权属性,同时又直接构成基本人权的内容。在私权与人权的统一范畴中理性地把握与认识知识产权,有助于我们全面考察现代知识产权制度的价值理念和社会功能。基于此,笔者以为应当确立以下两个基本法律观:

第一,私权神圣。私权是与公权即国家权力相对应的一个概念,指的是私人、个人(包括自然人与法人)所享有的各种民事权利。私权神圣,强调包括知识产权在内的各种私人权利受国家法律的特别尊重和充分保护。私权神圣是人权主义思想的必然反映。"所谓人权主义即是21世纪的人文主义,是指以人权保障为最高理念,体现以人为本位,以权利为本位的价值观念,将私人权利作为人权的基础权利。"[38]具言之,知识产权制度的建构是以下列思想原则为基础:其一,以私权领域为依归。知识产权是知识类无形财产的权利形态,其基本属性与财产所有权无异,都应归类于民事权利的范畴。人权保障的任务首先在于全面维系人的各项私权,私权保护是政治权利、社会权利等其他人权实现的基础。其二,以权利制度为体系。知识产权总会有若干程序法、公法的规定,但依然是以实体法为基础的私权制度。诸如权利取得程序、权利变动程序、权利管理程序、权利救济程序等,概以创造者权利为中心,从而形成私权领域中的独特的法律规范体系。其三,以权利中心为本位。所谓法律本位,是针对权利义务之关系而言的。就知识产权制度而言,在权利义务这个统一体内,是权利决定义务,而不是义务决定权利。质言之,知识产权制度是以权利为本位,在规范方法上是以授权性规范为主要内容,在立法重心上是以保护创造者权利为首要。

第二,利益衡平。利益衡平是指当事人之间、权利与义务主体之间、个人与社会之间的利益应当符合公平的价值理念。"利益衡平是民法精神和社会公德的要求",[39]也是"人权思想和公共利益原则的反映"。[40]权利的基本要素首先是利益,利益既是权利的基础和根本内容,又是权利的目标指向,是人们设定该项法律制度所要达到的目的(起始动机)之所在。因此,知识产权法所强调的利益衡平,实质上是同一定形态的权利限制、权利利用制度相联系。从人权主义的角度来说,知识产权制度所追求的利益衡平精神主要表现在以下两个方面:其一,本权与他权。创造者的权利即知识产权应为本权,是对知识财产依法进行全面支配的权利;传播者、利用者的权利则为他权,是根据法律规定或本权人的意思对他人知识财产进行有限支配的权利。根据利益衡平原则，本权与他权的关系表现为：主体之间公平相待，交换应该是有偿互利的，但合理使用除外；知识财产利益合理分享，在法定范围内应该兼顾各方当事人的利益，这具象为创造者权利、传播者权利、利用者权利三者之间的协调。其二，私益与公益。出于公共利益目标，对创造者的专有权利进行必要的限制，以保证社会公众对知识产品的合理利用。利用他人知识产品，或是基于表现自由的目的，或是基于公共教育的需求，或是基于社会公共卫生与生活的必要，这些都是正当的、合理的，其本身都是人权公约所要求的。按照国际知识产权组织的一位高级官员的解释是："公共利益这种良好愿望本身包含着这样一种含义，多数人的利益高于个人的利益，任何一个公民都应该为了全社会的共同利益而放弃个人私利。"[41]

对知识产权进行私权定性与人权定位，并将其建构在统一的法律价值体系中，不仅是理论上的偏好，更重要的是现实社会发展的需要。国际人权组织注意到，知识产权几乎成为一切经济生活领域的中心。这意味着，涉及知识产权的国际条约、国家法典和司法裁决，对保护和促进人权都有着重大的影响。人权公约所规定的经济、社会、文化权利更是如此。[42]这种影响有时是负面的，即作为知识产权的人权与作为社会、经济权利的其他人权存在实际或潜在的冲突。

冲突成因之一，新技术革命对人权的影响。1968 年国际人权会议发表了《德黑兰宣言》，专题讨论了现代科学技术对人权的影响。宣言指出："当近来的科学发现与技术进展为经济、社会和文化进一步打开广阔的前景时，这些发展却也可能危及个人权利和自由，并需要持续不断地对其予以关注。"德黑兰会议建议联合国组织研究以下问题：一是鉴于录音技术，对隐私的尊重。二是鉴于生物、医学和生物化学的进步，对人格及身心健康的保护。三是某些可能影响人们权利的电子产品的使用，及其在民主社会使用，应当设定的限制。四是更一般性的是在科学和技术发展与人类的智力、精神、文化和道德进步之间应建立的平衡。[43]科学技术的发展，直接对人格尊严、表现自由、教育权、生命健康权、环境权等产生影响，这些都是国际社会广泛承认的人权，而录音技术、生物技术、电子产品等，又无一不是知识产权保护的对象。审查上述科学技术所带来的积极影响与消极影响，处理各项权利之间的冲突，也就成为人权主义者与各国立法者所共同关注的问题。

冲突成因之二,新国际贸易体制对人权的影响。1994年世界贸易组织的成立和1995年《知识产权协议》的生效,进一步强化了全球性的知识产权保护机构。在世界贸易组织的制度框架下,各国立法者不得不按照《知识产权协议》的标准修改其本国法,知识产权保护融入新的国际贸易体制之中。2000年联合国人权促进保护小组委员会发表了《知识产权与人权》的决议,审查了《知识产权协议》对国际人权带来的影响,宣称:"由于《知识产权协议》的履行没有充分反映所有人权的基本性质和整体性,包括人人享有获得科学进步及其产生利益的权利、享受卫生保健的权利、享受食物的权利和自我决策的权利,所以《知识产权协议》中的知识产权制度作为一方与另一方的国际人权法之间存在明显的冲突。"[44]对于人权社会而言,创造者的权利应视为人权,不论他们是个人、群体还是社团。另一人权问题是,知识产权保护应与维护人类尊严和实现其他人权相一致。人权义务的位阶应高于一切经济政策与协议,具言之,国际知识产权公约的履行,应全面考虑国际人权公约所规定的义务;各国立法保护知识产权,其社会作用应符合国际人权义务。

依照国际人权标准,国际知识产权保护制度存在的主要问题是:

第一,对创造者权利保护不完整。承认创造者通过智力劳动而获得精神利益和物质利益的权利,这是将知识产权视为人权的重要考量标准。《知识产权协议》满足了美国版权制度的一贯主张,将作者的精神权利排除在协议之外。这意味着《知识产权协议》缔约方兼为《伯尔尼公约》成员国有义务保护精神权利,但非公约成员国而仅为《知识产权协议》缔约方却没有义务遵守这一条款。其后果是,违反该条规定并对精神权利造成损害时,不得提交世界贸易组织争端解决机制解决。

第二,对传统文化保护不重视。建立与本国文化传统的实践与复兴相一致的知识产权制度,这是人权公约所主张的"参与文化生活权利"的重要实现途径。由于现行知识产权制度建立在独创性或首创性要求的基础之上,传统或土著居民的知识或艺术形式,包括考古遗址、古迹、手工艺品、传统设计、民族礼仪、民间传说及地方视听表演艺术等,无法采用著作权或专利权的保护方式。《知识产权协议》对此未予足够重视,这就忽视了对文化与知识多样性保护的原则,导致一些国家或地区、一些民族或种族群体应有权利的丧失。

第三，对公众利益保护不理想。保证社会成员享有生命健康的权利与适当生活标准的权利，这是知识产权制度所必须考虑的人权问题之一。《知识产权协议》规定了公共利益原则，允许违约方在制定或修改其国内法时，可以采取必要措施：一是保护公共健康和营养；二是促进对其社会经济和技术发展至关重要的部门的公共利益。这一原则体现了基于公共利益所给予的人道主义关怀。但是，对于很多缺乏技术与生产能力的发展中国家和最不发达国家而言，不能适用强制许可、合理使用等措施而获得急需的有专有权的产品时，《知识产权协议》并没有像制裁侵犯知识产权行为那样，为非权利人利用知识产品提供一个有效的措施。

第四，对发展中国家利益考量不充分。政治、经济、文化的自决权，经济与社会发展的权利，参与及分配人类共同遗产的权利以及要求健康与环境平衡的权利等，是第三代人权即集体人权的重要内容，反映了第三世界民族主义的出现以及它对权力、财富以及其他重要资源在全球范围内分配的要求。[45]乌拉圭回合谈判及《知识产权协议》给发展中国家与最不发达国家提供了协议遵守的过渡期，满足了这些国家的一些诉求，但协议对发达国家的好处是显而易见的。《知识产权协议》的形成，实现了发达国家在发起谈判时意图保护药品业、电影业、通信业的战略目标，在全球范围内建立了一个较高标准与有力保障体系的知识产权制度，从而使得发达国家在国际贸易中继续保持了技术优势，一个以知识产权为后盾的技术优势。据统计，在全球经济中，工业化国家当前拥有全部专利的97%，另外70%的版权和许可证费收入为发达国家的跨国公司所获得。[46]美国作为世界头号科技经济强国，既是世界的专利大国，其每年的专利申请量约占全世界总量的1/5；同时也是世界级的品牌大国，全球十大驰名商标有9个名归其下。这意味着，在知识产权高水平保护的条件下，主要受益者将是外国的跨国公司，而不一定会刺激当地的研究和革新。此外，由于发展中国家往往缺乏利用先进技术的设施和力量，无力充分地分享科学技术进步带来的利益，从而在社会发展问题上总是处于不利的地位。

上述问题涉及知识财产领域个人利益与社会利益的调整，就制度设计而言，直接关系着知识产权的保护与限制。知识产权法对专有权利的保护并对其设定必要的限制，体现了法律对涉及知识产品的各种利益予以认识并加以协调，即是对社会关系的各种客观利益现象进行有目的、有方向的调控，以促进利益的形成和发展。[47]这种制度的平衡、协调功能主要表现在如下方面：

第一，绝对性权利与再创造自由。知识产权所有人的权利不应成为社会公众从事智力创造活动的障碍。精神生产与智力活动是一个绵绵不断的历史过程，今人的创造动机受惠于前人智力成果的启示，现实的知识产品往往是对前人思想结晶的借鉴，这些使用的自由意味着对绝对性权利的必要限制。为此，各国立法者创造了多种制度来维系后人的再创造权。例如，著作权法允许后来作者对前人的著作权作品的适当引用，专利法承认为科学研究或实验目的而使用他人专利技术不构成侵权等。

第二，垄断权利与言论自由。知识产品创造者的权利垄断不应危及公民言论自由的宪法权利。从广义上讲，言论自由也是创造者的自由，包括创作自由、学术自由、艺术自由以及出版自由等各项政治性权利。知识产权授予创造者以专有权利，使其愿意生产、传播知识产品，从而保障了这种自由的实现；同时，言论自由也意味着广大使用者交流思想、传播信息资料的自由，美国最高法院将这种权利与自由概括为"说"、"读"、"听"、"印"。[48]知识产权限制的各项制度，在最大程度上保障了为公共利益而设立的言论自由。

第三，个人权利与公共教育政策。发展教育事业，为公民受教育提供必要的设施、途径和条件，是各国普遍推行的公共政策。受教育权是宪法规定的公民基本权利，因此知识产权不能妨碍基于教育目的而对知识产品的使用。如果对个人权利不加限制，则会产生创造者及其子孙后代的个人权利与社会公众获取人类文明权利之间的冲突。[49]各国立法明确规定，可以为教学目的而自由使用有专有权利的知识产品，但这种使用不得出于营利目的。

第四，专有权利与经济发展。利用新的科学技术以促进社会经济的发展，不仅是一国人民的共同愿望，也是国际人权中发展权的集中体现。为了推动经济成长，社会总希望能应用最新最先进的技术，而这些技术往往受到专有权的保护。为了解决这一冲突，各国立法一般规定了强制许可使用、合理使用、紧急状态下自由使用等制度，确保国家基于经济发展对科技成果的吸收和应用。

第五,独占权利与贸易自由。知识产权的独占性品质,使得权利人可以控制知识产品的应用,其控制范围的大小和控制力度的强弱,直接影响知识产品流通的环节与地域。为防止知识产权人滥用权利,阻滞知识产品的流通与传播,各国立法者采取了包括"权利穷竭"制度的各种措施。"权利穷竭"制度允许知识产权人仅在含有知识产品的商品首次销售时享有控制权,即权利人无权控制该商品以合法方式销售或分发出去后的自由流转,从而限制了独占权利的垄断,有利于贸易的自由往来。

在一国范围内,知识财产领域各方利益的平衡与协调,是通过知识产权的保护与限制制度来实现的。各国立法者基于本国的社会发展现状,从其经济、文化、教育、科技政策出发,某一时期或注重于保护,或某一时期强调其限制,这些制度设计在不违反国际公约的前提下是不难做到的。问题在于,当今知识产权国际公约本身,是否充分考量知识的创造者与使用者之间的相互利益,是否有助于社会和经济以及权利与义务的平衡,则是值得思索的。必须看到,在国际贸易体系中,知识产权已经成为发达国家维护技术垄断地位、保护贸易利益、强化国家竞争优势的强大武器。[50]世界贸易组织制度框架下的《知识产权协议》,更多地反映了发达国家的利益和要求,结果造成了发达国家与发展中国家之间权利义务的不平衡。

近年来,围绕着知识产权与公共健康问题上的争端,在第三世界力争下,世界贸易组织部长级会议于 2001 年 11 月在多哈通过了《关于知识产权协议与公众健康问题的宣言》(以下简称《多哈宣言》)。在多哈会议上,以南非为代表的发展中国家关于尊重人的生命权、健康权、维护公共利益的呼吁,得到发达国家在知识产权领域的善意回应。《多哈宣言》确认困扰许多发展中国家和最不发达国家遭受痛苦的公共健康问题的严重性;强调知识产权保护对于新药品开发的重要意义,也承认这种保护对价格的影响所产生的忧虑;同意《知识产权协议》不应成为成员国采取行动保护公众健康的障碍,这些行动包括每一成员国享有"强制许可"的权利,认定何种情况构成"国家处于紧急状态或其他极端紧急的情况"的权利,构建自己的"权利穷竭"制度的权利。

《多哈宣言》的诞生是国际知识产权领域发生的重大事件。首先,它是一个重要的标志,反映了发达国家与发展中国家之间的利益冲突与协调,使得公共健康这一基本人权在知识产权领域得到重视,在一定程度上促使知识产权国际保护更多地考虑经济技术落后国家的利益;同时,它也是一个良好的开端,昭示着发展中国家的立场、观点在现行的国际知识产权体系下作为主流意识加以体现,这就进一步引发出传统知识、生物多样性、地理标记等更为广泛的权利保护与利益协调的制度空间。

总之,在私权与人权的统一范畴内,进行一国知识产权的制度安排,以至构建整个国际知识产权保护体系,是非常重要而且必需的。我们有理由相信,私权与人权共融的法律之光,既是保障知识创造者利益、促进精神财富增长的智慧之光,也是维系社会公众利益、推动知识技术传播的理性之光。

注释

1 See L. Ray Patterson, Stanley W. Lindberg, The Nat ure of Copyright: A L aw of Users' Right, The University of Georgia Press, 1991;[日]阿部浩二:《各国著作权法的异同及其原因》,载《法学译丛》1992 年第 1 期。

2 尹田:《法国物权法》,法律出版社 1998 年版,第 122 页。

3 [法]茹利欧·莫兰杰尔:《法国民法教程》,载《外国民法资料选编》,法律出版社 1983 年版,第 231 页。

4 [美]格雷:《论财产权的解体》,载《经济社会体制比较》1994 年第 5 期。

5 洛克关于"劳动—财产"的论述,包含"劳动归劳动者所有"、"财产是一种物化的劳动"的重要观点。参见[英]洛克:《政府论》(下篇),叶企芳等译,商务印书馆 1964 年版,第 19 页。

6 参见易继明:《评财产权劳动学说》,载《法学研究》2000 年第 3 期。

7 参见李京文:《迎接知识经济新时代》,上海远东出版社 1999 年版,第 39 页。

8 参见易继明:《评财产权劳动学说》,载《法学研究》2000 年第 3 期。

9 参见吴汉东、胡开忠:《无形财产权制度研究》,法律出版社 2001 年版。

10 See L. Ray Patterson, Stanley W. Lindberg, The Nat ure of Copyright: A L aw of Users' Right, The University of Georgia Press, 1991.

11 《马克思恩格斯全集》(第 3 卷),人民出版社 2002 年版,第 72 页。

12 参见刘春茂主编:《中国民法学·知识产权》,中国人民公安大学出版社 1997 年版,第 2 页。

13 参见郭庆存:《知识产权的属性、范围及有关问题的哲学思考》,载《北大知识产权评论》(第 1 卷),经济出版社 2002 年版。

14 参见刘春田主编:《知识产权法教程》,中国人民大学出版社 1995 年版,第 3 页。

15 参见吴汉东主编:《知识产权法学》,北京大学出版社 2000 年版,第 2 页。

16 在“知识产权”的语义中,英文“Intellectual Property”,法文“Propriete Intellectuale”,德文“Gestiges Eigentum”等,如果不失原意翻译的话,应为“知识(财产)所有权”,即私人对知识财产享有的所有权。

17 参见孔祥俊:《WTO 知识产权协定及其国内适用》,法律出版社 2002 年版,第 72 页。

18 参见袁泳:《知识产权法与技术、文化创新》,载《北京大学学报》(哲社版)1997 年第 5 期。

19 参见《知识产权协议》序言。

20 参见[美]奥德丽·R. 查普曼:《将知识产权视为人权:与第 15 条第 1 款第 3 项有关的义务》,刘跃伟译,载《版权公报》2001 年第 3 期。

21 参见[英]洛克:《政府论》(下篇),叶企芳等译,商务印书馆 1964 年版。

22 [法]卢梭:《论政治经济学》,王运成译,商务印书馆 1962 年版,第 25 页。

23 [法]卢梭:《社会契约论》,何兆武译,商务印书馆 1962 年版,第 31 页。

24 参见[英]洛克:《政府论》(下篇),叶企芳等译,商务印书馆 1964 年版;[法]卢梭:《社会契约论》,何兆武译,商务印书馆 1962 年版。

25 《马克思恩格斯全集》(第 1 卷),人民出版社 1995 年版,第 443 页。

26 关于天赋人权理论的特征描述,可参见郑杭生等主编:《人权史话》,北京出版社 1994 年版,第 96 页。

27 关于知识产品的社会属性,可参见张和生:《知识经济学》,辽宁人民出版社 1992 年版。

28 参见胡锦光、韩大元《:当代人权保障制度》,中国政法大学出版社 1993 年版,第 1 页。

29 美国学者认为,上述三项政策中隐含有第四项政策,即“进入权”(the right of access)政策,即社会一般成员在一定条件下有权使用著作权作品。参见 supra. note 1.

30 A. A. Reyes, Copyright And Fair Dealing In Canada, Fair Use And Free Inquiry, Ablex Publishing Co. ,1980, p. 213.

31 相关资料参见[美]奥德丽·R. 查普曼:《将知识产权视为人权:与第 15 条第 1 款第 3 项有关的义务》,刘跃伟译,载《版权公报》2001 年第 3 期。

32 参见彭万林主编:《民法学》,中国政法大学出版社 1994 年版,第 34 页。

33 参见[美]奥德丽·R. 查普曼:《将知识产权视为人权:与第 15 条第 1 款第 3 项有关的义务》,刘跃伟译,载《版权公报》2001 年第 3 期。

34 参见张和生:《知识经济学》,辽宁人民出版社 1992 年版,第 294 页。

35 参见[美]奥德丽·R. 查普曼:《将知识产权视为人权:与第 15 条第 1 款第 3 项有关的义务》,刘跃伟译,载《版权公报》2001 年第 3 期。

36 参见吴汉东:《著作权合理使用制度研究》,中国政法大学出版社 1996 年版,第 9 页以下。

37 See L. Ray Patterson, Stanley W. Lindberg, The Nat ure of Copyright: A L aw of Users' Right, The University of Georgia Press, 1991.

38 参见屈茂辉:《中国民法典的基本理念》,载《求索》2002 年第 5 期。

39 参见屈茂辉:《中国民法典的基本理念》,载《求索》2002 年第 5 期。

40 参见[美]奥德丽·R. 查普曼:《将知识产权视为人权:与第 15 条第 1 款第 3 项有关的义务》,刘跃伟译,载《版权公报》2001 年第 3 期。

41 [美]杰利恩·达维斯:《权利集体管理中的公共利益》,载《版权参考资料》1990 年第 2 期。

42 参见[美]奥德丽·R. 查普曼:《将知识产权视为人权:与第 15 条第 1 款第 3 项有关的义务》,刘跃伟译,载《版权公报》2001 年第 3 期。

43 联合国:《国际人权会议的最后行动》,转引自[斯里兰卡]威拉曼特里编:《人权与科学技术发展》,知识出版社 1997 年版,第 2 页。

44 联合国促进和保护人权小组委员会:《知识产权与人权》(第 52 次会议决议,2000 年 8 月 17 日)。转引自[美]奥德丽·R. 查普曼:《将知识产权视为人权:与第 15 条第 1 款第 3 项有关的义务》,载《版权公报》2001 年第 3 期。

45 参见夏旭东等主编:《世界人权纵横》,时事出版社 1993 年版,第 116 页。

46 联合国开发计划署:《1999 年人类发展报告》。转引自[美]奥德丽·R. 查普曼:《将知识产权视为人权:与第 15 条第 1 款第 3 项有关的义务》,刘跃伟译,载《版权公报》2001 年第 3 期。

47 参见孙国华等:《论法律上的利益选择》,载《法律科学》1995 年第 4 期。

48 参见[美]托马斯·埃默森:《论当代社会人民的了解权》,载《法学译丛》1979 年第 2期。

49 参见曹新明:《试论"均衡原理"对著作权法律制度的作用》,载《著作权》1996 年第 2期。

50 参见高胜:《正义是社会制度的首要价值》,载《中国对外贸易》2002 年第 4 期。

吴汉东
代表作

拾伍

文化主权与文化产权*

知识产权的国际公约解读

2005 年 10 月 19 日，在法国巴黎举行的第 33 届联合国教科文组织大会以绝对多数票通过了《保护和促进文化表现形式多样性公约》（以下简称《公约》）。联合国教科文组织认为，《公约》与《世界遗产公约》、《保护非物质文化遗产公约》为国际社会保护文化多样性提供了一个有力的行动框架。[1]在一年的时间内，美洲议会联盟、欧盟先后批准了这一公约，并呼吁其成员国支持该公约。在一些发展中国家的推动下，自 2006 年年底，该公约批准国家已达 35 个，我国于同年 12 月 29 日经全国人大常委会第二十五次会议批准加入该公约。2007 年 1 月 30 日，《公约》正式生效。美国对该公约始终持反对态度，它认为该公约会被一些国家滥用，以否定本国公民的人权和艺术自由，同时有可能阻碍文化产品和服务的自由贸易。[2]《公约》涉及文化主权、文化权利以及知识产权等一系列重大问题，上述权利形态是何关系，应秉持何种原则、规则加以处理，美国等个别国家与大多数国家的立场差异说明什么，本文试对这些问题作出探讨。

一、文化多样性与国家文化主权

国家文化主权是《公约》提出的一个重要法律问题，涉及各缔约国保护和促进文化表现形式多样性的政策目标和指导原则。《公约》第 1 条"目标"第 8 款规定："重申各国拥有在其领土上维持、采取和实施他们认为合适的保护和促进文化表现形式多样性的政策和措施的主权。"第 2 条

---

* 原载《法学研究》2007 年第 6 期，题名为"文化多样性的主权、人权与私权问题分析"。

“指导原则”第2款“主权原则”规定：“根据《联合国宪章》和国际法原则，各国拥有在其境内采取保护和促进文化表现形式多样性措施和政策的主权。”这里所讲的“主权”，即是各缔约国拥有的文化主权。

包括文化主权在内的主权原则，是国际社会共同接受的国际关系准则。从本源上讲，权力是与国家相伴而生的概念，有国家就会有相应的国家权力。主权虽为国家权力的一种表现形式，但并非生而有之，而是一个历史的概念。从古代社会到中世纪时期，国家与国家之间的关系奉行的是“弱肉强食”法则，国家主权没有产生的基础和条件。只有到了近代，随着民族国家的兴起，国家才逐渐形成主权的观念。从十七八世纪开始，主权原则首先在西欧确立起来，主权自此成为国家最高权力的体现。[3]第二次世界大战以后，主权概念和原则从以往有限的地域逐步扩展到整个世界，成为各国建立联合国时的重要主张。1946年《联合国宪章》在关于联合国基本原则的规定中，第1条就明确宣布：“本组织基于各成员国主权平等之原则。”时至人类社会走向经济全球化的今天，国家主权仍然是维系当代国际关系的基本出发点。维护国家主权的基本宗旨在于实现主权平等，其要义是指各国应当相互尊重主权，各国有决定其政治、社会、经济和文化制度的权利。《公约》提出“主权原则”（principle of sovereignty），其内容即是文化主权原则。这说明主权原则作为一项传统的国际法原则并没有过时，它依然是现代国际关系的法律基础。

文化主权与经济主权是现代国家主权原则的新的内涵。近代国家主权原则自提出以来，不仅在地域适用范围扩展到整个世界，而且在内容构成方面也有所变化，即从政治领域发展到了经济、文化和社会生活等领域。在主权构成方面，国家主权最初主要指政治和安全上的独立权和平等权。《联合国宪章》规定，“各会员国在其国际关系上不得使用威胁或武力，或以与联合国宗旨不符之任何其他方法，侵害任何会员国或国家之领土完整与政治独立”。20世纪60年代以后，发展中国家基于发展民族经济的需要，提出了维护经济主权的主张。1962年联合国大会通过《关于天然资源之永久主权宣言》，宣布“各民族及各国族行使其对天然财富与资源之永久主权”。1966年联合国大会通过《经济、社会、文化权利国际公约》，该公约规定“所有人民得为他们自己的目的自由处置他们的天然财富和资源”，这即是以天然资源永久主权为主要内容的经济主权原则。主权概念延伸到文化领域始自20世纪90年代，尽管这一时期尚无正式的国际文件对文化主权加以准确界定，然而它已在很多国家成为一个频繁使用的概念，用来指称国家维护本民族传统价值观和生活方式的至高无上的权力。[4]联合国教科文组织在近六十年的历程中一直致力于“保护和促进丰富多彩的文化多样性”和“制定必要之国际协定，以便于运用文字与图像促进思想之自由流通”。[5]2001年，该组织首先通过《世界文化多样性宣言》及其《行动纲领》。该宣言参照教科文组织颁布的国际文件中有关文化多样性和文化权利的条款，专章讨论了文化权利与人权的关系，但并未涉及文化主权问题。2005年10月，联合国教科文组织正式通过《公约》，基于保护和促进文化表现形式的立场，第一次以国际公约的形式确认了文化主权原则。[6]可以说，正是由于经济主权和文化主权的形成，使得主权观念发展成为涉及政治、安全、经济、社会生活、文化传统和价值观念等方面的原则规范体系。

文化传统保护与文化发展选择是文化主权原则的基本内容。一般而言，文化主权原则是指“一个国家的文化主权神圣不可侵犯，一个国家的文化传统和文化发展选择必须得到尊重，包括国家的文化立法权、文化管理权、文化制度和意识形态选择权、文化传播和文化交流的独立自主权等”。[7]文化主权原则在《公约》中表现为缔约国采取有关保护和促进文化表现形式多样性的政策和措施的主权。根据《公约》的解释，“文化政策和措施”是指地方、国家、区域或国际层面上针对文化本身或为了个人、群体或社会的文化表现形式产生直接影响的各项政策和措施，包括与创作、生产、传播、销售和享有文化生活、产品与服务相关的政策和措施。缔约国根据《公约》第6条的规定，得以制定和实施文化政策、采取措施的主权行为有：第一，为了保护和促进文化表现形式的多样性所采取的管理性措施；第二，以适当方式在本国境内为创作、生产、传播和享有本国的文化活动、产品与服务提供机会的有关措施，包括其语言使用方面的规定；第三，为国内独立的文化产业和非正规产业部门活动能有效获取生产、传播和销售文化活动、产品与服务的手段采取的措施；第四，提供公共财政资助的措施；第五，鼓励非营利组织以及公共和私人机构、艺术家及其他文化专业人员发展和促进思想、文化表现形式、文化活动、产品与服务的自由交流和流通，以及在这些活动中激励创新精神和积极进取精神的措施；第六，建立并适当支持公共机构的措施；第七，培育并支持参与文化表现形式创作活动的艺术家和其他人员的措施；第八，旨在加强媒体多样性的措施，包括运用公共广播服务。上述措施涉及文化管理措施、文化设施建设措施、文化资助措施、文化激励措施、文化产业机构的建立和支持措施、文化人员的培养和支持措施等，这些政策措施可根据缔约国自身的特殊情况和需求在其境内作出，但应与《公约》所规定的保护和促进文化表现形式多样性之目标相符。对此，加拿大政策文化顾问、加拿大文化多样性国际交流委员会主席加里·尼尔（Garry Neil）评价说，条约关于缔约国权利和义务的规定，是《公约》的核心内容。但是《公约》第四章“权力和义务”规定的重点放在权利而不是义务，最主要的一点是缔约国基于文化多样性保护和促进的目的，可以在其境内采取适当的文化政策和措施。[8]值得注意的是，《公约》还规定了缔约国对“脆弱文化表现形式”得以确认和采取适当保护措施的权力。所谓“脆弱文化表现形式”，是指“文化表现形式属于面临消亡危险，受到严重威胁，或是需要紧急保护的特殊情况”。缔约国有权确认受紧急保护的特殊情况，但应向政府间委员会报告应对该类情况所采取的有关措施，后者可以对此提出合适的建议。

文化多样性的保护与发展实质上是一个国家特殊的文化主权形态。文化多样性与文化主权有内在的联系。首先，对文化多样性的尊重，即是对国家文化主权的尊重。与经济全球化相伴而生的文化全球化，并不能消解文化的民族性和多样性。当今世界的情况是，一万多个不同的社会群体生活在二百多个国家之中。对一国内部而言，许多国家都是多文化、多民族的，维护文化的多样性，即主要在于对少数人群体权利的尊重；但对国际社会而言，文化的多样性意味着语言、宗教以及生活方式的差异性，承认这种文化多样性就是承认不同国家文化主权的独立性和自主性。“尊重不同文化的平等地位，尊重不同文化的多样性和它们丰富的活力，尊重完成发展的不同路径”，[9]这是实现文化多样性的伦理基础，[10]也是国家文化主权原则的法律要求。其次，捍卫文化主权的独立性和自主性，才能有效地保护和发展文化的多样性。国家不分大小，民族不分强弱，都应有维护自己文化传统和选择文化发展路径的权力。必须看到，“传统的经典式的属于少数人的精英文化对话语权的垄断和对大众文化的一种霸权，在当代国际关系中，已经演变成一种少数文化产出国对其他国家的文化霸权”。[11]西方主流国家的强势文化对世界的影响力越来越大。美国文化的“全球化”被形象地概括为“三片”，即代表美国饮食文化的麦当劳“薯片”，代表美国电影文化的好莱坞“大片”，代表美国信息文化的硅谷“芯片”。[12]据资料显示，2000 年美国控制了全球 75% 的电视节目生产和制作；美国影片只占全球电影产业的 6.7%，却取得全球 85% 的票房收入。可以说，文化产业的全球化和文化霸权的形成，使得民族国家的文化主权不断弱化和传统文化走向边缘化。文化多样性和文化主权之间的关联性说明：一方面，保护和发展文化多样性，有助于形成民族的文化认同感和民族的精神凝聚力，从而维系国家的文化安全（国家文化主权）。在这个意义上说，保护和发展文化多样性就成为有效维护国家文化主权和文化安全的政策选择。另一方面，尊重国家文化主权平等，承认各国文化发展的独立性和自主性，才可能保持不同民族、种族文化的存在，在国际上实现文化生态平衡，化解经济全球化与世界文化多元化之间的矛盾和冲突。

保护和发展文化多样性的文化主权原则与世界贸易组织规则，从根本上来讲并不是矛盾和冲突的。《公约》第 20 条规定了《公约》与其他条约之间的关系，即“相互支持、互为补充和不隶属”。《公约》强调，“本公约的任何规定不得解释为变更缔约国在其为缔约国的其他条约中的权利和义务”。这说明，《公约》与世界贸易体制在本质上应是一致的。美国对《公约》提出一个重要的反对意见，即认为《公约》对于已经建立的国际贸易体系具有潜在的破坏性。“美国政府担心，缔约国可能对《公约》错误解读，将一部分贸易、服务和农产品与文化的表达方式相关联，对其进行保护从而形成新的贸易壁垒。”[13]其实不然，根据《公约》第 4 条“定义”，“文化活动、产品与服务是指从其具有的特殊属性、用途或目的考虑时，体现或传达文化表现形式的活动、产品与服务，无论他们是否具有商业价值”。教科文组织“独立专家会议”认为，《公约》的保护对象是以文化活动、产品与服务为载体的文化表现形式；文化活动、产品与服务具有商品内涵和文化内涵的双重禀赋。[14]这种解释是有意义的：在国际贸易协定（包括世界贸易组织《货物贸易协定》、《服务贸易协定》、《与贸易有关的知识产权协定》）中，文化活动、产品和服务的交易，涉及的是文化财产属性与知识产权问题；而《公约》强调的是文化多样性的保护，国家采取有关保护的政策措施是文化主权行为的表现。“独立专家会议”认为，这里的“保护”一词在任何情况下都不成为缔约国闭关自守的遁词。关于文化表现形式的交流,专家们既强调了市场的力量,也指出了市场的缺失。无限制的文化市场和绝对的文化贸易自由,有可能造成文化生态的失衡。在一些文化表现形式处于弱势的情况下,国家干预对保护文化多样性是必要的。[15]从世界贸易组织相关政策文本的解读,我们也可以得出相同的结论。世界贸易组织所形成的诸多协定,广泛涉及文化的各个领域。它所确立的国际文化贸易原则,实质上是当今国际社会一种新的国际文化关系准则,成为处理国家与国家之间文化贸易关系和争端的规范。世界贸易组织在其政策系统中不仅包括了"市场准入"、"透明度"、"非歧视"和"最惠国待遇"等原则,也规定了"涉及保持传统文化的艺术品和文化"、"允许例外和实施保障措施"、"维护国家安全"等原则和规则。这就为世界贸易组织成员尤其是发展中国家行使文化主权,保护和发展文化多样性留下了必要的制度空间。这意味着,任何国家都可以在世界贸易组织框架内消解文化产品贸易壁垒、开展自己的对外文化贸易,同时也可以根据例外条款保护本国文化传统和文化利益。在这里,文化市场的对外开放,是贸易自由使然;同时,文化市场也应是双向开放,须以文化多样性的存在为基础。可以认为,世界贸易组织的文化产品贸易,应是一个基于文化多样性平台而平等进行的国际文化贸易。正如有的学者指出的那样,"世贸组织的原则是保护本国文化的个性化,支持各国文化的多样并存,维护世界文化的丰富性和多样性"。[16]世界贸易组织所主张的文化贸易自由,并不应该是对保护文化多样性之文化主权的否认。

二、文化多样性与文化权利

人权和基本自由是《公约》提出的一个核心法律问题,是关于保护文化表现形式多样性这一国际文件框架得以形成的基础。《公约》在序言中指出:"颂扬文化多样性对充分实现《世界人权宣言》和其他公认的文书主张的人权和基本自由所具有的重要意义。"《公约》第 2 条第 1 款规定了首要指导原则,即"尊重人权和基本自由原则":"只有确保人权,以及表达、信息和交流等基本自由,并确保个人可以选择文化表现形式,才能保护和促进文化多样性。"《公约》强调了基本人权和文化多样性的本质联系。在这里,基本人权涉及的主要是文化权利。

基于文化多样性的文化权利是一项国际人权。关于人权的国际文件并没有对文化权利有明确的定义说明,但是依据相关国际人权公约对该类权利的列举式规定,我们可以将文化权利解释为公众参加文化活动并从中享有利益的权利。在20世纪以前,人权问题均由一国权利宣言或宪法类文件加以确认。对文化自由与知识传播的权利问题,往往根据国家政治、经济、文化等制度的具体情况,以宪法性文件加以规定,是为国内人权。1789年法国《人权宣言》宣称:"文化交流思想和意思是最珍贵的人权之一"。美国宪法的制定者提出了著名的"3P"文化政策,其中含有"促进知识"(the promotion of learning)的政策。[17]加拿大《权利法案》有两条涉及文化权利的规定:一是每个人都拥有自由参加社会文化生活的权利,以享受艺术与分享科技进步的利益;二是每个作者都有权利维护其科学、文学及艺术作品所产生的精神利益和物质利益。[18]进入20世纪以后,以《联合国宪章》为开端,产生了一系列的国际性、地区性的人权宪章,使人权成为国际法的调整对象之一,文化权利的相关问题因此具有了国际人权意义。1948年《世界人权宣言》第27条宣布了两条权利:一是人人有权自由参加社会的文化生活,享受艺术,并分享科学进步及其产生的福利;二是人人以由于他所创作的任何科学、文学或美术作品而产生的精神的和物质的利益,有享受保护的权利。《世界人权宣言》宣示的"权利"在1966年《经济社会和文化权利国际公约》得到进一步发展,该公约第15条将文化权利确认为:一是参加社会文化生活的权利;二是享受科学进步及其产生的利益的权利;三是对自己的智力成果所产生的精神上的和物质上的利益享有被保护的权利。从上述人权文书中,我们可以看出:文化自由是文化多样性的必要条件,文化权利是文化多样性的法律保障。正如教科文组织一份文件所指出的那样,"言论自由、传媒多元化、语言多元化,所有文化平等享有艺术表现形式和科学技术知识,所有文化都有利用表达和传播手段的机会等",这些都是文化多样性的实现途径,[19]当然同时也是文化权利保障的法律要求。

文化多样性的权利和自由属于集体人权的范畴。现代人权主体观念的一个重要变化,便是由过去单纯的个人人权发展成为"以种族、民族为构成内容的集体人权。"[20]它是"集体的权利,即群体或人民的权利"。[21]民族(或人民的)的自决权是最早和最广泛地被接受的一项集体人权。作为不同的生活共同体，每个民族都有自由的相对稳定的生活地域，在历史发展中形成了自己独特的语言文字、宗教信仰、风俗文化。[22]鉴于此，这些特定的社会群体对内形成了自己的文化认同和民族认同，对外则产生了争取社会理解和认可的政治法律诉求。1966 年《公民权利和政治权利国际公约》和《经济、社会和文化权利国际公约》用相同的措辞确认了民族自决权，即“所有人民都有自决权。他们凭这种权利自由决定他们的政治地位，并自由谋求他们的经济、社会和文化的发展”。民族自决权对保护文化多样性的权利实现有着基础性的作用。1952 年联合国大会通过的《关于人民和民族自决权的决议》指出：“人民和民族应是享有自决权，然后才能保证充分享受一切基本人权。”1955 年不结盟国家亚非会议发表的《万隆宣言》重申：“自决是充分享受一切人权的先决条件。”上述国际人权文书表明，民族自决权首先是政治自决，但也包括经济、社会、文化发展的自决。文化多样性的问题，实质上涉及文化传承、文化发展的自由选择。这种文化权利的行使，当以自决权利的存在为前提。民族自决权是一项集体人权，隐含着文化生活方式自决的内容。其实，文化权利和自由如同发展权一样，既属于个人的人权，也属于集体的人权；但在文化多样性保护方面，文化权利和自由主要是集体人权。在这里文化权利作为集体人权与该集体的个人人权并不是对立的：集体人权是为了保障个人人权而从其中推导出来的权利，而且集体人权和个人人权有着同样的道德价值。世界文化与发展委员会关于“文化多样性与人类全面发展”的报告，深刻地阐述文化权利与自由的基本内涵：第一，“文化自由是一种集体自由，它指的是人类群体自由选择生活方式的权利”。第二，“真正的文化自由是整体自由的保证。它不仅保证集体的利益，也保护集体之中每个人的权利”。第三，“通过保护不同的生活方式，文化自由鼓励创造性、尝试和多样性”；“正是多文化社会所产生的多样性，以及多样性赖以生存的创造性，使这些社会更具有创新能力，更有活力，生存繁衍更加久远”。第四，“文化的核心是自由，特别是决定什么是有价值的东西，寻求我们所期望的那种生活方式的自由”。[23]可以说，文化多样性实质上是文化方式和文化发展自由选择的结果，这种文化自由乃是基于文化认同之群体的权利。

文化保护和人权保护具有“相似性”，“他们交织在一起，不可分离”。[24]美国学者所说的“相似性”，是指某些文化活动、文化行为，既是保护文化多样性的必要措施,也是保障文化权利的基本要求。《公约》和有关人权公约用不同的措辞表述了相同的观点。国际人权文书提出了“参加文化生活的权利”、“享有科技进步利益的权利”和“作者权益保障的权利”,这是一般意义上的文化权利。在文化多样性领域,相关文化权利具体表现为如下方面:第一,享有自身文化尊严和文化自由。2001 年《世界文化多样性宣言》认为,保护文化多样性与尊重人的尊严是密不可分的。“它要求人们必须尊重人权和基本自由,特别是尊重少数人群体和土著人民的各种权利。”尊重人的人权和基本自由,即要求尊重他人文化的尊严,尊重他人文化选择的自由。这是保护文化多样性的基本要求,在此不作赘述。此外,《文化多样性公约》特别强调了少数人群体(含土著人民)的权利问题。在国际上,该群体是指那些处于社会边缘、自身比较脆弱的群体,他们生活在多数人群体及其占统治地位文化意识形态的影响之中。[25]根据《文化多样性与人类全面发展》报告的划分,少数人群体包括四类人群,即土著人民、地域型少数人群体、非地域型少数人群体或游牧民族、移民。[26]1992 年联合国《属于民族、种族、宗教和语言少数人群体的权利宣言》列举的权项有文化自由、宗教自由、语言自由和参与文化、宗教、社会、经济和公共生活的权利。这些权利和自由是必需和重要的。可以认为,提升少数人群体异质文化的地位,防止民族同化趋势出现,是文化多样性的可靠保证。第二,参与文化生活的权利及其选择自由。《世界文化多样性宣言》规定:“每个人都应当能够用其选择的语言,特别是自己的母语来表达自己的思想,进行创作和传播自己的作品;每个人有权接受充分尊重其文化特性的优质教育和培训;每个人都应当能够参加其选择的文化生活和从事自己所特有的文化活动。”这里列举的权利主要是语言多样性的权利、文化教育的权利以及文化活动选择与参加的自由。按宣言的说法,上述权利为文化多样性提供了有利条件。第三,文化表达与传播的平等权利。文化多样性是所有人的文化多样性,也是人类社会所有文化的多样性。《世界文化多样性宣言》规定:“在保障思想通过文字和图像的自由交流的同时,务必使所有的文化都能表现自己和宣传自己的言论自由、传媒的多元化、语言多元化、平等享有各种艺术表现形式、科学和技术知识——包括数码知识——以及所有文化都有利用表达和传播手段的机会等。”《文化多样性公约》的任务,即是保障多样性的文化都有利用不同表达和传播手段的机会。不同文化平等享有这种权利，意味着文化多样性实现的可能。

以基本人权为基础的文化多样性，有助于实现人类的全面发展。文化多样性与经济、社会发展的关系，涉及文化权利和发展权利这两项基本人权之间的协调和互动。发展权原则是一个“有关新国际经济秩序的国际法原则”[27]，发展权是第三代人权的重要内容。1974年《各国经济权利和义务宪章》对发展权作了明确阐释：发展权是普遍的权利，即“每个国家有权分享科学技术进步和发展的利益，以加速其经济和社会发展”。发展权对发展中国家尤为迫切和重要。该宪章要求：“所有国家应促进发展中国家取得现代科学和技术成果”，“帮助发展和改造发展中国家的经济”。这一诉求反映了第三世界民族主义的出现以及他们对权力、财富以及其他重要资源在全球范围内进行分配的愿望。[28]发展权的实现，有赖于一种社会秩序和国际秩序的建构。按照1986年《发展权利宣言》的说法，关于社会秩序，即要求各国在本国采取一切必要措施实现发展权利，确保所有人在获得基本资源、教育、保健服务、粮食、住房、就业、收入公平分配等方面的机会均等。关于国际秩序，即要求各国加强合作，以确保发展，清除发展的障碍；单独或共同采取措施，制定国际发展政策，以期充分实现发展权利。[29]关于发展的基本内涵以及文化与发展的关系，上述国际人权文书并没有作出回答。世界文化与发展委员会认为，“没有人文背景的发展，只是一种没有灵魂的经济增长而已，经济的繁荣本身就是人类文化发展的一部分”。他们所主张的发展观，是“人的全面发展”思想。“与只注重经济增长的发展观不同，它是从文化条件来看待经济增长和社会进步的。”发展是为了消除贫困。但是，贫困不仅是物质生活贫乏，同时也意味着，在社会生活方面缺乏选择的权利，包括接受教育和获取知识的机会、政治和社会自由、参加文化活动的权利等。“人的全面发展”观，不仅强调“物质生活资料的丰富”，而且注重“人类不断增长的选择能力和选择范围”。该委员会的结论性意见是，“文化是人类进步与创造力的源泉”，“必须把文化发展纳入到发展概念的整体之中”。[30]文化与发展的关系告诉我们，在基本人权体系中，文化权利与发展权利不应是相互孤立，彼此隔绝的。一方面，保障文化权利，尊重文化生活方式选择的自由，促进文化多样性的发展，即是发展权实现“人的全面发展”目标的重要内容；另一方面，保障发展权，建构新的社会秩序和国际秩序，加速经济社会发展，可以为各国特别是发展中国家的文化发展提供重要物质基础和社会环境,从而实现文化多样性领域的人权目标。在当代世界,文化国力已经成为综合国力的重要指标体系之一。文化经济是硬实力,文化影响则是软实力。少数发达国家的发展战略之一,即是在全球范围内不断扩大其文化影响力和文化出口贸易额。以电视和卫星电视为例,西方国家完全垄断了电视节目市场。在许多第三世界国家,60% ~80% 的电视节目来自美国,几乎成为美国电视的转播站,而非洲国家的外来电视节目更占节目总播出的 90%。亚太地区的人口几乎占世界人口的 1/3,被西方国家视为“最大也是最后一个市场”。目前亚太地区上空拥有二百多卫星电视频道,其中大部分是西方三大电视集团对亚洲开办的专门频道。[31]在这种以合法形式进行的文化垄断下,发展中国家的多样性文化在生存和发展方面遭遇着前所未有的困境。必须认识到,发展的实质在于发展中国家的发展,发展权核心是发展中国家促进“人的全面发展”的发展权。对于发展中国家而言,以文化权利和发展权利为法律武器,推进文化发展与经济发展,或者说文化与经济综合发展,有着特别重要的战略意义。

三、文化多样性与知识产权

《公约》对知识产权并没有专门规定,仅在序言中确认:“知识产权对支持文化创造的参与者具有重要意义。”以文化主权和文化权利的形式来解决文化多样性的保护问题,是《公约》采取的基本举措。但是《公约》所述及的“文化表现形式”即“文化活动、产品与服务”,《世界文化多样性宣言》强调的作者和艺术家的权利等,无一不与知识产权有关。

文化表现形式以及体现或传达文化表现形式的活动、产品与服务,可以受到知识产权保护。文化多样性保护,强调的是文化表现形式的独特性、多元性的文化特征;知识产权保护,着眼于具有不同特性的文化表现形式的本身及其载体。《公约》将“文化表现形式”解释为“个人、群体和社会创造的具有文化内容的表现形式”。有学者认为,文化多样性是人类在长期过程中形成的生活方式。其表现形式可以是有形的,如村落、庙堂、建筑、饮食、舞蹈、传统的加工活动(如烹调、编制、舂米、雕刻)、实物(如衣服、家具、农具、生活用具、民间工艺品等)、礼仪活动等,也可以是无形的,如语言、文字、音乐、戏剧、舞蹈、信仰意识等。[32]上述表现形式,符合保护条件的,可以视为知识产权客体。此外,《公约》规定多样性的文化表现形式应能平等享有各种传播手段,其涉足的领域包括电影、电视、有线电视、广播、摄影、视觉艺术、网络、出版、通信、娱乐游戏等。这些传播手段都涉及知识产权保护问题。联合国教科文组织执行局认为,对上述文化表现形式,该国际组织已颁布两项著作权公约,即 1952 年《世界版权公约》和 1961 年《保护表演者、录音制品制作者和广播组织罗马公约》。此外,《公约》的适用范围通过世界贸易组织批准的《知识产权协定》(1994 年)和世界知识产权组织通过的《因特网条约》(1996 年)而有了新近的更新。基于此,教科文组织认为在著作权方面没有必要考虑新的准则性行动。[33]这说明,符合条件的文化表现形式,可以受到现代知识产权法的保护,但这种保护是有限的。

《公约》强调采取包括知识产权在内的文化政策和措施,以鼓励和支持艺术家和参与创造活动的其他人员。《世界文化多样性宣言》率先对此作出了原则性宣示,即“应当特别注意创作意愿的多样性,公正地考虑作者和艺术家的权利”。《公约》多个条款涉及上述问题,要求缔约国努力承认艺术家以及参与创作活动的其他人员在培育文化多样性方面的核心作用,采取文化政策与措施鼓励和支持他们“发展和促进思想文化表现形式或文化活动、产品、服务的自由交流和流通”。[34]联合国教科文组织执行局认为有关艺术家及参与创作活动的其他人员的权利,在联合国教科文组织、世界知识产权组织、世界贸易组织制定的一系列国际公约中已作出系统规定。在此情况下,教科文组织应该考虑保护与扶持艺术家的其他问题。这些问题涉及“对艺术的资助,对创造活动的补贴,艺术教育,艺术与新技术,艺术家的工作条件,艺术家的纳税与健康,集体谈判的权利和艺术家的流动”。1980 年联合国教科文组织《关于艺术家地位的建议》对上述问题作出了原则性阐述,但这是一个非强制性文件,对缔约国的文化政策并无约束力。1997 年在巴黎召开的“关于艺术家地位的世界大会”,建议采取协调一致的措施并通过具有强制性的国际文件。也就是说,《公约》鼓励和支持艺术家的有效措施,尚有待其他国际文件的配合和补充。关于艺术家地位的有关规定,包括但不限于知识产权保护,其内容涉及一国的整个文化政策。在这里,艺术家及参与创作活动的其他人员的权利,不仅是作为人权的文化权利,同时也是作为私权的知识产权。世界文化与发展委员会的报告认为,在文化多样性方面,“保护艺术家的权力至关重要”。其原因有两个方面:第一,新传播技术的出现。“技术发展为艺术家的创造活动拓展了新的领域,但同时又危害着他们的权利。”[35]在数字压缩、虚拟映像和各种多媒体产品层出不穷的情况下,知识产权制度的任务应是更好地保护艺术家的权利,同时确保更多的人有机会接触艺术产品。第二,新国际贸易体制的形成。知识产权国际保护成为当代国际经济、文化、科技贸易领域的重要法律秩序。以《知识产权协定》为核心的国际知识产权制度,使得版权保护朝着以贸易为中心而不是以作者为中心的方向变化。其后果不仅使得艺术家的精神利益得不到有效保护,造成作者权利的缺失,而且由于文化产品进出口贸易的不平衡,损害了发展中国家艺术家的创造积极性和这些国家文化产业的发展。在文化多样性的保护与发展过程中,鼓励多样性的文化创造活动,离不开知识产权保护;同时,文化自由与艺术创造之间的联系又超越了知识产权问题,绝不限于私权保护本身。有鉴于此,世界文化与发展委员会报告建议,探索建立一套新的知识产权法律体系,以确保艺术家的合法权益得到有效保障;而且也应采取特殊的社会、法律、财政和制度性的措施来维护艺术家的特殊地位。[36]

传统文化表现形式或者说传统知识,是现代知识产权制度尚未解决的难点问题。《公约》在序言中宣称:“承认作为非物质和物质财富来源的传统知识的重要性,特别是原住民知识体系的重要性”;强调“文化表现形式,包括传统知识表现形式的多样性”,在思想表达与信息分享方面的重要价值。尽管《公约》在指导原则中“强调尊重少数民族和原住民的文化”,在“促进措施”中主张对“少数民族和原住民的特殊情况和要求给予应有的重视”,但《公约》并没有提出一个有效施行的制度方案。从文化视角看,“传统知识是一种文化要素,即是文化多样性的有机组成部分”。[37]从法律角度看,传统知识是知识产权对象的智力创造源泉。传统知识是传统部族在千百年来的生产、生活实践中创造出来的知识、技术、经验的总称。按照世界知识产权组织的说法,传统知识是指基于传统所产生的文学、艺术或科学作品,表演,发明,科学发现,外观设计,标记,名称及符号,未公开的信息,以及一切来自产业、科学、文学艺术领域内的智力活动所产生的基于传统的创新或创造。[38]传统知识的具体类型几乎囊括了《世界知识产权组织公约》所规定的一切知识财产形式,但它与现代知识产权客体有明显的区别,即传统知识这个概念深刻地表明了该类知识的本源性(基于传统产生而不是新的智力创造)和知识的文化性(附属于特定部族或地域而不是个人的智力成果)。长期以来,传统知识一直被简单地归属于共有领域,任由他人自由而无偿的获取、利用。近年来,国际社会十分重视传统知识的保护问题,并对这种制度安排进行了有益的探讨:第一,采用现行制度保护。根据世界知识产权组织对一些国家的调查,很多国家包括北美、西欧的一些发达国家认为现行知识产权制度原则上可适用传统知识保护。[39]知识产权现有形式下的保护方式包括著作权及邻接权(以民间文学艺术表达为主的传统知识为保护对象)[40]、专利权(以遗传资源的利用、开发有关的产品和方法为保护对象)、植物品种权(以改进原生状态物种的新植物品种为保护对象)、外观设计权(以传统的手工艺产品为保护对象)、商标权(以含有传统知识的商品或服务所采用的个体或团体标记为保护对象)、地理标记权(以各类天然、传统和工艺品所采用的社区标记为保护对象)、反不正当竞争(以未公开的传统知识为保护对象)。[41]必须看到,现行知识产权制度无法对所有形式的传统知识提供保护,且在实施过程中在主体确认、客体保护条件、权利保护期限、利益分配等方面存在着诸多困难,因此,适用现行制度保护,只能是应急之策,恐怕难为长远之计。第二,采用专门制度保护。一些学者和非政府组织强烈建议的方法是建立一种专门制度,即为适应传统知识的本质和特点而创设独立法律制度。制定专门法的途径,有两种制度选择:其一,单一保护制度,即建立一种涵盖传统知识保护各个方面的综合性制度。一些国家和某些区域性的政府间组织和机构,尝试创设所谓的"社区权"、"社区知识权"、"传统资源权"制度,对土著文化社区的传统知识给予保护。例如,安第斯组织正在起草的"保护传统知识的共同制度",太平洋岛国拟议中的"传统知识和文化表达的示范法",以及菲律宾、厄瓜多尔、巴西、委内瑞拉等国的宪法和法律中关于"社区权"的相关制度。这种保护制度受到国际社会的关注,但其实际施行却进展甚微。有鉴于此,一些发展中国家建议构建专门的"数据库保护制度",即是将传统知识在整体上作为特殊的数据库加以保护。这种特殊数据库除获得一般数据库的作者权外,还包括对数据库实际记录的知识本身所享有的权利,对已经登记的知识表达形式复制和具体内容利用所享有的权利。[42]这种保护制度是著作权与未公开信息保护制度相结合的产物,既保护了思想表达,又可保护思想内容,有其合理性。其二,多种保护制度。考虑到单一保护制度要处理传统知识的不同主题(如作品、技术或标记等),较难对其制定共同规则,一些国际组织以及部分国家建议对传统知识中易限定的部分(特别是民间艺术创作、传统医药等),先行给予专门保护。例如,1996 年,世界知识产权组织在其《表演与录音制品条约》中将民间文艺列入受保护的表演范畴;2000 年,欧洲委员会提出“关于知识产权法下民间文化表现形式的国际保护报告”以及泰国制定的《传统泰药知识法》、中国制定的《传统工艺美术保护条例》等。这种制度保护对象明确,权利界定清楚,其立法有可资借鉴之处。关于专门制度的法律属性,即是否属于知识产权保护机制的范畴,国际上有不同的认识。有的认为这是一种“专门的知识产权制度”,尽管它的学理基础、规范方法与典型的知识产权制度有较大的差异;也有的认为,这种制度“处于现行知识产权体系的保护之外,它实际上归属于国际社会正在讨论的一个更为宽泛的权利系统——传统资源权”。“如果说现行知识产权制度是对智力创新的激励,那么传统资源权就是对智力源泉的涵养。”[43]可以认为,传统知识保护是当代知识产权国际保护制度发展过程中的新问题,也是文化多样性保护必须面对的重要法律问题。

以知识产权的形式对文化多样性进行保护是必要的,但当代国际知识产权制度在这一方面存在明显的不足。《知识产权协定》在序言中宣示“知识产权为私权”。在诸多知识产权公约中,《知识产权协定》第一次明确界定了知识产权的本质属性,即以私权名义强调知识财产私有的法律形式。在西方国家,私权神圣是一项基本的法律原则。承认知识产权为私权,意味着知识产权与其他财产权一样都处于同样的私权地位,从而在理念和制度上可以为知识产权提供有力的法律保障。知识财产私权化在国内法和国际法领域的扩张造成的后果值得我们重视:一方面,知识财产私权化在国内法领域的拓展,导致原来人们所共有的生产、技术、市场知识和技能开始划归私人领域,知识财富的公有领域相对缩小,从而造成知识创造者的个人利益与知识利用者的公众利益之间的冲突。[44]另一方面,知识产权在国际法领域的加强,迫使经济、技术、文化处于落后地位的发展中国家不得不接受扩大私权保护范围、提高私权保护水平为发展方向的国际知识产权保护新体制,这势必造成他们与发达国家之间在知识财产利益方面的不平衡。知识产权的理念与制度,张扬的是神圣的私权,这与作为普遍人权、集体人权的文化权利是不同的。与《公约》的宗旨不同,以《知识产权协定》为核心的知识产权国际保护制度,极力保护的是文化表现形式的独创性、新颖性,而忽视了文化表现形式的多样性。我们看到,现代欧美文化类型以其"现代性"为特征称雄于世界。从文化的角度看,欧美文化对各地原住民文化、传统文化的同化,日益蚕食着世界文化的多样性;从法律的角度看,西方国家主张的法律精神及其制度准则,已经成为国际社会生活的指南。[45]在知识产权领域,欧美文化类型在知识产品的现代化生产中,以各种"智力创新"的形式得到欧美国家主导的国际知识产权制度的周延保护。与此相反,知识产权制度对不同的文化类型即"智力源泉"却缺乏必要的法律涵养,这一制度"只能保护知识财产上的财产利益而难以保护其同时存在的文化利益"。[46]在国际社会,以知识产权名义所进行的文化创作、生产、传播行为,对他种类型的文化表达和知识形式等进行不当占有和利用,往往损害了文化的多样性,特别是非主流文化、传统部族文化、少数人群体文化的存在和发展。其常见形式有:第一,对他种类型的文化赋予不同的意义而并入另一种类型中,损害特定文化生存的独立性;第二,以文学、艺术作品形式失真地编排他种类型的文化生活,损害传统部落文化表现形式的真实性;第三,对他种类型的文化表现形式如歌曲、舞蹈、戏剧、医药等进行占有和利用,既不标示来源,又不支付报酬,损害传统文化资源的合法权益;第四,利用电视、电影、网络、音像、广播、出版等技术控制文化传播手段,扩展单一文化的传播空间和时间,损害弱势文化得以平等表达的机会。我们看到,发展中国家经过千百年实践积累下来的传统知识、传统文化表达,正被一些发达国家无偿地利用,甚至成为这些国家的知识产权。迪士尼动画片《狮子王》在当年获得了极高的票房收入。其中一首"雄狮今夜沉睡"的配乐,其版权使用收入在2000万美元左右。这首乐曲最初是由非洲祖鲁族歌唱家林达根据本民族歌曲改变的,林达仅拿到象征性的1英镑。好莱坞根据中国传统故事"木兰从军"拍成的娱乐大片,在全球赚取了超过20亿美元的票房收入。而中国观众必须支付费用,才能观赏以西方现代艺术形式表现的本土民间传说。[47]这一情形表明,以知识产权为后盾的西方主流文化在不断张扬,而以文化权利为表征的文化多样性却日趋弱化。《知识产权协定》立足于知识财产的私权属性,着力于与贸易有关的知识产权保护,未能顾及文化创作的源泉——文化多样性的问题,实质上是对文化权利这一基本人权的忽视。关于知识产权所保护的作品与文化多样性的关系,《世界文化多样性宣言》作出了明确的阐述。其第1条强调:“文化多样性是交流、革新和创作的源泉,对人类来讲就像生物多样性对维持生态平衡那样必不可少。”第7条指出:“每项创作都来源于有关的文化传统,但也在同其他文化传统的交流中得到充分的发展。因此,各种形式的文化遗产都应当作为人类的经历和期望的见证得到保护、开发利用和代代相传,以支持各种创作和建立各种文化之间的真正对话。”鉴于此,《公约》在序言中宣称:“文化多样性是人类的共同遗产”,并在“指导原则”中赋予保护文化多样性以基本人权的意义。上述规定说明了文化传统对智力创作成果的本源意义,表述了文化多样性对创作意愿选择的存在价值。没有文化传统多样性的存在,文化创作就成为无源之水,文化创作自由也就无法实现。可以认为,在文化领域,《公约》是对《知识产权协定》有益的补充,它着力于解决现行知识产权制度保护智力成果而忽视智力源泉的弊端,为实现文化权利与知识产权之间的平衡与协调提供了可能。

四、文化多样性的权利协调与制度安排

文化多样性领域的多元权利形态,发挥各自的制度功能,服务于共同的缔约目标,它们并不是相互孤立和隔绝的,也不应是彼此冲突和对立的。多元权利形态如何实现缔约目标,多元权利形态之间关系应该如何处理,这涉及法律原则遵循和法律制度安排的诸多问题。

第一,文化主权的正当行使、自动限制与文化多样性的缔约目标。文化传统保护与文化发展选择,是《公约》的缔约目标,也是国家文化主权的基本内容。在本国领土范围内采取措施保护文化多样性,应是国家享有的文化主权;同时,致力于文化多样性发展的双边、多边合作,则是国家应尽的国际义务。文化多样性缔约目标的实现,与文化主权的行使有着密切的联系。在这里,首要的问题是维护文化主权。在文化全球化和文化产业全球化的今天,我们面临着一个“风险文化的时代”。英国学者斯科特·拉什为此警告说:“始料不及的风险和危险将不再是由工业社会的物质化生产过程中所产生的风险和危险,而是从信息领域、从生物技术领域、从通讯

和软件领域产生出的新的风险和危险。"[48]当今时代的"文化风险",即表现为民族国家文化主权的弱化和传统文化边缘化。在全球范围内,许多民族、部落的传统文化与所谓的主流文化、强势文化一直存在某种紧张状态,这一情况,不仅存在于东西文化之间,而且也表现在欧美文化内部之中。"法国对好莱坞电影在全球畅通无阻感到不妥和恐惧,为抑制美国娱乐业的入侵,法国在欧共体内寻求建立欧洲及国家定额管理制度。澳大利亚的文化产业委员会也感到不安,他们建议政府在遵守世界贸易组织规则的基础上,建立和创建'文化防火墙'制度。加拿大在世界贸易组织裁决其对美国杂志采取的限制措施有悖自由贸易原则之后,采取了'论坛应变'(form shifting)的措施,建立起多元文化网。"[49]在《公约》生效之后,民族国家根据《公约》规定,采取必要并适当的文化管理措施、文化资助措施、文化鼓励和扶持措施等,应视为是一种文化主权行为。这种文化主权是文化多样性存在和发展的法律基础。上述所言即是主权的正当行使。与此相关的另一个问题是文化主权的自动限制。文化产品贸易与文化服务贸易是世界贸易组织框架内国际贸易的重要内容。参与国际贸易体制本身不仅意味着国家不能完全按照自己的利益愿望制定经济、文化政策等,在对外经济、文化交往中会受到有关国际规则的制约;而且还由于文化霸权在国际上的出现,使得许多国家客观上保护和发展民族文化的主权能力下降。[50]前者表现了国家以主权必要限制来换取国际经济利益的追求,后者则意味着文化霸权对他国文化主权的侵蚀。笔者认为,国家文化主权的自由限制来源于国际公约的约束力,而不应是个别国家的政治强权、经济强势和技术强力,这是对文化多样性保护进行国际协调的重要前提。当然,国家的文化主权行为应有合理的边界,即应符合文化多样化的缔约目标,不得侵犯受到国际法保障的人权和基本自由,不得影响缔约国在其他公约中所承担的国际义务。上述所言即是主权的自动限制,其出发点都应是保护文化多样性的缔约目标。

第二,文化权利的基本内涵实现途径以及对文化主权的影响。《公约》将"文化多样性"定义为"各群体和社会借以表现其文化的多种不同形式"。"文化表现形式"则是个人群体和社会创造的"源于文化特征或表现文化特征的象征意义、艺术特色和文化价值"等文化内容的表现形式。《公约》的目标即是保护"文化表现形式"的多样性。这里的"保护"意指"保存"

(preservation)、“维护”(safeguarding)和“加强”(enhancement)文化表现形式多样性而采取措施。根据相关国际公约和一些国家的做法，文化多样性的保护措施主要有:其一，有形文化财产的物理保护和无形文化财产的固化保护。国际公约确认国家、民族或部族对于文化遗产物(如古人类遗址物、墓葬物、神圣物等)及其他文化财产的物理表现形式的所有权，以及对非物质文化遗产(如民俗、民歌、民间舞蹈、口头传说)的管领和控制权。上述即是自身文化享有权。缔约国有义务资助“收集整理文化多样性的各种有形无形表现形式，并以适当的方式加以保存，从而满足将来可能发生的文化需求”。[51]其二，对文化身份认证权利的保护和对文化表达形式选择自由的保护。国际公约确认各民族、部族以及少数人群体有权维护自己的文化身份和文化尊严，表达和信奉其语言、宗教、传统、风俗(违反国家法律和国际标准的习俗除外)等。上述即是文化表达的选择权。缔约国有义务采取立法措施提供必要条件，以维护各民族、部族的文化特征。在这里，应特别注意创造条件使少数人群体学习其母语或以其母语接受教育，鼓励社会人群对少数人群体历史、语言和文化的了解。[52]其三，对传统文化生存和加强之权利的保护。国际公约确认不同民族、部族有权对其文化传统享有全部经济利益，平等享有文化的各种表现形式和利用各种传播手段，以维持自身文化存在，推进文化多样性，促进传统文化繁荣。上述即是文化生存和延续的发展权。缔约国有义务提供和创造适当的社会条件，推动民族文化产业发展；采取必要的政策和法律措施，保障文化主体充分实现其文化价值和获取经济利益，为文化多样性的存在、发展孕育所需的物质基础和经济资源。保护文化表现形式的多样性，是个人、群体或社会享有的文化权利，也是对国家正当行使文化主权的法律要求。文化主权与文化权利的关系，有一个不断发展与变化的过程，实际上表现为国际人权机制对国家主权行为的影响以至干预。“国际人权机制自第二次世界大战后形成并逐渐作用与实践，它的每一步都伴随着其超国家性的不断增强。”[53]《联合国宪章》在将人权纳入国际规范时，只是将联合国的人权责任界定为“鼓励、推动、作成建议”等非强制性权力；《世界人权宣言》仅是要求“努力通过教诲和教育促进对权利和自由的尊重”；但在《公民权利和政治权利国际公约》中，对缔约国的人权要求则有了提升，规定“每一缔约国尽最大能力采取步骤或经由国际援助和合作”，尤其包括用立法的方法来促进权利的实现。该公约还特别设立"人权事务委员会",授权其"接受和审议一缔约国指控另一缔约国不履行它在本公约下的义务的通知"。《经济、社会和文化权利国际公约》则进一步规定,缔约国对于人权保护所采取的措施和取得进度,应向联合国秘书长提出报告,并由后者转交联合国经济和社会理事会进行审议,该委员会可以提请联合国其他机构(包括其辅助机构、专门机构)对有关人权事项予以注意,以决定在各自的权限内是否采取旨在有助于履行公约的国际措施。缔约国违反国际人权义务,应承担何种法律后果,相关人权公约未作具体规定。但据一些学者的研究,如果有关国家侵犯了受害人(包括个人或群体)的权利,"人权委员会"可为受害者提供"衡平救济"(equitable remedies)以及其他保护措施,如侵害调查、赔偿或其他赔偿、终止侵害、阻止后续侵害、侵害国法律修订等。[54]这些说明,由于国际人权机制的影响,缔约国的文化主权行为须以基本人权的实现为目标,并在文化权利方面自动限制其主权的排他性效力。

知识产权与文化权利的价值目标取向及其权利之间冲突的协调。知识产权制度是以保护私人创作成果、促进信息自由传播为其立法宗旨的,对此,国际人权公约强调了保护文化多样性与上述目标的关联性。《文化多样性宣言》认为,"文化多样性是交流、革新和创作的源泉"。"每项创作都来源于有关的文化传统,但也在同其他文化传统的交流中得到充分的发展。"在这里,宣言描述了作品创作性与文化多样性的关系。可以说,文化多样性为作品创造性提供了必要的智力源泉和文化土壤;同时,文化的创作和传播也有助于多样性文化之间的交流和发展。《公约》在"开放和平衡原则"中进一步指出,"在采取措施维护文化表现形式多样性时,各国应寻求以适当的方式促进向世界其他文化开放,并确保这些措施符合本公约的目标"。《公约》重视"表达、信息和交流等基本自由,并确保个人可以选择文化表现形式",并以此作为保护和促进文化多样性的人权基础。可以认为,文化多样性固然是对"文化霸权主义"的一种反抗,但并非意味着对"文化孤立主义"的承认。"文化孤立主义"或称"文化部落主义",反对文化交往和沟通,在一个封闭的环境中虚构自己的"文化原貌",固守排他性、封闭性的本土文化。[55]这些并不是《公约》所倡导的文化多样性保护。笔者认为,知识产权与文化权利在鼓励文化创造和交流方面有着相通和共融的地方,但是两种权利形态也是有区别的:知识产权是一项私权,着眼于保护私人智力创造。从国际范围来看,知识产权资源并不为一切人所实际享有,也并不由各个国家均衡掌控。在文化产业和版权业扩张的今天,这一权利多为发达国家具有文化传播实力的出版大亨、传媒巨头、影视公司老板所把持;而文化权利是一项集体人权,致力于维护文化多样性。发展中国家拥有丰富的传统知识和文化资源,但其民族、部族的文化权利难以有效地实现。以知识产权为后盾的文化全球化和全球化的文化产业正挤压着多样性文化的生存空间,这即是知识产权与基本人权的冲突。自进入后《知识产权协定》时代以来,国际社会十分关注知识产权与基本人权的关系问题。国际贸易领域的知识产权问题与国际政治领域的人权问题,被喻为当代国际关系的两大热点问题。2000 年,联合国人权促进保护小组委员会发表了"知识产权与人权"的报告,审查了《知识产权协定》对国际人权带来的影响,宣称:"由于《知识产权协定》的履行没有充分反映所有人权的基本性质和整体性,包括人人享有获得科学进步及其产生利益的权利、享受卫生保健的权利、享有食物的权利和自我决策的权利,所以,《知识产权协定》中的知识产权制度作为一方与另一方的国际人权之间存在着明显的冲突。"[56]对此,前任 GATT/WTO 法律顾问 Patesmann 教授提出尖锐的批评:《知识产权协定》没有参照人权法,其根源在于"制定贸易政策的政治家宁愿选择避免人权对话,从而使得政治化的贸易关系不具有民主色彩"。[57]国际社会十分重视知识产权与文化权利的关系,并努力改革现有的国际知识产权制度,使之符合国际人权的标准。《文化多样性公约》的缔结即是一个良好的示范。根据国际公约的原则规定和国际人权的一般理论,我们可以得出处理知识产权与文化权利之间关系的一般性结论:第一,关于权利的冲突,即奉行"法益优先保护"的原则。保护文化多样性的文化权利是国际公约承认的基本人权,上述权利是民族、部族或其他社会群体维护其文化身份和文化尊严所不可或缺的重要权利,也是个人、群体和社会选择文化表达的基本自由。相对于知识产权这一财产权利而言,上述权利应当具有优越地位即应看作具有优先性的法价值。实行"法益优先保护"原则,意味着现代知识产权制度不仅要符合国际知识产权公约的规定,而且不应与国际人权标准相冲突。立法者在为知识产权提供法律保护时,应符合其必须遵守的国际人权义务。第二,关于权利的协调,即实行"利益平衡"的原则。实际上,知识产权与文化权利在本质上可以达到一致。包括知识产权在内的私人财产权是基本人权实现的基础。这是我们实现权利协调的一个重要条件。“利益衡平”是民法精神和社会公德的要求,也是“人权思想和公共利益原则”的反映。[58]它要求当事人之间、权利与义务主体之间、个人与社会之家的利益应当符合公平的价值理念。知识产权法所强调的利益衡平,实际上是与一定形式的权利限制、权利利用制度相联系。也就是说,出于保护文化多样性这一公共利益目标,出于对文化权利等基本人权的尊重,在一定情况下应对知识产权进行必要限制。

注释

1 参见联合国新闻服务中心:《保护文化多样性公约》,载 http://www. un. org/chinese/News/fullstorynews. asp? newsID = 6987,最后访问日期:2006 年 12 月 21 日。

2 UNESCO Convention could limit freedom of cultural expressions and trade, http://geneva. usmission. gov/Press2005/2010Oliver. htm,最后访问日期:2006 年 10 月 20 日。

3 参见刘杰:《秩序重构:经济全球化时代的国际机制》,高等教育出版社 1999 年版,第 190 页。

4 参见刘杰:《秩序重构:经济全球化时代的国际机制》,高等教育出版社 1999 年版,第 235 页。

5 转引自《总干事关于制定〈保护文化内容和艺术表现形式多样性公约草案〉所取得的进展情况的报告·附件三》,联合国教科文组织执行局 2005 年 3 月 31 日第 171 届会议,载 http://unesdoc. unesco. org/images/0013/001388/138884C. pdf,最后访问日期:2006 年 3 月 1 日。

6 2005 年 1 月 31 日至 2 月 11 日举行关于公约草案初稿的第二次政府间会议,会议在“国家层面的权利和义务”的这一条款中“增加了一项关于国家主权的新原则”。参见《总干事关于应该制定一项规章的情况和该规章可能涉及的范围的初步报告,及一份保护文化内容和艺术表现形式多样性公约的草案初稿》,联合国教科文组织 2005 年 8 月 4 日第 33 届会议,载 http://www. sipo. gov. cn/sipo/ztxx/yczyhctzsbh/zlk/gjhywj/200510/P020060403598 672034715. pdf,最后访问日期:2006 年 8 月 4 日。

7 胡惠林:《文化产业学》,高等教育出版社 2006 年版,第 149 页。

8 Garry Neil, Assessing the Effectiveness of UNESCO's New Convention on Cultural Diversity, 2 Global Media and Communication 257 – 262(2006).

9 前联合国秘书长、世界文化与发展委员会主席佩雷斯·德奎利亚尔语。转引自联合国教科文组织、世界文化与发展委员会:《文化多样性与人类全面发展》,广东人民出版社 2006 年版,第 3 页。

10 世界文化与发展委员会认为,多元化(pluralism)是全球伦理的基本原则,其意思是指“文化多元化是人类社会的基本特征,而且无处不在,无时不在。民族认同是对抗全球化压力的一个正常的健康有益的反映”。参见联合国教科文组织、世界文化与发展委员会:《文化多样性与人类全面发展》,广东人民出版社 2006 年版,第 3 页。

11 胡惠林:《文化产业学》,高等教育出版社 2006 年版,第 151 页。

12 薛晓源:《全球化与文化产业研究》,载林拓主编:《世界文化产业发展前沿报告》(2003—2004),社会科学文献出版社 2004 年版,第 3 页。

13 See the Convention on the Protection and Promotion of the Diversity of Cultural Expressions, http://geneva. usmission. gov/Press2005/1011Unesco. htm,最后访问日期:2006 年 10 月 11 日。

14 参见 2005 年 3 月 31 日《总干事关于制定〈保护文化内容和艺术表现形式多样性公约草案〉所取得的进展情况报告·附件三》,载 http://unesdoc. unesco. org/images/0013/001388/138884c. pdf,最后访问日期:2006 年 12 月 9 日。

15 参见 2005 年 3 月 3 日《关于总干事的初步报告,其中附有两份〈保护文化内容和艺术表现形式多样性公约〉草案初稿》,载 http://portal. unesco. org/culture/fr/file_download. php/b1d0ee4fd7fb9be2157db6455d171836203_6_reportch. pdf,最后访问日期:2007 年 2 月 1 日。

16 胡惠林:《文化产业学》,高等教育出版社 2006 年版,第 166 页。

17 其他两项政策是“公共领域保留”的政策(the preservation of public domain)、“保护作者”的政策(the protection of the author),参见 L. Ray Patterson & Stanley W. Lindberg, The Nature of Copyright: A Law of User's Right, The University of Georgia Press, 1991, pp. 49 - 55。

18 A. A. Reyes, Copyright And Fair Dealing In Canada, Fair Use And Free Inquiry, Ablex Publishing Co., 1980, p. 213.

19 转引自《制定一份文化多样性准则性文件的可能性:对相关的技术与法律问题的初步研究》,联合国教科文组织执行局 2003 年 3 月 12 日第 166 届会议,载 http://unesdoc. unesco. org/images/0012/001297/129718c. pdf,最后访问日期:2006 年 3 月 1 日。

20 徐显明:《人权主体之争引出的几个理论问题》,载《中国法学》1992 年第 5 期。

21 英国国际法学者斯塔克语。转引自李泽锐:《国际人权法论》,载《人权论集》,首都师范大学出版社 1992 年版,第 318 页。

22 参见曲相霏:《人权主体论》,载徐显明主编:《人权研究》(第 1 卷),山东人民出版社 2001 年版,第 31 ~ 32 页。

23 联合国教科文组织、世界文化与发展委员会:《文化多样性与人类全面发展》,广东人民出版社 2006 年版,第 5 页。

24 Eiream Brooks, Cultural Imperialism vs. Cultural protectionism: Hollywood's Response To UNESCO Efforts To Promote Cultural Diversity, The Journal of International Business & Law, Spring, 2006.

25 根据人种学家的研究,在构成国际社会的 180 个主权国家中,生活着 3000 ~ 5000 个在人种、种族、宗教、语言或文化方面不同于所在国多数人的所谓少数人群体。参见[奥]曼弗雷德·诺瓦克:《民权公约评注》,毕小青等译,三联书店 2003 年版,第 475 页。

26 联合国教科文组织世界文化与发展委员会:《文化多样性与人类全面发展》,广东人民出版社 2006 年版,第 18 页。

27 杨泽伟:《新国际经济秩序研究》,武汉大学出版社 1998 年版,第 65 页。

28 夏旭东等:《世界人权纵横》,时事出版社 1993 年版,第 16 页。

29 [挪威]A. 艾德:《人权对社会和经济发展的要求》,转引自曲相霏:《人权主体论》,载徐显明主编:《人权研究》(第 1 卷),山东人民出版社 2001 年版,第 36 页。

30 联合国教科文组织、世界文化与发展委员会:《文化多样性与人类全面发展》,广东人民出版社 2006 年版,第 1 ~ 4 页。

31 张正焉等编著:《WTO 与中国文化产业政策》,中共中央党校出版社 2001 年版,第 19 页。

32 参见刘冬雪:《文化全球化与文化多样性》,载《社会科学季刊》2003 年第 1 期。

33 转引自《制定一份文化多样性准则性文件的可能性:对相关的技术与法律问题的初步研究》,联合国教科文组织执行局 2003 年 3 月 12 日第 166 届会议,载 http://unesdoc.unesco.org/images/0012/001297/129718c.pdf,最后访问日期:2006 年 3 月 1 日。

34 参见《文化多样性公约》第 6 条第 5 款、第 7 款,第 7 条第 2 款。

35 联合国教科文组织、世界文化与发展委员会:《文化多样性与人类全面发展》,广东人民出版社 2006 年版,第 165 页。

36 联合国教科文组织、世界文化与发展委员会:《文化多样性与人类全面发展》,广东人民出版社 2006 年版,第 165 页。

37 严永和:《论传统知识的知识产权保护》,法律出版社 2006 年版,第 49 页。

38 See WIPO Intergovernmental Committee on IP and GR, TK and F, Sixth Session (Geneva, March 15 to 19, 2004), Revised Version of TK Policy and Legal Options, p. 6.

39 参见朱雪忠:《传统知识的法律保护初探》,载《华中师范大学学报》(社科版)2004 年第 3 期。

40 联合国教科文组织与世界知识产权组织合作,为非洲国家制定了《突尼斯著作权示范法》,着力保护一些民间风俗和原始工艺品,而不考虑民间风俗是否能够被固定于有形物质之上。《突尼斯著作权示范法》在法律实践中对非洲一些国家如布隆迪、喀麦隆、加纳、几内亚、象牙海岸、马里、刚果等产生了重大影响。See Eiream Brooks, Cultural Imperialism vs. Cultural protectionism: Hollywood's Response To UNESCO Efforts To Promote Cultural Diversity, The Journal of International Business & Law, Spring, 2006.

41 参见 Carlos Correa:《传统知识与知识产权》,国家知识产权局译,载 http://www.biodivip.gov.cn,最后访问日期:2006 年 12 月 9 日。

42 参见宋红松:《传统知识与知识产权》,载《电子知识产权》2003 年第 3 期。

43 龙文:《论传统知识产权权利的实现形式》,载国家知识产权局条法司编:《专利法研究》(2004),知识产权出版社 2004 年版。

44 参见袁泳:《知识产权法与技术、文化创新》,载《北京大学学报》(哲社版)1997 年第 5期。

45 参见严永和:《论传统知识的知识产权保护》,法律出版社 2006 年版,第 61 ~ 62 页。

46 有学者认为,知识产权不能充分保护文化多样性。在文化类型之间占有和利用中引起的财产损害,知识产权法作出了回应;而所造成的文化损害,知识产权法则没有相应补偿机制。See Rebecca Tsosie, Reclaiming Native Story: An Essay on Cultural Appropriation and Cultural Rights, Spring, 2002, 34, Ariz. St. L. J. 299.

47 参见《民族传统资源保护需突破僵局》,载《光明日报》2006 年 12 月 21 日。

48 [英]斯科特·拉什:《风险社会与风险文化》,载《马克思主义与现实》2002 年第 4 期。

49 薛晓源:《全球化与文化产业研究》,载林拓主编:《世界文化产业发展前沿报告》(2003—2004),社会科学文献出版社 2004 年版,第 9 ~ 10 页。

50 以政治、经济、科技优势为后盾所形成的"文化霸权主义",危及多样性文化的进程。有学者认为,信息交往首先有双方都能够解码的信息代码。目前网络上通行的是英文,首先是"ASCII"(American Standard Code for Information Interchange),即美国信息交换标准代码,它冠名"美国"但实际上是国际交换标准代码。这种以某种语言为主导的跨国信息交流有可能压抑他种语言形式从而限制文化的多样性发展。更为严重的是,信息的流向远非对等,多由发达国家流向发展中国家,随着经济、科技信息的流入,同时也会发生意识形态、价值观念、宗教信仰等文化的"整体移入",以致其他国家的原有文化受到压抑。参见乐黛云:《全球化时代的多元文化发展问题》,转引自中华孔子学会、云南民族学院编:《经济全球化与民族文化多元发展》,社会科学文献出版社 2003 年版,第 87 页。

51 严永和:《论传统知识的知识产权保护》,法律出版社 2006 年版,第 80 ~ 81 页。

52 参见 1992 年联合国大会《关于民族或种族、宗教和语言上属于少数的人的权利宣言》。

53 参见刘杰:《秩序重构:经济全球化时代的国际机制》,高等教育出版社 1999 年版,第 217 页。

54 Lauren E. Godshall, Making Space for Indigenous Intellectual property Rights Under Current International Environmental Law, 2003, 15, Geo. Int'l Envtl. L. Rev., p. 497. 转引自严永和:《论传统知识的知识产权保护》,法律出版社 2006 年版,第 82 页。

55 参见乐黛云:《全球化时代的多元文化发展问题》,转引自中华孔子学会、云南民族学院编:《经济全球化与民族文化多元发展》,社会科学文献出版社 2003 年版,第 82 ~ 83 页。

56 UN Commission in Human Rights, Intellectual Property and Human Right, 2000, E/CN1.4/sub.2/2000/7,最后访问日期:2006 年 12 月 9 日。

57 E. U. Patesmann, the WTO Constitution and Human Rights, Journal of International Economic Law, Vol. 3, 2000. 转引自孙皓琛:《WTO 与 WIPO:TRIPS 协议框架中的冲突性因素与合作契机之探讨》,载《比较法研究》2002 年第 2 期。

58 [美]奥德丽·R. 查普曼:《将知识产权视为人权:与第 15 条第 1 款第 3 项有关的义务》,刘跃伟译,载《版权公报》2001 年第 3 期。

吴汉东
代表作

拾陆

国际变革与本土发展*

知识产权制度演变的基本态势

知识产权是当今国际社会关注的焦点问题，也是知识经济时代的主要制度基础。在国际上，随着各国间交往在经济、科技、文化领域的广泛展开，知识产权保护成为一个具有普遍约束力的游戏规则。世界贸易组织(WTO)《知识产权协定》(TRIPS)的生效，使知识产权从智力创造领域直接融入国际经贸领域，并标志着知识产权制度进入统一标准的新阶段。尽管《知识产权协定》已经通过并实施，且被认为是“20世纪最重要的知识产权协定”，但它同时也是“最受争议的国际公约”。[1]进入后TRIPS时代的东西方国家，基于各自的立场，对知识产权利益的协调与分享提出了新的要求；而当代“知识革命”的出现，使法律领域发生重要变化，其中影响最深、冲击最烈，首推知识产权法。“新的国家创造的财产权是智力的而不是物质的”，新技术、新知识引发了知识产权扩张的“第二次圈地运动”。[2]对此，各国立法者不得不“修纲变法”，以回应“知识革命”对知识产权的新的挑战；与此同时，伴随着第二次民事立法浪潮，知识产权体系化、法典化活动也初见端倪。知识产权作为一种新问题、新关系、新制度，受到立法者的高度重视，一些国家或编入民法典，或编撰专门法典，试图在知识产权法律体系化方面作出新的努力；面对上述经济、技术、法律的新发展，自20世纪末以来，发达国家以及新型的工业化国家在其知识产权政策中，竞相确定了符合本国实际和服务国家利益的战略目标。在国家层面上，知识产权既是

---

* 原载《法学研究》2009年第2期，题名为“国际变革大势与中国发展大局中的知识产权制度”。

授予私人的“经济特权”，更是实现“更大的公共利益”这一政策目标的手段。[3]基于此，一些国家致力于运用知识产权制度，以维护其技术优势，保持其国际核心竞争力，在发展战略中进行了新的政策抉择。

笔者认为，以一种全局性、战略性、前瞻性的思维方法，解读知识产权制度国际化趋势中的重大问题，分析知识产权制度现代化进程中的立法设计，探讨本国知识产权制度战略化的政策选择和知识产权体系化的法典模式，从而把握知识产权法发展变革的规律和趋势，对于作为传统的发展中国家和正在建设创新型国家以及世界贸易组织成员的中国而言，具有重要的现实意义。

一、全球趋势：知识产权制度的国际化

经济全球化的出现和新的国际贸易体制的形成，是20世纪下半叶世界经济发展的重要潮流。这一潮流深刻地影响到21世纪的格局。[4]在推动经济全球化进程方面，关贸总协定及其后继组织——世界贸易组织扮演着重要角色。与以往国际组织与国际公约不同，世界贸易组织及其《知识产权协定》将知识产权保护纳入国际贸易体制之中，知识产权制度一体化、国际化呈现出新的发展趋势。

知识产权法的国际化，寓意着知识产权保护的基本原则与标准范围的普适性。这一现象虽非始自今日，但当代知识产权制度的国际化有着自己的显著特征：第一，以国际贸易体制为框架，推行高水平的知识产权保护。国际公约所规定的“最低保护标准”原则，其实质意义在于保证各缔约方关于知识产权保护标准的一致性，与知识产权保护水平的高低并无关联性。与知识产权国际保护制度的草创阶段不同，以《知识产权协定》为核心的当代国际公约所确定的“最低保护标准”，体现了权利的高度扩张和权利的高水平保护，更多地顾及和参照了发达国家的要求和做法。质言之，现今的最低保护标准即立法一致性标准，绝不是低水平，它在很多方面超越了发展中国家的科技、经济和社会发展的阶段。应该看到，由于知识产权保护制度与国际经贸体制的一体化，国际上已经形成一种有效防止保护领域和保护程度下降的“棘齿机制”。[5]在这种情况下，发展中国家必须以承认高水平的知识产权保护规则为代价，来换取世界贸易组织提供的最惠国待遇。第二，以执行机制与争端解决机制为后盾，推行高效率的知识

产权保护。以往国际公约较少涉及知识产权保护程序的规定，尤其缺乏必要的执法措施和争端解决机制，以至于一些国际公约成为没有足够法律约束力的“软法”。[6]《知识产权协定》改变了以往注重协调的传统，首次将原本属于国内立法的知识产权保护的程序措施，转化为公约规定的国际规则，从而使其与实体规范一起成为各缔约方必须严格遵守的国际义务。这一变化，使以往难以实施的国际知识产权规则具备相当约束力的可操作性，有学者形象地称《知识产权协定》为知识产权保护“安上了 WTO 争端解决机制的牙齿”。[7]

自 1994 年世界贸易组织取代关贸总协定，《知识产权协定》正式生效以来，知识产权国际保护制度进入后 TRIPS 时代。《知识产权协定》在各缔约方普遍实施而引起的利益失衡，该协定在实施过程中与国际人权的对抗冲突，传统资源保护引发知识产权制度的变革发展，是这一时期存在的主要问题。

问题一，《知识产权协定》的制度缺陷及实施效果。该协定作为世界贸易组织的基本法律文件，对知识产权国际保护作了新的制度安排，是迄今为止知识产权保护范围最广、保护标准最高的国际公约，堪称“知识产权保护的法典”。[8]但是《知识产权协定》作为当代知识产权国际保护的核心法律制度，在其制定及推行过程中显见种种不足，争议的焦点即是《知识产权协定》的合理性和适当性问题。其一，“一揽子”协议立法模式，没有解决东西方利益失衡问题。按照多边谈判方式的说法，“一揽子”协议立法模式为发达国家和发展中国家提供了各取所需、交换利益的场所与机会。在这种利益交换模式下，发展中国家因知识产权保护标准提高而导致进口知识产权的利益损失，可以被他们在世界贸易组织其他协议所获取的利益所弥补。但是，在世界贸易组织协商中，拥有较大市场份额的国家享有对决策的重要影响，实质上他们可被称为决策制定者，而那些市场份额较小的国家只是决策接受者。[9]因此，在《知识产权协定》的谈判及签署中，发达国家的绝对主导地位是非常明显的，而由此形成的规则显然不是平等的。正如有学者所指出的那样，《知识产权协定》是一种明显向发达国家倾斜的国际知识产权体制，其结果是发展中世界智力产品搁在了公共领域，而发达世界的智力产品被紧紧地掌握在私人公司手中。[10]其二，《知识产权协定》的实体规则明显偏袒知识产权大国（发达国家），发展中国家对实施协定存在诸多困难。2002 年,总部设在英国的知识产权委员会发布的研究报告,对该协定不考虑不同国家经济环境和发展水平的差异,而一概要求所有缔约方采用相同的知识产权保护标准提出了尖锐的批评。报告指出,适合于发达国家的知识产权保护标准可能给发展中国家带来的成本大大超过可能获得的利益,因为这些国家严重依赖含有其他国家知识产权的技术、知识产品来满足自身基本需求和发展需要。[11]2003 年,联合国发展计划委员会发布关于世界贸易体制的报告,对《知识产权协定》的适当性提出怀疑,呼吁发展中国家就替代性知识产权规则取代《知识产权协定》开始对话,在新条约出现之前,各国可修改有关协定的解释和执行方法。我们承认,国际知识产权秩序是国际政治经济力量博弈的结果,尽管不能否认《知识产权协定》经国际立法程序而制定的合法性,但是我们没有理由将其神圣化,而应该理性地进行规范分析,努力地推动制度完善。

问题二,《知识产权协定》与国际人权的冲突。自进入后 TRIPS 时代以来,国际社会十分关注知识产权与基本人权的关系问题,从多哈会议通过的关于《知识产权协定与公共健康的宣言》,到坎昆会议前夕达成的关于该宣言第 6 段的实施决定,表明《知识产权协定》的法律框架在不断发展和完善,其推动力主要是知识产权与人权的冲突及其平衡。对《知识产权协定》实施过程中人权问题的关注,首先来自于国际人权组织。2000 年,联合国人权促进小组委员会发表了《知识产权与人权的协议》,审查了《知识产权协定》对国际人权带来的影响,宣称:"由于《知识产权协定》的履行没有充分反映所有人权的基本性质和整体性,包括人人享有获得科学进步及其产生利益的权利,享受卫生保健的权利、享受食物的权利和自我决策的权利,所以《知识产权协定》中的知识产权制度作为一方与另一方的国际人权法之间存在着明显的冲突。"[12]同样,联合国经社理事会促进和保护人权大会作出专题报告,指出知识产权与人权之间有着"现实存在的或可能存在的冲突","TRIPS 所包含的知识产权措施与国际人权是冲突的。"[13]依照国际人权标准,知识产权国际保护制度有以下明显或潜在的冲突,表现自由与严格规制知识产权限制的冲突,隐私权与信息数据库权利扩张的冲突,等等。[14]以健康问题为焦点,相关国际组织开始了针对《知识产权协定》的"软法"造法活动。世界卫生组织及诸多非政府组织积极参与了公共健康的维权活动,敦促国际社会关注《知识产权协定》的消极影响,重视健康和药品获取权;[15]鼓励各国尽可能利用《知识产权协定》的弹性条款和开放性条款,在协定的"总轮廓之内型塑权利和权力的结构","以满足缔约方政治的、社会的、经济的和其他改革目标"。[16]应该看到,国际人权组织以及其他国家组织对公共健康等人权问题的关注,尽管是一种批评与警示,或是一种"软法"造法活动,但它对后 TRIPS 时代国际知识产权制度的改革将会产生深远的影响。

问题三,传统知识与知识产权制度变革。传统知识、遗传资源等新型财产权制度的出现,对国际知识产权制度的发展产生了巨大的推动作用。这一情形使知识产权保护范围从智力成果的本身发展到对智力成果的源泉,使发展中国家在知识产权资源的国际竞争中改变劣势地位成为可能。2000 年,世界知识产权组织成立了"知识产权与遗传资源、传统知识和民间文学艺术"的政府间专门委员会,着手探索有利于现代知识产权制度的传统知识保护问题。对于这一问题,世界贸易组织也给予了高度重视。2001 年多哈会议的部长声明第 18 ~ 19 条已将传统知识问题列为下一次多边谈判考虑的议题。除此之外,在有关人权、文化、贸易、粮农、土著权利、劳工标准、可持续发展、土地、环境等问题的国际论坛上,诸如联合国教科文组织、联合国环境计划署、联合国粮农组织、联合国贸易与发展会议、联合国开发计划署、世界卫生组织、世界粮食计划署等国际机构对传统知识、遗传资源的保护问题也进行了广泛的讨论。[17]更为重要的是,国际社会对传统知识保护的制度安排进行了有益的探讨,发动了超越世界贸易组织体制的"软法"造法活动。其中,2001 年联合国粮农组织"粮食和农业植物遗传资源委员会"大会通过的《粮食和农业植物遗传资源国际条约》与 2005 年联合国教科文组织大会通过的《保护和促进文化表现形式多样化公约》,即是针对《知识产权协定》的不足与缺憾而缔结的两个重要国际公约。对传统知识、遗传资源的保护,国际社会正在酝酿一种与"传统"信息及信息材料相关联并和文化与生物多样性目标相一致的,但与"现代"知识产权相区别的"传统资源权制度"。传统资源权是一种保护"传统知识"(即智力创造源泉)的"新制度"。这种财产权与现有的知识产权有关但又有区别,可采取专门管理(公法)与权利保护(私法)相结合的法律模式。[18]对传统知识的保护,既涉及一国自身利益的考量,又事关国际协调机制的运作,它不仅反映一种新的利益格局的形成,同时也昭示后 TRIPS 时代知识产权国际保护制度的发展方向。

上述问题在知识产权制度一体化进程中并没有得到解决,相反,这些问题的化解方式与结果决定着知识产权制度国际化的未来走向。从中国立场出发,应变国际知识产权制度变革大势,有如下问题值得关注:

第一,知识产权制度国际化的必然性与偶然性。言其必然,即是知识产权国际立法是经济全球化和知识经济发展的内在要求,“国际贸易的知识化”与知识产权的国际化相联系而存在。言其偶然,是指由于知识产权客体的不确定性特点,导致其规则的制定较之其他法律而言易于受到操纵,因此,其产生的具体时间和具体结果并不是某种唯一性的因果关系。从相互关系而言,这种偶然性大大高于必然性。扎霍斯(Drahos)教授认为,知识产权的风险来自市民社会(私人)对它的利用,一旦其经济利益得到认识,市民社会将迫使政府建立更加完善的知识产权制度,并将其在全球范围内推广。[19]正如斯言,知识产权制度的国际化一直在发达国家利益集团干预下演进,其过程及结果具有很大的偶然性。发展中国家在经济相对落后和科技水平不高的情况下,接受知识产权国际保护体系,究竟是被动接受的无奈之举,还是战略筹谋的合作博弈,对此有相当的弹性空间。在经济全球化的潮流中,发展中国家势必进入国际贸易体系和知识产权国际保护体制,这是必然性使然;但是在国际立法谈判中,发展中国家如何利用知识产权国际协调机制,谋求自身利益最大化,则存在偶然性变数。

第二,知识产权国际立法机制的主导性与多元化。应该承认,发达国家在当今国际政治经济领域具有主导性地位,为其控制的世界贸易组织和世界知识产权组织在知识产权国际立法中将继续发挥主导作用,两大国际组织之间的分工合作机制[20]在当今乃至未来知识产权国际规则制定方面扮演着最重要的角色。作为这种主导体制的补充,其他诸多国际组织和国际立法机构也十分关注知识产权问题,由此产生了一个多元的立法机制。这即是知识产权国际立法的“两个中心,多种渠道,南北对弈,趋向平衡”的格局。[21]同样应该承认,这种格局是健康的、有益的,它能够多方面、多角度地反映各主权国家、各非国家实体、知识产权所有人以及社会大众在知识产权领域的不同立场、观点和利益诉求,防止国际知识产权制度进程偏袒某些发达国家及其知识产权所有人的利益,忽视知识产权保护对公权力、社会公共利益、国际人权等方面产生的消极影响。对于发展中国家而言，既要在世界贸易组织、世界知识产权组织这些主导机制中谋求话语权，也要在多元立法机制和场所中掌握主动权。

第三，国际知识产权保护适用领域的唯一性与多样性。《知识产权协定》不同于传统的国际公约，其本身即是当代国际贸易体制的重要组成部分，并以推进经济全球化和立法一体化为目标。正是在这个意义上，该协定被称之为“与贸易有关的知识产权协定”。在这一体制下，知识产权保护既是发展中国家平等地参与国际贸易的先决条件，更是发达国家维护其贸易优势的法律工具。进入后 TRIPS 时代以来，知识产权国际立法不再仅仅局限于贸易领域，而是在生物多样性、文化多样性、粮食和农业植物、遗传资源、公共健康以及国际人权等多个领域齐头并进。例如，在食品和农业基因资源的国际论坛上，在联合国人权委员会的重要专家议题中，知识产权在逐渐成为其中的核心问题。[22]因此，发展中国家应该争取在上述领域的国际立法中赢得主动乃至优势，以扭转其在知识产权制度国际化过程中的不利局面。在多样性领域谋求知识产权立法，可以导致新公约的制定、现行协议的重新解释以及新的非约束性宣言的产生，从而以“软法”规则弥补《知识产权协定》等“硬法”规则的不足。

二、时代诉求：知识产权制度的现代化

人类社会已经进入知识经济时代。知识经济以知识劳动为源泉，以知识创新为动力，这即是“以知识为基础的经济”（knowledge-based economy）。[23]发端于 20 世纪 80 年代直至现在席卷全球的“知识革命”是新技术革命的继续和发展，其中最具代表、最具影响力的时代技术当数网络技术和基因技术。新技术不但改变了人类的生存方式，而且对现行知识产权法律带来了挑战。知识产权制度是科技、经济和法律相结合的产物，它在实质上解决“知识”作为资源的归属问题，是一种激励和调节的利益机制。从这个意义上说，新的世纪是知识经济的时代，也是知识产权的时代。知识革命呼唤着知识产权制度的现代化。

知识产权制度的现代化特征，表现出这一制度与时俱进的时代性。知识产权作为“制度文明的典范”，[24]对于激发人类的发明创造的潜力，推动科学技术和文化繁荣具有重要作用。在创新体系中，技术创新和制度创新是两个有机组成部分，其中制度创新居于基础和保障地位。科技创新立足

于科技、经济一体化目标，是一种为促进经济发展而进行的新技术应用与商业化的活动，它离不开相应制度的保障、规范和约束。[25]知识产权是私权法律制度创新与变迁的结果，同时也是直接保护科技创新活动的法律工具。知识产权从其兴起到现在只有三四百年的时间，但历经从工业革命到知识革命的不同时期，可以说是基于科技革命而生，由于科技革命而变，其制度史本身就是一个法律制度创新与科技创新相互作用、相互促进的过程。在当代，知识产权已经成为各国高新技术发展的制度基础和政策依托。对于具有创新能力和产业基础的国家而言，知识产权制度必须保持其时代先进性，即通过法律制度的现代化去推动科学技术的现代化，换言之，就是通过知识产权制度创新去促进知识、技术创新。

知识革命的出现，不仅创造了新的知识产品，而且提供了知识产品新的利用方式。这一情况极大地丰富了知识产权法的内容，同时也给知识产权法带来诸多的新问题。问题一，新的知识形式对传统知识产权客体的挑战。这主要表现为知识产品形式的变化和知识产权客体范围的扩大。著作权客体经历了传统的“印刷作品”到现代“模拟作品”、“电子作品”再到当代的“数字作品”与“网络作品”的不断演进；专利权客体从以往的微生物、动植物品种发展到今天的基因技术；域名作为数字化经营标记，则成为商业标记领域最新保护对象。问题二，新的知识财产对传统知识产权范围的突破。这既表现在原来权项内容的拓展，如著作权领域出现的信息网络传播权、数据库作者权；也表现在新的财产权利的增加，如介乎著作权与工业产权之间的集成电路布图设计权，具有准专利性质的植物新品种权。问题三，新的知识利用方式对传统知识产权规则的改变。新技术不仅带来知识产品利用的新途径，同时也要求法律制定相应的新规则。在网络版权领域，对保密技术措施的正当性、合理性考量，对网络作品传播者、消费者的责任界定，无一不是法律难题。而在网络商标领域，法律则面临商标权地域性与因特网国际性的冲突，商标分类保护与网上商标权排他效力的矛盾。问题四，新的知识权利观念对传统知识产权制度的动摇。生物技术的出现，使发现与发明的界限变得模糊，“专利只能授予发明而不能授予发现”的传统理论遭到了质疑。[26]“传统资源权”概念的出现，使得人们在关注现有智力成果权利的同时，也要考虑传统智力资源的保护。

上述诸多问题，主要表现在数字版权、网络商标、基因专利等方面，这些都对知识产权传统观念、传统制度带来了巨大冲击。为此,世界各国特别是发达国家围绕着高新技术进行了大规模的修法活动。在著作权领域,美国先后推出了《数字千禧年著作权法案》(1998 年)、《家庭娱乐与著作权法案》(2005 年)等,欧盟则出台了《数据库法律保护指令》(1996 年)、《关于协调信息社会著作权和邻接权某些方面的指令》(2001 年);在专利权领域,欧盟通过《1998 年生物技术保护指令》,推动了《欧洲专利公约》及欧盟成员国专利法的修订工作。[27]美国则启动了《2005 年专利改革法案》,对专利权取得方式、专利侵权制裁、专利侵权异议程序等作出了重大修改。[28]在商标权领域,根据世界知识产权组织成员国大会通过的《关于在因特网上保护商标权以及各种标志的其他工业产权的规定的联合建议》(2001 年),一些国家或通过立法活动(如美国 1999 年《制止网上占地消费者保护法》)或司法实践(如欧洲法院以及欧盟各成员国法院的判例),对网络商标权保护问题作出回应。[29]知识产权制度的现代化的过程,实质上是科学技术成果受到法律保护的过程,其制度变革与创新主要涉及如下方面:第一,计算机软件的知识产权保护。计算机软件具有复杂的两面性特征,即文本特征和功能特征。基于前者,各国普遍使用软件版权保护;基于后者,一些国家尝试采取专利保护。无论如何,确定最新的软件产权模式,或是修改目前的软件保护模式,都将是软件知识产权面临的重大问题。[30]第二,集成电路的知识产权保护。集成电路是一种综合性技术成果,包括布图设计和工艺技术。集成电路布图设计在国外有"功能作品"之称,既不同于专利法所保护的外观设计,也不属于著作权意义上的图形作品,各国主要采取"工业版权"即布图设计专有权的保护模式。第三,生物技术的知识产权保护。现代生物技术又称为基因技术,主要是技术发明,也涉及科学发现。生物技术的知识产权保护涵盖专利权、商业秘密权以及新植物品种权,其中生物技术专利是最重要的一种知识产权保护模式。第四,技术标准与知识产权保护。技术标准是特定技术领域发展的规则和基本依据,本应属于智力成果的公共领域,供相关行业及其企业参照执行,以求得产品规格或功能的统一性。近年来,发达国家以知识产权保护为手段,强化技术标准的专利垄断,力图形成技术性贸易壁垒,达到阻止发展中国家的产品进入其市场的战略目的。[31]第五,网络环境下的知识产权保护。这主要涉及网络著作权、网络商标权、网络域名权以及网络不正当竞争等问题。

知识产权制度现代化，是一国的政策安排和战略选择，其基础是国情。从历史上看，知识产权制度的产生与出现，正是近代科学技术和商品经济发展的产物；而知识产权制度的发展与完善，也是现代科技强国和经济大国推动的结果。根据国家不同发展阶段的不同发展需求对知识产权保护作出有选择性的制度安排，是西方国家的普遍做法。早期美国1790年《版权法》，奉行的是低水平保护政策，游离于《伯尔尼公约》长达102年之久，其后随着美国文化创新能力的不断提高而逐步强化其版权保护水平。[32]日本在明治维新后于1885年公布了《专利法》，但长期排除药品及化学物质专利，直到1975年修正案中才得以改变。[33]这说明，发达国家在知识产权保护方面都有一个从“选择保护”到“全面保护”，从“弱保护”到“强保护”的渐进发展过程。因此，知识产权制度的现代化，并不能一蹴而就，立法者必须从本国国情出发，对这一进程的速度、力度作出审慎的考虑。

中国知识产权立法始终关注现代科学技术的发展，逐步加快其制度现代化的进程。就整个立法活动而言，始于20世纪80年代，完善于90年代，变革于21世纪初期。在短短20年的时间内，经过几次修订，基本上实现了符合现代化要求的制度创新。时至今日，我国已经基本构建起了较为完整的知识产权法律制度。为应对现代科学技术的挑战，立法机构通过修改基本法律以及制定专门法规、规章，司法部门采取司法解释等方式解决了新技术条件下的知识产权保护问题，使我国知识产权制度对高新技术的反应能力得到充分体现。现在，我国基本形成了以《著作权法》、《专利法》、《商标法》、《反不正当竞争法》、《反垄断法》等基本法律为主导，以《计算机软件保护条例》、《植物新品种保护条例》、《集成电路布图设计保护条例》、《信息网络传播权保护条例》等行政法规为主体，以司法解释和政府规章为补充，以网络、基因等新技术为保护对象的知识产权制度体系。目前，国际社会对于新技术条件下的知识产权保护问题非常关注，正在尝试进行这方面的国际立法，我国应积极主动地参与这些活动，并作为发展中国家的代表力争在制定规则时拥有更多的主动权。必须看到，知识产权虽然是一种保护私人知识财产利益的产权制度，但同时也是当今国际经济贸易领域通行的法律准则，其规则所代表的不仅是私人权利主体的利益，更与国家利益、社会群体利益有关。关于新技术知识产权保护水平及其制度实施,对发展中国家经济与社会发展可能带来一些影响:一方面,技术标准与知识产权制度相结合,会形成以合法形式存在的技术垄断和市场垄断,从而影响发展中国家相关产业发展以及国家经济安全;另一方面,发达国家通过加强智力创新成果的知识产权保护,利用知识产权维护其技术优势和市场竞争力,因而置发展中国家于不利地位。因此,我们在推动知识产权制度现代化建设时,既要从微观上考虑新技术的知识产权保护,也要从宏观上考虑其对本国经济与社会发展的影响;既要保护私人技术创新,又要谋求国家整体利益,这样才能形成科学、合理的现代化知识产权制度。

中国知识产权制度现代化的政策安排和战略选择,是以基本国情为基础、以国家利益为立场的。首先,知识产权保护水平应与本国的经济社会发展水平相适应。根据 2005 年联合国报告所援引的"千年项目"专家意见,在遵守国际公约最低保护标准的基础上,发展中国家可以根据自己的不同阶段,选择不同保护水平的知识产权制度。[34]笔者认为,高水平的知识产权保护并不利于那些发展水平较低的国家,因为在这种制度框架下,他们难以获得所需要的知识、技术。但是,发展中国家"有不同社会、经济环境和科技能力",不能一概而论。[35]因此,对于进入到工业化阶段的发展中国家来说,加强知识产权保护,对于激励科技创新,促进文化繁荣,实现经济发展是有益的;同时,知识产权保护水平应有助于实现本国经济社会发展的总目标。知识产权制度的合理性,并不在于为私权保护而保护,而在于实现知识创新、社会进步的政策目标。对此,英国知识产权委员会认为:"从长远的观点来看,在发展中国家,如果能使文化产业成果的其他条件得到满足,更强的私权保护将有助于当地的文化产业。"[36]这说明,传统的发展中国家要走上新兴的工业化、现代化发展道路,应该通过知识产权保护为本国经济、社会发展提供持久动力,在国际竞争中争取主动。在我国,加强知识产权保护,有效利用知识产权制度,是实现跨越式发展的战略抉择,是实现创新型国家建设目标的战略支撑。

三、发展决策:知识产权制度的战略化

知识产权制度是政府公共政策的重要组成部分。在近代社会,知识产权制度是欧美国家促进经济发展,推动科技进步,繁荣文化和教育的政策

工具;在当代社会,知识产权制度则成为创新型国家维系技术优势,保护贸易利益,提高国际竞争力的战略决策。知识产权具有多重属性。从私人层面看,知识产权是知识财产私有的权利形式。世界贸易组织《知识产权协定》在其序言中宣示“知识产权为私权”,即以私权名义强调了知识财产私有的法律性质。从国家层面看,知识产权是政府公共政策的制度选择。是否保护知识产权,对哪些知识赋予私人产权,采取什么水准保护知识产权,是一个国家根据现实发展状况和未来发展需要而作出的公共政策选择和安排。关于知识产权两种属性的关系,英国知识产权委员会认为,无论怎样称呼知识产权,我们最好将它视作公共政策的一种手段,授予个人或机构一些经济特权,以实现更大的公共利益,而这些特权只是一种目标实现手段,其本身并非目标。[37]在政策科学领域里,知识产权制度亦是一项知识产权政策,即政府以国家的名义,通过制度配置和政策安排对于私人知识资源的创造、归属、利用以及管理进行指导和规制,“通常表现为一系列的法令、条例、规章、规划、计划、措施、项目等”。[38]也就是说,知识产权是实现公共政策的一种手段。因此,知识产权不仅是一种私权,它更与一国的公共政策密切相关。

知识产权战略,是知识产权制度作为政府公共政策工具的具体体现。知识产权制度的战略化,即是主体通过规划、执行、评估等战略举措,谋求战略目标实现而采取的全局性、整体性的谋略和行动安排。由此可见,知识产权战略是一个具有活性的动态系统,包括战略规划、战略执行、战略评估;同时,它也是一个服务特定战略目标,发挥知识产权制度正效应的公共政策体系。较之其他私权而言,国家之所以提出知识产权战略而不是“物权战略”、“债权战略”,关键在于知识产权具有某种超越私人本位的公共政策属性。关于知识产权制度、政策、战略三者的关系,我们可以得出以下结论:第一,知识产权制度是有关知识产权公共政策的重要组成部分。美国学者伍得罗·威尔迅认为,“公共政策是由政治家,即具有立法权者制定的,而由行政人员执行的法律和法规”。[39]在公共政策体系中,知识产权制度只是一种政策工具,与知识产权制度相关的公共政策还有文化教育政策、产业经济政策、科学技术政策、对外贸易政策等。作为政策主体的政府,其任务是发挥知识产权的政策导向作用,建立促进知识创新与利用的政策体系。第二,知识产权政策是国家为实现社会发展目标而制定的知识产权行动准则。威廉·詹姆斯认为,"由政治主体或行动主体、团体在特定的情境中制定的一组相关的决策,包括目标选择、实现目标的手段"。[40]知识产权政策表现了国家一定历史时期对待知识产权事务的基本态度,通过制定法律、法规,提供实施条件与手段,建立相应政策体系等政策活动,以实现有关社会发展的总政策目标。第三,知识产权战略是推行知识产权政策,实施知识产权制度的基本纲领。这种战略应是一国处理知识产权事务的基本出发点,是促进知识产权事业健康发展的思想灵魂。知识产权战略是关于知识产权问题的整体性谋略和全局性安排,它是关于战略目标、战略任务、战略措施的政策制度体系。说到底,知识产权战略实施的状况是我们考量知识产权政策目标实现与法律适用成效的最终尺度。

各国对知识产权制度的选择与考量,表现了强烈的国家利益本位和政策立场。一般认为,国家利益是受客观规律制约,满足或能够满足国家赖以生存和发展的各项客观需要,是整体上对国家这一主体生存和发展的有益需要。对内国法的知识产权制度而言,国家利益包含了国家系统内存在的产业利益、企业利益、个体利益。国家既强调对特定主体的利益保护,又注重对不同主体的利益平衡,这种法律价值追求,反映了私人产权制度中的国家利益立场;同时,国家利益也是与社会公共利益相联系的。所谓"公共利益这种良好的愿望本身包含着这样一种含义,多数人的利益高于个人的利益"。[41]社会进步与发展,是国家赖以存在和发展的基本需求,而体现这一诉求的公共利益则是国家利益的应有构成。总之,国家利益以公共政策为表现方式,在知识产权制度构建和实施中发挥着重要作用。对国际法的知识产权制度而言,国家利益在国际化的知识产权体系中分化为多样化的本国利益。具言之,即在知识产权制度一体化的过程中,实用主义的国家利益始终是各国政策立场的客观依归。当代国际知识产权冲突,主要表现为发展中国家与发达国家在知识产权的享有与利用方面的利益冲突。发展中国家希望通过知识产权制度融入国际社会的经济、法律秩序之中,并充分享受由世界文明和科技发展带来的收益。但发达国家基于对其优势地位的维护,更多是利用知识产权的现有规则体系,控制知识产权资源,限制和排除发展中国家的利益诉求。在经济全球化的今天,各国势必融入国际贸易体制之中。我们拥有一个大一统的国际知识产权制度体系,但不可能有一个各国共同奉行的知识产权政策立场。

对当代世界各国而言,知识产权战略既是对知识经济时代发展趋势的回应,也是解决社会重大发展问题的举措,其目的无一不是通过知识产权制度来提升知识创新能力,形成核心竞争力,实现社会经济跨越式发展。对此,世界知识产权总干事卡米尔・伊德里斯(Kamil Idris)认为,知识产权是经济发展的强有力的武器。[42]自20世纪末以来,发达国家以及新型工业化国家在其知识产权政策中竞相确定了符合本国实际和服务国家利益的战略目标。美国作为世界上的科技领先型国家,强调知识产权是美国知识创新政策的基石。[43]通过实施美国专利商标局的《21世纪战略纲要》,建立了体系完善的知识产权制度;同时强调知识产权制度与相关政策联动,扶持"芯片、计算机、通信、生物制药"等朝阳产业,发展"软件、唱片、电影"等文化产业,使美国在国际上形成专利大国、品牌大国、版权大国的知识产权优势。在技术赶超型国家中,日本于2002年率先制定了《知识产权战略大纲》,出台了《知识产权基本法》,确立了"推进实施创造、保护、利用知识产权的政策措施、振兴科学技术、强化国际竞争力"的战略推进目标。[44]韩国是引进创新型国家的典型代表,2004年即在内阁成立了"知识产权保护政策协议会",负责协调所有的知识产权国家政策,致力于推进韩国知识产权制度的现代化和经济、科技、文化的快速发展。韩国知识产权组织(KIPO)在2004年制定的知识产权行政展望与目标中强调,"韩国资源缺乏,目前内需不足,只有学习发达国家,通过技术创新来提高产品的附加值和优化产业结构,才能迈入发达国家行列;将知识产权作为韩国的发展战略是提高韩国核心竞争力的必然选择"。[45]谓为"金砖四国"[46]之一的印度,属于发展调整型的国家,于2000年提出建设"知识大国"的主张,并颁布了"知识大国的社会转型战略",其知识产权政策包括对软件、生物技术、医药等优势产业的"发展战略",对文化自治、文化多样性的"生存战略"以及对生物多样性、传统知识的"进攻性战略"。

在我国,《国家知识产权战略纲要》已于2008年6月正式公布实施,这是中国知识产权法制建设30年来最后也是最为重要的成就。以此为标志,中国知识产权事业步入一个新的重要历史时期。中国知识产权战略制定,借鉴了上述有关国家战略发展的有益经验,但更多的是基于自己社会经济发展需要而作出战略考量。世界银行用以衡量各国经济发展水平的基本指标(以GNI为基本指标,以人均GNP或GDP平均增长率为参考指标)表明,中国经济发展水平尚低,经济结构较为落后;瑞士洛桑国际管理开发研究院2002年发布的《国际竞争力年度报告》显示,我国科技水平总体较低,科技竞争力在国际上基本处于中等地位;根据联合国开发计划署公布的《2004年人文发展报告》,可以看出中国人文发展指数(由预期寿命指数、教育指数和GDP指数构成)达到了世界中等人文发展水平。[47]上述资料告诉我们,中国仍属于发展中国家,基本达到世界中等或中等偏下的发展水平。但是,在经济、科技和社会发展的某些领域、某些方面,中国已经取得明显进步,有些甚至达到世界先进水平。社会发展情况说明,我国对知识产权制度已有较大需求,对知识产权保护也具备一定调适能力。这是制定知识产权战略的国情基础。同时,中国进行知识产权的战略调整,最终是由建设创新型国家的总政策目标决定的。我国要实现可持续发展的战略目标,有一个发展模式选择问题。国际发展大势和自身基本国情告诉我们:第一,不能走资源耗费型的发展道路。中国资源有限,人均淡水、耕地只有世界平均水平的25%、33%,石油、天然气这两类最重要能源的占有量只有世界平均水平的18%和13%,此外有50种主要矿产资源分别占到世界平均水平的40%~50%。[48]因此,我们不能靠牺牲环境、耗费资源、提供廉价劳动力来参加国际分工与协作。第二,不可能走技术依赖型发展道路。中国对外技术依存度达到50%以上,不管是考虑西方国家维护其技术优势、限制高技术转让的基本立场,还是考虑自身经济安全、文化主权和科技发展的需要,中国都只能走提高知识创新能力、建设创新型国家的发展道路。这是实施知识产权战略的政策目标取向。

中国知识产权战略的制定与实施,是一个系统工程。从战略的主体角度来看,战略体系可包括国家知识产权战略、地区知识产权战略、行业知识产权战略和企业知识产权战略四个方面。关于四者的关系,要做到国家的宏观战略与企业的微观战略相结合,行业间的战略与地区间的战略相协调;国家战略是对地区战略、行业战略和企业战略制定和实施的指导方略,企业战略是对国家战略、地区战略、行业战略最终落实的基础,而行业、地区战略则是联系或指导其他战略的桥梁和纽带。对国家战略而言,国家在知识产权领域虽不能成为市场的参与者,但应是政策的制定者、市场的监督者和全局的指挥者。因为知识产权不仅是一项私权,其更与一国的公共政策密切相关。特别是进入21世纪经济时代后,国家早已由不作为的"守夜人”转变为积极的干预者。从战略的内容角度来讲,知识产权战略应该包括创造战略、保护战略、管理战略与运用战略这四大方面。知识产权战略应是一种以创造、运用、保护和管理为重要内容的整体战略,这不仅仅是法律问题,而更多的是与国家的科技政策、产业政策、文化政策、教育政策等公共政策相关联。首先,在创造战略方面,主要是建立起以激励和保障自主创新的法律和政策机制,引导和支持企业通过各种技术创新活动形成自主知识产权,实现经济发展方式的根本转变。其次,在保护战略方面,要坚决打击“盗版”、“假冒”等各种侵权行为,建立和完善有关权益保障的维权机制、预警应急机制和争端解决机制等。这是支持社会主义市场经济健康运行的必要条件,也是改善投资环境、维护良好的市场经济秩序的重要保障。再次,在管理战略方面,要加强知识产权行政管理,建立健全管理体制,提高知识产权公共服务水平。同时,也要注重知识产权企业管理,完善管理制度,规范管理行为,提升知识产权管理的效益。最后,在运用战略方面,应大力促进自主创新成果的知识产权化、商品化、产业化,引导企业采取转让、许可、质押等方式充分实现知识产权的市场价值。[49]

当前,中国知识产权战略的实施出现了一个更为复杂的国际背景。在这种特殊环境下,我们要充分认识传统发展模式之“危”,更要清醒看到科学发展方式之“机”。在化“危机”为“胜机”的过程中,要特别强调知识产权战略实施的质量和效益。中国现在是专利申请大国和商标申请大国,但远远不是专利强国,更不是品牌强国。因此,我们要特别强调知识产权战略实施的政策目标,更多的在自主知识产权的质量上下工夫,而不能片面在知识产权的数量上做文章:第一,提高专利技术的转化率和产业化率。目前我国企业对专利技术的产业化重视不够,应用水平不高。不少行业和企业存在着有技术无专利、有专利无应用、有应用无产业的现象。据资料表明,我国技术成果的市场转化率仅为10%～15%,远低于发达国家相关指标70%至80%的水平。[50]第二,提高国际知名品牌的创建率。与驰名商标这一法律概念不同,国际知名品牌是一个经济概念,它要求具备相应的条件和标准:一是商标价值达到10亿美元以上;二是使用商标的商品的海外销售要占总销售量的20%以上,该商品的海外市场取得的利润是总利润的30%以上;三是商标在同类商品中具有号召力和影响力。中国现在的商标申请量逐年飙升,但是真正称得上国际知名品牌的商标依然很少。

在世界品牌实验室评选出的2008年世界品牌500强中，美国有243个，法国42个，日本42个，英国38个，而中国仅占15席，且主要是中国移动、中央电视台、中国工商银行、中国石化这些“国字”号品牌。[51]第三，提高版权产业对经济发展的贡献率。发展文化创意产业，提高文化产品在国际市场的竞争力，不仅是一个经济上必须考量的问题，而且事关文化主权和文化安全，涉及国家的软实力问题。中国是工业品的出口大国，2007年有172种产品产量位居全球第一。而在文化领域却出现“版权贸易逆差”，2004年以前版权贸易进出口比例高达10∶1，2005年虽下降到6.5∶1，但依然是文化产品的进口大国。中国的电影票房收入较多依赖进口大片，动漫产品近90%来自海外，网络游戏产值的15%要支付外国公司的版税。[52]2006年，包括软件、音像、图书、报刊在内的核心版权业产值仅占当年国民生产总值的3.2%，低于发达国家的一般水平。[53]

我国知识产权战略刚刚实施，知识产权制度运行总体来说是健康的，但其对经济与社会发展的贡献率还有待提高，知识产权有效运用的能力仍需进一步增强。应该看到，知识产权战略是我国21世纪为推动经济和社会发展而作出的重大战略决策，也是协调、配合科教兴国战略、人才强国战略和可持续发展战略而作出的重要战略安排。知识产权战略制定和实施的成功与否将决定21世纪的中国社会发展的最终走向。

四、立法前瞻：知识产权制度的法典化

体系化、法典化是立法者对知识财产进行法律构造的基本任务。作为一种动态的立法过程，它既是以往制度变迁的历史活动，也是当代法律发展的未来举措。体系化，是指知识产权向有机联系的整体转化和进化的制度构建过程。知识产权体系表现了私的知识产权制度的内部结构，无论其外部形式多么零乱、繁杂，都是分成不同部分而又相互联系的统一的系统和整体。必须看到，非物质性的财产利益属性，决定了各种知识产权的共同指向，[54]它既是不同知识产权之间联系的纽带，也是知识产权制度一体化构建的基础。将一切来自知识活动领域的权利概称为“知识产权”，最早只是见之于近代一些学者的著述之中。至20世纪下半叶，特别是《成立世界知识产权组织公约》缔结以后，知识产权学说得以在国际上广泛传播，以知识产权名义实现知识财产制度体系化的做法得到各国立法者的认

同。立法者有目的、有意识地将制度价值相似、权利类型相关、发展脉络相连的知识产权类型进行系统的整合,从而形成现代知识产权制度相对稳定的部门法特色。应对知识产权体系化的法律变革,知识产权制度模式经历了从单行立法、编入民法典到专门编纂法典的过程。[55]

法典化是大陆法系的传统理念。大陆法系最显著的特征可以归纳为法律规范的成文法典化、高度抽象化和概括化。[56]知识产权法典化是一个复杂而重要的系统工程,从立法任务来看,它是对现有知识产权规范进行抽象化和系统化的过程;从法治目标来看,它是对现有知识产权规范进行价值判断、内部整合、重组执法体系、重构理论体系,实现法律体系现代化和法律制度权威性的过程。自20世纪以来,知识产权制度有了长足的发展:基本规范不断完善,保护范围不断扩大,一体化、现代化趋势日益明显。与此同时,大陆法系的一些国家尝试将知识产权制度编入本国的民法典。法国在法典化的道路上更是独树一帜,率先制定了第一部知识产权法典。对于前者,我国有的学者将其称为民法典编纂的巨大进步,弥补了近代范式民法典的一大缺憾。[57]对于后者,有的专家作出预测,《法国知识产权法典》有可能成为21世纪知识产权法与民法普遍分立之典型。[58]这一情形表现了知识产权制度法典化的发展趋势。

知识产权法典化追随近现代民事立法浪潮而产生。从17世纪中叶到19世纪,是近代知识产权制度兴起的时期,专利法、著作权、商标法在西方国家陆续产生。上述法律尚未以知识产权的名义实现体系化,都是以单行法的形式出现,既没有统一知识产权法典,也没有将各个法律进行整合而编入民法典。例如,作为近代范式民法典的《法国民法典》和《德国民法典》,其编纂活动分别完成于19世纪初叶与末期。上述国家的知识产权立法早在民法典编纂之前大体就绪,且这些新兴的财产权制度又多为英国的"舶来品",因此,近代欧洲大陆民法典未能将知识产权纳入其体系之中。伴随着近现代民法法典化的浪潮,知识产权制度的法典化运动开始兴起。在以《法国民法典》、《德国民法典》为代表的第一次法典化高潮中,一些国家尝试推行的是工业产权制度的法典化。例如,葡萄牙于1867年颁布第一部民法典后,于1926年制定了工业产权法典;巴西于1912年颁布第一部民法典后,于1971年制定了第一部工业产权法典。而在以《荷兰民法典》、《俄罗斯民法典》为代表的第二次法典化运动中,一些国家着力编纂的是知识产权法典，如1992年《法国知识产权法典》、1997年菲律宾《知识产权法典》、2005年越南《知识产权法典》等。

知识产权法典化有着复杂的社会动因和国际背景，从上述国家编纂知识产权法典的过程来看，其个中原因如下：第一，追求统一的知识产权法律体系。在制定知识产权法典之前，各国都曾经深受知识产权法律体系凌乱之苦，这种凌乱主要表现在立法层次不统一、法律之间相互冲突时有发生。《法国知识产权法典》颁布之前，在法国一共存在二十多部与知识产权有关的单行法律法规，而且法院许多判例也在发挥效力。[59]1995年《越南民法典》虽然将以往制定的知识产权法律统统废除，但由于其本身对于知识产权的规定又过于笼统不便于操作，所以此后越南的国会、政府、相关各部和其他法定机关又陆续颁布了许多与知识产权有关的法律文件。截至2005年，越南保护知识产权的法律包括《民法典》、《刑法典》、《海关法》在内一共有四十多部，这些法律之间存在诸多交叉重叠、法律漏洞和不协调。菲律宾1947年《专利法》和《商标、服务商标和商号法》是由菲律宾议会制定，以共和国法案的形式出现；而调整著作权关系的1972年《知识产权令》却是以总统令的形式出现的，菲律宾此后的知识产权法律也包括了共和国法案、总统令、执行令和部门管理条例等形式，数量也达数十部之多。[60]这种凌乱的法律体系严重影响法律的权威性和可操作性。鉴于此，各国都以制定知识产权法典为契机，宣布废除此前的各知识产权法律，宣示了知识产权的重要性；与此同时，也统一了知识产权法律体系，消除了法律冲突和法律漏洞，从而增强了法律的可操作性，树立了知识产权法律的权威性。第二，强化知识产权管理与保护。在制定知识产权法典之前，各国关于知识产权管理的规定大都分散于各单行法律之中，专利权、商标权、著作权等管理部门多处于各自为政的局面。这种知识产权管理体制分散的局面也直接导致了知识产权保护不力，因而各国在制定知识产权法典时，都将强化知识产权管理作为立法重点。《斯里兰卡知识产权法典》的第一编为"管理"，规定斯里兰卡国家知识产权局为斯里兰卡商业贸易部的下属机构，是斯里兰卡唯一有权受理工业设计、专利、商标或其他事务的注册及知识产权管理的机构，并对规定知识产权局局长任命、权力及职责等内容进行了详细的规定；《菲律宾知识产权法典》的第一编为"知识产权局"，规定知识产权局为菲律宾唯一的知识产权行政管理部门，然后用长达15条的篇幅对菲律宾知识产权局的职能、组织机构、下属各部门、经费、人员组成等内容进行了详细的规定。越南和法国虽然没有设立统一的知识产权管理部门,而是保留了以往那种总体分散、适当集中的知识产权管理体系,但它们分别在知识产权法典中就各行政管理部门的职责范围进行了明确的规定与划分。相比于单行法的分散规定而言,这种做法也具有一定的比较优势。第三,为应对来自发达国家的压力。发展中国家知识产权法典的制定,或多或少受到发达国家的影响。美国和菲律宾于1993年4月达成了《美国—菲律宾知识产权保护备忘录》;美国与斯里兰卡于1991年9月签订了《美国—斯里兰卡知识产权双边保护协定》;美国与越南于2001年7月签署了《美国—越南双边贸易协定》,该协定第二部分即为"知识产权"。这三部双边协定都为签字国在知识产权保护方面设定了较高的国家义务。在美国贸易代表每年发布的"特别301报告"中,美国多次敦促菲律宾与越南加强知识产权保护,否则会给予经济制裁。由此可见,上述国家知识产权法典的制定,在一定程度上也是为了应对外来的压力。

中国经过近三十年时间的努力,建立了较为完善的知识产权法律制度体系。法律制度完善的判断有两个基本标准:一是知识产权法律制度的合理化(前述知识产权保护水平问题,即涉及制度合理化);二是知识产权法律制度的体系化(知识产权法律形式和外在表现是制度体系化的重要内容)。前者是制度完善的实质条件,是为法的实质理性;后者是制度完善的形式条件,是为法的形式理性。法的形式理性,属于法的外在的技术品质,主要表现为"经由诸如程序公正、法律推理、法律论证以及各种具体部门法的一系列智性制度安排和种种法律技术"。[61]就法律规则的具体形式而言,"法典是法的形式的最高阶段",因为比之其他法的形式和制度形式,法典历来是固化和记录一定的统治秩序、社会秩序和社会改革成果的更有效形式。[62]知识产权法律体系化、法典化的过程,应表现为理性的制度安排和科学的立法技术运用。只有这样,知识产权制度在法的形式上才可以称之为"制度文明的典范"。

关于中国知识产权法律的体系化,主要涉及两个问题:一是现行单行法律、法规是否具备系统性、完备性的体系化要求?二是未来民法典是否接纳知识产权,采取最高形式理性的法典化?现阶段,我国知识产权法律框架基本形成,但体系化程度有待提高。其主要问题是:第一,一些知识产权法律规定比较分散，尚无统一的法律规范。关于商业秘密的保护，散见于《民法通则》、《合同法》、《反不正当竞争法》和《刑法》中，尚无《商业秘密保护法》；关于商号权的保护，分别规定在《民法通则》、《企业名称登记管理规定》、《公司登记管理条例》、《产品质量法》以及《反不正当竞争法》，目前没有制定《商号法》；关于地理标志的保护，或作为证明商标、集体商标，规定在《商标法》，或作为专门产品标志，见之于《地理标志产品保护规定》，其法律冲突显而易见。第二，一些知识产权法律、法规相互冲突、抵触，亟待加以整理和协调。我国单行立法，有的是全国人大常委会通过的法律，如《著作权法》、《专利法》、《商标法》等；有的则是国务院颁布的法规，如《植物新品种保护条例》、《集成电路布图设计保护条例》等。各单行法律、法规，由立法者依职权而制定，彼此间本应具有相对的一致性和协调性；但是，由于法律文件的起草者不同以及制定的时间不同，其调整的法律关系又具有相对独立性，因此，某些规定存在不合时宜、不相协调的问题。

中国知识产权法典化问题，是由于 90 年代末启动的民法典起草工作而引起的。对于知识产权“入典”，无论是立法者还是多数学者并无异议。这是因为：第一，知识产权是私权，其基本属性与财产所有权无异，将该类权利规定于民法典之中，有助于形成完整、系统的财产权利体系。第二，知识产权是受民法保护的权利。知识产权法虽含有若干公法、程序法规定，但依然是以实体法为基础的私法制度，隶属于民法部门。第三，知识产权已在我国民事基本法即《民法通则》中作出原则规定，此先例可以援引。对于知识产权如何“入典”，则意见纷呈。有学者将其归纳为四种模式：一是分离式，即知识产权法典与民法典相分离（如 1992 年《法国民法典》）；二是纳入式，即知识产权在民法典中独立成编（如 1995 年《越南民法典》）；三是链接式，即民法典对知识产权仅作原则性规定，然后单独制定知识产权法（如 1994 年《俄罗斯民法典》）；四是糅合式，即将知识产权与所有权合成一体，规定在民法典中（如 1995 年《蒙古民法典》）。[63]笔者认为，将知识产权法整体移植或整合移植于民法典都是不可取的。在 2002 年 10 月全国人大法制工作委员会召开的专家讨论会上，笔者的基本意见是，凡是“范式”民法典都没有规定知识产权编，凡是编入知识产权的民法典都不是“范式”。同年年底在上海举行的知识产权论坛上，来自 WIPO 的专家声称:WIPO 并不赞成在民法典中详细规定知识产权问题,但对其作出一般规定是可以的,也是有益的。[64]

从我国知识产权制度的发展趋势分析,我国知识产权制度的法典化可以分两步走:第一步,民法典仅对知识产权作一般规定,但单行法依然保留。如此立法样式,在适用法律方面较为方便,也不破坏民法典的审美要求。此外也有利于知识产权法律体系的系统化,减少其内部矛盾。第二步,在民法典之下编纂知识产权法典。其中,民法典中关于知识产权的一般性规定,涉及知识产权的性质、范围、效力、利用、保护、与其他法关系等原则性条款,可作为知识产权法典的总则;此外,可整合、汇集各知识产权单行法规,将上述具体制度作为知识产权法典的各个专章。总之,知识产权制度的法典化,不仅是法律传统的偏好,更是法制建设的需要,它还会受制于一定社会、政治、经济、科技等因素的影响。基于各国立法例的历史考察与现状分析,可以认为,无论何时采取何种途径,法典化将是中国知识产权立法的必由之路。

国际化、现代化、战略化、法典化,是对当代知识产权制度发展与变革状况的概括与描述。就世界范围而言,知识产权制度的现代化与国际化紧密相连,即应对新技术的知识产权制度创新,往往通过国际公约的运作而成为普世规则;而战略化当是各国应对上述发展变革而采取的知识产权政策抉择,法典化则是为实现战略目标而对知识产权法律模式的理性追求。总之,知识产权制度发展与变革的各种态势并不是孤立和隔绝的,而是相互联系、相互作用在国际大势与中国大局之中。目前,中国知识产权事业正处于一个新的重要历史时期。就知识产权制度建设而言,中国进入了一个战略主动期。我们应“统筹国内国际两个大局”,从本国经济与社会发展的需要出发,加强立法工作,将知识产权法律作为建设创新型国家的制度支撑;而就知识产权制度运作而言,中国进入了一个关键发展期。知识产权法作为公共政策的组成部分,能否充分发挥其促进知识创新,推动社会发展的功能,不仅取决于立法的完善,更决定于用“法”的成效。我们有理由相信,中国知识产权制度应立足于本土当前和未来需要,循应国际变化和时代潮流,步入国际化、现代化、战略化与法典化的发展道路。

注释

1 Peter Drahos and John Braithwaite, Economics, Politics, Law and Health: Intellectual Property, Corporate Strategy, Globalisation: TRIPS in Context, 20 Wis. Int'l L. J. p. 452.

2 Jame boyle, the Public Domain: The Second Enclosure Movement and Construction of the Public Domain, 66 Law & Contemp. Prob. 38.

3 英国知识产权委员会:《知识产权与发展政策相结合委员会关于知识产权的报告》，第6页，载 http://www.iprcommission.org/graphic/ chinese_intro.htm。

4 许明主编:《当代中国亟待解决的27个问题》，今日中国出版社1997年版，第11页。

5 参见蒙启红:《论知识产权国际保护的棘齿机制》，载《经济理论研究》2007年第1期。

6 参见孙皓琛:《WTO与WIPO:TRIPS协议框架中的冲突性因素与合作契机之探讨》，载《比较法研究》2002年第2期。

7 Tuan N. Samahon, TRIPs Copyright Dispute Settlement After the Transition and Moratorium: Nonviolation and Situation Complaints Against Developing Countries, 31 Law & Pol'y Int'l Bus. 1055.

8 曹建明、贺小勇:《世界贸易组织》，法律出版社1999年版，第312页。

9 参见[英]戴维·赫尔德、安东尼·麦克格鲁:《治理全球化:权力、权威与全球治理》，曹荣湘等译，社会科学文献出版社2004年版，第12页。

10 Anupam Chander, Madhavi Sunder, The Romance of the Public Domain, 92, Calif. L. Rev. 1348 - 1353.

11 参见刘笋:《知识产权国际造法新趋势》，载《法学研究》2006年第3期。

12 UN Commission in Human Rights: Intellectual property and Human Rights, 2000, E/CN1.4/Sub.2/2000/7.

13 Sub - Commission on the Promotion and Protection of Human Right: Intellectual Property Rights, Fifty - Second Session, agenda item 4. E/CN.4/Sub.2/2000.7.

14 参见吴汉东:《知识产权 VS.人权:冲突、交叉与协调》，载台湾《法令期刊》2003年8月号。

15 Ellen't Hoen, TRIPs, Pharmaceutical Patents, and Access to Essential Medicines: Along Way from Seattle to Doha, Chicago Journal of International Law, Vol. 3, p. 27.

16 Shubba Ghosh, Reflections on the Traditional knowledge Debate, 11 Cardozo J. Int'l and Comp. L. pp. 501 - 502.

17 参见朱雪忠:《传统知识的法律保护初探》，载《华中师范大学学报》(社科版)2004年第3期。

18 参见龙文:《论传统知识产权的实现形式》，载《专利法研究》，知识产权出版社2004

年版。

19 Peter Drahos, A Philosopy of Intellctual property, Dartmouth Publishing Company Limited,1996,p.91.

20 1995年世界贸易组织与世界知识产权组织,就知识产权问题的一系列合作事宜达成共识,并形成协议。

21 参见刘笋:《知识产权国际造法新趋势》,载《法学研究》2006年第3期。

22 Laurence R. Helfer, Regime Shifting: The TRIPs Agreement and New Dynamics of International Intellectual Property Lawmaking,29 Yale J. Int'l L. 27 – 52.

23 参见联合国经济合作与发展组织(OECD):《1996年科学、技术和产业展望》。

24 刘春田主编:《知识产权法》,高等教育出版社2000年版,第19页。

25 在发展理论中,经济增长与科技进步、法制保障是一个相互作用、相互促进的协调机制。在科技、经济、法律的协调发展机制中,经济处于中轴地位,科技与法律为之进行曲线偏向摆动。其中,科技进步是经济增长的动力机制,法制建设则是经济增长的保障机制。参见吴汉东:《科技、经济、法律协调机制中的知识产权法》,载《法学研究》2001年第6期。

26 Joseph M. Reisman,Physicians and Surgeons as Inrentors:Reconciling Medical Process Patent and Medical Ethics,Berkeyley Technology Law,California University.

27 参见吴汉东等:《走向知识经济时代的知识产权法》,法律出版社2002年版,第60~62页。

28 Christopher L. Logan, Patent Reform 2005: HP2795 and the Road to Post – Grant Opposition,UMKC Law Review(2006).

29 参见杨红军:《商标国际保护的现状和发展趋势》,载吴汉东主编:《知识产权国际保护制度研究》,知识产权出版社2007年版,第316~345页。

30 参见唐昭红:《美国软件专利保护法律制度研究》,中南财经政法大学知识产权研究中心2007年博士学位论文。

31 李顺德:《知识产权概论》,知识产权出版社2004年版,第126页。

32 参见吴汉东:《知识产权制度运作:他国经验分析与中国路径探索》,载《中国版权》2007年第2期。

33 参见张韬略:《英美和东亚专利制度历史及其启示》,载《科技与法律》2003年第1期。

34 UN,Innovation:Applying knowledge in Development. 转引自李延成等主编:《世界高等教育:改革与发展趋势》(第3辑),国家教育行政学院2006年印刷。

35 英国知识产权委员会:《知识产权与发展政策相结合委员会关于知识产权的报告》,第1页,载http://www.iprcommission.org/graphic/ chinese_intro.htm。

36 英国知识产权委员会:《知识产权与发展政策的整合》,国家知识产权局条法司编译,第 109 页。

37 英国知识产权委员会:《知识产权与发展政策相结合委员会关于知识产权的报告》,第 6 页,载 http://www. iprcommission. org/graphic/ chinese_intro. htm。

38 吴鸣:《公共政策的经济学分析》,湖南人民出版社 2004 年版,第 4 页。

39 转引自伍启元:《公共政策》(上册),台湾商务印书馆 1985 年版,第 4 页。

40 转引自[美]迈克尔·豪利特、M. 拉米尔:《公共政策研究:政策循环与政策子系统》,庞诗等译,生活·读书·新知三联书店 2006 年版,第 8 页。

41 [美]杰利恩·达维斯:《权利集体管理中公共利益》,载《版权参考资料》1990 年第 2 期。

42 Kamil Idris:《知识产权——经济增长的强有力武器》,载 http://www. wipo. int。

43 2004 年美国政府报告宣称:“从美国立国基础来看,保护知识产权始终是一项创新的支柱。”See Innovate America:Thriving in a World of Challenge and change, National Innovation Initiative Interim Report, Council on Competitiveness, 2004, 7. 转引自李延成等主编:《世界高等教育:改革与发展趋势》(第 3 辑),国家教育行政学院 2006 年印刷。

44 日本政府第三期科学技术基本计划(2006—2010 年)(第 3 章)。转引自李延成等主编:《世界高等教育:改革与发展趋势》(第 3 辑),国家教育行政学院 2006 年印刷。

45 有关韩国知识产权战略的新发展,可参见马先征等编著:《知识产权战略研究》,知识产权出版社 2008 年版,第 356 ~ 394 页。

46 美国高盛公司全球首席经济学家吉姆·奥尼尔于 2001 年首次提出“金砖四国”的概念。巴西(Brazil)、俄罗斯(Russia)、印度(India)、中国(China)四国的英文首写字母为“BRICK”(砖头)。奥尼尔对“金砖四国”在 21 世纪的发展潜力给予了高度评价。

47 有关资料参见任建民:《中国科技追上世界脚步》,载《中国科技奖励》2002 年第 3 期;《我国人文发展指数居世界中等发展水平》,载 http://www. sts. org. cn/nwdt/gwdt/document/007. htm。

48 参见梅永红:《自主创新与国家利益》,载《求是》2006 年第 10 期。

49 有关知识产权创造、运用、保护和管理,在国家知识产权战略纲要的“战略目标、战略重点”中已有明确的阐述。参见《国家知识产权战略纲要》,知识产权出版社 2008 年版。

50 参见吴辛望:《专利经济学》,社会科学文献出版社 2005 年版,第 175 页。

51 相关数据参见世界品牌实验室网站:http://brand. icxo. com/summit/2008world500/brand. htm。

52 相关数据参见国家知识产权局《中国知识产权保护状况》(2004 ~ 2007 年);吴汉东

主编:《中国知识产权蓝皮书》(2005~2006年),北京大学出版社2007年版;张晓明等主编:《2007年:中国文化产业发展报告》,社会科学文献出版社2007年版。

53 相关数据参见《经济参考报》,2008年10月30日。

54 笔者认为,知识产品财产化是罗马法以来私权领域中的一场深刻的制度创新与法律变革。正如有的学者所言,知识财产是一种新的财产,它不是以往对物进行绝对支配的财产,而是"非物质化的和受到限制的财产",参见[美]肯尼斯·万德威尔德:《19世纪的新财产:现代财产权概念的发展》,载《社会经济体制比较研究》1995年第1期。

55 从世界范围来看,知识产权立法有三种体例:一是单行立法。多数国家采此立法例。这一体例在英美法系国家是以专门法律制度的形式出现,在大陆法系国家则是民事基本法之下的民事特别法。二是编入民法典。这一体例或是将知识产权相关规则全部纳入民法典,或是就各类知识产权的共同规则和若干制度等规定在民法典。代表性的民法典有1942年《意大利民法典》、1994年《俄罗斯民法典》、1995年《越南民法典》。三是编纂专门法典。这一体例将各类知识产权法律、法规进行整合,作为民法典之下的专门法典。代表性的立法例有1992年《法国知识产权法典》、1979年《斯里兰卡知识产权法典》、1997年《菲律宾知识产权法典》、2002年《埃及知识产权法典》、2005年《越南知识产权法典》等。

56 靳宝兰:《比较民法》,中国人民公安大学出版社1995年版,第24~33页。

57 参见徐国栋主编:《经色民法典草案》,社会科学文献出版社2004年版。

58 参见《法国知识产权法典》(法律部分),黄晖译,商务印书馆1999年版,郑成思所作"序"。

59 参见《法国知识产权法典》(法律部分),黄晖译,商务印书馆1999年版,译者序。

60 参见何华:《知识产权法典化研究》,中南财经政法大学知识产权研究中心2008年博士学位论文。

61 许章润:《法律的实质理性——兼论法律从业者的职业伦理》,载《中国社会科学》2003年第1期。

62 周旺生:《法典在制度文明中的位置——〈法典编纂论〉序》,载封丽霞主编:《法典编纂论》,清华大学出版社2002年版,第26页。

63 参见曹新明:《知识产权与民法典连接模式之选择》,载《法商研究》2005年第1期。

64 参见吴汉东:《知识产权立法体例与民法典编纂》,载《中国法学》2003年第1期。

吴汉东
代表作

拾柒

历史过程与时代使命*

知识产权制度创新的本质及目标

创新，是指人们在生产力、生产关系和上层建筑全部领域中进行的创造性活动，既包括知识创新（含科技创新和文化创新），也包括制度创新（含法律创新、政策创新、体制与机制创新等）。在发展理论中，经济增长、知识创新与法治建设应是一个相互作用、相互促进的协调机制。经济增长对社会变革起着决定性的作用，带来了社会物质财富的快速增长，也引起了社会生活方式的巨大变化。在知识创新、经济发展、法治建设的协调体制中，经济处于中轴的地位，知识与法律为之进行曲线偏向摆动。其中，知识进步是经济增长的动力机制，法治建设则是经济增长的保障机制。知识产权法作为财产非物质化革命的法律文明，表现了制度创新的本质属性；同时知识产权法是为创造性成果的激励和调节机制，宣示了知识创新的价值目标。

一、知识产权法的制度创新本质及其时代变迁

知识产权法是知识（科技、文化）、经济和法律相结合的产物，其产生、变革和发展的历史即是知识创新与法律制度创新相互作用、相互促进的历史。在新制度学派那里，"技术进步和制度演变都看成是一种创新过程"。[1]美籍奥地利经济学家熊彼特最早提出"创新"的理念。20世纪初，熊彼特在《经济发展理论》一书中首先提出了"创新理论"。在他看来，"创新"是在生产体系中引入生产要素和生产条件的新组合，包括：引进新产品；引

---

* 原载《法学研究》2014年第3期，题名为"知识产权法的制度创新本质与知识创新目标"。

用新技术;开辟新市场;控制原材料新供应来源;实现新企业组织。[2]20世纪50年代以来,诺思、科斯等学者在熊彼特创新理论的基础上,分析了制度创新的需求与供给,研究了知识创新与制度创新的关系、国家的制度创新职能以及制度创新在经济发展中的作用,从而构建了系统的制度创新学说。在制度经济学看来,制度创新一般是指制度主体通过新的制度构建以获得追加利益的活动,是关于产业制度、产权制度、企业制度、经济管理制度、市场运行制度等各种规则、规范的革新。知识产权法的制度创新意味着现有制度的变革和新的制度安排,这些并非历史的偶然。正如有的学者所言:"所有的知识产权法律都是其所处社会和经济政治环境的产物,尽管这一点不是一直在各种历史统计中被强调。"[3]从"需求—供给"的经济学理论出发,知识产权法的制度创新基于如下主要因素:

第一,知识财产秩序的宪法基础。知识产权法是精神生产、知识创新、智力经济发展的制度安排。知识财产的私权化,建立在确定的产权基础上和稳定的交易秩序中,是以法律名义而得以实现的。在这里,宪法为知识产权法的制度建构提供了最为重要的政治基础。这是因为"宪法秩序的变化,即政权的基本规则变化,能深刻地影响创新的制度安排的预期成本和收益"。[4]在近代英国,政治上的开明专制主义、经济上的重商主义、思想上的私有财产神圣的权利观念等各种变革及思潮相继兴起,得以在《自由大宪章》的基础上颁布了《垄断法规》(专利法)和《安娜法令》(著作权法);美国则在其早期宪法中规定了"促进知识"、"公共领域保留"、"保护创作者"的"知识产权条款";而法国则在资产阶级革命后的《人权宣言》中强调公民发表言论、写作和出版的自由,使尔后的知识产权法登上了权利价值崇尚的顶峰。无论上述宪政思想如何,近代西方国家旨在通过知识产权法以实现"制度安排的预期成本和收益"。在这里,英美法并非以创造者自身权利的保护为第一要义,而是将其立法"置于以促进科学和工艺的发展为起因的位置上";而法国法将创造者权利视为"自然的不可废除的人权",强调个人知识财产权在立法中的中心地位。[5]

第二,知识创新活动的科技基础。科技革命是知识产权法成长的基础。在西方经济的发展史上,资产阶级在它最初一百年的统治中创造了巨大的生产力,"机器的采用,化学在工业和农业中的应用,轮船的行驶,铁路的通行,电报的使用",[6]使科学技术与社会生产紧密地联系在一起。这种有机联系具体表现为“科学发现—技术发明—社会生产”的一体化。正如经典作家所说的那样，“生产过程成了科学的应用，而科学反过来成了生产过程中的因素即所谓职能。每一项发现都成了新的发明或生产方法的新的改进的基础”。[7]在劳动价值理论中，智力劳动也是一种生产劳动。生产商品不仅是指物质生产中的实物形式的商品，还包括非物质生产中的无形商品，如知识、信息、技术等。也就是说，在科学技术运用于社会生产的过程中，包括技术、知识、信息在内的知识产品本身（无形商品）与采用知识、信息、技术生产的物质产品（有形商品）都具有同等的商品意义。科学技术在社会生产中的广泛运用，既提供了新的投资盈利机会，也产生了新的产品收益形式，从而“增加了对制度创新的需求”。[8]

第三，知识商品化的市场基础。知识产品的商品化并由此所形成的知识经济市场，是知识产权法建立与运行的原动力。制度与经济的关系，主要是法律与经济的关系。舒尔茨在述及制度所具有的经济服务功能时说道，人的经济价值的提高产生对制度的新的需求，一些政治和法律就是用来满足这些需求的。[9]知识生产活动立足于科技、文化、经济一体化的目标，是一种新知识的创造和利用的市场化活动，它离不开相应制度的保障、规范和约束。质言之，基于知识经济市场的内生动力，必然会产生知识产权法的制度需求。知识产权法的制度功能是，为创新活动进行产权界定并提供激励机制，为创意产业进行资源配置并提供交易机制，为创造性成果进行产权保护并提供市场规范机制。

第四，知识生产主体诉求的产权基础。知识产权法在制度层面为私人提供了获取财产的新方式。在这里，作为权利主体的私人，包括了创造者个人以及进行创新投资的企业。在近代法的发展过程中，知识产权制度与企业法人制度的建立，是“现代产权制度建立的标志”。[10]从城市崛起、公司出现的历史过程来看，知识创新活动的主体呈现出从个体创造向集体创造演变的趋势，知识产品通过劳动合同、职务发明创造等规则形态向企业集中。这些既为知识创新提供了合适的社会组织形式，同时也产生了不同主体的利益驱动。可以说，知识创新主体要求实现自己智力创造或投资所带来的收益，成为社会创新发展的一种内在要求，这种稳定的、长期的预期即私人产权主张构成了制度安排的主观动因。国家作为知识产权制度和政策的制定者，既要考虑知识活动主体的收益预期，即在法律中将其利益诉求转化为权利主张,同时也要考虑其他团体利益以及社会公共利益的存在。因此,知识产权法的制度安排,实际上是不同主体诉求的“释放和吸收”(give and take)的结果。[11]

知识产权法基于制度创新需求而生,在经济学意义上是为一种激励和规制创新活动的新制度“供给”,而在法律层面则被喻为私权领域的一场财产“非物质化”(dematerialized)革命,其意义表现在以下两个方面:首先,知识财产是一种“新的财产”,它消除了财产与实物之间的联系。[12]在客体物理论中,知识产品即是与实物财产相异的“无体的精神产品”。[13]具有“无形财产的特性”,“区别于有形财产以及其他的无形财产(如日、光、电等)”。[14]可以说,知识财产的出现冲破了罗马私法以来的单一财产结构,建立了一种开放的动态的新的财产观,使得非物质性财产与物质性财产同构于社会财富体系之中。其次,知识财产是“有限制的财产”,它不是传统民法意义上对物进行绝对支配的财产。就知识资源而言,法律在权利界定上实行“专有区域”(exclusive zones)与“自由区域”(free zones)的划分。[15]由于公共领域的出现,使得知识、技术、信息分为专有知识财产与社会知识财富两大部分,后者“包括不具私权属性而由公众自由使用的知识产品以及权利保护期满而进入公共领域的知识产品”。[16]可以认为,知识财产的利用改变了罗马私法以来对财产的绝对支配模式,建立一整套知识财产保护、限制与利用的新规则,其间既有私法理念的更新,也有法律制度的变革。

制度创新是知识产权法得以生存与发展的法律本质所在。知识产权法作为“制度文明的典范”,是世界各国创新知识财产制度、促进经济社会发展的法律体验,具有高度的共通性和可移植性。从近代到现代的三百多年以来,知识产权的制度改革与变迁,从来就没有停止过。当代知识产权法的创新禀赋,受制于经济全球化的国际背景、知识革命的时代情景以及社会转型发展的本土场景,从而在一些国家特别是发展中国家出现制度失灵或价值目标实现不能的问题。质言之,我们在接受或推行知识产权制度创新方面,必须注意以下两个问题:

第一,知识产权立法的时代性要求与本国阶段性选择的关系。在知识经济时代,知识产权已经成为各国高新技术发展的制度基础和政策依据。对于具有创新能力和产业基础的国家而言,知识产权立法必须保持其时代先进性,即通过法律制度的现代化去推动科学技术的现代化。知识产权制度的现代化，是一国的政策安排和战略选择，其基础是国情。从历史上看，知识产权法的产生与出现，正是近代科学技术和商品经济发展的产物；而知识产权法的发展与完善，也是现代科技强国和经济大国推动的结果。根据国家不同发展阶段的不同发展需求对知识产权保护作出有选择性的制度安排，是西方国家的普遍做法。早期美国1790年《著作权法》，奉行的是低水平保护政策，游离于《伯尔尼公约》长达102年之久，其后随着美国文化创新能力的不断提高而逐步强化其著作权保护水平。[17]日本在明治维新后于1885年公布了《专利法》，但长期排除药品及化学物质专利，直到1975年修正案中才得以改变。[18]这说明，发达国家在知识产权保护方面都有一个从"选择保护"到"全面保护"，从"弱保护"到"强保护"的渐进发展过程。对于发展中国家而言，知识产权制度的现代化，并不能一蹴而就，立法者必须从本国国情出发，对这一进程的速度、力度作出审慎的考虑。根据2005年联合国报告所援引的"千年项目"专家意见，在遵守国际公约最低保护标准的基础上，发展中国家可以根据自己的不同阶段，选择不同保护水平的知识产权制度。[19]因此，包括中国在内的发展中国家可根据知识产权立法的时代性要求，针对本国的不同发展阶段而采取不同的政策举措，既要从微观上顾及高新技术的知识产权保护，也要从宏观上考量其对本国经济与社会发展的影响；既要遵循国际公约的强制性规定，对外国的智力成果给予平等保护，也要通过公约的例外性条款，谋求知识信息的充分利用，由此构建一个科学、合理而有效的现代化知识产权制度。

第二，知识产权法律国际化趋势与本土化路径的关系。经济全球化的出现和新国际贸易体制的形成，是各国知识产权制度走向国际化的主要动因。知识产权法的国际化，寓意着知识产权保护的基本原则和主要规范在全球范围内的普适性。以《知识产权协定》为核心的当代国际保护制度，在世界贸易组织的框架内，建立了一种有效防止知识产权保护水平下降的"棘齿机制"，[20]同时将执法措施和争端解决机制转化为公约规定的行为规则，为知识产权保护安上了具有强制约束力的"牙齿"。[21]国际知识产权保护的新规则，是国际政治经济力量博弈的结果。发达国家主张知识产权的权利扩张和高水平保护，主要出于维护本国创新优势的利益考量，而不是满足其他国家知识获取的普世需求；发展中国家接受知识产权国际保护规则，在相当程度上是外力强加的结果，而不是基于自身发展水平的制度内生。在这种情况下,包括中国在内的发展中国家必须在国际国内两个层面进行法律应对:在国际层面,应以建立更为公平、合理的知识产权国际秩序为目标,积极推动国际知识产权制度的改革,包括针对《知识产权协定》在执行中的诸多问题,利用协定的弹性条款和开放性条款,在协定的“总轮廓之内型塑权利和权力的结构”,“以满足缔约方政治的、社会的、经济的和其他改革目标”;[22]通过“国际体制转换机制”,寻求修正或改变现行知识产权“体制标准”的机会。[23]即在世界贸易组织、世界知识产权组织等传统体制之外,利用生物多样性、文化多样性、公共健康、国际人权等多个国际论坛,创新具有道义优势的新体制,以矫正《知识产权协定》的强保护偏向。在国内层面,应考虑本国现阶段经济、科技、文化的发展水平,遵守“最低保护标准”,现行立法不必“攀高”,以最大限度地实现法律的本土化与国际化之间的协调,防止“知识产权法律移植中的递减效应”;[24]同时,也要从本国立场出发,保护具有本土特色和优势的知识产权资源,通过本国制度创新即法律的本土化,来推动创新保护制度的国际化。

二、知识产权法的知识创新价值及其实现障碍

知识产权法是一种激励、调节和规制知识创新活动的制度。知识产权法本身即是私法领域制度创新的结果;同时,知识产权法价值目标当以知识创新为主导。

创新价值是知识产权法的价值灵魂。法价值观随着法律制度的不同以及发展阶段的不同而异。在特定的时代背景下,特定的法律制度会包含若干不同的价值项,而且其各自的价值侧重点也有所不同,如刑事立法体现了秩序、正义,民法直接规定了平等、诚信,而经济法侧重体现了“效率”;而在知识经济时代,知识产权法存在独立的主导性价值,即创新价值。[25]这是因为,当代经济的发展着重依靠知识和信息的生产、分配和使用,创新业已成为知识经济时代的主要特征,从而得到了前所未有的重视和发展,创新已成为人类行为选择的标准之一。创新不仅反映了人与自然的关系,而且反映了人与人的关系、个人与社会的关系,业已成为一个具有普遍意义的关系范畴。同时,“创新”作为一个历史观意义上的概念,还凝结着人类的理想追求。历史观要回答和解决历史发展过程中的根本动力、机制和规律问题,创新发展存在于广阔的社会实践领域与久远的历史运动

过程之中。总之,“创新”这一概念是对知识经济全面而精要的解释,可以视为知识产权法的基本价值范畴。

创新价值体现在知识产权政策制定与立法活动之中。国家通过其政策导向包括知识产权法的制度设计,将“创新”上升为“规划理性”的法律价值,[26]体现了作为法律价值主体的人在法律价值发现中的能动性干预和控制。必须看到,知识产权法以基于创新所产生的社会关系为主要调整对象,体现了尊重创新、保护智力成果、规制知识经济市场秩序的主旨。创新价值目标的实现,在法律规范设计中主要表现在以下三个方面:第一,知识产权保护与私人创新激励机制。知识产权法是一种对知识产品有效的产权制度选择,这一制度通过授予发明创造者以私人产权,为权利人提供了最经济、有效和持久的创新激励动力,保证了创新活动在新的高度上不断向前发展,从而促进了创新成果所蕴藏的先进生产力的快速增长。知识产权法不仅是激励机制,也是约束机制。规范市场主体行为、打击侵权行为,既是对产权所有人的利益保护,也是对市场竞争秩序的规范管制。在法律实施效益不高的情况下,侵权行为的滋生与蔓延会影响创造者生产、开发知识产品的积极性,从而导致整个社会福利水平的下降。对此,制度经济学观点是调节有关产权交易及保护的成本、收益的关系,促使理性的经济人放弃侵权以及其他违法行为。[27]第二,知识产权限制与社会创新发展机制。知识产权的限制,是对权利人的专有权利行使的限制,其功能在于通过产权的适度限制,平衡权利人与社会公众之间的利益,确保社会公众接触和利用知识产品的机会。现代产权制度不能仅将其支撑点构筑于精神产品保护的静态归属之上,而要在确认创造者占有与支配知识财产的同时,促进精神财富的动态利用。知识产权法的制度安排,在界定私人产权的同时,还规定了“知识产品公开”、“在先权利保护”、“合理使用”等规则,既促进与保护权利人的个人创新行为,同时顾及社会创新发展的连续性和创新成本的合理性。此外,知识产权法还通过“保护期限制”、“权利穷竭制度”等规范,使得私人独占的知识产权适时地进入公有领域,以维系人们从事新的创造活动需求。第三,知识权利利用与创新成果交易机制。知识产权利用是连接知识产品创造者、传播者和使用者之间的法律纽带,旨在规制不同主体的产权交易行为,促进知识产品的动态利用和精神财富的流动增值,其主要制度就是授权使用、法定许可使用和合理使用。

依照经济学的供给与需求理论，精神生产或者说知识形态资源开发的目的是为了交换，只有经过交换，个人才能获得各类物品的最佳组合，达到效用或利益的最大化。就科技创新活动而言，新科技的商品化和市场化是一个关键环节，也是其根本目的。科技创新的“关键一跳”是将专利技术成果转化为现实的生产力，其考量的指标即是专利技术的有效应用率和专利技术对经济增长的贡献率；而在文化创新领域，作品的利用涉及复制、表演、播放、展览、出版、摄制、演绎等各种方式，著作权所有人的利益实现，即是依赖于作品的众多使用者的传播活动。著作权利用的经济意义，就在于考量版权作品在文化市场的占有率和版权产业对经济发展的影响力。总之，知识财产的动态利用和价值实现，是知识财产权制度创设的重要目标。

“创新”作为知识产权立法者的目标追求，反映了价值构成中所蕴含的理性精神。我们看到，法学家和法律改革家们正是通过这种理性的精神力量得以发现一个理想的法律体系。理性主义是知识产权法得以构建的思想基础。[28]在社会理论研究中，“理性”与“合理”这两个术语可以互换使用，源自同一个拉丁词根“ratio”。我国学者一般认为，“理性”或“合理”包括两层意思：一是指合乎人类主体的必然性和规律；二是指合乎社会历史和自然世界的必然性和规律。前者合理性的内容表现为确认人的主体地位，保护人的正当利益，促进人的全面发展，这些人本主义的内涵即构成法律的本质内容。[29]后者的合理性内容表现为社会发展与进步的整体性，人与自然关系的协调性，这乃是蕴含于法律之中的理性目标。[30]

在理性主义精神的指引下，知识产权法应是价值理性与工具理性相统一的产物。其中，正义是伦理理性，即知识产权法的正义观念和体现正义的法律规范，都是以其相应的道德观念为基础的；效率是经济理性，即效率是知识产权法产生的起始动因，其产权保护、利用及限制的三大制度安排，是以信息资源的优化配置为目标；创新是科学理性，即创新是知识产权法的价值灵魂，通过产权制度创新旨在实现以技术创新和文化创新为核心内容的知识创新。应该指出的是，当今世界正处于一个急剧变革的历史时期，应对时代之变，知识产权法却表现出不适应性，其制度内生的先天缺陷和制度运行中的潜在危机，都影响或制约着创新发展目标的实现。新制度经济学认为，理想的制度“是能充分激励创新的制度，是当事人作为自己的一个最优选择而自觉遵守的制度”；同时，“这种制度本身也应是充满生命力的、开放的、不断调整合创新的”。[31]这说明，好的制度应是能够持续激励创新的制度，也是自身不断创新的制度。现代知识产权法存在可能发生的制度风险，这是一种“人为性风险”、“知识中的风险”，甚至是“全球性的风险”。[32]现择其主要问题而述之：

第一，制度工具理性越位。在韦伯的理论中，工具理性是启蒙精神、科学技术和理性自身演变和发展的结果，然而随着工具理性的极大膨胀，在追求效率和实施技术的控制中，理性由解放的工具退化为统治自然和人的工具。[33]这是一种技术理性和价值理性的冲突：在资本主义社会，技术的提高是技术理性高扬的结果，而人的异化则是把人作为目的的价值理性走向衰落的表现。传统现代性的重要知识原则就是“科学理性”，正是这种表面“全知全能”实则“片面垄断”的工具理性，造就了现代社会的全面问题：社会成为经济社会，国家成为“技术国家”，“工业理性和技术的蚕食耗尽了日益现代化的本质”，“使人类的充满生机的关系成为工具理性”。[34]现代知识产权法的目标追求，存在一定程度的“工具理性的越位”和“价值理性的缺位”。我们看到，在合法垄断的知识产权背后是不同主体之间的利益失衡，在形式公平之中掩盖着实质上的不公平。[35]在国际经贸领域，知识产权成为垄断资源、遏制竞争对手、谋取商业利益的简单工具，在发达国家享有知识产权高额回报的背后，是发展中国家存在的“数字鸿沟”、[36]“公共健康危机”[37]等问题。

第二，制度自身缺陷凸显。知识产权法是对知识创新关系反映和调整最为迅速的制度构成，同时也是制度环境中直接规制知识创新活动的重要因素，是一种保护创新成果并规制创新活动的精巧法律工具。但是，知识产权法并不是完美无缺的，在知识经济的生态环境下，其促进创新的局限性显见不足：其一，权利垄断限制了知识的共享与创新的合作。当下创新主体已经发生变化，“合作”与“竞争”共同构成创新的动力，在通过市场竞争实现创新的同时，还存在知识共享带来的合作创新。但是，知识产权法最大问题是限制知识的使用，对知识的共享带来额外成本。其二，“问题专利”阻滞了科技进步和知识创新的速度。专利法在审查、授权、维持等方面的制度缺陷，不仅会带来发明技术应用与商品化的无效率，而且会导致专利取得、维持和实施的高昂成本。诸如专利申请积压、专利授权期延长、专利质量下降、专利诉讼爆炸、专利灌木丛、专利竞赛等问题已经使专利制度在某些技术领域或产业部门举步维艰。对此，美国联邦贸易委员会的评估报告人为，现行专利制度促进了创新和竞争，但创新和竞争可能被“劣质或者有问题的专利”所阻窒。[38]其三，版权技术保护措施限制了知识信息的广泛传播。在网络环境下，信息的传播便捷且广泛，数字技术的出现弱化了著作权人对其作品的控制力。为应对数字作品的非法传播而强化权利人控制其作品网络传播的能力，技术保护措施被纳入著作权制度。有学者认为，如果技术保护措施被普遍应用，可能会限制网络信息传播的巨大能量，也可能潜在地摧毁公众与私人之间存在的利益平衡。在数字版权管理或者技术保护措施取代销售许可合同的情况下，还可能妨碍公众对信息的接触或获取。[39]其四，授权机制的导引和暗示带来知识创新的负面影响。知识产权的授权机制具有功利性的指引，从而造成创新领域投入的失衡：应用领域的发明会受到制度的激励，因而有大量的人才和资金投入，而基础技术领域的创新，由于周期长、风险大，则可能创新投入不足甚至无人问津。

第三，制度单一而供给不足。知识创新的激励制度具有多样性，而且这些多样性制度之间具有可替代性。知识产权法是保护与促进知识创新的重要制度，但并非唯一制度。在创新制度体系的建构中，如果忽视知识产权法以外的补充或替代制度，将会造成制度供给不足。从历史上看，科技奖励制度与知识产权制度同为激励创新的政策工具。关于科学发现和一些技术成果所采取的非市场机制的奖励制度，在经济学家那里被称为“优先权报酬系统”，[40]其内容包括科技成果的命名权和科技奖金的获取权，而不是具有独占意义的私人财产权。在一些特殊产业，也存在非专有权利机制刺激发明的情形：在航空产业，即是由技术的固有难度以及实施“逆向工程”的高额费用来刺激和保护发明；在半导体产业，则是通过技术的迅猛发展而形成的陡然上升的市场支配力，即持续的技术开发来刺激和保护发明。[41]此外，“市场本身已经提供了足够精确的激励机制，诸如‘名声利益’、‘模仿时滞’、‘向下移动的学习曲线’等‘天然利益’更为重要”。[42]笔者认为，知识创新制度不等于知识产权制度，有必要建立一个以知识产权法为主、其他激励机制为辅的制度体系，其多种规范构成相互配合并发挥作用，使创新活动能够得到各种制度的润泽和激励。

第四，制度强加而成本增大。对于发展中国家而言，知识产权立法没有制度传承，也缺乏文化土壤，发达国家强加的法律移植，往往带来本土法律实施效益不足的“风险”。这即是制度外力强加而造成的“水土不服”。英国知识产权委员会指出，知识产权体系能够成为发展本土科技能力的一个重要因素，特别是在那些已建立起科技基础结构的国家中。[43]但是对大多数发展中国家而言，高水平保护国外知识产权与有效促进国内自主创新方面，在一定时期内会存在紧张关系：发展中国家的自主创新能力不足，制度环境建设需要时间较长，其中的技术断层不得不依赖技术引进来解决，这既可能形成“自主创新滞后效应”，又容易陷入发达国家的“技术引进陷阱”，此外，还会导致基于技术独占权利所产生的“市场垄断价格”。[44]

上述问题告诉我们，在经济全球化的国际背景和知识革命的时代情景之下，我们有必要对国际知识产权秩序进行批判性的解读，对现代知识产权制度进行反思性的创新，这是当代知识产权法创新价值实践的理性选择。

三、知识产权法的知识创新意义与制度创新使命

创新对经济增长与社会发展的影响，从来都是学者特别是经济学家关注的重大问题。熊彼特将创新作为其“经济发展理论的核心”，认为“经济发展的基本现象”是创新。[45]创新的结果是经济资源得到更为有效的配置，是生产要素实现新组合，是资源利用方式取得了进步，概言之，“经济发展的实质是创新”。[46]

“知识产权法是利用市场机能的巧妙体系”，[47]世界各国对知识产权制度的选择和考量，表现了某种超越私权属性的国家利益本位与公共政策立场。纵观近现代世界经济与社会的发展，人们不难发现这样一个事实：凡是知识进步与经济繁荣的国家，无一不是知识产权制度健全与完善的国家。在近代社会，知识产权制度是欧美国家促进经济增长，推动科技进步的政策工具；在当代社会，知识产权制度成为创新型国家维护技术优势，实现创新发展的战略武器。对此，原世界知识产权组织总干事卡米尔·伊德里斯（Kamil Idris）曾作出精辟的评价：“知识产权是经济发展的强有力的武器。”[48]近代英国是知识产权制度的最早制定者。它是专利法与著作权法的发源地，也是欧洲工业革命的策源地。英国1623年《垄断法规》宣布废除封建特许权制度，同时对新技术、新领域的发明与引进作出了类似专

利制度的新规定。1709年《安娜法令》则是一部"旨在授予作者、出版商专有复制权利,以鼓励创作的法规",其目的在于保护和激励人们对创造作品和兴办出版业进行投资。近代英国知识产权法作为一种产业、商业政策和科技、文化政策的有机组成部分,为18世纪70年代开始的工业革命奠定了重要的制度基础。对此,美国经济学家、诺贝尔经济学奖获得者诺思做出了如下评述:18世纪的英国之所以获得持久的经济增长,均是起因于一种适于所有权演进的环境,这种环境促进了从继承权、完全无限制的土地所有制、自由劳动力、保护私有财产、专利法和其他对知识财产所有制的鼓励措施,直到一系列旨在减少产品和资本市场缺陷的制度安排。诺思在对14世纪中国与十七八世纪英国做出比较分析后,指出工业革命的动因,那时英国拥有作为产权制度的一种特殊范畴,即知识产权制度,保护了发明创造者的利益,刺激了发明创造者的热情,使得发明得到大量涌现并带来浪潮般的技术革新,从而启动了工业革命并创造了现代经济增长的奇迹。[49]现代美国是知识产权制度的有效运作者。20世纪被称为"美国世纪"。美国成为世界强国的发展路径,在一定意义上即是知识产权政策推动创新发展的过程。2004年,美国政府报告阐明了该国一直奉行的基本政策立场:"从美国立国基础来看,保护知识产权始终是一项创新的支柱。"[50]自20世纪80年代以来,美国的知识产权政策作出了重大调整:在国内建立了促进知识经济发展、科学技术创新的政策体系,注重政策体系中知识产权的规制与导向作用。例如,多次修订完善其专利法,加强对技术产权的保护。除此之外,为激励技术创新,还颁布了《发明人保护法》、《技术创新法》;为鼓励成果应用,则制定了《政府资助研发成果商品化法》、《技术转让商品化法》等,由此构成了一个涵盖知识产权创造、应用和保护的完整制度体系。同时,美国强调知识产权制度与产业政策、科技政策、文化政策的有机整合。例如,通过政策联动,推动产业结构调整和传统产业改造,扶持"半导体芯片、计算机、通信、生物制药"等"朝阳产业",发展"软件、唱片、电影"等文化产业。据美国官方网络消息,奥巴马政府先后于2009年和2011年两次发布"国家创新战略",并明确提出知识产权法是一个国家推动创新、保护创新的重要制度。该国专利商标局将制定"21世纪国家知识产权战略",并推动其成为"国家创新战略"的重要组成部分。[51]当代韩国是知识产权战略的强力推行者。韩国作为"东亚经济奇迹的领航者”,曾在1970年至1995年人均GDP从5000美元升至20000美元,但90年代末的亚洲金融危机使这一经济奇迹戛然而止。为了摆脱困境,韩国于1997年提出“创意韩国”的发展理念,1998年制定“文化韩国”的发展战略,将知识产权作为一种战略工具,成功地从一个工业化国家转变为创新型国家。进入21世纪以来,韩国政府更加重视知识产权工作,寻求创新发展的新途径,于2009年出台《知识产权强国实现战略》,“其战略核心是将知识产权制度发展成为对新技术的创造、产业化、商业化具有促进功能的系统化社会基础,强化韩国的知识创造力和知识产权竞争力”。[52]从近代英国、现代美国到当代韩国,其经济增长与社会发展的事实告诉我们,知识产权法是制度创新促进知识创新的法律典范,是国家转型发展战略的制度文明。

创新型国家的创新发展路径与知识产权政策经验值得借鉴。中国既是一个传统的发展中国家,也是一个新兴的工业化国家,必须妥善、有效地处理发展中的知识产权问题。21世纪的第二个十年,中国将全面建成小康社会和创新型国家,由世界大国走向世界强国。实现上述战略目标,关键在于“创新驱动发展”;而实现创新发展,主要在于知识产权战略实施。我们必须认识到,“实施创新驱动发展战略”,“坚持走中国特色自主创新道路,以全球视野谋划和推动创新”;“实施知识产权战略,加强知识产权保护。促进创新资源高效配置和综合集成,把全社会智慧和力量凝聚到创新发展上来”,这是党的十八大对中国未来发展作出的新的战略部署。在过去相当长的发展时期,我们主要是以劳动密集型产业参与国际分工,这对于促进经济增长和扩大就业发挥了重要作用,但是随着劳动力以及环境资源成本的逐渐提高,传统发展方式已难以为继。数据表明,2003年至2011年,中国经济年均增长10.7%,其经济总量占世界经济总量的份额,从2002年的4.4%提高到2011年的10%左右;中国经济总量在世界的排序,从2002年的第6位,上升至2010年的第2位。但是,中国人均GDP位居世界第90位左右,仍然是一个发展中国家;我国的能源消耗占到世界总量的15%,钢材消耗占到世界消耗总量的30%,水泥消耗占到全球份额的55%,单位GDP的能耗是国际平均水平的3~4倍,甚至是日本平均水平的8倍。从我国的基本国情来看,一是不能走资源耗费型的发展道路。中国资源有限,人均淡水、耕地、石油、天然气以及主要矿产资源的占有量,仅是世界平均水平的1/4至1/2不等。[53]因此，我国不能靠牺牲环境、耗费资源、提供廉价劳动力来参加国际分工与协作。二是不能走技术依赖型发展道路。中国对外技术依存度达到50%以上。无论是考虑发达国家维护其技术优势、限制高技术转让的基本立场，还是顾及自身经济安全、文化主权和科技发展的需要，中国都只能走自主创新、建设创新型国家的发展道路。

知识产权法是我国建设创新型国家的制度支撑和实现发展方式转变的政策保障。2008年6月，《国家知识产权战略纲要》正式公布实施，这是中国知识产权法制建设30年来最为重要的成就。以此为标志，中国知识产权事业步入了一个新的重要历史时期。知识产权战略的制定，借鉴了有关国家战略发展的有益经验，但更多的是基于自己社会经济发展需要而作出战略考量。世界银行用以衡量各国经济发展水平的基本指标（以GNI为基本指标，以人均GNP或GDP平均增长率为参考指标）表明，中国经济发展水平尚低，经济结构较为落后；瑞士洛桑国际管理开发研究院2002年发布的《国际竞争力年度报告》显示，我国科技水平总体不高，科技竞争力在国际上基本处于中等地位；根据联合国开发计划署公布的《2004年人文发展报告》，中国人文发展指数（由预期寿命指数、教育指数和GDP指数构成）达到了世界中等人文发展水平。[54]上述资料告诉我们，中国仍属于发展中国家，基本达到世界中等或中等偏下的发展水平；但是，在经济、科技和社会发展的某些领域、某些方面，中国已经取得明显进步，有些甚至达到世界先进水平。这一情况说明，我国对知识产权制度已有较大需求，对知识产权保护也具备一定的调适能力，这是制定知识产权战略的国情基础；同时，中国进行知识产权的战略调整，最终是由建设创新型国家的总政策目标决定的。如前所述，我国传统经济增长模式的弊端日益凸显，甚至已经威胁到本国的经济安全。建立以知识产权战略实施为核心的政策体系，完善知识产权战略实施的配套机制，将成为21世纪我国建设创新型国家的首要任务。我国知识产权战略实施已经五年，总体而言，知识产权制度运行是健康的，正效应明显，[55]但其对经济和社会发展的贡献率还有待提高；知识产权政策初步形成体系，已付诸实施，但其运作能力和实施效益仍需进一步改进。就知识产权制度建设而言，以下问题值得我们关注：

第一，知识产权制度创新多元主体的协调。新制度经济学认为，制度创新的主体有国家、团体、个人三个层次。在知识产权的制度创新活动中，企业的技术创新、产品研发、品牌营运、资产管理、产权交易、市场开拓等，涉及知识产权的创造、运用与保护，其间既有技术、文化的知识创新，企业是为知识创新的投资主体、开发主体和受益主体；也有经营管理、体制机制的制度创新，企业是为制度创新的设计主体、执行主体和责任主体。在熊彼特的创新理论中，企业家的使命就是完成企业创新活动。相比之下，国家在制度创新中处于核心地位，是制度的最大供给者。与一般企业家不同，国家与社会事务的管理者扮演的是"政治企业家"的角色，"他从事的是社会制度的创新，而不是单纯的商业创新；他谋求的是社会经济的整体增长，而不是个别企业的超额利润"。[56]在知识产权法的制度供给中，"政治企业家"的创新职能主要是：制定知识财产的法律法规，对知识创新成果的取得、运用和交易进行有效的产权制度安排；提供知识资源的法治环境，建立包括司法裁判、行政管理、社会服务等在内的运行体系和机构；服务经济增长和社会发展的总目标，建立以知识创新为导向的政策制度体系，促进知识产品的商品化、市场化和产业化。总体来说，在知识产权制度创新主体构建中，国家和企业各有其责，但相得益彰：前者以建立国家创新体系为目标，进行制度设计和营造制度实施环境，以此对企业的知识创新活动进行推动、规范和指导；后者围绕企业知识创新活动，完善内部管理经营制度，以发挥其在国家创新体系中的基础主体作用。

第二，知识产权法律与公共政策的同构。在政策科学领域，法律亦是一项公共政策。美国学者伍德罗·威尔逊认为："公共政策是由政治家，即具有立法权者制定的，而由行政人员执行的法律和法规。"[57]关于知识产权制度的选择与安排，其背后体现了国家利益的政策立场。一般认为，国家利益是受客观规律制约，满足或能够满足国家赖以生存和发展的各项客观需要，是整体上对国家这一主体生存和发展的有益需要。知识产权法蕴含着创新发展的目标选择和实现目标的手段，反映了私人产权制度中的国家利益需求。在知识产权公共政策体系中，法律是重要但并非唯一的构成，与知识产权法相关的公共政策包括如下方面：通过知识产权运用，促进产业结构调整与优化，发展战略性新兴产业的"产业政策"；通过知识产权扶持，培育地方特色经济，促进区域经济协调发展的"区域政策"；激励文化创新活动、推动文化事业繁荣和版权产业发展的"文化政策"；提升自主创新能力，发展科学技术，形成知识产权核心竞争力的"科技政策"；转变贸易发展方式，完善对外贸易领域知识产权管理体制、预警应急机制、海外维权机制的“贸易政策”；推进知识产权素质教育，培养知识产权专门人才的“教育政策”。此外，诸如财政、金融、投资、政府采购、能源、环境保护等政策，也会涉及知识产权问题。总之，在公共政策的体系建构中，我们应“强化知识产权在经济、文化和社会政策中的导向作用”，“加强产业政策、区域政策、科技政策、贸易政策与知识产权政策的衔接”。[58]

第三，知识产权制度与文化建设的同步。在新制度经济学中，意识形态属于制度的范畴。意识形态对制度变迁的影响，表现为促进或是阻碍制度创新实现，降低或是增加制度创新成本，在这种情况下，“意识形态便成为决定性的因素”。[59]可以认为，国家实施制度创新使命，其中之一就是培育主体意识形态，为国家创新体系的运行提供思想动力。知识产权法是发展中国家实现转型发展即创新发展的制度选择。对外国法制或国际法制的引进，存在“法律本土化”的问题。在构建知识产权法治秩序的过程中，物质的、技术的法律制度即法治的“硬性”系统，相对而言比较容易移植，但若要真正发挥其应有的作用和价值，则必须同时植入相应的精神、意识和观念，即法治的“软件系统”。法律制度创新目标的实现，有着其内在的法律文化要求。就中国知识产权法治状况而言，我们引进了知识产权法的制度外型，但缺乏与之相应的文化基础，这是知识产权法创新价值目标实现的思想障碍，也是知识产权法移植中递减效应的原因所在。知识产权法文化认同缺乏，是一种制度信任危机。制度信任的关键，是社会组织成员对制度和规则所达成的共识，依赖于成员对制度和规则的认同、内化的程度。因此，在知识产权制度建设过程中，我们必须注重相应的法律精神的构造，即培育、形成和弘扬“崇尚创新精神、尊重知识产权”的主体意识形态，为知识产权法的创新价值目标实现奠定必要的思想基础。

第四，知识产权法律改革与制度替代的互动。知识经济与信息技术的发展，对知识产权制度提出了新的变革要求。在现代知识产权法的发展过程中，我们必须解决权力高度扩张与利益相对失衡的问题，防止知识产权法由激励创新和保护权益的制度蜕变成“资本积累、争取优势竞争力、追求最大利润的工具”。[60]制度和政策的经济分析告诉我们，知识产权法之所以必要，是因为选择其来解决知识资源生产与分配问题，较之市场自行解决问题所产生的社会成本较低。按照科斯的说法，政府公共政策只是一种在市场解决问题时社会成本过高的情况下所做出的替代选择。[61]这说明，知识产权法在制度功能上是有限度的，在制度选择上并不是唯一的。同时应该看到，知识产权法的实施，关系到知识资源上不同主体的利益分配。在政策科学理论看来，实施任何政策都会面临一个"谁是政策的受益者，谁是政策的受损者"的问题。因此，公共政策常常需要在各种利益的冲突之间达到某种平衡，以保证公共政策的顺利实施和社会的稳定发展。[62]上述分析表明，知识产权法需要制度创新，即从制度本身改革与制度外部补充两个方面来进行。对于前者，日本学者提出对著作权的私权性进行淡化处理，使著作权制度内部向着私权独占与对价征收的双轨方向发展；美国学者探索在不同技术创新领域有差异地适用专利制度；[63]澳大利亚学者主张强化公共领域保留制度，避免将知识产权变成一种将循环使用的公共信息变成私有垄断信息的工具。[64]这些都可以视为知识产权法自身的变革。但是，制度创新的任务仅从反思知识产权法本身是不够的，我们更多的应是寻求新的制度补充和替代，这主要有：世界知识产权组织在政府间组织酝酿的传统知识保护制度；[65]具有"亚政治"运动性质的国际社会团体和个人采取的"开放存取运动"和"知识共享"协议；[66]一些国家正在推行"专利奖赏"和"发明奖励"的知识创新激励制度等。[67]

知识产权法与创新联系在一起。知识产权法源于创新而生，是为财产权制度革新的产物；基于创新而变，当以激励知识创新为价值目标。可以认为，坚持制度创新与知识创新，这是知识产权法的历史过程和时代使命。

注释

1 汪丁丁：《制度创新的一般理论》，载《经济研究》1992 年第 5 期。

2 参见［美］约瑟夫·熊彼特：《经济发展理论》，何畏、易家祥等译，商务印书馆 1990 年版，第 73 页。

3 Alison Firth, The Prehistory and Development of Intellectual Property System, Sweet & Maxwell, 1997, p. 3.

4 ［美］V. 奥斯特罗姆：《制度分析与发展的反思——问题与抉择》，王诚等译，商务印书馆 1996 年版，第 14 页。

5 ［日］阿部浩二：《各国著作权法的异同及其原因》，朱根全译，载《环球法律评论》1992 年第 1 期。

6 《马克思恩格斯选集》(第 1 卷),人民出版社 1995 年版,第 277 页。

7 《马克思恩格斯全集》(第 47 卷),人民出版社 1979 年版,第 570 页。

8 黄新华:《制度创新的经济学理论》,载《理论学刊》2004 年第 1 期。

9 [美]舒尔茨:《制度与人的经济价值的不断提高》,载[美]R. 科斯等:《财产权利与制度变迁》,刘守英等译,上海三联书店 1999 年版。

10 刘风朝:《论技术创新与制度创新的互动》,载《科学技术与辩证法》2000 年第 2 期。

11 Amitai Etzioni, Mixed-Scanning, A "Third" Approach to Decision – Making, 27 Public Administration Review 385 (1967), p. 387.

12 [美]托马斯 · C. 格雷:《论财产权的解体》,高新军译,载《经济社会体制比较》1994 年第 5 期。

13 [德]卡尔 · 拉伦茨:《德国民法通论》(上册),王晓晔等译,法律出版社 2003 年版,第 377 ~ 378 页。

14 [日]小岛庸和:《无形财产权》,日本创成社 1998 年版,序言。

15 Edward W. Ploman, L. Clark Hamilton, Copyright: Intellectual Property in the Information Age, Routledge And Kegan Paul Ltd., p. 197.

16 See Russ Versteeg, The Roman Law Roots of Copyright, 59 Maryland Law Review 522 (2000), p. 533.

17 参见吴汉东:《知识产权制度运作:他国经验分析与中国路径探索》,载《中国版权》2007 年第 2 期。

18 参见张韬略:《英美和东亚专利制度历史及其启示》,载《科技与法律》2003 年第 1 期。

19 Calestous Juma, Lee Yee – Cheong, Innovation: Applying Knowledge in Development, Earthscan in the UK and USA, 2005, p. 25.

20 参见蒙启红:《论知识产权国际保护的棘齿机制》,载《经济理论研究》2007 年第 1 期。

21 Tuan N. Samahon, TRIPs Copyright Dispute Settlement after the Transition and Moratorium: Nonviolation and Situation Complaints against Developing Countries, 31 Law & Pol'y Int'l Bus. p. 1055.

22 Shubba Ghosh, Reflections on the Traditional Knowledge Debate, 11 Cardozo J. Intl and Comp. L. 501 – 502.

23 Laurence R. Helfer, Regime Shifting: The TRIPs Agreement and New Dynamics of International Intellectual Property Lawmaking, 29 Yale J. Int'l. 10 – 17.

24 宋志国:《我国知识产权法律移植中的递减效应原因探析》,载《政治与法律》2006 年第 5 期。

25 陈谊、汪天亮:《试论知识产权法的价值定位——创新》,载《行政与法》2004 年第 9 期。

26 在法哲学理论中，人的理性可以分为"实践理性"和"规划理性"。前者是接受性理性，表现为道德经过长期教化而为人们自然接受为价值；后者是能动性理性，即在特定情况下人为地设计出符合规律的价值。

27 参见吕忠梅等：《经济法的法学与经济学分析》，中国检察出版社 1998 年版，第 369 页。

28 笔者认为，近代知识产权法产生的思想基础包括个人主义，自由主义、理性主义。这些是西方法文化构成的重要内容，也是市民阶级关于知识产权法构造的精神主张。参见吴汉东：《知识产权法律构造与移植的文化解释》，载《中国法学》2007 年第 6 期。

29 参见卓泽渊：《法的价值论》，法律出版社 2006 版，第 463 页。

30 参见乔克裕、黎晓平：《法律价值论》，中国政法大学出版社 1991 年版，第 31 页；严存生：《公平、改革、法律》，载《法律科学》1990 年第 2 期。

31 马宏伟：《经济发展与制度创新》，载《经济评论》2003 年第 1 期。

32 [德]乌尔里希·贝克：《"9·11"事件后全球风险社会》，王武龙编译，载《马克思主义与现实》2004 年第 2 期。

33 参见[德]马克斯·韦伯：《新教伦理与资本主义精神》，于晓、陈维纲译，三联书店 1987 年版，第 141 ~ 142 页。

34 [德]乌尔里希·贝克：《世界风险社会》，吴英姿、孙淑敏译，南京大学出版社 2004 年版，第 103 ~ 107 页。

35 高明亮：《论比较法学中的价值理性》，载《比较法研究》2006 年第 5 期。

36 在版权产业界，诸如影视、音乐、广播、游戏、动漫、出版等数字内容产业占据主流和支配地位，而生产数字内容产品的很多核心技术乃至技术标准，多为发达国家及其跨国公司所掌握。这种网络发展的不均衡性，即是"数字鸿沟"问题。参见张新红等：《聚焦第四差别：中欧数字鸿沟比较研究》，商务印书馆 2010 年版，第 82 页。

37 很多发展中国家和最不发达国家因药品专利的垄断性，无力购买昂贵的专利药品或利用药品专利技术，普遍存在公共健康危机问题。按照国际人权标准，现今知识产权制度对健康权的实现已经带来消极影响。参见[美]奥德丽·R. 查普曼：《将知识产权视为人权：与第 15 条第 1 款第 3 项有关的义务》，刘跃伟译，载《版权公报》2001 年第 3 期。

38 Federal Trade Commission, To Promote Innovation: The Proper Balance of Competition and Patent Law and Policy, (2003). 转引自王太平：《知识产权制度的未来》，载《法学研究》2011 年第 3 期。

39 参见高富平：《寻求数字时代的版权法生存法则》，载《知识产权》2011 年第 2 期。

40 袁志刚：《论知识的生产与消费》，载《经济研究》1999 年第 6 期。

41 [日]富田彻男：《市场竞争中的知识产权》，廖正衡等译，商务印书馆 2000 年版，第

252 页。

42 夏旭阳:《知识产权垄断性批判》,载《西南政法大学学报》2007 年第 1 期。

43 转引自《英国政府对英国知识产权委员会的报告〈综合知识产权与发展政策〉之回应》,载 http:/www. iprcommision. org/Translations/DFID Response Chinese FINAL. pdf。

44 魏兴民、张荣刚:《国际知识产权保护与中国自主创新内在逻辑分析》,载《社会科学家》2007 年第 2 期。

45 [美]约瑟夫·阿洛伊斯·熊彼特:《经济发展理论》,叶华译,中国社会科学出版社 2009 年版,第二章"经济发展的基本现象"。

46 马宏伟:《经济发展与制度创新》,载《经济评论》2003 年第 1 期。

47 [日]中山信弘:《多媒体与著作权》,张玉瑞译,专利文献出版社 1997 年版,第 3 ~ 4 页。

48 Kamil Idris, Intellectual Property: A Power Tool for Economic Grouth, http://www. wipo. Int/about – wipo/en/dgo/wipo_pub _888/index_wipo_pub_888. html, visited on Sep. 14, 2008.

49 参见[美]道格拉斯·诺思等:《西方世界的兴起》,厉以平、蔡磊译,华夏出版社 1999 年版,第 23 页。

50 Innovate America: Thriving in a World of Challenge and Change, National Innovation Initiative Interim Report, Council on Competitiveness, 2004, p. 7.

51 美国专利商标局:《美国将制定 21 世纪国家知识产权战略》,载《电子知识产权》2010 年第 10 期。

52 付明星:《韩国知识产权政策及管理新动向研究》,载《知识产权》2010 年第 3 期。

53 有关数据参见梅永红:《自主创新与国家利益》,载《求是》2006 年第 10 期。

54 参见任建民:《中国科技追上世界脚步》,载《中国科技奖励》2002 年第 3 期;《我国人文发展指数居世界中等发展水平》,载 http://www. sts. org. cn/nwdt/gwdt/document/007. htm,最后访问日期:2011 年 12 月 29 日。

55 知识产权战略实施的正效应主要表现为:科技创造能力提升,跻身专利申请第一大国;品牌创建能力提高,商标注册申请量全球第一;文化创新能力增强,版权产业发展接近发达国家水平;其他知识产权获取能力加大,带动高新技术产业发展。详见吴汉东:《知识产权战略实施的国际环境与中国场景》,载《法学》2012 年第 2 期。

56 黄新华:《制度创新的经济学理论》,载《理论学刊》2004 年第 1 期。

57 转引自伍启元:《公共政策》(上册),台湾商务印书馆 1985 年版,第 4 页。

58 参见《国家知识产权战略纲要》,知识产权出版社 2008 年版。

59 [美]道格拉斯·C. 诺思:《经济史中的结构与变迁》,陈郁、罗华平等译,上海人民出版社 1994 年版,第 60 页。

60 肖新林等:《企业社会责任与知识产权》,载易继明主编:《中国科技法学年刊》(2008 年卷),华中科技大学出版社 2010 年版。

61 [美]罗纳德·科斯:《社会成本问题》,载[美]R. 科斯等:《财产权利与制度变迁》,刘守英等译,上海三联出版书店 1999 年版。

62 吴鸣:《公共政策的经济学分析》,湖南人民出版社 2004 年版,第 3 页。

63 参见王太平:《知识产权制度的未来》,载《法学研究》2011 年第 3 期。

64 [澳]彼得·达沃豪斯、约翰·布雷斯特:《信息封建主义》,刘雪涛译,知识产权出版社 2005 年版,第 192 页。

65 WIPO, Intellectual Property Needs and Expectations of Traditional Knowledge Holders, WIPO Report on Fact-Finding Missions on Intellectual Property and Traditional Knowledge (1998 – 1999), Geneva, April.

66 以"社会理性拥护者"为基础的全球"亚政治",是指"外在于并超越国家—政府政治体制的代表性制度的政治",是应对风险社会所采取的"知识行动"。参见[德]乌尔里希·贝克:《世界风险社会》,吴英姿、孙淑敏译,南京大学出版社 2004 年版,第 50 页。

67 参见刘友华:《专利制度的未来模式:替代、革新抑或全球化》,载《华南师范大学学报》(社会科学版)2011 年第 4 期。

吴汉东

代表作

拾捌

科技创新、经济发展与制度变革*

知识产权制度的运行机制

21 世纪的大门已经开启。以微机革命、网络革命和通信革命为主流的世界新技术革命,将人类社会从工业经济时代推向一个崭新的时代——知识经济时代。知识经济作为新的经济形态,有它特有的经济基础结构与法律制度体系,这是围绕着知识的生产、传播与利用的智力劳动过程,服务于知识经济社会化、产业化、产权化的发展目标所建立起来的。在法律制度体系中,知识产权法与科技、经济有着特殊的联系:在工业经济时代,它是近代科学技术与商品经济的产物,为资产者提供了取得财产的新方式;在知识经济时代,它是现代科学技术进步与市场经济发展的推动器,成为"知本家"获取知识财产的保护神。本文试从科技、经济、法律一体化的视角,探讨知识产权制度的产生、发展与变革,对知识经济时代的知识产权制度的功能与利用作出新的认识。

一、科技、经济、法律相联结:知识产权制度产生的社会条件

在人类历史上,保护财产权利的法律制度,可以追溯到公元前遥远的年代。"言必称罗马",传统民商法中的所有权、他物权、债权及继承权制度都可以从古代罗马法中找到其雏形。"知识产权制度则是近代法制史上的新页",[1]是科学技术与商品经济发展到一定阶段的产物。一般认为,英国于 1623 年制定第一部专利法(《垄断法规》),1709 年制定第一部著作权法(《为鼓励知识创作而授予作者及购买者就其已印刷成册的图书在一

* 原载《法学研究》2001 年第 6 期,题名为"科技、经济、法律协调机制中的知识产权法"。

定时期之权利法》,即《安娜法令》)。法国于1857年制定第一部商标法(《关于以使用原则和不审查原则为内容的制造标记和商标的法律》),是具有近代意义的知识产权制度的开端。这些绝非历史的偶然。自十七八世纪以来,资产阶级在生产领域中开始广泛采用科学技术成果,从而在资本主义市场中产生了一个保障知识产品私有的法律问题。资产阶级要求法律确认对知识产品的私人占有权,使知识产品同一般客体物(有形产品)成为自由交换的标的。他们寻求不同于以往财产法的新的法律制度,以作为获取财产权利的新方式:在与商品生产直接有关的科学技术发明领域出现了专利权,在艺术作品以商品形式进入市场的过程中出现了著作权。这些法律形式最后又被概括为知识产权。

近代知识产权制度植根于当时的物质生活关系。从科技、经济、法律相联结的角度考察,知识产品要成为新型财产权利的标的,或说是知识财产制度的出现,有赖于如下条件:

第一,科学技术广泛应用于社会生产。在前资本主义时期,科学和技术一般是分离的和脱节的,科学技术应用于生产还只是偶然的和不自觉的行为。那时,技术由平民工匠掌握,技术的进步全凭经验摸索和传统技艺的提高和改进。科学知识则属于贵族哲学家,科学理论常常落在生产实践之后,只是概括和总结实践过程中积累的经济材料。[2]从前资本主义末期到资本主义初期,正是自然经济向商品经济进行转化的时期,在这一过程中,劳动产品中占主导地位的体力因素逐渐让位于智力因素,新的生产方式第一次使自然科学为直接的生产过程服务。资产阶级在最初一百年的统治中创造了巨大的生产力,"机器的采用,化学在工业和农业中的应用,轮船的行驶,铁路的通行,电报的使用",[3]使科学技术与社会生产紧密地联系在一起。这种有机联系具体表现为"科学发现—技术发明—社会生产"的一体化。正如马克思主义经典作家所说的那样,"生产过程成了科学的应用,而科学反过来成了生产过程中的因素即所谓职能。每一项发现都成了新的发明或生产方法的新的改进的基础"。[4]

第二,科技成果成为自由交换的商品。在前资本主义时期,运用科学技术生产的物质产品可以作为商品,但是科技成果本身却不是商品。由于科学技术被长期封闭在一个个具体的狭隘行业和独立的家庭作坊中,主要靠自身的经验积累发展着,很难进入社会规模的应用和转移。在这种封闭性的社会经济格局里，科学技术缺乏系统性、继承性的发展，而仅具有分散性、经验性的特征。所谓“祖传秘方”、“父传子受”，是小生产者取得技术、掌握技术的主要手段。近代商品经济的发展和资本主义结构的建立，打破了自然经济中技术部门之间及技术与社会联系之间的壁关锁垒。由于商品经济需求的强烈冲击，迫使技术向社会发生大规模转移。资本把科技成果还原成一般等价物，并用纯粹的经济效益来衡量他们的价值，这就使科学技术从一般技艺和狭隘分工中相对解放出来。资本的神奇力量在于它使“工匠们成为雇佣劳动者，即把他们的技能和人体一起转化为商品”，并驱使其走向市场，卷入“一种没有良心的自由贸易之中”。根据马克思的劳动价值理论，智力劳动也是一种生产劳动。生产商品不仅是指物质生产中的实物形式的商品，还包括非物质生产中的无形商品，如服务、知识、信息、技术等。[5]这即是说，在科学技术运用于社会生产的过程中，包括技术、知识、信息在内的知识产品本身（无形商品）与采用知识、信息、技术生产的物质产品（有形商品）都具有同等的商品意义。

第三，知识产品纳入新型财产权利的保护范围。在前资本主义时期，对有限的科学技术传播和交流，缺乏财产法和契约法的有力保障。商品贸易（包括知识产品和有形商品的交换）必须建立在确定的产权基础上和稳定的交易秩序中，而以重刑轻民、“神事重于人事”为特征的封建法律往往视科技成果的传播和应用为私人琐事，很少以国家的名义直接进行调控。尽管在封建社会的晚近时期，出现有印刷专有权或专营、专卖权，但这是一种封建特许权，而不是资本主义式的财产权。这种封建特许制度的受益者主要是印刷商、企业主以及颁发许可证的统治者，而不是从事智力创造活动的作者、发明者。在有的情况下，封建统治阶级还通过特许制度限制先进思想传播，迫害进步作者和发明者。[6]因此这种封建特许权与近代意义上的知识产权有着性质上的差别。对于知识产品的保护，无法简单采用罗马法以来的传统财产权形式。德国法哲学家黑格尔认为，诸如精神技能、科学知识、艺术以及发明等，都可以成为契约的对象，而与买卖中所承认的物同一视之。此类占有虽然可以像物那样进行交易并缔结契约，但它又是内部的精神的东西。[7]因此，知识产品是独立于传统意义上的物的另类客体；换言之，以知识产品作为保护对象的知识产权是与有形财产所有权相区别的崭新的法律制度。马克思在叙述经济与法律的关系时说道：“每当工业和商业的发展创造出新的交往形式……法便不得不承让它们是获得财产的新方式。”[8]无须讳言，正是在近代商品经济和科学技术不断发展的推动下，知识产权作为一种私人享有的无形财产权，才得以为资本主义国家普遍认可和严格保护，并逐渐形成一种独立而严密的法律制度。

第四，以知识产权名义实现权利制度的体系化。从古代罗马法到近代民法，所设定的财产权利制度概以有体物为核心展开。在罗马私法体系中，罗马人以“物”作为客体范畴（主要是有形的物质客体——有体物，也包括无形的制度产物——无体物），在此基础上设计出以所有权形式为核心的“物权”制度，建立了以物权、债权为主要内容的“物法”体系。1804年的《法国民法典》与1896年的《德国民法典》，或承认无体物，但专指具有财产内容的抽象权利；或以有体物为限，没有无体财产的概念。一句话，诸如著作权、专利权、商标权等新型民事权利制度未能进入传统民法典的体系范围。[9]知识产权是人们基于自己的智力活动创造的成果和经济管理活动中的标记、信誉而依法享有权利，是一个属于民法范畴但又相对独立的权利制度体系。将一切来自知识活动领域的权利概括为“知识产权”，最早见之于17世纪中叶的法国学者卡普佐夫，后为著名比利时法学家皮卡第所发展。皮卡第认为，知识产权是一种特殊的权利范畴，它根本不同于对物的所有权。“所有权原则上是永恒的，随着物的产生与毁灭而产生与终止；但知识产权却有时间限制。一定对象的产权在每一瞬息时间只能属于一个（或一定范围的人——共有财产），使用知识产品的权利则不限人数，因为它可以无限地再生。”[10]知识产权学说以后在国际上广泛传播，得到世界上多数国家和众多国际组织的承认。上述情况在20世纪后半叶发生变化。一些大陆法系国家试图在民法典的框架内，整合一个包括知识产权在内的大一统的财产权制度。其代表性的立法例有1992年《荷兰民法典》、1995年《俄罗斯民法典》、1995年《越南民法典》。对此做法，学者不乏批评意见，立法者（如荷兰）亦有放弃原议之先例。

上述诸要素，是历史与逻辑的统一，其间既有着历史发展的客观规律，又有着内在逻辑的联结关系。回溯西方发达国家创建知识产权制度的历程，确乎存在一条联结科学、经济、法律一体化发展的清晰轨迹：社会生产的科技化—科技成果的商品化—知识商品的产权化—权利制度的体系化。从推动社会进步的角度说来，这一基本线路就是：科技发展—经济增长—法制进步的历史进程。

二、财产的“非物质化革命”与知识产权的制度安排

无体物、无形财产与知识财产是知识产权理论的基本范畴。知识产品财产化与知识财产法律化，带来了私法领域财产的非物质化革命。以法律的名义保护知识产权，需要有新的观念突破、新的理论建构、新的制度设计。这些无不蕴含着对传统财产权制度的冲击与挑战。

第一，知识产品财产化与传统物化财产结构的矛盾。自罗马法以来，人们基于财产的主要构成限于有体物的认识，设定了物质化的财产权利制度。在客体物构成中，有体物固然包括有形之动产与不动产，无体物亦指以实在之物为对象的财产权利，可以说，传统的物与物权制度即是物质化的财产结构。随着商品经济的发展，在社会财产的构成中，出现了所谓抽象化、非物质化的财产类型，人们对财产与物的概念有了新的认识。美国学者写道，19 世纪时法院开始意识到，一些无形财产的价值并不一定能与商业场所或有形的商业附属物相联系。在多数案件中，保护当事人的无形财产比保护有体物更重要，换言之，在许多场合中，要保护的根本不是什么“物”，而是价值。[11]在资本主义市场中，主要是两类财产具有非物质化特点：一是实在之物抽象化，即债券、股票、保险单等。英国学者詹克斯认为这是一种与其最初形态完全不同的动产。这种动产的价值并不取决于它的自然性质，而是取决于它的法律性质。[12]在现实交易中，有价证券的交付，即意味着一定数量的物件或货币的交付，即有形物品被抽象化了。二是精神之物“定在”化，即知识、技术、信息等。黑格尔认为，此类精神产品是精神内在的东西，但可以通过一定形式的“表达”而取得外部的“定在”，即精神产品可以有“直接性”和“外在”的载体。[13]在社会劳动产品类型中，知识产品与物质产品不同，它虽具有内在的价值和使用价值，但没有外在的形体。应该进一步指出，作为精神内在的知识，往往都有一定形式的外部“定在”（载体），但两者有着不同的财产意义。智力劳动的创造物之所以称为“知识”财产，在于该项财产与各种信息有关，但并不体现在表达信息的有形载体之中。[14]

第二，知识财产的“权利束”组合与传统单一财产权利形式的反差。传统的民法学理论依权利的内容，将民事权利最概括地分为财产权与非财

产权。[15]古代罗马法所创制的所有权及其他物权、家长权及其他身份权，近代德国民法、瑞士民法所规定的一般人格权无不归类于上述两类范畴。所有权是为最典型、最重要的财产权，其客体为有形之动产或不动产，不问客体物的内容、性能、用途、价值如何，所有权对不同客体物所享有的占有、使用、收益和处分的基本权能是一样的。将所有权称为单一财产权利形式，有两层含义：一是该项权利之性质的单一性（单纯财产性权利），二是该权利之权能的类型化（占有、使用、收益、处分的基本权能）。知识产权是一种新型的民事权利，诸如著作权、商号权、商誉权等具有财产权与人身权的双重内容。因此，“简单地将这些权利归于财产权或非财产权都不妥当，于是就在财产权与非财产权之外，建立一类混合性的权利”。[16]现代意义上的知识产权是一个“权利束”（a bundle of rights），[17]这即是说，它不是单一的、整块的现象概念，而是一系列独立和特殊利益的组合。[18]在某项知识产权的概括名义下，各项权能相互独立、内容各异。这些丰富多彩的权能共同组成了具有最大包容性的某一知识产权。例如，著作权含有复制权、发行权、展览权、播放权、出租权、改编权、翻译权等多项权能，而制造权、使用权、销售权、进口权、转让权、许可权构成了专利权的完整内容。上述各项权能都是设定在同一知识产品之上的，它完全背离传统财产法的“一物一权主义”原则，使得同一知识产品拥有若干权利主体的情形普遍存在：一是某类权利主体对其知识产品享有财产权利又享有人身权利时，发生继受取得的只能是其中的财产权利，而人身权利仍为原创造者享有；二是某类知识产权仅是不完全转让的，继受主体只能在约定的财产权项上享有利益，从而发生多个主体共同使用某一知识产品的情况；三是某类知识产权的转让在不同地域范围进行时，由于地域性的原因，若干受让人只能在各自受让的区域范围内行使权利。

第三，知识产权本质属性与传统财产所有权基本特征的差异。古典物权法理论将绝对性、排他性与永续性概括为财产所有权的三大基本特征，强调所有权在整个物权制度的中心地位。从罗马法到近代民法，都对所有权作出了绝对的保护；所有者对物的所有权不仅可以终其一生，而且还延伸到最后；所有者对其所有物得直接支配，并对抗一切人。可以说，在古典所有权理论及近代民事立法中，所有物所涉及的领域，是一个绝对化的私的领域。早期的知识产权保护理论，试图以传统的所有权框架来涵盖非物质形态的精神产品。18 世纪的欧洲大陆国家曾流行着保护知识、技术的“精神所有权”学说，这种权利被理解为一种排他的、可对抗一切人的权利，是所有权的一种。但从所有权的原来含义来讲，上述权利并非是真正的所有权。[19]与罗马法以至近代民法关于私的所有权无限制保护原则不同，知识产权制度在其建立之初，即是在保护创造者权利的基础上寻求个人私益与社会公益的某种平衡。1709 年的《安娜法令》强调对作者权利的保护，但对其他主体的利益以及公共利益也给予了必要的关怀。《安娜法令》设定了一个“文学艺术的公共领域”（the public domain for literature），它来自三个方面的规定：一是创作是新作品取得著作权的必备条件（以保护现存作品不被出版商收回）；二是对著作权保护有一定期限（以对抗出版商永久著作权主张，保证作品在一定期限后为社会自由使用）；三是著作权所有人在印刷出版和出售方面享有有限的权利（著作权穷竭）。[20]“公共领域”的规定，无疑是一道划分公共利益与个人利益各自范围的“分水岭”。1787 年美国《宪法》的制定者以根本法的形式规定了著名的知识产权保护“三 P”原则：（1）促进知识（the promotion of learning），即知识产权法的立法目标在于促进知识传播和文化发展；（2）公共领域保留（the preservation of the public domain），即知识产权被限制在一定时间和范围之内；（3）保护创造者（the protection of the author），即宪法赋予创造者对其智力成果以专有权。[21]由上可见，知识产权是一种私的权利，但并不是绝对化的私权。与传统财产所有权的基本特征相比较而言，知识产权表现了有条件的独占性、有限制的排他性与有限定的时间性。

知识财产的法律制度或说是知识产权制度的建立，是罗马法以来财产权领域中的一场深刻的制度创新与变革。但是，这一制度创新并没有完全离开罗马人所构建的私法基础，而制度变革在保留两大法系法律传统的同时表现了逐步趋同的时代潮流。

第一，大陆法系国家关于知识财产的立法思想。资产阶级革命后的大陆法系国家以法典为工具，实现了私权制度的体系化。法国民法继承并发展了罗马法的传统，将财产分为有形财产（有体物）与无形财产（无体物），[22]同时扩展了无形财产的范围。其中，除了民法典所规定的债权、股东权外，还包括现实生活中普遍存在并时常更新的知识产权。在立法技术上，知识产权本归类为动产物，但随着知识财产的价值日益为人们所重视，这一新型财产权利又被划归到更具重要价值的不动产类别中。[23]德国民法在继受罗马法传统方面,形成了不同于法国民法的德意志民族风格。其民法理论不承认无体物,所谓物仅涉及有体物的概念。但在学说中,知识产品是知识产权法所规范的"无体物"。依德国学者的意见,知识产品也可视为一种无体物,但它不能归类于物权法的物的范畴之中,而仅是知识产权法所规范的客体。同时,根据动产与不动产的分类,对权利也可以适用动产的有关规则,因此,作为标的的权利具有类似动产的属性。在立法者看来,"物的所有权"与"权利的所有权"具有同等意义。可以说,在法理上,知识产权本身可以作为客体物看待。[24]

第二,英美法系国家关于知识财产的立法思想。英美法关于财产及知识财产的理论,没有欧洲大陆国家那种严格的抽象概念体系,而是采取更加务实的态度去界定以至拓展财产法的调控范围。在英美法理论中,动产分为有形动产(tangible personal property)和无形动产(intangible personal property),前者系实物动产,如汽车、电器、马匹等;后者为非实物动产,如银行账号、有价证券、专利等。此外,动产还可以分为占有物与诉体物,前者是指能够通过占有而享有的物,后者则是通过诉讼而享有的物。诉体物最先用于债权,后来又扩展到无形财产权。诉体物也被称为"诉讼中的动产"(choses in action),其特点表现为:一是这种动产的存在范围,只有通过诉讼才能充分体现出来。由于客体的非物质性特点,该类财产往往需要通过诉讼请求,才能划清"社会财产"与"我的财产"、"合理使用财产"与"非法使用财产"之间的界限。二是这种动产的价值不表现为记载知识产品的物化载体本身的价值,而取决于象征请求交付有体动产的无形财产权的价值。根据英美财产法理论,举凡债权、商业证券及知识产权都可以作为无形财产看待,这是因为他们都是区别于实物动产的无体动产物、象征某种财产利益的抽象物以及只有通过诉讼而享有的诉体物。

综上所述,无形财产在各国所指对象有所不同。在法国,无形财产指知识产权本身,包括有关营业资产、顾客、营业所、作品、发明专利、工业设计、商标、商业名称以及商业信息等所享有的权利。[25]在德国、日本,无形财产指各种新的知识形态产品(日文为"知识产物"),包括创作和标记两类。[26]在英国,无形财产或为债权与知识产权等权利,或是债券、股票等特殊种类物,或指商誉等资信利益。摈却上述异义不论,从总体趋势而言,知识财产作为无形财产,其革命性意义表现在如下方面:第一,知识财产是一种“新的财产”。它不是以往对物进行绝对支配的财产,而是“非物质化的和受到限制的财产”。“非物质化”的结果,极大地拓宽了财产法适用的范围。在很多情况下,法律保护的对象不是有形的物,而是无形的财富,财产遂被定义为“对价值的权利而非对物的权利”。“非绝对性”的意义在于对新财产权利的适当限制,其目的是防止权利的过于垄断,以保证知识、技术、信息的正当传播。第二,以知识、技术、信息为对象,以知识产权为表现形式的无形财产在社会财富的构成中占有越来越重要的地位。从“知识就是力量”到“知识就是财富”,反映了人们对知识产品功能与价值的认知在不断深化。知识是非物质性的精神内在的东西,其之所以产生推动社会前进的力量,成为重要的社会财富,关键在于国家法律的特别保护,这个法律就是知识产权制度。第三,知识产权的出现是财产非物质化革命的结果,但不是无形财产权体系化的终结。早在20世纪初,美国学者施瓦茨曾叙述了“具有重大价值的新型财产”。“这些财产包括商业信誉、商标、商业秘密、著作权、经营利益、特许权以及公平的便利权。”[27]上述权利主要是知识产权,但不限于知识产权。必须看到,以知识产权名义统领下的各项权利,并非都是来自知识领域,亦非都是基于智力成果而产生。从权利本源来看,主要发生于智力创造活动与工商经营活动;从权利对象来看,则由创造性知识及商业性标记、资信所构成。因此,我们有理由对传统上并不认为是财产的非物质对象给予更多的关注。鉴于现代商品经济的发展状况与社会财富形态的变化,可以考虑建立一个大于知识产权传统范围的无形财产权体系,以涵盖一切非物质形态利益所产生的权利。它包括三类权利,即创造性成果权(如著作权、专利权)、经营性标记权(如商标权、商号权)以及经营性资信权(如商誉权、特许权)。[28]

三、科学技术的创新活动与知识产权的制度创新

知识产权制度是科技、经济和法律相结合的产物,它在实质上解决“知识”作为资源的归属问题,是一种激励和调节的利益机制。在这个意义上说,知识经济时代也同时意味着是一个知识产权的时代。知识经济是以科学技术为第一生产要素的智力经济。知识经济发展的动力在于科技创新活动,科技创新离不开产权制度创新。

美籍奥地利经济学家熊彼特最早把“创新”理论引入经济学研究领域。20世纪初,熊彼特在《经济发展理论》一书中首先提出了“创新理论”。在他看来,“创新”是在生产体系中引入生产要素和生产条件的新组合,包括:引进新产品;引用新技术;开辟新市场;控制原材料新供应来源;实现新企业组织。[29]50年代以来,后人在其“创新理论”的基础上发展了技术创新理论和制度创新理论两个分支。前者认为,科学技术对经济发展的作用主要是通过技术创新实现的。制度创新理论认为技术性因素和制度性因素构成了经济增长的两大要素,而创新的制度是激励技术创新活动、推动经济增长的关键。[30]

所谓制度是某一社会全体成员应该遵守的行为及其相互交换的规则,这些规则往往通过法律加以确定和保障。也可以说,制度主要是指明确界定人们权利、义务归属关系的法律系统。[31]制度与经济的关系,主要也是法律与经济的关系。舒尔茨在述及制度所具有的经济服务功能时说道,人的经济价值的提高产生对制度新的需求,一些政治和法律就是用来满足这些需求的。[32]法律经济学的分析结果表明,经济基础对法律而言起着基本的、根源意义上的作用,法律本身就是经济问题最集中、最具体、最全面的反映。从某种意义上说,一切法律问题归根结底都是经济关系的反映与要求,任何法律无不体现经济方面的基本规律和原则。以此为目标,实施法律制度的构建与改革,就涉及创新理论中的制度创新问题。从经济学的角度来看,制度创新一般是指制度主体通过新的制度构建以获得追加利益的活动,是关于产业制度、产权制度、企业制度、经济管理制度、市场运行制度等各种规则、规范的革新。制度创新有多种形式,但每种创新都会导致某个领域的制度变迁。在新制度经济学理论中,制度变迁被理解为用一种效益更高的制度替代另一种制度的过程。它包括两种:第一,“诱致性制度变迁”,即制度构建的变更或替代,或者是新制度的创造,由个人或一群人自发倡导、组织或实行。第二,“强制性制度变迁”,即由政府命令、法律以及各项政策的引入所实现的。[33]在创新体系中,制度创新居于基础和保证地位。科技创新立足于科技、经济一体化目标,是一种为促进经济发展而进行的新技术应用与商业化的活动,它离不开相应制度的保障、规范和约束。知识产权是私权法律制度创新与变迁的结果,同时也是直接保护科技创新活动的基本法律制度。知识产权法从其兴起到现在只有三四百年的时间,但历经从工业革命到信息革命的不同时期,基于科技革命而生,由于科技革命而变,其制度史本身就是一个法律制度创新与科技创新相互作用、相互促进的过程。科学技术领域的革命带来知识产权法的产生和发展,也可以说,知识产权制度创新的历史也是科学技术进步的历史。科技进步的量变到质变再到量变的循环过程,使得技术革命呈现出螺旋上升和周期性的特点。自英国工业革命以来,大致发生了四次技术革命:第一次技术革命是 18 世纪中叶至 19 世纪中叶始发于英国,以欧洲为中心,波及欧美的工业革命,其标志是瓦特发明了蒸汽机。第二次技术革命发生于 19 世纪和 20 世纪的转交之际,发明和使用发电机和电动机是其技术革命和创新的典型代表。第三次技术革命始于 20 世纪 50 年代,以原子能工业、半导体工业、高分子合成工业、空间技术、计算机技术为标志。第四次技术革命发端于 80 年代,其创新标志是以计算机及网格为代表的信息技术革命和人类基因图谱破译所带来的生物学革命。[34]上述四次技术革命的次第产生,是知识产权制度成长的基础;易言之,知识产权法的不断发展,又成为技术革命由低向高攀升的动力。

第一、二次技术革命时期,正是近代知识产权制度建立、健全的时期。在资本主义的发展史上,科技进步是近代社会经济发展的动力和源泉,知识产权制度的创立则为这个动力和源泉注入了"利益之油"和"生命之水"。传统的现代史理论认为,资本主义浪潮或工业革命所随之引发的现代经济增长,基本上归结为科学发现、技术创新、教育和资本积累。但有学者对此发出诘难:在 14 世纪中叶,当时居于世界头号强国的中国无论在科技水平还是教育和资本积累方面都达到西欧工业革命前夕的程度,为什么工业革命不是出现在中国而是欧洲呢?[35]近年来经济史学家指出,中国之所以在技术高度积累条件下未能出现工业革命的主要原因是缺乏企业家阶层。诺贝尔经济学奖获得者、美国学者诺斯进一步指出,在作为工业革命发生前提的充分条件中,恰好被古代中国所遗漏掉的正是一种催生企业家阶层的产权制度创新。[36]一个缺乏产权保护制度的社会,是根本不可能产生企业家的。按照熊彼特的说法,企业家是创新意识的人格化。科技创新活动需要有创新意识的企业家,而创新意识企业家阶层的形成,需要有产权制度的创新。知识产权法的出现,就是财产权领域的一次制度创新。正是这种新型的产权制度,才得以出现大量的发明家,并使得这些发明家转化为企业家,从而启动了工业革命并创造了经济增长的奇迹。这一制度创新始于英国,继而扩展到欧洲。英国是近代专利法(1623年)、著作权法(1709年)的发祥地,也是欧洲工业革命的发源地。由于英国较早建立了知识产权制度,大大推动了纺织、冶炼、采矿、机械加工、交通运输等产业的迅猛发展,在不到一百年的时间里,其创造的财富超过了以往历史年代的总和。在英国之后,法国、荷兰、德国、美国、日本等国也纷纷建立了自己的知识产权制度。世界著名的德国西门子公司、美国贝尔公司、英国邓禄普公司的创始人,都是得益于知识产权的发明家。可以说,如果没有近代知识产权制度,所谓"蒸汽和钢铁时代"的第一次技术革命就不可能到来;同样,作为"电气、化学和汽车工业时代"的第二次技术革命也不可能在没有知识产权保护的条件下迅速实现。在制度史上,近代知识产权法尚处于私法制度创新的初始阶段。第一,知识产权制度尚未体系化。著作权、专利权、商标权仅是三个传统的并单独存在的财产权制度,还没有整合在统一的知识产权的名义之下。在英美法系国家,上述权利被认为是抽象性的无体财产,并在传统财产法框架外以单独立法的方式予以确认;而在大陆法系国家,这些权利是有别于物权的无形财产权,属于民法典体系以外的单行法律制度。第二,著作权的保护范围相对狭小。在"印刷版权"时代,著作权法的物质技术基础是机械复制,其保护领域拘泥于书籍、地图,正是在这个意义上,有人将早期著作权法称为"印刷之子"。[37]至19世纪,各国才先后在著作权客体范畴中增加了戏剧作品、音乐作品、摄影作品等,延伸了"印刷作品"的涵义。第三,专利权的种类开始定型。早期的专利制度,从1474年威尼斯共和国《专利法》到1623年英国《垄断法规》,其保护的专利都是表现为技术解决方案的发明。到19世纪,法国于1803年颁布了世界上第一部保护外观设计的地方性单行法规;英国于1843年制定《实用新型设计法》,开始对实用新型予以保护。至1883年欧洲各国缔结《保护工业产权巴黎公约》时,正式将专利权类型化,即规定为发明专利、实用新型专利和外观设计专利。第四,国际知识产权保护体系初步形成。19世纪下半叶,欧洲大多数国家逐步走上资本主义发展道路,随着科学技术的日益进步和工业生产的迅速发展,在国际商业贸易不断扩大的同时,知识产权交易市场也开始形成。为了克服知识产权地域性与知识、技术国际性需求之间的矛盾,各主要欧洲国家寻求建立知识产权国际保护体系,先后签订了一系列的保护知识产权的国际公约。其中,最重要的是1883年的《保护工业产权巴黎公约》和1886年的《保护文学艺术作品伯尔尼公约》。

第三次技术革命时期,堪称现代知识产权制度发展、变革的时期。自20世纪下半叶以来,以微电子技术、生物工程技术与新材料技术为代表的新技术革命对社会发展特别是经济成长带来巨大的影响。新技术革命的浪潮始于美国,后扩展到西欧、东欧和日本,在60年代达到高潮。这是人类历史上规模空前、影响深远的一次科学技术上的重大变革。[38]世界各国为谋求发展高新技术,相继制订了有关发展战略或计划,如美国的"战略防御计划"("星球大战")、日本的"科技振兴基本政策"、欧洲共同体的"尤里卡计划"、中国的"新技术革命对策"等。各国的科技进步政策推动一大批高新技术群的崛起,引发了高技术含量的知识产品的大量涌现。面对新技术革命给知识产权领域带来的新的课题和任务,各国立法者不断探索对高新技术产品保护的法律途径:一是边缘保护法,即采用工业产权与著作权中的若干规则,创设一种新的制度即"工业版权"来保护新技术成果;二是单独保护法,即为信息产品设定"信息产权",给予"准专利"或类似其他知识产权的保护;三是传统保护法,即沿用原有的著作权、专利权制度,但扩大保护范围,修改若干规则。这些做法必然对以往的知识产权法带来冲击与挑战。制度创新与变革具体说来表现在如下方面:第一,传统的知识产权保护范围不断扩大。著作权法从印刷版权时代进入电子版权时代。正如前英国版权法委员会主席沃尔所言,著作权法从其产生之日起,就一直不断地对录音、摄影术、电影摄影术以及广播诸领域的革新作出相应的反映。可以毫不夸张地说,著作权本身即是现代传播技术的"副产品"。[39]所谓电子作品,主要指包括电影、电视、录像在内的视听作品以及卫星广播节目、电缆电视节目与计算机软件。[40]专利法摒弃不同国家科技、经济发展水平的差异,大大缩小非专利对象的范围。保护化学物质和药品专利,增加微生物品种及方法专利,已成为现代各国专利立法的一种趋势。第二,新的财产权权项和新的财产权制度陆续出现。传统知识产权制度的权能不断增加,财产内容日益丰富多彩。著作权早已走出"出版之权"的狭隘权项樊篱,新增了各项电子版权,如以传送广播与电视为技术内容的播放权,以机械光学电磁为技术特征的机械复制权,以摄影、录像、放映为技术表现形式的制片权等。专利权则在已有的独占性的制造权、使用权和销售权以外,增加了禁止他人非法从境外引入专利产品的进口权。与此同时,在传统知识产权法以外,出现了一些新的独立的知识财产专有权制度,如与集成电路技术有关的布图设计专有权、与现代生物工程技术有关的新植物品种权等。第三,商业秘密保护与反不正当竞争纳入知识产权法体系。[41]在传统上,商业秘密虽是一种无形的信息财产,但与专利技术不同,其产权不具有严格意义上的独占性,各国多作为知识产权保护的例外。而反不正当竞争法致力于对各类知识产权的空白领域或交叉地带以“兜底保护”,因而被视为知识产权保护的补充。至20世纪60年代,由于《成立世界知识产权组织公约》与《保护工业产权巴黎公约》斯德哥尔摩文本的规定,上述两种制度已成为现代知识产权法律体系的新成员。与近代法所涵盖的著作权、专利权、商标权相比,现代知识产权已是一个十分庞大的法律体系,借用《成立世界知识产权组织公约》的规定来表述,它是一切在工业、科学、文学或艺术领域由于智力活动所产生的权利制度的总和。

第四次技术革命带来了席卷全球的信息革命和知识革命浪潮,至今方兴未艾。从第三次技术革命和第四次技术革命起,世界上一些发达国家在实现高度工业化后率先向第三代生产力过渡。第三代生产力由于刚崭露萌芽,许多特点还未可知,有待进一步观察。[42]但可以肯定的是,第三代生产力的形成,主要是依靠信息和技术。其中最有代表性、最具影响力的时代技术当属网络技术和基因技术。作为信息技术革命产物的因特网,其所组成的“虚拟空间”(cyberspace)是一个无中心的全球信息媒体,它不但改变了人类的生活方式,而且对现行的法律制度构成了挑战。就知识产权制度而言,主要有如下问题:第一,网络版权。当代著作权制度必须解决的核心问题,就是如何让专有权利有效地“覆盖”作品在网络上的传播,具体而言,就是数字化作品的权利保护、保密技术措施的法律保护以及数据库的权利保护这三大问题。[43]第二,网络标记。经营标记以数字化的形式出现在网络空间,既涉及传统商标制度的变革(如商标权地域性与因特网国际性的冲突,商标分类保护与网上商标权排他性效力的矛盾,网上商标侵权形式的变化与侵权责任的认定等),又涉及域名保护制度的创新(主要问题有域名登记与审查、域名权的性质与内容、域名权与其他在先权利的冲突、域名权的保护与域名纠纷的处理等)。第三,网络不正当竞争。当代竞争法需要解决网络传播及电子商务出现的诸多问题,如屏幕显示和网站界面的商业包装、对网上商业秘密采取的保密措施、网上虚假宣传等。[44]与网络技术相媲美,基因技术被认为是21世纪最伟大的技术之一,人类“可能正处在基因可以解释和决定一切的时代的开端”。[45]诸如“基因食物”、“基因药品”、“基因疗法”,以及对动植物基因乃至对人类基因的其他开发、利用,将会导致人类本身以及与人类生存环境相关的一系列变化。尽管对基因技术存在民族习俗、社会道德以及宗教等方面的争议,但许多国家趋于对这一新兴技术给予专利与其他知识产权的保护。基因专利涉及两个问题,一是界定基因专利保护范围,包括基因方法、基因产品、转基因动植物新品种、转基因微生物以及“脱离人体或通过技术方法获得”的基因本身;二是明确基因专利的排除领域,特别是克隆人的方法、对胚胎商业利用的方法以及基因序列的简单发现等。当代知识产权制度不仅要对网络技术、基因技术作出回应,即通过制度创新实现立法的现代化;而且要在全球范围内建立新的知识产权保护机制,即着手制度改革实现立法的一体化。在当今的国际经济发展中,知识产权国际化的发展与国际经济、贸易的发展有着密切的联系。值得注意的是,知识产权战略往往是西方国家贸易政策的重要内容,经济最发达、技术最先进的美国即是其代表者。在20世纪90年代中期以前,美国主要是凭借其国内的《综合贸易法》,把给予贸易对手的最惠国待遇与要求对方保护美国知识产权联系起来。其采取的手段是,说服发展中国家(尤其是新兴工业化经济实体)重新估计实施知识产权制度带来的利益和代价并采取行动从实质上改变现有的知识产权政策。如果发展中国家对这种建议不予接受,美国将采取贸易报复措施,减少该国目前所享有进入美国市场的机会。[46]但在1995年《知识产权协定》生效以后,美国则是通过世界贸易组织与上述公约的有效运作,使知识产权保护成为国际经贸体制的组成部分,即依赖成员国的国家强制力和世贸组织的国际强制力,将成员国所承诺的知识产权国际保护与无差别的最惠国待遇紧密挂钩。总之,在当今世界,知识产权保护已经成为国际上科技、经济、文化合作与交流的基本环境条件,这标志着知识产权制度进入一个统一标准的新阶段。

四、科技、经济、法律协调发展:知识产权制度的运行机制

纵观当今世界科技和经济的发展,人们不难发现这样一个事实:凡是

科技发达与经济繁荣的国家,无一不是知识产权制度健全与完善的国家。这些国家所拥有的自主知识产权的数量与质量与其科技、经济的发展程度一样在世界上都是处于领先地位。研究国际竞争力的权威机构、瑞士洛桑国际管理开发研究院将科技竞争力分为5大要素,计26项指标,其中与知识产权有关的指标就有5项。[47]美国作为世界头号科技与经济强国,既是世界级的专利大国,其每年的专利申请量约占世界总量的1/5左右;同时也是世界级的品牌大国,全球十大驰名商标有9个名归其下,头三名的"可口可乐"、"微软"、"IBM"的商标市值分别达到725亿美元、702亿美元、532亿美元。拥有自主知识产权的高技术与名品牌,必然带来高产值、高利润。报载,在知识产权贸易中,人的肥胖基因的专利转让费达到2000万美元。一个注册的功能基因所占有的产权将辐射到所有利用该基因开发出口的产品。一个有相同功效的国外药物常常是国产药物价格的20~30倍。有人预测,到2025年美国生物技术市场的贸易额将达到25200亿美元,欧洲国家在5年内也将达到3360亿美元。[48]我国是一个发展中国家,尚处于经济转型期,还未形成一个竞争性的科技、经济体系与完备性的法律保障体系。在科技、经济一体化方面,存在科技投入与经济投入的脱节,科技创新系统与经济增长系统的脱节,科技政策与产业政策的脱节等问题;[49]在知识产权保障方面,存在法律与科技、经济不相适应、不相协调的诸多问题,例如,拥有创新科技成果,但没有及时产权化;拥有一些科技成果的产权,但在关键技术领域没有完全创立自主知识产权;拥有国内知识产权,但没有取得国外保护,不能形成国际竞争优势等。这些事实充分表明,科技、经济与经济产权之间有密切的联系。从一定意义上讲,知识产权保护的水平,客观上反映了一个社会、一个国家科技和经济的发展水平。当前,各国知识产权知识水平的差异,实质上反映了各国科技、经济水平的差异。[50]

在发展理论中,科技进步的经济增长与法制保障应是一个相互作用、相互促动的协调机制。"现代经济增长是现代文明的推进器"。18世纪末,亚当·斯密研究了"国民财富"的起源和积累。19世纪中叶,马克思探讨了现代化大生产对现代社会的革命改造作用。20世纪中叶,西蒙·库兹涅茨提出了可以计量化的"现代经济增长"的概念。[51]上述理论家的分析表明,现代经济增长对现代社会的变革起着决定性的作用,它带来了社会物质财富的快速增长，引起了社会生活方式的巨大变化，造成了东西方发展差距的进一步扩大。因此，现代各国特别是发展中国家，都必须把发展现代生产力、提高经济增长率放在头等重要地位。在科技、经济、法律的协调发展体系中，经济处于中轴的地位，科技与法律为之进行曲线偏向摆动。其中，科技进步是经济增长的动力机制。在当今社会，经济发展越来越依赖于以科学技术为主要内容的知识，或者说，知识已成为生产力和经济增长的发动机。知识经济以知识劳动为源泉，以知识创新为动力，这即是“以知识为基础的经济”（knowledge-based economy）；[52]法制建设则是经济增长的保障机制。知识产权制度是“制度文明的典范”，[53]它是激发人们发明创造的活力，推动科学的进步，从而促进社会经济的不断发展。可以说，新的世纪是知识经济的时代，也是知识产权的时代。

知识产权制度伴随工业文明而生。在知识经济的条件下，它不仅要适应科技与经济的发展的需要，而且要通过其设定的各种法律机制，推动着科技进步和经济增长。这一过程就是科技、经济、法律协调发展的过程。知识产权制度的作用机制表现在如下方面：

第一，产权界定与创新激励机制。知识产权制度是一种对知识产品有效的产权制度安排。知识产品是关于科学、技术、文化等精神领域的创造性智力成果的总称，其类别具有多样性，因此不能采取单一的产权形式。在知识产品中，科学成果与某些技术成果采取的是非市场机制的产权形式，政府往往通过特别的法律手段，以支撑和激励创造者的精神生产活动。对上述科技成果所建立的是经济学家所称的“优先权（priority）报酬系统，这是一种与优先权有关的各类报酬的奖励制度。[54]这一制度首先是科学发现与技术发明的命名权，其次是发现、发明奖金的获得权。该制度的实质是赋予发现人、发明人取得“命名”与奖金报酬的权利，作为这种收益的对价支出，社会获得对该项科技成果的公有产权。这即是发现权、发明权制度。在广义上，发现权、发明权也归属于知识产权，但笔者认为，这不是私人专有财产的知识产权制度，而是一种科技奖励制度。就主要知识产品而言，应该采取私人产权的形式。界定私人产权的对价条件是，发明创造者将自己的智力成果公布出来，使公众看到、了解到其中的专门知识，而社会则承认其在一定时期有独占使用其知识产品的专门权利。[55]知识产品是公开的（公共产品属性），但知识产权是垄断的（私人产权属性）。知识产权制度通过授予发明创造者以私人产权,无异是“给天才之火添加利益之油”,为权利人提供了最经济、有效和持久的创新激励动力,保证了科技创新活动在新的高度上不断向前发展,从而促进了创新成果所蕴藏的先进生产力的快速增长。

第二,产权交易与资源配置机制。知识产权制度的首要立法目的是界定相关产权,保护发明创造者的合法权益,同时又要规制产权交易,促进知识、技术的广泛传播与利用。依照经济学的供给与需求理论,智力创造活动也是一种生产活动。精神生产的目的同样是交换,只有经过交换,个人才能获得各类物品的最佳组合,达到效用或利益的最大化。就科技创新活动而言,新技术的商品化与市场化是一个关键环节,也是其根本目的。如果一项发明创造完成后不尽快付诸实施,就有可能被新的技术取代,从而变成无经济效益的技术。产权交易在相关法律上表现为知识产权利用,其主要制度就是授权使用、法定许可使用和合理使用。授权使用,亦称许可使用,即知识产权所有人授权他人以特定方式对其知识产品进行使用。在国际上,这一交易行为被称为许可证贸易。许可使用合同的经济功能是:总结人们的交易习惯,规定统一的交易规范和术语,避免当事人每每就交易问题订立烦琐的合同条款,从而减少交易成本,便于当事人达成合意。法定许可使用与强制许可使用都是一种非自愿许可使用。前者是指根据法律直接规定的方式有偿使用已公开的知识产品,国际上将这种交易方式称为法定许可证;后者是指根据国家主管机关特别授权方式有偿使用已公开的知识产品,国际上将该交易方式称为强制许可证。上述两种交易实际上是国家安排下的“合作博弈”,其目的在于减少交易的信息成本(发现谁进行交易、进行什么交易和怎样进行交易)与谈判成本(讨价还价取得授权),使当事人合作成功进行交易的可能性大为增加。[56]合理使用是知识产权利用的特殊情形,是在法律规定的条件下,不必征得权利人同意,又无须向其支付报酬,基于正当目的而使用他人知识产品的制度。自由而无偿使用的范围,在信息资源中所占比例很小,概为知识利用与传播之必要。与前述几种许可使用不同,合理使用中使用者与创造者的权利交易不是“一对一”的对手交易,而是社会制度安排下的特定创造者与不特定的使用者之间就信息资源分配所进行的交换。总之,知识产权的交易制度,旨在调整信息生产者、传播者、使用者的权利配置关系,以实现科技进步和经济增长的最优效益。

第三，产权限制与利益平衡机制。知识产权的限制，是对权利人的专有权利行使的限制，其功能在于通过产权的适度限制，平衡权利人与社会公众之间的利益，确保社会公众接触和利用知识产品的机会。现代产权制度不能仅将其支撑点构筑于精神产品保护的静态归属之上，而要确认创造者占有与支配知识财产的同时，促进精神财富的动态利用。经济学家曾对信息产权的设定提出一个悖论：信息产权的垄断性，一方面会刺激信息的生产者去开发新信息，另一方面也会出现垄断信息的生产者索取高价使信息无法充分利用。这一问题就是“没有合法的垄断就不会有足够的信息生产出来，但是有了合法的垄断又不会有太多的信息被使用”。[57]解决这一困境的法律途径，就是在保护知识产权的基础上对该项垄断权利实行必要限制。均衡原则作为知识产权制度的价值目标，为国际公约所肯定。《世界人权宣言》第27条宣布，保护自身创造的知识产品与分享社会文明的成果均属基本人权，二者不可偏废。《知识产权协定》序言指出，一方面，缔约方应承认“知识产权为私权”；另一方面，缔约方也要承认产权制度的公共利益目的，包括发展目的与技术目的。产权的保护与限制涉及不同主体的利益，其制度设计既要着眼于社会发展的总体目标，也要正确判定利益选择的主次关系。当前有两个因素值得考虑：一是从国情出发。一般来说，发展中国家与发达国家在保护水平与产品利用方面存在立场差距。发展中国家对知识产权采取何种限制以及限制的力度，应以国际公约所规定的最低保护标准为据，从本国的经济、科技发展现状出发，不宜简单照搬发达国家的现成规定。二是适应新技术发展的要求。由于新技术的出现，知识产品的利用方式发生很大变化，法律必须对社会利益的划分重新进行调整，注重对权利人利益的保护。这一情况即是对知识产权限制制度的本身的再限制。

第四，产权保护与市场规范机制。知识产权制度保护的是产权化的创造性智力成果。生产经营者拥有技术和品牌，仅是一种自然占有或事实占有，仅是表明其取得某种科技优势和经营优势；只有获得技术与品牌的知识产权（如专利技术与注册商标）才能受到法律的保护，从而形成法律意义上的独占性“占有”，才能把这种科技优势、经营优势转化和提升为市场竞争优势，以对抗一切假冒、仿制和剽窃的侵权行为。打击侵权行为，既是对产权所有人的利益保护,也是对市场竞争秩序的规范管制。侵犯知识产权的行为直接发生于精神产品的生产、传播、消费过程之中。在法律实施效益不高的情况下,该类侵权行为的滋生与蔓延会影响创造者生产、开发知识产品的积极性,从而导致整个社会福利水平的下降。对此,经济学观点是调节有关产权交易及保护的成本、收益关系,促使理性的经济人放弃侵权以及其他违法行为。[58]就现阶段知识产权领域而言,法律制度直接决定侵权行为法定成本的高低,设计并规范关于侵权行为的制裁与惩罚方案、措施、办法等。如果相关制度对某种侵权行为规定的惩罚偏轻,该行为的法定成本自然就偏低,从而就会弱化侵权的惩罚性功能,侵犯知识产权的行为就会屡禁不止。从现代各国的知识产权立法情况来看,加大对侵权行为惩处力度均为通行做法,如增加有关严惩侵权行为的刑事制裁条款,明确规定侵权行为的法定赔偿额,完善行政处罚措施等。这一立法趋势实际上是立法者对侵权行为成本与收益比例关系的调整,意在从制度安排上制止侵权行为泛滥,规范产权交易市场,维护竞争秩序。

第五,产权管理与政府引导机制。知识产权管理,是国家机关依法对产权的取得、利用等行为进行审查、监督、协调、服务等活动的总称。产权管理是知识产权制度区别于其他财产权制度的标志之一。此类管理活动的存在,既有传统运行机制的历史影响,也是知识财产自身特性的反映,同时也体现国家对民事活动领域的适度介入。有关知识产权的各项管理活动,体现了国家相关立法的宗旨与目的,形成了政府在私权领域推动科技进步和经济增长的引导机制。具体说来,主要表现在如下方面:一是政策目标机制。政府在知识领域产权保护与管理过程中,首先扮演的是政策制定者的角色。[59]知识产权制度本身就是国家经济、科技、文化政策的一部分。对何种知识产品提供产权保护,或给予何种水平的保护,当然要出自于国家总的政策目标。同时,国家制定的发展规划与具体政策,如科技发展规划、文化政策、产业政策、投资政策、外资政策等,都会不同程度地涉及知识产权问题。因此,通过政府的政策指引,有利于实现促进社会发展的知识产权立法目标。二是科学审查机制。除著作权自作品完成之日起自动取得外,多数知识产品需要由国家主管机关进行专门审查。实行审查制,可以将公共领域的技术、违反公序良俗的技术排除在专有权利保护的领域之外,从而提高知识产权授予的质量。此外,也可以对无形的知识财产进行产权过界确认,明确产权的范围与归属,从而实现智力成果的产权化。三是信息通报机制。在保护产权的前提下,要求权利人公开自己发明创造的内容,即专利文献制度。信息公开实际上是技术创新资源的配置方式。利用知识产权信息资源,可以避免重复投入,节约研究经费,提高技术创新起点,实现技术的跨越式发展。四是行为监督机制。知识产权的利用,一般包括权利人自己利用、许可他人利用、转让他人利用等多种情形。通过国家主管机关的管理活动,旨在规范产权交易行为,维护市场秩序,保护当事人合法权益。五是行政救济机制。在知识产权领域,国家行政部门有权对严惩违法行为采取行政救济手段,或是对违法行政相对人给予处政处罚,或是责令侵权人赔偿受害人的利益损失。

注释

1 段瑞春:《关于知识产权的几点认识》,载《求是》1993 年第 4 期。

2 参见赵震江主编:《科技法学》,北京大学出版社 1998 年版,第 3 页。

3 《马克思恩格斯全集》(第 1 卷),人民出版社 1995 年版,第 256 页。

4 《马克思恩格斯全集》(第 47 卷),人民出版社 1979 年版,第 570 页。

5 参见李京文:《迎接知识经济新时代》,上海远东出版社 1999 年版,第 39 页。

6 参见[美]安守廉:《知识产权还是思想控制:对中国古代法的文化透视》,载梁治平编:《法律的文化解释》,北京三联书店 1994 年版;吴汉东:《著作权合理使用制度研究》,中国政法大学出版社 1996 年版。

7 参见[德]黑格尔:《法哲学原理》,商务印书馆 1982 年版,第 43 节附译。

8 《马克思恩格斯全集》(第 3 卷),人民出版社 1960 年版,第 72 页。

9 上述情况在 20 世纪后半叶发生变化。一些大陆法系国家试图在民法典的框架内,整合一个包括知识产权在内的大一统的财产权制度。其代表性的立法例有 1992 年《荷兰民法典》、1995 年《俄罗斯民法典》、1995 年《越南民法典》。对此做法,学者不乏批评意见,立法者(如荷兰)亦有放弃原议之先例。

10 [苏]B. A. 鲍加特赫等:《资本主义国家和发展中国家的专利法》,载《国外专利法介绍》,知识出版社 1980 年版,第 12 页。

11 参见[美]肯尼斯·万德威尔德:《十九世纪的新财产:现代财产要领的发展》,载《社会经济体制比较》1995 年第 1 期。

12 转引自王利明主编:《民商法研究》(第 4 辑),法律出版社 1999 年版,第 170 页。

13 参见[德]黑格尔:《法哲学原理》,商务印书馆 1982 年版,第 43 节附译。

14 世界知识产权组织编:《知识产权纵横谈》,世界知识出版社 1992 年版,第 4 页。
15 谢怀栻:《论民事权利体系》,载《法学研究》1996 年第 2 期。
16 谢怀栻:《论民事权利体系》,载《法学研究》1996 年第 2 期。
17 Peter Drahos, A Philosophy of Intellectual Property, Dartmouth Publishing Company Limited, 1996, p. 10.
18 Sigmund Timberg, A Modernized Fair Use Code for Visual, Auditory, and Audivisual Copyrights, Ablex Publishing Company, 1980.
19 尹田:《法国物权法》,法律出版社 1998 年版,第 122 页。
20 L. Ray Patterson, Stanley W. Lindberg, The Nature of Copyright: A Law of Users' Right, the University of Georgia Press, 1991.
21 L. Ray Patterson, Stanley W. Lindberg, The Nature of Copyright: A Law of Users' Right, the University of Georgia Press, 1991.
22 参见[法]《拉鲁斯大百科全书》(第 3 卷),载《国外法学译丛(民法)》,知识出版社 1981 年版,第 168 页。
23 尹田:《法国物权法》,法律出版社 1998 年版,第 71 页以下。
24 参见孙宪忠:《德国当代物权法》,法律出版社 1997 年版,第 2 页。
25 尹田:《法国物权法》,法律出版社 1998 年版,第 51 页以下。
26 参见[日]小岛庸和:《无形财产权》,日本创成社 1998 年版,第 2 页。
27 [美]肯尼斯·万德威尔德:《十九世纪的新财产:现代财产要领的发展》,载《社会经济体制比较》1995 年第 1 期。
28 参见吴汉东:《关于无形财产权若干理论问题》,载《法学研究》1997 年第 4 期。
29 参见[美]约瑟夫·熊彼特:《经济发展理论》,商务印书馆 1990 年版,第 73 页。
30 林炳辉:《知识产权制度在国家创新体系中的地位和作用》,载《知识产权》2001 年第 3 期。
31 参见李京文:《迎接知识经济新时代》,上海远东出版社 1999 年版,第 118 页。
32 [美]舒尔茨:《制度与人口经济价值的不断提高》,载《财产权利与制度变迁》,上海三联书店 1994 年版。
33 参见[美]R. 科斯等:《财产权利与制度变迁》,刘守英等译,上海三联出版社 1994 年版。
34 参见黄亚钧等:《知识经济论》,山西经济出版社 1998 年版,第 48 页以下。
35 蒲勇健:《来自诺斯的解释》,载《知识经济》2001 年第 1 期。
36 参见《诺贝尔经济学奖得主演讲集》,内蒙古人民出版社 1998 年版。
37 段瑞林:《知识产权法概论》,光明日报出版社 1988 年版,第 28 页。
38 参见李京文:《迎接知识经济新时代》,上海远东出版社 1999 年版,第 79 页。
39 [英]R. F. 沃尔等:《版权与现代技术》,载《国外法学》1984 年第 6 期。

40 参见吴汉东等:《西方诸国著作权制度研究》,中国政法大学出版社 1998 年版,第 18 页以下。

41 参见段瑞春:《关于知识产权的几点认识》,载《求是》1993 年第 4 期。

42 黄亚钧等:《知识经济论》,山西经济出版社 1998 年版,第 49 页。

43 参见薛虹:《网络时代的知识产权法》,法律出版社 2000 年版,第 8 页。

44 参见张平:《网络知识产权及相关法律问题透析》,广州出版社 2000 年版。

45 高建伟等:《论基因的专利法律保护》,载《政法论坛》2000 年第 4 期。

46 参见陈昌柏编:《国际知识产权贸易》,东南大学出版社 1994 年版,第 14 页。

47 具体指标包括:本国居民获本国专利数量,本国居民获本国专利数量增长率,本国居民获外国专利数量,每 10 万本国居民拥有的有效专利数量和知识产权保护程度。转引自林炳辉:《知识产权制度在国家创新体系中的地位与作用》,载《知识产权》2001 年第 3 期。

48 康乐:《加入 WTO 后的中国技术所面临的挑战与对策》,载《科学新闻周刊》2000 年第 41 期。

49 隋映辉:《科技进步与制席创新》,载《科技日报》2000 年 10 月 20 日。

50 参见李顺德:《高新技术与知识产权保护》,载《知识产权》2000 年增刊。

51 罗荣渠:《现代化新论续编》,北京大学出版社 1997 年版,第 5 页。

52 参见经济合作与发展组织(OECD):《1996 年科学、技术和产业展望》。

53 刘春田主编:《知识产权法》,高等教育出版社 2000 年版,第 19 页。

54 袁志刚:《论知识的生产与消费》,载《经济研究》1999 年第 6 期。

55 参见[苏]E. A. 鲍加特赫等:《资本主义国家与发展中国家的专利法》,载《国外专利法介绍》(第 1 册),知识出版社 1981 年版,第 12 页。

56 参见[美]罗伯特·考特、托马斯·尤伦:《法和经济学》,上海三联书店 1994 年版,第 185 页。

57 参见[美]罗伯特·考特、托马斯·尤伦:《法和经济学》,上海三联书店 1994 年版,第 185 页。

58 参见吕忠梅等:《经济法的法学与经济学分析》,中国检察出版社 1998 年版,第 369 页。

59 陈传夫:《论知识产权制度的政府策略》,载《科技与法律》2000 年第 1 期。

吴汉东 代表作

拾玖

法制评价与制度反思*

知识产权制度的中国道路

自改革开放以来，中国知识产权法制建设走过近三十年的历程，其“逼我所用”还是“为我所用”的立法背景、“消极接受”还是“合作博弈”的国际对策、“超高保护”还是“过低保护”的水平评价、“分散管理”还是“集中统一”的管理体制、“利大于弊”还是“弊大于利”的实施效果等存有分歧的重大问题，需要在法学层面作出理性总结和思考。在此，笔者试以民间视角，基于学术研究，提出中国知识产权制度评价的“蓝皮书”观点。

一、“逼我所用”还是“为我所用”：知识产权的立法背景

在法律制度的历史上，知识产权是罗马法以来“财产非物质化革命”[1]的制度创新成果，也是西方国家三百多年来不断发展成长的“制度文明典范”。[2]知识产权对于发展中国家而言是一种制度“舶来品”，是被动移植、外力强加的结果；知识产权立法不是基于自身国情的制度选择，往往是受到外来压力的影响。

中国知识产权制度的百年史，是一个从“逼我所用”到“为我所用”的法律变迁史，也是一个从被动移植到主动创制的政策发展史。从清朝末年到民国政府50年的时间里，我国知识产权制度处于“被动性接受”阶段。自19世纪末叶以来，从清朝政府实行新政向西方学习到北洋政府、民国政府取材外国法进行移植，知识产权法律无一不是被动立法的结果；从新中国成立到中国加入世界贸易组织（WTO）前的50年间，我国知识产权制度

---

* 原载《中国法学》2009年第1期，题名为“中国知识产权法制建设的评价与反思”。

则处于“调整性适用”阶段。这一时期，我国经历了从计划经济到市场经济的转型，知识产权制度处于“法律本土化”[3]的摸索阶段：前三十年在计划经济体制下，知识产权制度强化管理功能，主要依赖一些行政规章保护知识产权；后二十年在市场经济体制下，知识产权立法工作得以“拨乱反正”，建立健全了知识产权法律体系，并与知识产权国际规则靠拢。从中国加入 WTO 到现阶段，我国知识产权制度进入到“主动性安排”阶段。近十年来，中国站在战略全局的高度，致力于知识产权制度建设，并通过制定和实施国家知识产权战略，有效利用知识产权制度，以此作为缩小与发达国家的差距，实现跨越式发展的政策抉择。

中国改革开放的 30 年，亦是中国知识产权法制建设的 30 年，大致经历了重建、发展和完善三个阶段：

第一，恢复重建阶段。自 20 世纪 70 年代末国家实行改革开放政策以来，我国法制建设重新起步，知识产权立法工作进入一个新时期。从 80 年代初到 90 年代初，我国先后颁布了《商标法》（1982 年）、《专利法》（1984 年）、《著作权法》（1990 年）、《反不正当竞争法》（1993 年）等，初步建立了知识产权法律制度体系。笔者认为这一时期的知识产权立法，主要考虑本国国情，处于较低水平的短暂“过渡期”。[4]这主要表现在：主要知识产权法律已经制定，但其他知识产权立法未及考虑；知识产权保护标准不是太高，但符合本国经济、科技发展现状；国际文化交流不对等，因此未能参加国际著作权保护体系。

第二，快速发展阶段。自 20 世纪 90 年代初至 21 世纪初年，我国知识产权立法工作进入“快车道”。中国在加入世界贸易组织前，全面修订了《著作权法》（2001 年）、《专利法》（1992 年、2000 年）、《商标法》（1993 年、2001 年），颁布了《植物新品种保护条例》（1997 年）、《集成电路布图设计保护条例》（2001 年）等，使我国知识产权保护标准和水平达到了知识产权国际公约的要求。笔者认为，中国仅用了十多年的时间就实现了从低水平到高水平的过度，完成了从本土标准到国际标准的转变，其重要动因是：其一，国际社会的压力。随着中国对外开放和对外贸易的发展，双边、多边知识产权冲突不时发生。1992 年《中美知识产权谅解备忘录》的形成，客观上加快了知识产权修法进程。而在“国际贸易知识化”的体制下，知识产权保护成为国际经贸领域的基本规则，中国不得不顺应“知识产权国际化”

的潮流,在参加 WTO 的同时加入《知识产权协定》(TRIPS)。其二,自身发展的需要。中国作为新兴的工业化国家,加强知识产权保护是推动经济发展和科技进步的内在要求。在制度安排方面由被动到主动,是经济增长型国家的必要选择。可以说,中国知识产权立法,正是通过法律制度的现代化去推动科学技术的现代化。

第三,基本完善阶段。自参加 WTO、全面修法之后,中国知识产权立法开始进入一个战略主动期。为了进一步加大知识产权保护力度,推动知识产权制度建设,中国于 2004 年、2005 年分别成立了"国家保护知识产权工作组"和"国家知识产权战略制定工作领导小组"。2006 年 1 月,胡锦涛总书记在全国科学技术大会上提出建设创新型国家的战略目标。同年 5 月,胡锦涛总书记在中央政治局集体学习时强调:"加强知识产权制度建设,提高知识产权创造、运用、保护与管理能力,是增强自主创新能力,建设创新型国家的迫切需要。"[5]2008 年 6 月,国务院发布《国家知识产权战略纲要》。为了顺利实现纲要所确定的战略目标,我国迎来了新一轮立法、修法高潮,其主要任务是:一是启动现行法律修订工作,以此适应后 TRIPS 时代知识产权制度变革需要和网络技术、基因技术条件下知识产权保护需要。除对《专利法》、《商标法》、《著作权法》再次进行修正外,还要对《信息网络传播权保护条例》、《集成电路布图设计保护条例》、《植物新品种保护条例》等作出首次修订。二是对一些知识产权专门法律、法规进行清理,使其体系化、系统化和合理化。目前散见于诸多法律规范性文件中的商业秘密、商号以及特殊标志的相关规定有待整合,以制定《商业秘密保护法》、《商号法》、《特殊标志保护法》。三是加快民间文艺、传统知识以及遗传资源保护的立法工作。着手制定专门法律,促进《生物多样性公约》、《文化多样性公约》在我国的实施。以此为契机,建立符合国际知识产权制度发展趋势、体现我国知识产权保护优势的新制度体系。

时任世界知识产权组织(WIPO)总干事的阿帕德·鲍格胥博士在回顾该组织与中国合作 20 年的历史时指出,中国用了不到二十年的时间,走过了西方国家一两百年才能够完成的知识产权立法进程,这个成就是举世瞩目的。[6]中国知识产权法制 30 年的历史表明,进入 21 世纪以来,我国知识产权立法已经摆脱了被动移植的局面,从"调整性适用"进入"主动性安排"阶段。我国知识产权事业正在揭开新的历史篇章。

二、"消极接受"还是"合作博弈":知识产权的国际对策

知识产权国际保护制度兴起于19世纪80年代,现已成为国际经济、文化、科技、贸易领域中的一种法律秩序。[7]在当代知识产权国际保护体系中,WTO及其《知识产权协定》发挥了主导作用,它正式确定了知识产权与国际贸易的合法关系,将知识产权保护纳入新国际贸易体制之中。上述特点,笔者将其概括为两个"一体化":第一,知识产权国际保护标准在缔约方之间的一体化。立法的一体化,寓意着知识产权保护的基本原则与标准在全球范围内的普适性。各缔约方在保护标准上的一致性,与知识产权保护水平的高低并无绝对的关联性。与知识产权国际保护制度的草创阶段不同,现有的国际公约包括《知识产权协定》以及《因特网公约》[8]等所确定的最低保护标准,体现了权利的高度扩张和权利的高水平保护,更多地顾及和考虑了发达国家的要求和做法,在很多方面超越了发展中国家的科技、经济和社会发展的阶段。第二,知识产权国际保护体系与国际贸易体制的一体化。制度的一体化,是指当代知识产权国际保护体系与国际经济贸易体制在WTO框架内的相互关联性。《知识产权协定》的形成与实施,即是依赖缔约方的国家强制力和世界贸易组织的国际强制力,将缔约方所承诺的知识产权保护与缔约方参加的国际贸易体制紧密联系起来。可以说,在经济全球化的国际社会中,知识产权保护既是发展中国家参与国际贸易体制的先决条件,也是发达国家维持其贸易优势的法律工具。这就导致了国际知识产权领域国家间的利益失衡和权利冲突。[9]

在知识产权国际保护方面,中国作为一个发展中国家,既担心高水平保护超越现阶段国情,但又不得不面对国际社会带来的压力。在20世纪90年代初期和中期,中国知识产权立法的国际化进程,主要受到中美双方冲突的影响。1992年1月、1995年3月和1996年6月,中美之间达成三个谅解备忘录。其中,前一个谅解备忘录主要涉及知识产权保护标准,其形成表明中国接受了美国的要价,基本上按照美国标准来修改本国法律;后两个则主要涉及知识产权法的实施,相关备忘录主要是针对侵权与保护而达成的协议。[10]在中国加入世界贸易组织前后,中国知识产权立法走向国际化的动因则来自《知识产权协定》的要求。中国接受包括知识产权保护在内的国际贸易新规则,按照国际通行的标准提供知识产权保护,是有着

自身的利益考量的:一是乌拉圭回合谈判实现了发展中国家的某些利益诉求(如规定减让关税的宽限期、取消市场配额限制等),因此,发展中国家接受《知识产权协定》不是完全的让步,而是有偿的交换;二是知识产权保护不仅是一种国际经贸秩序,也是新兴的工业化国家自身发展的需要。中国正是在这种历史背景下,接受《知识产权协定》并加入世界贸易组织。

我国知识产权制度在其国际化进程中,有如下举措值得关注:

第一,国内规范与国际规范的接轨。自1980年正式加入《建立世界知识产权组织公约》以来,中国已陆续加入了多个知识产权国际公约,主要有《保护工业产权巴黎公约》(1985年)、《商标国际注册马德里协定》(1989年)、《关于集成电路知识产权保护条约》(1990年)、《保护文学艺术作品伯尔尼公约》(1992年)、《世界版权公约》(1992年)、《专利合作条约》(1993年)、《国际保护植物新品种公约》(1999年)、WTO《知识产权协定》(2001年)、WIPO《版权条约》和《表演和录音制品条约》(2007年)。中国根据本国国情和国际发展趋势,依据国际公约规定,制定和完善各项知识产权法律、法规,至今已形成适应自身发展需要且符合国际标准的知识产权法律体系。

第二,国内机构与国际组织的交流。中国重视与相关国际组织的交流与合作,已经加入了WTO、WIPO、APEC等国际组织在知识产权领域的各项活动。同时,还建立了中欧知识产权对话机制、中美知识产权工作组、中日韩知识产权双边及三边对话与合作机制,并与巴西、墨西哥、东盟等国家和地区开展多种形式的交流与合作。

第三,国内人员对国际立法的参与。中国于改革开放之初启动知识产权立法之时,主要国际知识产权制度已经建立和完成,在以往的立法过程中,中国对国际立法的被动接受多于主动参与。进入20世纪90年代以后,在《关税与贸易总协定》的多边贸易谈判中,中国积极参与了这一谈判过程,并为推动《知识产权协定》的形成作出了努力。自21世纪初以来,我国以更加积极的姿态参与国际法规则的制定,如在《文化多样性公约》的谈判中取得对我国较为有利的成果,[11]在《知识产权协定》的修改以及地理标志保护的谈判中发挥出重要作用。[12]

中国作为WTO的后来者,参与知识产权国际保护体制的上述举措是值得肯定的。但是长期以来,在WTO的框架内,西方国家才是知识产权国际规则的主导者,中国与其他发展中国家一样只是接受者,充其量是参与者。在未来国际知识产权制度的变革过程中,我们应注意发挥建设性作用,努力成为国际规则的制定者。一方面,主动参与 WTO 新一轮的多边贸易谈判,推动现行国际知识产权制度的改革。针对《知识产权协定》的不足和缺陷,提出符合国际知识产权制度变革方向的思路和措施,着力解决知识产权保护中出现的公共利益问题、技术转让和利用问题、限制知识产权滥用问题等。另一方面,积极参与 WTO 体制外的国际造法活动,推动国际知识产权新制度的建立。除 WTO 体制内的多边贸易谈判外,世界卫生组织就公共健康问题、联合国粮农组织就植物基因资源问题、联合国人权委员会就知识产权与人权冲突问题等,分别针对《知识产权协定》进行了一系列的造法活动,中国应该而且能够在其中扮演重要的角色。

中国是在经济相对落后和科技水平不高的情况下,进入知识产权国际保护体系的。这究竟是被动接受、无奈之举,还是战略筹谋、合作博弈?其利弊如何,坊间有不同评说。笔者认为,当代知识产权国际保护制度,已经形成一种有效防止保护领域倒退和保护程度下降的"棘齿机制"。[13]在这种情况下,包括中国在内的发展中国家,必须以承认高水平的知识产权保护规则为代价,来换取 WTO 提供的最惠国待遇。而面对"棘齿机制",发展中国家对知识产权保护规则更多是处于被动安排的境地。但是,知识产权国际公约规定有弹性条款和开放性条款,"成员国有余地在《知识产权协定》的总的轮廓之内型塑权利和权力的结构"。该协定不是强制统一的限制文件,它提供了一个游戏场,在其内法律能够被塑造以满足成员国的政治的、社会的、经济的和其他政策目标。[14]这意味着东西方国家的对话存在着相当空间。多哈回合谈判的启动、中止乃至挽救的努力,表明发展中国家在国际组织中话语权的增大,游戏规则一下子变得"不由一家说了算"。[15]可以认为,中国在国际知识产权制度的运行中不可能总是消极接受的,而是能够有所作为的。

三、"超高"保护还是"过低"保护:知识产权的保护水平

知识产权制度选择的基础是国情。根据国家不同发展阶段的不同发展需求,对知识产权作出选择性政策安排,是以往西方国家的普遍做法。一般来说,在不出现外来压力的干扰下,一国根据自身发展状况和需要来

保护知识产权是最为适宜的;在一国经济社会发展水平不高的情况下,从“低水平”保护到“高水平”保护的过渡也是非常必要的。在上述情况下,一国知识产权的保护状况,不涉及“超高”或“过低”的标准评价问题。

中国知识产权制度建设,是在一个新的国际环境中进行的。如前所述,中国仅仅用了十多年的时间,知识产权制度就实现了从低水平到高水平的转变,完成了从中国标准到国际标准的过渡。质言之,作为 WTO 成员的中国已经没有发达国家所经历的过渡期。

正是由于上述原因,对于中国知识产权保护水平的判断,在政界、商界、学术界都存着广泛的争议。有人认为,我国知识产权保护水平已达到国际公约规定的最低标准,是适合本国国情的,但距离发达国家的高水平保护还有一定差距;也有人认为,我国在知识产权保护问题上存在“超国际标准”问题,即“现行知识产权保护的一些规定,不适当地超出国际公约的相关要求”;还有人认为,在中国加入世界贸易组织之后,知识产权保护须遵循国际标准,讨论知识产权保护水平“过低”还是“超高”并无意义。[16]

关于知识产权保护水平认识的差异性,其原因在于评价标准的不统一性,即不同的人从不同的角度,会得出不同的结论。笔者认为,确定中国知识产权保护水准,应结合国际因素和国内因素综合考量。所谓国际因素,是指用以衡量一个国家知识产权保护水平的国际参考因素,主要包括国际公约确定的保护标准以及其他国家立法规定的保护标准;[17]所谓国内因素,是指用以衡量一个国家知识产权保护水平的国内参考因素,主要包括该国的政治、经济、科技、文化等因素。[18]

从国际层面来看,我们可以对中国知识产权保护水平作出如下评价:第一,与国际公约所规定的最低保护标准相比,我国知识产权保护水平不低。国际公约所确定的知识产权最低保护标准,是各缔约方必须接受的立法底线。发展中国家对此尽管有所争议,但在加入国际公约之后,就必须以此为据来制定或修改本国法律。我国在加入世界贸易组织前后,对知识产权法律、法规进行了全面修改,在立法精神、权利内容、保护标准、法律救济手段等方面强调促进科技进步与创新的同时,做到了与《知识产权协定》以及其他知识产权保护国际规则相一致。因此就立法而言,那种指责我国知识产权保护水平过低的观点并不能成立。第二,与发达国家知识产权立法相比,我国知识产权保护水准尚有一定差距。发达国家的科技、文化、经济发展水平远胜于发展中国家，一般会超出最低保护标准，寻求更高水平的知识产权保护。他们或是采取单方保护模式，由国内法自行决定（如美国版权法关于延长著作权保护期的规定）；或是采取双边、多边协商机制，由相关国际条约规定（如美日欧等主张建立的全球专利制度和欧盟已经实施的统一商标注册制度）。[19]我国知识产权保护水平，奉行的是国际公约最低保护标准原则下的一体化，而不是追随发达国家的“西方化”或是“美国化”，那种以美国标准或西方国家标准来评价中国知识产权保护水平，是极为不当的。但是，与越南、菲律宾、南非等发展中国家相比，我国知识产权法律体系完备，知识产权保护水平较高，其立法走在发展中国家的前列。

从国内层面来看，我们可以对中国知识产权保护水平作出如下判断：第一，从纵向来看，知识产权保护水平逐步提高。改革开放之初，我国先后颁布了《商标法》、《专利法》、《著作权法》，以适应社会发展的需要。及至 90 年代，为适应市场经济发展，我国增加了对计算机软件、植物新品种、集成电路布图设计的知识产权保护；进入 21 世纪后，遵循知识经济的时代要求，我们又规定了信息网络传播权、放宽了商标的注册条件，加大了对知识产权侵权的惩罚力度。总体而言，我国是在社会、科技、文化和经济不断发展的基础上逐步提升知识产权保护水平，两者是基本适应的。第二，从横向来看，知识产权保护存在行业、区域方面的不平衡。国际公约所规定的知识产权保护水准，往往高于发展中国家的实际承受能力。例如，国际公约规定的药品专利保护以及集成电路布图设计的知识产权保护，给我国相关产业带来较大的冲击。在这个意义上说，知识产权保护虽然是国际上的最低标准，但对我国有关产业而言，却是超越阶段的高水平。此外，由于地区经济发展水平的不平衡以及人群消费能力的差异，对著作权、专利权的保护水平也都会存在认识的不同。

上述对知识产权保护水平的分析，主要涉及立法规定问题。根据有关学者的论证，在基本没有考虑知识产权执法力度的情况下，我国知识产权保护水平在 1992 年前后及 2001 年前后出现两次快速上升的阶段。据专家的定量分析，中国知识产权保护水平早在 1993 年就已经超过部分发达国家得分，达到 3. 190；至 2001 年，得分则为 4. 19，已超过绝大多数发达国家和发展中国家（略低于美国知识产权保护水平得分的 4. 52）。[20]

在中国社会的语境中探讨中国知识产权保护问题，“超高”保护还是

"过低"保护的主要判断标准,显然是社会经济发展水平。不同的社会经济发展水平对知识产权保护的要求有所不同。一般而言,社会经济发展水平较高的国家着力知识创新,对知识产权保护要求高,也有能力承受和调适知识产权制度缺陷带来的负效应;而社会经济发展水平较低的国家则相反,不仅其知识创新的重要性较低,且很难承受和调适知识产权高水平保护带来的负效应。

就现阶段而言,中国对知识产权保护水平的制度选择,其基本依据是本国的社会经济发展状况。首先,知识产权保护水平与本国的经济社会发展水平相适应。根据2005年联合国报告所援引的"千年项目"专家意见,在遵守国际公约最低保护标准的基础上,发展中国家可以根据自己的不同阶段,选择不同保护水平的知识产权制度。[21]笔者认为,高水平的知识产权保护并不利于那些发展水平较低的国家,因为在这种制度框架下,他们难以获得所需要的知识、技术。但是,发展中国家"有不同社会、经济环境和科技能力",不能一概而论。[22]因此,对于进入工业化阶段的发展中国家来说,加强知识产权保护,对于激励科技创新,促进文化繁荣,实现经济发展是有益的;同时,知识产权保护水平有助于实现本国经济社会发展的总目标。知识产权制度的合理性,并不在于为私权保护而保护,而在于实现知识创新、社会进步的政策目标。对此,英国知识产权委员会认为:"从长远的观点来看,在发展中国家,如果能使文化产业成果的其他条件得到满足,更强的私权保护将有助于当地的文化产业。"[23]这说明,传统的发展中国家要走上新兴的工业化、现代化发展道路,应该通过知识产权保护为本国经济、社会发展提供持久动力,在国际竞争中争取主动。在我国,加强知识产权保护,有效利用知识产权制度,是我们实现跨越式发展的战略抉择,是实现创新型国家建设目标的战略支撑。

就个别规定而言,虽存在高于国际规则,超出承受能力的问题,但总体说来,我国知识产权保护水平,既符合国际公约的最低保护标准,又与本国经济社会发展水平相适应,一般并不存在"超高"保护或"过低"保护的问题。

四、"分散管理"还是"集中统一":知识产权的行政管理

我国目前有多个部门负责知识产权的行政管理,主要包括国家知识产

权局、国家工商行政管理总局商标局、国家版权局、文化部等国家机关。其中,专利权与集成电路布图设计权由国家知识产权局负责,商标权由国家工商行政管理总局商标局负责,著作权由国家版权局负责,制止不正当竞争权由国家工商行政管理总局公平交易局负责,地理标记权由国家质量监督检验检疫总局负责,农业植物新品种权由农业部负责,林业植物新品种权由国家林业局负责,国际贸易中的知识产权由商务部负责,与科技有关的知识产权由科技部负责,与进出境货物有关的知识产权由海关总署负责。

在知识产权保护实践中,中国形成了行政保护和司法保护"两条途径、并行运作"的知识产权保护模式。多年来,知识产权行政管理部门在各自领域开展了卓有成效的工作:第一,开展知识产权专项执法活动。在我国的知识产权行政执法体系中,专项执法活动是其一大特色。专项执法活动可以集中执法资源,针对某一时段、某一地域进行大规模、高效率的执法行动。迄今为止,我国已经进行了多次全国性质的知识产权专项执法活动,包括多个国家部门联合开展展会知识产权保护的"蓝天"行动;公安机关在全国开展打击侵犯知识产权犯罪的"山鹰"行动。为了规范专利市场行为,维护专利权人的权益,我国还开展了"雷雨"和"天网"专利专项执法行动。[24]第二,受理和查处多起知识产权行政违法案件。包括版权行政管理部门处理的盗版出版物及音像制品案件、知识产权管理部门受理的专利侵权与其他专利纠纷案件、工商行政管理部门查处的商标违法案件等,[25]有力地打击了知识产权违法经营活动,整顿和规范了市场经营秩序。第三,建立高效、合理的知识产权海关保护机制。中国海关在知识产权领域加强工作力度,强化行政执法力度,世界海关组织(WCO)授予中国海关"世界海关组织2007年打击假冒和盗版成就奖",[26]以表彰其在打击侵犯知识产权行为中所取得的进步。同年,中国外商投资企业协会优质品牌保护委员会将中国海关评为最有效率的知识产权行政执法机关。

尽管国际上对我国知识产权执法尚有激烈批评之声,我国学者研究表明我国执法状况逊于立法水平。[27]但是也要看到,我国知识产权行政执法的作用,在许多方面已超越了《知识产权协定》的要求。以商标权保护为例,2000~2005年,全国查处侵权案件17.4万件,向公安机关移送涉嫌犯罪案件559件,犯罪嫌疑560人。[28]其查处案件数量及执法力度为国际社会所瞩目。

我国知识产权行政管理及执法，虽然取得显著成绩，但在体制及机制上仍然存在一些问题，因而受到学者的诟病。

第一，“管”、“罚”主体同一化，缺乏监督。我国知识产权管理体系的主要特点是行政管理与行政执法一体化，知识产权管理机构不仅享有专利授权、商标注册、版权登记等职权，同时还进行知识产权案件的调解、裁决及知识产权违法行为的查处。质言之，知识产权的管理授权主体同时也是知识产权的执法主体，集管理和处罚职能于一身，使得其在行政执法时缺乏监督。今后一段时期，我国传统的知识产权司法保护和行政保护的“双轨制”模式要逐渐向前者倾斜，并对行政管理体制进行改革。首先，在理念上，管理体制内应增加“服务”因素。21世纪以来，我国致力于建设服务型政府，其中一项重要内容就是强化政府公共服务职能，向公众提供公共产品和服务。因此，我国知识产权行政管理机构应整合现有资源，建立知识产权预警应急机制，发布重点领域的知识产权发展态势报告，对可能发生的涉及面广、影响大的知识产权纠纷、争端和突发事件，制订预案，为个人、企业甚至行业的知识产权需求提供服务。其次，在措施上，执法手段应增加“非强制性”内容。我国知识产权法赋予知识产权执法机构以罚款、没收等极具强制性的行政措施，以惩戒违法。在未来管理体制变革的过程中，行政机关可以主动采取劝告、说服等非强制性措施，这可以降低行政成本、提高执法效率，并能使公权对私权的干预程度降低。

第二，部门设置分散化，缺乏集中。在我国，知识产权的行政管理工作分别由10个部门来负责，各部门分别管理某一领域的知识产权。这种管理模式的优点在于分工较细，职责分工较为明确，但会导致知识产权行政管理的成本过高。此外，在地方知识产权机构的设置上，除了商标局设置一个自上而下的统一组织和管理体系外，对其他机构法律并无明文规定。这就导致了各地机构设置模式的多样化，致使地区知识产权管理工作差别较大，也给地区之间的协同管理造成一定的障碍。目前世界上大多数国家都对不同知识产权部门进行集中管理。[29]虽然我国成立了国家知识产权局，但该局主要行使的依然是原专利局的职能，仅增加了其统筹协调的职权，不能视为集中管理。总之，目前我国知识产权行政管理机构设置数量太多、职能太散，缺少一个统一的领导机构。这一状况应在今后的国家机构改革中得到改变。

第三,保护标准多样化,缺乏统一。由于知识产权行政管理机构的职能不同,往往造成“政出多门”,制度不一。例如,我国制定了《植物新品种保护条例》,但在具体实施中却是由国家农业部与国家林业局各自制定实施细则,有关农业新品种和林业新品种的规定不尽相同。有时,由于知识产权管理机构职能的不同,还会造成权利的冲突。例如,“金华”作为火腿商标被金华市之外的一家浙江企业在国家商标局取得商标权,而作为火腿的地理标记被金华市火腿协会在国家商品检验检疫局取得地理标记权。两项知识产权虽然都是经国家主管机关授权的,但权利主体不同,两者不可避免产生冲突。我国知识产权管理机构还存在职权重叠的问题,对同一事务可能会采用不同的管理标准。在我国“卡拉 OK”收费问题上,国家版权局公告规定“卡拉 OK”经营行业以经营场所的包房为单位,支付版权使用费。而文化部以享有对文化内容的监管职权为由,推出了“全国卡拉 OK 内容管理服务系统”,对所有“卡拉 OK”经营场所以及其他单位实行免费接入、免费服务。这两种标准的适用是长期以来广泛争议的话题。

推动知识产权管理体制改革是今后一个时期的重要任务。日前公布的《国家知识产权战略纲要》,将“深化知识产权行政管理体制改革,形成权责一致、分工合理、决策科学、执行顺畅、监督有力的知识产权行政管理体制”作为战略重点,但改革之路任重道远,仍需要我们不懈努力。

五、“因循守成”还是“适时通变”:知识产权的司法体制

改革开放三十年来,我国知识产权审判事业取得了重大进展,审判职能不断强化,审判领域不断拓展,审判质量不断提高。在我国加入世贸组织以后,知识产权司法保护受到国内外前所未有的高度关注,各级法院妥善处理各种复杂知识产权纠纷,依法保护当事人的合法权益。其司法保护成就主要表现在以下方面:第一,建立了有特色的知识产权审判体制。20世纪 90 年代以前,我国没有专门的知识产权审判机构,而是将知识产权案件分散在民事、刑事和行政案件中分庭审理。1993 年,北京市中级人民法院尝试将知识产权民事和行政案件划归到专门审判庭,至此我国有了首个知识产权审判庭。2000 年 10 月,最高人民法院率先在其内部进行机构改革,将原知识产权审判庭改建为民事审判第三庭。目前,最高人民法院和

31个高级人民法院都已设立民事审判第三庭，与此同时，在各省、自治区和直辖市政府所在地的中级人民法院也相应设立了知识产权民事审判庭，我国已经建立了最高人民法院和地方法院三级知识产权审判机构，并以中高级法院知识产权为主的审判格局。第二，健全与完善了知识产权审判规范。知识产权的司法解释在我国的知识产权审判工作中发挥了很大的作用。在将知识产权民事案件的审理统一归口后，最高人民法院、最高人民检察院相继发布了一系列司法解释。这些司法解释总结了人民法院以往的审判经验，既有程序性的规定，又有实体性规定。最高人民法院发布了我国第一个涉及不正当竞争案件审理的司法解释（2007年）；最高人民法院、最高人民检察院出台了相关司法解释，进一步加大知识产权刑事司法保护力度，降低知识产权犯罪认定的“门槛”（2007年）。此外，最高人民法院还制定了关于审理注册商标、企业名称与在先权利冲突的民事纠纷案件若干问题的规定（2008年）。这些司法解释或规定，为充分发挥人民法院的审判职能作用提供了有力的司法保障。第三，进行了有质量、有效率的知识产权审判活动。2004～2007年的数据表明，目前我国知识产权案件大幅度增长，审理范围不断扩展，结案率逐年上升，二审改判率逐渐下降，再审率不断降低。[30]近年来，我国知识产权案件类型几乎覆盖知识产权全部领域，包括著作权、专利权、商标专用权、商业秘密等不正当竞争纠纷案件等。最高人民法院审理的“雅马哈发动机株式会社”一案，判决浙江华田公司等赔偿雅马哈发动机株式会社830余万元。该案被认为是最高法院判决的外国当事人获赔偿最多的一例。北京市第一中级人民法院审理的电影盗版销售案，认定华纳兄弟娱乐公司等美国6家电影公司胜诉，也受到中外人士和社会各界的好评。

我国的司法体制在裁决争议、化解纠纷、制裁侵权等方面发挥了重要作用。但是，现行知识产权审判模式因循传统的民事审判方法，其程序配置、审判标准、诉讼管辖以及证据规则等都有待适时变革。

第一，关于审判程序配置问题。审判程序的脱节是目前存在的一个主要问题。首先，民事程序和行政程序的衔接。依照现行规定，行政机关查处案件可以责令停止侵权，但不能就赔偿问题作出决定，当事人可以对确认侵权的行政决定提起行政诉讼，对相应的赔偿问题提起民事诉讼。这在客观上导致同一法律关系分别由不同机关经不同的程序处理，既浪费法律资源，又可能出现裁决冲突。同时，在专利、商标权的确权诉讼中，通常是由私权的利害关系人提起，专利复审委员会、商标评审委员会只是被动地裁决。由两委代替一方作为被告，实际上重复一方当事人的诉讼请求。法院对这种具体行政行为一般只能撤销发回重作，不能直接变更；两委重新作出后，可能当事人仍然不服而又起诉，因此形成循环诉讼。

其次，民事程序和刑事程序的衔接。在涉嫌犯罪的知识产权案件中，我国实行传统的"先刑后民"原则。这样，在同一案件中可能出现刑事程序和民事程序对侵权的不同认定，在刑事程序中判决犯罪的，而在民事程序中却不认为侵权。同时，对此类案件实行"先刑后民"，当公安机关立案后，诉讼中的民事程序即中止诉讼，案件久拖不决，从而造成司法资源的浪费。

关于审判程序配置的问题，已经引起了广泛的关注。我国《国家知识产权战略刚要》提出，"完善知识产权审判体制，优化审判资源配置，简化救济程序。研究设置统一受理知识产权民事、行政和刑事案件的专门知识产权法庭"。目前，我国某些省市已经成为知识产权审判模式改革的试点地区，并形成了独具特色的"浦东模式"、"福建模式"、"武汉模式"等，但成效如何，仍需经过实践的检验。

第二，关于审判标准问题。统一法官裁判尺度，减少当事人对司法公信力的质疑，是知识产权审判面临的重大问题。由于中国经济发展程度不同、地域性差别较大，不仅各地知识产权案件审判的数量和质量不同，还会因为收入水平、相关市场规模等因素的不同而出现审判标准不统一。在地域管辖上，权利人倾向于在经济发展水平较高的地方起诉，以求获得更高的赔偿数额，侵权人则会选择管辖权异议，导致案件久拖不决。此外，地方保护主义也会使因审判标准不统一而产生不公平的现象。以驰名商标的司法认定为例，国家规定县级以上的中级人民法院可以认定驰名商标，但目前存在的问题是各地法院争相认定驰名商标，由于各地法院在商品经济发达程度及主观认知程度上的不同，驰名商标认定标准极不统一。

对此问题，我国可以通过提高审判级别的办法加以解决。有人主张将最高人民法院作为上诉法院以统一审判标准，但是我国有严格的级别管辖制度，如此改革肯定困难重重。笔者认为，我国可以借鉴有些国家的办法，在适当的时候设立专门的上诉法院，以克服这一弊端。[31]

第三，关于诉讼管辖问题。知识产权的管辖问题是目前广受关注的热点问题。由于三大诉讼法的不同规定,我国知识产权审判产生了不可避免的管辖冲突。

我国《刑事诉讼法》规定由基层人民法院管辖第一审包括知识产权犯罪在内的普通刑事案件;而在《民事诉讼法》中却规定了中级人民法院管辖的原则,只有少数的基层法院可以审判普通知识产权案件。在知识产权侵权行为发生时,侵权定性是知识产权民事侵权案件和刑事犯罪案件必须解决的首要问题,如果同一案件的侵权定性和处罚标准由不同法院执行,程序的衔接将变得十分复杂,还有可能会出现裁决结果冲突的情况。

按照《民事诉讼法》的规定,侵权行为地包括侵权行为发生地和侵权结果地。但根据最高人民法院的司法解释,著作权侵权案件的管辖法院不包括侵权结果地法院。[32]在现实生活中,权利人一般都是根据侵权结果来查证侵权行为地的所在,而侵权结果的出现又来自于侵权商品的销售。如果不允许知识产权人以侵权结果所在地为起诉地,无异于法院拒绝其司法救济请求。

我国知识产权管辖制度的设计理念是以"方便法院审判"为基准,体现了效率原则,在我国改革开放初期和知识产权审判制度初建时期发挥了很好的作用。但是,随着我国改革开放的深入,知识产权审判制度日益完善、审判人员素质日益提高,我国知识产权管辖制度应以"方便当事人诉讼"为依据,以提供最充分的救济。

第四,关于诉讼证据问题。目前我国的知识产权诉讼中,在庭前证据交换、举证时技术鉴定的委托和专家证人等方面都还存在较大问题。

由于知识产权审判工作的专业性很强,不少案件涉及复杂的法律关系和技术背景。法官由于知识背景的因素,很难对案件中的技术性问题作出判断,不得不在审判中引入专家证人。最高人民法院《关于民事诉讼证据的若干规定》第61条首次以司法解释的形式在我国的诉讼制度中确立了专家辅助制度。由于缺乏必要的规范加以指导,专家辅助人制度在践中存在不少问题。因为专家辅助人由当事人聘请参加诉讼活动,其作用是帮助当事人就专门性问题的证据进行说明和审查,难免会出现偏颇,法官不能直接引用其证言裁判。

笔者认为,我们可以借鉴其他国家的做法,[33]建立知识产权审判专家证人制度。在许多情况下,并不是每一起知识产权案件的技术争议都要通过专家鉴定才能解决,对有的案件,法院可以通过技术咨询或者技术论证,就能查明相关技术事实,得出相关结论;当案件审理遇到技术性问题时,法庭可以聘请专家证人,其意见经双方当事人质证后,即可以此为事实依据作出裁判。此种形式体现了公正性,保持了证人的中立地位。

总之,我国的知识产权审判制度脱胎于传统的民事审判,随着知识产权法律制度的日益完善和知识产权审判的专业性、技术性特征的日益加深,其存在的问题也在逐渐显现。对此,我们不应因循守成,而应适时通变,积极寻求知识产权司法体制的变革之路。

六、"利大于弊"还是"弊大于利":知识产权的运用效果

知识产权制度在西方国家孕育与成长已有三四百年时间。在近代社会,知识产权是欧美国家促进经济发展、推动科技进步、繁荣文化和教育的法律工具;在当代社会,知识产权则成为创新型国家维系技术优势、保护贸易利益、提升国际竞争力的战略政策。

知识产权制度在发展中国家并没有完全释放应有的功能。影响制度效益目标的实现,既有法律因素,如制度选择所涉及的法律理念、法律内容以及法律形式等,是否具备先进性、合理性以及科学性;也有非法律因素,即制度实施所涉及的经济技术发展状况、政府公共政策以及社会环境、文化条件等,是否具备一致性、协调性以及相适应性。审视发展中国家知识产权制度失灵的原因,主要有两点:第一,制度外力强加而造成"水土不服"。英国知识产权委员会指出,知识产权体系能够成为发展本土科技能力的一个重要因素,特别是在那些已建立起科技基础结构的国家中。[34]但对于大多数发展中国家而言,由于其自主创新能力不足,保护知识产权实际上只是保护了外国(主要是发达国家)的知识产权,增加了本国创新的成本。因此,制度强加对于发展中国家并非好事。第二,制度运作经验不足而导致"受制于人"。国家知识产权协会主席、美国斯坦福大学教授约翰·巴顿(John Barton)指出,发展中国家与发达国家在知识产权方面的差距,不在于制度本身,而在于运用制度的经验。笔者认为,对发展中国家而言,制度运用比制度选择更为重要,知识产权的有效运用需要一系列的社会条件,如完善的政府公共政策体系、高效而统一的执法体系、健全的中介服务机构以及优秀的专门人才等,而这些正是发展中国家所欠缺的。

如前所述,中国对知识产权的制度选择,主要是从自身发展需要出发,相关法律在经济社会发展中发挥了重要作用,这是笔者对制度实施效果的基本评价。但是,中国知识产权法律创建时间不长,缺乏西方国家那样的过渡期,因此,从政府到企业对制度建设准备不及,制度运用经验不足。这是我们必须正视的重要问题。

我国知识产权制度运行总体来说是健康的,正效应是明显的。这表现在如下方面:第一,科技创造能力提升,跻身专利申请大国行列。2007 年,中国专利申请量突破 300 万件,其申请量仅次于美国、日本,已跃居世界第三;且申请结构发生明显变化,其发明专利申请所占比例由 1985 年的 37% 上升到 2007 年的 60%;不少发明专利质量很高,诸多专利技术在日内瓦、伦敦、巴黎等国际博览会上获得金奖。第二,品牌创建能力提高,商标注册申请量全球第一。我国注册商标年申请量从 1980 年的 7.6 万件跃升到 2007 年的 76.3 万件,连续 6 年位居世界第一。截至 2007 年,国家工商总局商标局认定的驰名商标已达到 1004 件,产生了如“海尔”、“红旗”等一些具有国际影响力的商标。第三,文化创新能力增强,版权产业发展势头良好。1998 年包括图书、报刊、音像、软件在内的版权业产值达到 1433 亿元,约占当年国民生产总值的 1.8%,而到 2005 年所占比例已超过 6%。第四,其他知识产权获取能力加大,带动相关产业健康发展。我国农业植物品种权申请数量正以年均 40% 的速度增长,年申请量从 2004 年起进入国际植物新品种保护联盟成员排名前四名;地理标志保护为农副产品带来的附加值达到产品价格的 10% ~20%。截至 2006 年,我国已对六百多个产品实施了地理标志保护,涉及产品价值近 5000 亿元;布图设计专有权制度的建立,推动了集成电路工业的发展。从 1995 年至 2006 年的 10 年间,半导体芯片产值在国际市场上的份额由不到 1% 上升到 6%,实现产值超过 1000 亿元。[35]

知识产权对我国经济与社会发展的作用是明显的,但其贡献率尚比较有限,不能过于乐观。从授权数量来看,中国是为知识产权大国;但就资产质量而言,远不是知识产权强国。第一,在专利领域,现在依然是“技不如人”。中国有 95% 以上的企业没有自己的专利,拥有核心技术专利的企业仅为 0.03%。相形之下,外国公司注重专利权的取得,将其专利申请的重点集中在发明专利,并将发明专利申请集中在高新技术领域。据统计,在航空航天、高清晰彩电、通信、电子、汽车等领域，外国公司拥有中国发明专利高达80%甚至90%。第二，在商标领域，可以说是“貌不迷人”。商标是商品的“脸”，是产品质量与信誉的体现。中国企业商标数量非常可观，但知名品牌不多。在国际知名品牌的排行榜单上，中国企业商标无一进入100强，进入500强的只有12家。就外贸而言，中国企业出口200强，70%以上是定牌生产、加工贸易。在合资企业，90%以上是使用外国投资方的品牌。第三，在版权领域，较长时期是“文不惊人”。中国是工业品的出口大国，2007年有172种产品产量位居全球第一。而在文化领域却出现“版权贸易逆差”，2004年以前版权贸易进出口比例高达10∶1，2005年下降到6.5∶1。中国的电影票房收入较多依赖进口大片，动漫产品近90%来自海外，网络游戏产值的15%要支付外国公司的版税。[36]

知识产权的有效运用，既涉及知识产权主体（企业）的培育，又事关一般社会条件的成就。也就是说，影响知识产品生产、传递、利用的基本条件必须具备。如果上述条件得不到满足，知识产权的社会功能就达不到立法者预期的效果。笔者认为，中国知识产权的有效运用尚缺乏以下要素，解决这些问题是知识产权运用“化弊为利”、“兴利除弊”的重要路径：第一，以知识产权为导向的公共政策体系。在公共政策体系中，促进经济社会发展的“总政策”目标，并不是知识产权制度独立承担的，其目标取向也应体现在其他公共政策中。[37]与知识产权制度相关联的公共政策主要有文化教育政策、产业经济政策、科学技术政策、对外贸易政策等。作为政策决策主体的政府，其任务在于制定和完善政策，统一和协调政策。笔者认为，在过去较长时间里，知识产权在经济、文化和社会政策中的导向作用不甚明显，今后应在国家知识产权战略实施中得到加强。第二，知识创新所需要的研发资金和物质条件。研发投入规模与水平是知识产权有效运用的物质条件，更是衡量创新型国家的重要指标。2004年我国研发投入占GDP的比重为1.23%，2005年达到1.3%，2007年上升到1.42%。这一投入量低于可统计国家平均1.6%的总体水平，与创新型国家2.2%投入差距更大。由于研发投入不足，直接影响企业知识创新活动，导致很多企业处在有“制造”无“创造”，有“产权”无“知识”的状态。第三，发达的中介机构及其良好的社会服务。知识产权中介机构是指提供各种知识产权服务，包括咨询、代理、检索、评估、诉讼等的社会中介组织。是否拥有健全、成熟的中介服务体系，也是衡量知识产权制度是否完善的标志。目前，美国一年的专利许可贸易收入达1800亿美元，品牌授权使用金额超过1050亿美元，这些知识产权交易都离不开中介服务活动。与发达国家相比，我国的知识产权中介机构存在数量较少、类型发展不均匀、质量参差不齐、服务水平不高、服务内容单一等缺陷，尚不能满足知识产权有效运用的需要，企业“买技术难，卖技术也难”的问题都比较严重。第四，高水平的知识产权专门人才。知识产权人才是知识产权事业成功的基本保障。据统计，在发达国家的企业，从事知识产权工作的员工占本企业职工总数的0.6%。按照国际惯例，企业应按技术人员4%的比例配备知识产权人员。我国目前有200余万名技术人员，而知识产权从业人员估计只有1万人左右。[38]知识产权人才匮乏，影响了我国知识产权事业的健康发展。

七、“认同缺乏”还是“精神内化”：知识产权的文化基础

对外国法制或国际法制的引进，是一个“理性选择”的过程，更是一个“法律本土化”的过程，即外来制度如何在本国“扎根”与“内化”的过程。[39]本土化要求进行法律移植时，不能仅仅是对外来法律规则的形式再现，而且要在研究其法律理念的基础上实现文化再造。在构建中国知识产权法治秩序的过程中，我们引进了这一制度的外型，即法治的“硬件”系统（相对而言是比较容易移植的），但在理性领域尚缺乏与之相适应的文化基础，即法治的“软件”系统（法律精神的移植并非是短时期奏效的）。

我国知识产权法律意识还有待加强，知识产权文化还没有形成，这是知识产权法律实施目标的障碍性因素。根据《我国公民知识产权意识调查报告》，近年来，“我国在知识产权立法、司法和行政保护方面不断加强投入，社会整体对知识产权认识程度和自我保护意识也明显提升，但在公众尊重知识产权的行为规范的完善方面却未收到明显成效”。[40]具言之，即是公众普遍抱有对盗版、假冒等侵权行为的容忍态度，以及大量存在着侵权复制品的消费群体。就知识产权的最重要主体——企业而言，其法律意识也难以令人乐观。关于深圳市企业知识产权现状的调查报告显示，即使在中国最为发达的地区，也只有36%的企业对知识产权有比较全面的了解，有23%的企业仅对知识产权某个领域有所知晓，5%的企业对知识产权的理解不正确。对知识产权比较重视且在实际操作中采取保护措施的

企业仅占25%,对知识产权虽有一定认识但未采取实际保护措施的企业约占59%,另有6%的企业认为不需要加强知识产权意识。[41]知识产权意识的淡漠,使得人们对知识产权法律的正义性认同受到消极影响。总体而言,我国知识产权法制现状,立法方面表现良好,执法效果有所不足,而守法问题比较严重。

影响中国知识产权法律实施效益的原因是多方面的,就文化动因而言,主要表现在以下三个方面:

第一,中国传统文化影响的历史惰性。中国的传统文化是以个体农业为基础,以宗法家庭为单位,以伦理纲常为核心的传统文化。法律文化是有惰性的。中国的传统文化遗产越深厚,其消极精神因素的沿袭就越顽固。近代知识产权法律,建立在个人主义、自由主义、理性主义[42]的思想基础之上,将这一制度移植于义务本位、专制主义、人伦理性的中国传统文化土壤之中,如果没有自上而下的法律文化改造活动,没有形成与移植法律相适应的新文化基础,就会使得知识产权这一制度"舶来品"产生"水土不服"的法律异化后果。

第二,社会认同法律的现实障碍。近代中国引入知识产权制度,是一种"被迫性移植",其间虽有清政府实行新政的需求,但更多是外国势力强加所致;现代中国对知识产权规则的接纳,在一段时期是一种"被动性移植",即是在国际贸易体制的框架内来考虑本国立法。我国公众对知识产权法律的社会认同感不足,其原因有二:一是对法律移植的差异性认识。本土社会成员对法律移植的接受,存在不同的具体价值期待,或支持法律移植,或反对法律移植。[43]现今知识产权国际保护制度,过多地顾及发达国家的要求,确实存在国家间的利益失衡,这一状况肯定会引起本土社会的不同意见。二是对法律移植的有限需求。法律一般总是从发达国家向需要规则的欠发达国家移植,而不是相反。当知识产权的某些制度或规则,超越发展中国家发展阶段时,由于本土社会内在需求不足和制度消化能力欠缺,就会影响法律移植的有效性。

第三,现代知识产权法律构造的文化缺失。知识产权法律进入中国只有一百来年的时间,进入社会大众生活只是近一二十年的事情。笔者认为,知识产权法律构建这一成就是举世瞩目的(前世界知识产权组织主席鲍格胥博士语)。但是,知识产权文化的形成,这一过程并不是一蹴而就的。知识产权的制度创新与变革，需要相应的法律文化改造与重构，即以新的法律认知取向、法律情感取向、法律评价取向，作为现代法制的文化底蕴。[44]现代知识产权文化的形成，意味着外来文化的转化以及对本土文化的改造。“崇尚创新精神、尊重知识产权”，作为法律移植及本土化基本理念，其既有“以人为本、私权神圣”的西方文明的先进思想，也包含有“利益均衡、和谐共赢”的本土传统的合理内核。从中国知识产权文化建设的现状来看，外来的法律赖以依存的精神基础，未能随之移植而本土化；同时，本土的文化精神也未能加以改造而现代化，这些即是知识产权法律构造中的文化缺失。

知识产权文化的培育与养成，是知识产权法治秩序构建的重要内容。从世界范围看，为寻求法律广泛认同，推动各国制度实践，国际社会提出了建立一种“明达”的知识产权文化的构想。2003 年 5 月，世界知识产权组织在《2004—2005 年计划与预算草案》中提出，要把创建知识产权文化作为 WIPO 工作的一项重点计划。总干事在《WIPO 计划活动中的中期计划——WIPO 构想与战略方向》中进一步指出：从现在起到 2009 年间，创建知识产权文化的基本思路是促进和鼓励每个国家发展一种适合其需要的知识产权文化，包括各有侧重的国家知识产权战略、最适宜的国家知识产权制度，并在全国范围内提高对知识产权作为促进经济、社会和文化发展强有力手段的认识。[45]就中国而言，为了培育和发展现代知识产权理念，营造良好的舆论氛围和社会环境，国家知识产权局专门发文强调知识产权宣传工作，并将 2007 年定为“知识产权文化年”。2008 年 6 月中国政府公布《国家知识产权战略纲要》，明确将“培育知识产权文化”列为知识产权战略的五大重点之一。

现代知识产权文化构建，需要一般社会条件的综合作用，从而形成法律文化再造的运动能量和运动方向。[46]上述社会条件，既有内在动力，也有外生变量。首先是知识经济市场的原动力。基于市场经济的内生力量，必然产生与知识产品商品化、市场化、产业化相适应的知识产权文化。其次是政策制度环境的保障力。政策制度环境的营造，对良好的法律文化的形成具有重要作用。日本在近代对德国式民法的选择，在现代对美国式宪法的引入，无一不是凭借政治权威，包括相关政策制度的推引，以改造原有法律文化，从而极大地提高日本法律文化的承载力。[47]最后是文化宣传教育的引导力。在全社会普及知识产权法律知识，培养公众的知识产权权利观念和规则意识，是知识产权文化建设的重要目标。在我国，通过学校创建知识产权教育模式，以培养青少年的创新能力、创新思维和变革意识；通过加强知识产权知识宣传，普及和提高全民尤其是企业的知识产权意识和能力，显得特别重要。总之，知识产权文化的培育与养成，是我国三十年知识产权法制建设的薄弱环节，理应成为现阶段乃至今后相当时期实施国家知识产权战略的一个重要任务。

八、“单行立法”还是“专门法典”：知识产权的制度模式

经过近三十年的努力，我国建立了较为完善的知识产权法律制度体系。法律制度完善的判断有两个基本标准：一是知识产权法律制度的合理化（前述知识产权保护水平问题，即涉及制度合理化）；二是知识产权法律制度的体系化（知识产权法律形式和外在表现是制度体系化重要内容）。前者是制度完善的实质条件，是为法的实质理性；后者是制度完善的形式条件，是为法的形式理性。

法的形式理性，属于法的外在的技术品质，主要“表现为经由诸如程序公正、法律推理、法律论证以及各种具体部门法的一系列智性制度安排和种种法律技术”。[48]就法律规则的具体形式而言，“法典是法的形式的最高阶段”，因为比之其他法的形式和制度形式，法典历来是固化和记录一定的统治秩序、社会秩序和社会改革成果的更有效形式。[49]知识产权法律体系化的过程，应表现为理性的制度安排和科学的立法技术运用。只有这样，知识产权制度在法的形式上才可以称为“制度文明的典范”。

从世界范围来看，关于知识产权的立法体制，大抵有以下三种做法：

第一，单行立法。单行法律、法规是世界上绝大多数国家知识产权立法的通例。这一体例在英美法系国家是以专门法律制度的形式出现的，在大陆法系国家则是民事基本法之下的民事特别法。

第二，编纂专门法典。当以1992年《法国知识产权法典》为代表。法国立法者将23个与知识产权有关的单行法律、法规整理汇编成为统一的法典，其权利体系包括文学和艺术产权（含著作权、邻接权、数据库作者权）与工业产权（含外观设计权、发明专利权、技术秘密权、集成电路布局设计权、植物新品种权、商标权以及其他标记权）等。此外，《斯里兰卡知

识产权法典》(1979 年)、《菲律宾知识产权法典》(1997 年)、《埃及知识产权法典》(2002 年)、《越南知识产权法典》(2005 年)等,亦是为数不多的专门法典立法例。[50]

第三,编入民法典。有代表性的民法典应是 1942 年《意大利民法典》、1992 年《荷兰民法典》、1994 年《俄罗斯民法典》。从立法技术来说,上述民法典的起草者采取了两种方式:一是将知识产权的相关规则全部纳入民法典,这无疑是法律规范的位置平移。由于涉及诸多公法规范的处理,这一方式难以适用于工业产权,有的国家鉴于立法技术困难而取消民法典中的“知识产权编”(如荷兰)。二是从各类知识产权抽象出共同适用的规则和若干重要的制度,专编规定在民法典中,但同时保留各单行法律(如意大利法)。

关于中国知识产权法律的体系化,主要涉及两个问题:一是现行单行法律、法规是否具备系统性、完备性的体系化要求?二是未来民法典是否接纳知识产权,采取最高形式理性的法典化?

现阶段,我国知识产权法律框架基本形成,但体系化程度有待提高。其主要问题是:第一,一些知识产权法律规定比较分散,尚无统一的法律规范。关于商业秘密的保护,散见于《民法通则》、《合同法》、《反不正当竞争法》和《刑法》中,尚无《商业秘密保护法》;关于商号权的保护,分别规定在《民法通则》、《企业名称登记管理规定》、《公司登记管理条例》、《产品质量法》以及《反不正当竞争法》,目前没有制定《商号法》;关于地理标志的保护,或作为证明商标、集体商标,规定在《商标法》,或作为专门产品标志,见之于《地理标志产品保护规定》,其法律冲突显而易见。第二,一些知识产权法律、法规相互冲突、抵触,亟待加以整理和协调。我国单行立法,有的是全国人大常委会通过的法律,如《著作权法》、《专利法》、《商标法》等;有些则是国务院颁布的法规,如《植物新品种保护条例》、《集成电路布图设计保护条例》等。各单行法律、法规,由立法者依职权而制定,彼此间本应具有相对的一致性和协调性;但是,由于法律文件的起草者不同以及制定的时间不同,其调整的法律关系又具有相对独立性,因此某些规定存在着不合时宜、不相协调的问题。

未来民法典对知识产权制度的接纳,学者们的意见大抵可以分为反对派与赞成派两类。其中,反对派有两种观点:一是维持现有单行法体例;二是单独编纂知识产权法典。不管何种模式,都应为民法典的特别法。赞成派也有两种观点:一是在民法典中系统规定知识产权,即是将该类制度平行移植到法典而成为"知识产权编";二是仅在民法典中作一般性规定,但同时保留单行法的体例。[51]

中国知识产权法典化问题,是由于90年代末启动的民法典起草工作而引起的。对于知识产权"入典",无论是立法者还是多数学者并无异议。这是因为:第一,知识产权是私权,其基本属性与财产所有权无异,将该类权利规定于民法典之中,有助于形成完整、系统的财产权利体系;第二,知识产权是受民法保护的权利。知识产权法虽含有若干公法、程序法规定,但依然是以实体法为基础的私法制度,隶属于民法部门;第三,知识产权已在我国民事基本法即《民法通则》中作出原则规定,此先例可以援引。对于知识产权如何"入典",则意见纷呈。有学者将其归纳为四种模式:一是分离式,即知识产权法典与民法典相分离(如1992年《法国民法典》);二是纳入式,即知识产权在民法典中独立成编(如1995年《越南民法典》);三是链接式,即民法典对知识产权仅作原则性规定,然后单独制定知识产权法(如1994年《俄罗斯民法典》);四是糅合式,即将知识产权与所有权合成一体,规定在民法典中(如1995年《蒙古民法典》)。[52]笔者认为,将知识产权法整体移植或整合移植于民法典都是不可取的。在2002年10月全国人大法制工作委员会召开的专家讨论会上,笔者的基本意见是:凡是"范式"民法典都没有规定知识产权编,凡是编入知识产权的民法典都不是"范式"。同年年底在上海举行的知识产权论坛上,来自WIPO的专家声称:WIPO并不赞成在民法典中详细规定知识产权问题,但对其作出一般规定是可以的,也是有益的。[53]

中国知识产权法典化的工作是稳妥的。全国人大法制工作委员会提交的专家建议稿,曾含有一百多条款项的"知识产权编",经专家反复论证并广泛征求意见后作出了重大修正。笔者高兴地看到,2002年全国人大常委会第31次会议审议的民法典草案,知识产权没有成编,仅保留了原则性规定。但是,知识产权法典化的进程在中国不能中断,笔者曾经主张"两步走":第一步,在未来的民法典中,对知识产权作一般性规定,包括权利性质、范围、效力、利用、保护等原则性、宣示性条款;第二步,在条件成熟的时候,即在民法典之外制定一部知识产权法典。知识产权专门法典可能是“21 世纪知识产权法与民法普遍分立之典型”（郑成思教授语），[54]或许这也是中国知识产权法制 30 年未竟之事而将来有为之业。

九、“私人产权”还是“政策工具”：知识产权的战略实施

对知识产权本质进行多维度解读，不仅是一个法学理论问题，更是一个法律实践问题。从私人层面看，知识产权是知识财产私有的权利形式。世界贸易组织《知识产权协定》在其序言中宣示“知识产权为私权”，即以私权名义强调了知识财产私有的法律性质；而从国家层面看，知识产权是政府公共政策的制度选择。是否保护知识产权，对哪些知识赋予私人产权，采取什么水准保护知识产权，是一个国家根据现实发展状况和未来发展需要而作出的公共政策选择和安排。关于知识产权两种属性的关系，英国知识产权委员会认为，无论怎样称呼知识产权，我们最好将它视作公共政策的一种手段，授予个人或机构一些经济特权，以实现更大的公共利益，而这些特权只是一种目标实现手段，其本身并非目标。[55]在政策科学领域里，知识产权制度亦是一项知识产权政策，即政府以国家的名义，通过制度配置和政策安排对私人知识资源的创造、归属、利用以及管理进行指导和规制，“通常表现为一系列的法令、条例、规章、规划、计划、措施、项目等”。[56]也就是说，知识产权是实现公共政策的一种手段。因此，知识产权不仅是一种私权，它更与一国的公共政策密切相关。国家在知识财产的私人领域虽然不能直接成为市场的参与者，但国家应承担起政策的制定者、市场的监督者和全局的指挥者的角色。

《国家知识产权战略纲要》的制定与公布，是中国知识产权法制建设 30 年最后也是最为精彩的一笔。以此为标志，中国知识产权事业步入一个新的重要历史时期。就知识产权制度建设而言，中国进入了一个战略主动期。即我们已经站在战略全局的高度，“统筹国内国际两个大局”，树立世界眼光，立足本国发展，将知识产权制度作为缩小与发达国家差距，建设创新型国家的政策抉择；从知识产权制度运作而言，中国进入了一个关键发展期。知识产权制度作为公共政策的组成部分，能否充分发挥其推动社会发展、促进知识创新的功能，不仅取决于立法的完善，更取决于制度运用的成效。笔者认为，知识产权战略是我国 21 世纪为推动经济和社会发展而作出的重大战略决策，也是与我国的科教兴国战略、人才强国战略和可

持续发展战略紧密相关的，知识产权战略制定和实施的成功与否将决定21世纪的中国社会发展的最终走向。[57]

中国知识产权战略的制定，借鉴了国外战略发展的有益经验。自20世纪末以来，发达国家以及新型工业化国家在其知识产权政策中竞相确定了符合本国实际和服务国家利益的战略目标。美国作为世界上的科技领先型国家，强调知识产权是美国知识创新政策的基石。[58]通过实施美国专利商标局的《21世纪战略纲要》，建立了体系完善的知识产权制度；同时强调知识产权制度与相关政策联动，扶持"芯片、计算机、通信、生物制药"等朝阳产业，发展"软件、唱片、电影"等文化产业，使美国在国际上形成专利大国、品牌大国、版权大国的知识产权优势。在技术赶超型国家中，日本于2002年率先制定了《知识产权战略大纲》，出台了《知识产权基本法》，确立了"推进实施创造、保护、利用知识产权的政策措施、振兴科学技术、强化国际竞争力"的战略推进目标。[59]韩国是引进创新型国家的典型代表，2004年即在内阁成立了"知识产权保护政策协议会"，负责协调所有的知识产权国家政策，致力于推进韩国知识产权制度的现代化和经济、科技、文化的快速发展。谓为"金砖四国"[60]之一的印度，属于发展调整型的国家，于2000年提出建设"知识大国"的主张，并颁布了"知识大国的社会转型战略"，其知识产权政策包括对软件、生物技术、医药等优势产业的"发展战略"，对文化自治、文化多样性的"生存战略"以及对生物多样性、传统知识的"进攻性战略"。这些做法值得我们思考和借鉴。

当然，中国知识产权战略的出台，是基于我国社会经济发展状况所考虑的。根据世界银行用以衡量各国经济发展水平的基本指标（以GNI为基本指标，以人均GNP或GDP平均增长率为参考指标），表明中国经济发展水平尚低，经济结构较为落后；根据瑞士洛桑国际管理开发研究院2002年发布的《国际竞争力年度报告》显示，我国科技水平总体较低，科技竞争力在国际上基本处于中等地位；[61]根据联合国开发计划署公布的《2004年人文发展报告》可以看出，中国人文发展指数（由预期寿命指数、教育指数和GDP指数构成）达到了世界中等人文发展水平。上述资料告诉我们，中国仍属于发展中国家，基本达到世界中等或中等偏下的发展水平。但是，在经济、科技和社会发展的某些领域、某些方面，中国已经取得明显进步，有些甚至达到世界先进水平。上述社会发展情况说明，我国对知识产权制度已有较大需求,对知识产权保护也具备一定调适能力。这是制定知识产权战略的国情基础。同时,中国进行知识产权的战略调整,最终是由建设创新型国家的总政策目标决定的。我国要实现可持续发展的战略目标,有一个发展模式选择问题。国际发展大势和自身基本国情告诉我们:第一,不能走资源耗费型的发展道路。中国资源有限,人均淡水、耕地、石油、天然气以及主要矿产资源分别只有世界平均水平的25%、33%、18%、13%和40%~50%。因此,我们不能靠牺牲环境、耗费资源、提供廉价劳动力来参加国际分工与协作。第二,不可能走技术依赖型发展道路。中国对外技术依存度达到50%以上。不管是考虑西方国家维护其技术优势、限制高技术转让的基本立场,还是考虑自身经济安全、文化主权和科技发展的需要,中国都只能走知识创新、建设创新型国家的发展道路。这是实施知识产权战略的目标取向。

中国的知识产权战略进程刚刚起步,实现创新型国家的建设目标需要有具体的战略举措作为支撑。首先,要进一步完善知识产权法律体系。应进一步完善相关的法律、法规,消除它们之间的矛盾冲突,增强其可操作性,并配套制定一批鼓励创新、促进智力成果产业化的法律规范。其次,要切实加强知识产权保护。通过深化体制、机制改革,整合知识产权行政管理资源,提高行政管理效率。通过深化司法改革,整合知识产权案件的司法管辖,建构起以司法保护为主的知识产权保护机制。再次,要加强知识产权创新文化和意识的培育。应当在全社会倡导以创新为荣,以形成自主知识产权为荣的社会风尚,针对不同对象,综合运用公众宣传、专题培训、基础教育等形式培养全民族的知识产权意识。特别是要通过宣传教育,让企业切实提高知识产权自我保护意识、尊重他人知识产权的意识以及运用知识产权进行创新发展的意识。最后,建立以知识产权为导向的公共政策体系。知识产权制度应与国家的科技政策、产业政策、文化政策、教育政策、外贸政策相互配合和衔接。在产业政策方面,应着力调整产业结构,促进智力成果产业化;在科技政策等方面,应加大对发明创造者的保护力度,注意科技成果的产权化;在对外贸易方面,应转变对外贸易增长方式,优化进出口商品结构,扩大具有自主知识产权、自主品牌的商品出口;在文化政策、教育政策方面,应鼓励文化创新,推动文化的版权化、市场化;在投资政策方面,应加强创新资金扶持,加大研发的财政投入。

注释

1 知识的财产化或者说财产的非物质化，是罗马法以来私权领域中最具革命意义的制度创新。关于“新财产”的论述，可参见[加]尼科·斯特尔：《知识社会》，殷晓蓉译，上海译文出版社1998年版，第127页；[美]肯尼斯·万德威尔德：《19世纪的新财产：现代财产权概念的发展》，王战强译，载《社会经济体制比较》1995年第1期。关于知识财产的制度创新，可参见吴汉东：《财产的非物质化革命与革命的非物质财产法》，载《中国社会科学》2003年第4期。

2 诺思在对14世纪的中国与十七八世纪的英国作出比较分析后指出，英国拥有知识产权制度，使得发明得到大量涌现并带来浪潮般的技术革命，从而启动了工业革命并创造了现代经济增长的奇迹。参见[美]道格拉斯·诺思等：《西方世界的兴起》，历以平、蔡磊译，华夏出版社1999年版，第23页。

3 对外国法制或国际法制的引进，存在一个“法律本土化”的问题。本土化即是强调在法律移植时，应让受移植的法律经过合理处理与嫁接，使其能渗入移植国国民的精神和理念之中，进而在本土被理解、消化和接受。参见吴汉东：《知识产权法律构造与移植的文化解释》，载《中国法学》2007年第6期。

4 在知识产权制度史上，西方国家大抵奉行实用主义态度、都有一个从“选择保护”到“全方位保护”，从“弱保护”到“强保护”的过渡期。基于文化、教育落后于欧洲国家的考量，1790年《美国版权法》采取的是低水平版权保护；鉴于本国制药及化学产业落后的状况，1885年《日本专利法》实施的是有限范围的专利保护。自20世纪下半叶以来，由于国际环境的变化，发展中国家已失去知识产权立法的这种漫长过渡期。参见吴汉东：《知识产权制度运作：他国经验分析与中国路径探索》，载《中国版权》2007年第2期。

5 2006年5月26日，笔者与郑成思教授在中央政治局集体学习会议上作了《国际知识产权保护和我国知识产权保护的法律和制度建设》的讲解，胡锦涛总书记在会议上作了重要讲话。

6 参见国家知识产权局：《1994年中国知识产权保护状况》(白皮书)。

7 关于知识产权国际保护制度的历史分期，可参见张乃根：《国际贸易的知识产权法》，复旦大学出版社1999年版。

8 国际知识产权界将《世界知识产权组织版权条约》和《世界知识产权组织表演与录音制品条约》合称为《因特网条约》。

9 关于国际贸易“知识化”与知识产权“国际化”，可参见吴汉东：《知识产权国际保护制度的变革与发展》，载《法学研究》2005年第3期。

10 参见邓军：《中美知识产权冲突历程回顾》，载 http://www.ccmedu.com/bbs8_63680.html。

11 我国参与《文化多样性公约》的谈判,不但巩固了“文化多样性”的主权原则,而且弱化、删除了该公约与我国现行法律规定不尽一致的条款。参见吴汉东:《文化多样性的主权、人权与私权分析》,载《法学研究》2007 年第 6 期;范帆等:《〈保护和促进文化表现形式多样性公约〉谈判通过始末》,载《中国出版》2006 年第 2 期。

12 我国已就参与亚太经合组织框架下有关版权问题的磋商与谈判、参与 WTO 有关地理标志的谈判等事项,制订了行动计划,参见国家保护知识产权工作组办公室:《2008 年中国保护知识产权行动计划》。

13 参见蒙启红:《论知识产权国际保护的棘齿机制》,载《经济理论研究》2007 年第 1 期。

14 Shubba Ghosh, Reflections on the Traditional Knowledge Debate, 11 Cardozo J. Int'l and Comp. L. 501 – 502.

15 姚国会:《多哈回合死了,WTO 哭了》,载《经济》2006 年第 9 期。

16 参见方兴东:《中国软件超世界水平保护之路》,载 http://tech. sina. com. cn/path/2002 – 04 – 08/811. shtml;卢海君:《中国应采取知识产权“强保护战略”》,载《中华商标》2006 年第 9 期。

17 国际公约规定有最低保护标准原则,其标准涉及权利保护对象、权利取得方式、权利内容及限制、权利保护期间等。各国立法可以超出但不能低于公约规定的标准。参见吴汉东:《知识产权国际保护制度的基本原则》,载吴汉东主编:《知识产权年刊》(创刊号),北京大学出版社 2005 年版。

18 国内因素的判断标准,一是考察知识产权保护是否符合该国政治、经济、科技、文化的现状;二是考察知识产权保护是否促进该国政治、经济、科技、文化的发展。

19 参见吴汉东:《关于知识产权本质的多维度解读》,载《中国法学》2006 年第 5 期。

20 韩玉雄等:《关于中国知识产权保护水平的定量分析》,载《科学学研究》2005 年第 3 期。

21 UN, Innovation: Applying Knowledge in Development. 转引自《世界高等教育:改革与发展趋势》(第 3 辑),国家教育行政学院 2006 年印刷。

22 英国知识产权委员会:《知识产权与发展政策相结合委员会关于知识产权的报告》,第 1 页,载 http://www. iprcommission. org/graphic/ chinese_intro. htm。

23 英国知识产权委员会:《知识产权与发展政策的整合》,国家知识产权局条法司编译,第 109 页。

24 国家保护知识产权工作组办公室:《2006 年中国保护知识产权行动计划》。

25 有关的执法数据参见国家知识产权局:《2004—2006 年中国知识产权保护状况》。

26 参见国家知识产权局:《2007 年中国知识产权保护状况》。

27 2001 年,我国知识产权保护水平得分为 4. 19 分,已超过多数发达国家和发展中国家,但在用“执法力度”指标修正后,其知识产权保护水平得分降低为 2. 742 分。参见韩玉雄等:《关于中国知识产权保护水平的定量分析》,载《科学学研究》2005 年第 3 期。

28 李东生:《工商行政管理机关不断加强涉嫌商标犯罪案件移送工作》,载《工商行政管理》2006 年第 7 期。

29 目前全世界实行知识产权制度的 196 个国家和地区里,有 180 个是实行统一的工业产权局进行集中管理;只有不到 10 个国家实行的是分散管理。参见罗国轩主编:《知识产权管理概论》,知识产权出版社 2007 年版,第 35 页。

30 有关数据可参见国家知识产权局:《2004—2007 年中国知识产权保护状况》。

31 美国根据 1982 年《联邦法院改革法》设立了联邦巡回上诉法院,统一受理专利纠纷上诉案件,其判决各个地方法院必须遵从,统一了审判标准;日本根据其《知识产权战略大纲》提出 2004 年年底加强建设高级法院专门处理制度,随后通过改革,在东京设立知识产权高等法院,集中管辖了部分知识产权案件,统一了裁判标准。

32 参见最高人民法院《关于审理著作权民事纠纷案件适用法律若干问题的解释》第 4 条。

33 日本《知识产权战略大纲》中提出"增加专家参与,以加强法院人才基础","根据知识产权诉讼特点,让法官以外的专家参与审判,支持法官",载 http://www.kantsuu.com/riben/74753.shtml,最后访问日期:2008 年 9 月 20 日。

34 转引自《英国政府对英国知识产权委员会的报告〈综合知识产权与发展政策〉之回应》,载 http://www.iprcommission.org/Translations/DFID_Response_Chinese_FINAL.pdf。

35 以上数据参见国家知识产权局:《2007 年中国知识产权保护状况》,载《中国质量报》2006 年 11 月 6 日;《瞭望》2007 年 4 月号;《人民日报》(海外版)2005 年 5 月 25 日。

36 相关数据参见国家知识产权局《中国知识产权保护状况》(2004—2007 年);吴汉东主编:《中国知识产权蓝皮书》,北京大学出版社 2007 年版;张晓明等主编:《2007 年:中国文化产业发展报告》,社会科学文献出版社 2007 年版。

37 参见吴鸣:《公共政策的经济学分析》,湖南人民出版社 2004 年版,第 5 页。

38 张小明:《跨国竞争:呼唤涉外知识产权人才》,载《国际人才交流》2005 年第 10 期。

39 参见张洪峰:《法的世界化与本土化之争及其超越》,载《福建法学》2005 年第 1 期。

40 刘华等:《我国公民知识产权意识调查报告》,载吴汉东主编:《中国知识产权蓝皮书》,北京大学出版社 2007 年版。

41 杨建荣等:《深圳、哈尔滨两市知识产权意识之现状》,载《电子知识产权》2000 年第4期。

42 笔者认为,个人主义精神(individualism)、自由主义精神(liberalism)、理性主义精神(rationalism)是近代西方国家知识产权构造的文化基础。参见吴汉东:《知识产权法律构造与移植的文化解释》,载《中国法学》2007 年第6 期。

43 参加刘星:《重新理解法律移植》,载《中国社会科学》2004 年第5 期。

44 参见公丕祥:《法制现代化的概念架构》,载《法律科学》1998 年第4 期。

45 转引自马维宇:《知识产权文化建设的思考》,载《知识产权》2005 年第5 期。

46 参见李声炜:《中国传统法律文化现代化转变若干动因考察》,载张文显主编:《法学理论前沿论坛》(第2 卷),科学出版社 2003 年版。

47 参见傅静坤:《法律移植与法律文化——以民法修订为中心》,载《深圳大学学报》(人文社会科学版)2003 年第6 期。

48 许章润:《法律的实质理性——兼论法律从业者的职业伦理》,载《中国社会科学》2003 年第1 期。

49 周旺生:《法典在制度文明中的位置——〈法典编纂论〉序》,载封丽霞主编:《法典编纂论》,清华大学出版社 2002 年版,第26 页。

50 有关资料可参见何华:《知识产权法典化研究》,中南财经政法大学知识产权研究中心 2008 年博士学位论文。

51 有关观点参见翟云岭等:《中国法学会民法经济法研究会 1999 年年会综述》,载《中国法学》1999 年第6 期;赵中孚等:《1999 年民商法研究份的回顾与展望》,载《法学家》2000 年第1 期。

52 参见曹新明:《知识产权与民法典连接模式之选择》,载《法商研究》2005 年第1 期。

53 参见吴汉东:《知识产权立法体例与民法典编纂》,载《中国法学》2003 年第1 期。

54 参见《法国知识产权法典》(法律部分),黄晖译,商务印书馆 1999 年版,郑成思所著的“序”。

55 英国知识产权委员会:《知识产权与发展政策相结合委员会关于知识产权的报告》,第6 页,载 http://www. iprcommission. org/graphic/ chinese_intro. htm。

56 吴鸣:《公共政策的经济学分析》,湖南人民出版社 2004 年版,第4 页。

57 参见吴汉东:《中国知识产权的国际战略选择与国内战略安排》,载《今日中国论坛》2006 年第2 ~3 期。

58 2004 年美国政府报告宣称:“从美国立国基础来看,保护知识产权始终是一项创新的支柱。”参见 Innovate America: Thriving in a World of Challenge and Change, National Innovation Initiative Interim Report, Council on Competitiveness, 2004, 7。转引自《世界高等教育:改革与发展趋势》(第3 辑),国家教育行政学院 2006 年印刷。

59 《日本政府第三期科学技术基本计划(2006—2010 年)》(第三章)。转引自《世界高等教育:改革与发展趋势》(第3 辑),国家教育行政学院 2006 年印刷。

60 美国高盛公司全球首席经济学家吉姆・奥尼尔于 2001 年首次提出“金砖四国”的概念。巴西(Brazil)、俄罗斯(Russia)、印度(India)、中国(China)四国的英文首写字母为“BRICK”(砖头)。奥尼尔对“金砖四国”在 21 世纪的发展潜力给予了高度评价。

61 有关资料及分析,可参见吴汉东主编:《中国知识产权制度评价与立法建议》,知识产权出版社 2008 年版,第 22 ~ 27 页。

吴汉东

代表作

贰拾

科学发展与战略实施*

知识产权政策的中国实践

以科学发展观统领知识产权战略实施，即以“发展度”、“协调度”与“持续度”作为战略实施的指导思想和绩效判断标准，是对知识产权法制建设问题的中国解读；知识产权战略，既是国际竞争战略，又是中国发展战略；我们必须从国际、国内两个大局认识知识产权制度的重要地位和作用，树立世界眼光，立足本国发展，将知识产权战略实施作为缩小与发达国家差距、建设创新型国家的政策抉择。

一、科学发展观统领下的知识产权战略

科学发展观是马克思主义世界观和方法论的集中体现，是统领当代中国经济社会发展全局的指导思想。科学发展观要求全面、协调、可持续的发展，要求转换经济增长方式，坚持走中国特色的自主创新道路。实施知识产权战略、建设创新型国家，是中国加入世界贸易组织及《知识产权协议》后，党中央总揽全局、深刻分析国内现状和国际形势所作出的重要选择，也是贯彻和落实科学发展观的必然要求。知识产权战略的实施，既是我国自主创新、建设创新型国家、全面实现小康社会的内在需求，也是转变经济发展方式、推动国民经济又快又好发展的政策抉择。在科学发展观指导下研究我国知识产权战略的实施问题，可以充分发挥科学发展观在知识

* 原载《法学》2012 年第 2 期，题名为“知识产权战略实施的国际环境与中国场景——纪念中国加入世界贸易组织及《知识产权协议》十周年”。（本文中的《知识产权协议》即指《知识产权协定》。——编者注）

产权战略中的统领作用，填补知识产权战略实施环节研究的不足，为国家知识产权战略向纵深发展提供理论支持；同时，有助于对知识产权制度建设问题作出中国解读，对知识产权学说思想发展提供中国贡献，从而在国际层面丰富知识产权理论的研究范式和价值取向。

知识产权战略，是知识产权制度作为政府公共政策工具的具体体现。知识产权制度的战略化，即是主体通过规划、执行、评估等战略举措，谋求战略目标实现而采取的全局性、整体性的谋略和行动安排。[1]由此可见，知识产权战略是一个具有活性的动态系统，包括战略规划、战略执行、战略评估；同时它也是一个服务特定战略目标，发挥知识产权制度正效应的公共政策体系。较之其他私权而言，国家之所以提出知识产权战略而不是“物权战略”、“债权战略”，关键在于知识产权具有某种超越私人本位的公共政策属性。这种战略应是一国处理知识产权事务的基本出发点，是促进知识产权事业健康发展的思想灵魂，是关于知识产权问题的整体性谋略和全局性安排。知识产权战略实施，具有明确的价值目标取向。广言之，在知识产权法律推行、知识产权政策运用过程中，总是以一定的价值理念和功能目标为引领。其中，知识产权战略处于一种统率和引领地位。在公共政策体系中，战略性政策对一个国家的社会运用起着根本性和决定性的指导作用，在特定的历史时期，始终具有较强的总括性和稳定性。[2]在以往的知识产权研究中，法学家们所秉持的价值理念往往是“公平、正义”；而经济学家通常追求的功能目标是“效益、效率”。知识产权制度通过创造者权利、传播者权利、使用者权利的制度安排，形成了知识创造、知识公开、知识利用的法律机制。一句话，知识产权制度的宗旨在于维护知识权利的正义秩序，实现知识进步的效益目标。科学发展观以强调“以人为本、全面协调”可持续的发展的理念，以“发展度”、“协调度”、“持续度”作为知识产权战略实施的指导思想和评判其成功与否的判断标准，从而使知识产权理论研究出现了一种新的价值取向，丰富了原有的知识产权制度的评价体系。

科学发展观要求我们，坚持“统筹兼顾”，正确认识和妥善处理我国知识产权事业中的重大关系，统筹个人利益和集体利益、局部利益和整体利益、当前利益和长远利益，充分调动各方面积极性。既要总揽全局、统筹规划，又要抓住牵动全局的主要工作、事关群众利益的突出问题，着力推进、重点突破;正确处理好战略实施过程中的“整体推进”与“重点突破”的关系;正确处理好战略实施过程中的“政府推动”与“市场导向”的关系;正确处理好战略实施过程中的“创造、运用、保护和管理”的关系。科学发展观要求我们,坚持“以人为本”。在中国知识产权事业发展中,一方面,坚持自主创新,重视知识产权制度在国家经济社会全面发展中的重要作用;另一方面,坚持以人为本,保证经济发展的全面性与协调性,保证全社会能够分享知识产权事业带来的经济与社会效益。[3]在知识产权体制的建构与选择过程中,必须牢固树立和坚持“科学发展”的思想理念和价值取向,坚持知识产权制度对于社会发展的政策工具作用。知识产权制度本身不是目的,而只是促进发展的手段,为了全体人民利益的发展才是知识产权制度的目的。知识产权制度协调方面,我国应提高知识产权战略的法律层级,明细各机构之间联合行动战略的法律依据,建立完善明确的绩效评价或考核标准,同时丰富与民间的互动。通过知识产权创造与协同的有效途径——产学研联盟的协调沟通机制、利益分配与激励机制、约束与监督机制、风险管理与监控机制等运行机制优化,激发自主知识产权的创造;在绩效评估方面,应深刻理解和把握科学发展观的精神实质,认真分析我国经济社会发展状况,借鉴国外先进的绩效评估理论和方法。具言之,评估指标的选取,既要有经济指标,也要有社会发展、人才培养、环境建设方面指标;既要立足于国家知识产权战略目标远景化,也要考虑知识产权战略目标的具体化、战略实施的团队化以及具有战略意义的反馈和学习。

知识产权战略是我国21世纪为推动经济和社会发展而作出的重要战略决策,也是协调、配合科教兴国战略、人才强国战略和可持续发展战略而作出的重要战略安排。以科学发展观统领知识产权战略实施,促进知识产权事业发展,对21世纪中国的经济与社会发展具有重大战略意义。

二、知识产权战略在国际变革大势与中国发展大局中的地位

知识产权战略,既是国际竞争战略,又是中国发展战略。根据胡锦涛总书记在2006年中央政治局集体学习会上的讲话精神,我们必须从国际、国内两个大局认识知识产权制度的重要地位和作用。在经济全球化的国际背景和知识革命的时代背景下,知识产权不仅是一种法律制度,更是一种政策方略。发达国家之间在推进国际知识产权立法与执法水平问题上

的战略合谋,发达国家与发展中国家之间在知识产权保护问题上的利益冲突,以及发展中国家自身在寻求符合本国经济发展路径问题上的知识产权政策选择,已彰显出一国知识产权战略在解决国际与国内问题上的双重意义。

在国际战略层面,我国知识产权战略的实施,必须为应对当今知识产权国际保护制度的变革提供政策保障。知识经济作的出现与发展,导致了社会分配方式和社会控制权的变迁。美国学者拉兹洛指出:“在20世纪初,规定世界上权利与财富性质的游戏规则已经改变。权力不再以某个组织为基础,财富的含义正在从诸如黄金、货币和土地之类有形的东西转移开去。一个比黄金、货币和土地更灵活的无形的财富和权力基础正在形成。这个新基础以思想、技术和通讯优势为标志。”[4]知识经济的出现与发展,是以知识产权为制度基础和政策支撑的,其特征之一表现为知识产权国际贸易的重要性以及知识产权侵权问题的普遍性。从国际贸易的角度来看,以知识产权为支撑的高新技术产业和文化产业已经成为发达国家的经济支柱,保护知识产权就是维持发达国家及其产业的重大经济利益;但从侵权问题出发,高成本生产的知识产品一旦进入知识产权保护水平不高的国家,却会面临低成本的盗版与仿造。这种高成本生产和低成本复制之间冲突的加深,使得知识产权保护的一体化推进成为发达国家首要关注的国际问题。因此,在发达国家的竞争战略中,知识产权战略往往是其中的关键组成部分。发达国家不断通过多边、双边甚至单边途径,提高国际知识产权的保护标准与执法水平,最终目的乃是为本国的优势产业塑造商业环境,取得竞争优势。近年来,知识产权问题不仅凸显于国际经贸领域,而且在人权、能源、气候、环境等多种国际纷争中呈现。例如,在食品和农业基因资源的国际论坛上,在联合国人权委员会的重要专家议题中,知识产权已经成为其中的核心议题。[5]我国知识产权战略的实施,必须积极应对发达国家主导的知识产权国际保护规则,把发展更公平、更公正、更合理的国际知识产权制度作为自己的战略目标,为我国的经济发展转型赢得空间与时间。

在国内战略层面,我国知识产权战略的实施,必须为实现本国经济发展方式的转变提供制度支持。《国家知识产权战略纲要》已于2008年6月正式公布实施,这是中国知识产权法制建设三十年来最后也是最为重要的成就。以此为标志,中国知识产权事业步入一个新的重要历史时期,中国知识产权战略制定,借鉴了有关国家战略发展的有益经验,但更多是基于自己社会经济发展需要而作出战略考量。世界银行用以衡量各国经济发展水平的基本指标(以 GNI 为基本指标,以人均 GNP 或 GDP 平均增长率为参考指标)表明,中国经济发展水平尚低,经济结构较为落后;瑞士洛桑国际管理开发研究院 2002 年发布的《国际竞争力年度报告》显示,我国科技水平总体较低,科技竞争力在国际上基本处于中等地位;根据联合国开发计划署公布的《2004 年人文发展报告》,可以看出中国人文发展指数(由预期寿命指数、教育指数和 GDP 指数构成)达到了世界中等人文发展水平。[6]上述资料告诉我们,中国仍属于发展中国家,基本达到世界中等或中等偏下的发展水平。但是,在经济、科技和社会发展的某些领域、某些方面,中国已经取得明显进步,有些甚至达到世界先进水平。社会发展情况说明,我国对知识产权制度已有较大需求,对知识产权保护也具备一定调适能力。这是制定知识产权战略的国情基础。同时,中国进行知识产权的战略调整,最终是由建设创新型国家的总政策目标决定的。我国要实现可持续发展的战略目标,有一个发展模式选择问题。但在国际金融危机的背景下,我国传统经济增长模式的弊端日益凸显,甚至已经威胁本国的经济安全。因此,建立以知识产权战略实施为核心的政策体系,完善知识产权战略实施的配套机制,将成为 21 世纪我国建设创新型国家的首要任务。作为与科教兴国战略、人才强国战略和可持续发展战略紧密相关的重要战略举措,我国知识产权战略的正确实施是实现经济发展方式转变的关键布局,是摆脱传统资源耗费型与技术依赖型发展道路的制度保障,更是自身在建设创新型国家的发展道路上实现经济安全、文化主权和科技发展主动权的现实需要。

三、知识产权国际战略趋势与中国应对举措

对于当代世界各国而言,知识产权战略既是对知识经济时代发展趋势的回应,也是解决社会重大发展问题的举措,其目的无一不是通过知识产权制度来提升知识创新能力,形成核心竞争力,实现社会经济跨越式发展。对此,世界知识产权总干事卡米尔·伊德里斯(Kamil Idris)认为,知识产权是经济发展的强有力的武器。[7]进入后 TRIPS 时代,美国、欧盟、日本和韩

国等发达国家或者创新型国家竞相确立知识产权战略目标，通过知识产权制度推行和政策运用，维护本国的技术优势、贸易利益与核心竞争力。具体表现在以下三个方面：

第一，综合国力体现——知识产权优势就是国家实力优势。一国综合实力包括经济、科技、军事等硬实力和文化软实力，这些在法律层面上表现为自主知识产权的数量、规模和质量水平。知识产权拥有状况已成为衡量一国实力强弱的重要指标。在专利领域，世界知识产权组织发布的《2010年世界知识产权指标》数据显示，2008 年全世界拥有 670 万件有效专利，日本和美国仍然是主要的有效专利持有国，拥有全球 47.5% 的有效专利；[8]汤姆森路透发布的《2010 全球创新报告》显示，在全球 12 个重要技术领域中，日本有 11 个排名前十、5 个位居第一，而中国仅有 4 个进入前十，无一进入前五。[9]在版权领域，中国《软实力研究中心蓝皮书》报告指出，全球文化市场份额美国占 43%，欧洲国家 34%，日本 10%，中国则不到 4%。在商标领域，据联合国经发组织统计，国际知名品牌占商标总量的 3%，却拥有全球 40% 的市场份额和 50% 的销售额，而在 8.5 万个名牌商品中，90% 属于发达国家。

第二，发展战略选择——知识产权战略就是强国实现战略。在近代社会，知识产权制度是欧美国家推进经济发展，推动科技进步的政策工具；在当代社会，知识产权制度成为创新型国家维护技术优势，实现转型发展的战略决策。美国作为世界上的科技领先型国家，强调知识产权是美国知识创新政策的基石。[10]通过《知识产权与通讯综合改革法案》和以专利权制度改革为目标的《21 世纪战略纲要》，建立了体系完善的知识产权制度；同时强调知识产权制度与相关政策联动，扶持"芯片、计算机、通信、生物制药"等朝阳产业，发展"软件、唱片、电影"等文化产业，使美国在国际上形成专利大国、品牌大国、版权大国的知识产权优势。在技术赶超型国家中，日本于 2002 年率先制定了《知识产权战略大纲》，出台了《知识产权基本法》，确立了"推进实施创造、保护、利用知识产权的政策措施、振兴科学技术、强化国际竞争力"的战略推进目标。[11]韩国是引进创新型国家的典型代表，2004 年即在内阁成立了"知识产权保护政策协议会"，负责协调所有的知识产权国家政策；并于 2008 年着手实施"知识产权实现战略"，致力于推进韩国知识产权制度的现代化和经济、科技、文化的快速发展。以知识产权制度创新和政策创新来推动知识创新,以知识产权战略作为强国富强战略,是发达国家和新兴工业化国家普遍采用的发展战略。

第三,国际竞争工具——知识产权竞争就是世界未来竞争。在国际贸易中,知识产权已经成为遏制竞争对手的重要工具。我们看到,知识产权虽然是一种保护私人知识财产利益的产权制度,但同时也是国际经贸领域通行的法律准则,其规则所代表的不仅是私人权利主体的利益,更与国家利益、社会群体利益有关,知识产权的保护水平及其制度实施对发展中国家的经济与社会发展也有影响。一方面,技术及技术标准与知识产权制度相结合,会形成以合法形式存在的技术垄断和市场垄断,从而影响发展中国家相关产业发展以及国家经济安全;另一方面,发达国家通过加强对智力创新成果的知识产权保护,利用知识产权维护其技术优势和市场竞争力,置发展中国家于不利地位。国际知识产权制度近二百年来的发展史,即是发展在先的国家运用知识产权限制、控制发展在后的国家的变迁史:19 世纪是强大的欧洲国家向正在兴起的美国就知识产权问题发难;20 世纪 60 年代是超级大国的美国与正在崛起的日本发生知识产权冲突;80 年代至 90 年代是美国、欧盟与新兴国家韩国进行知识产权较量;20 世纪末 21 世纪初则是美国、日本、欧盟联手就知识产权问题向发展中的中国施压。可以认为,知识产权保护是国际经贸领域东西方国家竞争的焦点问题,自主知识产权是维系国家核心竞争力的战略武器。

纵观知识产权国际战略发展趋势,总结各国运用知识产权制度的有益经验,中国知识产权的国际化战略需要进一步充实、调整和提高。

第一,充分利用多元立法机制,谋求知识产权国际立法的话语权。当前,由发达国家控制的世界贸易组织和世界知识产权组织在知识产权国际立法中继续发挥主导作用,两大国际组织之间的分工合作机制在当今乃至未来知识产权国际规则制定方面扮演着最重要的角色。作为这种主导体制的补充,其他诸多国际组织和国际立法机构也十分关注知识产权问题,由此产生了一个多元的立法机制,即知识产权国际立法的"两个中心,多种渠道,南北对弈,趋向平衡"的格局。[12]这种格局能够多方面、多角度地反映各主权国家、各非国家实体、知识产权所有人以及社会大众在知识产权领域的不同立场、观点和利益诉求。鉴于此,包括中国在内的发展中国家应该正确认识《知识产权协定》的制度缺陷,以及在推行过程中出现的非

“合理性”、“适当性”诸多不足，并利用《知识产权协定》的弹性条款和开放性条款，在协定的“总轮廓之内型塑权利和权力的结构”，以满足自身“政治的、社会的、经济的和其他改革目标”。[13]同时，要积极参与生物多样性、文化多样性、粮食和农业植物、遗传资源、公共健康、国际人权、气候问题等多个领域的知识产权国际立法进程。充分运用多元立法机制，在多样性领域谋求知识产权国际立法，以“软法”规则弥补《知识产权协定》等“硬法”规则的不足。

第二，合理应对双边协议机制，防止知识产权的过高保护。进入后《知识产权协议》时代，鉴于发展中国家在世界贸易组织等多边谈判机制中的联合自强和在多元立法领域中的共同努力，特别是2001年西雅图部长会议和2003年坎昆多边贸易谈判失败后，以美国和欧盟为代表的发达国家开始通过双边机制，来寻求比《知识产权协议》标准更高、范围更广、效力更强的知识产权保护。这种双边机制主要针对发展中国家，同时也涉及其他发达国家。例如，美国已与智利（2003年）、新加坡（2003年）、澳大利亚（2004年）、中美洲五国（2004年）、摩洛哥（2004年）、巴林（2004年）和韩国（2007年）等国家签署了自由贸易协定；欧盟及其成员国亦与斯里兰卡（1995年）、巴解组织（1997年）、突尼斯（1998年）、南非（1999年）、墨西哥（2000年）、约旦（2002年）、叙利亚（2004年）等国家缔结了双边条约。这些与知识产权有关的双边协定，或延长《知识产权协议》中的最低保护期，扩展知识产权保护的新领域，附加知识产权执法的新手段；或漠视公众健康、生物多样性和传统知识的法律保护，排斥公共利益原则和知识产权的限制与例外条款，致力于巩固和扩大发达国家的知识产权优势和贸易优势。面对发达国家主导的双边自由贸易协商机制，中国应该警惕其所带来的知识产权风险，避免因双边协议不合理地提升我国知识产权的保护水平。

第三，顺应国际立法趋势和国内发展需求，完善我国知识产权法律制度。我国现行知识产权法律基本符合国情并达到国际规则要求，但也存在一些不完善的地方。我们应放眼国际立法动态，立足本土现实需要，尽快修改《商标法》、《著作权法》、《反不正当竞争法》，出台《商业秘密保护法》等单行法；与此同时，在其他领域的立法保护方面亦应有所作为。例如，世界知识产权组织2000年拟定了《保护民间文学表现形式/民间传统文化的核心目标和原则(草案)》,内容涉及保护传统文化的国家政策目标、具体知识产权模式选择、非知识产权保护方式的可能性等。联合国教科文组织2005年通过的《保护和促进文化多样性公约》,强调文化多样性是人类的一项基本特性,是人类的共同遗产,应该为了全人类的利益对其加以珍爱和维护;并从保护文化多样性的角度,将未受到现代知识产权保护的传统文化,作为一种文化活动、文化内容、文化产品和服务,纳入公约的调整范围。我国是世界文明古国,有着丰富多彩的传统文化资源,理应加快制定《民间文学艺术保护条例》等行政法规,对传统知识、非物质文化遗产等优势领域实现国内立法的综合保护。

四、国家知识产权战略实施和基本路径选择

自中国加入世界贸易组织和《知识产权协议》以来,中国知识产权制度建设和事业发展进入一个新的重要历史时期。十年来,中国知识产权事业与对外贸易在国际社会遭遇诸多艰辛:连续16年成为全球遭受反倾销调查最多的国家,连续5年成为全球遭遇反补贴最多的国家,中国企业在新的国际贸易体制下遭遇海量知识产权诉讼,中美之间多次发生知识产权纠纷并诉之于世界贸易组织。[14]但是,中国在这十年一路前行,以自己迅猛发展的经济成就,成为国际社会的关键"角色":生产总值从入世前的世界排名第6位跃升到第2位,以19.8%的份额取代美国成为最大的工业制造国,并以近3万亿美元的规模成为世界第一大出口贸易国和第二大进口贸易国。

入世十年,中国作为一个新兴的工业化国家,在知识产权制度建设与政策运作方面,立足主动,抓住机遇,取得长足的进步,我们已经站在战略高度,"统筹国内国际两个大局",树立世界眼光,立足本国发展,将知识产权制度作为缩小与发达国家差距、建设创新型国家的政策抉择。这十年来,我国知识产权制度运行总体来说是健康的,正效应是明显的。这表现在如下方面:第一,科技创造能力提升,跻身专利申请大国行列。2010年,中国年度专利申请量已突破百万件,达到122.2万件,发明专利申请超过39.1万件,居世界第二位;且申请结构发生明显变化,发明专利申请所占比例由1985年的37%上升到2010年的74.9%;[15]不少发明专利质量很高,诸多专利技术在日内瓦、伦敦、巴黎等国际博览会上获得金奖。第二,

品牌创建能力提高，商标注册申请量全球第一。2010 年，我国商标注册申请量达 100.3 万件，创历史最高，连续 9 年世界第一。我国商标注册累计申请 821.3 万件，累计注册商标 554.5 万件，有效注册商标 448.1 万件，均居世界第一。[16]世界知识产权组织《2010 年世界知识产权指标》评价，中国商标申请在全球“逆势而上、一枝独秀”。第三，文化创新能力增强，版权产业发展势头良好。1998 年，包括图书、报刊、音像、软件在内的版权业产值达到 1433 亿元，约占当年国民生产总值的 1.8%，而到 2009 年，所占比例已超过 6.5%，高于全球平均水平的 5.6%。[17]第四，其他知识产权获取能力加大，带动相关产业健康发展。我国农业植物品种权申请数量正以年均 40% 的速度增长，年申请量从 2004 年起进入国际植物新品种保护联盟成员排名前四名；地理标志保护为农副产品带来的附加值达到产品价格的 10% ~20%，截至 2010 年，我国已对 1949 个地理标志进行了保护，涉及产品价值近 8300 亿元；布图设计专有权制度的建立，推动了集成电路产业的发展。2007 年，中国半导体芯片制造业产能较 2000 年增长 85.9%，超过美国、欧洲和日本，居全球之首。[18]

入世十年，只是中国 21 世纪发展的一个阶段。展望未来，在国际经济形势与竞争格局日趋复杂的大背景下，中国如何有效实施国家知识产权战略，把握建设创新型国家的发展机遇是值得深思的问题，笔者对此提出以下建议：

第一，致力中国创造，实施专利战略，提高国家科技竞争力。科技之争是国家实力较量的表现形式，而技术专利则是国家科技竞争的关键要素。在专利战略实施的政策目标中，我们不仅要考虑专利的数量和规模，更要注重专利的质量和效益。也就是说，要提高核心技术和关键技术专利的拥有量，实现高新技术产业化和传统产业的高新技术化，促进社会经济的可持续发展。

第二，激励中国创意，实施版权战略，增强国家文化软实力。当今世界，文化之争已经成为国家实力竞争的新态势，而版权产业则是国家经济发展的新动力。文化已经成为社会经济实力和综合国家的重要构成要素，成为国际竞争和国际贸易的隐形附随品。提升文化软实力的关键在于文化创新和文化产业的发展。

第三，树立中国形象，实施商标战略，提升国家品牌影响力。通过知名品牌提升国家影响力，是一个可持续发展、具有战略性意义的方略。因而，中国形象的确立，有赖于中国品牌的营造，而品牌中国的营造，取决于企业知名品牌的创建。在知名品牌的背后，往往是一个有生命力的企业，一个有竞争力的产业，一个有经济实力的城市，一个有世界影响力的国家。知名品牌的拥有量一定程度上反映了一个国家的经济实力，拥有国际知名品牌多的国家往往是经济实力较强的国家。

人类已经步入知识经济时代，全球范围内已有二十多个国家进入到创新型国家行列，中国也要在2020年实现这一战略目标。实施知识产权战略，发展知识产权事业，提高国家科技竞争力，增强国家文化软实力，提升国家品牌影响力，是中国建成创新型国家的必要之举，也是中国走向世界强国之路的必然选择。

注释

1 张勤、朱雪忠主编：《知识产权制度战略化问题研究》，北京大学出版社2010年版，第28～29页。

2 参见吴鸣：《公共政策的经济学分析》，湖北人民出版社2004年版，第5页。

3 以人为本的科学发展观，不仅要求经济数量的增长，还包括经济效益的提高；不仅意味着社会财富的增长，还包括社会财富分配的公正、合理；不仅涉及经济效益的提高，还包括社会效益的提高。参见卢国杰：《科学发展观与我国经济发展方式的转变》，载《现代企业文化》2009年第2期。

4 ［美］E. 拉兹洛：《决定命运的选择》，李吟波等译，三联书店1997年版，第6页。

5 Laurence R. Helfer, Regime Shifting: The TRIPs Agreement and New Dynamics of International Intellectual Property Lawmaking, 29 Yale J. Int'l L. 27－52.

6 有关资料参见任建民：《中国科技追上世界脚步》，载《中国科技奖励》2002年第3期；《我国人文发展指数居世界中等发展水平》，载 http://www. sts. org. cn/nwdt/gwdt/document/007. htm。

7 Kamil Idris, Intellectual Property: A Power Tool for Economic Grouth, http://www. wipo. Int/about－wipo/en/dgo/wipo_pub _888/index_wipo_pub_888. htm 1, visited on Sep. 14, 2008.

8 国家知识产权局专利文献部：《世界知识产权组织发布〈2010年世界知识产权指标〉报告》，载《知识产权简讯》第30期。

9 任晓玲：《2010年全球重要技术领域专利活动分析》，载《中国发明与专利》2011年第

3 期。

10 2004 年美国政府报告宣称:"从美国立国基础来看,保护知识产权始终是一项创新的支柱。" See Innovate America: Thriving in a World of Challenge and Change, National Innovation Initiative Interim Report, Council on Competitiveness, 2004, 7. 转引自《世界高等教育:改革与发展趋势》(第 3 辑),国家教育行政学院 2006 年印刷。

11 《日本政府第三期科学技术基本计划(2006—2010 年)》(第三章)。转引自《世界高等教育:改革与发展趋势》(第 3 辑),国家教育行政学院 2006 年印刷。

12 参见刘笋:《知识产权国际造法新趋势》,载《法学研究》2006 年第 3 期。

13 Shubba Ghosh, Reflections on the Traditional Knowledge Debate, 11 Cardozo J. Intl and Comp. L. 501 - 502.

14 王瑞霞、郑晓波:《入世十年,从〈与狼共舞〉到〈与龙共舞〉》,载 http://finance.sina.com.cn/stock/t/20111122/020510856077.shtml。

15 参见科学技术部发展计划司:《科技统计报告》第 8 期,载 http://www.sts.org.cn/tjbg/cgylw/documents/2011/20110915.htm。

16 张艳玲:《截止今日我国有效注册商标 448.1 万件 居世界第一》,载 http://www.china.com.cn/news/2010-12/09/content_21510491.htm。

17 吴汉东:《中国知识产权法制建设的评价与反思》,载《中国法学》2009 年第 1 期;王瑞霞、郑晓波:《入世十年,从〈与狼共舞〉到〈与龙共舞〉》,载 http://finance.sina.com.cn/stock/t/20111122/020510856077.shtml。

18 贾远琨:《中国半导体芯片产能增速居全球之首》,载 http://big5.ce.cn/xwzx/gnsz/gdxw/200711/25/t20071125_13710437.shtm。

吴汉东

代表作

贰拾壹

链接入典与专门法典*

知识产权法典化的中国愿景

在知识产权学界,法典化运动大抵有两层含义:一是实现知识产权法与民法典的连接,即在民法典的民事权利框架中对知识产权进行制度安排,是一个知识产权法"入典"问题;二是实现知识产权法律体系化,即在民法典之外再设专门法典,是一个知识产权法"成典"问题。无论是"入典"还是"成典",都需要对知识产权法律进行价值判断、规范整合和体系构造,其法典化的过程即是知识产权法律发展与制度创新的过程。

一、近现代民法典编纂与知识产权法"入典"

知识产权法是近代科学技术与商品经济发展到一定阶段的产物。一般认为,英国于1623年制定了世界上第一部专利法(《垄断法规》),1709年制定了第一部著作权法(《为鼓励知识创作而授予作者及购买者就其已印刷成册的图书在一定时期之权利法》,即《安娜法令》),法国于1857年制定了第一部商标法(《关于使用原则和不审查原则为内容的制造标记和商标的法律》),是为具有近代意义的知识产权制度的开端。在近代欧洲,知识产权法经历了从英国创始到大陆法系移植的发展轨迹,两大法系对知识产权立法体例有着不同的选择。

英国是近代知识产权法的发祥地。英美法系国家有着自己的法律传统,不存在形式意义上的民法即民法典。英国学者在学术上将私法分为财产法(包括有形财产与知识财产)、信托法、合同法、侵权法等部分。在立

* 原载《中国法学》2016年第4期,题名为"民法法典化运动中的知识产权法"。

法体例上，诸如专利法、版权法、商标法都表现为制定法的形式，历来是一种独立的财产法制度，并不涉及民法典编纂问题。同时，英国也没有欧洲大陆国家那样的民法理论话语体系，知识产权往往视为“无形动产”或“诉体动产”。英国学者劳森和拉登在其所著的《财产法》一书中，将专利、版权归类入“无形动产”，其原因在于这些权利和利益“具有价值，人们愿意购买它们”，“它们是人的意志的创造物，可以根据用途任意选择其类型，其功能可以相互结合”。[1]在性质上，“无形动产”又被称为“诉讼中的动产”，即“诉体动产”，因为其存在往往只能通过诉讼表现出来。[2]在类别上，英国财产法将“工业及知识产权”与商业证券、作为财产的合同权、债券和股票等都列为“诉体财产”，该立法方法也为美国法所吸取。[3]从历史的真实出发，我们可以认为，英国法肇始的知识财产化，实为财产非物质化革命的制度创新，而并非传统民法学的理论发现。与古罗马法所构造的以物为核心的财产权体系不同，英国法对财产权客体进行新的概括和抽象。在很多情况下，私权保护的对象不是有形的物件，而是无形的利益，财产权遂被定义为“对价值的权利而非对物的权利”。[4]英国法对知识财产的确认，标志着财产观从具体到抽象的转变，从而产生了与传统财产权不同的非物质化财产权即知识产权。

近代欧洲大陆国家是以“物权—债权”的物质化财产权结构作为民法典编纂的“范式”。在19世纪展开的第一次民法典编纂运动中，无论是“法学阶梯体系”的《法国民法典》（1804年），还是“学说汇编体系”的《德国民法典》（1896年），都是在罗马法编纂体系的基础上所作出的法律构造，即以物为客体范畴，并在此基础上设计出以所有权形式为核心的物权制度，建立了以物权、债权为主要内容的财产权体系。从立法的时间节点而言，法国1793年《作者权法》、1791年《专利法》在《法国民法典》产生之前即以单行法名义存在；而德国1837年《著作权法》、1877年《专利法》也早于后来的《德国民法典》。这些法律不仅是独立存在的制定法，而且也是互不相涉的单行法。在近代法时期，“知识产权法是对专利法、商标法、著作权法等法律规范的一个总称，这一称法是虚设的，是一种理论概括”。[5]质言之，各项知识产权法并未在立法文件中实现体系化。

近代知识产权的出现，是罗马法以来财产权领域的重大制度创新和法律变革。早期的知识产权制度，经历了一个从封建特许权到资本主义财产权嬗变的历史过程,当时的市民阶级主张对知识产品产生一种新的权利,即"特许所有权",是为财产所有权的一种。[6]无论如何,知识产权是一种新型的财产权,是一种有别于传统所有权的无形财产权。实现知识产权的私权归类,不仅对传统财产权体系产生了具有革新意义的改造,而且为知识产权进入民法典提供了必要的理论基础。在传统上,财产权包括物权和债权两大类。[7]知识产权是后世出现的新型财产权,由于其标的是无形体的精神产品,因而亦称为无形财产权。其中,以财产利益的物质性与非物质性为标准,支配性财产权可以分为对动产、不动产之所有权和对精神财产之知识产权或无形财产权。对于此类财产,德国学者拉伦茨将其称为第一顺位的权利客体,即支配权或利用权的标的。在拉伦茨看来,第一顺位的权利客体是不依法律规定而事实存在的标的物,包括有体物与无体的精神产品,前者如动产和不动产,后者如作品和发明。[8]

现代民法典编纂是实现法律现代化的重要途径,经历了体系化、现代化改造的知识产权法"入典",成为"范式"民法典的历史坐标。自20世纪以来,知识产权法有了长足的发展:基本规范不断完善,保护范围逐渐扩大,一体化、现代化趋势日益明显。与此同时,大陆法系一些国家尝试将知识产权法编入本国的民法典,并在90年代兴起的第二次民法典编纂运动中形成高潮。关于民法典对知识产权法的接纳,立法者和学问家似乎无多争议,但问题在于知识产权法以何种方式"入典",方为民法典编纂之"范式"则有待观察。从民法典编纂体例来说,有以下几种:

第一,纳入式。即将知识产权法全部纳入民法典之中,使其与物权、债权、继承权等平行,成为独立一编,其立法例为《俄罗斯民法典》。1994年《俄罗斯民法典》是后社会主义国家民法典的重要代表。该法典在前三编生效多年之后,于2006年专编规定了知识产权,即"智力活动成果和个性化标识权"。该编在2008年生效的同时,包括《著作权与邻接权法》、《专利法》、《商标、服务标记和原产地名称法》等在内的六部法律被宣布废止。在《俄罗斯民法典》中,其"总则"编在"民事权利的客体"一节中,对"智力活动成果"和"智力活动成果权"同为权利客体作了原则规定。其"知识产权编"包括"一般规定"、"著作权"、"邻接权"、"专利权"、"育种成就权"、"集成电路权"、"技术秘密权"、"法人、商品、工作、服务和企业个性化标识权"、"统一技术构成中的智力活动成果权",共9章。[9]《俄罗斯民法典》在知识产权法"入典"体例上颇具代表性，是迄今为止关于知识产权规定最为集中与完整的一部民法典，有学者将其称为"完全民法典化的模式"。2015 年 12 月，俄罗斯著名法学家、莫斯科大学法律系教授塞尼·伊万·阿列克谢萨德诺维奇在中南财经政法大学知识产权研究中心作了题为"俄罗斯知识产权法典化的经验及其对中国的建议"的演讲，言道：根据《俄罗斯宪法》第 44 条关于知识产权的规定，知识产权法编入民法典有宪法依据。总体说来，整体移植知识产权法"入典"，其意义在于改革了传统民法典的编纂体系，推动了知识产权法体系化的形成。但是学术界对知识产权法所有规范"入典"并未形成共识。对《俄罗斯民法典》的不足，有中国学者给予了评价：纳入式接受了大量不属于私法范畴的法律规范，使得作为部门法的民法典变成了"综合法典"，并"剥夺了立法者颁布某类知识产权单行法的可能"。[10]1993 年《越南民法典》在"知识产权编"的立法体例上，最初采取的亦是"纳入式"，即专编系统地规定了知识产权，并在民法典于 1996 年生效之时，同时废止了《工业所有权保护法》、《著作权保护法》、《引进外国技术法》等。该法典虽然整体移植了知识产权有关规范，但实际仅规定了几种主要知识产权类型，而对新兴知识产权没有予以回应。2005 年，越南颁布新的民法典，其"知识产权编"有所变化，"一些行政管理性质的规定从民法典中删除"，"一些内容归入民事特别法"。[11]严格来讲，《越南民法典》关于知识产权的立法体例已由纳入式转向链接式。

第二，糅合式。即将知识产权视为一种无形物权，与一般物权进行整合，规定在"所有权编"，其立法例为《蒙古民法典》。从法典编纂体系而言，糅合式与纳入式一样，都将知识产权法整体置入民法典；但从编章结构而言，知识产权法并非独立成编，而是被传统财产权利制度所吸收。1995 年实施的《蒙古民法典》共七编，依次为"总则"、"所有权"、"债的总则"、"合同责任"、"非合同责任"、"继承权"和"涉及民事关系"。该法典未赋予知识产权独立成编之地位，而是将其作为一般民事权利融入其体系之中。该法典"总则"规定，"创作智力成果"是为民事法律关系发生的依据，得以与其他法律事实平行编排；"所有权编"规定，智力成果是所有权的客体，与实体物和其他一些财产权同等对待；智力成果所有权自成果创作完成之时产生，但法律另有规定的除外。[12]《蒙古民法典》在法律事实、所有权客体、所有权取得等方面，将知识产权（无形财产所有权）与所有权（有形财产所有权)作了同化处理,即在不改变民法典外观样式的情况下,赋予了传统财产权体系以新的内容。但是,糅合式对知识产权进行解构性处理,并使其直接适用于民法规范,这样既瓦解了知识产权制度的自有体系,也破坏了传统物权制度的基本框架。[13]

第三,链接式。即民法典对知识产权作出概括性、原则性规定,知识产权仍保留单独立法(专门法典或单行法),其立法例为 1942 年《意大利民法典》、2005 年《越南民法典》和 2003 年《乌克兰民法典》。1942 年《意大利民法典》在法典化运动中较早将知识产权"入典",不仅成为其他欧洲大陆国家民事立法的参照系,而且对一些美洲国家民法典改革方案产生了影响。在该法典中,知识产权作为一种新问题、新关系、新制度,规定在"劳动编"之中。其所涉知识产权为著作权、专利权、商标权、商号权,分为标记性权利与"智力作品权和工业发明权"两大部分。《意大利民法典》以链接式肯定了知识产权的私权地位,其内容是为一般性的私法规范;但其不足在于,知识产权未作整体性编排,其所涉权利类型缺乏包容性。1995 年《越南民法典》本来采取纳入式,即在废除各知识产权单行法的基础上,将其整体移植于民法典之中。鉴于上述立法模式的缺陷,越南于 2005 年又分别通过新民法典并颁布了《知识产权法典》,即采取法典化的"二元模式":一方面,民法典对知识产权进行原则规定;另一方面,又由专门法典对知识产权作出具体规定。与原民法典不同,2005 年《越南民法典》按照国际公约的精神,系统地规定了知识产权类型,但只是就著作权及相关权、工业产权、植物品种权等权利的主体、客体、内容、保护期、转让等作了原则性规定。2003 年《乌克兰民法典》与知识产权法也是链接式的。该法典第四编"知识产权"以 12 章的篇幅涵盖了各类知识产权的私法条款。其中,专章"知识产权一般规定",共计 15 个条款,涉及知识产权概念、与财产权的关系、客体、主体、取得、转让、侵权责任等;另外,以 11 章的篇幅,分别规定了"文学、艺术和其他作品的知识产权(著作权)"、"表演、录音、录像、广播组织的知识产权(相关权)"、"基于发现的知识产权"、"发明、实用新型、工业设计的知识产权"、"集成电路布图设计权"、"改进建议的知识产权"、"植物、动物品种的知识产权"、"商号的知识产权"、"商标的知识产权"、"地理标志的知识产权"、"商业秘密的知识产权"。

现代民法典尝试编入知识产权法,表明民法典与社会发展同步,古而不老、固而不封，体现了民法典编纂的时代胸怀和创新精神；同时，彰显知识产权的私权本位，完整地构造了民事权利体系，使得民法典真正成为“市民权利宣言书”和“社会生活的百科全书”。[14]

二、知识产权体系化与知识产权法“成典”

知识产权体系是得以称为“知识产权”的各种财产权所构成的有机整体，表现为相关立法和实践的制度体系。知识产权体系化是一个动态发展的过程。自十七八世纪以来，在社会财产构成中，出现了所谓抽象化、非物质化的财产权类型：在文学艺术创作领域出现了著作权，在科学技术发明领域出现了专利权，在商品生产交换领域出现了商标权。自 19 世纪下半叶始，知识产权在类型化的基础上开始体系化。专利权与商标权被合称为工业产权，并与著作权类分，为当时国际立法文件所认可，1883 年缔结的《保护工业产权巴黎公约》和 1886 年缔结的《保护文学艺术作品伯尔尼公约》即为其代表。20 世纪以来，以知识产权名义概括智力创造领域的各类权利，从理论研究走向国际立法活动。1967 年《成立世界知识产权组织公约》缔结，使得知识产权成为国际上通行的法律概念。

知识产权体系化，不仅是一种理论分析工具，也是法典编纂的制度基础；换言之，知识产权体系化表现为理论体系与法律体系两个层面。建构上述体系，涉及两个基本问题：第一，知识产权在财产权体系中的地位，特别是知识产权与所有权的关系。财产权体系表现了私有财产制度的内部结构，是分成不同部分而又相互联系的一个统一的系统或整体。这就是说，不应把财产权理解为各式各样财产权的简单总和。必须看到，财产利益基本属性的同一性决定了各种财产权的共同指向，它既是财产制度之间联系的纽带，也是财产法一体化构建的基础；同时，财产利益表现形态的差异性，既是我们划分不同财产权类型的标准，也是新的财产制度赖以建立的依据。概言之，财产是构建财产权体系的始点范畴。自罗马法以来，人们基于财产的主要构成限于有体物的认识，设定了物质化的财产权制度。随着科学技术和商品经济的发展，各种抽象化、非物质化的财产不断涌现，人们对财产的概念有了新的认识。“财产利益”是一切财产权的共同指向，包含了不同的财产形态，并由此产生了不同的财产类型。财产概念的整合是财产权制度一体化的基础，由此我们可以认为，在财产权体系中，知识产权是与所有权有别的财产权。第二,知识产权自身体系的形成,主要涉及“各个权利分支存在逻辑统一的可能性”。[15]在知识产权的名义上进行体系化构造,其基础是财产利益的非物质化,或者说客体的非物质性。诸如著作权、专利权和商标权,都是知识产权传统经典类型,理论界一般以这些原始类型为模板来界定知识产权所应当具有的特性,即专有性、地域性和时间性。随着科技和社会的不断发展,一些新兴的非物质性利益需要获得法律保护,如计算机软件、集成电路布图设计、植物新品种等。知识产权所保护的法益都具有客体的非物质性这一根本属性,但知识产权的诸多类型并不一定全部具备传统知识产权所具有的基本特征。我们将著作权、专利权、商标权等类型化为知识产权的基本依据,是这些权利的客体都具有非物质性这一本质属性,而不一定具备专有性、地域性和时间性的全部特征,例如,地理标志权不具有完整意义的专有性,商号权的地域性有着特殊的规定,商业秘密权不受时间性限制等。概言之,非物质性财产权的基本属性,是知识产权赖以体系化构造的基础。[16]

在知识产权领域,从理论体系化到制度体系化,亦是从学术法到法典法的历史过程。在大陆法系国家,知识产权法多为单行立法,是民事基本法即民法典之下的民事特别法;但不容忽视的是,知识产权立法从单行法到法典法,已然成为现代法典化运动的重要趋向。19 世纪的葡萄牙曾先后颁布《发明专利法》(1837 年)和《商标法》(1883 年),自 1884 年加入《保护工业产权巴黎公约》后,随即在国内立法中作出法典化调整,1896 年颁布的《工业产权法典》是世界上第一个工业产权法典。此后,同样位于伊比利亚半岛的西班牙于 1926 年也颁布了《工业产权法典》。在葡、西两国的影响下,拉丁美洲诸国如墨西哥、巴西、巴拿马、秘鲁以及阿尔巴尼亚、波兰、肯尼亚等非拉丁语系国家也采取了这种专门法典模式。最新一部工业产权法典,则由意大利于 2005 年颁布。工业产权法典的出现,使得专利、商标等工业产权得到一体化保护,并在知识产权领域形成了“工业产权法典 + 著作权法”的立法模式。自 20 世纪下半叶以来,在《成立世界知识产权组织公约》的指引下,亚欧一些国家,如斯里兰卡(1979 年)、法国(1992 年)、菲律宾(1997 年)、越南(2005 年)先后在立法中将各类知识产权进行系统化、体系化整合,从而形成一股知识产权法法典化的潮流。1979 年《斯里兰卡知识产权法典》是世界上第一部知识产权专门法典,后经多次修改,适用至今。就立法技术而言,1979 年《斯里兰卡知识产权法典》是"拿来主义"的产物,在很大程度上是以世界知识产权组织为发展中国家提供的"示范法"为蓝本,以此作为本国法典的体系框架。该法典于 2003 年修订时,新增地理标志和集成电路两种保护制度,在"示范法"中无例援引的情况下,基本采用了世界知识产权组织、世界贸易组织相关国际条约的有关规定。1992 年《法国知识产权法典》是 20 世纪最为重要、最有影响的专门法典。该法典采用了专门法律系统化的特殊形式,它不是已有规范性文件的简单汇总,而是将各单行立法进行整理和加工,实现了法典编纂的基本要求。该法典在立法技术上有两个优点:第一,位阶明确,体系完整。立法者在"知识产权"这一概念之下设立了"文学和艺术产权"和"工业产权"这两个属概念。在"文学和艺术产权"这一属概念之下设立了"外观设计"、"实用新型"、"发明"、"技术知识"、"商业标识"等目概念。此外,在"技术知识"这一目概念下设立了"制造秘密"、"半导体布图设计"和"植物新品种"等纲概念。正是通过这种概念之间的位阶层次设置,知识产权的体系化得到了明显的表达。第二,内容协调、规范一致。该法典较好地处理了各知识产权法的内部关系,避免了原单行立法出现的种种冲突。例如,计算机程序应受著作权保护而不得授予专利;对数据库制作者的保护独立于著作权对数据库或其组成部分的保护;植物新品种不受专利保护而取得专门权利;有关著作权、外观设计权、人身权、地理标记权、商号权等在先权利的标记不得作为商标使用注册,等等。需要指出的是,《法国知识产权法典》缺乏各项知识产权共同适用的"总则"。其原因在于:一是沿袭《法国民法典》的传统,其专门法典没有规定"总则",甚至没有保留《法国民法典》那样的"序编";二是秉持一个开放的体系,将各分则置于平行的位置,避免"总则"对新型权利的进入造成妨碍。尽管如此,在该法典引入中国后,仍有学者对其"总则"的缺失提出质疑。[17]

知识产权专门法典化,虽然表现了立法者制度理性的理想追求,但更多出于本土国情和国际潮流的复杂动因。从国内情形看,首先,旨在统一知识产权法律体系。在制定专门法典之前,相关国家苦于知识产权法律体系凌乱,各种单行法立法层次不一,法律相互冲突多见。例如,《法国知识产权法典》在颁布之前,该国共有相关法律、法规达二十多部,而且法院的许多判例也在发挥作用;在菲律宾,专利法和商标法由议会制定,著作权法则以总统令出现。该国知识产权法包括了共和国法案、总统令、执行令和部门管理条例等，数量达数十部之多。专门法典的制定，提高了知识产权立法层次，消除了各种法律的自身漏洞和相互冲突。其次，意图强化知识产权集中管理。在制定专门法典之前，相关国家知识产权管理体制分散，存在各自为政局面。在各国专门法典中，强化知识产权的集中管理是为立法重点。《斯里兰卡知识产权法典》规定，国家知识产权局为该国商业贸易部下属机构，是唯一有权受理工业设计、专利、商标或其他事务的注册及知识产权管理的机关。法国和越南没有设立统一的知识产权管理部门，而是保留以往相对集中的管理体制，其专门法典对各行政管理部门的职责范围进行了明确的规定。上述做法，避免了单行法的分散规定，在强化知识产权统一管理方面有可取之处。从国际情形来看，知识产权专门法典化亦是 WTO《知识产权协定》影响的结果，这对于发展中国家而言尤其如此。菲律宾与斯里兰卡作为上述协议的签字国，在五年过渡期内必须使其本国知识产权法的各项规定达到协议的要求。为此，菲律宾制定了《知识产权法典》，斯里兰卡推出全新的《知识产权法典》；而越南制定本国的《知识产权法典》，也时逢该国进行入世谈判进程之中。可以认为，知识产权的法典化与知识产权保护的一体化相随而行。

在近四百年知识产权法律发展的历史过程中，法典化既是以往法律进步的一个标杆，更是现代制度创新的一股潮流。[18]在这里，民法典与知识产权法典始终保持着一种先后关系、主从关系的法现象。从法典化的历程来看，知识产权法法典化总是与民法法典化相随而行。19 世纪工业产权法典的编纂，是伴随第一次民法法典化运动进行的；20 世纪知识产权法的法典化，则是在第二次民法典编纂浪潮中得以形成的。这种现象具体到特定的国家而言，一般是民法典制定在前，知识产权法典颁布在后。[19]例如，葡萄牙于 1867 年制定民法典，后于 1896 年制定工业产权法典；西班牙先于 1889 年颁布民法典，再于 1926 年颁布工业产权法典；菲律宾有了 1949 年民法典后，始于 1997 年出了知识产权法典；越南则于 1995 年制定民法典后，又于 2005 年颁布知识产权法典。从诸法典的位阶来看，知识产权法典是为专门法典，并没有改变其作为民事特别法的原本地位。1804 年《法国民法典》颁布时，并未对知识产权作专门规定，以后的知识产权单行法和法典，十分注重处理其与民法典的关系，并取得较好的效果。例如，知识产权是一种无形财产权,民法典关于有形财产权的很多规定不能直接适用于知识产权;为保护作者权益免遭损害,对契约自由进行大量限制;有关智力创作的劳动合同不影响作者享有精神权利和思想权利;有关著作权与婚姻和继承的关系也存在不同于一般法的特别规定。除了上述例外规定,作为民法典的基本法所规定的普遍原则仍然是适用的。[20]这说明《法国知识产权法典》与《法国民法典》是体系分立的两部法典,但并非是地位平行的两部法典,它们仍是一种基本法与特别法的关系。在私法多元体制中,民法典是作为民事普通法或基本法存在的,它规定的是私权的一般问题;而知识产权法典则属于特别法,它对知识财产问题作出专门规定。将两部法典作出上述区分的意义在于,在知识财产问题的法律适用方面,知识产权法典的适用应优先于民法典。前者有专门规定,应优先适用于其规范;无特别规定的,则应适用基本法规范。

三、中国知识产权法法典化的"两步走":从"入典"到"成典"

法典编纂是制度理性的立法体现。理性主义是现代法律文化的重要内容和特征,它既是价值理性,又是工具理性。理性主义强调法律的统一性,并把法律统一的基础归结为正义、平等、自由、尊严、幸福权利等。我们看到,近现代的法学家和法律改革家,正是通过这种理性的力量才得以发现一个理想的法律体系,并力图将各种各样的自然法规则和原则纳入一部法典之中。[21]可以说,理性主义是法律体系化、法典化的重要思想基础。知识产权立法的制度理性,体现在"入典"和"成典"的法典化过程之中。关于制度理性的判断有两个标准:一是法律制度安排的合理性、妥当性,是为法的实质理性;二是法律制度编纂的系统性、整体性,是为法的形式理性。前者是制度完善或者说制度理性实现的实质条件,后者则是表现法律理性主义的形式条件。法的形式理性,属于法的外在技术品质,主要"表现为经由诸如程序公正、法律推理、法律论证以及各种具体部门法的一系列智性制度安排和种种法律技术"。[22]就法律规则的具体形式而言,"法典是法的形式的最高阶段",因为较之其他法的形式和制度形式,法典历来是固化和记录一定的统治秩序、社会秩序和社会改革成果的更有效形式。[23]

中国知识产权法的法典化问题,是由于20世纪90年代末启动的民法典起草工作而引起的。对于知识产权"入典",无论是立法者还是多数学者并无异议。理由在于:第一,知识产权是私权,其基本属性与财产所有权无异。第二,知识产权是受民法保护的权利。知识产权法虽含有若干公法、程序法规定,但依然是以实体法为基础的私法制度,隶属于民法部门。第三,知识产权已在我国民事基本法即《民法通则》中作出原则规定,此先例可以援引。对于知识产权如何“入典”,则意见纷呈。在2002年10月全国人大法制工作委员会召开的专家讨论会上,笔者的意见认为,将知识产权法整体移植或整合移植于民法典是不可取的。同年年底在上海举行的知识产权论坛上,来自WIPO的专家声称:WIPO并不赞成在民法典中详细规定知识产权问题,但对其作出一般规定是可以的,也是有益的。2002年全国人大常委会第31次会议审议的《民法典草案》,知识产权没有成编,仅作出一个条款的原则性规定。这是一种极其简单的“点”式链接,并不能完全满足知识产权法的“入典”要求,有民法与知识产权法分割之嫌。笔者认为,我国知识产权法的法典化道路,宜采取“两步走”:

第一步,在民法典中设“知识产权编”,实现知识产权作为私权的理性回归。法典化的灵魂在于体系性,从形式体系而言,法典化融合了形式的一致性、内容的完备性以及逻辑的自足性。民法典对知识产权的接纳,满足了私权体系所具备的全面性和一致性要求。“知识产权为私权”,已在《知识产权协定》中得以明确宣示。知识产权虽是知识类的无形财产权形态,但其基本属性与财产所有权无异。民法典应构建一个含有有形财产权与无形财产权的完整财产权体系,质言之,知识产权法在民法典中不能“缺位”。从本土立法资源来看,我国民法典不仅是对外来“范式”民法典模式的制度重现,还应是根植于本土社会生活和法律文化的法律再造,即将法典化与法律本土化结合起来。1986年《民法通则》第五章第三节专门规定了知识产权,集中而概括地描述了知识产权基本制度,并将其与其他财产权以及人身权合为民事权利专章,这在当时被称为民事立法上的创举。考虑到立法例的传承性,未来民法典对知识产权作出独立单元安排,以此与其他民事权利并列,其“入典”的重要性和可行性不言而喻。

第二步,制定知识产权法专门法典,实现知识产权一体化、体系化的理性安排。编纂专门法典是知识产权法法典化的最高追求。知识产权法典编纂的过程,应表现为理性的制度安排和科学的立法技术运用,只有达致这样,知识产权法在法的形式理性上才可以被称为“制度文明的典范”。

目前，我们知识产权法领域仍然存在法律体系无序、立法层次不统一、行政管理体制分散和社会观念薄弱等诸多问题，严重阻碍了知识产权法功能的有效发挥。与各知识产权单行法相比而言，体系化的知识产权法典具有更高的价值体现和更多的功能优势。它不仅是“固化和记录一定的统治秩序、社会秩序和社会改革成果的有效形式”，[24]而且能够更好地发挥知识产权法的整体效应，“从而达到重组相应的司法执法体系，重构相应的法学理论体系，提高相应的法律权威”。[25]在中国，知识产权法法典化运动是一个长期的过程，当下“入典”是一项紧迫而重要的立法任务，而“成典”将成为未来崇高而重大的立法目标。

关于知识产权法与民法典的连接模式，如前所述，整体的纳入式是不成功的，解构的糅合式是不可取的；唯有链接式，即采取民法典作原则性规定与特别法（单行法或专门法典）作专门规定的二元立法体例，有可取之处。在这里，笔者主张采取“点、面”相结合的链接模式，解决知识产权法的“入典”问题。所谓“点”的链接模式，即在民法典“总则”的相关章节中对知识产权作出原则性规定。“点”的链接模式在立法技术上难度较小，且能缓解由于知识产权特性而导致传统民法理论对其产生的疏离感，有利于在不同意见的立法者之间达成妥协性。但是“点”的链接模式绝不能仅是“总则”中的“宣示性”条款，而应在“总则”基本章节中都有所反映，如在基本原则、保护对象、权利范围、法律事实、诉讼时效等方面对知识产权作出特别规定。所谓“面”的链接模式，即在民法典中独立设置“知识产权编”。“面”的链接将知识产权与物权、债权、继承权等民事权利置于同等的位阶，最大程度地凸显知识产权在私权制度体系中的重要地位，实现民法典的现代化、时代化的制度转型；同时，这种“面”的链接不是知识产权法的平行移植，而是一般性规范的抽象和概括：首先，应是从诸如著作权、专利权、商标权等各项知识产权制度中抽象出共同适用的规则，有关权利的取得程序、变动程序、管理程序等特别规范不宜列入“知识产权编”；其次，应着力描述知识产权与其他财产权的不同之处以及相互关系，即基于知识产权特性的一般规范。这些规范表现的是私权性内容，但属于知识产权法特有的内容，其条款主要由“权利的性质—主体—客体—内容—产生—利用—限制—保护”等构成。[26]“面”的链接模式无疑有立法技术的困难并会引起不同意见的纷争，但在制度理性的选择过程中，其思想结果无疑会促进知识产权的法律进步和法学繁荣,并在事实上成为一种权威确立机制。

知识产权法从“入典”到“成典”是一种制度理性选择,也是一种法治理想追求,其目标实现须把握好如下关系:第一,基本法与专门法的关系。民法典与知识产权法典为基本法典与专门法典的关系。先民法典后知识产权法典,是法典化的逻辑过程。民法法典化不仅对知识产权法典的制定提供“示范效应”和理论储备,更能对后者的内容设定和结构安排产生重要影响。在内容上,民法典将在诉讼时效、夫妻共同财产、继承、合同、质押等多方面涉及知识产权,并就这些内容与知识产权产生交叉。为避免规范内容的重叠或冲突,需要民法典提供一个明确的立法指导。在结构上,民法典的“总则”及其“知识产权编”决定了知识产权法典的基本结构;质言之,知识产权法典是否需要作为一般规定的“总则”,或其“总则”是否需要与民法典“知识产权编”保持一致,对这些问题的回答必须以民法典的出台为前提。第二,实质法与形式法的关系。民法有实质民法与形式民法之分,前者为部门法意义上的民法,指所有调整平等主体财产关系和人身关系的民法规范的总称,包括民法典以及其他民事法律、法规,这是从法律规范内容性质来识别民法的。后者指按照一定体系编纂,并以法典方式命名的民法典,这是从法律表现形式来认识民法的。与民法的存在不同,自知识财产法律产生以来的相当长时期,“知识产权法”并不是一部有具体表现形式的部门法,而是诸如著作权法、专利法、商标法以及其他相关法律的总称。就法律规范文件而言,有诸多“属概念”的单行法,但尚无“种概念”的上位法、专门法,换言之,在知识产权法典出现之前,在形式上没有名为“知识产权法”的立法文件。知识产权法典编纂的目标之一,就是将虚拟的法实在化。“知识产权法”的实在化,在立法上有助于明确法律渊源,在法律适用上有便于查找法律规范,在行政执法上有利于改变分离状态、推进统一管理。第三,学术法与法典法的关系。法典编纂中是以学术法为理论基础,以法典法为立法成果。知识产权法典是体系化、系统化的法。体系化、系统化乃法典之灵魂,知识产权法典编纂的主要任务,就是将各种知识产权单行法进行整合,“使之成为基于某些共同原则、内容协调一致、有机联系的统一法律”。[27]欲使知识产权成文法演绎为法典法,需要法学家提供学术法作为法典法的思想基础。我国知识产权法法典化的现实障碍之一，在于知识产权法的非理论化、非体系化，即学术法尚不成熟。因此，法学家的当前学术使命，就是建立知识产权法基本范畴，完善知识产权法基础理论，建立知识产权法学术体系，为未来的知识产权法典提供学术法支撑。

知识产权法实现民法典编纂的“入典”（民法典“知识产权编”）与专门法典编纂的“成典”（知识产权法典“总则”），在民事立法上表现为知识产权法领域的“一般规定”，它既是从诸如著作权、专利权、商标权等各项知识产权制度中抽象出来且共同适用的规范，也是知识产权法区别于其他财产法但具有私权属性的特别规范。笔者认为，“一般规定”可作为民法典“知识产权编”的主要构成，亦可作为知识产权法典的“总则”。

笔者试拟条款如下：[28]

第一条 【立法目的和依据】

为保护知识产权人的合法权益，鼓励知识产权创造、传播和运用，促进我国文化繁荣、科技进步和经济社会发展，依据宪法制定本编。

第二条 【权利性质】

知识产权属于民事权利。

第三条 【调整范围】

因知识产权的取得、归属和利用而产生的民事关系，适用本编规定。

第四条 【权利法定原则】

知识产权的类型及其内容由法律规定。

第五条 【权利变动原则】

知识产权的变动应采取法律规定的方式公之于众。

第六条 【禁止权利滥用原则】

知识产权人不得滥用其知识产权损害社会公共利益和经营者的合法权益。

第七条 【权利主体】

中华人民共和国自然人、法人和非法人团体依据法律在中华人民共和国取得的知识产权受本编保护。

外国人依据其所属国与中华人民共和国共同缔结或者参加的国际条约或者互惠原则在中华人民共和国取得的知识产权受本编保护。

无国籍人依据其惯常居住地与中华人民共和国共同缔结或者参加的国际条约或者互惠原则在中华人民共和国取得的知识产权受本编保护。

香港特别行政区、澳门特别行政区和台湾地区居民依据法律在中国大陆取得的知识产权受本编保护。

第八条 【权利客体】

知识产权保护下列智力成果：

(一)文学、艺术、科学等作品及其传播；

(二)商标、商号、地理标志及其他商业标记；

(三)发明、实用新型、外观设计等专利；

(四)商业秘密；

(五)集成电路布图设计；

(六)植物新品种；

(七)法律规定的其他智力成果。

第九条 【权利类型】

知识产权包括以下权利：

(一)著作权和相关权；

(二)专利权；

(三)商标权；

(四)商号权；

(五)地理标志权；

(六)商业秘密权；

(七)集成电路布图设计权；

(八)植物新品种权；

(九)其他知识产权。

第十条 【反不正当竞争法保护】

知识产权以及与知识产权有关的法益，享有反不正当竞争法的补充保护。

第十一条 【权利内容】

知识产权为专有权。知识产权的权利内容因权利类型不同，或是单一财产权利，或是人身权利和财产权利的集合。

第十二条 【权利效力】

知识产权的权利内容及其限制和例外、保护期限、地域效力依据法律而确定。

第十三条 【权利产生】

知识产权依据法律规定的条件产生。

法律规定需要登记或注册的，必须由相关行政机关依照法定程序审查批准予以登记或注册后始能产生。

第十四条 【权利归属】

知识产权属于智力成果的创造者，法律另有规定或者当事人另有约定的除外。

知识产权不属于夫妻共同财产,但是知识产权的收益属于夫妻共同财产,当事人另有约定的除外。

第十五条 【权利共有】

民事主体可以共同享有和行使知识产权。知识产权共有,适用知识产权法的特别规定,知识产权法无特别规定的,适用民法典物权编关于共有的规定。

第十六条 【权利利用】

知识产权人可以转让、许可他人使用其知识产权,或者以知识产权为标的设定质权。

知识产权的利用应遵循法律和行政法规的规定。

第十七条 【权利客体与载体的关系】

知识产权的利用不意味着相关载体所有权的转移,反之亦然,法律另有规定或者当事人另有约定的除外。

第十八条 【与在先权利的关系】

享有及行使知识产权,不得侵犯他人的在先权利。

第十九条 【权利期限】

知识产权人享有的人身权利的保护不受时间限制,法律另有规定的除外。

知识产权人享有的财产权利在法律规定的期限内受保护。

第二十条 【权利终止或撤销】

知识产权在保护期限届满之前,可以因下列情形终止或撤销:

(一)权利人书面声明放弃权利;

(二)权利人未按照规定缴纳相关费用;

(三)法律规定的其他情形。

知识产权的终止或者撤销应按照法律法规的规定办理相关手续。

第二十一条 【权利无效】

经国务院知识产权行政部门授予的知识产权,自公告之时起,任何单位或者个人认为该权利的授予不符合法律有关规定的,可以请求相关部门宣告该权利无效。

知识产权无效宣告程序依法律法规的相关规定进行。

被宣告无效的知识产权视为自始不存在。

第二十二条 【权利确认】

因知识产权归属、内容发生争议的,利害关系人可以请求国家知识产权行政部门和人民法院确认权利。

第二十三条 【司法审查】

相关当事人对知识产权的权利确认、权利无效的行政决定或裁定不服的,可以自收到通知之日起,在法律法规规定的期间内向人民法院起诉。

第二十四条 【权利限制】

基于公共利益的目的,法律法规可以对知识产权人的权利行使予以合理、适当的限制。

知识产权限制的情形应由法律法规明确规定。

第二十五条 【权利保护】

国家保护依据法律法规取得的知识产权,任何单位和个人不得侵犯知识产权人的合法权益。

国家设立专门的知识产权行政部门,负责管理知识产权事务。该部门的组成和职权由专门法律规定。

国家设立专门的知识产权法院和知识产权审判机构,负责知识产权案件审判。该法院和审判机构的组成和职权由专门法律规定。

第二十六条 【权利纠纷处理】

知识产权纠纷,可以通过和解、调解、仲裁、诉讼等方式处理。

第二十七条 【侵权责任构成】

行为人因过错侵犯他人知识产权,应当承担侵权责任。

行为人侵犯他人知识产权,不论行为人有无过错,法律规定应当承担侵权责任的,依其规定。

教唆、帮助他人实施侵犯知识产权行为的,应当与行为人承担连带责任。

第二十八条 【侵权责任方式】

承担侵犯知识产权的民事责任方式主要有:

(一)停止侵害;

(二)消除影响;

(三)赔礼道歉;

(四)赔偿损失。

以上承担侵权责任的方式,可以单独适用,也可以合并适用。

第二十九条 【行政和刑事责任】

侵犯知识产权,除承担民事责任外,违反行政管理规定的,依法承担行政责任;构成犯罪的,依法追究刑事责任。

第三十条 【损害赔偿】

侵犯知识产权的赔偿数额,按照权利人因被侵权所受到的实际损失确定,或者按照侵权人因侵权所获得的利益确定,或者参照知识产权许可费的倍数合理确定。

权利人的损失或者侵权人获得的利益以及按照知识产权许可费的倍数难以确定赔偿数额的,人民法院根据侵权行为情节,判决给予五百万以下的赔偿。

对恶意侵犯知识产权,情节严重的,可以在按照上述方法确定数额的一倍以上三倍以下确定赔偿数额。赔偿数额应当包括权利人为制止侵权所支付的合理费用。

第三十一条 【诉讼时效】

侵犯知识产权的诉讼时效为二年,自权利人或者利害关系人知道或者应当知道侵权之日起计算。

权利人或者利害关系人超过二年起诉的,如果侵权行为在起诉时仍在持续,在该权利有效期限内,人民法院应当判决侵权人停止侵权行为;侵权损害赔偿数额应当自权利人或者利害关系人向人民法院起诉之日起向前推两年计算。

第三十二条 【与民事特别法的关系】

涉及知识产权的其他规范由民事特别法规定。

第三十三条 【与民法典关系】

本编以及特别法未规定的知识产权事项,适用民法典的基本原则和相关规定。

第三十四条 【国际条约的适用】

中华人民共和国缔结或者参加的知识产权国际条约与本编和特别法有不同规定的,适用国际条约的规定,中华人民共和国声明保留的条款除外。

第三十五条 【涉外案件的法律适用】

知识产权涉外案件的法律适用,参照《中华人民共和国涉外民事关系法律适用法》的相关规定。

注释

1 参见[英]F. H. 劳森、B. 拉登:《财产论》,施天涛等译,中国大百科全书出版社 1998 年版。

2 在英国法的“诉体物”理论中,该类动产的存在只有通过诉讼才能充分体现出来。知识产权由于其客体的非物质性,往往需要通过诉讼请求,才能划清“社会财产”与“我的财产”、“合法使用财产”与“非法使用财产”的界限。

3 [美]彼得·哈依:《美国法律概论》,沈宗灵译,北京大学出版社 1997 年版,第 84 页。

4 参见[美]肯尼斯·万德威尔德:《21 世纪的新财产:现代财产权概念的发展》,载《社会经济体制比较》1995 年第 1 期。

5 参见黄勤南主编:《新编知识产权法教程》,中国政法大学出版社 1995 年版。

6 See L. Ray Patterson, Stanley W. Lindberg, The Nature of Copyright: A Law of Users Right, The University of Georgia Press, 1991.

7 有学者将以无形资格为标的的权利,如渔业权、矿业权;以权利总和之遗产为标的的权利,即继承权,都归类于准物权。

8 参见[德]卡尔·拉伦茨:《德国民法通论》,法律出版社 2003 年版,第 377 ~ 378 页。

9 参见[俄]《俄罗斯知识产权法》,张建文译,知识产权出版社 2012 年版。

10 参见张建文:《俄罗斯知识产权法完全法典化进程与特点》,载《科技与法律》2009 年第 1 期;鄢一美:《俄罗斯知识产权立法与民法典编纂》,载《知识产权》2006 年第 3 期;王志军:《俄罗斯知识产权法综论》,载国家知识产权局条法司编:《专利法研究》(2008),知识产权出版社 2009 年版。

11 米良:《越南民法典的历史沿革及其特点》,载《学术探索》2008 年第 5 期。

12 参见《蒙古国民法典》,海棠、吴振平译,中国法制出版社 2002 年版。

13 参见曹新明:《知识产权与民法典连接模式之选择》,载《法商研究》2005 年第 1 期。

14 谢鸿飞:《中国民法典的生活世界、价值体系与立法表达》,载《清华法学》2014 年第 6 期。

15 李琛:《论知识产权法的体系论》,北京大学出版社 2005 年版,第 45 页。

16 参见吴汉东:《无形财产权基本问题研究》,中国人民大学出版社 2013 年版,第 151 ~ 153 页。

17 袁真富:《试论知识产权法的法典化》,载 http://article. chinalawinfo. com/ArticleHtml/Article_20308. shtml,最后访问日期:2016 年 4 月 6 日。

18 郑成思教授曾称《法国知识产权法典》有可能成为 21 世纪知识产权法与民法普遍分立之典型。转引自《法国知识产权法典》,黄晖译,商务印书馆 1999 年版,译者序。

19 参见何华:《知识产权法典化基本问题研究》,吉林出版集团有限责任公司 2010 年版,第 95 ~ 97 页。

20 参见《法国知识产权法典》,黄晖译,商务印书馆 1999 年版,译者序。

21 [美]E. 博登海默:《法理学——法哲学及其方法》,邓正来译,中国政法大学出版社 1999 年版,第 64 页。

22 许章润:《法律的实质理性——兼论法律从业者的职业伦理》,载《中国社会科学》2003 年第 1 期。

23 参见周旺生:《法典在制度文明中的位置——〈法典编纂论〉序》,载封立霞主编:《法典编纂论》,清华大学出版社 2002 年版,第 26 页。

24 参见周旺生:《法典在制度文明中的位置》,载《法学论坛》2002 年第 4 期。

25 曹新明:《中国知识产权法典化研究》,中国政法大学出版社 2005 年版,第 29 页。

26 由笔者主持,肖志远副教授、何华副教授、锁福涛博士参与的国家知识产权局委托研究项目"知识产权基本法问题研究",其最终成果草拟了民法典"知识产权编"专家建议稿,计 30 个条款。

27 参见《中国大百科全书》(法学卷),"法典条",中国大百科全书出版社 2006 年版。

28 试拟条款的参考资料包括吴汉东:《知识产权立法体例与民法典编纂》,载《中国法学》2003 年第 1 期;郑成思:《知识产权论》,法律出版社 2003 年版,第 81 ~ 83 页;曹新明:《中国知识产权法典化研究》,中国政法大学出版社 2005 年版,第 309 ~ 313 页;何华:《知识产权法典化基本问题研究》,吉林出版集团有限公司 2010 年版,第 263 ~ 268 页。

贰拾贰

集体人权与集体产权*

传统文化保护的中国选择

对于国际社会而言,传统文化保护是一个长期探讨的老问题,也是一个存在争议的大难题。在传统文化领域,非物质文化遗产保护虽在国际层面缔结公约,且大多数成员国已有国内立法,但这一法律制度的一体化进程和国际约束力却有待加强;而对于传统文化表现形式或说是民间文学艺术,是否给予权利保护,给予何种权利保护,在国际范围并没有完全形成一致意见。本文着力分析相关国际公约的立法意图,整理他国立法实践经验,探求权利制度的法律机理,以期为中国传统文化保护的制度安排提供些许有益的思想资料。

一、传统文化权益在 WTO《知识产权协定》中的法律命运

世界贸易组织(WTO)构筑了文化贸易自由与知识产权保护的国际经贸政策系统。有关文化贸易与文化产品权益的规范,主要表现在《服务贸易总协定》和《知识产权协定》之中。其基本原则规定,是当今世界新的国际文化关系的行动准则,也是 WTO 缔约方推行文化产业与文化贸易政策的文本基础。[1]

WTO 规定"市场准入"规则,实行文化产品贸易自由。国际文化贸易所从事的是一种关于文化精神产品的国际交换。这种文化精神产品与物质产品一样,都是 WTO 规制的贸易对象。在"乌拉圭回合"的谈判中,加

---

* 原载《中国法学》2010 年第 1 期,题名为"论传统文化的法律保护——以非物质文化遗产和传统文化表现形式为对象"。

拿大、法国等国认为文化产品有其特殊性,不能与其他商品一样流通,主张将文化产品作为一种“文化例外”条款写入相关协定。[2]“文化例外”的主张,只是一种消极被动的文化贸易自由例外,因而被有些国家认定为贸易保护主义,以至于在《建立世界贸易组织的马拉喀什协定》通过后,“文化例外”宣告失败。随着 WTO 贸易原则在全球范围内的普遍实施,原有的文化贸易壁垒逐一被消解,文化贸易自由化逐渐融入经济全球化的潮流之中。参与国际贸易体制本身,不仅意味着缔约方不能全部按照自己的利益愿望制定经济、文化政策,在对外经济文化交往中受到国际规则的制约;而且还由于强势文化在国际上的出现,使得一些国家的民族文化遭到严重威胁。在当代国际贸易体制下,我们面临的是一个“文化自由的时代”(WTO 提供了文化产品自由贸易的国际平台,“意识形态与社会制度已不再是国际文化贸易的障碍”[3]),也是一个“风险文化的时代”(英国学者斯科特·拉什认为从信息领域、生物技术领域、通讯和软件领域产生出新的风险和危险[4])。当今世界的“文化风险”,表现为民族国家文化主权的弱化和传统文化的边缘化。目前,一万多个不同的社会群体生活在二百多个国家之中。文化多元化的全球伦理原则并没有得到实现,[5]许多民族、部落的传统文化与所谓的主流文化、强势文化一直存在某种紧张状态。某些国家以政治、经济、科技优势为后盾,借用国际贸易规则,在全球范围内推行强势文化战略,实行文化产业扩张,这即是“文化霸权主义”的出现。

WTO 强化知识产权保护并将其纳入国际贸易体制之中。《知识产权协定》作为 WTO 的基本法律文件,堪称“知识产权保护的法典”,[6]是迄今为止知识产权保护范围最大、保护标准最高的国际公约。但是,《知识产权协定》在制定及推行中有其明显不足,争议的焦点就是东西方国家利益失衡问题。按照乌拉圭回合多边谈判的说法,“一揽子”协议为发达国家和发展中国家提供了一种各取所需、交换利益的场所与机会。在这种利益交换模式下,发展中国家因知识产权保护标准提高而导致进口知识产权的利益损失,可以被他们在 WTO 其他协议中所获得的利益所弥补。但在实际协商中,拥有较大市场份额的国家对决策有重要影响,他们是实质上的决策制定者,而那些市场份额较小者只是决策接受者。[7]因此,在《知识产权协定》谈判及签署过程中,发达国家的主导地位是非常明显的,由此形成的国际规则显然有失公平。正如有学者所指出的,《知识产权协定》是一种明显向发达国家倾斜的国际知识产权体制,其结果是发展中世界的智力产品被搁在了公共领域,而发达世界的智力产品被紧紧掌握在私人公司手中。[8]1994年《知识产权协定》的生效,实现了发达国家建立一个较高标准和有力保障的知识产权保护制度的战略目标,进一步维系了发达国家在国际贸易中的技术优势,一个以知识产权为后盾的技术优势。高水平的知识产权保护巩固了发达国家高新技术企业的竞争优势,在重重的知识产权壁垒面前,发展中国家的企业将很难利用最有价值的技术。在过去的历史中,包括美国、日本等在内的许多国家曾经通过低水平的知识产权保护政策来增强其本国的经济势力,但随着《知识产权协定》的出现,这种政策选择的机会已经向后来者关闭。[9]对发展中国家而言,经济发展所需要的技术只有通过支付高昂的成本才能从发达国家获得,这对于其已经捉襟见肘的财力无疑是雪上加霜。资料表明,在全球专利和许可费用的跨国流动中,发达国家跨国公司占总收入的98%。[10]这就是"知识产权霸权主义"的问题。

WTO的政策系统,旨在保护各种"智力创新",而不涉及"智力源泉"(包括传统文化)。现代知识产权制度建立在智力成果独创性或首创性要求的基础之上,即知识产权的保护对象必须是新作品、新技术、新知识。欧美文化在知识产品的现代化生产和传播中,以各种"智力创新"的形式得到国际知识产权制度的周延保护;与此相反,传统文化,包括传统工艺、民间传说、土著礼仪及地方视听表演艺术等,则因为是世代传承的(不符合原创性要求)、依附部族的(不具有个人主体特征),无法适用著作权或其他知识产权的保护。《知识产权协定》并未直接涉及传统文化的权益问题,如果一些传统文化表现形式符合智力创新成果条件,当然也可以受到知识产权保护。根据WIPO(世界知识产权组织)对一些国家的调查,很多国家包括北美、西欧等发达国家认为,现行知识产权制度原则上适用传统文化的保护,即采用著作权及邻接权,保护以民间文学艺术表现形式为主的传统知识。[11]这种"削足适履"的保护是极其有限的。传统文化的本质属性与现代知识产权的创新要求并不相融。《知识产权协定》实际上对"智力源泉"未能给予应有的法律涵养,从而导致一些国家、一些民族或一些社区应有权利的丧失。在传统文化保护的问题上,WTO确有立法缺憾,但其政策系统也留有一定的制度空间。WTO不仅规定了市场准入、透明度、非歧视和最惠国待遇等基本原则,而且也规定了"涉及保护传统文化的艺术品和文物"、"允许例外和实施保障措施"、"维护国家安全"等弹性条款。这就可以使任何一个缔约方(包括发展中国家)制定相关政策、建立相关制度,以维护自己国家的根本文化利益和文化安全。"这种保护性政策与制度是应当并且必须得到所有缔约方的尊重,从而使各缔约方都可以在一个尊重文化多样性的平台上平等地开展国际文化贸易。"[12]在欧美文化圈内部,针对美国文化产业的扩张,一些国家采取了某种文化抑制政策:"法国对好莱坞电影在全球畅通无阻感到不妥和恐惧,为抑制美国娱乐业的入侵,法国在欧共体内寻求建立欧洲及国家定额管理制度。澳大利亚的文化产业委员会也感到不安,他们建议政府在遵守世界贸易组织规则的基础上,建立和创建'文化防火墙'制度。加拿大在世界贸易组织裁决其对美国杂志采取的限制措施有悖自由贸易原则之后,采取了'论坛应变'(forum shifting)的措施,建立起多元文化网。"[13]包括传统文化在内的传统知识保护,是知识产权制度国际协调面临的新问题。2001 年 11 月,WTO 部长会议通过《多哈宣言》,将《知识产权协定》与《生物多样性公约》以及传统知识和民间文学艺术保护的关系,正式列入协定理事会应当加以优先审议的范围。目前,国际社会对各国保护传统知识的可能性没有争议,但对于在《知识产权协定》框架内处理传统知识保护的问题却存在严重分歧。在发达国家中,美国反对建立保护传统知识的国际制度,特别是反对在协定框架内处理这一问题,主张通过制定国家或地方法律、法规,为传统知识的提供者和接受者提供"合同解决"问题的基础;相反,欧盟及其成员国支持建立传统知识保护国际模式,一旦新的模式形成后,即考虑怎样和在何种程度上将传统知识保护纳入《知识产权协定》。[14]在发展中国家中,非洲国家集团与巴西、印度等国对是否在协定框架内解决传统知识保护问题,也是主张不一。正是因为如此,从 2001 年多哈会议到 2005 年香港会议,各缔约方除提交表达各自立场的意见文本外,并未就此进行专门讨论并达成一致意见。上述情况表明了传统文化在 WTO《知识产权协定》中的法律命运。

二、WIPO 和 UNESCO 对传统文化保护的立法实践

自 20 世纪 60 年代以来,有关国际组织和一些国家就积极探讨传统文

化的法律保护问题,包括在知识产权框架内外的尝试和实践。其间,世界知识产权组织(WIPO)和联合国教科文组织(UNESCO)为之做出了重要的努力。前者成立了专门委员会,着手探讨传统文化保护问题,推动各国相关立法,继续发挥知识产权国际立法的主导作用。后者所辖的诸如国际组织和国际论坛,对传统文化保护的国际制度安排进行了有益的探讨,发动了超越 WTO 体制的“软法”造法活动:一是颁布保护传统文化的一系列国际公约;二是鼓励各国可能利用《知识产权协定》的弹性条款和开放性条款,在协定的“总轮廓之内型塑权利和权力的结构”,“以满足缔约方政治的、社会的、经济的和其他政策目标”。[15]

WIPO 在知识产权国际规则制定方面扮演着重要角色,它与后来的 WTO 构建了相关国际立法的主导机制。1967 年,由 WIPO 主持的《保护文学艺术作品伯尔尼公约》斯德哥尔摩修订会议,提出修订公约第 15 条第 4 款,即对“作者不明”的作品给予著作权保护,其目的就是将民间文学艺术视为“作者不明”的作品。这一规定后来经巴黎修订会议(1971 年)形成了文本确认。《伯尔尼公约》修订文本第 15 条第 4 款规定:“对作者身份不明但有充分理由推定该作者是本同盟某一成员国国民的未出版的作品,该国法律指定主管当局代表该作者并有权维护和行使作者在本同盟成员国内之权利。”由此可见,公约相关条款并未出现“民间文学艺术”一词,而是将“作者不明”的作品作为匿名作品的一种特例,这就为成员国“特别是向民间文学艺术构成其本国文化遗产的一部分发展中国家提供了一种利用它的手段”。[16]1976 年,WIPO 与 UNESCO 共同为发展中国家制定了《突尼斯版权示范法》。该示范法认为,在发展中国家,民间文学艺术构成了文化遗产中的一个重要部分,它不仅有经济利用的利益,而且涉及特殊群体的文化特征,因此有必要对其提供适当的保护。[17]示范法所主张的著作权保护模式产生了广泛的影响,目前已有五十多个国家以此为准来保护民间文学艺术,其中多数为非洲国家。

从《伯尔尼公约》(1971 年文本)到《突尼斯版权示范法》,表明传统文化保护已经得到国际社会的认可,但著作权保护模式并非就是一个正确的选择。WIPO 前助理总干事米哈依 · 菲彻尔(Mihaly Ficsor)先生认为,著作权法关于作者身份的规定和作品原创性要求,都不能很好地适用于世代相传而产生的民间文学艺术。民间文学艺术不是“作者不明”,“创作者应是某一社群并且创造性的贡献来源于世代相传的祖祖辈辈”。因此,将民间文学艺术作为未出版作品进行保护是不恰当的,其后果将导致自其出版后50年即权利终结,民间文学艺术并不会因为其“出版”而改变其文化遗产的内在本质。一些国家的立法对此似乎有所认识,因而采取特殊的公有领域支付制度。但是在现实中,民间文学艺术并不是只需付费而无须授权使用就处于公有领域,而且这种公有领域支付制度尽管规定在著作权法之中,但却是一种专门法的保护方式。米哈依·菲彻尔先生的最后结论是,“《伯尔尼公约》采用的著作权保护模式,明显不适合于民间文学艺术的国际保护”。[18]

鉴于著作权保护模式的不足,国际社会转而寻求专有权利的保护模式。1980年,WIPO与UNESCO达成一致意见,即针对两种侵害传统文化的行为,包括非法使用和歧视与歪曲的行为,制定专门法律以保护传统文化资源;并采取行动,共同组建工作小组,为各国相关立法提供示范法条款草案。1982年,上述两组织制定了《保护民间文学表达形式、防止不正当利用及其他侵害行为国内法示范法条》(以下简称《示范法条》)。《示范法条》避开了著作权法关于权利主体特定性、客体原创性、保护期有限性等基本规则,为传统文化提供了一种“特殊保护”的模式。按照WIPO和UNESCO1985年文件的说法,专有权利保护的特殊之处表现如下方面:第一,关于保护对象。《示范法条》采用“民间文学表现形式”(expressions of folklore)的称谓,而未沿用著作权法上的“作品”(work)的表述。民间文学表现形式的范围包括口头表达、音乐表达、动作表达和有形表达,须具备传统文化遗产的独创性要素。反之,传统信仰、科学观点、传奇题材或纯实际活动的传统,只要与表现形式分开,则不属于民间文学表现形式的范围。第二,关于授权使用。《示范法条》采取了有别于一般著作权作品授权使用的做法:凡以营利为目的且在传统方式之外的使用,须经相关社区主管机关授权同意;但属于传统方式的使用,不论是否具有营利目的,均无须取得授权。至于传统方式以外的使用,如不以营利为目的,亦不受禁止。第三,关于注明出处。《示范法条》强调民间文学表现形式与其来源之间的联系,作出了“注明出处”的规定,即有关民间文学表现形式的任何公开传播,必须以恰当方式标明其来源,提及民间文学表现形式的起源社区和(或)其地理位置。第四,与其他权利保护的关系。《示范法条》将专有权利保护作为并列于其他知识产权的特殊模式，凡民间文学表现形式构成"作品"的，可适用著作权法；作为外观设计使用的，适用于工业产权法；作为商标、产地标记使用的，适用于反不正当竞争法；属于建筑艺术表现形式的，适用保护文化遗产的法律。[19]专有权利保护模式为一些国家提供新的立法途径，菲律宾于1997年制定的《土著人权利法案》、巴拿马于2000年颁布法律保护"原住民群体权利"以及澳大利亚土著习惯法规定的"传统文化集体所有权"等，在许多方面都是取材于《示范法条》。以专有权利保护为内容的特别立法模式，虽然得到WIPO和UNESCO的推荐和支持，但各国立法实践采纳此例并不多见。上述两组织调查标明，《示范法条》即使是对发展中国家的立法影响也是非常有限的。[20]

现有知识产权制度对于传统文化保护存在诸多缺憾。鉴于此，WIPO于2000年成立了专门机构，即"知识产权与遗传资源、传统知识和民间文学艺术政府间委员会"(IGC)，其工作主要围绕遗传资源、民间文学艺术、传统知识三个主体展开。在IGC召开的会议和论坛上，与传统文化保护相关的国际争论主要涉及以下问题：第一，国际保护是采取遗传资源、传统知识和民间文学艺术的综合立法模式还是采取民间文学艺术的单独立法模式？第二，民间文学艺术保护机制是在著作权体系之中还是寻求特殊法律体制？第三，民间文学艺术国际保护制度是制定强制性的国际公约还是制定非强制性的国际文书？经过几年的讨论，WIPO于2000年拟定了《保护民间文学表现形式/民间传统文化的核心目标和原则》(草案)。尽管草案仍在讨论之中，东西方国家亦存在分歧，但WIPO就成员国立法工作步骤所给出的建议是有价值的，其中涉及保护传统文化的国家政策目标、具体知识产权模式选择、非知识产权保护方式的可能性等。上述问题的提出以及可能解决的途径，昭示着传统文化法律保护制度形成与发展的未来去向。

UNESCO在过去的几十年间一直致力于保护传统文化的国际立法活动。在知识产权领域，UNESCO加强了与WIPO的合作，通过《示范法条》，推动各国立法，举行专门论坛，寻求国际共识；在非知识产权领域，UNESCO主要从文化遗产、文化多样性、人权等角度来考虑和解决传统文化的保护问题，通过国际公约的缔结，制定了有关传统文化保护的国际原则规范体系。从20世纪50年代起，UNESCO即针对社会变化与传统文化的内容和继承问题进行调查,并于 70 年代着手进行国际规范制定工作。1972 年,UNESCO 召开大会通过《保护世界文化和自然遗产公约》。公约对"文化遗产"的范围限定为有形的历史文化遗产,其保护对象是具有考古、艺术、人类和科学价值的东西。作为这一公约的重要补充,以保护无形文化遗产为主题,UNESCO 于 2003 年召开大会缔结了《保护非物质文化遗产公约》。公约的宗旨在于保护非物质文化遗产,尊重有关社区、群体和个人的非物质文化遗产,在地方、国家和国际一级提高保护非物质文化遗产重要性的意识,开展国际合作和提供国际援助。会议提出非物质文化遗产的保护措施包括确认、立档、研究、保存、保护、宣传、传承和振兴。公约要求,各成员国应该采取必要措施保护非物质文化遗产,包括拟定国家的遗产清单,制定总的政策,指定或建立主管机构,开展有效的技术和方法研究,开展教育、宣传和能力培养等。作为文化发展政策的重大举措,以保护文化多样性为主题,UNESCO 于 2005 年召开大会通过了《保护和促进文化多样性公约》(以下简称《文化多样性公约》)。UNESCO 认为,《文化多样性公约》与《保护世界文化和自然遗产公约》、《保护非物质文化遗产公约》,为国际社会保护传统文化、保护文化多样性提供了一个有力的行动框架。[21]《文化多样性公约》强调文化多样性是人类的一项基本特性,是人类的共同遗产,应该为了全人类的利益对其加以珍爱和维护;并从保护文化多样性的角度,将未受到现代知识产权保护的传统文化,作为一种文化活动、文化内容、文化产品和服务,纳入公约的调整范围。该公约在序言中宣称:"承认作为非物质和物质财富来源的传统知识的重要性,特别是原住居民知识体系的重要性。""文化表现形式,包括传统知识表现形式的多样性",在思想表达与信息分享方面具有重要价值。公约提出成员国有权制定和实施文化政策和采取措施,以保护和促进包括传统文化在内的文化表现形式多样性。这些政策举措包括文化管理措施、文化设施建设措施、文化资助措施、文化鼓励措施、文化产业机构的建立和支持措施、文化人员的培养和支持措施等。

在传统文化保护方面,UNESCO 采取了不同于 WIPO 的法律机制。这种保护机制的差异,是以不同的法律机理为基础的:第一,关于传统文化的基本属性。作为传统文化表现形式的文化产品与服务具有经济和文化的双重属性。[22]基于不同的基本属性,赋予不同的权利形式,采取不同的保护方法，WIPO 与 UNESCO 所缔结的国际公约或制定的国际文件，在传统文化领域发挥着各自的规范功能。第二，关于传统文化的基本权利。从文化产品与服务的经济属性出发，其权利形态是私人产权，这即是 WIPO 的知识产权保护模式；从文化产品与服务的文化属性出发，其权利形态是集体文化权利，这即是 UNESCO 的非知识产权保护模式。根据国际人权的一般理论，文化权利是国际人权公约承认的基本人权，上述权利是民族、部族和其他社会群体维护其文化身份和文化尊严所不可或缺的重要权利。相对于知识产权这一私人财产权利而言，前述权利应具有优先性的法价值。第三，关于传统文化的保护方法。WIPO 主张的著作权或专有权，都是授权性的保护措施，即是以赋予产权的方式对传统文化表现形式提供保护。UNESCO 在其公约中所提出的“保护”，包括“保存”（preservation）、“维护”（safeguarding）和“加强”（enhancement），主要是行政性的保护措施，即是国家从文化主权出发对传统文化资源所采取的文化政策和措施。可以说，两种保护方法分属于私法和公法的不同领域。

传统文化领域中的多元权利形态和不同保护方式，服务于共同的缔约目标。质言之，他们并不是相互孤立和隔绝的，更不是彼此冲突和对立的。UNESCO 缔结的诸多公约与 WTO、WIPO 的知识产权公约是一种相互支持、相互补充和互不隶属的关系。首先，UNESCO 注意到 WTO 的知识产权制度关于保护传统文化的缺憾，从而在缔结的公约中提出了新的要求与期待。例如，《文化多样性公约》在序言中强调，“承认作为非物质和物质财富来源的传统知识的重要性，特别是原住居民知识体系的重要性”。按照公约的说法，无论“它们产生或可能产生知识产权”，都要受到公法保护。同时，UNESCO 主张相关公约与 WIPO、WTO 知识产权制度之间的协调，关注公法保护与私法制度之间的关联性。知识产权制度是以保护私人创作成果，促进信息自由传播为其立法宗旨的，而传统文化的公法保护有助于前述目标的实现。《非物质文化遗产公约》宣称，“承认各群体，尤其是土著群体，各团队，有时是个人在非物质文化遗产的创作、保护、保养和创新方面发挥着重要作用，从而为丰富文化多样性和人类的创造作出贡献”。《文化多样性公约》认为，“文化多样性是交流、革新和创作的源泉”，“该创作都来源于有关的文化传统，但也在同共他文化传统交流中得到充分的发展”。可以说，非物质文化遗产或是文化多样性，为新作品的创造提供了必要的智力源泉和文化土壤;同时,知识产权意义上文化产品的创作和传播,也有助于传统文化的保存、传承和交流、发展。UNESCO致力于保护非物质文化遗产和文化多样性,其所主张的文化传统保存和文化发展选择,属于国家文化主权的基本范畴。一般而言,文化主权原则是指一个国家的文化主权神圣不可侵犯,一个国家的文化传统和文化发展选择必须得到尊重,包括国家的文化立法权、文化管理权、文化制度和意识形态选择权、文化传播和文化交流的独立自主权等。[23]文化主权在国家层面主张表现在为保护传统文化所采取的政策和措施。因此,UNESCO对传统文化保护是一种公权保护,其手段主要是行政保护方法。[24]

包括传统文化在内的传统知识保护,使得国际社会对知识财产保护的视角从智力成果本身发展到智力源泉本身。WTO、WIPO建立了两大国际组织之间的分工合作机制,[25]并在知识产权国际立法中继续发挥着主导作用。除此之外,UNESCO以及联合国环境计划署、联合国粮农组织、联合国贸易与发展会议、联合国开发计划署、世界卫生组织、世界粮食计划署等国际机构对传统知识及传统文化的保护问题也进行了广泛的讨论。有基于此,与传统文化保护相关的知识产权立法机制出现了一个多元局面,即"两个中心,多种渠道,南北对弈,趋向平衡"的格局。[26]

三、传统文化的客体属性及其权利形态的法理学分析

术语概念是我们建构传统文化保护制度的始点理论范畴。关于文化概念的定义,国内外学者有不同的说法。广义的文化观认为,文化是人类所创造的物质财富和精神财富的总和,即是从主观与客观、精神与物质的角度将人类创造和加工的一切都视为文化;狭义文化观如英国人类学家爱德华·泰勒认为,包括全部的知识、信仰、艺术、道德、法律、风俗以及作为社会成员的人所掌握和按受的任何其他的才能和习惯的复合体。[27]传统文化是传统部族基于世代传承,表明其身份特征而形成的精神遗产。所谓基于世代传承,是指该类文化经世代相传并且为适应环境而不断发展;表明身份特征,则强调是该类文化表现了一个部族区别于另一部族的社会特征。传统文化作为文化的重要组成部分,深刻表明了该类文化的本源性(是源于传统而不是基于创新而形成的)和文化本身的特殊性(是附属于特定部族而不是归属于个人的)。

在传统文化内涵界定的基础上,我们有必要探讨其在相关概念体系中的定位。在学术界,涉及传统文化的用语,有“民间传统文化”(traditional culture)、“民间文学艺术表达”(expression folklore)、“民间文学艺术”(folklore)、“非物质文化遗产”(intangible culture heritage)等。关于传统文化的相关概念体系,WIPO 曾有一个概念层次与位阶的说明图如下:[28]

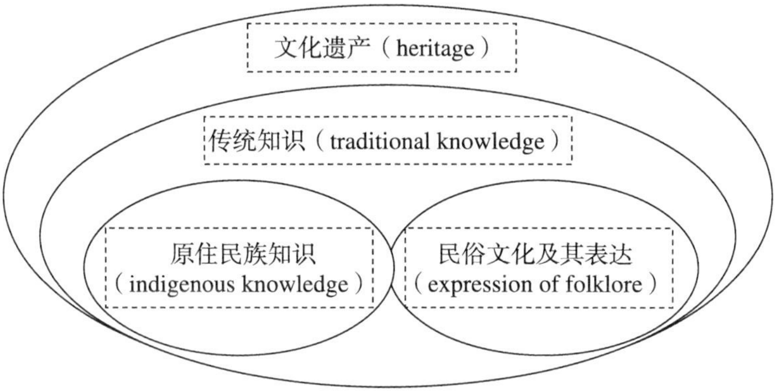

在上图中,传统文化相当于“原住民族知识”或“民间文学艺术表达”,其上位概念有传统知识和文化遗产。首先,传统文化是传统知识的下位概念,按照 WIPO 的说法,传统知识是指基于传统所产生的文学、艺术或科学作品,表演,发明,科学发现,外观设计,标记、名称及符号,未公开的信息,以及一切来自于产业、科学、文学艺术领域内的智力活动所产生的基于传统的创新和创造。[29]传统知识的具体类型包括农业知识,科学知识,技术知识,生态知识,医学知识,有关生物多样性的知识,民间文学艺术表达,名称、标记及符号,以及其他未固定的文化财产。[30]从其范围来看,几乎囊括《成立世界知识产权组织公约》所规定的一切知识财产形式,包括知识产权法所保护的作品、技术、标记等各种对象。由此可见,传统文化与传统技术、标记等构成了传统知识的完整内容;同时,传统文化也是文化遗产的下位概念。文化遗产是人们所承袭的前人创造的文化和文化的产物。UNESCO 的官方文件认为,文化遗产包括历史遗址如早期人类居住的洞穴以及具有突出的历史、艺术和科学价值的特征物;建筑遗址群,如人工独创或人工与天工共创的建筑;具有突出历史、美学、人种学、人类学价值的考古遗址区等。[31]可以说,文化遗产包括有形的文化遗产,即世代流传的,具有独特意义的历史文化、艺术和科学价值的物质实体;也包括无形的文化遗产,即世代相传的,具有部族身份特征的智力活动成果,传统文化属于无形的文化遗产范畴。

客体属性是传统文化相关权利得以建构的基本理论范畴。在国际公约的术语表述中,WIPO 与 UNESCO 对传统文化有不同的说法,这是一个有趣的现象。WIPO 更多是在知识产权领域强调传统文化保护。总干事在 2009 年召开的 WIPO 成员国大会所提出的报告中,强调在准则制定方面要注重"传统知识"和"传统文化形式"问题,其目的在于"让知识产权制度所涉及的知识基础普遍化"。[32] 在这里,总干事报告使用了"traditional cultural expressions"的称谓,中文将其译为"传统文化表现形式"或"民间文学艺术表达"。UNESCO 则是在文化权利领域致力于传统文化保护。在 UNESCO 的官方文件中,作为保护对象的传统文化,被称为"intangible cultural heritage",多数中文译为"非物质文化遗产"。这一概念是 UNESCO 为完善世界文化遗产的保护体系,"作为物质性、遗址性、建筑性文化遗产"相对应的概念而提出的。对照 UNESCO 通过的《保护非物质文化遗产公约》(2003 年)与 WIPO 制定的《保护民间文学艺术表达/传统文化表达的核心目标与原则》(草案)(2004 年)、《保护传统知识的核心目标和原则》(草案)(2004 年)的文本规定,我们不难发现,"传统文化表现形式"或"民间文学艺术表达"与"非物质文化遗产",在基本内容方面是相同或近似的。有学者称,UNESCO 所说的非物质文化遗产已经基本涵盖了传统文化表现形式,并且包含了狭义的传统知识的复合体。[33] 由此可以看出传统文化作为权利客体的基本属性。

WIPO 强调传统文化作为"作品"(表现形式)的财产性,它具有言语表现形式(如故事、传说、诗歌等)、音乐表现形式(如歌曲、器乐等)、行动表现形式(如舞蹈、游戏和其他表演等)、有形表现形式(如壁画、雕刻、陶器、纺织、乐器等艺术品和建筑形式)等。从思想表现形式来说,传统文化表现形式或民间文学艺术表达与现代作品并无二致。所不同的是,前者存在于特定部族的文化之中,构成新作品创造的"源泉",而不是现代知识产权保护的客体。在 WIPO 撰写的国际文件中,对传统文化立足于知识产权的私法保护。从客体的财产价值出发,在保护部族文化特性和身份认同的基础上,WIPO 更多的是调整传统文化在其利用与传播中的利益关系,防止对传统文化的不正当利用及其他侵害行为。在民事客体理论中,传统文化表现形式或民间文学艺术表达既不是传统所有权意义上的“有体物”，也不是属于现代知识产权意义上的“新作品”，它是一种特殊性质的客体：第一，传统文化表现形式的客观性和非物质性。作为客体的传统文化表现形式当然具有客观性。在民事客体中，有体物的客观性，表现为客观化的物质实体，而传统文化的客观性则是可认知性、可再现性，它是一种可以客观化的知识体系；非物质性即是说传统文化是知识形态的精神产品，虽具有内在的价值和使用价值，但没有外在形体。这一特性是传统文化区别于有体物的关键所在。第二，传统文化表现形式对新的智力创造的本源性。传统文化与某些新作品是一种本源性与依赖性的对应关系。《世界文化多样性宣言》（2001 年）认为，“每项创作都来源于有关的文化传统，但也在同其他文化传统的交流中得到充分的发展”。可以说，传统文化为新作品提供了必要的智力源泉和文化涵养，但其表现形式却区别于著作权法意义上的作品。权利客体的属性决定了权利本体的形态。上述情况表明，对传统文化表现形式的私权保护，传统所有权制度与现代知识产权制度都是无能为力的。

UNESCO 注重传统文化作为“遗产”（传统资源）的文化性。《保护非物质文化遗产公约》将非物质文化遗产指称为有关“文化遗产的各种实践、表演、表现形式、知识和技能及其有关的工具、实物、工艺品和文化场所”。它可以概括地分为传统的文化表现形式和展现传统文化表现形式的设施及空间。UNESCO 在其一系列国际公约中，主张对传统文化提供公法保护。鉴于非物质文化遗产的特殊属性，UNESCO 从人权及文化权利的基本立场出发，呼吁成员国采取行政措施和国际合作方式，以防止“非物质文化遗产面临损坏、消失和破坏的严重威胁”。[34]非物质文化遗产作为基本人权的保护对象，具有不同于一般私权客体的重要特征：第一，非物质文化遗产的文化形态。非物质文化遗产是相对物质文化遗产而存在的某种文化形态。物质的和非物质的文化遗产，构成了某一部族得以文化认同、精神传承的完整内容。但是，物质文化遗产是历史文化的物质载体，以一定的固化、有形的物质形态存在；而非物质文化遗产是一种“活态文化遗产”，[35]以特定部族身口相传的非物质形态存在。这是两种文化遗产的区别所在。第二，非物质文化遗产的文化价值。非物质文化遗产是特定部族文化的精髓，是文化多样性的存在形式，其文化价值应从人类全面发展的高度来认识。“对人类来说，保护它就像与保护生物多样性进而维持生物平衡一样必不可少。从这个意义上讲,文化多样性是人类的共同遗产,应从当代人和子孙后代的利益考虑予以承认和肯定。"[36]第三,非物质文化遗产的人权意义。UNESCO在其相关文件中,阐述了非物质文化遗产的人权价值和文化人类学意义。"每一种文化都具有尊严和价值,必须予以尊重和保存,每一个民族都有发展其文化的权利,所有文化都是属于全体人类的共同遗产的一部分";[37]"文化权利是人权的一个重要组成部分","各种形式的文化遗产都应当作为人类的理想和期望的见证得到保护、开发利用和代代相传";[38]"非物质文化遗产的多种表现形式从主要方面体现了各个民族和社会的文化特性,是全人类的共同财富"。[39]上述文件强调了非物质文化遗产与文化权利之间的本质联系,对非物质文化遗产的尊重、保存和维护,是"有关群体、团体和个人"得以主张的基本人权。

权利形态是传统文化保护制度构建的核心理论范畴。从传统文化的客体属性出发,我们似可对传统文化实行双重权利保护,即传统文化表现形式的知识产权和非物质文化遗产的文化权利。传统文化表现形式的知识产权是一种"集体产权"。在知识产权领域,存在私法二元主体结构,即个人主义主体与共同体主义主体。[40]前者是一种典型的"私的主体",包括特定的自然人、法人或其他组织,一般知识产权采取的即是以个人为中心的权利主体制度;后者则是一种以团体形式出现的主体,传统文化表现形式的知识产权一般归属于特定的民族、部族和社区,奉行的是以群体为特征的权利主体制度。作为集体产权的客体,传统文化表现形式与特定民族、部族和社区相连,当然在某些特殊情况下,传统文化表现形式的权利归属并不排除个人享有的形式,但总体来看,群体所有权是其基本原则,并处于核心地位。[41]在国外立法例中,诸如"土著人权利"(菲律宾)、"原住民群体权利"(巴拿马)、"土著文化集体所有权"(澳大利亚)等,都是以群体主义的主体制度为基础的,是集体产权形式的知识产权。相比较而言,非物质文化遗产的文化权利是一种"集体人权"。在人权理论范畴中,基于非物质文化遗产所产生的文化权利,应是"集体的权利,即群体或人民的权利"。[42]作为不同的生活共同体,每个民族都有自由的、相对稳定的生活地域,在历史发展中形成自己独特的语言文字、宗教信仰、风俗文化。基于此,这些特定的社会群体对内形成自己的文化认同和民族认可,对外则产生了争取社会理解和认可的政治法律诉求。这即是文化权利形成的基础。

非物质文化遗产的保护,实质上涉及文化传承的权利、文化身份的尊重、文化发展的自由选择等,这些即是"以种族、民族为构成内容的集体人权"。[43]

传统文化保护制度的理论范畴,涉及术语内涵、客体属性、权利形态等多个方面的问题。基于相关国际法律文本的分析,借鉴国外立法例有益经验,笔者主张在传统文化领域,可分别在私法和公法领域建立"传统文化表现形式保护制度"和"非物质文化遗产保护"制度。

四、传统文化保护的政策考量与立法选择

传统文化是人类在历史演进过程中创造的文化成果,代表着民族智慧和精神,代表着民族的特定身份认同和文化基因传承。我国作为世界文明古国,有着丰富多彩的传统文化资源;在经济全球化的今天,中国传统文化的生存和发展面临着许多新的挑战。建立传统文化保护制度意义重大,自不待言;但如何构建其法律机制,我们必须在这一国际性难题中找出中国答案。

第一,关于立法指导思想。就国家层面而言,传统文化保护制度是公共政策的重要组成部分。是否保护传统文化,保护哪些类型的传统文化,以何种法律模式保护传统文化,是一个国家为实现文化政策目标而作出的制度安排和立法选择。如何进行相关法律制度设计,笔者认为应处理好如下关系:其一,国际化与本土化。在后 TRIPS 时代,国际社会不仅聚焦于现代知识产权保护,且也在谋划传统文化资源保护。对于发展中国家而言,应该在新的多元立法机制和场所中赢得主动及优势,以扭转其在知识产权制度国际化进程中的不利局面。具言之,保护传统文化,可以导致新公约的制定、现行协议的重新解释以及非约束性宣言的产生,即以"软法"规则弥补《知识产权协定》等"硬法"规则的不足。[44]关于传统文化保护,中国立法不仅应立足本土文化、经济与社会发展的需要,而且也要考虑国际制度发展趋势,借鉴他国立法经验。在非物质文化遗产方面,我们可根据国际公约之精神,采取公法措施,对相关文化权利予以保护;在传统文化表现形式方面,则应致力于制度创新,在私法领域采取有别于现行著作权的保护机制,避开可能倾覆现代知识产权制度根基的法律变动。鉴于传统文化表现形式的私权保护在国际社会多有争议,我们似应先行国内立法,在条件成熟时,团结大多数国家,推动国际立法,从而最大限度地实现法律的本土化与国际化的协调。其二,前瞻性与现实性。传统文化保护本是20

世纪延续下来的“老问题”,但在知识经济时代却变成国际社会的“新热点”。当代知识产权法的使命,即是通过制度创新推动知识创新,促进经济发展。诚然,这种发展需要是现实的,也是合理的。应该指出的是,以基本人权为基础的传统文化保护,同样是致力于发展,但其目标在于保持文化传统和文化多样性,实现人类的全面发展。UNESCO 和 WCCD 认为,“没有人文背景的发展,只是一种没有灵魂的经济增长而已”。他们所主张的发展观是“人的全面发展”思想,“与只注重经济增长的发展观不同,它是从文化条件来看待经济增长和社会进步的”。他们的结论性意见是,“文化是人类进步与创造力的源泉”。[45]这种发展目标是全面性的、高层次的,具有前瞻意义。因此,在文化领域,我们既要重视现代知识产权的制度功能,激励文化创新,推动文化产业发展;又要建立传统文化保护制度,以法律手段维系文化生态平衡,涵养文化资源。这是中国立法的现实需要和前瞻目标。其三,集体权益与社会公益。如前所述,传统文化表现形式的知识产权是一种“集体产权”,而非物质文化遗产的文化权利,是“以种族、民族为构成内容的集体人权”。相对其他主体而言,传统文化权利主体依然是特定的,所涉及权益也是专有的。应该看到,上述集体权益,特别是以知识产权形式存在的“集体产权”,不过是实现社会公共利益的政策手段。英国知识产权委员会认为,“无论怎样称呼知识产权,最好将它视作公共政策的一种手段,通过授予个人或机构一些经济特权,实现更大的公共利益”。[46]笔者认为,传统文化权利保护的制度设计,其目的并不是在一个封闭的环境中维系自己的“文化原貌”和“文化传统”,固守排他性、封闭性的本土化。相关国际公约强调了传统文化保护与鼓励文化交往传播的关联性,声称非物质文化遗产是“文化多样性的熔炉,又是可持续发展的保证”。[47]“每项创作都来源于有关的文化传统,但也在同其他文化传统交流中得到充分的发展。”[48]首先,中国对传统文化保护制度的选择,当然表现了国家利益本位的政策立场,即法律必须服务于国家生存和发展的利益需要;其次,在国际社会推行这一制度,理应反映发展中国家的利益诉求,改变现行知识产权资源分配不尽合理的现状;最后,就更高目标而言,传统文化保护制度的构建,有助于人类的全面发展,符合和谐世界的整体利益。

第二,关于法律保护模式。关于传统文化的法律保护,我国学者的以往著述并没有作出非物质文化遗产和传统文化表现形式的客体分类,并以此作出不同权利保护的制度设计。在权利模式的立法选择方面，主要有如下观点：其一，“公权保护”说，即“规定政府国家在保护非物质文化遗产的职责或行为，而不涉及平等主体就某一财产的归属、利用、转让等产生的权利义务关系”。[49]这种主张实际上强调国家对传统文化所应采取行政保护行为，即基于公权力对传统文化实施统一保护。“公权保护”说并没有回答特殊群体对非物质文化遗产享有何种权益，质言之，主体的文化权利在这里遭到不应有的忽视。其二，“私权保护”说。即采用知识产权法律规范和调整传统文化在其利用和传播中所发生的社会关系，旨在“保障相关知识产权人精神权利和财产权利的实现”。[50]与前说不同，该主张强调了传统文化保护所采用的权利形态，但这一私权与传统知识产权有何区别，并由此采取何种特殊保护措施，学者却见解不一。其三，“综合保护”说。一些学者认为，传统文化的复杂性决定了对其保护需要依赖综合性措施，知识产权不能成为保护传统文化的主要手段；[51]有的学者进而主张，采取融公法和私法于一体，多种保护手段相配合的综合性法律制度。[52]“综合保护”说主张采综合法律手段保护传统文化，无疑是正确的，但这一观点并没有对传统文化权利形态作出文化权利与知识产权的划分，而是将 WIPO 与 UNESCO 各自的立法主张融为一体，其制度设计的科学性是值得斟酌的。有鉴于此，笔者主张实行双重权利保护，即分别立法，采取传统文化表现形式知识产权与非物质文化遗产文化权利的双重保护。从文化业角度来说，两者分别涉及文化事业和文化产业的政策法律问题；从法律部门而言，两者各自归属于传统的私法领域和公法领域。在国际上，WIPO 和 UNESCO 近年来相关立法活动走向，表现了两大国际组织关于保护传统文化的不同视角。WIPO 从私法领域出发，更多是考虑特殊群体的精神利益和物质利益，将其视为一种新型的知识产权或者是与知识产权有关的“传统资源权”；[53]而 UNESCO 从公法领域出发，着重关注特殊群体的文化遗产、文化多样性等文化权利，通过确认、研究、传承、振兴等行政手段来保护传统文化。基于传统文化上所产生的文化权利和知识产权不是彼此对立而是相互融通的，其共同价值目标在于承认传统文化在社会发展和人类进步过程中的作用，鼓励有益于传统文化传承和发展的作品创作及传播，防止对传统文化不正当利用等侵害行为。关于传统文化保护的法律协调，不仅表现在两类权利制度之间，而且也存在于上述专门制度与保护传统文化相关其他制度之间,如物权制度、文物保护制度、风景名胜区保护制度等。因此,立法时必须注意彼此间的衔接,此外还要注意与国际和地区性的相关文件相协调,不应影响这些文件所主张保护的权利。

第三,关于非物质文化遗产的权利保护。文化权利是非物质文化遗产保护的核心法律问题,是相关国际公约得以形成的法律基础。“文化权利是与经济、社会权利相并列的一项基本权利,是一个民族保持、改革和发展与其他民族具有区别性的文化的权利。”[54] UNESCO《保护非物质文化遗产公约》宣称,该公约即是参照现有的国际人权文书,尤其是 1948 的《世界人权宣言》以及 1966 年的《经济、社会、文化权利国际公约》和《公民及政治权利国际公约》而制定的。上述国际人权公约将文化权利确认为:参与社会文化生活的权利;享受科学进步及其产生的利益的权利;对自己的智力成果所产生的精神上的和物质上的利益享有被保护的权利。这是一般意义上的文化权利。在传统文化领域,相关文化权利具体表现为:其一,文化遗产专属和支配权利。即对专属于自己的非物质文化遗产(包括民俗、民歌、民间舞蹈、口头传说等)管领和控制的权利,是为自身文化享有权。国家有义务资助“收集整理文化多样性的各种有形无形表现形式,并以适当的方式加以保存,从而满足将来可能发生的文化需求”。[55]其二,文化身份认证权利和文化表达选择自由。即有权维护自己的文化身份和文化尊严,表达和信奉其语言、宗教、传统、习俗等,是为文化表达选择权。国家有义务采取法律措施,以维护各民族、部族的文化特征。[56]其三,文化传统生存与发展权利。即有权对其文化传统享有利益,平等享有文化的各种表现形式和利用各种传播手段,以维护自身文化存在,促进传统文化繁荣,是为文化生存、延续的发展权。国家有义务提供和创造适当的社会条件,推动民族文化产业发展,保障权利主体实行其文化价值和获取经济利益。对上述文化权利的保护,主要采取表现为“文化政策和措施”的行政手段。在《保护非物质文化遗产公约》中,保护措施主要包括确认、建档、研究、保存、维护、宣传、弘扬、传承和振兴等。对非物质文化遗产的权利保护是国家文化主权的特殊表现形态。传统文化的存在和发展,有助于形成民族的文化认同感和民族的精神凝聚力,从而维系国家文化安全(与国家文化主权的关系);同时,基于非物质文化遗产所产生的文化权利,也是对现代知识产权的重要制度补充。对文化资源和传统的法律涵养,不仅为现代文化创造和传播提供源泉，而且有利于改变知识产权利益失衡的现状（与私人知识产权的关系）。

第四，关于传统文化表现形式的权利保护。传统文化表现形式的权利形态，应是具有某种财产属性的特殊权利，但又不是私人独占的现代著作权。2002年3月，在WIPO召开的“知识产权、传统知识和民间文艺”的第三次会议上，绝大多数国家认为，保护民间文学艺术的目的是：控制民间文学艺术的公开与使用；激活民间文学艺术的商业价值和财产属性；激励以传统为基础的创新；有效认证民间文学艺术，并确认其归属；通过保护以有效防止对民间文学艺术的减损、诋毁和滥用。[57] WIPO成员国的上述共识表明，对传统文化表现形式的保护，不宜采取著作权模式。现代著作权法是通过“权利配置”（rights allocation）来激励信息生产和传播的，其私人产权的存在意义，乃是使著作权人在其作品被传播前即可获得足以激励其投资的收益，[58]这与传统文化表现形式保护制度重在维护、传承的立法取向是不一致的。但是，立法者并不能将传统文化表现形式完全排斥在财产权领域之外，在承认其文化价值的同时亦须肯定其应有的财产意义。鉴于此，对传统文化表现形式的权利保护，可采取一种特别知识产权形态。此项制度设计，应处理好如下问题：其一，传统文化表现形式的补偿性使用。即采取“补偿性规则”，将传统文化表现形式的使用与补偿相分离，以维护权利人的经济利益。关于财产权的保护模式，有“财产性规则”（权利的移转必须事先获得权利人同意，未经允许而使用即构成侵权，该规则相当于授权许可使用）和“补偿性规则”（虽未得到权利人事先许可，但相对人仍可以利用其财产权，但必须依法给予权利人以补偿，该规则相当于法定许可使用）之分。[59]考虑到传统文化表现形式之权利主体难以确定，且义务主体又难以取得授权，采取类似法定许可的补偿性规则较为适宜。适用该规则可以吸引更多的人对传统文化资源进行整理、翻译、改编等并从中获利，同时又保证利用人以法定标准向传统文化表现形式的权利主体支付报酬。对于利用传统文化表现形式的定价和收费，可由著作权行政管理部门或指定的集体管理组织进行。其二，传统文化表现形式的正当性使用。即防止侮辱性、贬损性和精神上的冒犯性使用，以维护权利人的精神利益。不正当使用行为主要有以下表现形式：对特定类型的传统文化赋予不同的意义而并入另一类型文化中，损害该文化表现形式的独立性；以歪曲、篡改等手段失真地表现有关传统社区的文化生活，损害该文化表现形式的真实性；冒犯、贬损有关传统社区的声誉、习惯价值或文化特征，损害该文化表现形式的尊严性。其三，传统文化表现形式的标示性使用。即防止在传统文化表现形式的利用中对其来源作虚假、误导性声明或不承认来源。标示来源既是对权利主体文化身份认证之精神利益的尊重，也是权利主体对他人利用文化资源得以惠益分享的依据。凡基于传统文化资源所整理、翻译、改编的作品，应注明源自相关的群体、社区或地区，未标明或未正确标明传统文化表现形式出处的即构成侵权行为。

五、结语

关于传统文化保护，世界贸易组织、世界知识产权组织、联合国教科文组织有不同的政策立场和立法取向。基于传统文化的不同客体属性，存在两种不同的权利形态，即“集体产权”的知识产权和“集体人权”的文化权利。根据国际公约精神，借鉴他国立法经验，中国宜建立非物质文化遗产保护和传统文化表现形式保护的双重权利制度。

注释

1 胡惠林：《文化产业学》，高等教育出版社 2006 年版，第 16 页。

2 于沛：《关于全球化和国家文化安全的思考》，载社会问题研究丛书编辑委员会编：《文化安全与社会和谐》，知识产权出版社 2008 年版，第 128 页。

3 胡惠林：《文化产业学》，高等教育出版社 2006 年版，第 165 页。

4 ［英］斯科特·拉什：《风险社会与风险文化》，载《马克思主义与现实》2002 年第 4 期。

5 世界文化与发展委员会（WCCD）认为，多元化（pluralism）是全球伦理的基本原则。民族认同是对抗全球化压力的一个正常的、健康有益的反映。参见联合国教科文组织、世界文化与发展委员会：《文化多样性与人类全面发展》，广东人民出版社 2006 年版，第 3 页。

6 曹建明等：《世界贸易组织》，法律出版社 1999 年版，第 312 页。

7 参见［美］戴维·赫尔佳、安东尼·麦克格鲁：《治理全球化：权力、权威与全球治理》，曹荣湘等译，社会科学文献出版社 2004 年版，第 12 页。

8 Anupam Chander & Madhavi Sunder, The Romance of the Public Domain, 92, Calif. L. Rev. 1348 – 1353.

9 Christopher May and Susan K. Sell, Intellectual Property Rights: A Critical History,

Lynne Rienner Publishers,2006,pp. 158 – 189.

10 参见《跨国公司滥用知识产权危及我行业安全》,载人民网,最后访问日期:2006 年 1 月 17 日。

11 将包括传统文化在内的传统知识纳入现有知识产权的保护方式包括:著作权及邻接权(以民间文学艺术表达为主的传统知识为保护对象)、专利权(以遗传资源的利用、开发有关的产品和方法为保护对象)、植物品种权(以改进原生状态物种的新植物品种为保护对象)、外观设计权(以传统的手工艺产品为保护对象)、商标权(以含有传统知识的商品或服务所采用的个体或团体标记为保护对象)、地理标记权(以各类天然、传统和工艺品所采用的社区标记为保护对象)、反不正当竞争法(以未公开的传统知识作为保护对象)。参见 Carlos Correa:《传统知识与知识产权》,国家知识产权局译,载 www. biodiv – ip. gov. cn。

12 胡惠林:《文化产业学》,高等教育出版社 2006 年版,第 165 页。

13 薛晓源:《全球化与文化产业研究》,载林拓主编:《世界文化产业发展前沿报告》(2003—2004),社会科学文献出版社 2004 年版,第 9 ~ 10 页。

14 参见古祖雪:《基于 TRIPS 框架下保护传统知识的正当性》,载《现代法学》2006 年第 4 期。

15 Shubba Ghosh, Reflections on the Traditional Knowledge Debate, 11 Cardozo J. Intl and Comp. L. 501 – 502.

16 《〈保护文学艺术作品伯尔尼公约〉(1971 年巴黎文本)指南》,刘波林译,中国人民大学出版社 2002 年版,第 73 ~ 76 页。

17 参见世界知识产权组织、联合国教科文组织:《突尼斯版权示范法》,第 6 条注解。

18 Mihaly Ficsor:《保护文学艺术作品伯尔尼公约》(1971 年巴黎文本)释义文本二,向非凡译,转引自国家版权局编:《保护民间文学艺术参考资料汇编》。

19 参见 WIPO、UNESCO1985 年文件,郑成思译,转引自国家版权局:《版权参考资料》1988 年第 2 期;Model Provisions for National Laws on the Protection of Expressions of Folklore Against Illicit Exploration and Other Prejudicial Actions with a Commentary, UNESCO&WIPO, 1985。

20 Mrs. P. V. Valsala G . Kutty, National Experiences With the Protection of Expressions of Folklore/Traditional Cultural Expressions: India, Indonesia, Philippines,转引自黄玉烨:《民间文学艺术的法律保护》,知识产权出版社 2008 年版,第 95 ~ 96 页。

21 参见联合国新闻服务中心:《保护文化多样性公约》,载 http://www. un. org/chinese/news/fullstorynews. asp newsID = 6978,最后访问日期:2006 年 12 月 21 日。

22 UNESCO 于 1991 年成立世界文化和发展委员会,后者在 1998 年斯德哥尔摩会议上宣称,“文化产品和服务不应像其他商品一样处理”。UNESCO 于 2004 年召开的专家会议提出,“文化遗产和文化服务业的文化价值优先于其商业价值”。

UNESCO 于 2005 年通过的《文化多样性公约》确认文化产品和服务的“经济属性”与文化属性是并列的和互补的。

23 胡惠林:《文化产业学》,高等教育出版社 2006 年版,第 149 页。

24 参见王鹤云、高绍安:《中国非物质文化遗产保护法律机制研究》,知识产权出版社 2008 年版,第 128 页。

25 1995 年 WTO 与 WIPO 就知识产权问题的一系列合作事宜达成共识,并形成协议。

26 参见刘笋:《知识产权国际造法新趋势》,载《法学研究》2006 年第 3 期。

27 转引自代中现:《论保护濒危非物质文化遗产执法机制存在的问题》,载《河北法学》2008 年第 1 期。

28 资料来源:WIPO,2001 年。转引自代中现:《论保护濒危非物质文化遗产执法机制存在的问题》,载《河北法学》2008 年第 1 期。

29 See WIPO Intergovernmental Committee on IP and GR, TK and F, Sixth Session (Geneva, March 15 to 19, 2004), Revised Version of TK Policy and Legal Options, p. 6.

30 WIPO, Intellectual Property Needs Expectations of Traditional Knowledge and Holders, WIPO Report on Fact – finding Missions on Intellectual Property and Traditional Knowledge (1998 – 1999), Geneva, April 2001, p. 25.

31 UNESCO, Convertion for the Protection of the World Cultural and Natural Heritage, Nov. 16, 1972, art. 11. 转引自严永和:《论传统知识的知识产权保护》,法律出版社 2006 年版,第 10 ~ 11 页。

32 WIPO, Report of the Director General, Assemblies of the Member States of WIPO, September 22 to October 1, 2009, http://www.wipo.int/meetings/en/2009/a_47/a47_dg_speech.html.

33 参见王鹤云、高绍安:《中国非物质文化遗产保护法律机制研究》,知识产权出版社 2008 年版,第 25 页。

34 参见 UNESCO:《保护非物质文化遗产公约》(2003 年)。

35 参见王鹤云、高绍安:《中国非物质文化遗产保护法律机制研究》,知识产权出版社 2008 年版,第 31 页。

36 参见 UNESCO:《文化多样性宣言》(2001 年)。

37 参见 UNESCO:《国际文化合作原则宣言》(1966 年)。

38 参见 UNESCO:《世界文化多样性宣言》(2001 年)。

39 参见 UNESCO:《伊斯坦布尔宣言》(2002 年)。

40 参见严永和:《论传统知识的知识产权保护》,法律出版社 2006 年版,第 179 页。

41 S. V. Lervinski, Indigenous Heritage and Intellectual Property: Genetic Resources, Traditional Knowledge and Folklore, Kluwer Law International, 2004, p. 14.

42 英国国际法学者斯塔克语。转引自李泽锐:《国际人权法论》,载冯卓然、谷春德主编:《人权论集》,首都师范大学出版社 1992 年版,第 138 页。

43 徐显明:《人权主体之争引出的几个理论问题》,载《中国法学》1992 年第 5 期。

44 参见吴汉东:《国际变革大势与中国发展大局中的知识产权制度》,载《法学研究》2009 年第 2 期。

45 联合国教科文组织、世界文化与发展委员会:《文化多样性与人类全面发展》,广东人民出版社 2006 年版,第 1 ~ 4 页。

46 英国知识产权委员会:《知识产权与发展政策相结合委员会关于知识产权的报告》,第 6 页,载 http://www. iprcommission. org/graphic/chinese_intro. htm。

47 参见 UNESCO:《保护非物质文化遗产公约》(2003 年)。

48 参见 UNESCO:《世界文化多样性宣言》(2001 年)。

49 参见王鹤云、高绍安:《中国非物质文化遗产保护法律机制研究》,知识产权出版社 2008 年版,第 194 页。

50 参见王鹤云、高绍安:《中国非物质文化遗产保护法律机制研究》,知识产权出版社 2008 年版,第 194 页。

51 参见韦之、凌华:《传统知识保护的若干基本思路》,载郑成思主编:《知识产权文丛》(第 8 卷),中国方正出版社 2002 年版,第 163 ~ 165 页。

52 张玉敏:《民间文学艺术保护模式的选择》,载吴汉东主编:《知识产权年刊》(2007 年号),法律出版社 2008 年版,第 114 页;杨巧:《论民间文学艺术的法律保护》,载吴汉东主编:《知识产权年刊》(2007 年号),法律出版社 2008 年版,第 123 页。

53 有学者认为对包括传统文化在内的传统知识保护制度,“处于现行知识产权体的保护之外,它实际上归属于国际社会正在讨论的一个更为宽泛的权利系统——传统资源权”。参见龙文:《论传统知识产权权利的实现形式》,载国家知识产权局条法司编:《专利法研究》(2004 年),知识产权出版社 2004 年版。

54 张钧:《文化法律保护研究——少数民族地区旅游开发中的文化权保护》,载《思想战线》2005 年第 4 期。

55 严永和:《论传统知识的知识产权保护》,法律出版社 2006 年版,第 80 ~ 81 页。

56 参见 1992 年联合国大会:《关于民族或种族、宗教和语言属于少数人的权利宣言》。

57 Intergovernment Committee on Intellectual Property and Genetic Resources, Traditional Knowledge and Folklore, Third Session, Geneva, (June 13 to 21, 2002), Final Report on Experiences with the Legal Protection of Expressions of Folklore, p. 48.

58 See Paul Goldstein, Copyright, Patent, Trademark and Related State Doctrines (5th edition), Foundation Press, 2002, p. 6.

59 See Guido Calabresi and A. Douglas Melamed, Property Rules, Liability Rules, and Inalienability, One View of the Cathedral, 85 Harv. L. Rev. 1089(1972), p. 1092.

吴汉东代表作

贰拾叁

权利保护与保护措施*

知识产权侵权责任的归责原则

在民事权利制度体系中，知识产权或无形财产权是与传统的财产所有权相区别而存在的。知识产权的客体，是一种没有形体的精神财富。[1]客体的非物质性是知识产权的本质属性所在，也是该项权利与财产所有权的最根本的区别。对于这一新型权利，在理论上难以采用罗马法以来的物权学说加以阐释，在立法上也不能简单搬用有形财产的权利保护方法。

一、知识产权的保护范围

保护知识产权，首先要明确各类权利的效力范围。知识产品是非物质形态的特殊财产，同时又具有公开性、社会性的特点，其所有人无法凭借传统民法上的占有方法来控制。第三人对知识产品的利用，是合法还是非法，是否构成侵权，全由法律加以规定。因此知识产权的有效范围，是确认侵权行为的法律责任和国家机关采取保护措施的依据，对此，法律作出了有别于传统所有权制度的规定。

对于财产所有权来说，其客体为有形的动产或不动产。该类客体本身即可设定权利的保护范围，法律对此无特殊规定。一般而言，有形财产之大小、形状，有形不动产之位置、外观，即可标明此物与彼物的区别，展示本权与他权的界限。法律保护所有权人对其有形财产进行占有、使用、收益和处分的权能，不问客体物的内容、性能、用途、价值如何，所有权人对各个客体物所享有的基本权能是一样的，所有权制度没有所谓界定保护范围的

---

* 原载《法学研究》2000年第1期，题名为“知识产权保护论”。

特别条款。

作为知识产权客体的精神产品是一种无形财产，其保护范围无法依其本身来确定，而要求相关法律给予特别的规定。在限定的保护范围内，权利人对自己的知识产品可以行使各种专有权利；超出这个范围，权利人的权利失去效力，即不得排斥第三人对知识产品的合法使用。

著作权的保护范围与创作者的思想表现形式相联系而存在。“思想表现形式”，也称为“表现形式”，是著作权理论中的最基本逻辑概念，它在文学艺术和科学创作领域具象为作品。根据现有的学说理论，作者的创作活动被明确地分为两个部分，一部分是存在作者大脑中的思想，而另一部分是作者的思想表现形式。[2]这种思想表现形式是作品完成的最终形态，其基本构成要素是以文字、语言、色彩、线条、韵律、舞谱等为表现形式的符号，但它成为法律保护的作品尚须具备两个条件：一是独创性（或称原创性），二是可复制性。这即是作品的“版权性”要求。在这里，一定的表现形式就是著作权法特定的保护对象。关于著作权的保护范围，我们可以从如下方面来理解：第一，表现形式与思想内容无涉。各国著作权法均遵循一条基本原则，即保护思想表现形式，而不保护思想内容本身。尽管目前理论界对思想内容与表现形式的构成尚有争议，但是可以肯定的是，对作品保护不扩大到任何思想、程序、方法、体系、操作方法、概念、原理或发现，而不论上述内容在作品中以什么形式描述和说明。[3]美国学者帕特森（Patterson）教授在论及著作权保护的排除领域时，强调作品中有三类资料属于公共领域的资料，它们是政府公务性资料、社会信息性资料以及历史上的创作作品，上述资料或作品均不受著作权法保护。[4]日本学者古泽博有类似观点，他认为，作品中含有的“素材”，即自然界或社会、历史所赋予的创作资料，是人类文化的共同财富，也是自由使用的对象。[5]第二，表现形式的类型与保护范围相关。著作权法为作者设定了丰富多彩的财产权项，计有复制权、表演权、播放权、展览权、影视摄制权、演绎权等。但作品的类型不同，或说是表现形式的差异，其作者享有的财产权项则未必相同。根据多数国家的法律规定，作品的类别有文字的、口头的、音乐的、美术的、图形的甚至是电子的。作者对上述作品的使用方式以至享有的权益受制于作品的类型，例如，口头作品不涉及展览权，图形作品与表演权无关，对美术作品则无法行使演绎权。第三，表现形式不涵盖法律限制的作品。一般意义上的作品在外延上极为宽广，涵盖了各种各样的作品，甚至包括侵权作品、进入公有领域的作品和不受著作权法保护的作品。其中，后者包括两类，一类是依法禁止出版、传播的作品，如反动、淫秽、违反公序良俗的作品；另一类是不适用著作权法的作品，如法律法规及其官方正式译文、时事新闻、通用表格及公式等。

专利权的保护范围以专利申请中权利要求的内容为准。专利权客体，乃是发明创造思想具体化之物或方法。其保护范围，应以专利主管机关对发明创造思想的范围所赋予的意思解释而定。申言之，以权利要求书为具体解释标准。[6]权利要求书是专利申请的重要文件。在授权前，它是申请人意欲获取专利保护的权项请求；授权后，它是专利局确定专利权范围的保护依据。可以说，专利权人的专有实施权范围，就是根据专利权所覆盖的发明创造的技术特征和技术幅度来确定的。各国立法在确定专利权的保护范围时，有三种原则：第一，周边限定原则。根据这一原则，权利要求书即是专利保护的范围，应当根据权利要求书的文字严格、忠实地进行解释。英国、美国采此立法例。第二，中心限定原则。根据这一原则，解释权利要求时不必拘束权利要求书的文字记载，而应以权利要求书为中心，全面考虑发明的目的、性质以及说明书和图纸，将中心四周一定范围内的技术也包括在专利保护范围之内。法国、德国曾采此立法例。第三，折中原则，即上述两种原则的折中。根据这一原则，专利权的保护范围根据权利要求书的内容确定，说明书和附图可用作解释权利要求。这一原则考虑到专利权人的利益，也照顾了第三人的利益，克服了上述两种原则的不足。《欧洲专利公约》及其成员国和我国采此立法例。

商标权的保护范围与核准注册的商标和核定使用的商品有关，其效力在法律中有明确的规定。一般认为，商标权包括使用权与禁止权两个方面。[7]前者是指商标权人对其注册商标享有充分支配和完全使用的权利，后者是指商标权人禁止他人未经许可擅自使用其注册商标的权利。在法律上区别使用权与禁止权，在于两者有不同的效力范围。使用权涉及的是注册人使用注册商标的问题，禁止权涉及的是对抗他人非法使用注册商标的问题。按照立法通例，注册人的专有使用权以核准的注册商标和核定使用的商品为限。也就是说，注册人行使专有使用权受到两方面的限制：第一，只限于商标主管机关核定使用的商品，而不能扩大使用于其他类似的商品；第二，只限于商标主管机关核准使用的文字、图形，而不能超出核准范围使用于近似的文字、图形。但是，禁止权的效力范围则不同，注册人对他人未经许可在同一种商品或类似商品上使用与其注册商标相同或近似的商标，均享有禁止权。也就是说，禁止权的效力涉及以下四种情形：第一，在同一种商品上使用相同商标；第二，在同一种商品上使用近似商标；第三，在类似商品上使用相同商标；第四，在类似商品上使用近似商标。应该指出的是，注册商标专用权以核准的文字、图形和核定使用的商品为限，此种限定应是商标权人行使专用权的范围，而不是商标权的保护范围。[8]

关于知识产权保护范围的规定，其特点不仅表现为一种权项范围的“界定”，而且表现为效力范围的“限制”。为了防止作者、创造者的专有权利成为公众获取知识和整个社会发展、科学文化事业的障碍，知识产权制度还允许权利人以外的其他人在一定的条件下自由使用受保护的知识产品。例如，著作权法中的“合理使用原则”、“法定许可使用原则”，专利法中的“专利权用尽原则”、“临时过境使用原则”，商标法中的“先用权人使用原则”等，都是在知识产品的使用中对专有权利行使的限制，即是法律对知识产权保护范围的限定。

二、侵犯知识产权行为的概念与特征

关于侵犯知识产权的行为，目前的著作很少从总体方面进行研究，而对各类具体侵权行为的描述散见于诸法论述之中。对于侵权行为的指向，或者说侵害对象，学者们有不同观点。有的学者强调，侵权行为表现为擅自使用他人的知识产品。根据这一主张，侵犯著作权的行为，是指“未经作者或其他著作权人许可，又不符合法律规定的条件，擅自利用受著作权法保护的作品的行为”；[9]侵犯注册商标专用权，即是未经权利人许可擅自使用其注册商标或将该商标的主要部分用作自己的商标，从而造成商标混同，欺骗消费者的行为。[10]有的学者则强调，侵权行为本质上是擅自利用他人的专用权利。他们认为，侵犯著作权，是指“未经著作权人许可，在法律允许的范围之外，擅自使用其著作权的行为”；[11]侵犯专利权，即是“未经专利权人许可，实施其专利的行为”；[12]侵犯商标权，是指“不法侵害他人注册商标权”的行为。[13]笔者认为，凡违反法律规定而损害知识产品所有人专有权利的行为，均为侵犯知识产权。在这里需要说明的是，侵权行为主要表现为对享有专有权利的知识产品的擅自使用,但对该知识产品的擅自使用并不包容所有的侵权行为。例如,在著作权领域,制作、出售假冒他人署名的美术作品的行为,依法构成对著作权的侵犯。由此可见,侵权行为并非都是直接作用于他人的著作权作品,即是说,它是擅自行使他人的"权利",而不是使用他人的"作品"。又如,专利权领域中,专利权共有人未经其他共有人同意而许可他人实施该专利技术的行为;商标权领域中,经销明知或者应知是侵犯他人注册商标专用权的商品的行为等。该类行为属于间接侵权行为,虽不因使用知识产品而直接侵权,但因积极诱导或促使他人实施直接侵权,而损害了他人专有权利。因此,就侵害对象而言,将侵权行为表述为"擅自行使或利用知识产品所有人专有权利",较之"擅自使用受法律保护的知识产品"这一说法更为确切。

侵犯知识产权行为属于非法事实行为。在现代民法学说中,学者们主张依事实行为理解侵权行为的性质,认为禁止性规范应"着重违反行为之事实行为价值,以禁止其行为为目的";[14]甚至主张一切违法行为"恒为特定事实行为"。[15]依笔者之见,侵犯知识产权行为与知识产品创造行为同为事实行为,但其性质不同,前者为非法事实行为,后者为合法事实行为。[16]在此,笔者拟就侵权行为具有的事实行为一般特征作如下概括:第一,侵权行为不以意思表示为构成要件,是一种客观行为,即业已实施并在客观上对外界造成影响与后果的行为;第二,侵权行为的法律后果依法律的直接规定而发生,不反映行为人追求之直接目的,不存在行为人所预期之意思效力;第三,侵权行为因符合法定事实要件而成立。所谓"未经授权,又无法律许可,擅自行使或利用他人专有权利",即是侵权法规定的构成要件。因此该行为在本质上是一种法律构成行为。由于其行为内容非法,该行为在法律事实类别中又属于一种非法事实行为。

侵犯知识产权行为,与一般侵权行为有着相同的法律性质,又有着相似的法律后果。但由于其侵害对象不同,侵犯知识产权行为表现出自己独有的基本特征:

第一,侵害形式的特殊性。在侵权行为中,对财产所有权的侵犯主要表现为侵占(非法占有他人所有物的行为)、妨害(致使所有人无法充分行使权利的行为)和毁损(侵犯他人所有物使其遭受灭失或损坏的行为)。这些行为往往是直接作用于客体物的本身(如将他人的财物毁坏、对他人财物强占),与客体物之间的联系是直接的、紧密的;侵权行为的具体表现内容,涉及占有、使用、收益和处分各个方面。对知识产权的侵犯则主要表现为剽窃、篡改和仿制。这种侵权行为作用于作者、创造者的思想内容或思想表现形式,与知识产品的物化载体无关。例如,非法将他人创作的字画攫为己有,涉及的是物体本身,即创作的物化载体,该行为应视为侵犯财产所有权的行为;如果行为人虽未占有这一字画,但擅自将其翻印出售,则该行为涉及的是无形财产,即作者的思想表现形式,应以侵犯知识产权认定。与有形财产的侵权行为不同,对知识产品的侵权行为在形式上似乎并不影响作者的权利行使。例如,他人对作品的非法“占有”,并不意味着权利人同时失去这种“占有”;对作品的非法使用,也不排斥权利人对自己的知识产品继续使用。这种行为之所以构成侵权,主要在于它是对知识产品所有人“专有”、“专用”权利的侵犯,是对知识产权绝对性和排他性的违反。

第二,侵权行为的高度技术性。由于科学技术的不断发展,生产方式的不断革新,使公众消费能力大大提高,社会生活内容呈现出科技化、现代化的趋势。在这种情况下,出现了一些新型的侵权行为。这些新型侵权行为,大多应归属于侵犯知识产权的行为。侵害知识产权的行为与具有智力创造性特征的知识产品的利用相联系,往往有相当程度的技术含量,因而在侵权行为之防范、侵权责任构成之认定、侵害后果之避免等方面带来相当的困难。首先,新信息技术、新传播媒介的发展,对著作权、专利权等带来直接的威胁。运用电子新技术,印刷品、音像制品和图表资料等可以进行无数次扫描、取样、复制。“不正当地使用这些技术,等于盗取版权所有者的版税和收入”。[17]随着信息高速公路热潮的兴起,互联网络与电脑黑客相伴而生,借助于电脑和高新技术工具的侵权者,将会轻而易举地将他人的专利技术和经营秘密送上“高速公路”。其次,涉及知识产品的侵权行为大都技术手段高明,较之一般财产权侵害有着更大的隐蔽性和欺骗性。当前,因特网的迅猛发展,使人类信息一体化成为现实,其社会效益与经济效益不言而喻。但是,“网络是一个虚拟的社会,网络犯罪应是高科技给人类带来的一个新的烦恼”,[18]网络侵权、网络窃密、网络破坏等造成知识产权的流失,使人们措手不及,防不胜防。最后,侵犯知识产权行为,其因果关系十分复杂。由于知识产品的非物质性特点,权利人无法控制他人的非法使用。本来在传统环境中,无形的精神创造尚可“固化”为商标标识、专利产品、图书资料、唱片乐谱等物质载体,侵权责任的举证就有相当难度;而在网络空间中,一切知识产品都表现为数字化的电子信号,人们感知的只是计算机终端屏幕上瞬时生灭的数据和影像,从而使侵害行为认定带来更多疑难。[19]上述情形直接危及知识产权的保护,以至于有人愤而疾呼:“当我查不出是否有人,以及在什么时间、什么地点制造复制品时,阻止他人复制我的作品的法律权利还有何用!”[20]

第三,侵害范围的广泛性。由于知识产品的非物质性和公开性特征,对同一知识产品的合法使用与侵权使用通常会在同一时空条件下发生,数个甚至数十个侵权使用可能会在不同地域同时发生。在知识产品利用极为便利的条件下,使用行为极有可能构成侵权行为,且受侵害的对象往往不是某一单项权利。由于现代信息技术、传播技术的出现,侵犯知识产权的行为出现两个重要的趋势:一是个体侵权行为“普及化”。静电复印技术的推行,使得大规模复印文字作品变得极为便利,并对社会公众购买复印作品的习惯产生巨大影响。据有关国际组织的调查,每年各国静电复印的数量约为25000亿张。而电子录制技术的普及,使私人复制音乐和电视节目成为亿万家庭的嗜好。据英国政府20世纪80年代公布的绿皮书,在英国仅因家庭录制一项就使著作权人损失了约5000万英磅。[21]二是高科技侵权行为“国际化”。在国际互联网络广泛的空间中,知识产品可以极快的速度、极方便地在全球范围传播,从而为不同国家的不同主体所接收和使用(包括合法使用与非法使用);由于信息流跨空间、跨区域的大规模、高速度的运动,使得跨国侵权也就成为一件容易的事情。侵权人足不出户,即可能充当“网络黑客”进入他国国民的数据库,以获取所需要经营信息和技术秘密,或是在计算机上输入、贮存、显示他人的网络作品。即使是针对本国国民的侵权,也可以利用网络从国外迂回以其他身份进入本国。在上述情况下,每一项知识产品都可能处于“国际化”侵权的威胁之中。[22]

第四,侵害类型的多样性。在立法例上,侵害知识产权有直接侵权行为与间接侵权行为之分,法律对此规定了不同的过错条件及处罚标准。所谓间接侵权行为有两种含义:一是指行为的行为本身并不构成侵权,但其行为帮助和导致了直接侵权行为的发生,因而对权利人造成了损害,亦称为“二次侵权”。例如,在著作权领域中,故意出售、出租、进口侵权品的行为;在专利权领域中,故意制造、销售只能用于专利产品的关键部件的行为;在商标权领域中,故意为他人侵犯商标权的活动提供仓储、运输、邮寄、隐匿等便利条件的行为。二是指“行为人”并没有从事任何侵权行为,但由于特定社会关系的存在,依法须对他人的侵权行为承担一定的责任。例如,法定代理人对无行为能力人实施的侵权行为,雇主对雇员因完成本职工作而实施的侵权行为,委托人对受托人因履行委托合同而实施的侵权行为等,均为间接侵权行为人。[23]上述间接侵权行为与直接侵权行为人应承担共同侵权责任。在我国相关立法例中,除《商标法实施细则》对间接侵犯商标权行为有所涉及外,《专利法》未在侵权行为类别中明确规定间接侵权行为,《著作权法》虽有“其他侵犯著作权以及与著作权有关权利的行为”的兜底条款,但其实施条例对间接侵权行为未作示例说明。这些不能不说是一种缺憾。从立法趋势看,为提高知识产权的保护水平,有必要将间接侵权行为纳入侵权法范围之中,这不仅是今后知识产权国际保护水准的要求,而且也是协调国内知识产权制度的需要。[24]

三、侵犯知识产权行为的归责原则

归责原则是确认不同种类侵权行为所应承担民事责任的标准和原则,决定着一定侵权行为的责任构成要件、举证责任的负担、免责条件、损害赔偿的原则和方法等。关于侵犯无形财产权行为的归责原则,我国相关法律未作明确规定,因此学术界对此主张不一。有的学者认为,侵犯知识产权行为是一般侵权行为,主张适用过错责任原则;[25]有的学者认为,该类侵权行为具有多种属性,主张同时适用过错责任原则与无过错责任原则;[26]还有的学者认为,侵犯知识产权行为中含有特殊侵权行为类型,主张在适用过错责任原则的基础上补充适用过错推定责任原则。[27]

在侵犯知识产权领域,适用过错责任原则有其国内法与国际法依据。我国《民法通则》对侵权行为采取二元归责原则体系:一般侵权行为适用过错责任原则,法律有特别规定的情形适用无过错责任原则。一般认为,侵害知识产权不属于法律规定的特别情形,因此应适用过错责任原则。对各国相关立法具有普遍指导意义的《知识产权协定》第 45 条第 1 款规定:“司法机构应有权命令侵权者向权利所有人支付足够的损害赔偿,来补偿由侵权者侵犯其知识产权行为所造成的损失，且侵权者知道或有充足理由知道他正在从事侵权活动。”[28]上述规定表明，知识产权的侵权损害赔偿，其适用条件是侵权人知道或应该知道他从事了侵权活动。换言之，过错责任原则是侵犯无形财产权的一般归责原则。

但是，全面适用过错责任原则也有值得检讨之处，其原因就在于举证责任的分配问题。由于过错责任原则采取“谁主张，谁举证”，对原告即权利人多有不便。知识产权所有人在一定期间内享有专有权利，但须将其知识产品公开。这样，权利人既难以控制他人对知识产品的利用，也难以对他人这种使用的过错状况进行举证。一些学者对此持批评态度，认为全面适用过错责任原则，是为未经许可的使用人着想过多，而为权利人着想过少。因此，学术界主张对过错责任原则进行修正和补充，即采用二元归责原则。其中有代表性观点的主要是两种：一是以无过错责任为补充原则，二是以过错推定责任为补充原则。

学者主张在侵犯知识产权领域引进无过错责任原则，即对未经许可复制或作为直接传播的第一步如表演等利用作品的行为，以及未经许可制作、使用发明创造专利的行为，适用无过错责任原则；对其他行为以及对一切间接侵犯知识产权行为，采取过错责任原则。[29]其理由是，适用无过错责任原则有助于解决权利人举证之困难，与国际上相关立法趋势保持一致。

笔者对上述主张持有疑虑：第一，现代无过错责任原则是随着工业革命的完成应运而生的，其重要使命即在于处理现代社会化大生产中诸如高度危险作业、环境污染等致人损害的赔偿责任问题。我国台湾地区学者王泽鉴先生指出，“无过失责任制度的基本思想，不是在于对具有‘反社会性’行为之制裁。盖企业之经营、汽车之使用、商品之产销、原子能装置之持有，系现代社会必要经济活动，实无不法性之可言。无过失责任之基本思想乃是在于对不幸损害之合理分配，亦即埃瑟（Esser）教授特别强调之‘分配正义’”。[30]可见，无过错责任原则主要适用社会必要经济活动所致之损害，与具有“反社会性”的侵犯他人无形财产权行为性质不符。第二，《知识产权协定》第45条第2款规定：“司法机构也应有权命令侵权者向权利所有人支付全部费用，可以包含合理的律师费用。在适当的时候下，即使侵权者不知道或无合理理由知道其正在从事侵权活动，缔约方可授权司法机关发布收回其利润的命令，补偿自己的损失。”该项条款是否可以作为国际上确认无过错责任原则的准据法,有值得斟酌之处,这里的“适当时候”,主要是指侵权损害特别严重的某些情形:侵权人通过侵权活动获得巨大利润,或者侵权的情节相当恶劣,损害了权利人的名誉,或者法院诉讼费时过长,以致权利人开支很大。[31]特别应当指出的是,《知识产权协定》关于“损害赔偿”有两项条款,第 45 条第 1 款规定的是过错责任原则,以侵权人主观上“知道”或“应该知道”为条件。该条款是强制性条款,缔约方“应以”国内法加以确认。第 45 条第 2 款则不同,在某些“适当的时候下”,侵权人返还所得利润或支付法定赔偿费用不以主观上是否知情为条件。但这一原则是一个选择性条款,“缔约方不采取这一归责原则,也不能认为违反协定”。[32]在法理上,第 45 条第 2 款的规定有何意义,学术界存有歧见。有的学者认为上述情形属于同样不以过错为条件的严格责任,也有学者认为可归类于不考虑行为人过错情况的不当得利。总之,并非当然就是无过错责任。第三,关于国外立法是否确认无过错责任原则,尚需作具体分析。在大陆法系国家,法国、德国、日本等国民法典及其特别法所规定的无过错责任原则,主要适用于“工作物所有人”的责任,包括动物持有人责任、铁路持有人责任、航空器持有人责任、能源设备持有人责任等。可见,作为基本法的民法典并未涉及侵犯无形财产权的情形。知识产权法有否规定无过错责任呢?有学者引用德国《著作权法》第 97 条、《商标法》第 14 条规定“受侵害人可诉请对于有再次复发危险的侵权行为,现在就采取下达禁令的救济,如果侵权系出于故意或出于过失,则还可同时诉请获得损害赔偿”,认为这一条款即是对无过错责任的确认。其实不然,知识产权与所有权一样,都是对世权、绝对权,可以适用多种法定方式予以保护。其中,请求排除妨碍、请求恢复原状和请求返还原物,是为物权之诉;请求损害赔偿,是为债权之诉。德国《著作权法》、《商标法》上所谓请求排除妨害、停止侵权之诉,概为物权保护方法,其物上请求权当然不以行为人有无过错为条件。这种“无过错”并非同时适用侵权损害赔偿的债权主张。在英美法系国家,主要是通过判例的方法确认了严格责任原则。所谓严格责任是一种较之一般责任标准更加严格的归责原则,但这种责任标准区别于绝对责任。在后者,如果应该避免的伤害事件发生,则当事人必须负责,而不论其如何尽到注意义务;在前者,行为人对于所负责任,则仍有一些有限的抗辩事由可以援引,但不能以当事人已尽到合理注意为由进行抗辩。[33]大陆法系国家的侵权法并不直接采用严格责任的说法。我国学者有的认为严格责任与无过错责任的含义基本相同;[34]也有的认为,严格责任更接近于过错推定。这是因为,严格责任“虽然严格,但非绝对”。在严格责任下,并非表示行为人就其行为所生之损害在任何情况下均应负责,各国立法例多承认行为人可以提出特定之抗辩或免责事由。严格责任表面上不考虑行为人的过错即可以确定其责任,但实际上采取一种过错推定方法,即从损害事实中推定行为人有过错,但允许其通过举证证明损害是由于受害人的过错、第三人的过错和自然原因所造成的,即可减轻或免除责任。可见,美国等国在这一领域所采用的严格责任原则并非是无过错责任原则,而更接近于过错推定责任原则。[35]

过错推定责任原则是对过错责任原则的补充和发展,是后者的特殊表现形式。过错推定责任较一般过错责任严格,但不及无过错责任绝对。根据这一原则,一旦损害发生,法律推定行为人有过错并要求其提出无过错抗辩,若无反驳事由,或反驳事由不成立,即确认行为人有过错并应承担责任。根据有的学者提出的分类,过错推定责任分为一般过错推定和特殊过错推定。前者是指法律规定行为人侵害他人人身、财产并造成损害的,应负民事责任,但如果行为人证明其没有过错的,就可推翻对其过错的推定并免除责任;后者是指在某些侵权行为中,法律规定行为人必须证明有法定抗辩事由的存在,以表明自己的无过错,才能对损害不承担责任。[36]依侵犯知识产权行为的性质而言,似应适用特殊过错推定。在各国相关立法文件中,有关“权利的限制”、“不视为侵犯专有权的行为”、“有关知识产品允许实施的行为”等,概为针对侵犯知识产权诉讼的法定抗辩事由。上述抗辩事由既是过错不存在的理由,也是免除或减轻责任的理由。

过错推定责任是介于过错责任与无过错责任之间的责任归责方式。过错推定责任原则能够纠正过错责任原则对权利人举证要求过苛而对知识财产侵权人失之过宽与无过错责任原则对权利人保护比较充分而对知识产品使用人失之过严这两者的偏差。当侵权损害结果发生时,法律责令知识产品使用人举出自己“无过错”的证明,从而免除作为原告的权利人的举证困难;同时,也使得作为被告的知识产品使用人有抗辩的机会,不至于无辜受罚,动辄受咎。由此可见,过错推定责任的基点依然是知识产品使用人有过错即有责任,而不是仅有行为后果就要承担责任。

在知识产权实务中,让行为人对其不能预见,并不希望发生的损害事实承担责任,在大多数情况下是有失公允的,也是违背自然法则的。当然法律上的过错推定,“实为保护被害人之技术运用,旨在保护被害人之利益”。[37]实行这一归责原则,可以使知识产权所有人免除举证责任而处于有利地位,有利于制裁那些虽无主观过错但缺乏反驳事由的侵权行为。在侵犯知识产权诉讼中,过错责任与过错推定责任应为二元归责原则,两者共同行使认定侵权责任的使命。这种归责体系的具体运行模式是:法律授予作为原告的权利人一种选择权,即假定权利人是自己利益的最佳判断者,他“有权”选择自己举证,以便有力地、具针对性地向侵权人追偿损失。在这种情况下,即适用过错责任原则;同时,权利人也可以放弃这种举证的“权利”,法院即责令侵权人举证,举证不能或举证不成立的,推定侵权人有过错。在这种情况下,即适用过错推定责任。

四、知识产权的法律保护

法律对于知识产权的保护是多层次、多角度的。《知识产权协定》要求各缔约方应保证此协议所规定的执法程序能依照缔约方国内法得到有效贯彻,以便能行之有效地制止任何侵犯此协定所保护的知识产权的行为。为确保这一目标的实现,该协议详细地规定了侵权济措施及防止侵权的措施。依各国相关立法通例,受侵害人可采取以下权利保护方法。

(一)民事救济措施

民法对知识产权的保护更为直接,具有维护权利状态或对权利人所受损害给予经济补偿之作用。对于知识产权的民事救济,权利人可以提起确认之诉、物权之诉与债权之诉,以维系其受到侵害的权利。但与一般财产所有权不同,知识产权所有人并不能援用请求恢复原状、返还原物之传统民事救济措施。请求恢复原状以保护财产不受他人非法损坏为目的。知识产品系非物质形态之精神产物,对其非法使用并不导致对知识产品本身的“损耗”,该种权利侵害无法通过有形的“修复”而恢复原状。而请求返还原物是保护物之占有权能的方法。由于知识产品具有不同于有体物的特性,侵权人无须有形控制而仅凭“认知”即构成“占有”,这种知识或经验的“占有”无法通过“返还”而回复原有权利状态。

在各国知识产权制度中,民事救济措施最重要的是请求停止侵害与请求赔偿损失。请求停止侵害是一种物权之诉。当知识产权受到损害时，权利人可以请求侵权人停止侵害，也可以请求法院责令侵权人停止侵害。请求停止侵害，既包括请求除去已经产生之侵害，也包括可能出现之侵害。请求停止侵害与传统民事救济措施之请求排除妨碍相当。需要说明的是，由于知识产品的特性所致，请求停止侵害是排除对权利人行使专有权利之妨碍，而不可能是制止对权利客体即知识产品之“侵害”。所谓请求赔偿损失，是一种“债权之诉”。当知识产权受到损害时，权利人可以请求侵权人支付一定数额的金钱予以赔偿。权利人的赔偿损失请求既可以单独提出，也可以在行使“物上请求权”时同时提出。知识产权与传统所有权在损害赔偿方面有共同的理论与原则，即填补损害，但如何填补损害，两种财产权制度似有不同：在侵犯所有权诉讼中，除法律另有规定或合同另有规定的外，损害赔偿应以“回复原状”为依归。而在侵犯知识产权之诉中，损害赔偿不存在购置同样知识产品，以回复损害事实未曾发生原状之可能。换言之，填补损害即意味着金钱赔偿。关于知识产权的损害赔偿额，有两种计算方法：一是按侵权人在侵权期间因侵权行为所获得的利润计算，二是按权利人在侵权期间因被侵权所受到的损失计算。如果权利人的实际损失和侵权人非法所得不能确定的，一些国家的相关制度还规定法定赔偿数额，即由法官根据侵权行为的社会影响、侵权手段和情节、侵权时间和范围以及侵权人的主观过错程度，判决给予一定数额金钱的赔偿。

（二）刑事保护措施

针对一些严重的侵犯知识产权的行为，许多国家的相关立法都规定了刑事诉讼程序及刑事制裁措施。关于侵犯知识产权罪的类型，《知识产权协定》第6条对各缔约方作了最低要求的规定，即缔约各国或地区至少应制裁假冒商标或剽窃版权作品的犯罪。但其适用条件有二：一是侵权使用达到一定的商业规模，二是非法使用人主观上出于故意。实际上，各国立法关于知识产权罪名的规定，一般都超出了《知识产权协定》的最低要求。我国新《刑法》在“侵犯知识产权罪”与“扰乱市场秩序罪”的章节中，规定了侵犯商标权、侵犯专利权、侵犯商业秘密权、侵犯商誉权等各项犯罪行为，其罪名涉及侵犯知识产权的主要领域。[38]

关于侵犯知识产权罪的种类，各国立法例有较大差异。有的国家采取概括式，仅对构成犯罪的侵权行为作原则规定，其具体类型往往借助于立法或司法解释。[39]有的则采取列举式,重点排列各类犯罪行为。以著作权法为例,美国、俄罗斯等国仅原则上规定,侵犯著作权构成犯罪的行为应受到刑事处罚,而意大利、德国、英国等国则详细列举了各类应承担刑事责任的犯罪行为。概括式立法体例优点是包容性强,可适用于各种具体情形;但其不足是弹性过大,有时难以划清罪与非罪的界线。列举式立法体例则清楚明了,易于确定何为罪何为非罪,但其缺点是难免挂一漏万,使有些未能列举的犯罪行为逃脱刑事制裁。

侵犯知识产权罪与侵犯财产罪在犯罪构成方面略有差别。在主观方面,两者大抵强调只有在故意的情况下才构成犯罪。但个别国家的某些法律规定,侵犯知识产权的过失犯罪人在一定的条件下也要受到刑事处罚。[40]在主体方面,侵犯财产罪既有一般主体又有特殊主体,但都属于自然人犯罪。所谓单位犯罪,广泛存在于危害公共安全罪,破坏社会主义市场秩序罪,侵犯公民人身权利、民主权利罪,妨害社会管理秩序罪,危害国防利益罪和贪污贿赂罪等罪章中,与侵犯财产罪无涉。[41]而侵犯知识产权罪不同,除实施具体犯罪行为的人要承担刑事责任外,行为人的雇主(包括法人或非法人团体)也要受到处罚。

对于严重侵犯知识产权的行为,《知识产权协定》第 61 条规定,缔约方应提供刑事诉讼程序和刑事处罚。可采用的法律补救措施应包括足以起到威慑作用的监禁和(或)罚款,其处罚程序应与对具有相应严重性的罪行法律补救措施的处罚程序相一致。在适当的案件中,可采用的措施还应包括充公、没收或销毁侵权物品以及任何其主要用途是用来进行上述犯罪行为的材料和设备。[42]多数国家的相关立法,与该协定所规定的刑事措施基本一致。一般而言,有期徒刑与罚金是两类最基本的刑事救济手段。除此之外,有些国家还规定了扣押、没收和销毁侵权复制物及制作设备等。我国新《刑法》对侵犯知识产权罪规定了有期徒刑、拘役、管制、罚金等各种刑事处罚。随着现代科学技术带来知识产品广泛、便捷的使用,侵犯知识产权的行为日趋严重,各国刑事立法表现出加大处罚力度的趋势,如对严重的犯罪行为人增加徒刑期、加大罚金数额等。

(三)行政保护措施

知识产权是民事主体依法享有的一项重要民事权利。但是,某些侵犯知识产权的行为不仅损害了私人权益,而且也扰乱了正常的社会秩序,侵害了国家与社会公众的利益。因此,这种行为已不仅是对私权领域的侵犯,也是对国家公权领域的侵犯,即构成违反行政法律规范的行为。在这种情况下,行为人不但要对侵权行为承担民事责任,同时也要对自己违反行政法律义务所造成的后果承担行政责任。

各国一般设有专门的行政管理机关,如版权局、专利局、商标局、工商行政管理局等,或是成立统一的管理知识产权事务的行政部门,如工业产权局、知识产权局等。上述行政管理机关通过相关知识产权审查登记、相关知识产品使用管理、相关知识产品复制品进出境管理等,采取各种行政措施保护当事人的合法权益。

关于行政保护措施,《知识产权协定》要求各缔约方加强各国司法机关的权力,以建立一种对侵权行为的有效威慑。其内容包括:在不给任何补偿的情况下,司法机关有权命令对侵权的商品进行处理,禁止其进入商业渠道,或者将上述侵权商品予以销毁;此外,司法机关还有权命令将主要用于制作商品的材料和工具进行处理,禁止其进入商业渠道,以尽可能地减少进一步侵权的危险。[43]除上述规定外,《知识产权协定》还规定了海关中止放行制度,当受害人发现有侵权复制品经由海关进口或出口,则可向有关行政或司法机关提供书面申请和担保,以使海关扣押侵权复制品,中止该类商品的放行。如果海关查实被扣商品系侵权复制品,则予以没收;如果扣押错误,则申请人应赔偿被申请人的合理损失。[44]各国相关立法所采取的行政救济措施大致与《知识产权协定》相当,具体说来,有训诫(或警告)、责令停止制作和发行侵权复制品、没收非法所得、没收侵权复制品和制作侵权品设备、罚款等。

除上述措施外,对某些知识产权在习惯上还可通过民间知识产权组织、相关行业公会或商业行会等调处权利纠纷和争议。综上所述,从权利保护的立法例来讲,知识产权制度有其自身的特点。一般而言,对财产所有权的保护是各个法律部门的共同任务,但不同的保护方法不是一并规定在民法典或相关特别法中。与上述情况不同,知识产权的立法保护有其特别之处:第一,知识产权制度为保护创造者、经营者合法权利之实体法,但现代法律制度(如著作权法、专利法、商标法等)一般都规定有侵权诉讼程序,含有司法救济的诸多条款,即在实体法之中规定有程序法内容。第二,知识产权制度应为规范有关知识产品权益之私法,但其现代法律制度多设有行政管理及处罚与刑事制裁的罚则，即具有公法与私法相结合的特点。当然，以上概括只是说明知识产权保护与财产所有权保护之区别，上述特点并不影响知识产权制度作为保护私权之民事特别法的地位。

注释

1 就非物质性而言，知识产权的客体即知识产品与物权的特殊客体即无体物有相同的特点。但是，知识产品是一种创造性的精神产物，是社会财富的组成部分，而无体物特指具有财产内容的权利，是一种人们主观拟制的制度产品。

2 金渝林：《论"同一作品的两种不同表现形式"》，载《中国版权研究会学术年会论文选编》，西北大学出版社 1993 年版，第 22 页。

3 参见美国《版权法》第 102 条（b）款。

4 L. Ray Patterson & Stanley W. Lindberg, The Nature of Copyright: A Law of Users' Right, The University of Georara Press, 1991, p. 202.

5 古泽博：《关于利用他人作品的著作权问题》，载日本《独协法学》1997 年 10 月 22 日。

6 何孝元：《工业所有权之研究》，台湾三民书局 1977 年版，第 224 页。

7 我国有些学者对此分类存有异议。有的认为，未注册商标与注册商标一样，也具有使用权；还有的认为，商标权就其本质而言是一专有使用权，排他权是其当然内容。笔者认为，未注册商标的"使用权"是不完全、不充分的，它的使用只是一种自然的事实，而非法定的权利。当未注册商标与注册商标发生冲突时，前者的继续使用即告非法；同时，注册商标的使用权与禁止权的区别，有助于判明其效力的差异。《商标法》对此有明确的规定。

8 何孝元：《工业所有权之研究》，台湾三民书局 1977 年版，第 224 页。

9 黄勤南主编：《新编知识产权法教程》，中国政法大学出版社 1995 年版，第 448 页。

10 夏淑华：《商标法要论》，中国政法大学出版社 1989 年版，第 246 页。

11 郑成思主编：《知识产权法教程》，法律出版社 1993 年版，第 112 页。

12 刘春田主编：《知识产权法教程》，中国人民大学出版社 1995 年版，第 250 页。

13 刘剑文主编：《现代中国知识产权法》，中国政法大学出版社 1993 年版，第 289 页。

14 史尚宽：《民法总论》，台湾正大印书馆 1980 年版，第 296 页。

15 董安生：《民事法律行为》，中国人民大学出版社 1994 年版，第 117 页。

16 有学者曾撰文说明反动淫秽的作品不为法律肯定和保护，其理由在于创作内容违法的作品，民事上属于无效法律行为。这一观点有失精当。创作行为与侵权行为一样，不以意思表示为要素，皆为一种法律构成行为。

17 明安香主编：《信息高速公路与大众传播》，华夏出版社 1999 年版，第 159 页。

18 侯晓霞等:《迎接知识经济时代,加强知识产权保护》,载《知识产权》1999 年第 2 期。

19 吴永臻:《网络信息环境的知识产权保护问题》,载《河北大学学报》(哲学社会科学版)1998 年第 2 期。

20 [英]R. F. 沃尔等:《版权与现代技术》,载《国外法学》1984 年第 6 期。

21 参见吴汉东:《著作权合理使用制度研究》,中国政法大学出版社 1996 年版,第 206 页。

22 参见孙铁成:《计算机与法律》,法律出版社 1998 年版,第 63 页。

23 参见郑成思:《版权法》,中国人民大学出版社 1997 年版,第 212 页。

24 黄勤南主编:《新编知识产权法教程》,中国政法大学出版社 1995 年版,第 448 页。

25 刘波林等:《侵害著作权的过错责任》,载《著作权》1996 年第 4 期。

26 郑成思:《知识产权论》,法律出版社 1998 年版,第 271 页以下。

27 有学者认为,在该原则的适用上,可以考虑采用过错推定的方法予以解决。这与美国在这一领域所适用的严格责任原则已经比较接近。参见张新宝:《中国侵权行为法》,中国社会科学出版社 1998 年版,第 237 页。

28 参见中国科学技术蓝皮书第 7 号。转引自陈昌编:《国际知识产权贸易》,东南大学出版社 1994 年版,第 485 页。

29 郑成思:《侵害知识产权的无过错责任》,载《中国法学》1998 年第 1 期。

30 王泽鉴:《民法学说与判例研究》(第 2 册),中国政法大学出版社 1997 年版,第 162 页。

31 汤宗舜:《知识产权的国际保护》,人民法院出版社 1999 年版,第 222 页。

32 汤宗舜:《知识产权的国际保护》,人民法院出版社 1999 年版,第 222 页。

33 [英]戴维・M. 沃克主编:《牛津法律大辞典》,光明日报出版社 1989 年版,第 863 页。

34 孔祥俊:《论侵权行为的归责原则》,载《中国法学》1992 年第 5 期。

35 参见王利明:《民商法研究》(第 1 辑),法律出版社 1998 年版,第 664 页;张新宝:《中国侵权行为法》,中国社会科学出版社 1998 年版,第 298 页。

36 王利明等编:《侵权行为法》,法律出版社 1996 年版,第 35 页。

37 王泽鉴:《民法学说与判例研究》,中国政法大学出版社 1997 年版,第 198 页。

38 参见赵秉志主编:《新刑法教程》,中国人民大学出版社 1998 年版,第 470 页。

39 德国、日本等国的刑法理论及司法实践,注重在保持法典稳定性的基础上对相关罪名作扩大解释,以制裁新型犯罪行为。例如,对刑法没有规定盗窃产业秘密罪,通过对刑法的解释将这种行为认定为盗窃罪。参见张明楷:《市场经济下的经济犯罪与对策》,中国检察出版社 1995 年版,第 17 页。

40 参见《意大利著作权法》第 172 条的规定。

41　参见赵秉志主编:《新刑法教程》,中国人民大学出版社 1998 年版,第 121、622 页。
42　转引自中国科学技术蓝皮书第 7 号。
43　《知识产权协定》第三节、第四节,转引自中国科学技术蓝皮书第 7 号。
44　《知识产权协定》第三节、第四节,转引自中国科学技术蓝皮书第 7 号。

吴汉东

代表作

贰拾肆

侵权诉讼与举证责任*

知识产权侵权责任的证据规则

举证责任规则及其适用,在知识产权侵权诉讼中具有重要意义。从过错推定责任的归责方法到赔偿数额确定的证据规则,举证责任表现了民事实体法与民事诉讼法上的双重功能。本文试以举证责任分配的一般规则、特殊规则和补充规则为视角,探讨知识产权侵权损害赔偿的责任要件、数额标准等。

一、知识产权侵权诉讼中的举证责任分配

举证责任又称"证明责任",是指在侵权损害赔偿诉讼中,"应当由当事人对其主张的事实提供证据并予以证明,若诉讼终结时根据正常证据仍不能判明当事人主张的事实其伪,则由该当事人承担不利的诉讼后果"。[1]由此可见,举证责任涉及两个方面,一是证据提出责任,即当事人为主张的实施而提出证据的行为或活动;二是诉讼结果责任,即当事人有举证责任而未善尽时产生的"败诉风险负担"。

举证责任会产生实体与程序的双重效果,由此可以从民事诉讼法和民事实体法的不同角度进行解读。江平教授在其早年一篇文章中认为:"举证责任分为诉讼法的举证责任和实体法的举证责任。诉讼法上的举证责任是广泛的,只要有诉讼要求就有举证责任。实体法的举证责任是指民法中的推定,即实体法就责任的性质和责任的承担所作的法律认定。"[2]在民

* 原载《法学评论》2014 年第 5 期,题名为"知识产权侵权诉讼中的过错责任推定与赔偿数额认定——以举证责任规则为视角"。

事诉讼中，举证责任表现了当事人举证的必要性和必然性：第一，“为主张的人有举证义务，为否定的人则无之”。[3]也就是说，当事人对自己所主张的事实，有提供证据以证明其真实性之必要。第二，“原告不尽举证责任时，应为被告胜诉的裁判”。[4]也就是说，当事人对证明其主张不能提供证据或者提供的证据不能证明其主张具有真实性时，有承受对其不利裁判之必然。以上即是民事诉讼法学关于举证责任属性的基本见解。而在民法学理论中，举证责任与侵权损害赔偿规则制度有着密切联系。我国学者对侵权损害赔偿归责原则的学理概括，有所谓单一归责原则说（过错责任）、二元归责原则说（过错责任与无过错责任）、三元归责原则说（过错责任、无过错责任、公平责任，或者过错责任、过错推定责任、无过错责任）和四元归责原则说（过错责任、过错推定责任、无过错责任、公平责任）。[5]采取何种归责原则，决定着当事人之间举证责任的分配状况。在一般侵权损害领域即过错责任中，是由权利人即主张方负担举证责任，而在特殊侵权损害领域即过错推定责任或无过错责任中，法律则将一方当事人承担的举证责任以规则强制的方式分配给对方当事人承担。

举证责任的分配，就是按照一定的标准以确定当事人承担举证责任的范围，又称举证责任的分担。举证责任分配制度包括一般规则、特殊规则和补充规则。

“谁主张，谁举证”是为举证责任的“正置”，即是举证责任分配的一般规则。其适用于一般民事侵权诉讼，知识产权侵权损害赔偿案件概莫能外。我国《民事诉讼法》第 64 条第 1 款规定：“当事人对自己提出的主张，有责任提供证据”；最高人民法院《关于民事诉讼证据若干规定》（以下简称《证据规定》）第 2 条第 1 款规定：“当事人对自己提出的诉讼请求所依据的事实或者反驳对方诉讼请求所依据的事实有责任提供证据加以证明。”上述规定是作为一般原则的举证责任“正置”，在现代证明理论中，它是“规范说”所抽象出来的原则。[6]举证责任围绕侵权损害赔偿责任的法律构成要件（损害事实、行为人过错、违法行为与损害事实之间的因果关系）而展开。根据德国学者罗森贝尔的“规范说”，民事实体法律规范按对立关系可以分为权利发生规范和权利对立规范（后者含权利消灭规范、权利妨碍规范和权利受制规范）。[7]基于此，当事人应对有利于自己的法律规范要件事实加以主张和证明。具言之，原告应就知识产权发生和遭受妨碍的法律要件事实承担如下证明责任:一是权利存在事实,如权利登记证书(版权)、授权证书(专利)、注册证书和续展证书(商标)等证据;二是权利妨碍事实,包括侵权主体的证据、权利侵害行为的证据、侵权期间的证据等;三是侵权损害事实,侵权行为造成了损害发生的后果,包括权利人的实际损失或被控侵权人的违法所得的证据;四是被控侵权人主观过错的事实,即存在明知或应知的主观状态之相应证据。上述举证责任分配的一般原则,是依据侵权损害赔偿归责的一般原则即过错责任原则的四个构成要件,对权利人即原告的主张而提出的“正置”举证责任。

“原告主张,被告举证”是为举证责任的“倒置”,即是举证责任分配的特殊规则。举证责任倒置可以说是证明责任的相对免除。主张方对特定的要件事实只负主张责任而不负证明责任,相对方应从反方向即不存在该要件事实负举证责任,其实质是免除了主张方对其主张的证明责任,转由相对方以相反证据推翻前述免证事实。简言之,举证责任倒置是原告主张,被告证明,是“谁主张谁不证明,谁不主张谁证明”。[8]举证责任倒置的特殊规则,是对举证责任分配一般规则的排除,仅适用于民事侵权损害的特殊领域。前述《证据规定》明确指出:“有关法律对侵权诉讼的举证责任有特殊的规定的,从其规定。”特殊侵权损害赔偿诉讼中的举证责任,首先见之于作为民事实体法的《民法通则》,该法第126条规定:“建筑物或者其他设施以及建筑物上的搁置物、悬挂物发生倒塌、脱落、坠落造成他人损害的,它的所有人或者管理人应当承担民事责任,但能够证明自己没有过错的除外。”这说明,在建筑物致人损害诉讼中,受害人即原告基于损害事实提出赔偿之主张,建筑物所有人或者管理者即被告须提出已尽注意义务即主观无过错之证明。《证据规定》突破了实体法关于举证责任倒置之规定,就特殊侵权损害情形进行了细化和补充。适用举证责任倒置之特殊规则的有:新产品制造方法发明专利引起的侵权诉讼;建筑物或者其他设施以及建筑物上的搁置物、悬挂物发生倒塌、脱落、坠落致人损害的侵权诉讼;共同危险行为致人损害的侵权诉讼;医疗行为引起的侵权诉讼。[9]举证责任倒置是对依法律要件分类说所形成的“正置”举证责任的局部修正,有利于案件实体真实的再现,符合民事诉讼的实体公正与程序公正的价值目标。在知识产权侵权诉讼中,举证责任倒置衡量作为特殊规则,在司法适用中受到严格的控制。

此外,在民事侵权损害诉讼中还有兜底性的补充规则。根据《证据规定》第 4 条的规定,在法律没有具体规定,依照司法解释也无法确定举证责任承担时,法院可以根据公平原则和诚实信用原则,综合当事人举证能力等因素确定举证责任的承担。该规则赋予法官一定程度的自由裁量权,在穷尽一般规则和特殊规则之后,综合个案情况,进行衡量,根据公平和诚实信用原则在当事人之间分配举证责任。关于举证责任分配的规则体系,各国立法例采取了不同的选择。对于举证责任正置,一些国家的立法(包括民事诉讼法和民法)不作规定(如德国、日本、意大利等国),也有国家在诉讼法或在实体法中作出规定(如法国、瑞士等);但对于举证责任倒置,往往作为特殊规则规定在民法典之中。质言之,适用于特殊侵权损害赔偿的特殊举证责任规则,有法律的严格限定。因此可以认为,兜底性的补充规则,仅是对一般规则(不包含举证责任倒置的特殊规则)适用的兜底和补充,法官得以根据当事人举证能力等因素而在当事人之间进行举证责任的调整。补充规则往往在民事诉讼法与司法解释中作出原则规定。

总而言之,知识产权侵权损害赔偿归责原则,一般采取过错责任原则,当然在民事诉讼中适用举证责任正置的一般规则。但是,举证责任倒置作为特殊规则,则在个别侵权损害赔偿案件中有着适用价值。此外,知识产权损害赔偿数额认定,则依情形不同,在举证责任分配方面,采取一般原则与补充原则相结合的方法。以下,将从实体法与诉讼法的角度,在过错推定规则方法和损害认定证据规则的意义上,述及知识产权侵权诉讼中的举证责任分配问题。

二、特殊知识产权侵权责任的过错推定与举证责任倒置

在民事侵权损害赔偿中,归责原则是确认不同种类侵权行为所应承担民事责任的标准和原则,决定着一定侵权行为的责任构成要件、举证责任的负担、免责条件、损害赔偿的原则和方法等。根据我国《民法通则》的规定,知识产权侵权损害赔偿,一般采取过错责任原则,其适用条件是侵权人知道或者应该知道他从事了侵权活动,即侵权人主观上有过错,且过错与损害结果有因果关系,这是侵权诉讼中作为证明对象的法律要件事实,也就是由原告即权利人提出相关事实证明。但是,全面适用过错责任原则有值得检讨之处,其原因就在于举证责任的分配问题。由于过错责任采取

"谁主张,谁举证",对于权利人多有不利:知识产权所有人在一定期间内享有专有权利,但须将其知识产品公开,这样权利人既难以控制他人对知识产品的利用,也难以对他人这种使用的过错状况进行举证。对于上述情况,知识产权界多持批评态度,认为全面适用过错责任原则是为未经许可的使用人着想过多,而为权利人着想过少。从 20 世纪末到 21 世纪初,学术界乃至司法界主张对过错责任原则进行补充和修正,即对知识产权侵权损害采取二元归责原则。其中代表性的观点主要有两种:一是以无过错责任为补充原则;[10]二是以过错推定责任为补充原则。[11]从目前的司法和行政立法的情况来看,针对特殊的知识产权侵权行为并未适用无过错责任原则,而是采取过错推定责任的方法。[12]

在民事责任归责原则的语境中,过错推定即是对过错的推断认定。具言之,行为人是否有过错,必须通过"推定"的方法来认定,并在推定其有过错后予以"归责"。有学者将现代民法上的过错推定规则概括为以下三种类型:一是根据行为人不具备法定免责事由而作出的过错推定,即无法定免责事由的过错推定规则;二是根据受害人对行为人的过错举证而作出的过错推定,即受害人举证的过错推定规则;三是加害人对自己没有过错的举证不能而作出的过错推定,即加害人举证不能的过错推定规则。[13]过错推定在形式上表现出举证责任分配的独特性,即举证责任倒置。在这个意义上,上述第二种类型,即受害人对侵权人的过错承担证明责任,不过是适用一般侵权行为的过错推定,是传统过错责任原则中固有的推定形式,并非严格意义上的过错责任推定方法。根据我国《民法通则》的规定,特殊侵权损害的民事责任,大部分是采用无法定免责事由和加害人举证不能的过错责任推定方法。特殊知识产权侵权损害行为,适用这一规则,须把握如下要点:第一,过错推定归责方法仅适用于特殊知识产权侵权损害情形。王利明教授在分析过错推定责任的适用范围时,提到两个方面的原因:一方面,由于科技的发展,新设备、新产品相继问世,致损原因并不是通过一般常识就能判断,而需要高度的科学知识才能识别;另一方面,由于加害人往往控制了致损原因,而受害人对此种原因又常常处于无证据状态。[14]上述情形亦存在于知识产权侵权领域之中。概言之,一般知识产权侵权行为适用过错责任归责原则,特殊知识产权侵权行为方适用过错推定归责方法。第二,过错推定归责方法是为一种特殊过错推定。过错推定有一般过错推定和特殊推定之分。一般过错推定的特征在于被告只要能证明其没有过错，就可以推翻过错推定；而特殊过错推定的特征在于被告须证明有法定抗辩事由的存在，方能表明自己主观上无过错，因此后者又被称为是“不可推倒的过错推定”。[15]在特殊过错推定的情况下，侵权人不能仅证明自己已尽到注意义务，而且要证明有法定抗辩事由的存在。关于法定抗辩事由，一般在相关具体法律制度中有明确规定，概为知识产权限制之规范，如合理使用（著作权）、权利穷竭（著作权、专利权）、为科学研究而使用（专利权）、先用权人的使用（专利权、商标权）、善意使用（布图设计权）等。第三，过错推定所产生的民事责任，是有别于过错责任和无过错责任的“中间责任”。[16]在特殊知识产权侵权行为中，适用过错推定归责方法有其特殊的法价值考量，即在程序公正的价值目标指引下通过举证责任倒置的方式，消除双方当事人举证能力的差异，以实现个案的实体正义。具言之，法律责令侵权人承担举证责任，可以免除作为原告的权利人的举证困难（优于过错责任原则），同时也使得侵权人有抗辩机会，不至于仅因损害结果而负赔偿责任（不同于无过错责任原则）。法律上的过错推定，“实为保护被害人之技术运用，旨在保护被害人之利益”。[17]总之，实行这一归责方法，可以使知识产权所有人免除举证责任而处于有利地位，有利于制裁那些虽无过错但缺乏反驳事由的侵权行为。

过错推定责任归责方法的适用范围，一般须采取法定主义原则，即应由法律法规以及司法解释等规范性文件作出明确规定，而不能由法官根据个案作出自由裁量。1986 年颁布的《民法通则》就建筑致人损害等个别情形规定了过错推定责任，并未涉及知识产权侵权领域。1984 年公布的《专利法》就新产品制造方法发明专利的专利侵权诉讼，作出了举证责任倒置的规定。上述规定见之于 20 世纪 80 年代，因此相关立法多有滞后而不敷使用。在新信息技术、新传播媒介广泛运用的条件下，侵犯知识产权的行为与智力成果的利用相联系，往往具有相当的技术含量。因此，针对一些新型知识产权侵权损害行为，应在侵权责任之认定、举证责任之分配方面作出特别规定。笔者认为，以下三种情形似可考虑列入适用范围：

第一，方法发明专利侵权。生产产品的方法是在生产制造过程中使用的，方法专利所有人很难进入对方的生产地获取直接证据，以证明被告的生产方法与原告专利方法相同。若由原告举证，往往因举证困难而使专利权人处于不利地位。世界贸易组织《知识产权协定》第 34 条规定,在专利侵权民事诉讼中,如果专利的内容系获得产品的方法,司法当局应有权责令被告证明其获得相同产品不同于该专利方法。我国《专利法》第 57 条第 2 款规定,对发明专利产品制造方法,制造同样产品的单位或者个人应当提供其产品制造方法不同于制造方法的证明。最高人民法院《证据规定》第 4 条第 1 项也对此作出相应规定。在方法发明专利侵权诉讼中,证明是否使用了专利方法,涉及“相同产品”要素和“相同方法”要素。其证明的逻辑顺序是“相同产品”要素在前,若前一构成要素不能证明,则无须证明后面的要素。[18]在这里,原告依然应就权利存在事实举证,一是证明实施方法专利所获得产品是“新产品”,二是证明被控侵权产品与使用方法专利的产品是为“相同产品”。而被告则就“相同方法”要素即权利妨害事实举证。“相同方法”比对是“相同产品”比对的继续,是方法专利侵权责任证明的要素,须由被告就被控侵权方法与方法专利保护范围的非关联性进行举证。概言之,方法是否相同的证明方式适用于举证责任倒置。

第二,商业秘密侵权。商业秘密是一种未公开而为持有人通过保密措施予以维系权益的信息。在商业秘密侵权案件中,权利人应该且能够对于自己控制的权利有关事实进行举证,如相关信息的秘密性、保密性,对方获取商业秘密的可能性等,但对于相对人获取同一商业秘密的途径和方法,往往存在举证困难。这是因为商业秘密不具有绝对意义上的独占性,同一秘密信息可能为多个主体所拥有,其合法获取的途径也不尽相同,如自行构思、善意取得、反向工程等。因此,不少学者和法官主张对被告取得商业秘密的手段,采取举证责任倒置的方式,进行过错责任推定。[19]对此作出规定的是行政规章。1995 年国家工商行政管理局《关于禁止侵犯商业秘密行为的若干规定》第 5 条规定,权利人(申请人)认为其商业秘密受到侵害,向工商行政管理机关申请查处侵权行为时,应当提供商业秘密及侵权行为存在的有关证据。被检查的单位和个人(被申请人)及利害关系人、证明人,应当如实向工商行政管理机关提供有关证据。权利人能证明被申请人所使用的信息与自己的商业秘密具有一致性或者相同性,同时能证明被申请人有获取其商业秘密的条件,而被申请人不能提供或者拒不提供其所使用的信息是合法获得或者使用的证据的,工商行政管理机关可以根据有关证据,认定被申请人有侵权行为。第 3 款规定系为举证责任倒置和过错推定归责,是一项“极为重要的突破性规定”。[20]在商业秘密侵权诉讼中,关于秘密信息的侵权使用,涉及举证的证明要素有“接触相似”与“合法来源”。原告即权利人对“接触相似”要素负举证责任,首先要证明“被申请人所使用的信息与自己的商业秘密具有一致性或者相同性”,即受保护的秘密信息与被控使用的信息是为“相同信息”,同时也要证明“被申请人有获取其商业秘密条件”,即侵权人与权利人存在某种形式的“非法接触”。被告即侵权人则就“合法来源”要素即取得或者使用商业秘密的合理性事实提供证明,这即是在程序上倒置的举证责任。“被申请人不能提供其所使用的信息是合法获得或者使用的证据的”,工商行政管理机关可以认为被申请人有侵权行为,即构成过错推定责任。在司法实践中,原告证实被告使用了自己的商业秘密而又没有证据证明对方手段非法的情况下,能否要求被告承担举证责任,是一个有争议的问题。尽管如此,对一些技术复杂、保密措施较强的商业秘密案,法官主张应由被告对获取手段的正当性负举证责任。可以认为,技术秘密与方法专利有相似之处,即原告对被告使用该技术、该方法的非正当性事实存在着举证困难。在这种请情况下,根据《证据规定》,可以依法律规定进行推定(如方法专利),或依已知事实和日常生活经验法则进行推定(如技术秘密)。[21]从法定主义原则出发,针对技术秘密的侵权损害,相关法律法规似应将这种生活经验法则上升为过错责任推定和举证责任倒置的制度规定。

第三,计算机软件侵权。计算机软件是指计算机程序及其文档,前者包括源程序和目标程序,后者系描述程序的文字资料和图表。“对计算机软件侵权行为的认定,实际上是指对发生争议的某一计算机程序与比照物(权利明确的正版计算机程序)的对比和鉴别。”[22]在计算机软件侵权诉讼中,作为法律规范要件事实的主要证据是:一是原、被告双方软件在功能和流程上有相似之处;二是被告接触过原告的软件(包括目标程序和源程序)。这即是司法界在软件侵权案件中普遍采用的“实质相似+接触”的证据规则。[23]在著作权法上,软件作品与同文字作品受到保护,但其具有区别于一般文字作品的特异性,即计算机程序的不唯一性。计算机专业理论告诉我们,一项源程序只能生成一种确定功能的目标程序,该目标程序虽有不同形式但其实质相同,而一项目标程序却不能确定只来源一种源程序。[24]两个运行结果相同的计算机程序,不一定构成侵权;而两个不完全相似的源代码程序,并非不构成侵权。在这里,比对鉴别两个软件的源代码是否"实质相似",就成为侵权诉讼中的证明要素。关于举证责任的分配,首先由原告提出证明:被告销售或许诺销售的软件与自己享有著作权的软件具有相似性,被告方曾接触过自己享有著作权的软件。在原告以"实质相似 + 接触"为事实依据提出诉讼请求后,被告应就其被告侵权软件的独创性承担举证责任,提供源程序以证明其软件程序是自行开发的,否则法官可推定其软件是侵权复制品。从证据取得而言,软件作品所有人一般只能获取被告目标程序和使用该程序的文档资料,而无法取得对方的源程序。基于此,"可就特定事实加重被告方的举证责任",[25]即在计算机软件侵权诉讼中采用举证责任倒置。

总之,上述三种情形可适用举证责任倒置,这是一种"有限举证责任规则",即被告应就方法、技术、程序是否相同这一事实要件举证;同时其与"过错推定归责方法"相联系,即在举证不能的情况下须承担民事责任。

三、知识产权损害赔偿数额认定与举证责任分配

知识产权损害赔偿,是指行为人因过错而侵犯他人知识产权而依法承担的以给付金钱或实物补偿受害人所受损害的民事责任。损害赔偿数额是侵权诉讼的核心内容,一旦侵权损害责任确认之后,权利人的诉求主要集中于损害赔偿数额的认定。关于知识产权损害赔偿数额的确定,存在两个问题,即损害赔偿的计算标准和损害赔偿数额的证明。[26]

第一,关于损害赔偿数额的计算标准。《知识产权协定》第 45 条对损害赔偿的数额认定,作了两条原则性规定:其一,向权利人支付足以弥补因侵权而造成的损失,包括适当的律师费以及其他开支。缔约方应有权为之。其二,在适当场合下,即使侵权人无过错,也可责令其向权利人返还所得利润,或令其支付法定赔偿额。缔约方可选择为之。从国际立法例看,德国、日本在其知识产权法中均采取权利人具体损失、侵权人所获得利益、合理的许可费的方法,以此作为损害赔偿计算的基本标准。我国知识产权法对损害赔偿数额的认定主要设置了三种方法,即权利人因被侵权所受到的损失,侵权人因侵权所获得的利润,人民法院根据侵权情节判决的赔偿。现行《著作权法》第 49 条、《商标法》第 63 条和《专利法》第 65 条,均为计算损害赔偿数额的具体条款。需要说明的是,有关专利权、商标权的损害

赔偿数额的确定,相关法律还规定了按照许可使用费的倍数计算的办法。关于权利人实际损失、侵权人违法所得、许可使用费以及法定赔偿的计算方法,知识产权法在适用方面有着严格的先后顺位规定:司法机关在确定侵权损害赔偿数额时,首先"应当"以权利人实际损失为依据;在实际损失难以计算的情况下,"可以"适用侵权人违法所得。在商标、专利侵权诉讼中,实际损失或者侵权所得难以确定的,"参照"许可使用费的倍数合理确定。上述计算方法不能确定的,由法院采取法定赔偿。上述方法在适用时的基本路径是"实际损失→违法所得→合理许可使用费(仅适用商标、专利侵权诉讼)→法定赔偿"。[27]著作权法损害赔偿除数额的计算,除前述方法外,还可适用"实际损失→法定赔偿"的路径。最高人民法院《关于审理涉及计算机网络著作权纠纷案件适用法律若干问题的解释》第10条规定,"人民法院在确定侵权赔偿数额时,可以根据被侵权人的请求,按照其因侵权行为所受直接经济损失和所损失预期应得利益计算赔偿数额;也可以按照侵权人因侵权行为所得利益计算赔偿数额"。在这里,司法解释赋予被侵权人在实际损失和违法所得之间的自由选择权,改变了著作权法关于两者适用的先后顺位。[28]笔者认为:关于知识产权侵权赔偿数额的计算,必须明确如下规则:其一,遵循全面赔偿原则。损害赔偿原则主要有全面赔偿原则、过失相抵原则和平衡原则。其中,全面赔偿原则为知识产权侵害赔偿乃至整个民事侵权赔偿中的最高指导原则。在知识产权侵权诉讼中,侵权人应对权利人因侵权行为产生的实际损害进行全部赔偿,包括直接损失和间接损失,以及可得利益、精神损害等。其二,构建赔偿数额基准。损害赔偿数额的计算方法,从本质上讲概为法律设定的推定方法和裁量技术,其目的在于准确把握财产损失尺度,以达到"填平"和"回复"权利状态的目的。国外立法通行实际损失、侵权所得、合理许可费三种计算方法,以此作为赔偿数额基准。我国知识产权法似可统一推行之,不必拘泥于专利和商标法域。此外,在上述方法不敷使用时,还可适用法定赔偿的方法。其三,取消赔偿数额基准的适用位序。我国现行知识产权法对实际损失、侵权所得、合理许可使用费的计算方法规定了适用上的先后序位,只有在前者难以确定时,才可适用后者。以职权主义的做法,设置三种计算方式的适用位序,招致许多学者的批评。参照美、德等多数国家的做法,从意思自治原则出发,我国立法有必要改变赔偿数额基准的先后适用规则,明确各计算方法的独立平行位阶,赋予当事人以自由选择权。具言之,即是将三种计算方法平行规定,允许权利人根据损害程度、证据材料、对方财力等具体情况,自行选择具体救济方案。

第二,关于损害赔偿数额的举证责任。在知识产权侵权诉讼中,是由当事人对损害赔偿数额履行主张责任和提供证据责任。根据前述举证责任分配的一般规则,权利人即原告需要就其提出的损害赔偿数额诉求进行举证,如果举证不能或举证状态不明,该赔偿数额之主张不予支持。这即是损害赔偿数额计算的证明困难,它表现在两个方面:其一,按照实际损失计算赔偿数额,权利人自身很难证明其知识产品在相关市场中的确切份额、其遭受的实际损失与侵权行为之间的确切比例,因此,这一计算方法的适用几率较为有限。其二,按照非法所得计算赔偿数额,虽比较简单易行,但对于诉讼而言必要的事实资料或证据材料有时由侵权人掌握,存在证据材料不易获得的情形。针对上述损害赔偿数额的证明困难,法律对举证责任一般规则的适用作出了补充规定,即在掌握证据资料的侵权人无正当理由拒不提供证据时,可适用"证明妨碍的推定"。在民事诉讼理论中,"证明妨碍制度是指当事人因可归责于对方当事人或第三人在诉讼中或诉讼外、故意或过失的作为或不作为,致使自己的证明行为变得困难或不可能,从而法院在认定事实上做出对被妨碍的当事人有利调整的制度"。[29]在国际立法例上,2004 年欧盟《知识产权执法指令》第 6 条规定,对于损害的确定(如侵权人非法所得的利润),法院可要求侵权人提交相关文件,包括"银行账户、金融或商业文件"。在我国,2013 年《商标法修正案》第 63 条第 2 款规定,人民法院为确定赔偿数额,在权利人已经尽力举证,而与侵权行为相关的账簿、资料主要由侵权人掌握的情况下,可以责令侵权人提供与侵权行为相关的账簿、资料。笔者认为,上述条款的法律适用,应把握如下要点:其一,"权利人已经尽力举证。"当事人须有明确的诉讼请求,列明知识产权损害赔偿诉讼中请求给付的具体数额。"如果一方当事人已经提供足够支持其权利主张的,并能够合理取得的证据,同时指出了由另一方当事人控制的证明其权利主张的证据"(参见欧盟《知识产权执法指令》),法院有权责令另一方当事人提供证据。其二,侵权人提供与侵权行为相关的资料,须以商业秘密受到保护为条件。对具商业规模的侵权案件,侵权人需提供的证据材料,多为"银行账号、金融或商业文件",其中涉及受保护的商业秘密。法院必须在对秘密信息给予保护的条件下,方可责令侵权人提供相关证据材料(参见欧盟《知识产权执法指令》)。其三,侵权人拒不提供证据属于"证明妨碍的行为"。负有举证责任的一方当事人主张事实所依据的证据,由对方当事人所持有,如其无正当理由拒绝提供的,该方当事人将无法完成举证,证据持有人的行为由此构成"证明妨碍行为"。其四,法院根据前述情形,得适用"证据妨碍的推定"。有证据证明一方当事人持有证据无正当理由拒不提供,如果对方当事人主张该证据的内容不利于证据持有人,可以推定该主张成立(参见最高人民法院《证据规定》),即法院"可以参考权利人的主张和提供的证据判定侵权赔偿数额"(参见《商标法修正案》)。总之,对"证据妨碍行为"适用赔偿数额的"法律推定",一方面,保护了应举证而无法举证之原告的正当权利;另一方面,有助于促使证据持有人提供相关证据以保证真实情况的发现,从而保障了民事实体法的有效实施。

知识产权侵权诉讼中的举证责任分配,在过错推定责任的归责方法与损害赔偿数额的证据规则两个方面发挥着作用,体现了民事实体法与民事诉讼法的公正价值交汇,即实体公正与程序公正的两者统一。

注释

1 汤维建主编:《民事诉讼法学》,北京大学出版社 2008 年版,第 259 页。

2 江平:《民法中的视为、推定和举证责任》,载《政法论坛》1988 年第 4 期。

3 骆永家:《民事举证责任论》,台湾商务印书馆 1999 年版,第 69 页。

4 骆永家:《民事举证责任论》,台湾商务印书馆 1999 年版,第 69 页。

5 参见刘心稳主编:《中国民法学研究述评》,中国政法大学出版社 1996 年版,第 628 ~ 631 页。

6 张卫平:《证明责任分配的基本原理》,载何家弘主编:《证据学论坛》(第 16 卷),法律出版社 2011 年版。

7 薛永慧:《民事诉讼举证责任刍议》,载《政法论坛》2004 年第 3 期。

8 参见薛永慧:《民事诉讼举证责任倒置刍议》,载《政法论坛》2004 年第 3 期。

9 《证据规定》在特殊规则的适用领域,还规定了高度危险作业致人损害的侵权诉讼、因环境污染引起的损害赔偿诉讼、饲养动物致人损害的侵权诉讼、缺陷产品致人损害的侵权诉讼。我国民法学者大抵认为危险业务责任、环境损害责任、饲养动物致人损害的责任、产品瑕疵责任等应为无过错责任，不涉及与举证责任倒置有关的过错推定责任。此外，多数民事诉讼法学者认为，上述侵权诉讼除环境污染引起的损害赔偿诉讼，涉及举证责任的倒置和抗辩事由，其他情形都是关于抗辩事由或免责事由的正置。

10 代表性著述有郑成思：《侵害知识产权的无过错责任》，载《中国法学》1998 年第 1 期。

11 代表性著述有吴汉东：《知识产权保护论》，载《法学研究》2000 年第 1 期。

12 相关司法观点参见最高人民法院民事审判第三庭“著作权侵权损害赔偿问题”课题组研究成果，相关文章参见董天平等：《著作权侵权损害赔偿问题研讨会综述》，载《知识产权》2000 年第 6 期；蒋志培：《TRIPS 肯定的知识产权侵权损害的归责原则和赔偿原则》，载《法律适用》（国家法官学院学报）2000 年第 10 期。相关规定，前者参见最高人民法院《证据规定》第 4 条；后者参见国家工商行政总局《关于禁止侵犯商业秘密行为的若干规定》第 5 条。

13 王利民等：《民事责任规则原则新论》，载《法学评论》2006 年第 6 期。

14 王利明：《论过错推定》，载《政法论坛》（中国政法大学学报）1991 年第 5 期。

15 王利明主编：《民法・侵权行为法》，中国人民大学出版社 1993 年版，第 94 页。

16 郭明瑞教授认为过错推定责任兼具过错责任与无过错责任的特点，且不能被过错责任、无过错责任所取代。参见郭明瑞：《侵权立法若干问题思考》，载《中国法学》2008 年第 5 期。

17 王泽鉴：《民法学说与判例研究》（第 2 册），中国政法大学出版社 1998 年版，第 198 页。

18 王晓：《对制造方法发明专利侵权的一点思考》，载钱锋主编：《中国知识产权审判研究》（第 2 辑），人民法院出版社 2010 年版，第 169 页。

19 郃中林：《关于知识产权诉讼证据的若干热点问题》，载最高人民法院知识产权审判庭编：《知识产权审判指导与参考》（第 1 卷），法律出版社 2000 年版，第 87 页。

20 孔祥俊：《商业秘密保护法原理》，中国法制出版社 1999 年版，第 289 页。

21 参见孔祥俊：《商标与反不正当竞争法》，法律出版社 2009 年版，第 842 页。

22 李国光主编：《知识产权诉讼》，人民法院出版社 1999 年版，第 326 页。

23 陈锦川：《关于著作权侵权诉讼举证责任的分配》，载蒋志培主编：《中国知识产权司法保护》，中国传媒大学出版社 2008 年版。

24 李雪宇等：《著作权诉讼证据实务操作指引》，知识产权出版社 2010 年版，第 15 页。

25 郃中林：《关于知识产权诉讼证据的若干热点问题》，载最高人民法院知识产权审判庭编：《知识产权审判指导与参考》（第 1 卷），法律出版社 2000 年版，第 87 页。

26 唐力等：《论知识产权诉讼中损害赔偿数额的确定》，载《法学评论》2014 年第 2 期。

27 依《著作权法》第 49 条第 2 款的规定，实际损失或者违法所得不能确定的，可以使用法定赔偿;依《商标法》第 63 条第 2 款、《专利法》第 65 条第 2 款规定,实际损失、违法所得和许可使用费难以确定的,可以适用法定赔偿。

28 参见王芳:《论 ACTA 下著作权侵权损害赔偿数额确定问题》,载《知识产权》2012 年第 4 期。

29 包冰锋:《民事诉讼证明妨碍制度的法理基础》,载《南通大学学报》(社会科学版)2011 年第 2 期。

吴汉东

代表作

贰拾伍

侵权损害与司法裁判*

知识产权损害赔偿的认定规则

知识产权损害赔偿数额认定,是一个世界性难题。其解决之道,不仅在于相关立法的科学规定,更在于司法裁判的经验总结和提高。长期以来,我国知识产权司法实践深受损害赔偿计算难、举证难、认定难之困扰,有关案件审判亦存在“重侵权归责认定,轻赔偿数额论证”的现象。基于此,本文试采用实证分析方法和价值分析方法,探讨知识产权损害赔偿认定问题及其成因,在比较分析不同国家、地区赔偿数额基准的基础上,提出我国司法定价的原则和规则。

一、侵权案件裁判概观:认定方式与赔偿数额

关于知识产权损害赔偿认定,存在法定赔偿方式适用过多与损害赔偿司法定价较低两大问题。前者涉及法定赔偿方式的利弊分析,后者关系司法判赔水准的合理判断。对此,司法界、学术界乃至社会各界常有不同评论,有时甚至引发对知识产权保护力度高低的争议。

我国知识产权法对损害赔偿数额的认定,主要设置了四种方法,即权利人因被侵权所受到的损失(实际损失)、侵权人因侵权所获得的利润(侵权所得)、许可使用费的合理倍数(许可使用费倍数)以及人民法院根据侵权情节判决的赔偿(法定赔偿)。现行《著作权法》第 49 条、《商标法》第 63 条和《专利法》第 65 条,对上述损害赔偿数额认定作出了明确规定(见表一)。

---

* 原载《中外法学》2016 年第 6 期,题名为“知识产权损害赔偿的市场价值基础与司法裁判规则”。

表一 知识产权法关于赔偿数额认定方式规定

认定类别	认定方式	专利法				商标法				著作权法		
		1984年法	1992年修正案	2000年修正案	2008年修正案	1982年法	1993年修正案	2001年修正案	2013年修正案	1990年法	2001年修正案	2010年修正案
数量计算方法	实际损失	无	无	有	有	无	无	有	有	无	有	有
	侵权所得	无	无	有	有	无	无	有	有	无	有	有
	合理倍数	无	无	无	有	无	无	无	有	无	无	无
自由裁量方法	法定赔偿	无	无	无	有	无	无	有	有	无	有	有

从法理上说,实际损失、侵权所得、许可使用费倍数属于数量计算方法,法定赔偿属于自由裁量方法。我国关于损害赔偿数额方式在适用方面有如下特点:第一,立法有着严格的先后顺位规定。司法机关在确定侵权损害赔偿数额时,首先“应当”以权利人实际损失为依据;在实际损失难以计算的情况下,“可以”适用侵权人侵权所得。在专利、商标侵权诉讼中,实际损失或者侵权所得难以确定的,“参照”许可使用费的倍数合理确定。前述数量计算方法不能确定的,由法院采取自由裁量方法,即法定赔偿。由此可见,赔偿认定方式适用的基本路径是:实际损失→侵权所得→许可使用费倍数(仅适用专利、商标侵权诉讼)→法定赔偿。在司法理论与实践中,实际损失和侵权所得视为第一顺位,许可使用费倍数作为第二顺位,法定赔偿排在第三顺位。在这里,司法解释赋予权利人在确定实际损失与侵权所得赔偿计算之间的选择权,改变了立法关于两者适用的先后顺序。[1]无论如何进行司法变通,立法文件中的职权主义做法,规定损害认定方式的适用位序,遭到许多学者的批评。第二,司法实践较多采用法定赔偿方式。与数量计算方法不同,法定赔偿的本质特征在于酌定性,即赔偿数额不是根据某种损失计算方式来确定,而是由法院依法自由裁量的结果。诚然,在三种数量计算方法中,法院也有一定的自由裁量权,但都是在数量计算的框架内进行裁判;而在法定赔偿中,法院仅在法律规定的最高限额内进行自由裁判,不考量或难以考量其数量计算。在我国司法实践中,本应处于补充

顺位的法定赔偿成为主要认定方式。从立法本意而言,法定赔偿“应该不用就不要用”;但从裁判实务来讲,法定赔偿“能够用就尽量用”(见表二)。

表二　2008 年至 2012 年知识产权损害赔偿认定方式适用比例

认定方式 权利类型	实际损失	非法所得	合理倍数	法定赔偿
专利权	1.67%	0.48%	0.6%	97.25%
商标权	1.37%	1%	—	97.63%
著作权	21.21%	0.2%	—	78.54%

表二系中南财经政法大学知识产权研究中心从 2008 年至 2012 年四千余件案件中得到的分析数据。需要说明的是,关于许可使用费倍数的适用方式,《专利法》于 2008 年始作规定,因此司法判例较少;商标法于 2013 年予以增列,不在此次数据之列;而著作权法第三次修正案虽提出这一立法动议,但至今未能提交审议。另据谢惠加教授收集北京法院 2002 年至 2013 年的著作权侵权赔偿案件分析显示,法定赔偿案件占到总案的 98.2%,其他两种结案方式只有 0.4% 和 0.3%。[2]李黎明博士根据最高人民法院知识产权裁判文书数据库检索 2002 年至 2010 年知识产权民事判决书发现,94.8% 的专利侵权案件均采用法定赔偿原则。[3]上述数据表明,法定赔偿方式较多地在司法裁判中适用。究其原因说来,首先,归结于权利人举证困难。无论是传统的损失计算方法(如实际损失和侵权所得),还是新兴的损失计算方法(许可使用费倍数),权利人都存在举证不能或举证难以成立的问题,因而较多请求法定赔偿。其次,来自于法院对诉讼经济和效率的考量。[4]2002 年最高人民法院《关于审理著作权民事纠纷案件适用法律若干问题的解释》第 25 条规定,“权利人的实际损失或者侵权人的违法所得无法确定的”,人民法院既可以根据当事人的请求适用法定赔偿,也可以依职权直接适用法定赔偿。法院依职权直接适用法定赔偿在于不受计算方法约束,只需根据案件情况在法定限额内酌定,其举证、质证、查证程序简单。在损害赔偿数额认定困难、案件长期积压的情况下,法定赔偿在诉讼中并不失为一种有效率的方法。[5]问题在于,法定赔偿规定的数额幅度大,[6]法官裁量时酌定性强,容易导致案件判赔数额不一,同案不同判的现象较多。如何在法定赔偿适用中进行精细化裁判,是司法实践面

临的一个重要问题。

关于侵权案件判赔数额的争议,是知识产权界关注的另一重要问题,焦点在于赔偿数额认定是否较低以及影响司法定价的真实动因。2014 年全国人大常委会发布的《关于检查〈中华人民共和国专利法〉事实情况的报告》明确提出,“目前,侵犯知识产权、制假售假的违法行为在某些地方和领域还很严重”,“专利保护实际效果与创新主体得期待存在较大差距”。[7]“维权成本高、侵权成本低”是导致知识产权保护不力的问题症结所在。在前述 2008 年至 2012 年四千余件案件中,97% 以上的专利、商标侵权案件和 79% 以上的著作权案件适用的是法定赔偿标准,其平均判赔额分别为 8 万元、7 万元和 1.5 万元,诉求支持率为 35% ,低于企业同等专利授权费、商标广告费和同类作品平均稿酬。[8]赔偿数额较低和诉求支持率不高的情况,在近年来有了明显的改观,2016 年北京(见表三)、南京(见表四)等地法院发布的知识产权司法数据分析报告,尽管表现的是局部地区判赔案件,但在一定程度上反映严格保护知识产权的司法样态。

表三　北京知识产权法院判赔平均数额与诉求支持率
(2015 年 1 月至 12 月)[9]

权利类型 / 平均额与诉求支持率	专利权	商标权	著作权
案均判赔	46 万元	63 万元	24 万元
诉求支持率	47%	78%	16%

表四　南京知识产权侵权案件判赔平均数额与诉求支持率
(2009 年 12 月至 2015 年 10 月)[10]

权利类型 / 平均额与诉求支持率	专利权	商标权	著作权
案均判赔	27 万元	5.3 万元	2.2 万元
诉求支持率	67%	50%	40%

据普华永道会计师事务所提供的数据,自 2000 年以来,美国 80% 专利侵权案件以合理许可费用为计算标准;2009 年至 2013 年,专利侵权诉

讼判赔数额平均为430万美元。[11]另据学者从美国版权局了解，该国著作权损害赔偿数额，多在几万美元至几十万美元；即使是按照法定赔偿数额，也在5000美元到10000美元。[12]而中国同期数据表明，90%以上的知识产权侵权案件适用法定赔偿，平均诉求支持率为35%。可以认为，与一些发达国家知识产权案件判赔金额相比，我国知识产权损害赔偿认定数额较低的问题，至少在过去一段时间是客观存在的。

法定赔偿较多与赔偿数额较低有无联系，这是知识产权界发生争议的焦点所在。有法官认为，法定赔偿适用比例较高，并非司法判赔数额较低的制度性原因。诚然，判赔数额较低不能简单归因为法定赔偿。但可以肯定的是，法定赔偿的制度功能在于诉讼经济和效率，而不以“足以弥补损失”为主旨，我们并不能完全忽视赔偿数额认定中的制度性因素。应该看到，法定赔偿是一种特殊的金钱救济，是知识产权法专设的赔偿制度，其特点和优势在于减轻证明责任，提高诉讼效率。正如有的学者所言，“法定赔偿的重要作用在于解决权利人举证难的问题。司法实践中，实际损害和侵权利润的证明很大程度上依赖于被告财务记录，而被告往往隐瞒数据或提供欺骗性记录。法定赔偿为假冒案件的商标权人提供了另一种救济渠道”。[13]在美国版权法上，法定赔偿实际上是一种“替代性赔偿”（in lieu damages），即替代“实际损害赔偿”制度的一种较为简便地获得金钱救济的途径，可由原告在实际损害赔偿之外单独选择使用。[14]似可认为，法定赔偿制度的功能异化和普遍适用，与侵权责任法的全面赔偿原则精神有所背离。除某些制度性因素外，赔偿数额较低的最根本原因是我国知识产权市场尚不成熟，知识产权价值观尚未完全形成。知识产权在市场上所具有的竞争优势、应用价值和产业化前景（如专利技术的科技含量、版权作品的资产价值、知名品牌的市场影响等），是识别知识产权商业价值的基本要素。总体说来，在当下中国，高水平、高价值、高效益的知识产权为数不多，尚不足以构成大规模高赔偿额裁判的价值基础。与此同时，整个社会也未形成正确的知识产权价值观。知识产权是知识经济时代最重要的资产形态，也是社会生产和生活中最易受到侵犯的财产类型，其研发、转化和应用的成本，已有、可能和未来的收益，以及存在的技术、市场和法律的风险等，都不同于传统的财产权。正如学者所言，“我国的市场主体、法院、行政执法机关和专家学者，有必要重新认识知识产权的价值，尤其是有必要重新认识遭受侵权的那部分知识产权的价值”。[15]

二、损害赔偿认定的价值基础:成本+收益

价值是知识产权损害赔偿认定的基础,或者说,价值分析是知识产权获取金钱救济的逻辑起点。“价值由交换价值来表现并最终体现为具体使用价值”;其间,“由抽象的价值到具体使用价值的过渡便是相对数量关系,当这种相对数量关系以货币为参照物时,这便是价格”。[16]司法机关对无形财产损害赔偿的认定,是法官基于合理的交易、惯例及公共政策所作出的一种裁判。可以认为,知识产权的价值量,是损害赔偿司法定价的依据。著名经济学家康芒斯将这种裁判的思想基础概称为“合理价值学说”。[17]

知识产权在价值形态上表现为无形资产。无形资产是关于企业拥有的智力资源的总称。《国际评估总则》(2001年)将无形资产定义为“以其经济特性而显示其存在的一种资产,无形资产不具有实物形态,但为其拥有者获取权益和特权,而且通常为其拥有者带来收益”。严格来讲,“无形资产”(intangibles)是会计学中的定义,经济学界往往将其称为“知识资产”(knowledge assets)或“智力资本”(intellectual capital),泛指各种非物质形态的未来收益要求权。[18]知识产权是无形资产的主要构成,其价值形态及其实现方式,不仅有别于动产、不动产等一般资产,而且不同于专营权、租赁权等其他无形资产:

第一,知识产权价值载体的特殊性。知识产权的资产价值,表现为进入一定市场并获得收益的特权或关系,而不是记载知识、技术、信息的有形载体。例如,商标权所承载的商誉及其形成的市场份额;著作权在传播中的影响及其带来的市场价值;专利权在相关技术市场产生的独占利益和垄断地位等,这些市场价值或商业价值变量在知识产权转化应用中是交易主体关注的对象,而在知识产权损害赔偿中则应是司法定价考量的要素。

第二,知识产权价值存在的差异性。知识产权是一种具有独占性质的法定无形资产,即这一资产源自法定权利,是“以专属支配权为本质的知识资产”。[19]知识产权作为一种独占性的无形资产,不同于有形资产。在市场上可以有很多内容相同、功能相同、性质相同的有形资产,但不可能存在内容、性质、价值相同的无形资产。例如,就知识产权所涉及的客体来说,

科技、文化、营销领域的各种知识产品有各自的价值存在；就同一类型知识产权而言，其标的不同也会价值迥异。作品有市场销售冷热之分，商标有市场影响大小之别，而技术更有市场价值优劣之不同。知识产权价值存在的差异性特征，基于其客体的独创性而形成。该类客体是创造物而非种类物，这就决定了不同知识产权之间无法进行价值比较，因此司法定价须根据具体案件而行。

第三，知识产权价值实现的长期性。在资产乃至无形资产体系中，知识产权是同时具有“知识要素”和“商品属性”双重功能的“长期资产”。[20]这种资产能够长期使用并且预期带来经济效益，可在法定保护期内的一年或一个经营周期以上使企业获得预期经济效益。上述预期利益在侵权法领域构成了“已经预见或能够预见到的利益”，即间接损害赔偿。[21]知识类无形资产的预期利益在技术生命周期和法定保护期间内长期存在，其经营周期长短及其预期利益多少是知识产权损害赔偿认定的重点和难点问题所在。

第四，知识产权价值变量的不确定性。知识产权是无形资产的基础。这就是说，没有知识产权，就不会有权利形态的无形资产；但有了知识产权，并不当然产生有价值的无形资产。知识产权的取得，以国家主管机关授权或确权为依据，这是一种法律上的认可，而有价值的无形资产的形成，概以经济利益为标准，这是一种市场上的认可。可以说，知识产权只是为权利人带来某种收益的可能性，“企业拥有知识产权的数量和规模与企业营利的实际水平并不产生必然关联性，要使这种预期收益的可能性变成产生收益的现实性，则要采取措施和创造条件，促使知识产权转化为无形资产”。[22]概言之，由于知识产权价值变量的不确定性，即可在资产负债表中产生“正资产”、“零资产”和“负资产”的不同情形，并由此出现司法定价对侵权损害“不赔偿”、“少赔偿”和“多赔偿”的差异性。

法院对知识产权损害赔偿的司法定价，是以知识产权的“合理价值”裁判为基础。关于知识产权价值评估，目前，我国通常采用的方法有重置成本法、市场比较法和收益现值法。“从方法论的角度而言，重置成本法与现行市价法均属演绎方法。重置成本法是根据被评估资产本身的现在及过去的技术经济资料进行估算，现行市价法是以与被评估资产类似的资产的现在的技术经济资料归纳而得出的评估价值。收益现值法属分析法，即对被评估资产未来的使用情况进行分析来确定资产的评估价值。一般而言，对于资产特性比较简单（如有形资产），且侧重资产现实可用程度（市场认可的）这类资产，用演绎法比较合适。而对于资产特性比较复杂，强调未来使用效果的一类资产，宜用分析方法。”[23]知识产权的评估对象，通常被界定为它的获利能力，以知识产权所能产生的收益为基础。[24]申言之，分析法即收益现值法，实际上评估的是知识产权在市场上的模拟交易价格，即其自身固有的潜在价值（获利能力）在特定时间的市场条件下的货币表现（模拟价格）。当然，收益现值在知识产权价值评估中并不是唯一和孤立的，有专家主张，以重置净价作为收益现值，即在计算资产未来预期收益时，可以将投入成本考量其中。[25]上述评估价值规则和方法，是以权利主体变动即产权交易为前提，但对于知识产权损害赔偿的认定同样是有益的。

在知识产权损害赔偿的司法定价中，无形资产的市场价值构成应置换为权利产品的成本与收益要素，主要有权利产品的市场容量（市场份额证明）、非侵权替代产品的市场状态（市场优势证明）、权利产品的市场前景（市场预期利益证明）。以上是为收益现值法分析的基本内容。同时应对必要重置成本进行考量，这主要是知识产权形成和维持的固有成本支出，包括技术研发成本、注册申请成本、权利维持成本以及风险成本（如产业风险、市场风险、法律风险等）。总之，“成本 + 收益”的模拟交易价格，即知识产权的市场价值要素构成了司法判赔的基础。

推动知识产权损害赔偿的司法制度变革与政策创新，首先在于价值理念更新，即正视知识产权的市场价值。与有形财产权价值的封闭性、固定性、易计量性不同，知识产权保护对象的创造性（如发明专利的“技术先进性”或“非显而易见性”、著作权作品的“独创性”或“原创性”、品牌标记的“可识别性”以至“美誉度”）、利用方式的多样性（如投资、开发、转让、许可、拍卖、质押等）、资产转化的复杂性（如“正资产”、“零资产”、“负资产”等），决定了其价值的独特性和难于计量性。知识产权市场价值，最终体现为市场上的优势竞争力。有法官言道，“优势竞争力应当获得优先的超额利润。保护知识产权本质上就是保护权利人对于超额利润的正当利益，权利人的所得必须与独占性利益相匹配，高于非独占性市场的平均利润；侵犯知识产权本质上就是盗抢他人合法财产，侵权人的赔偿必须高于市场交易平均价格和成本”。[26]在竞争理论中，企业竞争能力包含许多因素，如获取资源的能力、掌握某种重要技术的能力、创造低成本的能力、开拓市场的能力、构建市场营销网络的能力等。但并非每种能力都同等重要，只有那些使企业保持长期竞争优势、获取稳定超额利润、明显优于且不易被竞争对手模仿、能够不断提高顾客价值并使企业获得可持续发展的能力，才是企业最关键的竞争力，即企业核心竞争力。[27]在现代社会，企业核心竞争力的形成，在很大程度上取决于企业的战略资源，即知识产权。正如英国政府的一份白皮书所指出的那样，竞争的胜负取决于我们能否充分利用自己独特的、有价值的和竞争对手难以模仿的资产，而这些资产就是我们所拥有的知识产权。[28]知识产权市场价值核心是市场优势竞争能力，优势竞争能力能够获得具有市场独占意义的超额利润。这是关于损害赔偿认定的司法价值观的基本要义。

如何将上述市场价值要素进行量化，是适用数量计算方法的另一重要问题。下文以专利侵权损害数额计算作为分析样本，以窥知识产权司法定价之全貌。2001 年，最高人民法院《关于审理专利纠纷案件适用法律问题的若干规定》第 20 条、第 21 条，对专利侵权赔偿数额提出了如下计算方法：

第一，实际损失计算。“权利人因被侵权人所受到的损失可以根据专利权人的专利产品因侵权所造成销售量减少的总数乘以每件专利产品的合理利润所得之积计算。权利人销售量减少的总数难以确定的，侵权产品在市场上销售的总数乘以每件专利产品的合理利润所得之积可以视为权利人因被侵权所受到的损失。”该条款的计算公式可表示为：专利产品减少销售量（或侵权产品销售量）× 每件专利产品合理利润 = 实际损失。

第二，侵权所得计算。“侵权人因侵权所获得的利益可以根据该侵权产品在市场上销售的总数乘以每件侵权产品的合理利润所得之积计算。侵权人因侵权所获得的利益一般按照侵权人的营业利润计算，对于完全以侵权为业的侵权人，可以按照销售利润计算。”该条款的计算公式可表示为：侵权产品销售量 × 每件侵权产品合理利润 – 侵权所得。

第三，许可使用费倍数计算。“被侵权人的损失或者侵权人获得的利益难以确定，有专利许可使用费可以参照的，人民法院可以根据专利权的类别、侵权人侵权的性质和情节、专利许可使用费的数额，该专利许可的性质、范围、时间等因素,参照该专利许可使用费的1至3倍合理确定赔偿数额。"该条款的计算公式可表示为:许可使用费×(1~3)=合理赔偿数额。

数据表明,在司法实践中,地方法院适用法定赔偿方式较多,上述数量计算方法采用较少,其问题的主要原因在于计算困难,同时也表现为举证困难。现具体分析如下:其一,实际损失延后发生。实际损失计算方式难以有效适用,主要原因是对权利产品销售总量的减少难以计算,由于专利技术应用在持续进行中,其实际损失并不可能在维权或诉讼时完全量化。其二,"合理扣除"比例困难。在侵权事实资料难以获取的情况下,权利人无法确定非法获利在侵权人全部收入中的比例,从而计算"合理扣除"的数额。其三,许可市场价格偏差。由于较长时间以来受创新环境和市场条件限制,专利商业价值未能充分体现,许可合同约定与侵权使用后果所体现的价值数额的差距不尽合理。[29]笔者认为,最高人民法院提出的数量计算方法,体现了"成本+收益"的"合理价值观",总体上应予肯定并推行,但在实践中也有待进一步完善:第一,实际损失的计算,应是已有收益和未来收益的总和。侵权赔偿中的"可能利益"即是知识产权的市场预期利益,是重要但不易计算的损失,权利人应就权利产品市场和非侵权替代产品市场容量以及可能产生的合理市场收益进行举证。第二,侵权所得的量化,可以根据具体案情采取产品销售利润、营业利润、净利润等方式计算。关于"合理扣除比例"问题,似可借鉴美国司法机关的"如果没有"(but for)测试方法,[30]即权利人只需就侵权人非法所得的总收入进行举证,而不属于侵权获利的部分即"合理扣除"数额须由侵权人证明。第三,在实际损失难以确定的情况下,权利人可以请求适用侵权所得的计算方法。在此,举证责任规则应相应调整:权利人对侵权人因侵权所获得的利益进行举证,在权利人已经提供侵权人所获利益的初步证据,而与侵权行为相关的账簿、资料主要由侵权人掌握的情况下,法院可以责令侵权人提供相关账簿、资料。侵权人无正当理由拒不提供或提供虚假账簿、资料的,法院可以根据权利人的主张和提供的证据判定侵权赔偿数额。这即是对"证明妨碍行为"适用赔偿数额的"法律推定"。[31]

三、司法定价的制度构成:原则与规则

制裁侵权行为、实现赔偿救济,是目前知识产权司法裁判最为重要也

是最受困扰的问题。首先，损害赔偿的司法定价，对于加大知识产权的司法保护力度具有关键影响。“随着经济发展，知识产权的‘含金量’不断增加，知识产权侵权行为造成的损害愈加严重，如何使知识产权侵权损害赔偿真正赔抵其损，充分发挥知识产权裁判的教育、惩罚、威慑和补偿功能，直接关系到知识产权的司法保护力度”。[32]同时，知识产权案件赔偿难，也是司法定价制度必须直面的问题。“要破解这一难题，必须重塑知识产权司法保护的价值理念，完善适应知识产权这一特殊财产权的性质和特点、符合市场规律和满足权利保护要求的损害赔偿计算机制和证据认定采信规则，使损害赔偿数额与知识产权的市场价值相契合”。[33]总之，健全完善知识产权司法保护制度，须秉持国际公约精神，立足中国国情；同时，借鉴国外有益做法，总结自身司法经验，在制度创新和法律改革方面，寻求司法定价的规则重构与功能调整问题的解决之道。笔者认为有必要明确如下原则和规则。

（一）赔偿数额基准与认定方式

我国知识产权法分别规定了数量计算方法（包括实际损失、侵权所得、许可使用费倍数）和自由裁量方法（即法定赔偿），并规定了适用上的先后序位；只有在前者难以确定时，才可以适用后者。依职权主义的做法，设置赔偿数额基准的适用方式，招致许多学者的批评。尽管司法实践对此有变通处理，但依然须从立法层面解决赔偿救济方式的选择权问题。具言之，参照美国、德国等多数国家的做法，从意思自治原则出发，我国相关立法有必要改变赔偿数额计算方式的先后适用规则，明确规定各自独立、平行的位阶，赋予当事人以自由选择权。

与数量计算方法相比的法定赔偿制度，其优势与缺憾已有分析。从本土国情出发，这一制度确有继续实行之基础，但也存在修改完善之必要：第一，建立法定赔偿金分档计算机制。已通过的《商标法》第三次修正案，提交审议的《著作权法》第三次修正案和《专利法》第四次修正案，分别提高了法定赔偿数额的上限。数额幅度跨越过大，使得司法裁判难以精细化操作。在这里，有必要建立权重系数指标体系和赔偿金分档计算规则。法定赔偿方式的适用不能一概而论，而应根据权重系数有区别地裁判，其指标项包括“权利类型、侵权性质、侵权情节、侵权持续期间、侵权范围、侵权规模、被控侵权产品数量”等，[34]在指标项相加数的基础上来确定从最低数额到最高限额的不同权重系数。美国法院根据该国《版权法》第504条第3款的规定，以行为人主观状态为标准，依无过错、轻过错和有过错的具体情节，分为三档计算。[35]对于中国而言，法定赔偿数额分档细化方案，似可通过法律实施细则或司法解释文件来解决。第二，矫正法定赔偿制度的基本功能。法定赔偿具有"替代性赔偿"的制度功用，即在数量计算方法不敷使用时，由法院裁定赔偿数额。自由裁量方法的适用有条件的限制，即实际损失和非法所得无法证明，且许可使用费没有实际发生，权利人本应承担举证不利的法律后果，但在"替代性"赔偿方式下，得以获得金钱救济。有学者指出，我国的法定赔偿接近于美国专利诉讼中曾实行的"名义赔偿"。[36]

（二）全面赔偿的损失范围与计算方法

侵权损害赔偿以填补损害为立场，"旨在使受害人能够再处于如果损害行为未曾发生时之情况"。[37]对于如何填补损害，所有权侵权诉讼与知识产权侵权诉讼似有不同。前者强调损害赔偿以"恢复原状"为依归，当赔偿损害之原物不能时，代之以金钱赔偿；后者主张填补损害即意味着金钱赔偿，不存在恢复损害事故发生之前的原状之可能。[38]无论如何，填补损害贯穿了民法上的全面赔偿原则。全面赔偿原则是知识产权侵害赔偿乃至整个民事侵权赔偿的最高指导原则。一般是指无论侵权人在主观上是故意还是过失，均应根据权利人所受财产损失的多少、精神损害的大小等，确定赔偿的范围和数额。1994年世界贸易组织《知识产权协定》提出"足以补偿损害"的司法准则。该协定第45条第1款规定，司法机关有权责令侵权人向权利持有人支付足以补偿其因知识产权侵权所受损害的赔偿；第2款规定，除赔偿损失、返还利润外，还应支付有益费用，包括有关的律师费用。可以认为，在知识产权侵权案件中贯彻全面赔偿原则，不仅为我国《侵权责任法》所指引，同时也是国际法准则所要求。这就意味着，知识产权损害赔偿要求财产损失和精神损害、直接损失和间接损失得到全面赔偿，且采取金钱赔偿的计算方法。此外，权利人调查侵权费用、维权费用以及其他有关诉讼费用，在由法院作出"合理费用"裁量的情况下，也可获得赔偿。

知识产权损害赔偿的司法定价必须贯彻全面赔偿原则，在立法和司法层面有两个问题有待改进：第一，将许可使用费倍数作为各项知识产权的赔偿数额基准。损害赔偿数额的计算方法,从本质上讲概为法律设定的推定方法和裁量技术,其目的在于准确把握财产损失尺度,“填平”和“回复”权利状态。国外知识产权立法通行实际损失、侵权所得、合理许可费三种计算方法,以此作为赔偿数额基准。在美国等国的司法实践中,知识产权侵权案件大抵采取许可使用费倍数的计算方法,其优点在于减轻权利人举证责任,且能达到“足以补偿损害”的相当程度。考虑到我国知识产权许可市场正处于较快发展时期,知识产权法应统一作出规定,不必将使用费合理倍数拘泥于专利和商标法领域。第二,采用“计算数额+适度法定”的方法以解决赔偿数额不足的问题。近年来,我国司法实践中探索酌定赔偿计算方法,如果有证据证明权利人的损失或被告的侵权获利远高于法定赔偿,法院可超出法定赔偿数额上限来确定赔偿数额。[39]酌定赔偿兼具计算方式的基准性和法定赔偿方式的裁量性,前者是算出多少就多少,没有数额增加空间;后者是裁出多少算多少,缺乏科学底数。对于主张证据有而不定,赔偿数额有而不足的侵权案件,“计算数额+适度法定”的方法可以解决损害举证难、赔偿额不足的问题,与国外司法将法定赔偿金作为“补偿性适用”方式有相同之处。

(三)权利产品类分与权利价值要素

知识产权评估,是对知识产权的市场价值进行评定并对其模拟成交价格予以估算的制度。与国际上具有一百多年历史的有形资产评估相比,以知识产权为主要对象的无形资产评估业的发展仅有五十余年的时间,而且由于评估对象的独特性,知识产权评估难度大大超过有形资产评估,其准确性也远远低于后者。[40]

知识产权评估是对动态性、市场化的社会经济活动进行度量和估算,不仅是企业进行核算资产、进行产权交易的重要依据,而且也是维护权利人合法权益,确定损害赔偿数额的客观尺度。2006 年 4 月,国家财政部与知识产权局联合发布的《关于加强知识产权资产评估管理工作若干问题的通知》明确提出,法院、仲裁机关或当事人可以对涉诉知识产权价值进行评估。域外相关立法已有先例,规定法官可以委托知识产权专责机关或专家代为确定赔偿数额。知识产权损害赔偿数额认定,是一项非常专业的工作,其计算涉及技术、商贸、会计、审计等多学科知识。资产评估机构作为独立第三方,可对知识产权市场价值进行评估和模拟价格进行计算,但这些专业性意见只是司法定价的参考，法院须结合侵权损害赔偿责任的构成要素进行综合考量，方能作出具体赔偿数额认定。

知识产权评估在司法定损中需要考虑权利产品类分与价值分析要素，这是由各项知识产权的客体类型、使用方式和效果领域的差异性所决定的。[41]换言之，权利类别及其保护对象的不同，其市场价值和经济效益应有所区别。现分述之：第一，专利权是科技领域的知识产权，其技术先进性和转化应用程度决定了专利权的价值量。一般说来，同为专利授权，但发明、实用新型和外观设计的创造性程度及实际产生的效益呈递减状态；同是发明专利，也有首次发明、改进发明、组合发明的区别，其影响价值的市场因素有创新性水平、实用性价值以及竞争性状态等；同一发明专利在技术生命周期的不同阶段，也具有不同水平的价值量，“在专利有效期的初期其价值相对要高，而越接近后期其价值相对要低一些”。[42]第二，商标权是营销领域的知识产权，其商标知名度或是商誉影响力决定了商标权的市场价值。商标存续期间与专利生命周期不同，前者在续展的情况下可长期存在。商标使用的一般情形是：商标存续时间越长，宣传投入越多，其市场占有状态越好。因此，商标有知名商标与一般商标之分，相应产生高附加值与一般附加值之别。概言之，商标所形成的商誉价值是资产评估和司法定价的重点。第三，著作权是文化领域的知识产权，其作品的独创性和传播力，是计算著作权市场价值的核心要素。在著作权领域，其客体有学术作品与娱乐作品的类分，使用方式有网络传播与一般传播的区别，市场需求更有数量、规模的差异，因此不存在著作权价值同一性问题。综上所述，知识产权就其运用的市场价值而言，是“优质优价”；而论及损害赔偿的司法定价，则应是“多用多赔”。

（四）司法定价中的“补偿性”与“惩罚性”

侵权损害赔偿制度具有三项规范功能：一是惩罚，即通过法律制裁的手段，矫正违反义务的不法行为，责令侵权人承担强制性法律后果；二是遏制，即通过利益机制（使侵权人不得利）与舆论机制（对不法行为的非难）来防范反社会行为；三是补偿，即以责令赔偿损失的方法，经过法律补救来恢复原有的权利状态。民法学者大抵认为，以上三种规范功能在一种侵权行为中均可适用，而在其他特殊侵权行为中就不同时存在。[43]因此可以这样表述，无论是何种侵权行为，适用何种损害赔偿归责原则，其填补损害的功能都是应该具备的。侵权损害赔偿制度功能的出发点应该与民事活动所实现的目的相一致,正如有的学者所言:“民事主体进行民事活动的主要目的是实现其正当利益,基本利益形式是人身利益和财产利益,民事责任目的应是如何保障受害人的这些利益得到恢复和弥补。”[44]应该看到,侵权行为包括侵犯知识产权行为,在本质上是一种反社会性行为,是行为人对其应遵守的法定义务之违反,也是行为人对法律肯定的现存权利状态之破坏。侵权损害赔偿制度负有矫正不法事态、恢复有序状态的重要使命。

知识产权损害赔偿制度,应该具备上述补偿、预防和惩罚的规范功能,其中以补偿作为主要和基本的规范功能。《知识产权协定》强调各缔约方采取司法救济程序的“一般义务”,即对任何侵犯知识产权的行为采取有效行动,“包括防止侵权的迅速救济措施和制止进一步侵权的救济措施”。保证司法救济的及时性和威慑性是各缔约方的义务。根据国际公约精神,一些国家在补偿性赔偿规则之外又确立了惩罚性赔偿规则。在我国,2013年《商标法》修正案第 63 条第 1 款规定:“对恶意侵犯商标专用权,情节严重的,可以在按照上述方法(数量计算方法——引者注)确定数额的一倍以上三倍以下确定赔偿数额。”此后,《著作权法(修订草案送审稿)》第 76 条、《专利法修改草案(征求意见稿)》第 65 条也作出类似规定。这即是“惩罚性赔偿”或“加重赔偿”规则。学术界对该规则的命名及其功能有不同意见:主张惩罚性赔偿者,是以惩罚为“惩罚性赔偿”之目的;[45]反对者或基于私法性质与惩罚目的的冲突,反对引入这一规则,[46]或是主张正名为“加重赔偿”,并不以惩罚性为目的。[47]笔者认为,惩罚性赔偿或加重赔偿就其制度功能来说,一是惩戒恶意侵权行为,有效矫正权利受损状态,维系知识产权的创造和运用;二是威慑潜在侵权行为,预防和阻止进一步侵权行为的发生。概言之,在惩罚性赔偿机制中,其填平或回复权利人合法利益的补偿功能依然存在,但惩戒恶意侵权行为、防止侵权行为后续发生的惩罚和预防功能也是同时具备的。因此,在知识产权损害赔偿数额认定中,坚持补偿性赔偿规则的主导地位,同时也可以补充性地适用惩罚性赔偿规则。当然,司法机关对后者的适用条件、程序以及赔偿数额等,应予明确限定。

总之,知识产权损害赔偿司法裁判的规范体系,应包括如下原则和规则，即以自由选择为基础的认定方式，以市场价值为基础的全面赔偿，以权利类分为基础的损害计量，以补偿性赔偿为基础的赔偿机制。

注释

1 2013 年最高人民法院《关于审理专利纠纷案件适用法律问题的若干规定》第 20 条第 1 款规定，“人民法院依照专利法第五十七条第一款的规定追究侵权人的赔偿责任时，可以根据权利人的请求，按照权利人因被侵权所受到的损失或者侵权人因侵权所获得的利益确定赔偿数额”；2000 年最高人民法院《关于审理涉及计算机网络著作权纠纷案件适用法律若干问题的解释》第 10 条第 1 款规定，“人民法院在确定侵权赔偿数额时，可以根据被侵权人的请求，按照其因侵权行为所受直接经济损失和所失预期应得利益计算赔偿数额；也可以按照侵权人因侵权行为所得利益计算赔偿数额”。

2 谢惠加：《著作权侵权损害赔偿制度实施效果分析——以北京法院判决书为考察对象》，载《中国出版》2014 年第 14 期。

3 李黎明：《专利侵权法定赔偿中的主体特征和产业属性研究》，载《现代法学》2015 年第 4 期。

4 有法官认为，“对于权利价值不大或者权利人诉赔不变的案件，适用法定赔偿具有诉讼经济和效率的突出优点”。参见宋健：《知识产权损害赔偿问题探讨——以实证分析为视角》，载《知识产权》2016 年第 5 期。

5 据学者研究，在 2001 年《著作权法》、《商标法》修正案规定法定赔偿之前，一些法院在司法实践中就已采取这一赔偿认定方法。1995 年北京市高级人民法院《关于审理计算机软件著作权纠纷案件的几个问题的意见》、1997 年上海市高级人民法院《关于进一步加强知识产权审判工作若干问题的意见》等，以司法指导意见的方式，确认了法定赔偿。参见李承亮：《损失计算方法的适用》，载《中国知识产权法学研究会 2015 年会议文集》。

6 《专利法》（2008 年修正案）规定法定赔偿数额为 1 万元以上 100 万元以下；《商标法》（2013 年修正案）规定法定赔偿数额为 1 万元以上 300 万元以下。

7 参见全国人大常委会副委员长陈竺于 2014 年 6 月 23 日在第十二届全国人大常委会第九次会议上所作《关于检查〈中华人民共和国专利法〉事实情况的报告》。

8 詹映、张弘：《我国知识产权侵权司法判例实证研究——以维权成本和侵权代价为中心》，载《科研管理》2015 年第 7 期。

9 本数据来源于知产宝司法数据研究中心：《北京知识产权法院 2015 年度司法数据分析报告》；参见宋健：《知识产权损害赔偿问题探讨——以实证分析为视角》，载《知识产权》2016 年第 5 期。

10 本数据来源于南京铁路运输法院课题组:《知识产权侵权诉讼成本与效率分析》;参见宋健:《知识产权损害赔偿问题探讨——以实证分析为视角》,载《知识产权》2016年第5期。

11 参见普华永道会计师事务所:《2014 年美国专利诉讼研究报告》,载 http://blog.zhihuiya.com/1730,最后访问日期:2016 年 4 月 7 日。

12 李明德:《关于知识产权损害赔偿的几点思考》,载《知识产权》2016 年第 5 期。

13 《美国商标案件金钱偿还数额的计算:原理与判例》,黄武双、黄冀译,法律出版社 2014 年版,第 91 页。

14 王迁等:《知识产权侵权损害赔偿:问题与反思》,载《知识产权》2016 年第 5 期。

15 李明德:《关于知识产权损害赔偿的几点思考》,载《知识产权》2016 年第 5 期。

16 刘京城编著:《无形资产的价格形成及评估方法》,中国审计出版社 1998 年版,第 65 页。

17 康芒斯认为,"合理价值是合理的交易、合理的惯例和相当于公共目的的社会效用"。参见[美]康芒斯:《制度经济学》(下册),商务印书馆 1962 年版,第 310 页。

18 茅宁:《无形财产在企业价值创造中的作用与机理分析》,载《外国经济与管理》2001年第7期。

19 朱国军、杨晨:《基于战略资源论的企业知识产权资产管理内涵探析》,载《科学学与科学技术管理》2006 年第 11 期。

20 无形资产评估专家蔡吉祥将无形资产称为具有"物质技术基础"和"商品"双重功能的长期资产,这种性质是其他生产力要素所不具备的。参见蔡吉祥:《无形资产学》,海天出版社 2002 年版,第 44 页。

21 王利明主编:《民法·侵权行为法》,中国人民大学出版社 1993 年版,第 568 页。

22 刘玉平:《基于知识产权视角的无形资产评估问题研究》,载《中国资产评估》2008年第2期。

23 参见吴汉东、胡开忠:《无形财产权制度研究》,法律出版社 2001 年版,第 266 页。

24 参见国家国有资产管理局:《资产评估操作规范意见(试行)》(国资办发〔1996〕23号)第 94 条。

25 参见陈仲主编:《无形资产评估导论》,经济科学出版社 1995 年版,第 185 页。

26 林广海:《市场价值视域下的知识产权侵权赔偿》,载《知识产权》2016 年第 5 期。

27 See C. K. Prahalad, Garry Hamel, The Core Competence of the Corporation, 68 Harvard Business Review, 275 (1992).

28 See Tony Blair, Our Competitive Future Building the Knowledge Driven Economy, Presented to Parliament by the Secretary of State for Trade and Industry by Command of Her Majesty, December 1998, p. 5.

29 根据笔者从国家知识产权局办公室了解的数据,2015 年备案专利许可使用合同,平均标的为 50 万元,而同期专利侵权案件平均判赔数额低于许可使用费,更没有达到 1 ~ 2 倍的上限。

30 参见李明德:《美国知识产权法》,法律出版社 2014 年版,第 135 ~ 136 页。

31 最高人民法院于 2016 年修改的《关于审理侵犯专利权纠纷案件应用法律若干问题的解释(二)》第 27 条对证据开示、举证妨碍等作出明确规定。

32 姜伟:《着力破解知识产权司法保护难题》,载《法制日报》2016 年 4 月 27 日。

33 姜伟:《着力破解知识产权司法保护难题》,载《法制日报》2016 年 4 月 27 日。

34 孔庆兵:《论侵犯专利权损害赔偿的计算方法》,载《2013 年中华全国专利代理人协会年会暨第四届知识产权论坛论文汇编》(第三部分)。

35 参见王迁等:《知识产权侵权损害赔偿:问题与反思》,载《知识产权》2016 年第 5 期。

36 参见张玉敏、杨晓玲:《美国专利侵权诉讼中损害赔偿金计算及对我国的借鉴意义》,载《法律适用》2014 年第 8 期。

37 曾世雄:《损害赔偿法原理》,台北三民书局 1996 年版,第 16 页。

38 曾世雄:《损害赔偿法原理》,台北三民书局 1996 年版,第 16 页。

39 参见金克胜:《酌定赔偿更接近权利人损失,赔偿数额更合理》,载 http://www.chinacourt.org/article/detail/2013/10/id/1110984.shtml,最后访问日期:2016 年 8 月 22 日。

40 参见卢平等:《对我国无形资产评估立法问题的思考》,载《法商研究》(中南政法学院学报)1996 年第 3 期。

41 桂舒:《知识产权侵权损害赔偿定损方法探讨——以知识产权的市场经济价值为视角》,载齐树洁主编:《东南司法评论》(第 7 卷),厦门大学出版社 2014 年版,第 280 ~ 284 页。

42 戴建志、陈旭主编:《知识产权损害赔偿研究》,法律出版社 1997 年版,第 38 页。

43 江平主编:《民法学》,中国政法大学出版社 2000 年版,第 435 页。

44 彭诚信:《民事责任现代归责原则的确定》,载《法制与社会发展》2001 年第 2 期。

45 参见曹新明:《知识产权侵权惩罚性赔偿责任探析——兼论我国知识产权领域三部法律的修订》,载《知识产权》2013 年第 4 期;易健雄、邓宏光:《应在知识产权领域引入惩罚性赔偿》,载《法律适用》2009 年第 4 期;罗莉:《论惩罚性赔偿在知识产权领域的引进与实施》,载《法学》2014 年第 4 期。

46 参见李晓秋:《专利侵权惩罚性赔偿制度:引入抑或摒弃》,载《法商研究》2014 年第 4 期。

47 蒋舸:《著作权法与专利法中"惩罚性赔偿"之非惩罚性》,载《法学研究》2015 年第 6 期。

图书在版编目(CIP)数据

知识产权精要:制度创新与知识创新 / 吴汉东著
. — 北京:法律出版社,2017(2024.6 重印)
ISBN 978 -7 -5197 -1388 -1

Ⅰ.①知… Ⅱ.①吴… Ⅲ.①知识产权法—研究—中国 Ⅳ.①D923.404

中国版本图书馆 CIP 数据核字(2017)第 222635 号

知识产权精要
制度创新与知识创新
ZHISHI CHANQUAN JINGYAO
ZHIDU CHUANGXIN YU ZHISHI CHUANGXIN

吴汉东 著

责任编辑 吴 昉
装帧设计 乔智炜

出版发行 法律出版社
编辑统筹 法律教育出版分社
责任校对 郑怡萍
责任印制 刘晓伟
经 销 新华书店

开本 720 毫米×960 毫米 1/16
印张 33.75 **字数** 505 千
版本 2017 年 8 月第 1 版
印次 2024 年 6 月第 2 次印刷
印刷 北京新生代彩印制版有限公司

地址:北京市丰台区莲花池西里 7 号(100073)
网址:www.lawpress.com.cn
投稿邮箱:info@lawpress.com.cn
举报盗版邮箱:jbwq@lawpress.com.cn

销售电话:010-83938349
客服电话:010-83938350
咨询电话:010-63939796

书号:ISBN 978-7-5197-1388-1
定价:68.00 元